劳动与发展（2018）

◉ 中国劳动关系学院科研处 编

中国劳动关系学院学子论丛

光明日报出版社

目 录

社会工作在农村社区扶贫工作中的作用研究①

指导老师：叶鹏　项目主持人：邓若楠
项目参加人：尹诗悦　王瑞　李寒宇

摘　要： 推进社会工作发展、实施农村精准扶贫，是我国系统解决民生问题、全面实现小康社会建设的重要内容。面对当前精准扶贫的挑战，社会工作该如何借助自身优势参与到精准扶贫实践中显然十分重要。本文以安徽省亳州市L县为例，对农村精准扶贫开展现状及问题进行了初步探讨，并在此基础上，思考社会工作的介入策略，提出社会的希望，为当前社会工作介入农村精准扶贫提供借鉴和参考。

关键词： 社会工作　农村社区　精准扶贫

一、引言

党和国家高度重视农村扶贫工作，十九大报告指出：坚决打赢脱贫攻坚战，让贫困人口和贫困地区同全国一道进入全面小康社会。社会工作近些年也得到了迅速的发展，其宗旨在于助人自助，促进美好，这与精准扶贫的理念相互契合。因此社会工作介入农村精准扶贫自然成为党和国家高度关注的话题。自2015年起，政府工作报告就重点提到要让社会工作专业人才参与到服务贫困地区计划，最大限度地发挥社会工作人才的专业作用。由此可见，社会工作介入农村社区精准扶贫已经不是自身发展的需要，更是国家对于社会工作专业作用的高度认可。因此探究社会工作在农村社区精准扶贫中的作用机制十分有必要。

① 本文为2018年中国劳动关系学院本科生科研项目一等奖，北京市大学生科学研究与创业行动计划项目，项目名称“社会工作在农村社区扶贫工作中的作用研究”。

二、文献与方法

（一）社会工作参与扶贫的相关文献综述

社会工作起源于西方，伴随着工业化引发的社会问题而产生。西方社会工作在贫困问题的介入上由来已久，从1601年英国为解决工业化及城市化带来的贫困问题颁布的《济贫法》到19世纪中后期英美国家为应对社会问题而创办的慈善组织会社和睦邻组织运动，社会工作在其中均充当着不可缺少的角色。整理现已发表的文献，笔者发现外国的学者对社会工作在扶贫工作中的研究主要分为两个方面：其一是制度性研究，探究国家关于社会工作在扶贫工作介入中颁布的政策；其二是行动性研究，主要对社会工作在实际的扶贫工作中运用的方法和技巧进行研究（穆丽萍，2017）①。总体上看，国外关于社会工作参与精准扶贫的研究几乎没有，大多数是关于扶贫工作的研究，这可能与国外本身的高福利模式有关，使得扶贫工作得到了较高的瞄准精度，因此这方面研究成果较有限。而笔者对国内的文献进行了解整理时，发现由于社会工作介入扶贫工作从2015年才引起国家关注，这实属一个新兴领域，因此国内学者的研究主要是对社会工作与精准扶贫的价值和理念进行研究，对社会工作如何介入农村社区精准扶贫的作用机制和方法技巧研究较少。侯利文（2016）认为②，社会工作的价值理念与精准扶贫之间存在相当程度的亲和性，社会工作在一定程度上可以为精准扶贫提供价值理念上的建构；社会工作介入扶贫攻坚可以起到技术靶向的作用，具有方法和角色上的极大优势；社会工作的学术传统与实务进路也积淀了精准扶贫现实推进中的可能线索以及发展空间。王守颂（2016）认为③，社会工作“以人为本”“助人自助”价值伦理彰显了精准扶贫的内在哲理；作为社会工作理论基础的系统理论、增强权能理论、社会支持理论、优势视角理论可为精准扶贫工作提供科学的理论指导；而社会工作实务方法则可为精准扶贫的具体实践提供方法参照。程萍（2016）认为④，社会工作能介入到精准扶贫工作中其主要原因在于通过专业中

① 唐国平．发展农村社会工作　助力精准扶贫［J］．大社会，2018（4）：14－15．

② 顾东辉．精准扶贫内涵与实务：社会工作视角的初步解读［J］．社会工作，2016（5）：3－14，125．

③ 许静．农村社会工作介入精准扶贫的路径探讨［J］．新西部，2018（2）：15－16．

④ 戴香智．契合与嵌入：社会工作助推农村精准扶贫的定位与路径［J］．中南林业科技大学学报（社会科学版），2017，11（5）：32－36．

的课程学习，如“心理学”“人类行为与社会环境”等课程，从而可以促使社会工作者更好地理解贫困户的心理活动，发现贫困户的真正需要，而不仅仅只是简单的物质帮扶。社会工作者的介入也可以最大限度地利用社会资源，设定计划开展活动，而不仅仅只是机械地执行国家下发的政策。陈成文、姚晓、廖欢（2016）主要研究了社会工作在扶贫工作中的宏观作用①，认为社会工作能在社会政策的制定上发挥作用，社会工作者可以起到间接参与的作用，为社会政策的制定提供建议。同时由于社会工作的三大方法的优势，社会工作者可以将三大方法整合起来，扶贫工作不仅仅是落户到每家每户，而且可以开展小组工作，激发贫困户的自信心和脱贫的积极性，也可以针对社区开展工作，发现农村社区领袖和资源，带动全村人口共同脱贫，达到自立自主的脱贫。

整理现有的研究发现，我国对社会工作介入农村扶贫的案例研究不多。大多数学者在研究中表示，社会工作的价值理念、方法技巧若能整合运用到扶贫工作的具体实施开展过程中，将能有效提升扶贫工作的效率和扶贫质量。但社会工作到底该如何介入，如何在具体实践中发挥专业优势等是值得进一步探讨的问题。鉴于此，本文以安徽省L县为案例，通过对L县的扶贫现状分析，对社会工作的介入策略提出一些思考建议。

（二）研究方法

本论文主要采用文献研究法和实地研究法两种方法。

第一，文献研究法，文献研究法是指依据研究课题，通过搜集整理文献，对现有学者的研究形成一个科学系统的认识。本文通过查阅大量与精准扶贫相关的国家政策、论文，对我国精准扶贫的动态及现有成果进行了细致的分析，同时又通过阅读一些关于社会工作的相关书籍，将有关理论知识融入扶贫实践中，发现其中存在的契合性。

第二，实地研究法，实地研究法是指研究者到项目地深入地了解当地情况的研究方法。本文所用资源数据来源于笔者2017年7—9月在L县民政局实习获得，在实习过程中通过访谈扶贫办主任及扶贫开发领导小组组员，得到的数据真实可靠，并对三个贫困村做了实地考察，走访了四户贫困户，对贫困对象的实际现状做了相应的调查。

---

① 史柏年．专业社会工作如何介入脱贫攻坚［J］．中国社会工作，2016（5）．

二、L县精准扶贫现状分析

（一）L县的基本状况概述

L县，是我国十大贫困县之一，位于安徽省北部，2000年从阜阳划属华北亳州市。L县位于亳州市东南部，北邻涡阳，南连颍上、凤台，东靠蒙城，西接颍东区、太和县。县辖26个乡镇、668个村居民委员会、7182个村民小组，耕地11.70万公顷，全县总人口139.3万人，其中农业人口占93.74%，是个典型的农业大县。自1992年L县就被评为省级贫困县，贫困人口总数在安徽省地区排名第三，同时是亳州市唯一的一个国家级贫困县，安徽省深度贫困县，大别山集中连片特困地区片区县①。

（二）L县精准扶贫工作开展的基本成效

自L县实施精准扶贫工作以来，取得了一定的成效。L县统筹实施教育扶贫、健康扶贫、危房改造、光伏扶贫等帮扶措施，结合L县的当地优势，帮助贫困地区贫困人口发展特色主导产业。比如，L县的K村，位于利辛县的茨淮新河与西淝河的交汇处，该村地理位置险峻，地势陡峭，农作物收成极其不好，又加上该村经常下雨，灾涝情况时常发生，因此该村是当地最有名的贫困村。据当地扶贫办主任介绍，全村如今共有人口1568户，5089人，2015年建档立卡时记录有贫困户214户，贫困总人口共603人，贫困发生率达到12.08%。当地扶贫队长发现，K村水质特别好，特别适合养泥鳅、龙虾，于是该扶贫队长从本村这一优势入手，发动带领村民养殖水产品②。据了解，该村目前已经建立了300多亩养殖基地，主要用来养殖鱼类、泥鳅以及螃蟹龙虾，还有一些居民种植了冬瓜、葡萄等蔬果农作物。在和当地的扶贫队长交谈时了解到，截至目前，该村已有18户贫困户家庭与本村养殖产业签署了劳务协议，在养殖业旺季时，可解决90多人的待业问题，并且贫困人员可拿到一份不错的收入。另外政府为了解决K村的贫困问题，令农村合作社以每亩一定价格使用贫困户的土地，这样贫困户每年可获得稳定收入共计达到6万余元，能够有效地帮助K村的贫困户实现脱贫。如

① 穆莉萍．协同治理视角下社会工作介入精准扶贫的路径研究：以重庆市“三区”社会工作专业人才支持计划为例［J］．遵义师范学院学报，2017，19（4）：44－48，8－279．

② 岳天明，李林芳．民族村寨精准扶贫的社会工作借鉴：以甘肃文县T乡为例［J］．中央民族大学学报（哲学社会科学版），2017，44（6）：103－109．

今，扶贫队长自豪地告诉我们，在K村的养殖业的带动下，截止到2017年年底，K村仅剩下10户贫困户，贫困人口也已经降到28人，贫困发生率直线下降了0.98%，并且顺利通过安徽省地区的评估，K村已经摘掉了贫困村的“帽子”。

据L县扶贫办主任介绍，L县采用了教育扶贫、健康扶贫、光伏扶贫等帮扶措施，在2014年至2017年期间取得了一系列看得见的成果。在2017年年底进行统计的时候，L县目前已经累计实现了78 646户、189 467人成功脱贫，已有92个贫困村摘掉了“贫困帽子”，而未脱贫的人口降到全县总人口的1.8%，扶贫办主任说剩下的贫困户也拟于2018年年底前实现全部脱贫。

（三）L县精准扶贫工作的开展形式

目前，安徽省L县扶贫工作的开展是以政府为主导的扶贫方式，政府按照中央下发的文件执行工作，同时结合L县当地的具体情况，因地制宜制订出针对L县的具体实施方案。

针对贫困户的识别工作，L县按照中央下发的指示制订出《L县扶贫开发建档立卡工作实施方案》，以此标准对贫困户开展建档立卡工作。L县在界定贫困户时，在参见国家最低扶贫标准2736元的基础上，结合当地的具体消费水平，综合村民的教育水平、收入水平及身体状况等因素进行综合考量；同时在识别贫困户上，则采取村民申请、共同评议、上报给各乡镇扶贫办，然后进行逐级审核张榜公示的方式，如有异议可向乡镇扶贫办提出申请。在申请程序上可看出L县严加把控，采取民主监督的方式，层层审查最终确认审核通过，尤其是采取村民共同评议的方式，通过村民了解情况，可消除一些居民作假的弊端①。

在对贫困户的具体帮扶中，通过这次实习调查，发现政府在开展过程中有以下几点做法：在深入入户帮扶中，帮扶人员主要由不同事业单位的各层级人员担任，轮流负责下乡入户帮扶贫困家庭，两人一队负责L县的一个村庄，并拍照留证；在帮扶内容上，帮扶人员深入贫困户家中，为贫困户带去一些米面油之类的物品，同时为一些行动不便的年老贫困户打扫屋子，询问其需求；在扶贫结束后，扶贫人员将照片和与村民交谈内容中传递的需求回馈给各事业单位负责人，由其总结上报给民政局；在时间频次上，事业单位人员下乡扶贫为每两周一次。

---

① 陈文文．我国农村精准扶贫困境研究［D］．合肥：安徽大学，2017.

三、L县精准扶贫的主要问题分析

通过分析L县扶贫工作的开展形式和现有成果，发现L县在扶贫工作开展中的问题表现主要源于以下几方面：一是政府为主导的工作模式常具有行政性制度化特征，导致对贫困户的帮扶只集中在简单的物质帮扶，未能与贫困人员建立亲密关系，进而不能了解其心理需求。二是帮扶人员能力不足，责任感缺失。由调查知，帮扶人员由各事业单位职员担任，一方面对扶贫政策知识知之甚少，另一方面扶贫责任感也有待提升，不少职员将其当作一项任务，工作中带有明显的形式色彩。三是缺乏对贫困对象话语的关注，工作开展往往过于重视效率，而导致贫困对象的话语权被剥夺，工作中也常常缺乏对成员所处环境的理解与适应，比如工作人员常常忽视农村村民的生活方式及生活习惯，不尊重当地人的风俗文化，这些因素都在一定程度上影响了扶贫的介入效果。

（一）政府运作模式的行政化特征

通过这次调查发现，由于政府工作模式的行政化色彩，在具体的帮扶工作中常因缺乏弹性，过于重视效率导致扶贫问题的产生。在工作缺乏弹性上，主要表现在对贫困户的精准识别方面：政府根据国务院下发的方案依据一些固定的指标体系对贫困户进行识别，由于一些指标存在漏洞且标准较为死板，加上一些贫困户自身文化水平的限制导致无法对自身贫困情况做具体准确的阐述，这就让一些真正贫困的家庭得不到帮扶。另外政府过于重视效率表现在政府工作片面追求目标的完成而忽视扶贫效果的优劣，主要表现在政府对贫困户的帮扶只集中在简单的物质帮扶，比如为贫困户带去一些生活用品，但有些贫困户的需求并不是这些生活用品。据和一位贫困户访谈得知：儿子儿媳都外出打工，留下自己和一个4岁半的孙女在家，由于自己行动不便无法接送，导致孙女至今未开始上学。这种情况在当地并不少见，这样就导致扶贫户认为政府的帮扶措施对自己并没有帮助，政府却认为自己做了很多工作，最终无法达到真正的帮扶效果。具体来说，政府主导的扶贫模式因其行政特征导致扶贫工作的开展常常达不到预期的成效，同时因其未能满足贫困户的真正需求，政府和贫困户的关系也常变得十分疏离。

（二）扶贫人员的能力不足及责任感缺失

帮扶人员是实现脱贫目标的关键力量，但在实地调查中发现扶贫人员的工作过于表面化，责任感严重缺失。L 县的帮扶人员由各事业单位职员担任，轮流下乡扶贫，也可以称是由兼职人员担任，因其兼职人员缺乏扶贫知识和对扶贫工作的错误认知，导致扶贫问题时有发生。首先这些兼职人员的工作各异，缺乏对扶贫知识的了解，对扶贫政策更是知之甚少，在具体的扶贫工作中不能对一些贫困户的问题予以回答，从而使贫困户了解不到在现有的扶贫政策中自己能获取的福利，也理解不到精准扶贫的深刻意义所在。其次由于兼职人员自身工作的特性，对精准扶贫工作没有一个正确的认识，根据在实习中观察，不少职员把扶贫工作当作一项附加的任务，当轮到自己下乡扶贫时就加以抱怨，自然在扶贫工作中只是做表面功夫，主动服务意识低，责任感严重缺失。由此知 L 县扶贫人员的工作特性也是使扶贫工作受到阻碍的重要原因之一。

（三）扶贫对象的话语关注缺失

扶贫对象常常被认定为文化素质低、能力不足的一类群体，由于外界对其长期形成的刻板印象的存在，在许多扶贫项目实践中，贫困人员的声音经常引不起重视。在项目选择中也面临着各种阻碍，甚至无法参与到具体的项目选择中，导致贫困人群的话语经常出现“被代表”的意味。比如，L 县鼓励村民种植芍花提高产业经济，而在产业培育的方案制订中政府常常聘请相关领域专家进行调研决定，如让土木工程、水利和测土配方施肥等领域专家对本地的芍花种植提供方案，但经本地农户种植后，发现传统的种植、施肥和除草等技术并不适用于该方案，导致最后所种植的芍花基本枯萎而告终。由此可见，L 县扶贫工作中常常过分重视专家、政府的信息，而忽视了贫困人员的话语，导致工作开展中过于僵化、缺乏灵活性，扶贫资金没有得到有效的发挥，造成了扶贫资源的浪费，也阻碍了扶贫的进展，不利于根治贫困问题。

四、社会工作介入精准帮扶的思路和方法

通过对 L 县当前的扶贫工作开展中的问题与困境分析得知，阻碍 L 县扶贫工作成效的问题主要表现在：政府工作模式的行政化色彩浓厚；帮扶人员的不专业性及责任感缺失；对扶贫对象的刻板印象和话语忽视。总的来说，即“扶持谁”“谁来扶”“怎么扶”3 个根本性问题。而由于社会工作在工作中强调个别化及重视服务对象的潜能，有其理念和方法的本身优势，若能将其融入具体的扶贫实践中，对于扶贫工作的开展将起到极大的促进作用。下面将从社会工作的视角为 L

县的扶贫工作提出一些策略性思考。

（一）社会工作介入的理论视角

在对L县的调查中，发现政府工作主要是针对贫困者的问题进行帮扶，而并没有关注到贫困者自身所拥有的优势和特点。这种帮扶方式将会造成贫困者越发觉得自身一无是处，降低自信心，不利于贫困户自身主动的发展。用社会工作的专业术语描述，即是贫困户将会给自己贴上“问题标签”，看不到自己的优点及潜力。在社会工作的理论中，有一种优势视角的工作理念，这是一种注重案主身上特质的工作模式，认为每个人都是独一无二的，且每个人都具有自身的价值和优点，社会工作者的使命就是帮助案主发现自身的潜力和价值，从而提升案主的自信心。优势视角以社会工作和与案主建立良好的工作关系为基础，在建立了关系后，社会工作者要注重识别、挖掘案主的特质和能力，从而传达给案主。优势视角的核心信念即是对人类持有乐观积极的看法，认为每个人都有能力在社会中生存，因此优势视角重在挖掘案主的优势，而不是仅仅帮助案主解决问题，正如社会工作的本质是“授人以渔”而不是“授人以鱼”①。因此在L县的具体工作开展中，可以借助优势视角开展工作，尊重贫困户的自身潜能及文化，认定任何人都有自身的优势，在介入过程中，帮助贫困群体挖掘自身的优势。具体可以做到激励村民关注自身所拥有的社区资源，并告诉村民这些资源可以通过自己的努力，在工作者的协助下达到一些目标的实现，同时工作者可以多与贫困户交流，对贫困户的经验表示肯定，听取贫困户的合理意见，帮扶贫困户建立自信，这样也有助于改变外界对贫困者的刻板印象，从而表达对贫困户的尊重，更有助于扶贫工作的开展。

（二）社会工作介入的主要方法

社会工作作为一门学科，科学的专业方法是其助人的必要条件，也是与一般的助人志愿活动差别所在。在精准扶贫的具体实施工作中，将社会工作的三大经典方法融入其中，可以有针对性地达到扶贫的目标，也可以调动村民脱贫的积极性和主动性。社会工作的独特优势在于经典的三大工作方法，个案工作、小组工作以及社区工作，社会工作者可借助微观工作方法开展工作，如个案工作中的个

---

① 高梅书，季甜甜．优势视角下农村精准扶贫模式创新路径探索［J］．理论导刊，2018（3）：46－50.

案辅导、小组工作中的团队训练等，也可运用宏观工作方法开展工作，如社区工作中的社区行动以及社会评估等宏观社会服务工具，综合分析贫困户的情况及问题，从而有针对性地制订帮扶方案，实现扶贫工作中的“项目安排精准、措施到户精准”。社会工作也可以从专业的角度对国家下发的社会政策进行评估，分析政策的适用对象及可实施性、有效性，并且社会工作者也可以在具体的政策实施中发现问题，纠正政策实施中的偏差，从而提出改善的建议①。总之将社会工作三大方法运用于扶贫工作中，有利于制定科学的有针对性的帮扶措施，对精准扶贫开展过程中的对象识别、项目推进及成效评估都起着重要的推进作用，同时可加速扶贫进程。

（三）社会工作介入的实践方式

从理论视角和方法视角分别对社会工作如何介入L县的扶贫工作做了分析后，那么针对L县扶贫工作当前面临的问题，社会工作到底应该做些什么自然成为亟待思考的问题。为此，依据L县的具体扶贫现状及自身特性提出以下几点解困途径。

首先在“扶持谁”问题上，具体表现在贫困户的精准识别工作上。由于社会工作个案工作强调人的个别化，重视差异化，因此可以为精准识别提供一定的指导。在进行贫困户的精准识别工作时，可以采用个案工作中的个别化对贫困户进行评估测评，评估分为不同维度层面，不仅仅从收入这一单一维度，也可以综合考虑教育水平、身体状况等因素，对贫困户进行一个全面科学的评估，从而可以避免“管中窥豹”的现象出现。

同时也避免政府单用国家扶贫标准文件识别贫困户的缺陷。对此，社会工作者可以利用个案工作的技巧与方法，亲自深入村民家中，通过和村民的交流沟通，了解村民的生活情况，依据多种因素客观评估村民是否属于“真贫困”。同时也可借助评估的方法，从贫困户的居住环境、家庭人员工作情况及人员年龄能力等各方面，将贫困户的贫困程度及贫困原因加以分类，这样分类可以为后续的扶贫工作提供便利，同时也使贫困识别度得以提高。

其次在“谁来扶”问题上，具体表现在帮扶人员主要由事业单位兼职人员担任上。考虑到L县自身扶贫队伍薄弱，所以若要招致大批专业扶贫人员，其工

① 程萍．社会工作介入农村精准扶贫：阿马蒂亚·森的赋权增能视角［J］．社会工作，2016（5）：15－23，125.

作极其艰难。对此，可以借鉴社会工作的小组工作优势。在扶贫人员的专业知识欠缺方面，可以按照小组形式对其进行培训，主要以教育性小组为主，以传授知识为目的，为兼职扶贫人员提供扶贫政策的知识。具体工作可以将事业单位人员分成不同的小组，8 到 12 个人一组，每周为一个小组开展知识讲授，每月可进行一次知识竞赛评比，调动其扶贫积极性。在扶贫人员的责任感缺失方面，培养扶贫人员正确的扶贫理念极其重要。具体措施可以借助扶贫专家的力量，也可开展知识讲座，以小组方式讲解精准扶贫的价值意义，其中可在小组中发现较为积极的扶贫成员，可由其激发小组的动力，让小组成员认识到扶贫的深刻内涵，从而能够全身心地投入到扶贫工作中。

最后在“怎么扶”问题上，具体表现在政府的运作模式行政化及缺乏对贫困对象的关注方面。政府单一化的扶贫模式及缺乏弹性的扶贫工作，使扶贫成效极不突出，为此，可借助社会工作社区工作的优势，为扶贫提供一定的方法指导。首先在扶贫力量上，政府作为唯一的扶贫主体是不现实的，也经常会受到各方面的限制，导致扶贫工作难以开展，为此可借助社区工作的宣传，发掘各项优势资源，调动社会各方扶贫力量，引入多元扶贫主体，共同参与到扶贫工作中。其次在对扶贫对象的帮扶中，可以将个案、小组和社区工作的知识加以整合，运用在 L 县的扶贫工作中。如缺少对扶贫对象的话语关注方面，可以依据社会工作的优势视角理念，通过对个人、家庭进行个案介入，发掘贫困户的优势，帮助其走出困境。在介入过程中注重运用专业沟通技巧，对贫困对象表示尊重，耐心聆听贫困对象的倾诉，同时对其表达的意见及时回馈，以便解决其实际问题。在村民之间也可以小组的方式开展工作，帮助个体在团体氛围之下，解决自身存在的问题，建立互帮互助的关系，实现个人发展目标，使个人身上展现出社会改良的动机，从而实现个人和小组的共同发展。在 L 县中可以为村民开展一些提升自信心的小组活动，通过小组团体动力及团体凝聚力提升村民的自信心。社区工作的知识同样可以运用在 L 县扶贫工作中，即将整个县和村民当作服务对象，设定任务目标和过程目标，发掘优势资源提供帮助，最终实现 L 县集体脱贫。在 L 县中，可以在确定其存在问题后，以脱贫为任务目标，村民的能力提升为过程目标，整合各方资源为 L 县提供支持。总之在“怎么扶”层面上，社会工作可发挥的空间极为广泛，需要更进一步地挖掘。

五、总结

社会工作和精准扶贫在价值理念上存在着高度的耦合性。随着近些年社会工作的迅猛发展，社会工作的专业优势逐渐得到展现，国家对社会工作的功能和作用的发挥也愈加重视，社会工作介入农村社区精准扶贫已经不是自身发展的需要，而是国家迫切需要社会工作为农村社区扶贫提供方法论指导。本文以安徽省L县为例，探讨了当前农村精准扶贫的开展现状及存在的问题，从社会工作的理论视角、方法视角及实践视角出发，对社会工作介入农村社区扶贫工作的作用机制及方法技巧进行了探讨，并提出了一些介入策略和思路。然而在具体的扶贫工作中，社会工作者如何自我充能，进行角色定位，在工作中展现出社会工作的特质和专业性，还需要我们共同地反复实践和探索。

参考文献：

[1] 唐国平．发展农村社会工作　助力精准扶贫［J］．大社会，2018（4）：14－15.

[2] 顾东辉．精准扶贫内涵与实务：社会工作视角的初步解读［J］．社会工作，2016（5）：3－14，125.

[3] 许静．农村社会工作介入精准扶贫的路径探讨［J］．新西部，2018（2）：15－16.

[4] 戴香智．契合与嵌入：社会工作助推农村精准扶贫的定位与路径［J］．中南林业科技大学学报（社会科学版），2017，11（5）：32－36.

[5] 史柏年．专业社会工作如何介入脱贫攻坚［J］．中国社会工作，2016（5）.

[6] 穆莉萍．协同治理视角下社会工作介入精准扶贫的路径研究：以重庆市“三区”社会工作专业人才支持计划为例［J］．遵义师范学院学报，2017，19（4）：44－48，8－279.

[7] 岳天明，李林芳．民族村寨精准扶贫的社会工作借鉴：以甘肃文县T乡为例［J］．中央民族大学学报（哲学社会科学版），2017，44（6）：103－109.

[8] 陈文文．我国农村精准扶贫困境研究［D］．合肥：安徽大学，2017.

[9] 高梅书，季甜甜．优势视角下农村精准扶贫模式创新路径探索［J］．理论导刊，2018（3）：46－50.

[10] 程萍．社会工作介入农村精准扶贫：阿马蒂亚·森的赋权增能视角［J］．社会工作，2016（5）：15－23，125.

[11] 李迎生，徐向文．社会工作助力精准扶贫：功能定位与实践探索［J］．学海，2016（4）：114－123.

[12] 赖晓蓥，黄婷，陈思思，等．增权视角下社会工作介入农村精准扶贫的策略思考：以广东省 LC 县为例［J］．中国国际财经（中英文），2018（5）：27－29.

[13] 侯利文．社会工作与精准扶贫：理念牵引、技术靶向与现实进路［J］．学术论坛，2016，39（11）：105－110.

居民财产性收入对消费需求的影响①

——基于各线城市的调查研究

指导老师：谢琦　项目主持人：曹振洋
项目参加人：李怡琨　李修崎　尚韧　张杰

摘　要： 在我国经济体系中，促进经济发展的三驾"马车"是投资、消费、净出口，其中消费在拉动经济增长上的作用愈来愈突显而出。笔者了解到2018年上半年我国消费运行状况显示总体态势是平稳的，消费结构实现优化，消费拉动经济增长的作用力实现进一步增强，最终消费对经济增长的贡献率将近为80%，成为经济增长的主要拉动力。而促进居民消费提高的关键点在于增加居民的收入，或者说增加居民的可支配收入。当前我国居民获得收入的方式愈来愈多元化，在居民的收入比例中，财产性收入逐渐呈现出一种快速增长的趋势。因此，增加居民的财产性收入将会对拉动内需产生巨大的推动力。

在中国共产党十七大、十八大和十九大报告中都明确地提出要不断采取积极的措施增加我国居民的财产性收入。从党的3次全国代表大会报告中就可明显看出，党对增加人民财产性收入的决心以及支持力度。从我国发展的趋势来看，自1978年改革开放之后，随着居民财产的累积，以及财产性收入渠道的扩大，居民的财产性收入增速加快。但是，居民财富分布差距的扩大化和复杂化，以及由此衍生的各线城市财产性收入差距的扩大化和复杂化，成为收入分配差距扩大的重要原因，需要高度关注。

我国城市等级的划分是凭据其政治地位、经济实力、城市规模以及辐射力综合判定出的，其中经济实力摆在这些要素的第二位，可见经济实力对于城市等级

① 本文为2018年中国劳动关系学院本科生科研项目一等奖，中央高校基本科研业务费专项基金——优秀本科学生创新项目，项目名称"居民财产性收入对消费需求的影响——基于各线城市的调查研究"。

的划分有极其重要的影响。因此，从城市等级划分的情况就可以清晰看出各线城市的经济发展状况。我国各线城市发展状况的差异较大使得居民的财产性收入产生了不小的差距。因此，笔者将根据各线城市居民财产性收入的差异，运用比较分析与实证分析相结合的方法，对我国各线城市居民财产性收入对消费的贡献率进行剖析，并提出相应的改良政策，争取为我国经济发展做出贡献。

关键词：财产性收入　消费　投资多元化　互联网金融

一、导言

（一）选题背景

自1978年十一届三中全会决定实施改革开放政策后，我国经济逐步从计划体制转向市场体制，在国家经济上取得了颇为喜人的成果，尤其是每年平均10%左右的GDP增长速度。在2008年我国的人均国内生产总值突破3000美元这一关口，达到人均近3266美元。结合世界各国或地区经济发展的经验，当一个国家或地区人均国内生产总值超过3000美元后，工业化进程和城镇化进程会进一步加速，人们的消费行为和消费结构会发生重大的转变。这个重大的“变化”如果运用得当，那么将会对经济的发展产生极其巨大的推动力，反之则会导致经济发展“滞涨”问题的出现。就我国而言，笔者了解到，我国经济增长对三驾“马车”的依赖性逐渐增强，尤其是消费对经济发展的拉动力特别突显。在我国经济转轨的关键时期，学界尤为关注消费对我国经济的拉动作用；在现实生活中也是如此，世界各国对消费是拉动国民经济平稳快速增长的动力已经普遍地认同。

尽管近些年我国消费对经济的贡献率很高，但是学界却也出现一种我国“消费降级”“住房压力影响消费能力”的热议。这就需要提出我国内需的状况。根据近些年的市场状况我国内需呈现出一种“羸弱”的态势，也就是内需不足。导致我国内需不足的原因有很多，其中很关键的一点是随着经济的快速发展，居民的消费率不高并且消费热度具有下降的趋势，没有形成与经济发展速度相匹配的消费市场，导致我国内需没有成为经济发展的原动力。还有一点需要注意的是，国际上很多国家的经济发展速度与消费的需求量呈现出正相关的趋势，而我国恰恰与之相悖，随着经济的进一步增长，消费需求所呈现出的趋势却不尽如人意。

从20世纪90年代末开始，我国政府就不断地以拉动内需为经济主题，并制定和完善相关的政策。然而，我国的内需却迟迟无法拉动起来，突出体现在居民的消费支出占总体支出的比重呈现不断下降的趋势，这一问题的出现是多种因素共同导致的。当前我国实现经济高速增长的传统动力从需求角度来看依然是投资和出口，伴随着经济全球化趋势的不断深化，我国的这一经济增长模式容易受到国际市场失灵的冲击，比如全球投资赤字和国际收支不均衡会影响到我国的对外投资和劳动力出口这两大优势，从而使得我国经济在实现转轨的过程中出现巨大的危机。因此要保证我国经济发展的良好局面和保持经济发展的良好态势，就需要拉动内需，使消费成为拉动经济发展的关键一环。

收入是居民消费的基础，消费需求的高低很明显就与收入水平有很重要的相关性。凯恩斯的消费理论指出，“居民的当期收入决定当期消费，如果当期收入处于较低的水平会导致较低水平的消费”。而我国居民的收入占 GDP 的比重较低，居民收入较少就会带来消费的低水平。于是，在我国的国民经济和社会发展第十二个五年规划纲要中，重点提出“建立扩大消费需求的长效机制，关键是要以提高收入为手段来增强广大居民的消费能力，其中需重点关注的是绝对量和占比都依旧很低的财产性收入该如何提高”这一决策。

财产性收入是居民收入的一个重要来源，并且只要居民拥有一定的财产并采用适当的方式就有可能会带来一定程度的收入。随着我国投资方式进入多元化的时期，人们更加容易利用个人的财产来获得收入。居民财产性收入的增加，不仅能够提升我国居民的总体收入水平，还能够让居民在收入预期上处于乐观状态，从而带动居民现期消费。显而易见，财产性收入必将成为促进居民消费能力和释放其潜力的重要因素。

当前国际普遍认可的衡量一个国家公民富裕水平的重要标准是财产性收入在可支配收入中的占比高低。当一国经济发展到某个特定时期后，居民的财产性收入会因投资渠道的不断拓宽而实现快速增加。发达国家的发展经验表明，在人均 GDP 迈进 2000 美元这一行列时，居民通过积累获得财产后，财产性收入将会发挥解放潜在消费需求的作用。20 世纪 60 至 70 年代，美国、日本及一些西欧国家的人均 GDP 跨越了 4000 美元大关后，经济仍保持着稳定的增长。其成功的一个原因被认为是合理地调整了居民收入分配结构，财产性收入激增并成为家庭的重要收入来源，从而推动了中产阶级的迅速壮大。而中产阶级由于拥有强劲的购买力，易成长为市场消费的主体和支撑经济发展的中坚力量①。

① 盛夏雯．财产性收入影响城镇居民消费的实证研究［D］．长沙：湖南师范大学，2016.

党的十七大、十八大、十九大等三次大会上都明确地指出要采取措施增加居民的财产性收入，实践也证明出这一策略的正确性。在我国经济处于飞速发展的阶段，不断增加我国居民的财产性收入，并使之成为在居民收入中具有重要地位的收入来源之一，将有利于扩大中产阶级群体，进而拉动消费，使经济能够实现平稳向好发展。

（二）研究价值

根据我国当前的经济发展形势，研究如何通过增加居民财产性收入来提高居民收入水平，对于扩大居民消费需求，以及建立扩大消费需求长效机制有着重要的理论价值和现实意义。

1. 理论价值

凯恩斯的绝对收入理论中提出："消费与收入两者之间处于一种正相关关系，收入的增加会使消费支出实现增长"；此后也有学者以为"只有收入能够保持持续增加，消费支出才能真正实现增长"。财产性收入作为收入的一个重要源泉，其特点主要在于两点。其一，财产性收入产生于个人所拥有的财产，只要居民拥有财产那么通过一定的方式就能够获得收入，因此财产性收入可以说是一种"可持续性"的收入；其二，财产性收入的存在会使居民产生一种良好的收入预期，根据消费者心理分析理论可以得知，在良好的收入预期情况下，人们当期的消费需求会比较强烈，因此对于拉动居民进行消费具有促进作用。

随着互联网技术的飞速发展，互联网金融这一新型投资模式出现，并在实践中取得了显著的良好成效，逐渐成为居民获取财产性收入的重要手段，但是当前理论界在互联网金融的基础上对居民财产性收入的研究涉足较浅，因此笔者认为这一方面的研究有利于补充当前互联网金融产品财产性收入对居民消费支出影响的研究空白，将会促进现有居民财产性收入理论的发展和完善。我国各线城市的经济发展状况不一，收入状况千差万别，财产性收入状况也存在很明显的不同，研究各线城市财产性收入对消费情况的影响，有利于在宏观上把握我国财产性收入的影响，并且为当地政府制定相关政策提供一定的数据支持和决策支持。

2. 实践价值

在党和国家的发展规划和方针政策上就可以看出，财产性收入必将会成为居民收入的重要组成部分。居民财产性收入在总体收入中所占的比重是衡量一个地区市场化水平和富裕程度的重要标尺。财产性收入占比较大是发达国家中等收入阶层超过一半的关键因素，就像美国居民的收入结构中财产性收入占比在20%左右。尽管近些年我国居民的财产性收入比重得到了很大的提升，但仍然只有8%左右，并且主要集中在高收入阶层和少数中等收入阶层，这一比重的覆盖率比较低，就引起了我国各收入阶层贫富差距不断扩大的问题。因此，我国内需就会被极大地抑制，加之考虑到边际消费倾向递减规律，消费需求巨大的中低消费者在收入增长时就会削减消费支出，且高收入阶层的消费需求有限，就会在宏观上表现为消费不振、内需不足。通过近些年我国发展的现状可以得知，内需不足已经极大地冲击了我国正实施的收入分配改革政策，而改革必定会损害当前既得利益者，但是如果仅仅由此而不在收入改革领域做出较大的突破，势必会导致居民的消费潜力无法释放。而消费潜力无法释放、内需不足，将会影响经济发展的动力源，以致经济发展效率降低。由此可看出，采取措施提高我国居民的财产性收入将会是我国下一步改革的重点领域。

此外，基于我国各线城市探讨财产性收入对居民消费需求的影响有着很强的新颖性和现实意义，然而基于各线城市现状的讨论目前处于逐步探索、积累经验的“新大陆”阶段。由此，针对财产性收入与消费的相关关系进行更深入的研究，既对促进我国居民财产性收入的合理增长有重要的意义，也对缩小呈现出不断扩大趋势的收入差距、协助建成扩大消费需求长效机制有重要的价值。

（三）文献综述

笔者在对CNKI学术期刊统计之后发现，近年来与财产性收入的相关研究逐年增多，时至2018年9月，关于财产性收入已发表的论文数量达到3593篇。结合图1，笔者主要从期刊论文的“数量”和“质量”两个方面进行阐述。首先从数量上看，随着研究论文数量的不断增加，尤其是线性增长趋势明显，可以看出财产性收入这一研究方向的热度在不断地增加，也体现出我国的居民收入来源更加受到学者们的关注，相信未来一段时间这一趋势仍然会继续保持下去。其次从质量上来看，在学者们的不断努力下，针对财产性收入的研究越来越深刻，越来越有针对性，同时在结合了各地居民财产性收入的实际情况后，得出的结论更加具有参考的价值。

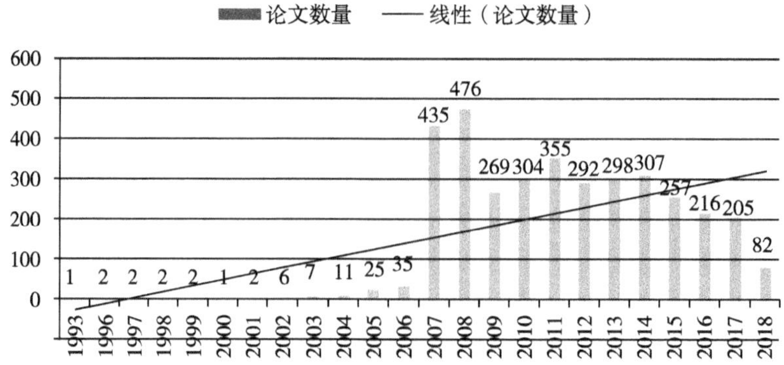

图 1　财产性收入研究论文数量统计及其趋势图

1. 国外研究现状

国外学者对居民财产性收入与消费支出关系的研究比较早。

继凯恩斯提出的具有代表性的消费理论之后，一场关于消费理论的潮流渐渐成型。众多消费理论认为，居民的消费行为不仅会受到当期收入变量的影响，并且也和居民财产所造成的收入变量有密切的关系。Kul Bhatia① 研究了社会总资本收益所带来的影响，1947—1964 年资本收益逐渐成为美国消费者收入的一个重要来源，由于税收目的实现的资本收益就有约 150 亿美元；他还发现，多数运用时间序列模型来探讨美国消费函数的期刊论文有一种采用收入与储蓄关系视角的倾向，而招致普遍忽视资本收益这一变量所带来的影响。莫迪利亚尼认为，消费者能够在其完整的生命周期中对收入和财产做出合理的规划，其中财产性收入可以被视作影响居民消费支出的可变因素，且作为可支配收入来阐释消费情况。

Hahn② 等学者认为，在对相对风险厌恶程度是否小于或大于群体水平进行衡量时，增加风险性财产将会改变财产性收入的变化，从而做出提高或降低当期的消费的决策。Modigliani③ 曾得到这样的结论，在固定劳动收入（工资性收入）稳定不变时，通过实证分析的方法得出：家庭所拥有的财产带来的收入每增加 1 美元将会引起消费支出增加 5 美分左右。Friedman④ 在他提出的持久收入假说理论中有言，居民现期的消费决策主要是基于稳定的工资收入和财产所带来的具有

① 盛夏雯．财产性收入影响城镇居民消费的实证研究［D］．长沙：湖南师范大学，2016.

② 陈迅．不同来源收入对我国农村居民消费影响的区域差异分析［J］．技术经济，2011.

③ 涂凯．财产性收入与居民消费：居于 Panel Data 模型的实证研究［J］．消费经济，2013.

④ 易行健．财产性收入对家庭的影响［J］．消费经济，2018.

持久性的收入，从而确保消费者实现效用的最大化。King① 等学者基于协整关系分析模型，指出居民的家庭财产性收入的短期变化趋势是与消费水平有非常紧密关系的。

2. 国内研究现状

国内的学者在20世纪末开始关注财产性收入与居民消费之间的联系。

骆祚炎②等对1992—2002年的股市数据进行了实证分析，得出中国股票市场的财富效应很微弱，金融资产的边际消费倾向为0.0486，财富效应引起的消费波动只占到总消费波动的0.84%。李强③等学者经过研究发现，我国农村居民的收入渠道发生了很大改变，并且由财产性收入带来边际消费倾向明显高于通过家庭经营性收入所带来的倾向。陈彦斌④等认为，我国居民财产水平非常低，财产性收入过低并难以有效增长，会制约收入水平的提高，将直接降低居民的消费需求。张俊伟⑤研究指出，我国收入较低的城镇居民家庭中，房屋出租收入占其财产性收入的较大比例。谢琦⑥通过对居民财产性收入与消费需求之间的关系进行实证研究，探索出短期住房资产与居民消费需求虽然呈现正相关关系，但住房资产的财富效应却比较微弱。

刘郁葱等学者⑦在财产性收入方面，提出在我国居民的可支配收入中，财产性收入尽管占比较低，但是其带来的边际消费倾向却是在所有收入类型中最大的；他们基于短期影响分析和长期影响分析，得出近年来的限制性房产政策对中低收入群体的财产性收入产生显著的负向影响。朱力维⑧基于财产性收入视角对居民的消费储蓄行为进行了研究，发现家庭拥有金融财产所带来的财产性收入的概率与户主年龄呈显著的“U”形关系，但是家庭拥有实物资产所带来的财产性

① 涂凯．财产性收入与居民消费：居于Panel Data模型的实证研究［J］．消费经济，2013.

② 骆祚炎．近年来中国股市财富效应的实证分析［J］．当代财经，2004（7）：10－13.

③ 李强，王明华．股市投资收入调节机制对居民财产性收入的不同来源收入的影响分析［J］．证券市场导报，2012（11）：55－16.

④ 陈彦斌，陈军．我国总消费不足的原因探析：基于居民财产持有的视角［J］．中国人民大学学报，2009，V（6）：80－86.

⑤ 张俊伟．财产性收入与消费关系初探［J］．重庆理工大学学报（社会科学），2010，24（5）：4－9.

⑥ 谢琦．财产性收入对居民消费需求影响的实证研究［J］．消费经济，2014，30（02）：8－11，16.

⑦ 刘郁葱，周俊琪．限制性房产政策对居民财产性收入的影响分析［J］．厦门广播电视大学学报，2017，20（4）：11－19.

⑧ 朱力维．财产性收入对居民消费影响的实证研究［D］．广州：广东外语外贸大学，2018.

收入的概率与户主年龄呈显著的倒“U”形关系。戈艳霞[①]等学者在反设事实框架下，运用倾向得分匹配方法，使用中国家庭追踪调查数据，检验了劳动者在有财产性收入和无财产性收入下劳动供给的差异，估计“扩大财产性收入人群”政策对劳动供给的影响。谷明娜[②]研究发现，就金融发展而言，金融规模与金融多样性水平提高反而拉大了城乡财产性收入差距，但金融多样性的提高相比金融规模的扩张更有利于农村居民财产性收入的增加；就制度质量而言，产权保护质量对城乡财产性收入差距具有增大效应，而腐败控制质量的提高则能有效地缩小其差距，且产权保护质量是金融发展实现其分配功能的门槛条件；城镇化率的提高有益于城乡财产性收入平等分配。

从财产性收入影响消费的视角考察，我国城乡消费者行为的方式也不一样，这与现代金融体系在城镇得到了较好的发展有关。学者俞剑和方福前[③]两人运用 Panel Data 实证研究出我国居民消费结构升级对经济增长的影响，指出居民消费结构升级对我国制造业的发展具有突出推动作用。

3. 总结研究现状

目前，我国居民的财产性收入已经进入迅速增长的阶段，但具体从我国城乡居民财产性收入的绝对量和在可支配收入中所占比例来看，财产性收入的实际收益量仍然是比较小的。随着市场化进程的不断的演进，我国各线城市居民财产性收入差距仍然较大，且有持续扩大的趋势。同时，由于居民收入来源结构存在不合理性，收入渠道多元化趋势处于起步阶段，因此带来了财产性收入增长能力有限这一问题。财产性收入在国外，尤其是欧美国家，所占居民收入的比例是仅次于工资性收入的，是家庭经济的第二大来源。根据国际发展经验，财产性收入在国民可支配收入中所占的比例，是衡量一个国家公民富裕程度的重要标尺。笔者了解到发达国家如美国、法国等的居民财产性收入在国民可支配收入中的权重是非常高的。因此，我国就要借鉴其先进的经验，分析其财产性收入的来源与渠道，对增加我国居民的财产性收入并构建适合我国居民财产性收入增长的模式有很重要的学习价值。

---

① 戈艳霞，张彬斌. 财产性收入与劳动供给新红利：对“扩大财产性收入人群”的政策效应评估［J］. 劳动经济研究，2018，6（1）：24－43.

② 谷明娜. 金融发展、制度质量对城乡居民财产性收入差距效应研究［D］. 乌鲁木齐：新疆大学，2018.

③ 俞剑，方福前. 中国城乡居民消费结构升级对经济增长的影响［J］. 中国人民大学学报，2015，29（5）：68－78.

（四）研究思路和方法

1. 研究思路

笔者在结合国内外有关财产性收入与消费的各种文献后，在研究我国各线城市收入情况的基础上对财产性收入如何影响居民消费需求进行了理论探讨，阐述了我国各线城市财产性收入的现状，分析了主要的几类影响因素，同时基于各线城市实证研究了财产性收入与居民消费需求之间的关系。在最后根据研究结果有针对性地提出了具体的策略建议，希望借此抛砖引玉，为我国居民财产性收入增长以及消费拉动经济发展做出一些贡献。

2. 研究方法

（1）实证研究法

通过查阅《中国统计年鉴》《中国城市（镇）生活与价格年鉴》和相关学者统计来的数据，以及笔者与团队实地调研得来的数据，基于 Pearson Correlation Coefficient，即皮尔森相关系数以及构建消费效用函数，对我国各线城市财产性收入对居民消费的影响进行实证研究。

（2）比较分析法

通过将各线城市的居民财产性收入状况进行比较，用图表、数据的方式直观地观察分析，归纳总结出现阶段财产性收入在各线城市的发展现状、推送力与制约力，从而能够提出相关的政策与建议。

（五）创新与不足

笔者在综合了国内外针对财产性收入的系列研究后，对我国各线城市居民财产性收入对消费的影响情况做出研究，研究方向比较新颖。笔者在撰写过程发现本文章的创新点主要体现在以下几个方面：

1. 在研究的方向上，当前众多学者针对财产性收入的研究可谓是成果颇丰，并且提出了具有建设性的意见，而能够将我国各线城市居民的财产性收入做出一个详细的总结和论证的，目前还比较少。笔者的研究方向比较新颖，因此笔者希望这篇文章能够对各线城市增加居民财产性收入以及缩小各线城市财产性收入的差距做出一些贡献。

2. 在研究方法上，将比较分析与实证分析相结合，既能够充分地发挥主观能动性，又能够很好地结合现实数据，感性与理性相结合，使得文章稍显成熟与工整。

当然，笔者在撰写的过程中也遇到了很多的困难，突出表现在“一手数据不充分，二手数据不全面”这一问题上，因此在实证分析上可能会出现略微的错误，尽管笔者已经努力去搜集数据减少带来的不利影响，但是还是没有做到完善，希望读者海涵。

二、居民财产性收入对消费需求影响的理论分析

财产性收入的定义众说纷纭，在我国具有权威性的解释是由国家统计局做出的。国家统计局城市社会经济调查司在《中国城市（镇）生活与价格年鉴》中给出了财产性收入较为准确和翔实的定义，财产性收入指通过家庭所有的动产（如银行存款、债券等）、不动产（如房屋、车辆、土地、收藏品等）而取得的收入，主要包含通过出让财产的使用权所取得的利息、租金、专利收入，通过财产营运所取得的红利收入；财产增值收益等。

（一）基于绝对收入消费函数基础分析财产性收入对消费需求的影响

财产性收入作为居民收入的重要组成部分，是居民收入的一种表现形式。收入对消费需求的影响可以用消费函数进行描绘，那么财产性收入也就可以用消费函数进行分析。

消费函数反映人们的消费支出与决定消费的各种因素之间的依存关系，是消费者行为数量研究的重要组成部分。通过消费函数可以明确地找到决定消费水平的各种因素，如收入水平、财产拥有量、利率高低、收入分布等，其中收入水平对消费起到决定性作用。因此从实质上来讲，消费函数其实是指消费与收入水平之间的函数相关关系。消费函数的突出作用主要在宏观经济分析中体现出来，并且在西方经济学界，用于分析宏观经济发展态势的分析模型通常把消费函数作为核心方程之一。中国的学术界从20世纪80年代开始逐渐出现了消费的函数理论以及相应的实证研究，并且已经实现将消费函数理论融入我国宏观经济的模型中来的这一重大突破。长期以来，它也是学术界不断进行研究讨论的一个命题。

凯恩斯提出的绝对收入消费函数是具有开创性价值的，他提出的消费函数模型将消费分成“自发消费”和“引致消费”这两类。其中，“自发消费”是指不受居民收入增减情况影响本能地为了满足某种或者某些需要所形成的消费；而

“引致消费”是指在收入水平不同的情况下会产生不同的消费支出情况，同时遵循边际消费递减这一规律而形成的消费。凯恩斯提出的“引致消费”的函数表示形式为：

$$\bar{C} = bY$$

设：b 为边际消费倾向，Y 为收入。

而居民的个人的总消费水平等于自发消费水平和引致消费水平之和，即用函数表达式表示为：

$$Ct = a + b \times Yt$$

根据凯恩斯的绝对收入理论，可以看出居民的消费支出水平主要受限于其目前的绝对收入程度，特别是在短期内居民的消费支出水平高低取决于收入高低程度。当居民的当期收入实现了增长，那他将收入用于消费支出的比重就会增加；反之，则会导致居民减少自己的消费支出。同时，结合“边际消费倾向递减”的规律，伴随着居民收入的递增，使得边际收入（每一单位的收入增量）用于消费支出的比例会逐渐降低。边际消费倾向系数是一个小于“1”的正数，因此当居民收入出现增量时，处于低收入阶层的家庭用于消费的收入的增长幅度会超过处于较高收入层次的家庭。然而人们的消费行为也受到消费心理的作用，出于消费惯性心理的作用，当居民的收入减少时，处于低收入阶层的家庭不会相应地降低其消费支出水平。因此，我们可以发现社会消费需求的下降幅度总是小于单个消费者可支配收入总量的下降幅度。

居民的收入，严格而言居民的可支配收入决定着其消费量，而财产性收入作为收入的一类组成成分，当其在短期内实现增加或减少也就会影响到消费支出的增加或者减少。长期来看，在“边际消费倾向递减”规律的作用下，人们不断增加的财产性收入用于消费的比例会越来越低；而当财产性收入减少时，人们对未来收入的预期呈现一种悲观的态度，就会相应地减少一定程度的消费支出，但由于人们消费心理中的“消费惯性”作用，在财产性收入预期减少时，人们不会大量地削减消费支出，此时财产性收入的降低仍然会对经济的发展发挥有限的拉动作用。

（二）基于投资市场分析各线城市收入差距对消费需求的影响

随着我国投资市场的不断完善，以及互联网时代的到来，居民的投资方式已经呈现出一种多元化的趋势，包括如银行等传统的投资方式，也包括股票、房地产、互联网金融等新兴的投资方式。正是由于这种投资方式多元化，并且当前我国处于投资的黄金时期，必然会使拥有金融资产和实物资产的人能够通过进行投资来获得大量的财产性收入，从而走向富裕；而缺少这两类资产的人则会因丧失财产性收入这一收入而愈加贫困，也就是产生一种“富人越富，穷人越穷”的现象。

各线城市之间的收入差距不可避免地会令财产性收入产生“马太效应”，即拥有财富较少的居民在缓慢积累财富过程中相对困难的状态，拥有财富越多的人获取财富时会更加容易和快速。如果令这一效应长期持续下去将会导致我国各线城市居民收入差距的进一步增大，由此抑制居民消费支出的增加，导致我国内需不足状况得不到改善。

（三）基于财富效应传导机制分析各线城市财产性收入对消费需求的影响

财富效应的传导机制是指通过消费的影响作用于实体经济的过程。居民的财产性收入按照性质不同可以分为两个大类，即实物资产和金融资产。然而这两类财产的价值属性和流通程序在我国各线城市是有较大差异的，因而带来了各线城市居民消费状况的不同。

1. 长期视角

我国各线城市之间由于金融资产的财富效应对居民消费需求影响的差异将会逐渐缩小。笔者认为这一趋势的缘由由主要有二：其一，伴随着互联网技术的飞速发展，互联网金融正逐渐走向成熟，而互联网的发展在各线城市之间具有比较均衡的特点，势必会带来互联网金融发展水平的趋同，因此各线城市之间的金融差距将会不断缩小；其二，我国对教育的投入不断提高，教育水平和质量也将会越来越高，就会带来人民知识水平的不断提高，这样一来人民对金融的了解将会不断地深刻，但也不可忽视一点——由于教育是各线城市或者说各地方自己投入的，这样会带来教育水平在各线城市上的差异。

我国各线城市之间由于实物资产的财富效应对居民消费需求影响的差异比较稳定，仍然呈现出“与城市等级匹配”的特征。笔者认为这一现象可以用我国房地产市场来进行论证。我国房地产市场发展程度是与城市等级相匹配的，即随城市等级上升房产价格增高，这是竞争市场所带来的必然结果。因此，可以说各线城市之间的经济实力决定房产价格。为了保持经济效率以及由于各线城市之间的现有差距，各线城市实物资产的价值很难实现均等化发展。

2. 短期视角

不论金融资产还是实物资产，从短期来看，我国各线城市呈现一个这样的现象："与城市等级相匹配的财富效应传导对居民消费影响"，即一线城市财富效应对消费需求的影响最大，然后依次是二线、三线、四线、五线。

三、各线城市居民财产性收入的现状与影响因素

（一）各线城市居民财产性收入现状与特点

1. 财产性收入占比小但增速快

笔者在结合了2017年度《中国统计年鉴》的数据之后，定量地分析了我国居民财产性收入的总体状况。从图2中，可以明显地看出我国居民的财产性收入呈现出一个线性递增的趋势；并且结合表1，更可以清楚地看到财产性收入在可支配收入中的占比是在逐年递增的，但表1也清晰地反映出目前我国居民财产性收入在可支配总收入中的占比是比较小的，且这一比重的增幅也是不尽如人意的。

从表2中可以看到，当前我国居民的财产性收入在数额上明显小于工资性收入、经营性收入和转移性收入。如2013年我国居民人均财产性收入只有1 423. 3元，而在这一年的居民工资性收入却高达10 410. 8元、经营性收入和转移性收入也都突破3 000元这一大关，分别达到3 434. 7元和3 042. 1元。可见财产性收入与其他三项收入在数额上确实相差甚远。在居民收入结构中，财产性收入的比重也是最小的，这与绝大多数发达国家和新兴工业国家居民财产性收入在收入结构中处于重要地位的情况形成鲜明对照。按照这种形势发展下去，财产性收入对于调节收入差距和调整收入分配格局都会产生重要影响。

表1　居民财产性收入占总收入的比重表

	可支配收入(元)	财产性收入(元)	财产性收入占可支配收入的比重(%)
2013年	18 310. 8	1 423. 3	7. 77
2014年	20 167. 1	1 587. 8	7. 87
2015年	21 966. 2	1 739. 6	7. 92
2016年	23 821. 0	1 889. 0	7. 93

表 2 中国统计年鉴——全国居民人均收支情况表

指标（单位：元）	2013 年	2014 年	2015 年	2016 年
可支配收入	18 310.8	20 167.1	21 966.2	23 821.0
工资性收入	10 410.8	11 420.6	12 459.0	13 455.2
经营性收入	3 434.7	3 732.0	3 955.6	4 217.7
财产性收入	1 423.3	1 587.8	1 739.6	1 889.0
转移性收入	3 042.1	3 426.8	3 811.9	4 259.1

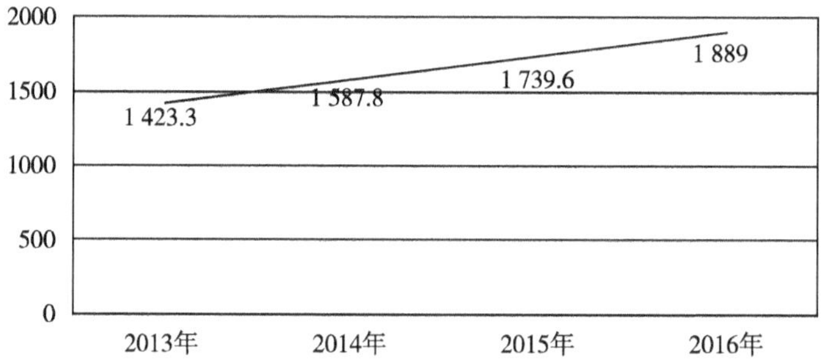

图 2 居民财产性收入线性趋势图

2. 出现“与城市等级相匹配的投资方式多元化”现象

1978 年的改革开放成为我国居民财产性收入走向多元化的一个里程碑。在改革开放之前，我国居民的财产性收入来源渠道表现为单一化的特点，主要是依靠银行存款带来的储蓄利息这一方式来获取财产性收入；而改革开放则为我国居民的财产性收入带来了前所未有的机遇，投资方式的多元化，使得居民的财产性收入渠道日益多元化。见表 3。

表 3 居民财产性收入渠道方式图

年份	利息收入		股息与红利收入		保险受益		其他投资收入	
	金额（元）	占比（%）	金额（元）	占比（%）	金额（元）	占比（%）	金额（元）	占比（%）
2005 年	20.52	10.64	35.89	18.60	2.96	1.53	18.16	9.41
2006 年	26.19	10.73	55.93	22.92	4.53	1.86	25.54	10.47
2007 年	38.03	10.91	96.21	27.60	5.91	1.70	42.16	12.10
2008 年	43.70	11.29	75.52	19.51	6.60	1.71	42.58	11.00

续表

年份	利息收入		股息与红利收入		保险受益		其他投资收入	
	金额（元）	占比（%）	金额（元）	占比（%）	金额（元）	占比（%）	金额（元）	占比（%）
2009年	60.54	14.02	76.43	17.70	5.53	1.28	53.73	12.44
2010年	65.64	12.62	88.06	16.92	4.84	0.93	65.54	12.60
2011年	85.17	13.12	100.11	15.43	5.78	0.89	93.79	14.45

尽管投资方式越来越多样化，但是随着各线城市的发展，也出现了“与城市等级相匹配的投资方式多元化”现状，这一现象产生的根源是各线城市的经济基础不同。比较发达的一、二线城市由于资金财产丰富、金融制度完善，就会产生比较全面的投资网络；相应的欠发达的城市则会出现投资方式比较落后的状况。

（二）影响各线城市居民财产性收入的因素

笔者在结合相关文献的基础上，提出了以下几点影响各线城市居民财产性收入的因素，其中包括客观现实因素和主观人为因素两大类。

1. 客观现实因素——各线城市的经济实力

经济基础决定上层建筑，前者是后者发挥作用的基石。各线城市由于在经济发展水平上存在着较大的差异，使得财产性收入这一收入形式也出现了等级分化。

（1）经济实力决定投资市场实力

前文提到，财产性收入的几大来源形式有房地产、股票以及理财等。城市的经济实力比较落后，那么相应的房地产市场、股票市场以及理财市场的制度建设就会有比较明显的差距。我国房地产市场拥有很多的投资机会，但也因城市等级出现了分化。如各大一线城市由于流动人口比较多，房产的租赁具有很大的优势；而对于经济相对落后的二、三线城市，流动人口比较少，房屋租赁需求也相对较少，难以支撑房屋租赁市场的大规模发展，从而难以产生较多的财产性收入。

（2）经济实力决定财富拥有量

城市的经济实力决定居民的财产拥有量，而居民的财富基础可以体现在财产的拥有量和财产结构上。

居民的财产拥有量是指一系列具有衍生收入特性的财产的存储量，因此也就可以分为两类：动产和不动产。基于一般情况而言，居民财产的存储量越大，所能够衍生出来的收入也就会越多，这一部分衍生出的收入就是财产性收入。居民工资性收入的盈余令财产能够不断得到补充和累加，而得到不断积累的财产又会带来居民收入的增加，二者形成良性循环，既相互制约又相互促进。所以，工资水平的差异决定了财产存储量的大小，也就影响到居民财产性收入多少的程度。也就是说，工资水平的差异间接地决定了居民在收入水平上的分化，出现高、中、低收入阶层之分。而高收入阶层的财产存储量显然比中低收入阶层大，这会导致贫富差距的出现并且可能使贫富差距不断拉大。

财产性收入的来源主要取决于居民的财产结构。过去居民财产形式过于单一，主要是以储蓄存款形式存在，这种财产结构使得财产性收入结构自然也相对简单，即主要是以银行利息为主，但由此所获得的利息收入相比另外几种类型的财产性收入而言其实是很少的，所以这也是导致以前城镇居民财产性收入无法持续增长的主要原因。但随着这几年人均存款的比重大幅下降，房地产市场、股票市场迅猛发展，由此衍生的房租、股息红利收入不断增加，丰富了财产性收入的来源，也为我国各线城市居民拥有更多的财产性收入提供了可能性。

（3）经济实力决定制度建设①

在制度建设上，经济实力的决定性突出表现在收入分配制度、社会保障制度和法律制度三方面。

我国在经济上实现了一个大跨越，成就非凡，但是也带来了收入分配上的不均衡。这一问题突出表现在实行“效率优先，兼顾公平”的政策时期。这一时期，我国一部分人的收入实现大幅提高，财产积累的规模效应使得财产性收入迅速增长，此时财产性收入的“马太效应”开始显现。在收入差距不断扩大带来的负面影响下，十七大做出“初次分配和再分配都要处理好效率和公平的关系，再分配更加注重公平”的决策，而为了实现“公平”这一目标，十七大指出要“创造条件让更多群众拥有财产性收入”。这一决策的立足点在于财产性收入的增加有利于提高居民整体收入水平，缩小收入差距。如果收入分配不尽合理、收

① 盛夏雯．财产性收入影响城镇居民消费的实证研究［D］．长沙：湖南师范大学，2016.

入差距不断拉大的局面得不到遏制，将其向好的方向引导，就会导致大部分城镇居民的收入增长放缓以致仅能刚好满足生存性消费需求，更别说将多余闲置的资金、资产进行更多的投资理财行为，这便会束缚财产性收入的增长空间，同时也会制约居民进行财产的积累活动，使居民的财产性收入的持续增长缺乏雄厚基础。因此，致力于解决收入分配制度上现存的短板，合理分配居民收入，重视推动居民财产性收入的稳步增长，将能很好地缓解收入差距不断扩大的问题，避免陷入不良循环，从而促进经济良性健康地发展。

我国的社会保障制度是以政府作为主体，在法律限定范围内，通过国民收入再分配的调节，依托于我国的社会保障基金，保障公民基本生活的制度，主要包括社会保险、社会救济、社会福利、优抚安置和社会互助等内容，但是目前我国社会保障制度的保障覆盖范围不全面，保障水平较低，部分法律保障不完善，互济性保障水平也较弱。我国社会保障体制的不完善势必会影响到居民承担投资风险水平的能力。因此，居民在赚取一份新的收入后，就会考虑预期未来收入的不确定性，必然会增加其预防性储蓄而减少当前消费支出，因而也就会降低其选择将部分收入用于除储蓄存款之外的其他再投资方式的可能性，也就没有办法产生更多的财产性收入。

在法律制度方面，目前我国亟待完善的方面譬如有：一是关于界定财产权的法律法规颁布不及时、定义不够清晰。西方经济学与法学都认为，产权是居民获得财产性收入的基础，也就是说居民拥有对财产的所有权和支配权才能获得财产性收入。我国已经出台并经多次修订的《中华人民共和国证券法》仍存在许多漏洞；2007 年颁布实施的《中华人民共和国物权法》在关于宅基地、集资房、房改房等方面仍规定得不够完善，导致产权不明晰的现象比比皆是，而由于产权不明晰使得这部分房屋不能自由买卖或抵押，也就没办法通过再投资的方式从近几年房价飞速上涨的房地产市场中获利，从而也就错失了赚取这部分财产性收入的绝好机会。二是在知识产权问题上，多年来在经过政府、专家、作者、民众等各方努力之后，有关作品、技术等虚拟财产的所有权问题已经得到普遍的关注和认同，然而我们发现，现实生活中依然存在严重的盗版、侵权等问题，指定的一些相关法律措施都还未发挥出积极效果，居民通过充分发挥脑力、智力进行艺术创作和技术发明等渠道获取财产性收入还得不到有效的保障。以上种种，都对居民的财产累积以及取得财产性收入的合法权益具有直接性的侵害。

2. 主观人为因素——居民的个人因素

经由笔者分析，主观人为因素也就是居民个人因素中的文化水平差异、技术水平差异、专业能力差异，以及所在行业不同、从事职业不同、工作资历不同都会对居民取得财产性收入的不同水平产生一定程度的影响。众多学者提出居民的个人因素对收入的高低是有影响的，但是个人因素与财产性收入的相关性却不太显著。

根据相关学者的探讨，主要的原因包括：①当前我国居民的投资渠道仍然比较少，财产性收入的来源主要是储蓄利息、股票、房地产等渠道。而这些渠道对投资者的门槛要求比较低，使得任何人都可以自由进入和退出。②我国股票市场和房地产市场均是在改革开放之后出现的产物，其发展历史比较短暂，目前还处于发展时期，这种不成熟的市场存在众多的问题，波动性也比较大，很难把握其规律，因此个人良好的投资能力并不能直接与高投资回报率进行完全挂钩。③在风险与收益并存的投资市场中，不同个体对待风险的态度并不是仅仅因个体素质的不同而不同，即不会因此而出现明显的对风险的偏好、中立或回避倾向。

四、各线城市居民财产性收入对消费影响的实证研究

（一）数据来源

笔者基于数据的可得性和可靠性进行考虑，收集了我国各线城市中 13 个代表城市 4 个年度的数据（2014—2016 年）以及 4 个典型城市（上海、济南、海口、株洲四个城市）10 个年度的数据（2004—2013 年）的面板数据（Panel data），主要包括各城市城镇居民历年的人均消费支出量和人均财产性收入。笔者了解到财产性收入对推动居民消费支出的增加并没有“滞后效应”，有关学者已经将上述现象证实，因此本文将不再考虑“滞后效应”的影响。本文中的数据主要来源渠道包括《中国地区统计年鉴》、各线城市统计局官方网站统计公报以及笔者实地调研等。

（二）基于数据进行描述性分析

表 4 给出我国各线城市城镇居民人均财产性收入与人均消费支出的描述性分析。

表 4　2014—2016 年统计描述性性分析

时间	指标	均值	方差	标准差	最大值	最小值	中位数	偏度	峰度
2014	财产性收入	4 170.413 8	3 660 702.661	1 913.296 3	7 666.45	1 894.33	3 859.2	0.609 6	−0.669 8
	消费情况	23 075.595	33 387 435.576 6	5 778.186 2	33 156.83	14 430	21 613.92	0.281 5	−1.021 4
2015	财产性收入	4 522.894 6	4 225 286.5 187	2 055.5 502	7 799.89	1 800.95	4 339.3	0.349 6	−1.108 0
	消费情况	25 463.365	44 274 012.480 6	6 653.872	35 752.5	15 455	24 748	0.239 2	−1.097 1
2016	财产性收入	4 522.894 6	4 225 286.518 7	2 055.550 2	7 799.89	1 800.95	4 339.3	0.3 496	−1.108 0
	消费情况	25 463.365	44 274 012.480 6	6 653.872	35 752.5	15 455	24 748	0.2 392	−1.097 1

（三）分析模型一：Pearson Correlation Coefficient

1. 模型概述

研究变量之间相关性的经济学模型有很多，当前在众多文献中普遍适用的一类模型是 Cobb – Douglas 生产函数，遵照的是投入产出法则。经过比较众多相关性模型，本文决定采用 Pearson Correlation Coefficient 即皮尔森相关系数。

众所周知，经济变量需要符合假设条件这一前提要求，否则就会导致实证分析结果出现错误；此外，居民的收入结构主要包含 4 类，即工资性收入、经营性收入、转移性收入和财产性收入，需要注意的是除财产性收入外其他 3 类收入均会影响到居民的消费水平。而由于众多学者已经对上述情况展开了系列的讨论，并且取得了丰硕的成果，因此本论文的着力点在居民财产性收入对消费情况的影响上。

皮尔森相关系数的主要用途是反映两个研究变量之间的线性相关程度。相关系数用 r 来表示，样本量用 n 来表示，分别为两个变量的观测值和均值。相关系数 r 主要描述两个变量之间线性相关强弱的程度，相关系数 r 的绝对值越大表明两个变量之间相关性越强；反之则越弱。r 的取值在 -1 与 $+1$ 之间，若 $r>0$，表明两个变量是正相关，即一个变量的值越大，另一个变量的值也会越大；若 $r<0$，表明两个变量是负相关，即一个变量的值越大另一个变量的值反而会越小。r 的绝对值越大表明相关性越强，要注意的是这里并不存在因果关系。若 $r=0$，表明两个变量间不是线性相关，但有可能是其他方式的相关（比如曲线方式）。

两个研究变量之间的皮尔森相关系数定义为两个变量之间的协方差和标准差的商：

$$\rho(x,y)=\frac{\mathrm{cov}(X,Y)}{\sigma x\sigma y}=\frac{E[(X-\mu x)(Y-\mu y)]}{\sigma x\sigma y}$$

上述公式定义了总体相关系数（常用希腊小写字母 ρ 作为代表符号）。估算样本的协方差和标准差，可得到样本相关系数，又名样本皮尔森系数（常用英文小写字母 r 代表）：

$$r=\frac{\sum_{i=1}^{n}(X_i-\overline{X})(Y_i-\overline{Y})}{\sqrt{\sum_{i=1}^{n}(X_i-\overline{X})^2}\sqrt{\sum_{i=1}^{n}(Y_i-\overline{Y})^2}}$$

r 亦可由（X_i，Y_i）样本点的标准分数均值估计，得到与上式等价的表达式：

$$\mathrm{r}=\frac{1}{n-1}\sum_{i=1}^{n}(\frac{X_i-\overline{X}}{\sigma x})(\frac{Y_i-\overline{Y}}{\sigma y})$$

其中 $\frac{X_i-\overline{X}}{\sigma x}$、$\overline{X}$ 及 $\sigma \mathrm{x}$ 分别是对 X_i 样本的标准分数、样本平均值和样本标准差。

2. 实证结果与分析

根据皮尔森相关系数分析方法，笔者对一线城市典型代表上海、二线城市典型代表济南、三线城市典型代表海口以及四线城市典型代表株洲进行了分析，得到以下结果，如表 5。

表 5　4 个典型城市皮尔森相关系数

城市	皮尔森相关系数
上海	0.972 8
济南	0.632 8
海口	0.773 7
株洲	0.783 2

前文介绍到我国居民财产性收入的现状，根据上表分析结果可知晓在 2004—2013 年城镇居民人均财产性收入对人均消费支出的影响是正相关的，并且相关程度较大。但是也可以清晰地看出不同等级城市财产性收入与居民消费支出的相

关程度的差异是比较大的。

结合前文所分析的财产性收入的影响因素，对于此状况可以这样来解释：

1. 从各线城市经济实力来看，经济基础较深厚的一、二线城市的居民收入比较高，进行财产性收入投资的资本比较多，同时由于其金融体系和金融制度是比较完善的，财产性投资的机会也比较多，使得居民财产性收入的渠道丰富、收益率较高且风险较小，这就会给居民以乐观的收入预期；在居民个人因素上，一、二线城市居民对财产性收入的期望和信心较充足，也会在一定程度上对居民消费产生积极的促进作用。

2. 在表5中，从二线城市济南到四线城市株洲，财产性收入与居民消费的相关系数却是呈现出一种递增的趋势。抛开数据统计的一定误差，笔者认为这种现象存在，正好也说明我国各等级城市之间的财产性收入建制存在问题。查阅相关资料后，笔者对上述现象做出如下解释：城市等级越低，其收入的“量”与“质”都会受到影响。收入的“量”主要影响收入的多少，城市等级越低，其财产性收入越少，那么也就会产生每增加一单位的财产性收入对消费支出的影响越大，即边际财产性收入的存在影响到居民的消费支出。收入的“质”主要表现在财产性收入的来源，城市等级越低，其财产性收入的渠道也就越少，换言之，也就是收入渠道不稳定，而其中最稳定的渠道是通过银行，也就说明银行会在一定程度上影响到居民的收入预期（这一影响更多地体现在对居民的心理影响上），从而影响到消费水平。

3. 表5还呈现出一点是上海与济南的相关性差距较大，针对这一结果的出现可以用传统的考虑方法来进行分析。由于我国城市发展的差距较大，尤其是上海作为我国经济发展的龙头城市，其经济发展水平和速度已经呈现出一种远远超过其他各线城市的现象。当然，不排除这种情况的出现与各线城市金融制度有关。

（四）分析模型二：效用函数模型

1. 模型概述

笔者将各线城市居民的消费需求分为两类：生存性消费需求（用 C_1 来表示）包括着衣消费、餐饮消费和住宿消费，生活性消费需求（用 C_2 来表示）主要包括交通消费、文娱消费、医疗消费及其他消费。假设 X 线城市居民的效用函数为 $U_t = lnC_1t + \alpha\ lnC_2t$（$\alpha$ 为 X 线城市居民在生存性消费需求与生活性消费需求的比重）。当 X 线居民总消费（总消费 = 生存型消费 + 生活性消费）一定，X 线居民消费效用最大时，$C_2t=\alpha C_1t$。假设居民的生活性消费在总消费支出中的比重为β_t，则X线居民某一时期的效用可以表示为：

$$U=\ln(1-\beta_t)C_t+\frac{\beta_t}{1-\beta_t}\ln\beta_t\cdot C_t$$

假设t期居民消费结构为生活性消费需求与生存性消费需求之比，即如下式：

$$\omega_t=\frac{\beta_t}{1-\beta_t}$$

$0<\omega t<1$较好地反映了X线居民消费结构的变化，ωt值增大说明X线居民消费结构升级，也就是居民更加注重生活性消费需求。

2. 实证结果与分析

运用皮尔森相关系数，笔者将4个典型城市居民财产性收入分别与生存性消费需求和生活性消费需求进行相关程度分析，经取准后得到以下结果，如表6。此外，笔者将4个典型城市居民的生存性消费需求与生活性消费需求的比例进行了计算，得到如表7的结果。

表6　4个典型城市皮尔森相关系数

城市	皮尔森相关系数	
	生存性消费需求	生活性消费需求
上海	0. 332 6	0. 667 4
济南	0. 493 7	0. 506 3
海口	0. 589 2	0. 410 8
株洲	0. 595 1	0. 404 9

表7　4个典型城市ωt值

城市	ωt值
上海	0. 879 22
济南	0. 806 45
海口	0. 673 17
株洲	0. 556 48

（1）表6实证结果分析

从表中数据我们可以明显地看到一点，那就是我国各线城市居民消费情况正在处于向高质量生活性消费发展的时期。

各线城市居民财产性收入增长与生存性消费需求和生活性消费需求的相关性差异是比较大的。笔者认为这是财产性收入“质”和“量”在各线城市之间差异所造成的结果。较发达的城市，如一线城市和二线城市，财产性收入渠道较多，这就会使得财产性收入在“量”方面比欠发达城市如三、四、五线城市更具优势；此外，较发达城市的金融机构、金融产品较多且较成熟，实物投资领域也较为先进，居民可以通过“质”较高的方式来获得收入，而这些条件在欠发达城市是不具备或者说是不完全具备的。

因此，笔者认为通过改善上述金融投资领域在各线城市不平衡的状况以实现欠发达城市居民财产性收入递增是发挥我国内需动力的一个重要方面。

（2）表7实证结果分析

结合上表7，不难发现各线城市的 ωt 值均达到了0.5以上，明显地呈现前文笔者所言“我国居民消费结构升级”的观点。但也呈现出“与城市等级匹配”的特点。

（3）综合分析

综合上表6、7，财产性收入在对各线城市消费升级方面起了重要的作用，但是各线城市居民财产性收入对生存性消费和生活性消费需求的影响却有比较大的差距，这显然是与各线城市经济实力相关的。财产性收入作为收入的一种重要形式，并且对消费需求的增长具有比较大的拉动性，因此这就需要重视财产性收入在各线城市居民收入中的比重，通过提高居民的财产性收入来高效地促进我国消费结构的升级和实现经济平稳向好发展是在当前比较关键的一点。

结合当下我国人民币对内贬值的趋势，确保居民的财产性收入平稳增长是实现各线城市共同发展的必行之路。

五、增加居民财产性收入拉动消费增长的建议

居民的剩余劳动收入或者说剩余工资性收入是货币性财产的基础，因此可以通过增加其劳动收入来确保居民的财产性收入提高。当劳动收入在国民收入分配中的比重提高后，居民才会拥有更多的财产进行积累而获得递增的财产性收入，这样就会拉动居民的消费支出，从而带动我国内需，形成良性循环的“马太效

应”。在确保居民收入能够平稳增长的基础上，要实现城市经济的平稳快速增长，不断完善金融制度，覆盖全面的住房公积金体系，着力完善能够降低居民后顾之忧的社会保障制度，要建立健全投资市场和改善投资环境，培养起居民的投资观念并树立正确的投资风险意识，此外还要充分地发挥政府在经济中“看得见的手”的宏观调控的作用，逐步缩小居民收入差距，努力实现共同富裕。

（一）经济新常态下各线城市促进经济平稳快速发展

伴随着我国经济进入新常态，各线城市正在面临新的环境，此外城市经济的发展也出现了新的机遇和挑战。如何把握机遇、克服挑战，从而实现城市经济实力的腾飞，为居民财产性收入打下坚实的城市经济基础成为各线城市需要考虑的一个问题。笔者查阅相关文献后，认为各线城市应该清楚地分析各自经济发展中可能遇到的问题，并结合本城市发展特点和要求，制订科学的经济发展方案，采取改进措施，以保证城市经济持续健康发展。

第一点，在城市产业结构方面，要积极进行调整和优化。从国外城市的发展经验来看，只有多元的产业结构才能激发城市经济发展活力，才能保证城市经济的可持续发展。第二点，在城市经济发展定位方面，要不断寻找和培育新的经济增长项目。第三点，在城市经济发展模式方面，要通过科学分析之后进行制定，切忌盲目追随。在我国政策的影响下，房地产经济的优势不再那么明显，仍然将其作为城市经济发展的着力点和核心动力显然是比较困难的。因此，城市经济在发展中应建立多元化的城市经济增长模式，促进城市经济多元化发展。第四点，我国基础设施建设投资在国际上具有“中国特色”，要持续推进城市基础设施建设领域的投资。基础设施作为公共物品，不仅可以给居民带来便利，还是衡量一个国家经济发展程度的重要指标，同时也反映着一个城市的经济发展程度。增加基础设施建设投资的关键作用在于拉动内需，促进城市经济实现有效的发展，从而走出以房地产经济为主的增长模式。

（二）逐步提高全国各线城市投资渠道多元化的均衡程度

在我国，居民的财富原始累积是比较薄弱的，与多数发达国家仍有相当大的差距。笔者认为，之所以我国居民在进行投资上保有谨慎的态度，原因可能主要体现在我国具有投资功能的财产为数仍然较少且通过投资方式获取财产性收入的渠道仍然是比较狭隘的，使得多数居民对于选择投资报酬率较高、而投资风险较大且投资成本较高的项目的偏好程度比较低，这就会对我国居民财产性收入的提高有阻碍影响。前文曾提到我国目前出现了“与城市等级相匹配的投资方式多元化”这一现象，这一现象的表现为一、二线城市投资方式多元化趋势明显且成熟，而三、四、五线城市投资方式多元化趋势不显且幼稚。这在很大程度上与城市经济发展水平相关，但是伴随着互联网时代的到来，各种经济界限也越来越薄弱，而投资方式多元化在我国各线城市中仍然存在很大的差距，这就需要政府出台相应的政策，用行政力量干预市场在这一方面出现的失灵。

当前，金融市场上各类金融工具及其衍生工具已经呈现出一种“变革”的趋势，笔者认为这是对我国金融服务市场改革的一个重要推动力。这就要求我国众多金融机构要迎潮而上，采取措施去完善投资渠道，努力降低各渠道的风险以及提高各渠道的收益回收率；要有针对性地为投资者提供金融产品或服务，可以通过提高产品或服务的个性化和差异化来更好地满足投资者的独特需求。笔者认为具体可以采取以下几种措施：①可以将国内货币市场上的各类基金进行整理，打通国外投资渠道，将国外先进资本进行整理，实现金融投资领域多平台的融会贯通；②在金融衍生市场上，则需要稳步探寻发展利率、汇率和股指期货的联动效应；③运用大数据分析，掌握各线城市对理财工具、产品和服务的需求，开发出可以满足各线城市需要的工具、产品和服务，使城镇居民和乡村居民均可通过进行投资来取得财产性收入，丰富人民获得财产性收入的来源渠道，这也顺应了党的十九大报告的方针。

投资渠道多元化对增加居民财产性收入的作用极其显著，二者有时甚至会呈现出指数增长的相关关系。当投资渠道愈来愈多，人们所拥有的财产积累也就有了越来越多的增值机会，这就会给居民带来财产性收入，从而能够增加居民的消费，促进各线城市经济的健康平稳发展；而各线城市经济的发展又会反作用于居民的财产性收入。这样投资方式多元化与城市经济发展之间形成一个双向作用链，既解决了内需又拉动经济增长。

（三）各线城市之间相互学习借鉴先进制度建设经验

我国一、二线城市利用发展先机的优势，逐步实现了经济和制度的成熟与协调，其成功的经验值得其他各线城市学习。尽管当前仍在很多方面存在不平衡性，但是却可以在一线城市成功经验的基础上利用互联网时代与大数据时代能够跨越地域限制的这一优势探索出一条崭新的发展道路。

笔者认为，居民财产性收入的增长与金融制度的建立和完善是分不开的。我国的金融制度建设经历了很多的阶段，从幼稚走向较为成熟经历了血雨腥风。而如今“互联网＋”趋势下，我国金融市场已经结合互联网衍生出了新型金融制度的雏形。因此，各线城市应该把握好这个机会，发挥先动优势探索出一条适合其发展的金融道路。

（四）引导居民树立正确的投资价值观和风险观念

我国投资市场逐步摆脱幼稚走向成熟，投资渠道也实现多元化，在部分领域上已经摆脱主要依靠储蓄利息收入获得财产性收入这一传统模式。笔者了解到，我国居民通过在银行进行储蓄获得一定数额的利息收入拥有比较悠久的历史，并且我国人民普遍拥有着储蓄的习惯。在我国金融市场处于“幼稚阶段”时，投资渠道单一且劳动者对于投资的认可度较低，因此将大量的工资性收入投入银行储蓄，尽管此时仍然有部分人“下海试水”，但是却没有形成一股潮流。随着我国金融市场的成熟，投资渠道愈来愈多，而绝大多数人，尤其是农村居民，思想受限，仍然认为银行储蓄是最稳妥（甚至认为收益最高）的投资方式，因此依旧采用银行储蓄作为主要的投资渠道而忽视投资组合的作用，限制了其获得财产性收入的能力。与此同时，思想率先得到解放的居民逐步采用投资组合或者新兴的投资渠道，获得一定数量的财产性收入，这样导致处于同一工资收入水平的劳动者，由于采用收益差距较大的投资方式，他们所拥有的财产积累以及由财产积累衍生出的财产性收入出现极其巨大的不同。

出于历史等客观因素的作用，我国居民在财产观念上奉行保守主义且投资知识较为缺乏，因此在深度和广度上加大对投资的宣传和指导，实现居民财产观念的转型，强化居民依靠多元化投资渠道获取财产性收入的主观意识，将对培育理性、成熟、合格的财产性投资者产生巨大的积极作用。

（五）确保居民工资性收入保持平稳增长

工资性收入是财产积累的起点，而积累的财产则能够成为财产性收入的源泉，因此确保居民的工资性收入正常增长能够带动财产性收入提高。首先，政府要严厉打击损害劳动者工资权益的行为，确保居民工资“取之有保证”。其次，政府需要制定企业职工工资增长的指导线，确保职工工资能够实现稳定的增长。再者，我国再分配要注重公平，可以向中低收入者倾斜。

最后，政府需要加强对垄断的管制，存在垄断性质的行业或企业应该维持低收费和低利润的运营状况，垄断行业或企业所获得的“垄断利润”不应留己自用，应该上缴国家作为再分配的财富。国家通过将这些财富重新进行分配，能够更好地保证愈来愈多的中低收入劳动者有财产进行积累。

（六）建立全面的住房公积金体系

随着我国市场经济体制的不断深化，住房体制也逐步实现了向市场化的转轨，房地产改革的众多政策均已结束使命退出市场舞台，但是唯有住房公积金仍然保持着较高的活力。在我国，公积金制度主要是以政府强制实施，由居民个人和招工单位分别按月缴存一定比例费用的方式，给居民的家庭住房消费需求提供一定数额的储蓄的累积和资金的保证，同时形成一种参与缴纳人员之间的互帮互助性质的融资体制。伴随着我国居民需求结构的不断升级，公积金制度愈来愈成为我国居民住房保障体系中不可或缺的组成部分，为广大职工在住房市场体制下实现自住其力，发挥重要的政策性住房融资作用。

政府要紧随市场的脚步，建立起覆盖全面的、适应市场需求的住房公积金保障制度，在应该建立公积金的领域应该尽快确立公积金制度，在应该缴纳公积金的领域需要足额缴纳，要逐步将公积金覆盖面扩大到城市中拥有固定工作岗位的其他城镇的各类就业群体身上。结合国际住房公积金制度的发展历史，住房公积金在改善中低收入尤其是低收入家庭的住房消费能力上发挥着不可忽视的作用。为了拉动我国内需，政府应该更多地将规范化的公积金向国内中低收入家庭进行倾斜。此外，可以通过适度放宽个人购房贷款的方式改善公积金的使用效率问题，这样就可以使更多的居民尤其是中低收入居民享受到住房公积金所带来的福利。

六、结论与展望

本文基于我国五线城市的等级划分考虑城镇居民财产性收入对消费情况的影响，采用相关系数方法探讨居民财产性收入对消费支出情况的影响，得到一系列供读者参考的相关结论。

面板数据（Panel Data）相较于时间序列数据而言，其参考的价值更高，分析结论更具全面性和现实性。面板数据能够在时间序列的基础上对截面的系列情况采取连续观察的方式，同时它也可以被视为运用混合数据来研究变量之间的相互关系。面板数据可以作为分析变量趋势的一种计量模型，既能够呈现数据截面单元上的变化规律和特性，又能对数据在不同时间上进行刻画。因此，面板数据模型能够更好地运用样本信息，降低多重共线性的影响，使得研究更加便捷高效。本文在面板数据模型的基础上，针对居民财产性收入影响居民消费进行一定程度的探讨。

实证表明，城市等级越高，其城镇居民的财产性收入对居民消费的促进作用越强；反之，则越弱。当然，实证分析中也出现了随着城市等级下降，二者相关性增强的现象。笔者结合上述的实证分析结论提出了几条能够改善居民财产性收入"量"与"质"的政策与建议。

本文虽然在研究领域上算是独树一帜，但是由于笔者能力的限制，不可避免会与相关文献产生一定程度的相似，数据分析上也会产生一些漏洞，尽管笔者已经尽可能去避免这一问题。此外，由于笔者分析各线城市数据仅限于10个年度，在实证分析上带来的误差有可能很大。

参考文献：

[1] 谢琦. 财产性收入对居民消费需求影响的实证研究［J］. 消费经济，2014，30（2）：8-11，16.

[2] 盛夏雯. 财产性收入影响城镇居民消费的实证研究［D］. 长沙：湖南师范大学，2016.

[3] 涂凯. 财产性收入影响居民消费的实证研究［D］. 长沙：湖南师范大学，2013.

[4] 邢贲思. 让城乡居民的收入稳步增长［M］. 北京：人民出版社，2008.

[5] 周其仁. 收入是一连串事件［M］. 北京：北京大学出版社，2006.

[6] 唐雪梅. 论转型期我国居民财产性收入的调控［M］. 成都：西南财经大学出版社，2015.

[7] 郭兴芳. 资本存量、财产性收入与居民消费路径演化研究［M］. 北京：社会科学文献出版社，2015.

[8] 孙从海. 家庭财富管理的财产性收入增长效应：基于理财市场数据的考察与分析［M］. 成都：西南财经大学出版社，2014.

[9] 陈晓枫. 中国居民财产性收入理论与实践研究［M］. 北京：经济科学出版社，2014.

[10] 许国萍. 互联网金融发展现状及建议［J］. 合作经济与科技，2018（22）：66-67.

[11] 程相宾. 我国互联网金融的发展模式及影响研究［J］. 山西师大学报（社会科学版），2018，45（6）：20-24.

［12］左倩．我国城镇居民财产性收入影响因素研究［D］．合肥：安徽大学，2017.

［13］张屹山，华淑蕊．我国城镇居民财产性收入影响因素与增收效应分析［J］．求索，2014（12）：61－65.

［14］谭银清，王钊，陈益芳．我国农民财产性收入的特点及影响因素研究［J］．天府新论，2014（4）：76－80.

［15］霍飞飞．中国城镇居民财产性收入影响因素分析［D］．大连：东北财经大学，2013.

快递业劳动关系及快递员劳动权益保护情况调研报告①

指导老师：杨欣　项目主持人：林倩瑜
项目参加人：冯晓慧　邸博宇　杨雨蒙

摘　要：通过剖析不同发展模式下用工形态的差异，反思传统劳动法理论在快递员劳动关系认定中的适用。受快递业工作模式的影响，快递员普遍工作时间较长，且不同用工形态下快递员劳动权益有不同程度的受损，承包关系和劳务关系的出现给快递员权益保护带来了很大的挑战。在“宏观把握，微观微调”的思想指导下，探索快递员权益保护的途径。

关键词：快递员　劳动关系　劳动权益保护

一、引言

中国快递业的历史进程伴随着改革开放以来的经济的发展升级，1980 年中国邮政打响了中国快递业的第一炮，随后的十年间顺丰、申通、韵达等企业先后成立。近几年，中国的快递业蓬勃发展，顺丰、圆通等企业上市，市值一路走高，足以窥见快递资本的运转。根据《2018 快递员群体洞察报告》，2018 年快递员数量较 2016 年增长 50%，达到 300 万，快递业务量将达到 490 亿件。国家邮政局的数据显示，2018 年一季度快递支撑网络零售额接近 1.5 万亿元人民币，快递业务收入占国内生产总值比重为 6.2‰，对国内生产总值增长直接贡献率为 1%。国家邮政局最新数据监测显示，2018 年“双 11”当天产生快递物流订单 13.52 亿件，同比增长 25.12%②。

① 本文为 2018 年中国劳动关系学院本科生科研项目一等奖，北京市大学生科学研究与创业行动计划项目，项目名称“快递员的劳动保护问题研究”。

② 人民网．国家邮政局：双十一快递订单 13.5 亿件　全国快件 4.16 亿件［EB/OL］.（2018－11－12）［2018－11－13］.

如上所述，快递业在经济总量、生活质量增长方面发挥了至关重要的作用。在快递业繁荣发展的背后，快递员是一颗不可或缺的“螺丝钉”，从分拣、揽收、转运到投递都少不了他们的身影。然而，近年来快递员的生存状况问题频发，如“快递员猝死”“快递员交通事故频发”等，引起了人们对快递行业的关注和思考。为了解快递员劳动权利保护的基本情况，中国劳动关系学院“快递员劳动权益保护”课题组采用问卷调查法和实地调查法，走访调查了北京市的高校、小区、快递营业部，对快递员的劳动关系、权益保护现状进行数据采集和情况调查。

通过调研，对快递业劳动关系及快递员劳动保护的基本情况做如下基本概括：本次调研，一共发放问卷160份，回收有效问卷160份，问卷回收率100%。笔者与来自不同快递公司的快递员进行了深度访谈，访谈对象共计15人，涵盖顺丰、京东、圆通等快递公司。依据对快递业劳动关系和快递员劳动保护的现状欲以揭示快递业发展模式的选择对快递员劳动关系的影响，在此基础上探讨快递员劳动保护的路径。

选项	小计	比例
顺丰	22	13.75%
京东	6	3.75%
邮政 EMS	6	3.75%
圆通	40	25%
申通	54	33.75%
宅急送	6	3.75%
韵达	19	11.88%
中通	25	15.63%
天天	6	3.75%
汇通	8	5%
唯品	1	0.63%
其他	2	1.25%
本题有效填写人次	160	

二、快递业用工关系的基本情况

目前存在三种主要用工形态。

自1980年中国邮政开展第一笔业务，快递业作为“舶来品”在中国落地生根了。中国邮政凭借着国企的实力和前期搭建起的邮政网点，开展直营模式的快递业务。紧随其后，1995年后陆续有民营资本的力量进入快递业。与国企自身优势不同的是，民营资本为了快速占领市场，“用最少的气力发展最多的网点”，选择加盟的经营模式。“四通一达”① 在早期发展快递业时，商业版图所到之处就会找当地的公司作为加盟商，双方依法签订加盟合同，被加盟者根据合同约定授权加盟者使用其商标、商号、快递服务运单和收费标准，对不同寄递环节的加盟者进行针对性指导，建立统一的快递服务网络体系对加盟者进行管理和提供服务，并承担相应的法律责任②。如圆通快递，通过加盟经营模式，把人力和网点成本转嫁给加盟商，实现“枝叶”的迅速铺展。总部将省级代理权卖给一家公司，这家公司把各市的代理资质转卖给市级网点，市级代理公司再转给各县市的网点。

笔者主要对京东、圆通、中通几家快递公司进行了考察，如图1所示，快递业主要存在三种用工形态：劳动关系、承包关系、劳务派遣关系。网点作为快递投递派送的终端，是直接与快递员发生牵连关系的营业主体。从网点的设立模式入手，追根溯源至不同发展模式下用工形态的差异。

在直营的经营模式下，快递总部直接在省一级区域设立分公司，再由分公司根据区域需求下设经营网点。在“快递总部—分公司—网点”的发展模式下，快递总部通过控制分公司从而实现对网点的管理。网点作为快递公司的“派出机构”，在最小单元的派送区域中，代表公司与快递员订立劳动合同。

在加盟的经营模式下，快递总部通过层层代理的方式，将经营权赋予一级加盟商。一级加盟者有资格准入的要求，必须是取得快递业务经营许可证的法人。加盟商为了经营的需要，将自己责任区域的一部分或全部经营权对外分包，形成了“快递总部—省级代理—市级代理—末端网点”的局面。在分包、转包的过程中，产生了多样化的用工形态。总的来说，快递公司直接与快递员订立劳动合

① “四通一达”即申通快递、圆通速递、中通快递、百世汇通、韵达快递。

② 郑佳宁．我国快递行业发展的“潘多拉之盒”：快递加盟连锁经营模式之法律问题探讨［J］．河南社会科学，2016（3）．

同，为劳动关系的订立；区域代理在外包经营网点或招用网点的负责人员时，产生承包关系或劳务关系。

调研结果显示，直营和加盟两种经营模式下的用工形态有明显的不同。如图1所示，直营公司京东用工行为规范，劳动合同签订率为100%。加盟模式的公司如圆通、申通三种用工形态并存，劳动合同签订率为75%以下。

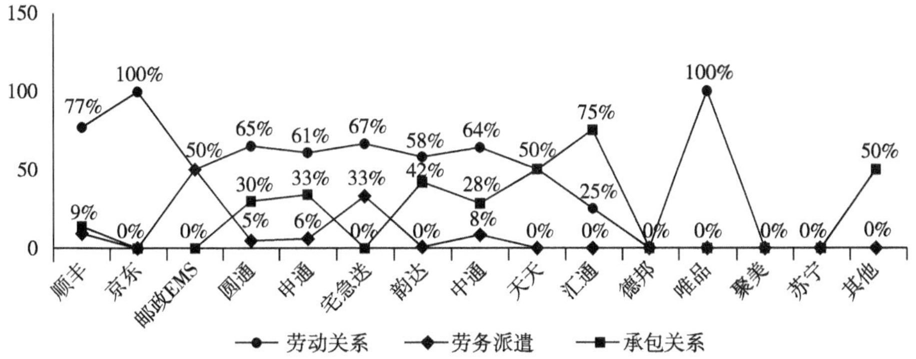

图1　用工关系中劳动关系判定

不论是加盟还是直营模式下的快递员，其工作内容并无二致：收件、取件、派件。可为何在劳动关系认定的问题上争议频发？以下笔者将结合调研结果试对快递员劳动关系的问题做一分析梳理。

通常认为，劳动关系是劳动者与用人单位之间为实现劳动过程而发生的劳动力与生产资料相结合的社会关系，兼有从属性、人身性与财产性的特征①。判定快递员与公司之间是否成立劳动关系，主要看两者是否签订劳动合同。如上所述，如顺丰、京东发展直营模式，直接与快递员订立劳动合同，成立劳动关系。如圆通、中通等加盟制企业，由于加盟、承包等关系的层层渗透，终端网点用工行为不规范，劳动合同签订率较低。

确认劳动关系的存在的另一救济途径是判定是否成立事实劳动关系。原劳动

① 董保华．劳动法论［M］．北京：世界图书出版公司，1999：41.

和社会保障部《关于确立劳动关系有关事项的通知》① 确认了以“从属性”为劳动关系的判断标准。其实质的判定标准在于劳动者与用人单位是否存在“从属性”关系，即为经济、人身、组织上是否具有“从属性”。以经济从属性来考量劳动者与用人单位之间的紧密的经济关系，具体化为两个指标——劳动条件和劳动环境是否由用人单位提供以及劳动报酬是否由用人单位定期持续支付②。人身从属性即强调被雇佣的事实，是否服从营业组织的工作规则、服从用人单位的工作指示、接受用人单位的惩罚监督等③。

结合快递员工作的具体情况判断，从快递员劳动过程来具体化认定：在日常管理中，快递员是否有受用人单位的工作规章的约束，如上下班、休息日等；在派件过程中，快递员是否使用网点提供的派件工具，如派送车、工作服等；从工资结算来看，是否为用人单位直接发放④。

受不同经营模式的影响，快递员的用工关系在不同体制下呈现不同的形态。直营模式下快递员与快递公司直接订立劳动合同。加盟模式下快递总部将地区经营权由省—市—县层层分割、代理转包。地区快递分公司出于控制成本和经营风险的考虑，往往采取划分区域出售承包经营权的方式。承包体制下个体经营者多选择与快递员订立劳务关系。笔者结合调研结果和实务审判，将三种用工形态的具体情形分别列出，以下逐一分析，见表2。相比之下，承包关系最大的特点是从加盟商处获得经营资格，在指定的区域内自负盈亏，独立承担经营风险，没有主体资格的限制。劳务关系最大的不同是，根据劳务合同的约定，以自己的劳动工具独立完成工作指令方的快递任务。如图2所示，劳动工具的提供与劳动关系的订立之间的关系呈正相关。订立劳动关系的快递员能从快递公司处领取基本的劳动工具，如服装、派送车、派送箱等物品。劳动关系的订立多存在于直营企业，如顺丰、京东，受公司规章制度的管理，由公司统一提供劳动工具。

---

① 第1条规定：“用人单位招用劳动者未订立书面劳动合同，但同时具备下列情形的，劳动关系成立：(1) 用人单位和劳动者符合法律、法规规定的主体资格；(2) 用人单位依法制定的各项劳动规章制度适用于劳动者，劳动者受用人单位的劳动管理，从事用人单位安排的有报酬的劳动；(3) 劳动者提供的劳动是用人单位业务的组成部分。”

② 冯彦君，张颖慧．“劳动关系”判定标准的反思与重构［J］．当代法学，2011，25 (6)：92－98.

③ 黄越钦．劳动法新论［M］．北京：中国政法大学出版社，2003：94－95.

④ 承包关系下所得的报酬实为发包人和承包人约定下的利益分配，独立核算且自负盈亏，为快递利润分配的中间环节；劳务或劳动关系下的报酬计算是由用人单位根据派件数量和惩罚机制综合计算。在刘桂霞与上海汇通速递有限公司确认劳动关系纠纷上诉案中，法院认为涉案快递员所得报酬来自其向寄件人收取的快递费与交付被告的走件费等费用的差额，故不能认定原告接受了被告的用工管理或领取了相应的劳动报酬。

其中，最受争议的是人格从属性的判断依据是否包括“快递员的行为受公司的处罚”。加盟模式下，快递总部通过内部系统设立一系列规制快递员不当行为的举措。在此系统运转下的任何加盟商、承包商和快递员都受到公司的统一管理。其问题背后的根源在于如何在“指挥权泛化”的机制下寻求真正的关系归属。

表 2

	劳动主体	人格	经济	组织	适用情形
劳动关系	个人	快递公司指定上下班时间、派送区域	用人单位发放工资	由快递公司统一提供服装、派送车等劳动工具	直营企业
劳务关系	个人	自己决定派送区域、上下班时间	根据劳务合同约定计算工资报酬	自行准备服装、派送车等劳动工具	承包体制下建立劳务关系或与公司直接订立劳务合同
承包关系	个人或组织	同劳务关系	在承包区域内自负盈亏	同劳务关系	加盟经营模式下，加盟商分包快递网点

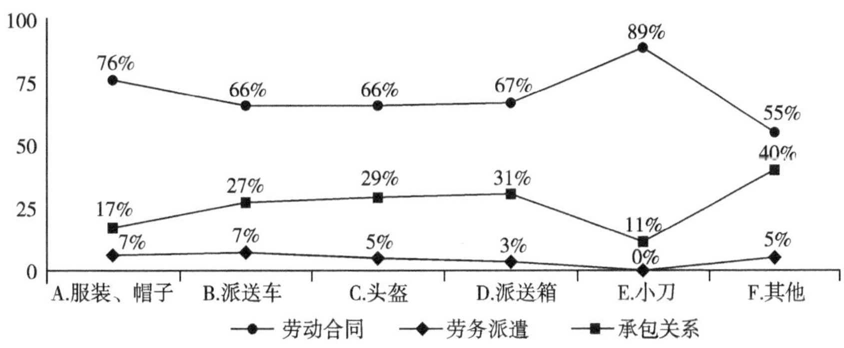

图 2

实务审判中，法院以“从属性”作为劳动关系重要的认定标准。在蔡凯凯与瑞隆速递公司（中通快递的加盟商）的劳动纠纷中①，法院认为蔡某与快递公司间只存在承包的法律关系。其认定理由有二：一是蔡某的工资构成是收取快递费和为公司送快件，收入既不符合劳动合同法所规定的固定制工资形式，也不符合计件制或计时工资形式；二是蔡某以自己的技能、自备交通工具进行揽件、送件，自担经营风险，难以认定其与快递公司之间存在人格、经济及组织上的从属性。

由于快递员工作压力大，人员流动性快，快递业易出现大量的劳动力缺口。公司的正式员工不足以完成快递量的派送。在预热“双11”期间，招聘网站就展开了各个快递企业的抢人大战，如顺丰、中通招聘快递员须100—200人不等。这也不可避免地促发经营者用更好的待遇寻找“临时快递员”。笔者了解到，快递公司会选择与劳务派遣公司统一签订劳务派遣合同。或是直接雇佣快递员，与其订立劳务关系。

三、快递员劳动权利保护的基本情况

《劳动法》规定了劳动者在劳动关系中的8项权利②，笔者经过对快递员劳动权利保护现状的基本了解，认为快递员权益主要有以下几个方面易受侵犯：①快递员休息休假的权利；②快递员取得劳动报酬的权利；③快递员享有社会保险和福利的权利。这是快递业自身的特殊属性和不同发展模式综合作用的结果。

（一）工作时间

快递员上班时间较为固定，一般是7点到8点之间。快递员的下班时间取决于派件数量和派件区域的特点。若是在大学城、写字楼送件，由于学生和办公人员有着较为固定的上下班时间，快递员的派件时间也基本与他们保持一致，每天大约六点半收工。若在其他区域，如居民楼、商场，则是“什么时候送完了什么时候收工回家”。接受访谈的快递员表示：“刚上路的新手对区域分布不熟悉，往往送一个件要绕老半天路，虽然刚开始给派的件少，但往往收工的时候也是十点多了。”快递员在完成派件工作后，要将一天内收到的件及时送往集散点，不

---

① 江苏省南通市中级人民法院（2015）通中民终字第00156号民事判决书。

② 主要有以下8个方面：劳动者有平等就业的权利；劳动者有选择职业的权利；劳动者有取得劳动报酬的权利；劳动者有权获得劳动安全卫生保护的权利；劳动者享有社会保险和福利的权利；劳动者有接受职业技能培训的权利；劳动者有提请劳动争议处理的权利；劳动者有休息休假的权利。

能耽误快件的发出。如此算来，正常工作情况下，快递员一天的工作时间在10小时到12小时，见图3、图4。逢上“双十一”“618”等购物狂欢节，工作量是平日里的3倍之多，快递员的工作时间在14到15小时，有时甚至不能休息，要连夜去仓库分拣。

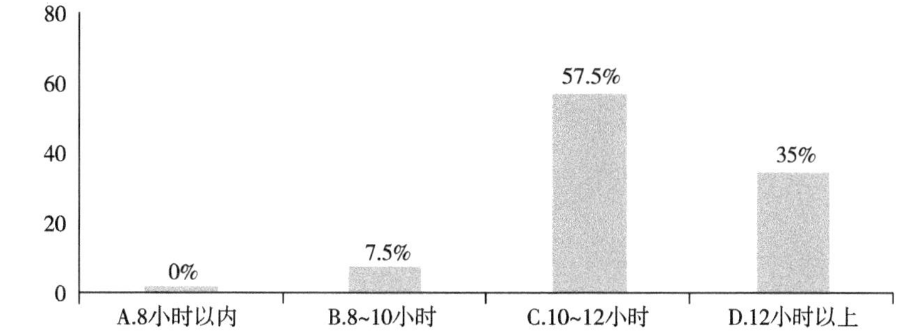

图3

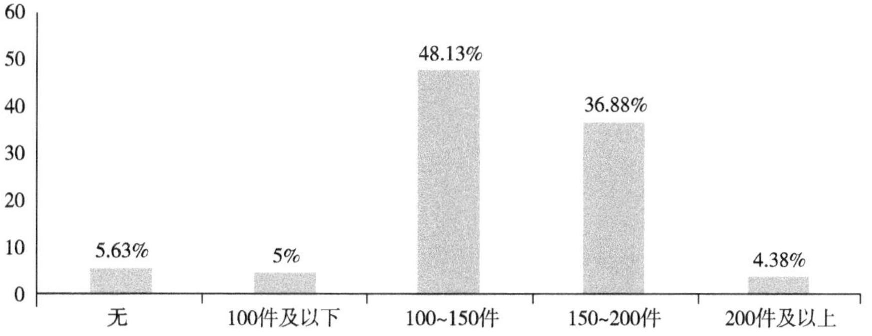

图4

如图5所示，51.88%的快递员每个月休息四天及以下，42.5%的快递员没有休息日。这是由快递员的计薪方式和“派件包干”综合作用决定的。快递员的基本工资不足1000元，收入的主要来源是派件量和收件量。快递业“多劳多得”的特点决定了快递员休息一天，就少派一天件，少领一天的工资。另外，快递员的工作区域在划分后就各自为界，每个快递员只负责本区域的派件与收件。若是快递员需要请假，则要自己负责找人完成区域内的派件任务。

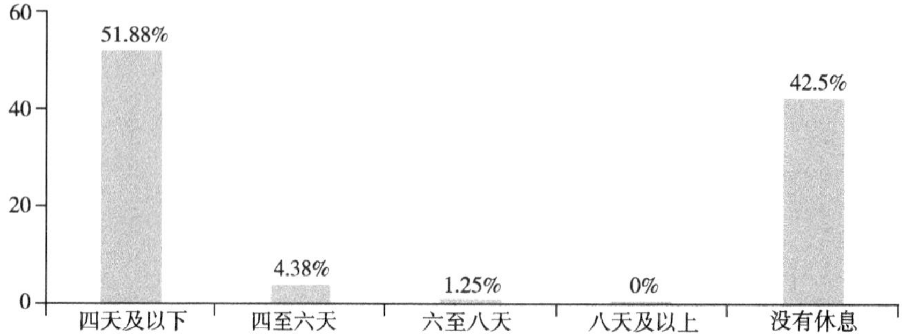

图 5

（二）工作报酬与奖惩机制

如图 6 所示，快递业的工资普遍采用“基础工资 + 提成”的构成模式。派件提成根据各个区域的派件数量和派件难度确定。若在办公楼、大学城等区域，派件、收件数量多，派件难度小，则每件的提成在 0.8 元到 1.5 元之间；若在郊区，快件数量少且分布区域分散，作业难度大，则每件提成在 1.7 元到 2.2 元之间。

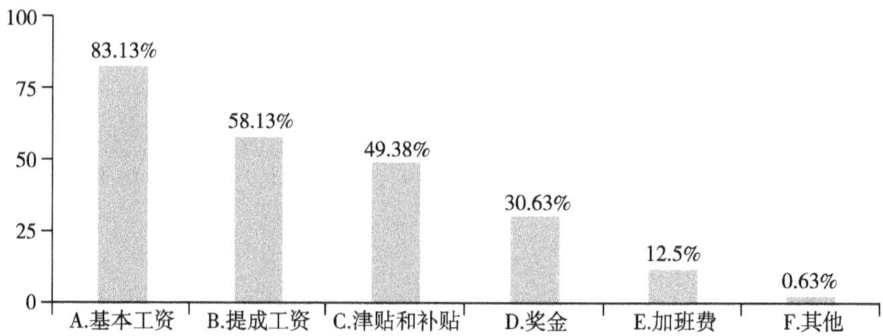

图 6

同时，快递公司总部具有一系列针对快递员的惩罚机制，包括丢件和受投诉。一位曾做过全峰快递的加盟商说，公司罚款机制是，快件延误罚 100 元，快件丢失需要赔偿货物损失另加罚款 500 元，私自签收罚 200 元，处罚条例数不胜数（最奇葩的是必须对收件人微笑服务否则一次罚 50 元）[①]。在实践中，惩罚手段表现为：对丢失快件进行赔偿，扣除一定比例的工资、提成，在绩效考核中减去相应的分数。以上几种措施可综合适用。接受访谈的快递员表示："自己上个月刚弄丢了一台手机，一个月白干了。"

如图 7 所示，快递公司对丢件的管理措施普遍采取让快递员赔偿的方式。在劳动关系中，快递员对公司的经济依赖程度较高，公司辅助采取"扣除一定比例工资"的方式进行惩罚；在劳务派遣中，由于快递员就业较灵活，对公司的人身依附性较弱，公司直接采用对快件进行赔偿的方式；在承包关系中，由于承包方与发包方特殊的上下级管理制度，公司对承包方实施的惩罚手段也更为多样化。

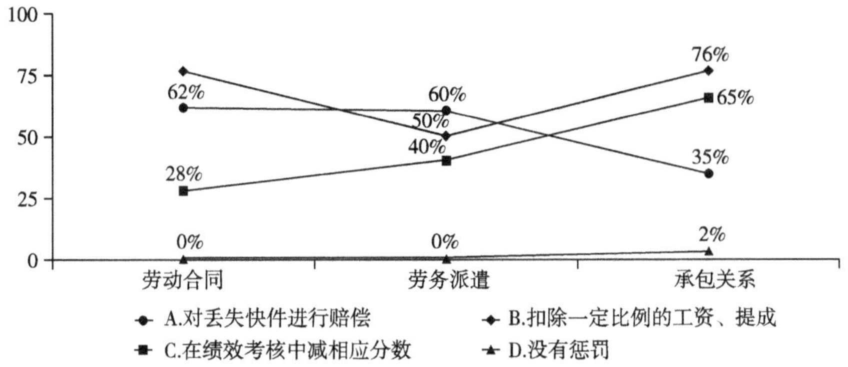

图 7

此种"以罚代管"的管理模式看似是最直接有效的提高服务质量的途径，实则是管理层将经营压力逐层下放至终端的快递员。快递总部为了提升服务质量，塑造良好口碑，从与客户直接对接的快递员入手。通过高额的罚金倒逼快递员提升服务质量。在加盟的经营模式中，快递总部实施"双罚制"，如丢件的惩罚机制是快递员和网点都需对此承担一定的赔偿责任。

普通快递员最后能拿到手的工资并不如网传的"破万"，如图 8 所示，45% 的快递员工资在 3000 元到 6000 元不等，50% 的快递员月工资为 6000 元以上。

① 圆通：快递员被客户投诉一次罚款 100 元且不可申诉 [EB/OL].（2017 - 09 - 01）[2018 - 10 - 01].

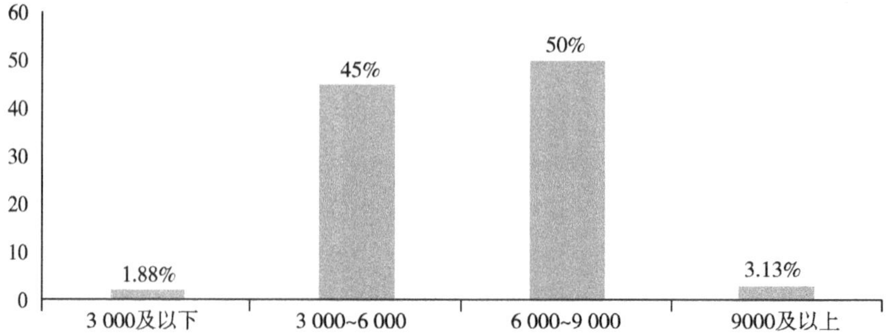

图 8

同时，笔者还了解到快递员普遍存在工资拖欠的情况。如图 9 所示，57.5%的快递员遇到过工资拖欠的问题。一名快递员在接受访谈时表示："我已经几个月没有拿到工资了，上一个加盟的老板跑路了，新的老板不认这笔钱。"由于承包快递区域的老板往往是个体，一旦资金链出现问题，员工就无法从老板处取得报酬。

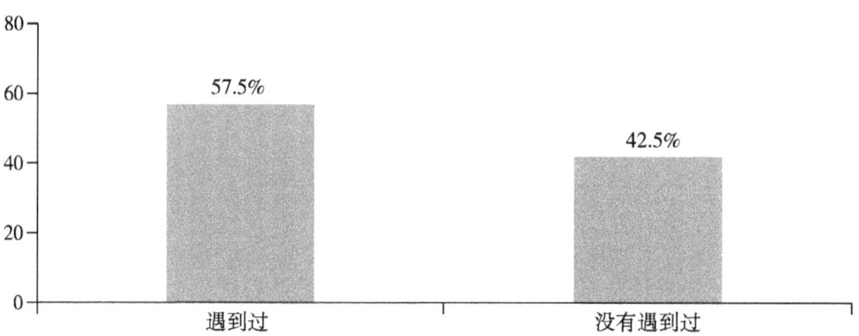

图 9

（三）社会保险

如图 10 所示，社会保险的缴纳与劳动合同的订立存在正相关。订立劳动关系的社会保险缴纳率远高于承包和劳务关系的。

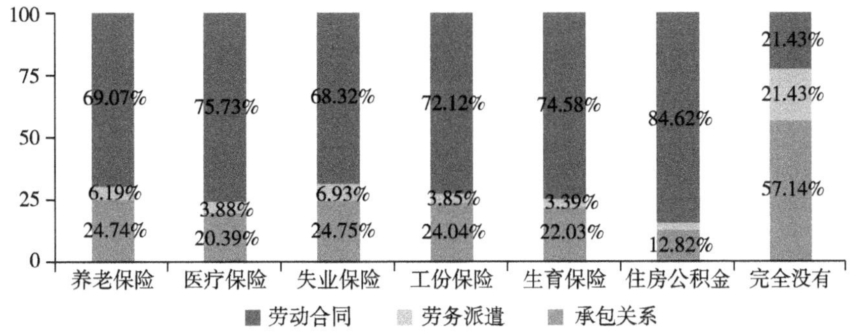

图 10

这不仅是由于社会保险的缴纳是劳动关系不可分割的一部分，还有如下原因：

1. 加盟制下行业利润挤压

原因在于，在快递同质化竞争和总部严格控制的双重作用下，快递网点的利润十分有限。在现实的经济压力下，快递网点的管理人员选择不为快递员办理保险。有加盟商称："今年元旦后，利润接近为零，原来利润最高 30%—40%，现在毛利润不超 10%，把所有运营的东西都剔除以后，可能就属于不挣钱甚至亏损状态。"①

2. 行业的流动性影响社会保险的缴纳

从快递员的角度来看，北京交通大学和阿里研究院 2016 年联合发布的《全国社会化电商物流从业人员研究报告》显示，有 44.2% 的站点快递员平均工作年限在 1—3 年。快递行业的快速流动性是双方不愿办理社会保险的原因之一。接受访谈的快递员表示："我可能待个大半年就不干了，离职时转移社保手续十分烦琐，不如直接给我折成现金。"对于快递公司来说，加盟制下的快递网点平均月收入的毛利润只有 8%。在现实利润和快速扩张的双重压力下，网点的雇主往往选择以意外险代替社会保险的办法。

① 中国投资咨询网. 2017 年是快递业集体出事的一年 圆通"被倒闭"的背后 [EB/OL]. (2017 - 02 - 21) [2018 - 10 - 27].

四、快递员劳动保护路径探索

在快递员权益保护路径探索方面，应采用“宏观把握，微观微调”的保护思路：所有快递员都面临着工作时间过长、工资报酬易受公司不合理惩罚制度的剥削、社会保险缴纳不健全等问题。笔者在调研中注意到，快递员的权益会因用工形态的不同而受到不同程度的侵害。因而在探索快递员的劳动保护路径方面，遵循着此种区分思路展开如下分析。

（一）提高快递员自身保护意识

快递员现存矛盾最突出的是：劳动关系的确认和劳动权益的维护。劳动关系的确认受限于多种快递网点发展模式，行业标准不统一的现实状况，实践中难以区分几种用工形态的差异。快递员作为劳动主体，应具备基本的辨别能力，明确自己的劳动关系定位。其次，在劳动合同订立不能的情况下，注意收集证明劳动关系存在的证据，如：上下班打卡记录、派送工具、工作服装等材料，以备日后发生劳动纠纷之用。在自身权益受到侵犯时，快递员应当积极、理性、合法维权，依法向工会、司法机关、仲裁机关寻求救济①。

（二）强化快递公司责任承担

1. 公司效益与快递员劳动强度的平衡

国内快递业不同发展模式对于企业对员工的控制力有不同程度的影响。在调研过程中，笔者注意到供职于不同公司的快递员对劳动保护有不同的需求。直营企业的快递员更关注劳动强度，顺丰快递员在接受访谈时表示：“公司对服务的要求太高了，一天要送三次件，同城的收件一小时内就要送到。”在公司客观效益发展前提下，保障快递员的基本劳动权益，适当调整工作强度，缩短工作时间。

2. 公司管理体制的合理性反思

加盟企业的快递员更关注劳动基本权益的实现，如工资报酬的合理分发、保

① 唐矿，胡夏枫. 网约工的劳动权益保护［J］. 社会科学辑刊，2018（2）：109－115.

险的办理等。不可否认，加盟制是企业在扩张商业版图中的高效抉择。这种商业模式直接影响的是公司总部对于加盟商的控制权。现有的控制模式是通过面单和内部快递系统①来实现对快递网点的经济控制，总部通过设立一系列惩罚机制来规范快递员的行为。但快递总部对于快递员与网点、公司之间的关系态度十分模糊，未曾有明确的表态。快递总部作为终端的管理者和最后利益的承受着，应负有规范下游加盟商用工行为的责任。但现实是，层层转包带来的是层层的处罚、剥削。终端网点作为经营利益分配的底层，往往承受了多级的惩罚和利润的削减。网点因为经营不善而难以为继，不仅影响快递员劳动报酬的取得，而且不利于整个快递生态的持久发展。

3. 公司应规范加盟商的用工行为

在加盟的经营模式下，快递总部由对快件的管理直接规范快递员的收派行为，却对快递员的劳动关系关注甚少。缺乏行业或公司的统一规制，下游加盟商的用工行为呈现多样化的发展趋势。快递总部作为利益的享有者和责任的最后承担者，从风险防控和社会责任承担方面考虑，需要规范加盟商的用工行为。在选择加盟商方面，应设立严格的准入制度，确保加盟商的用工主体资格；在管理加盟商方面，应跳脱以往的“管件不理人”的管理模式，对不同区域的网点和规模做出区分对待，规范用工模式和行为。

（三）创新工会的组织形式

与正规用工相比，快递员分布零散，劳动标准适用不统一，其更需要社会组织的保护。工会近年来在灵活用工的组织方面进行了多种尝试。2017 年 11 月，衢州首次尝试运用“互联网 +”的手段，通过微信公众号、手机 APP 等互联网方式，开辟快捷的入会通道，让奔波在全国各地、长期游离于工会组织之外的货运司机找到了“家”②。这一举措是对互联网时代新经济组织工会建设和跨区域企业建设联合工会的有益探索。

定点定向的尝试成功后，全国总工会将此经验扩展到更多行业和区域。2018 年 3 月，全国总工会以开展“货车司机入会集中行动”为牵引，大力推进货车司机、快递员、护工护理员等八大群体入会，推动农民工入会工作实现新提升。从

① 如圆通公司的“金刚系统”“罗汉系统”“行者系统”。

② 毛朝阳．全国首个“货运司机之家”在衢州成立［N/OL］．浙江工人日报，2017 -06 -05（2）［2018 -10 -27］．

车马象工会的成功经验，其可借鉴之处有：①利用互联网搭建信息共享平台：加强快递员行业内信息交流与沟通，及时掌握行业资讯及工作信息；②建立线上申诉机制：快递员受到公司的不合理处罚可通过工会平台实现“有理可说”；③工会可建立快速员的入会渠道，为快递员入工会提供更多可行的方案。

（四）加强劳动监察部门的行业监管

劳动监察作为政府部门的有机组成部分，通过规范劳动主体行为，维护劳动力市场的正常秩序，保护劳动者合法权益①。面对快递业用工不规范，如劳动合同的订立、社会保险的缴纳、职业保护等方面的诸多挑战，各级劳动监察部门应该对此类现象重点监管，联动各方主体形成有效的监管体系。组织对快递网点的定期专查，公布典型违法案例，发挥教育警示作用，引导企业合法用工。同时，完善劳动者的举报监督渠道。快递员在面临劳动权益受侵害时，个人力量不足以与公司直接谈判，又不知采用何种方式解决矛盾，往往是“无处申冤”。因而，劳动监察部门在合理审视单位的用工行为规范的基础上，要考虑让更多的劳动者得知合理的救济途径。

参考文献：

[1] 杨欣．规制“新业态”？快递业产业模式对劳动关系的影响及法律管制调整［J］．中国人力资源开发，2018，35（2）：81－88.

[2] 沙雨邦，刘婧娇．互联网时代背景下快递员群体社会保险参保模式创新［J］．劳动保障世界，2017（32）：16－18.

[3] 段越．快递员生存现状分析及保护思路：以顺丰、圆通等快递公司为例［J］．人力资源管理，2017（8）：363－365.

[4] 边之韵．北京市快递员劳动状况调查［J］．北京劳动保障职业学院学报，2016，10（4）：33－37.

[5] 单春雷．快递员权益现状的分析及保护思路［J］．成都师范学院学报，2014，30（8）：119－121.

[6] 江滢．视野之外的劳动、控制与抵抗［D］．武汉：武汉大学，2018.

[7] 林原，李晓晖，李燕荣．北京市快递员过劳现状及其影响因素：基于

① 唐矿，谭泓．加强劳动监察工作的逻辑思考与路径选择［J］．中国劳动关系学院学报，2015，29（3）：10－14.

1214 名快递员的调查［J］. 中国流通经济，2018，32（8）：79－88.

［8］张楠. 互联网＋背景下的快递员劳动关系界定［J］. 中国劳动，2018（6）：60－65.

［9］王秋文，邵旻. 快递员社会保障存在的问题及对策研究［J］. 劳动保障世界，2018（27）：9－11，13.

［10］王全兴，王茜. 我国“网约工”的劳动关系认定及权益保护［J］. 法学，2018（4）：57－72.

［11］史秀亮. “互联网＋”模式下劳动关系的认定［D］. 兰州：兰州大学，2018.

［12］唐矿，胡夏枫. 网约工的劳动权益保护［J］. 社会科学辑刊，2018（2）：109－115.

“嵌入式”医养结合养老模式的发展现状分析[①]
——以北京市朝阳区和平里社区为例

指导老师：郭鹏　项目主持人：姚家畅
项目参加人：郑颖萱　孙林　龚健　彭川翔

摘　要：人口老龄化趋势以及我国“未富先老”的实际国情使得我国的养老服务体系面临巨大的挑战，目前我国已经基本形成了机构养老、社区养老以及居家养老这三大养老模式为组成部分的养老服务体系，但是这三种养老模式各具利弊，均无法很好地满足老年人的多层次养老需求。因此，“嵌入式”养老模式综合了这三种养老模式的优点，能够以最低的成本、较高的效率提供养老服务，符合我国目前的基本国情，本文以个案研究加定量分析的方式，以北京市朝阳区和平里社区为调查地点，在该社区的人口老龄化程度等基本数据的基础上，分析该社区的养老服务运营情况，指出其中存在的养老院极度依赖财政补贴，社区居委会、社区卫生站等参与主体未能充分协调以及该社区对个人的养老观念不符合现实等问题，提出了尽快完善养老院运营标准，建立养老服务各主体协调机制以及政府通过政策宣传端正个人的养老观念。

关键词：嵌入式　医养结合　和平里社区

一、绪论

（一）研究背景

从宏观角度出发，随着经济发展水平和卫生健康水平的不断提高，我国的人

① 本文为2018年中国劳动关系学院本科生科研项目一等奖，中央高校基本科研业务费专项基金——优秀本科学生创新项目，项目名称“我国‘嵌入式’医养结合养老模式研究——以北京市朝阳区寸草春晖养老院为例”。

口平均预期寿命不断提高，人口结构向“倒三角”的趋势发展。2015 年我国的人口平均预期寿命为 76.34 岁，其中男性为 73.64 岁，女性为 79.34 岁；从人口结构上看，2017 年我国年末总人口为 139 008 万人，其中 0—14 岁人口为 23 353 万人，15—64 岁人口为 99 808 万人，65 岁及以上人口为 15 847 万人，老年抚养比为 15.9%①，已远远超过老龄化社会的 65 岁老人占总人口的 7% 这一分界线，即将进入超老龄化社会。工业化进程的不断推进所伴随的经济发展水平、卫生健康水平的提高，意味着人口预期寿命不断提高是人类发展的重要标志，因此，人口老龄化程度一般与一国的经济发展水平呈现正向联系。而我国的基本国情却是尚处于发展中国家，人均 GDP 处于全球中下水平，意味着我国的经济发展水平与人口老龄化程度不相符合，表现为“未富先老”的基本国情。相比于养老保险，“未富先老”的基本国情对养老服务的冲击更加严重，因为我国的养老保险实际上为现收现付制，养老保险基金总量也呈现结余的状态，意味着养老保险基金的发放不成问题，但是从我国目前享受养老服务的人口数量少，养老服务提供的水平低等问题可以看出，人口老龄化对养老服务的冲击极为巨大。

从中观水平看，作为本次研究的调查地点的北京市朝阳区和平里社区，其人口老龄化程度为 40% 以上②，人口老龄化程度较高。从人均生活水平上看，由于该社区为原某研究院的家属社区，并且社区内在养老院居住的老人均为高校退休教授，领取的养老金较高③，因此可进一步推测出该社区的人均生活水平较高。同时，“嵌入”于和平里社区的寸草春晖养老院，为政府样板工程，享受政府的财政补贴，该养老院为老人们的每一张床都配备了实时监控设备，能够 24 小时监测老人们的身体状况，养老院内的房间可居住 1—4 位老人，该养老院有一位常驻医生，为老人们提供体检等初级医疗服务，当老人们发生较严重的疾病时，会立即送往在该社区附近的签订合作协议的中日友好医院等。

从养老模式上看，在十九大报告中提到，为了实现“老有所养、老有所依、老有所乐”等目标，提出了建立以居家养老服务为基础，以社区养老服务为依托，以机构养老服务为支撑的养老服务体系。十九大报告中提到的居家养老、社区养老、机构养老三者衔接的养老服务，意味着大多数老年人应该享受到居家养老服务和社区养老服务，而机构养老服务作为这两种养老服务的补充。以居家养

① 相关数据来源为中华人民共和国统计局官网。

② 该社区人口老龄化程度通过访谈社区居委会负责人得知。

③ 经过访问养老院工作人员，得知在社区内养老院享受养老服务的老人大多数为清华北大退休的教授，许多老人领取的养老金为 1 万元左右。

老服务和社区养老服务作为我国养老服务体系的主体部分，既符合我国传统的家庭观念，又是基于我国的机构养老服务运营不成规模、极度依赖财政补贴的现实。居家养老服务和社区养老服务各有其利弊，单独凭借其中某种养老模式无法很好地满足老年人多层次的养老需求，“嵌入式”养老模式将这两种养老模式结合起来，兼具两者的优点，而寸草春晖养老院除了实行“嵌入式”养老模式，还在此基础上实行医养结合模式，顺应了人口老龄化趋势下老年人疾病发生概率提高、发生种类繁多的特点。

（二）研究内容

本文之所以选取北京市和平里社区作为调查地点，第一个原因在于该社区的人口老龄化程度较高，同时人均生活水平较高，意味着大多数老年人享受或者有享受养老服务的需求，能够为本研究提供较多的数据支持。同时，寸草春晖养老院作为北京市政府样板工程，其提供的养老服务模式具有代表性，“嵌入式”医养结合养老模式相比其他养老模式，能够更好地满足老年人多层次的养老需求，因此本研究以该社区的养老服务体系作为研究内容。

（三）研究意义

本文的现实意义为，通过对北京市朝阳区和平里社区的养老服务体系的相关主体进行访问、实地调查、发放问卷等，对其养老服务体系进行分析，总结其得到的成就，以及存在的问题，并且提出解决措施，对该社区的养老服务体系完善具有现实意义。

本文的理论意义为，虽然我国目前形成了以居家养老服务为基础，以社区养老服务为依托，以机构养老服务为补充的中国特色养老服务体系，但是目前我国的养老服务系尚未完全定型，并且各地模式不一，处于试点阶段，通过对该社区的养老服务体系进行研究，能够为养老服务体系的完善提供一定的理论基础。

（四）研究方法

本文主要采用的研究方法为：

问卷调查法，本研究通过对在该社区内居住的老年人提供问卷，了解老年人的养老服务需求、收入等基本情况。

访谈法，对该社区的社区居委会、社区卫生站工作人员以及养老院的工作人员进行访谈，得知养老服务相关参与主体的权责等。

实地调查法，在进行问卷调查的过程中，对该社区的老龄化改造程度进行主观的感知。

二、和平里社区问卷调查情况总结

本研究在该社区内通过发放问卷的形式，收集和平里社区内的老年人的相关数据，其中问卷由两部分组成，第一部分为老年人的基本情况，包括性别、收入、文化程度、家庭子女数量等，第二部分为老年人首选的养老方式，影响老年人养老的因素等问题。本次调查共发放了 120 份问卷，其中有效问卷为 100 份。在通过问卷调查法得到相关数据之后，将相关数据录入到 Excel 中，进行整理、分析（见表 1）。

表 1　本次问卷调查概况

项目	例数	项目	例数	项目	例数
性别		月收入		月收入	
男	52	1000 以下	1	6000—7000	3
女	48	1000—2000	1	7000—8000	0
年龄段		2000—3000	21	8000—9000	0
55—60	51	3000—4000	42	9000—10000	0
61—70	38	4000—5000	21	10000 以上	0
71 以上	11	5000—6000	11		

参与本次问卷调查的老年人，男女约各占一半，其中处于年龄段 55—60 岁的老年人最多，约为总数的一半，其次为 61—70 岁的老年人，71 岁以上的老年人最少。

关于参与此次问卷调查的老年人的收入情况，绝大多数老年人的收入处于 2000—6000 元/月，其中收入在 3000—4000 元/月的人最多，占总人数的 42%，其次为 2000—3000 元/月和 4000—5000 元/月，5000—6000 元/月的人在此收入段中最少，与北京市目前的低保标准 1000 元/月相比，参与此次问卷调查的老年人的基本物质生活能够得到较大的保证，这从本次问卷调查中的“经济状况自评”一题中“非常满意”“比较满意”“一般满意”所占百分比分别为 22%、40%、18% 也能得到反映。

表 2　老年人的居住、生活与子女交流情况

子女数量	例数	子女的交流次数(每周)	例数	目前的居住方式	例数
1	62	每天都会交流	42	单独居住	33
2	31	2—3 天交流一次	26	与配偶居住	44
3	5	一周一次	21	与子女居住	23
4 以上(含)	2	有事才联系	11		

关于参与此次问卷调查的老年人的居住、生活情况（见表 2）。62% 的老年人育有一位子女，31% 的老人育有两位子女，生育两位子女以上的老年人仅占少数，其中与子女分开居住的老人占绝大多数，占 71%，这与“目前的居住方式”中选择“单独居住”“与配偶居住”这两个选项的老年人分别达到 33%、44%，选择“与子女居住”该项的老人仅占 23% 有一定程度的联系。在老年人与子女的联系紧密程度上，42% 的老年人每天都会与子女保持交流，26% 的老年人两到三天会与自己的子女交流，21%、11% 的老年人分别是一周才与自己的子女交流一次和有事才联系。

关于此次参与问卷调查的老年人的受教育程度和职（见表 2）业，大多数老人的受教育程度在初中和本科之间，分别为初中（16%）、中专（13%）、高中（29%）、大专（20%）和本科（14%）。而老人们的职业分布情况比较均匀，所占百分比都比较接近。

表 3　老年人的未来养老意愿情况

项目	例数	项目	例数
身体不能自理后如何安排自己的生活?		是否愿意去养老院?	
在家让配偶照顾	21	愿意	57
在家让子女来照顾	26	不愿意	30
依靠上门服务	11	说不清	13
去养老院	41		
其他	1		

在老年人的未来养老意愿方面（见表 3），参与问卷调查的老年人首选的养老意愿为：身体不好时才去养老机构（42%）、自己在家享受养老服务（29%）、与子女同住（19%）、候鸟式养老（10%）。而在身体不能自理后，老人们的生

活安排选择为：去养老院（41%）、在家让子女来照顾（26%）、在家让配偶来照顾（21%）、依靠上门服务（11%）和其他（1%）。

关于老年人是否愿意去养老院以及什么因素最能影响参与问卷调查的老年人是否愿意去养老院方面，57%的老人愿意去养老院，30%的老人不愿意去养老院，而13%的老人持保留态度。而决定老年人是否愿意去养老院的影响因素方面，经济条件、养老服务是否满足需求、能否融入养老院的生活为主要的影响因素，分别占到了24%、28%、26%，而家人的支持与否以及政策的支持力度也是不可忽视的影响因素。

三、访谈情况总结

（一）社区居委会访谈情况总结

在与社区居委会相关工作人员的访谈中，得知和平里社区的社区居委会工作人员主要负责该社区养老服务的工作有：

第一，依托日常的工作，对该社区的人口老龄化程度等相关的基本情况进行统计，对和平里社区老年人的相关情况，如收入、家庭子女数量、生活方式等进行统计，以此保证对社区老年人的养老需求有一个大概的了解。

第二，由于社区居委会工作人员与社区老年人的联系比较紧密，交往比较密集，大多数社区居委会工作人员在该社区居住了较长时间，通过日常的生活能够很好地了解社区内老年人的生活情况以及养老需求，因此社区居委会工作人员在养老服务的供方——寸草春晖养老院和养老服务的需方——社区老年人之间充当中介的角色，缓和养老服务供需错配问题。

（二）社区卫生站访谈情况总结

在与社区卫生站工作人员访谈中，得知社区卫生站工作人员提供初级卫生服务和进行转诊，主要负责社区内居民的体检以及一些小病等，因此社区卫生站会与养老院进行协调，为享受居家养老服务、社区养老服务的老年人进行体检，掌握社区内老年人的健康状况，方便养老院为社区老年人提供更好的养老服务。

（三）养老院工作人员访谈情况

养老院的访谈情况如下：

养老院的护理员每天的正常工作时间为8小时，实行倒班制，由于养老院内大多数为失能半失能老人，因此经常需要加班照顾老人，工作负荷非常大。

四、和平里社区“嵌入式”医养结合养老模式现状总结

（一）有效满足社区内老年人的养老需求

和平里社区实行“嵌入式”医养结合养老模式，首先为绝大多数老年人提供居家养老服务，包括助餐服务、助洁服务、助行服务等多项养老服务，为生活尚能自理的老人提供便利，一定程度上减缓了寸草春晖养老院的养老服务供给压力。同时，由于有社区居委会和社区卫生站的介入，能够更好地掌握社区老年人的身体健康程度、家庭生活基本信息等，使得养老服务供需主体之间的信息不对称程度大大降低，养老院能够更好地为社区内老年人提供服务。同时，由于寸草春晖养老院“嵌入”在社区内，无论是在养老机构内享受养老服务的老年人，还是享受助餐服务等便利性服务的老年人，都由于不用离开熟悉的生活环境而大大降低了排斥感，满足心理需求。

（二）形成了多元主体参与机制

在以往的养老模式中，都是由老年人和养老机构直接形成双方关系，容易出现由于信息不对称而导致的养老服务供需错配，而在和平里社区实行的“嵌入式”医养结合养老模式中，该模式参与的主体有养老院、社区居委会、社区卫生站、老年人自己以及医院等。

养老服务方面，社区居委会由于已与社区内老年人打交道多年，更好地了解老年人各种需求，当社区内老年人需要养老服务时，可以通过与寸草春晖养老院取得联系为其提供信息支持，使得寸草春晖养老院能够更精确地提供服务，避免因老年人对自己的需求不了解而盲目享受机构养老服务。

在医疗方面，社区卫生站依托日常对老年人的体检、小病治疗所取得的数据，首先是依靠分级诊疗机制减缓了三甲医院的医疗服务供给压力，其次是也为养老机构以及可能的诊疗提供信息支持。

（三）更好地满足老年人的心理需求

我国目前的各种养老模式，如居家养老服务、机构养老服务的通病即无法很好地满足老年人的心理需求等更高层次需求，仅仅满足了老年人的衣食住行等基本生活需求，居家养老服务虽然能够避免老年人对新环境的融入问题和排斥感，

但是对于独居老年人的心理空虚等问题无法很好地解决，机构养老服务能够提供更好的护理，养老院的老年人也能聚集在一起聊聊天等满足心理需求，但是目前我国的养老机构的护理员总量严重不足，质量不容乐观，同时养老机构提供的服务层次参差不齐，使得大多数养老机构仅能满足基本生活需求，高层次的需求如心理需求等无法满足。而“嵌入式”养老模式很好地解决了这一问题，由于有了社区居委会工作人员和社区卫生站工作人员的参与，在平时的走访中，老人们能够及时与相关工作人员进行倾诉，大大减少了心理问题。同时由于社区居委会、社区卫生站工作人员也与老年人相处多年，相比养老机构工作人员更容易与老年人对话，及时发现问题等，因此更好地满足了老年人的心理需求。

五、和平里社区“嵌入式”医养结合模式问题分析

和平里社区实行的“嵌入式”医养结合养老模式很好地结合了目前主流的居家养老服务、社区养老服务和机构养老服务的特点，更好地满足了老年人多种养老需求，但是通过问卷分析、访谈和实地调查等发现目前该养老模式仍然存在一些问题。

（一）养老院运营过度依赖财政补贴

通过与养老院相关工作人员交流发现，虽然该养老院作为北京市的政府样板工程，但是该养老院从成立至今一直未能实现盈利，如果没有政府的财政补贴，将无法运营下去，这也是目前我国整个养老服务领域的通病，即过度依赖政府财政补贴，无法实行连锁化经营，规模成本递减。

同时，寸草春晖养老院的护工数量严重不足，护工与老年人比例过高，一位护工需要同时照顾多位老人，应接不暇，同时护工的质量过低，大多数为来实习的护理专业的学生或将近退休的老年人，并没有专业的护理人员提供服务。

（二）参与主体协调不明确

该养老模式涉及的主体有养老院、老人、医院、社区居委会和社区卫生站，其中医院作为最后的医疗服务提供者并且很少与老年人直接进行日常对话，而养老院所提供的养老服务精细化、准确度极度依赖于社区居委会、社区卫生站，因此若是社区居委会与社区卫生站未能沟通、协调明确，容易导致扯皮、推卸责任等问题，在访谈社区卫生站工作人员的过程中，该工作人员对是否与社区居委会

保持沟通出现了含糊不清的态度，可见社区卫生站和社区居委会关于老年人的信息之间是没有出现共享的，社区居委会工作人员掌握了较多的关于老年人基本生活情况的信息，对老年人的医疗信息也只能通过询问老年人或者通过日常观察得知，缺乏专业能力而无法得知准确、专业的医疗信息，而社区卫生站作为基层的医疗服务提供者，相反，因其专业权力能够“垄断”老年人的医疗信息。因此，社区卫生站和社区居委会的协调十分重要，若是出现沟通障碍，反而阻碍了养老服务、医疗服务的有效提供。

（三）社区内老年人的养老观念不利于养老服务体系的发展完善

在对社区内老年人进行问卷调查的过程中，有多名老年人明确表示希望享受机构养老服务，但是由于养老院的收费高或者需要长时间排队，故放弃。老年人过度依赖机构养老服务，首先不利于其他养老模式的发展和衔接，同时会对机构养老服务这一作为补充作用的养老模式造成巨大的压力，因此，急需改变老年人过度依赖机构养老服务的观念。

六、和平里社区“嵌入式”医养结合养老模式完善措施

（一）适当改革财政补贴结构，倒逼养老院提升运营能力

机构养老作为补充作用的养老模式，对失能半失能老年的余生照顾极为重要，其可持续运营关系到每一位在养老机构享受养老服务的老年人的一生，因此，不断提高养老院的运营能力尤为重要。由于我国养老服务处于起步阶段，因此在前期需要大量的财政支持是正常现象，但是过度依赖财政补贴反而不利于其健康发展，因此在认识到养老院的发展需要财政补贴的事实的前提下，改变财政补贴的结构，如把“补砖头”转为“补人头”，激励养老院更好提供养老服务，吸引更多需要享受机构养老服务的老年人入住养老院。同时，建立养老院的运营标准，使得养老院的运营能够“有法可依”。

（二）明确相关参与主体的权责

“嵌入式”医养结合模式由于相比较其他养老模式有了更多主体的参与，因此更需要明确每一个主体的权责，才能保证每一个老年人的利益不受损，及时、更好地享受到养老服务。

（三）通过政策、宣传转变老年人观念

过度依赖机构养老服务，实质上会使得养老机构进一步依赖财政补贴，同时，从老年人个体角度出发，不利于其自身的养老。自力更生一直是中华民族优秀传统文化所倡导的，因此，虽然目前失能半失能老人数量逐渐增多，但是养老服务的供给应当以"助"为主，而不是对老年人的生活方方面面进行全方位照顾，这样的话也违背了现代社会保障制度的责任分担原则。因此，作为现代社会保障制度的主导者，政府应当及时通过政策宣传、教育等引导老年人持有正确的养老观。

（四）其他完善措施

医养结合养老服务不仅涉及养老，还涉及伴随衰老所带来的医疗等问题，因此养老服务体系的完善还需要其他政策、措施的协同并进，如基层优质卫生资源下沉等。

七、总结

衰老是不可避免的事实，养老保险解决的是丧失劳动能力之后收入下降的风险，养老服务解决的是丧失生活自理能力之后无法安度晚年的风险，因此养老服务的完善与否关系到每一个人的晚年。

我国的养老服务体系正处于定型期，不同的养老模式有其不同的优缺点，而"嵌入式"医养结合养老模式能够兼顾不同养老模式的特点，最大化地发挥养老和医疗的资源，尽可能地扩大养老服务的覆盖面，尽可能满足多种层次的养老需求，因此急需发展这一新型养老模式。

本文以北京市朝阳区和平里社区为例，通过实地调研等方式，认为"嵌入式"医养结合养老模式相比之前的养老模式，有更高的资源配置效率，更好地满足老年人的心理需求等优点，但是同时存在养老院过度依赖财政补贴，参与主体协调不一致等问题，在此基础上，提出了改变财政补贴结构，倒逼养老院提升运营能力，同时建立协调机制等措施，完善这一养老服务模式。

参考文献：

[1] 王欣，朱水成．迷你型嵌入式养老模式利弊分析：以上海市市长者照护

之家为例［J］. 安徽文学（下半月），2017（11）：105－106.

［2］朱勤皓. 上海社区嵌入式养老服务发展研究——新形势下老龄工作的探索与创新［J］. 科学发展，2017（8）：103－109.

［3］章迎庆，梁可. 上海嵌入式养老社区模式探讨［J］. 住宅科技，2017，37（2）：27－31.

［4］刘亚晴. 社区嵌入式小微机构养老模式研究［D］. 上海：上海师范大学，2016.

［5］张晓杰. 医养结合养老创新的逻辑、瓶颈与政策选择［J］. 西北人口，2016，37（1）：105－111.

［6］魏茹冰，宁波. 嵌入性理论视域下的社区养老模式构建：以海南省三亚市为例［J］. 安徽农业科学，2015，43（31）：387－389.

［7］李硕. 城市"医养结合"养老模式研究［D］. 郑州：郑州大学，2015.

［8］胡宏伟，汪钰，王晓俊，等. "嵌入式"养老模式现状、评估与改进路径［J］. 社会保障研究，2015（2）：10－17.

［9］梁宏姣. 城市医养结合机构养老模式研究［D］. 哈尔滨：黑龙江省社会科学院，2015.

［10］刘清发，孙瑞玲. 嵌入性视角下的医养结合养老模式初探［J］. 西北人口，2014，35（6）：94－97.

［11］赵晓芳. 健康老龄化背景下"医养结合"养老服务模式研究［J］. 兰州学刊，2014（9）：129－136.

［12］黄佳豪，孟昉. "医养结合"养老模式的必要性、困境与对策［J］. 中国卫生政策研究，2014，7（6）：63－68.

［13］杨贞贞. 医养结合的社会养老服务筹资模式构建与实证研究［D］. 杭州：浙江大学，2014.

［14］景思霞. 重庆市巴南区"医养结合"养老模式与路径研究［D］. 重庆：重庆医科大学，2014.

［15］张旭. 医养结合养老模式研究［J］. 赤峰学院学报（汉文哲学社会科学版），2014，35（3）：102－104.

［16］王素英，张作森，孙文灿. 医养结合的模式与路径：关于推进医疗卫生与养老服务相结合的调研报告［J］. 社会福利，2013（12）：11－14.

［17］袁晓航. "医养结合"机构养老模式创新研究［D］. 杭州：浙江大学，2013.

［18］伍国铭．福建省医养结合新型养老模式研究［D］．福州：福建师范大学，2013.

［19］杨景亮．老年人医养结合服务模式探究［D］．沈阳：东北大学，2012.

［20］郭东，李惠优，李绪贤，等．医养结合服务老年人的可行性探讨［J］．国际医药卫生导报，2005（21）：45－46.

北京“北漂一族”城市融入感的调查研究[①]

——以6位“北漂”人员的经历为例

指导老师：曹荣　项目主持人：杜文静

项目参加人：梁蕾　邬伊男

摘　要：随着我国经济区域化的迅速发展，我国的大量劳动力逐步向发展较好的省市集中。北京作为我国的首都，利用其优越的地理位置及得天独厚的政治优势和发展前景，更是吸引了来自全国不同地区大量的流动人口，一举成为我国人口三大聚集区之一。本文以6位“北漂”人员为访谈对象，依据他们的“北漂”经历、生活现状、工作情况等方面进行分析和总结，得出以下结论：①“北漂”人员的生活状况整体偏低，生活压力大，幸福感指数一直偏低，在城市融入过程中遇到了各种阻碍，不能充分地融入社会。②学历和行业领域的差别使得经济收入水平出现两极分化，使得“北漂一族”在经济层面的城市融入程度存在差距。③北京的各项规划采用户籍指标的方法，以及将外来务工人群分到远郊区县生活的方式一定程度上限制了“北漂一族”在京发展的条件。④“北漂”群体缺乏社会保障使得他们劳工权益无法得到保障，而且外来人口因其特殊的身份难以得到与北京户口居民一样的权益，会产生社会矛盾和问题。

关键词：“北漂”　城市融入　政府　工会

一、课题背景

据北京第六次全国人口普查数据发现，全市常住人口为1 961.2万人，同2000年第五次全国人口普查相比，十年共增加604.3万人，增长44.5%。预计

① 本文为2018年中国劳动关系学院本科生科研项目二等奖，中央高校基本科研业务费专项基金——优秀本科学生创新项目，项目名称“北京‘北漂一族’城市融入感的调查研究”。

到了2020年将使人口保持在2300万以上，但一些专家认为，到了2050年，将有5000万人生活在北京。

近几年，随着城市政策对外来人口不同程度的限制，北京外来人口的增速呈逐步减缓的趋势，但自20世纪以来，北京人口极速增长的主要因素仍然是外来流动人口。那些奋斗在北京，虽居无定所，但对未来仍满怀期待的，为了工作、为了发展、为了孩子在北京打拼的人，几乎在这座城市随处可见，这个大群体有个统一的称谓，即"北漂"。

目前"北漂一族"已成为一种突出的城市现象，大致可分为投资者、单位职工和民工三类主要群体，在这些人群中，"80后""90后"青年是主力军，与此同时，随着子女一起"北漂"的老年群体也日益增多，现有的研究主要集中在第二和第三类的青年群体上。本项目主要以青年职工为对象，通过质性研究的方式了解这些"北漂"人群的就业与生活现状，从而探究其城市融入感。

二、课题研究意义

（一）理论意义

从文献和各种资料的查询来看，在学术期刊和硕博论文中少有"北漂一族"的城市融入感研究，更多的是研究"北漂一族"的生存现状和存在的问题。尤其是在2018年年初由于火患问题北京对部分地区外来人口进行了强制性人口疏解后，"北漂一族"的在京生存及去留问题更加突出，故"北漂一族"研究需要得到重视。此项研究在一定程度上，为北漂群体的城市社会融入状况做了一些有意义的探索。

另外从研究的方式上，大多数研究是定性研究，是从整个群体的角度去了解北漂一族总体面临的状况，本文采用的质性研究可以集中在某一研究问题上，比如说从住房压力这个视角来看这个因素给北漂群体城市融入感带来的影响等研究。通过质性研究的方法，为以后关于"北漂一族"城市融入问题的研究提供一个有价值的参考。

（二）实践意义

1. "北漂一族"层面

在北京的人口疏解之后，北漂一族可能会存在着担心自己被疏解的心理，而且对于外来务工且文化程度不高的北漂群体来说，他们对于北京人口疏解的很多方面都不太了解或者不了解，因此产生的心理焦虑需要被人们知道。

本文进行的北漂一族城市融入感的研究，给北漂一族有一个为自己发声的机会，从他们的层面了解其对于城市的认同感和满足感，并且挖掘出北漂者已经融入或未能融入城市的深层次原因。

2. 社会工作者层面

“北漂一族”经常性地面临着许多问题和阻碍，例如住房问题、教育问题、工作问题等。在这种压力下存在着许多安全的隐患以及出现许多不良的社会问题。

本文的研究可以帮助社会工作者了解当前北京的“北漂”群体，明确其中隐藏的潜在服务对象和可能出现的社会问题，并且及时针对性地为其提供社会服务，有效地预防社会问题的发生。

3. 政府层面

对于政府来说，为了更好地明确北京首都功能区和构建美好的社会，人口疏解只是其中一种方式，本文提供给政府了解“北漂一族”的视角，帮助其找到将首都北京建设得更好的介入点，促进北京更好地构建美好社会。

三、文献综述

1. “北漂”和“城市融入”的定义

本论文所采用的定义是孙运宏对“北漂”下的定义，他认为“北漂”是指来自非北京地区，但在北京生活和工作的人们。人在北京，但没有北京户籍，尽管在这座城市实现了自主就业，但是，从就业所在地与户籍所在地相分离这种状况来看，他们仍然是属于“北漂”的一族。

城市融入的概念最早可以追溯至西方，国内的学者并未对“城市融入”这一概念有统一的界定或说明。在某一学术论文中，任远和邬民乐提出“社会融合是不同个体之间、不同群体之间或不同文化之间互相配合、互相适应的过程，并以构筑良性和谐的社会为目标”① 这一相关概念。

① 石璐言．北京市流动人口的城市融入分析［D］．长春：吉林大学，2015.

2. "北漂一族"的形成原因和现状

一般认为，人口迁移是由许多千差万别的个体迁移行为组成的，如果一个人对他所生活的环境不满意，那么迁移就可能发生。社会经济条件是人类进入工业社会后人口迁移的主要动力，而区域经济发展水平的差异是社会经济条件中对人口迁移影响最重要的因素，即人们为了追求更好的生活环境以摆脱贫困的状态，为了谋求更多的就业机会以提高自己的收入水平，或者是为了改善生活质量。总的来说，是由不发达的落后地区向先进的发达地区迁移，而北漂一族的迁移正是由较为落后的省市地区向相对较发达的直辖市首都北京地区进行迁移。

但是对于北漂一族来说，理想是丰满的，现实是骨感的。他们面对来自现实生活的各种压力：住房价格过高、收入较低、子女上学问题、社会保障水平低等。其中给予北漂族压力最大的就是住房的问题了，面对北京日渐攀升的高房价，北漂一族无力在京购房，而自己的房租也在逐年上升。甚至在近年来，因为北漂一族的低工资难以承受日渐高涨的房租，北漂人不得不选择居住面积狭小、位置偏远、环境不佳的出租房，而且往往是多人一起合租。但是近几年来因外来人口多在老旧楼房合租，人多物杂，且楼房缺乏各种安全防护措施，使得着火事件层出不穷，引起了政府的广泛关注。

3. 关于城市融入的研究现状

根据现有的关于城市融入的文献情况来看，不同的学者对城市融入这一现象有着不同的分析。有的学者从某一地域出发，根据经济、社会、心理 3 个层次对流动人口的城市融入进行了分析；有的学者是沿着某一群体，例如农民工，根据这一群体的研究来分析他们的城市融入情况；还有其他学者从经济发展的角度，分析经济的高速增长给城市融入带来的影响。这些不同类型的关于城市融入的分析，清晰地展示了现阶段社会发展的进步性和潜在的问题。但根据研究的现状提出的建议还存在着是否可实施的问题和适应性的问题，研究的建议是现在研究的通病所在，因为它都带有着研究者的主观意愿，本文也有相同的问题存在，这是所有研究者都需要解决的一个问题之所在。

四、研究目标

笔者采用了质性研究的调查方法，通过对在北京打拼的 6 位北漂人员进行深入访谈，以期了解和探析他们的生存现状以及他们作为“北漂一族”的感受和想法。

笔者希望通过这次研究，能够对城市的流动人口现状有一个明确的认识和了解，通过访谈了解他们的生活现状和工作状况，了解存在哪些促进或限制访谈对象融入北京这所城市的因素，了解他们在北京生活这一段时间的内心想法和感受，通过了解这些现状、影响因素、感受和想法，能够使我们更好地运用社会工作的专业知识为这类人群提供具有针对性的社会服务。

五、研究内容

（一）研究的对象

本课题想要了解的“北漂一族”城市融入感的现状，其研究对象是在北京工作的非北京户口的外来居民。但因为研究形式、地理因素和人员分配等条件限制，本课题将研究的重点放在了周围的“北漂一族”人员，例如学校食堂的工作人员，大学毕业留京的高校毕业生及其他外来务工人员等。

选择这些对象是因为“北漂一族”的人口众多，我们选择了其中少数的几种类型的北漂人员进行访谈，也是因为我们需要观察不同视角下的“北漂一族”对城市融入感的看法和感受，本次初步选择了6个访谈对象，他们的具体情况如下：

1. 小马：男，2000年生，河南人，中学学历，2016年毕业，已工作2年，目前在某大学的食堂随父亲工作，无固定收入，他毕业后就跟随父亲到北京找工作，但他并不是自愿到北京，只是因为父亲的要求才到北京来工作。

如今住在学校旁边的地下室里，周围全都是外来工作的人，都没有五险一金，他的业余生活也就是玩手机和去公园。在谈及未来的计划时表示这一年工作结束后要重新找一份工作，他想要找一份送外卖的工作，但表示未来不会留在北京，会选择在京工作一段时间后再回家发展。

2. 小郭：女，1994年生，黑龙江人，中国青年政治学院社会工作专业，硕士，2018年毕业，现已工作半年，目前在北京某社会工作机构当项目主管，月收入8000元左右，现在租房在工作地点附近，环境较好。

她于2013年到北京学习，结束6年的学习后决定留在北京工作，属于个人流动，父母都在老家。留京的原因是在京学习了6年，已经有了一定的人脉和情感，加上对这个城市已经足够熟悉，不想再去选择其他城市。她觉得在北京生活最大的困难是房租费过高的问题，占了工资的35%左右。

3. 小胡，女，1996年生，河北廊坊人，北京吉利学院学前教育专业，专科，2017年毕业，大二开始便在某房地产公司当话务员实习生，现在的月收入6000元左右，且与人合租在离工作地点较远的地方，环境一般，属于老旧居民楼，每天来回公司需要3个小时。

她所工作的部门一般都只招在读大学实习生，没有社保，工资靠绩效，房租每月1500元。她表示每天工作的压力都很大，决定再工作一两年就回家找其他工作。

4. 小邵，男，2000年生，河北邯郸人。中学学历，2016年毕业，现已在北京工作两年半。2005年跟随父母到北京求学，2016年初中毕业开始进入社会从事相关工作。第一份职业是在一家维修公司做修电脑和装监控的工作，今年6月中旬开始至10月中旬他在中关村某一维修公司做学徒（修手机），现在他在海淀黄庄某一苹果售后店做手机维修的工作，店铺比较小，没有社保。

现在住在西北旺，工作地点在海淀黄庄，房租是一个月1450元，对于他的月收入3000元来说他的房租相当于他的二分之一收入，而且他的居住环境也并不那么尽如人意。其一是距工作地点远；其二是居住条件比较简陋，饮用水需要到集体供水处那边领取。但是在北京一寸土地一寸金的现状下，他的居住条件已经算很不错了。

他来到北京的目的一开始是上学，毕业之后是为了事业。他本人的一个想法是在北京通过不断地学习技术，掌握不同公司的运营模式和经验，等以后有足够的能力和经济支持后进行自主创业。

作为一名“北漂”成员，他对这个城市的最大感触用一句近年来的流行语表达就是“想法很美好现实很残酷”。一开始他会认为自己可以较快地稳定下来，但是后来因为难以找到合适的房源搬了好几次家，就把他的规划彻底打乱了。面对较高的生活消费他往往都是入不敷出的情况。“花的比挣的都多”这是他在跟我访谈时说得最频繁的一句话。除了上班休息外他几乎没有业余活动。他的工资大部分都花在衣食住行上，用在精神层面上的花销除了偶尔看一场电影外再无其他。所以说他的恩格尔指数中等偏上，这也是北漂一族的常态。

他对这座城市并没有很大的归属感和融入感。因为他觉得自己说话略带外地的口音就已经暴露了自己北漂的身份。他只是在这个城市工作，除了挣钱之外没有想要更多。

5. 小陈，男，1997年生，内蒙古人，中学学历，2012年毕业，现已有工作

6 年的经历。他 2018 年 3 月到北京，在北京某一科贸大厦做维修电子产品（包括维修电脑及手机等）的学徒，学徒期为 3 个月，之后成为正式员工。他现在的月收入为 5 000—6 000 元。在圆明园附近租房住，工作地点离居住的地方不远。

他是个人流动，家人都在老家。来北京的目的是想要挣钱。因为清楚在老家打工工资不会很高，所以才想着来北京这样的大都市会有更高的收入。

6. 小李，男，1995 年生，贵州人，中国劳动关系学院工会学院行政管理（企事业文化）专业本科生毕业，2018 年毕业，现已工作半年，现在链家做房产中介，月收入 1 万元左右。现住在西城区新街口附近，房租是 1 个月 1300 元每个人。他们是 6 个人一起租的 1 个两居室，一人一张床铺就像大学里的那种上下床铺。

2014 年他到北京上大学，2018 年 7 月毕业，之后开始在北京工作，属于个人流动。他留在北京的原因是在这边上了 4 年大学，对这个城市有一定的了解，并认为在这里自己比较有发展空间，所以毕业后他没有返回家乡而是继续留在这里。他想要通过自己的努力得到自己想要的东西，这些东西包括金钱和自由。

他讲述自己在北京北漂最深的感触是“压力很大”。因为无处不在的竞争以及理想与现实的距离都让他倍感焦虑。

（二）研究方法

1. 文献研究法

通过查阅相关文献、书籍，网上借阅学术期刊等形式，对文献进行整理和总结，对所要研究的内容进行深入分析。本文涉及的相关文献包括北漂和城市融入的相关论文、学术期刊以及北京市民政部门相关政策法规等。

2. 定性研究法

笔者通过对访谈对象的实地研究获取大量的以文字、符号表示的观察记录和访谈笔记，深入了解北漂一族背后的各种社会现象和社会问题，并以此更加理解北漂群体。

3. 访谈法

根据文章的分析框架，笔者对在北京工作的 6 名北漂人员进行深度访谈，从多个层面了解其在北京的生活空间、生活条件、工作条件、限制因素、社会保障等（具体见附录），过程主要是通过笔录收集访谈资料，并将访谈后的资料进行分类和整理。通过对北漂群体的直接访谈，笔者获取了大量一手资料。

（三）研究过程

1. 通过分析“北漂一族”和城市融入感二者的定义和所包含的内容，通过整理“北漂一族”和城市融入感的概念框架，梳理和明确要研究的问题，得出研究不同阶段的任务和内容。

2. 调查前期，查阅大量关于“北漂一族”及城市融入感的文献，进行文献综述，联系现实发展的趋势和动态，有针对性地提出研究内容，并借鉴前辈学者们的合适的调研方法。

3. 根据研究的需要确定访谈提纲，将访谈提纲进行整理，找出其中重点需要访谈的部分和注意事项。确定访谈对象，即“北漂一族”，对其进行一对一的访谈，客观真实地提出问题和记录访谈内容，强调访谈记录的真实性和所收集资料的有效性。

4. 在条件允许的情况下，观察访谈者的工作场所，整理录音中的访谈内容，系统地列出几个需要关注的问题并与其他的访谈对象的内容进行对比。

5. 分析访谈的重点内容及内容的对比，列出研究发现，结合相关理论并得出结果。

6. 得到结果后交予指导老师，询问指导老师研究过程是否客观真实地反映了研究的主题和所访谈的内容，并针对建议修改问题，得出最后的结果。

六、课题研究成果

（一）从生存空间、生活条件及工作条件三维度分析北漂一族的城市融入感

1. 从生存空间维度分析受访者城市融入感

从访谈了解的情况上来看，6 名访谈对象中有 5 名选择了租房，且都是寻找的私房租住，只有 1 名得到了企业提供的免费住房，还是地下室。这说明随着大量外来人口的集中，北京住房条件也越加严峻。这不仅体现在房价只涨不降的局面，还体现在北京城市空间不断向四周扩大。找房难、住房条件差等越来越成为北漂一族在北京生存所必须面对的挑战。同时也说明在北京用人单位提供给员工的住房性福利依然欠缺。北漂一族在京生存的居住条件得不到保障，是使他们城市融入感较低的主要因素之一。因为租房压力过大导致他们要将大部分收入投入

到房租当中，从而减缓他们自身资金的积累，降低了他们的获得感。

2. 从生活条件维度分析受访者城市融入感

因收入和租房费用的限制，受访者的可用资金难以满足在北京的各项花销。从访谈中可以了解到，6 名受访者都没有属于自己的财产（车、家具、电器等），他们的时间大多数用在了工作和去公司的路上，他们的业余生活除了偶尔逛街和看电影外，没有其他的娱乐方式。这说明北京的生活压力较大，生活节奏都较快，他们每天的工作时间都超过了 10 个小时，或者更多，甚至到了周末还要加班，以至于到了休息时间就只想在家玩手机，而不愿意去旅游、爬山等。

3. 从工作条件维度分析受访者城市融入感

从 6 位访谈对象的工作情况来看，3 位受访者属于服务类的工作，2 位属于营销类的工作，1 位属于社会服务型的工作。从北京的大体上看，服务类工作的工资普遍偏低，且经过我们的实地观察，他们的工作环境，尤其是办公设施上普遍不太好。而营销类工作的特点之一就是竞争压力大，他们需要花费更多的精力在工作上，否则难以在公司获取更大的升职空间，因此会带来极大的焦虑感。

总体上来说，大多数北漂一族的生活空间小、生活条件一般、工作环境较差和压力大等因素使得他们难以对北京有强烈的归属感，幸福指数不高。

（二）不同学历人群和行业领域的城市融入感差异

6 位访谈对象中，3 位是中学学历，3 位是本、专科以上的学历。其中 3 位中学学历的受访者从事着服务型的工作，技能较为缺乏，收入水平也较低，平均工资 3000 元左右。其余三位从事着营销和社会服务型工作，收入水平偏高。平均工资在 8000 元左右。流动人口学历的差异和行业分布的差异造成这种收入的差距。

另外，政府和工会缺乏针对外来务工人员的职业素质教育和职业技能培训，使得文化程度低的外来务工人员缺乏与高学历人才竞争的条件，收入水平难以提升。

（三）北漂人员的劳动合法权益保护缺失

我国城市职工养老保险缴费最低年限为 15 年，而通过访谈和查阅相关资料之后发现，许多外来务工的人员的工作都是临时性的，难以在同一个地方持续缴费，且大部分北漂人员不了解也不愿意去了解社保的转移政策，使得北京流动人口的社会参保率总的来说较低。在该调查中6位访谈者只有一名受访者的工作单位为其缴纳了社保。而其余人员则是由于工作的不稳定性和不了解社保的政策等因素没有参加社保。大部分北漂人员在北京从事着服务行业，例如快递派件、餐饮服务等，由于法律意识淡薄，没有社保，也没有与用工单位签订劳动合同，导致工作经常流动没有稳定性。进而成为影响他们在京生活的一个不利因素。

七、结论

本文从生活现状、学历和行业领域、政策规划和社会保障等方面对6位北漂人员的访谈内容进行了分析，总结出以下结论：

1. 北漂人员的生活状况整体偏低，生活的压力大，幸福感指数一直偏低，在城市融入过程中遇到了各种阻碍，未能充分地融入社会。

2. 学历和行业领域的差别使得经济收入水平出现两极分化，使得北漂一族在经济层面的城市融入程度存在差距。

3. 北漂群体缺乏社会保障使得他们的劳工权益无法得到保障，而且外来人口因其特殊的身份难以得到与有北京户口居民一样的权益，会产生社会矛盾和问题。

八、建议

根据以上总结内容，在北京市外来人口不减反增的新形势下，做好人口工作是十分必要的。为了使这些北漂人员能够稳定下来，促进整个社会的稳定和谐，当局和大众都应重视北漂人员所处的局面，了解他们所遇到的问题，一同为促进他们融入城市有针对性地提出长期有效的政策方针，以实现外来人员和当地居民的和谐相处。为此，本文提出了如下建议。

（一）政府层面

1. 完善职业培训机制并建立监督工作体系

从现代化的需要和城市的综合性发展上看，加强外来务工人群的职业培训，提高员工素质是刻不容缓的工作，城市的发展少不了高素质的人才，尤其是服务业高速发展的现在，高端服务业缺乏相应的人才。因此需要完善职业培训的机制，及时地为外来务工人群提供针对性的技能培训，提升个人的工作素质和能力。与此同时，政府还应建立监督工作体系，对培训的质量进行有效的监督。通过提高外来务工人群的员工素质，提升其社会经济地位，使其具有更好的适应城市社会的能力，顺利融入城市社会。

2. 加大对社区“北漂”群体服务的覆盖

从访谈材料中发现，受访者几乎没有参与过社区的活动，或者是不了解社区有哪些他们可以参与的活动。党的十八大报告指出：“改进政府提供公共服务方式，加强基层社会管理和服务体系建设，增强城乡社区服务功能”。从十八大的相关报告中能认识到，政府号召从社区这一角度出发去解决问题，这可以是解决外来流动人口问题的契机。

建设四位一体的服务体系，指引外来流动人口积极参与社区活动，依法合理保障“北漂”群体的权益。

3. 探索多样化社会保障制度

探索社会保障的缴费由低向高移动的举措，打消外来流动群体的参保顾忌，使其能够积极主动参保。同时为其提出更多合适有效的社会保险方案，使外来流动群体从中选择符合其内心选择的合理参保方式。

（二）工会层面

1. 增强工会组织对“北漂”群体的影响

借助各种传播媒介，例如微博、微信、网络交友平台等方式传送北京工会在经济社会中发挥的作用，服务项目的实效，维护权能等的实例。让他们充分了解工会组织的社会职能、作用，以及对他们的助益。

2. 构建对“北漂”群体的服务体系

由于“北漂”群体的需求与其他人群存在差异，在城市福利上存在限制，尤其是在医疗服务上。目前总工会推出的在职职工医疗互助保障计划，主要覆盖对象是参加北京医保的职工和参加北京当地新农合的职工。工会应考虑扩大医疗保障的覆盖对象，将“北漂”群体覆盖在内，有效地缓解他们看病难的问题。

（三）社会工作层面

1. 促进北漂者的身份认同

整理访谈材料和文献资料发现，北漂人群存在着对自己的身份认识不清，觉得作为“北漂”人是低人一等的，在社会上没有什么地位，而且会出现不愿意和当地人相处的现象。社会工作者应采用积极的价值观引导北漂群体，加强他们的思想教育，倡导积极的生活方式，增强北漂群体的主人翁意识，使其意识到自己是生活的主人，是北京的创造者和主人翁；并使其认识到自己是自己的主人，自己是有地位的，有意义的，让北漂群体相信自己。

2. 缓解流动人口的心理压力

社会工作机构可联系北京市各区县的可利用场地等现有资源，了解外来群体的娱乐需求，定期向他们免费开放场地，缓解流动人口在生活和工作上的心理压力。另外，也可针对外来流动人口多开展一些关于心理健康的咨询和辅导，缓解心理压力，帮助他们更好地适应城市和融入城市社会生活。

参考文献：

[1] 范丽娜．“北漂”群体生存状况探析［J］．北京市工会干部学院学报，2014，32（4）：34－40.

[2] 张羽．“80后”“北漂”的生存状态研究［D］．北京：中国青年政治学院，2008.

[3] 杨金花，黄大庆，于海涛．“80后”“北漂”群体的主观幸福感与城市认同状况及关系研究［J］．甘肃高师学报，2015，20（5）：63－68.

[4] 石璐言．北京市流动人口的城市融入分析［D］．长春：吉林大学，2015.

[5] 李杨．“北漂一族”［J］．黄河之声，2006（2）：66.

[6] 杜红芳，高曼，柴彦言．关于“北漂一族”若干社会问题的思考［J］．赤子（中旬），2013（7）：172－173.

[7] 李媛．流动人口融入城市进程中的问题及对策探析［J］．黄河水利职业技术学院学报，2017，29（3）：96－99.

[8] 米咏梅．我国人口迁移的特点及对经济发展的影响［J］．北方经贸，2017（5）：15－16.

［9］陈晓园．流动人口医疗保障法律制度的新建构［J］．法制博览，2018（33）：223.

［10］王记文．人口迁移流动影响流入地人口态势［N］．中国社会科学报，2018－11－21（6）.

［11］曾明星．大城市流动人口居留意愿变动及其社会经济影响因素研究——以上海为例［A］．上海市社会科学界联合会．中国特色社会主义：实践探索与理论创新——纪念改革开放四十周年（上海市社会科学界第十六届学术年会文集——2018年度）［C］．上海市社会科学界联合会：上海市社会科学界联合会，2018：17.

“中国制造2025”建设背景下的职业教育现状调查[①]

——以包头市职业技术学院为例

指导老师：郭宇强　项目主持人：冯菁菁
项目参加人：成坤芸　姜怡宏　张好　张正言

摘　要：2015年对于职业教育来讲是重要的一年，国家指示要加快现代职业教育的发展，以培养优秀的职业技术人员供国家发展所用。与此同时，国家公布的“中国制造2025”也为这一指示提供了十年的行动纲领。随着信息化的高速发展，制造业领域对于传统制造业的转型发展需求迫切，这就需要相应的人力资源作为保障，然而，就培养技术技能人才的我国职业教育而言，仍存在着不少问题。本文首先运用数据调查法分析了目前我国制造业面临的现状，又以包头市职业技术学院为研究对象，通过问卷调查法从专业课程结构与内容、师资情况、学生参与度及其满意度等几个方面对包头市职业技术学院的人才培养基本现状与问题进行调查与分析。研究发现，职业学校在一些方面是有显著成效的，但也有一些方面仍滞后于“中国制造2025”的相应要求。根据本项研究调查出的现状分析，试着为中国职业教育的改革提出建议，其中大致有完善课程设计，继续加强教师队伍建设，增强职业学校学生的职业规划教育等。

关键词：“中国制造2025”　职业教育　应对策略

① 本文为2018年中国劳动关系学院本科生科研项目二等奖，校级学生科研项目，项目名称“‘中国制造2025’建设背景下的职业教育现状调查——以包头市职业技术学院为例”。

一、绪论

（一）研究背景及研究意义

1. 研究背景

在“工业 4.0”时代，越来越普遍的信息化、综合化智能工厂对现有的制造人才提出了严峻的挑战，“中国制造 2025”提出目前我国的要走以人为本的发展道路，要把人才作为建设制造强国的根本前提；从我国的就业市场现状来看，新兴行业和传统制造业中的高端技术人才以及技术精湛的人才缺口都比较大，所以现阶段培养出的人才和需求的高素质人才还是有一定差距的。

（1）院校数量

根据 2012—2016 年的专科院校数量发展情况来看（图 1），我国的职业院校数量呈逐年递增的趋势，近几年其上涨速度基本保持平稳，与本科院校的增速保持一致，这与国家目前需要大量的专业性技术人才来补充第二、第三产业的劳动力缺口相对应。

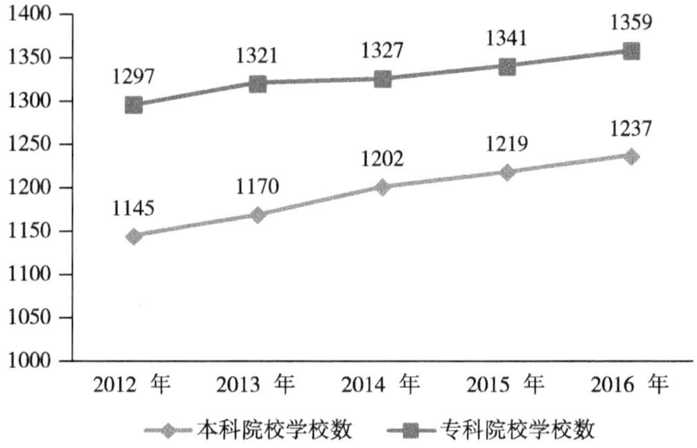

图 1　2012—2016 年职业院校学校数量（所）

（2）教师数量

除院校的数量以外，职业教育教师的队伍建设对于科教兴国战略、人才强国战略同样有着重大的意义。尽管职业院校的专任教师数量呈逐年稳步上升的趋势，但是，面对快速发展的职业教育，我国的职业教师队伍建设还存在很多不适应之处。具体表现在职业教育教师制度尚未健全，教师数量总体不足，2016 年专科院校学校数为 1237 所，本科院校为 1359 所（图 1），本科院校专任教师数为 113 万人，而专科院校的专任教师只有 47 万人，虽然职业院校有一部分是企业的兼职教师，但从总体上来看，职业院校教师队伍仍存在较大缺口。

另外，职业院校的“双师型”教师短缺，教师的专业技能水平普遍较低，教师培养与补充机制不畅，难以从社会和企业吸引优秀人才到职业院校任教。

（3）毕业生数量

根据相关数据统计，2016 年第三年度全国就业市场上，相对于本科和硕士的供求比呈现出明显的供过于求的状况，大专学历的供求比在 1.00 左右，基本处于供需平衡、人才偏紧俏的状况。而根据有关部门统计，近年来，市场对大专学历人才的需求基本上是本科学历人才的两倍；从 2013 年开始，本科毕业生数量呈直线上升趋势，并逐渐与专科毕业生数量拉开距离（图 2）。这种高等教育结构的不平衡发展导致了就业市场上存在供需结构性短缺与结构性过剩的问题。

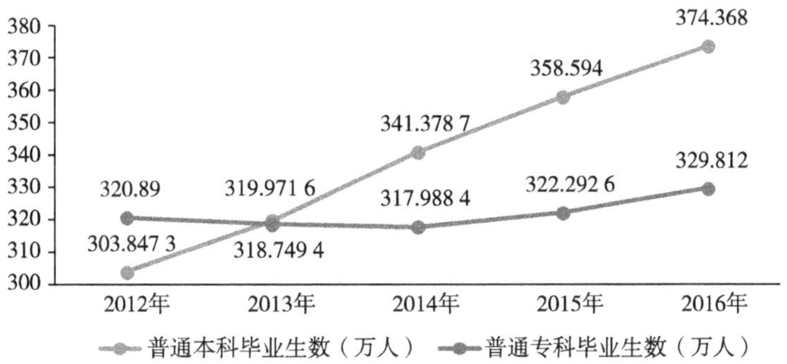

图 2　2012—2016 年普通专科毕业生数量（万人）

国家对十大重点发展领域做出了重要的战略部署，然而，能够满足这十大重点领域发展的专业人才培养规模严重不足，数据显示，十大重点领域的相关专业毕业生数量都呈现出逐年下降的趋势，难以满足我国对技术技能人才的需求。比如从制造类的毕业生数据来看，制造类毕业生的规模趋于稳定，每年大约向社会提供 40 万高级技能型人才，但根据相关机构对当前市场上制造业人才需求的调查，制造业大类的毕业生还面临着 50 万的缺口，人才供给明显短缺。

2. 研究意义

（1）理论意义

本文通过对实施“中国制造 2025”改革的包头职校进行实地的调查和访问，来分析目标院校的优势劣势，并通过文献研究法、专家咨询法、问卷调查法、实践访谈法和总结分析法 5 种研究方法，看其存在的问题和值得借鉴的地方，以期能完成一份调查报告来提出可供参考的实践建议提供给有关的职业学校，可以丰富职业教育的改革发展研究相关领域的理论研究成果；另外，本研究对包头职校中学生的职业生涯发展的偏好和诉求进行剖析，分析了学生主体与职业学校发展之间的互动关系，丰富了劳动力市场与学生就业相关领域的理论研究成果。

（2）实践意义

通过从学生对包头职校学校的几个模块进行的评价情况来进行“中国制造 2025”背景下人才培养现状的调研，也为职业教育的发展和改革提供研究的框架和参考；同时提出包头职校目前还存在的问题，进行分析并提出相应的应对策略，有助于为我国职业教育发展的实践改革提供参考的事实依据。

（二）文献综述

职业教育的建设面临多变的外部环境，这给职业院校提出了专业设置和教师队伍以及人才培养机制的挑战。有很多研究已经有相关现状的研究。

1. 对人才提出的新要求

在“中国制造 2025”背景下，人才培养方向要向《制造业人才发展规划指南》中提到的十大重点领域倾斜。胡斌武（2016）认为，在“中国制造 2025”的背景之下，社会上更需要大批高端复合型人才，且要扩大十大领域专业技术技能型人才培养规模。陈鹏等（2015）提出，比起之前的少部分人进行创新工作，现在对创新的需求日益增加，更是需要全民大众都参与创新，与此同时，技术人才更应该抓住时代的要求，积极地向创新进步；另外现如今生产方式的转变也要求着技术人员具备较强的生态伦理意识；更符合现在制造业需求的应该是勇于创新、不拘于旧格局，且精益求精、追求卓越的“大国工匠”。除此之外，新时代对人才提出了对智能网络高度的理解与运用能力这个新的要求。苏学满等（2016）提出，职业技术人员在生产过程中的角色也将发生重要的改变，从之前仅作为其中一环的操作者变成现在把控全局的控制者，这需要技术人员能胜任的模块越来越多，越来越复杂。

2. 职校专业设置的调整

专业设置不仅是职业学校进行教育教学的基本载体，而且还是职业学校适应社会需求的关键环节。专业设置的问题更多地对应着国家职业产业调整的进程，徐莉亚（2016）指出，目前职业学校已设置的专业在数量和覆盖面上是比较全面的。朱之文对"十二五"职教工作的评价中也明确指出现如今已设置的一千个专业足以覆盖经济的方方面面。但王玉婷（2015）认为，在相同研究对象下，专业布点数越大，那么这个专业的集中度相应地就越低。张慧青（2017）也认为许多院校都设置相同的热门专业，而面向现代产业发展的新兴专业却发展不足，这种现象浪费了教育资源并阻碍产业结构的升级发展。于志晶等人（2015）指出现在总计的职业院校毕业生的总数和国家制造业需求的劳动者数量相比之下，就已经是150万人的缺口了，所以制造业大类这一方向的专业设置仍然需要进一步统筹规划，将培养专业向重点领域拓展，并调整已有专业的发展方向。

为了使职业学校专业设置更趋合理，更好地适应产业结构升级调整，张玲（2017）认为高职院校要根据"互联网+""中国制造2025"建设等战略新兴产业开辟新专业。戴刚（2017）提出要打破过于清晰的专业界限的限制，实现人才培养的复合化，以培养出符合智能制造企业所需的合格人才。由于职业教育经费不足，某些专业想要实现高技术、多功能设备的建设还比较困难，张虹（2016）认为应以"校企合作"为突破口，逐步构建起政府、学校、企业三位一体的人才培养模式。

3. 职校教师队伍的建设

现如今教师队伍的结构还不合理，不足以适应职业教育改革的需要。邵癸（2017）指出从教师知识结构来看，教师缺乏与企业生产实践的紧密接触，和将现有的专业知识与现代信息化技术的融合；从年龄结构来看，徐磊（2009）指出，现在的教师年龄结构主要是沙漏的形式，即刚刚入职的青年老师和快要退休的老资历老师占据着更多的数量，而更能提供自己的经验优势和更好的身体条件的中年老师数量并不可观。王水泉（2006）基于教师的学历结构提出，高职学校教师中的硕士、博士学历者应占教师总数的30%。

在改善职业院校教师队伍建设的对策探究中，张连棣（2011）提出应该完善考核机制，多角度客观评价教师，并实行聘任制，推进人事制度改革，调动起广大教师的工作积极性和主动性。针对学校与企业的交流问题，唐新宇（2008）提出，应使职教师资队伍中保持适当比例的兼职教师，另外可以邀请企业优秀工程技术人员和经营管理人员到校举办专业讲座或技能示范；史方平（2010）提出要让在职教师脱产到企业实践锻炼，这也为加强师资队伍建设提供了有效途径。刘小勇（2017）通过以湖南电气职业技术学院为例的研究，为新常态下的“双师型”教学团队建设提供了新的范式，提出了实施“领军人才工程”，引领“双师型”教学团队发展、实施“骨干教师素质提升工程”，筑牢“双师型”教学团队基础、实施“企业团队聘用工程”，优化“双师型”教学团队结构。李红（2015）基于现代人力资源管理模式，提出了树立现代人力资源管理理念、加强职校人力资源规划，优化教师队伍结构、加强人才引进与培养，稳定教师队伍、完善绩效考核机制及激励机制，防止教师资源流失等建议。邵癸（2017）转换了角度提出，从教师个人的层面理解的话，提高教师职业意识同样是必需的。

4. 职校的社会认可度

除了人才需求、专业设置、师资力量等方面，另外有研究关注职校认可度的问题，总体发现是职校在社会的认可度普遍偏低。谭周辉（2014）提到从不管是学生、家长还是社会上用人单位的角度来说，职校的认可度都是很不乐观的。2015 年6 月的职业教育法执法检查报告指出了学生在校期间考取的证书并不被企业认可和看重，实际的人才需求和正在实施的人才培养政策并没有实现需求相对接等现行职业教育面临的问题。

在职业教育的人才培养机制的确不够成熟的当下，之前有很多研究调查之余都给职校提出了很多可行的建议，而我们除了基本现状调查外，更多把关注点放在了职校学生上，以期能为职业教育的改革寻找更多的方向。

（三）调查设计与实施

1. 调查设计

因为涉及对目标院校的实地调研和访谈，本文决定采用问卷调查法来基本了解包头职校的人才培养现状的问题。

本研究根据之前研究者对学校现状的调查思路进行参考和重新整理，初步撰写了问卷的大纲，然后由指导老师对问卷的一些问题进行修改和反馈，最终形成了《“中国制造 2025”建设背景下的职业教育现状调查问卷》。

问卷一共有两个模块：第一部分是学生们的基本学习情况和信息，其中有学生的专业课成绩、各项满意度、校园活动参与频率、就业意向等。

第二模块是包头市职业技术学院（以下简称包头职校）的基本现状调研，包括对职业学校师资、各项课程结构与内容、实训基地设施等几个模块的调研。

2. 调查实施

调查实施包括了问卷调查和访谈调查两个部分，并利用数据分析软件对问卷收集好的数据进行分析和整理。

（1）调查对象

本研究选取了包头职校的制造业相关专业大二、大三学生进行问卷调查；在问卷调查后，对有代表性的几个同学进行了与问卷相比更有针对性的访谈。访谈对象是6名制造业相关专业的学生，这里面焊接技术及自动化专业和金属材料质量检测专业各3名。

（2）调查资料的收集与整理

问卷调查数据的收集主要分为线下调查和线上调查的方式。问卷采用匿名的形式，收集来的问卷结果利用SPSS 19.0统计软件进行录入、整理和分析。

本研究的访谈调查主要采取面对面的访谈方式，访谈内容主要根据访谈提纲进行，最后根据访谈资料，对与本研究高度相关的内容进行提取和分析。

二、包头市职业技术学院职业教育现状分析

（一）被试专业课成绩及兴趣度

由图3可知，高达38.46%的学生表示，自己的成绩处在中等水平，26.92%的学生表示处在中上水平。

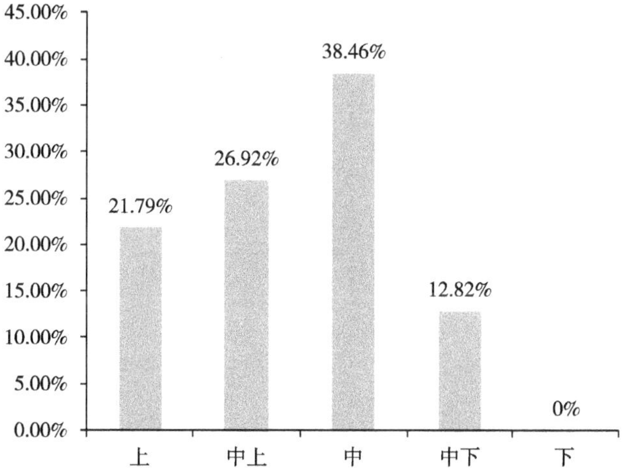

图3　被调查学生的专业课成绩分布

由图4可知，在学生对正在开展的课程内容的兴趣度情况调查中，高达60.26%的学生表示，不是很感兴趣也不是不感兴趣，12.82%的学生表示对自己的专业课内容并不感兴趣。可见，职业学校学生对学习内容的兴趣程度的整体情况是较为消极的。

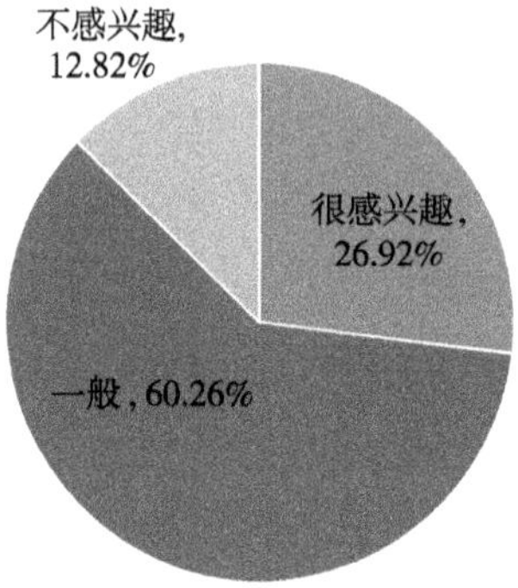

图4　被调查学生对课程内容的兴趣度

我们通过SPSS19.0对问卷的调查数据进行分析，其中将学生的专业课成绩和对学习内容的感兴趣程度两列数据进行了斯皮尔曼相关分析，分析结果如下：

表1　专业课成绩和对本专业学习内容的感兴趣程度之间的相关分析

			专业课成绩在同专业学生中所属的位置	对自己本专业的学习内容感兴趣吗
Spearman的rho	专业课成绩在同专业学生中所属的位置	相关系数	1.000	0.243*
		Sig.（双侧）	0.	0.032
		N	78	78
	对自己本专业的学习内容感兴趣吗	相关系数	0.243*	1.000
		Sig.（双侧）	0.032	0.
		N	78	78

*. 在置信度（双测）为0.05时，相关性是显著的。

从表1可以看出，问卷中有关专业课成绩和对本专业学习内容的感兴趣程度之间的相关系数值为R=0.243，表明对专业课学习的态度与专业课成绩之间存在显著的相关。

我们意识到学生对本专业的学习内容的认同度相对较低，进而积极性也比较低。而较高的积极性也有利于学生在学业上的表现，所以学校有必要多引导学生对自己专业内容的兴趣发展。

（二）师资及满意度情况调查

数据显示，包头职校现有专任教师492人，年龄、学缘结构合理，其中副教授以上高级职称教师比例为43.09%、硕士以上学位教师比例为52.24%、“双师素质”教师比例为73.58%。现有自治区级教学团队13个、自治区级技能大师工作室2个、自治区“草原英才”团队1个、自治区黄炎培职业教育先进集体1个；享受国务院政府特殊津贴2人，国家高技能人才培养突出贡献奖1人，国家级技术能手1人；自治区“草原英才”1人，自治区级教学名师13人、教坛新秀9人，自治区技术能手11人，自治区黄炎培职业教育先进个人3人；入选新世纪321人才工程第二层次2人；包头市“鹿城英才”7人，包头市技术能手9人。

由图5可知，在学生对现在职老师的满意度情况调查中，高达62.82%的职业学校学生表示非常满意或者比较满意，另有6.41%的职业学校学生表示不满意。

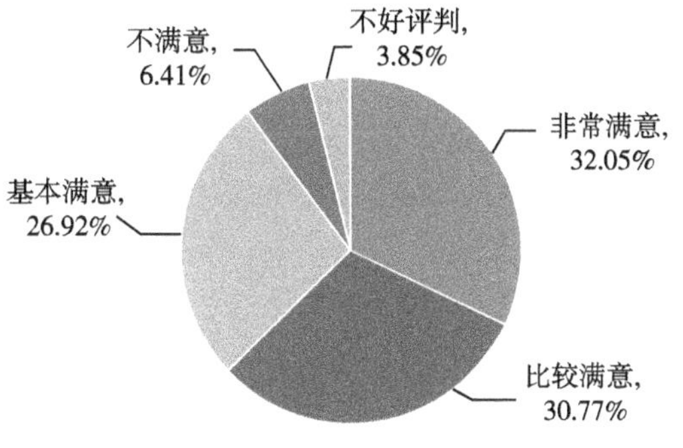

图5　对在职教师的满意度调查

（三）院校专业课程及实践设置情况

“十三五”期间，学院紧紧围绕自治区提出的大力改造提升传统产业和培育发展新兴产业的战略目标，结合学院自身优势，加强装备制造产业相关专业改革和建设，服务装备制造产业向高端化、低碳化、智能化发展，积极发展新兴产业相关专业，努力形成与自治区产业分布形态相适应的专业布局。目前包头职校共有12个院系，开设了51个专业，其中数控技术、新能源装备技术等服务于“中国制造2025”的相关专业有23个。可见，学院围绕“中国制造2025”建设等国家重大战略，主动进行了专业发展方向或专业发展重点的改革，同时在专业结构布局上也相对领先于同市其他同类技术学院。

1. 各项课程对自己的帮助程度的评价

由图6可知，在学生对职业学校为学生提供的各类实践活动的效果评价情况调查中，针对实习工作经历，大家普遍有更高的认同度，44.87%的同学都表示有非常大的帮助；还有专业技能的一些比赛经验、校内实训基地的实训、校内的专业课教学也都依次有较高的认同度；相比之下，学校安排的企业或社会其他机构的参观，很多同学表示没什么帮助，访谈中有同学提到，简单的参观就相当于走过场，既无法接触到更深层次的内容，也不知道自己的优势和劣势所在。

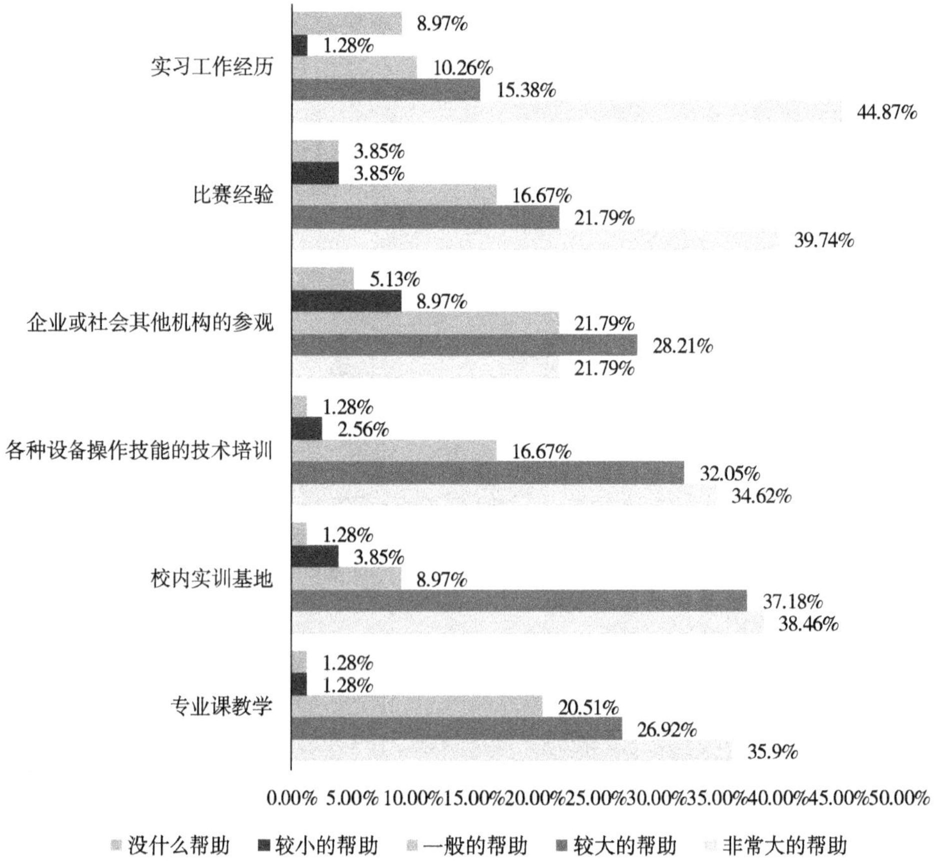

图6 各项课程对自己的帮助程度的评价

2. 在实训方面的调查结果

在专业实训方面，包头职校坚持产教融合，校企合作，与内蒙古一机集团、北方重工集团等国有特大型装备制造企业形成了完善的“校企合作机制”。现有校内实习实训基地131个，校外实习实训基地179个，其中国防科技工业职业教育实训基地5个、全国机械行业首批先进制造技术促进与服务基地1个，包头市专项公共实训基地4个。2017年开工建设的国家产教融合项目“105实验实训楼”，建成后将承载“汽车技术”等4个专项公共实训基地和“信息技术应用”等3个共享型岗位专业技能实训基地。根据我们的调查（图7），90%以上的学生对本校专业实训的硬件条件是基本满意的，71.8%的学生对本专业的实训基地建设、设备保障等硬件设置是比较满意的。总体来说，包头职校正在积极响应国家的战略计划，在专业设置方面已取得了不小的成就，给学生带来了更好的发展规划和教育资源。

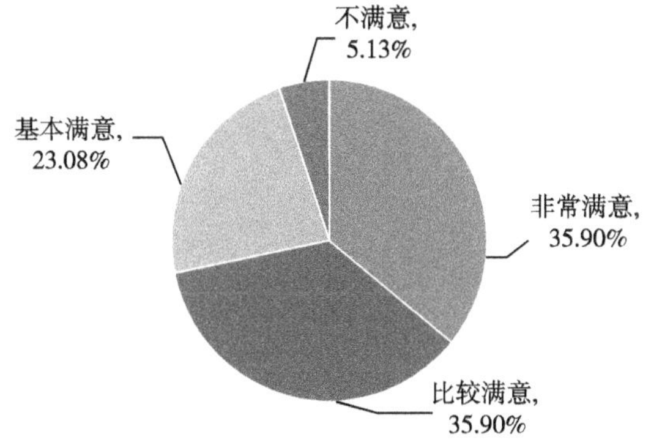

图7 学生对本专业实训的硬件条件的满意程度

表2 学生认为所在专业实训环节中存在的问题

选项	平均综合得分
课时安排不足，无法完全掌握技能	2.33
学习内容陈旧，与行业/职业要求脱节	0.65
学校实训基地建设不完善，缺少实训场所	1
师资力量欠缺，缺少指导教师	0.65
管理混乱，缺少相关规定制度	0.54

注：实训环节存在的问题：1—3赋值，分数越高，说明问题存在越普遍。

表2数据显示，虽然专业实训条件得到了绝大部分学生的认可，但实训环节中仍然存在一些需要改善的问题。其中学生认为专业实训环节中最普遍的问题是“课时安排不足，无法完全掌握技能”，此项得分最高，为2.33分。其次是“学校实训基地建设不完善，缺少实训场所”，此项平均综合得分为1分，通过访谈我们得知，有些专业缺少实训基地以及缺乏操作和实践的场所。另外，“师资力量欠缺，缺少指导老师”“学习内容陈旧，与行业要求脱节”，这两项也是以往长期存在于职校教育中的顽固问题，而本次调查数据显示，两项得分均为0.65，说明此问题在职校教育中已逐渐得到重视，如今已有所改善。

在顶岗实习方面，通过调查可知（图8），27%的学生认为顶岗实习与其所学专业完全一致或比较一致，34.62%的学生认为顶岗实习与其所学专业基本一致，12.82%的学生认为不太一致，3.85%的学生认为不一致。从总体上来说，绝大多数参加过顶岗实习的学生都认为实习与其专业背景是基本一致的。而有21.79%的学生表示没有参加过顶岗实习，经过访问，这些没有参加过顶岗实习的同学均属于低年级学生，而顶岗实习一般会安排在大三的时候进行。综合以上数据可以说明，大多数职校学生对于实训硬件设施还是比较满意的，学校也为学生提供了很多实践机会和资源，但是由于课时安排不足等导致学生不能很好地掌握职业技能。

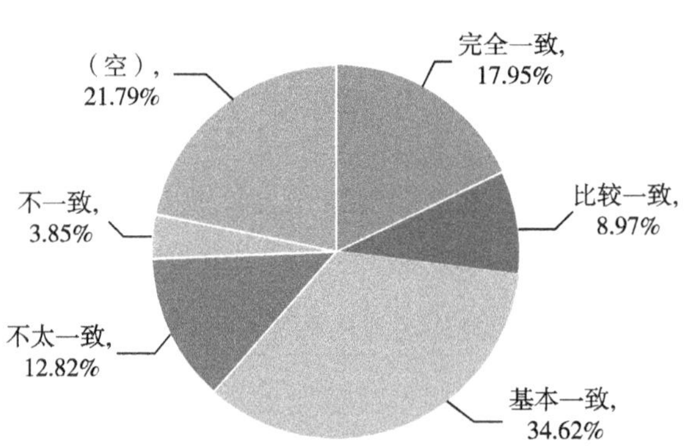

图8　学生顶岗实习与所学专业面向一致性的情况

3. 对学校整体课程安排的适应性

图9显示，高达43.59%的学生表示，学校设置的课程安排和实践活动是可以基本适应毕业之后的就业需求的，24.36%的学生表示完全可以适应以后的岗位需要；而仅有6.4%的学生针对这一问题并没有给出肯定的答复。通过分析对比可以看出，随着办学条件的改善，教育教学水平的不断提高，学校品牌影响力不断增强，职业学校的整体的课程安排等在学生眼里还是较为稳妥的。

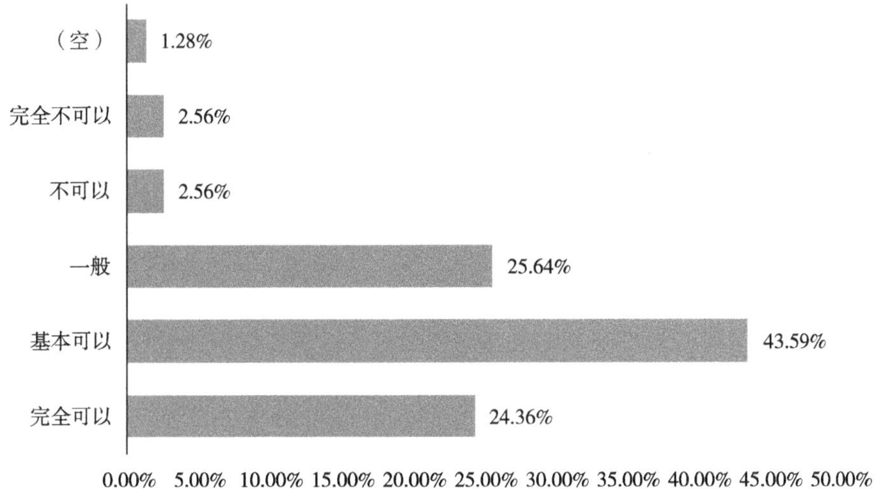

图9 对学校整体课程安排的适应性调查

（四）网络教学的使用情况及课程考核形式

随着互联网的逐渐发展和普及，教育行业其中包括职业教育的课程也正在实现与互联网的融合。根据调查可以看出（图10），如今网络教学平台在课程中的使用已经基本普及，经常使用网络教学平台的比例达到64.1%，可以说，90%以上的课程在教学过程中都使用过网络教学平台。数据显示（表3），63%的学生喜欢使用多媒体网络进行学习，喜欢网络教学的主要原因是认为多媒体网络资源丰富、形式多样，而且由于在课外进行网络学习时可能会受到经济、物质等条件的限制，大多数学生还是希望在课上进行多媒体网络的学习。就目前学生反映的对学习形式的喜好及其喜好的原因可以看出，学生更喜欢资源丰富、形式多样而且活泼多样、内容生动的互联网网络学习，而之前较为传统的教学形式已经不能再持续地满足学生吸收知识的需求。

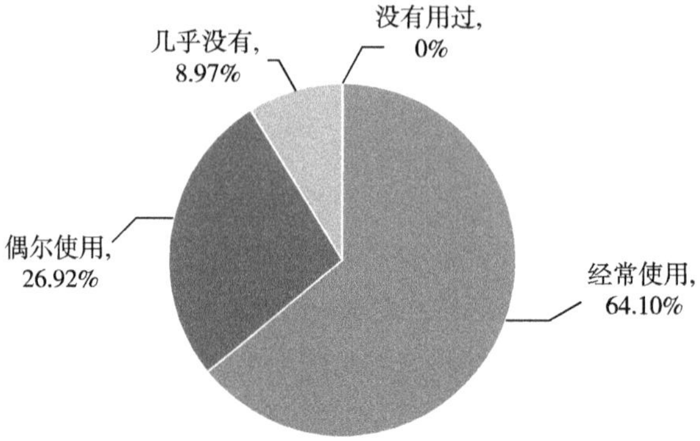

图 10　在教学过程中使用网络教学平台的频率

表 3　学生对互联网网络学习的态度①

问题	你喜欢利用互联网网络学习吗?			为什么喜欢互联网网络学习?		
选项	喜欢	一般	不喜欢	资源丰富、形式多样	活泼有趣	内容生动
比例	63%	25%	12%	68%	17%	15%

在课程考核形式方面（图 11），58. 97% 的学生认为“试卷考核”是课程考核的最主要形式。“实训报告”和“现场实操”的考核形式的使用频率从数据上来说分布比较均匀，“经常”“一般”“偶尔”和“没有”的学生都占有一定的比例，通过访谈我们得知，实训报告和现场实操的考核形式在不同的年级阶段使用频率不同，一般高年级的同学使用实训报告和现场实操来考核课程学习成果的频率较高，低年级同学则几乎不使用实训报告和现场实操考核形式，而较多地使用试卷考核的形式。其原因是低年级学生的课程主要为理论课程，高年级学生的课程安排则更多偏向于实践与操作。另外，从数据调查中也可以看出大部分学生都没有经历过产品设计的课程考核形式，而产品设计正是培养学生创造力和实践能力的主要途径，这也从侧面说明了为什么现在大多数学生都缺乏创造能力。综合以上数据说明，包头职校在日常教学中积极使用网络教学平台，来激发学生学习的热情，但在课程考核形式上，还是以传统形式为主，如试卷考核和实训报告等，虽然这种考核形式可以及时反映课程的学习效果，但是并不利于学生创新能力的培养。

① 数据来源：“互联网 +”背景下高职英语翻转课堂教学模式研究。

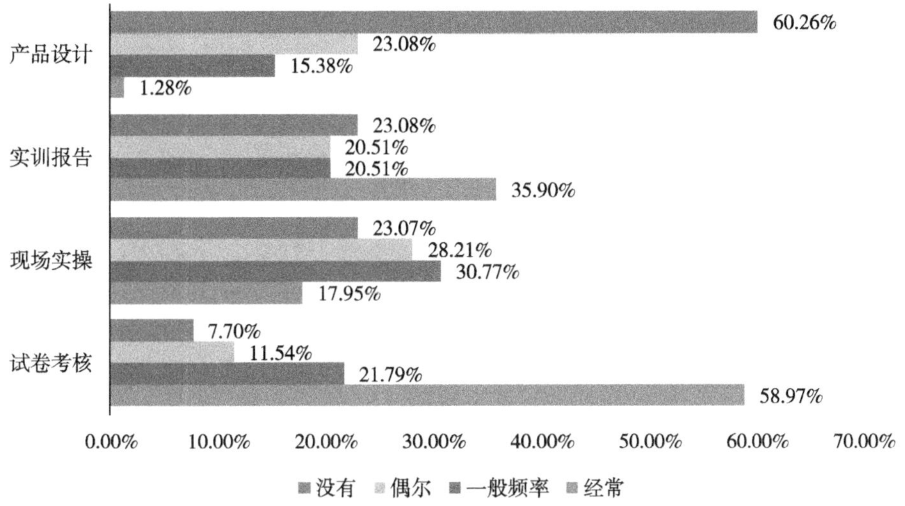

图 11 课程考核形式的频率

（五）学生参与各校内活动的频率

由图 12 可知，在学生参与校内活动的频率情况调查中，我们看到学生目前较多参与的还是志愿者活动、心理健康教育活动和上文中提到的参观企业工厂的活动；而能给学生带来更多实质性帮助的专业技能竞赛、创新创业大赛和科研活动参与频率相对较低。

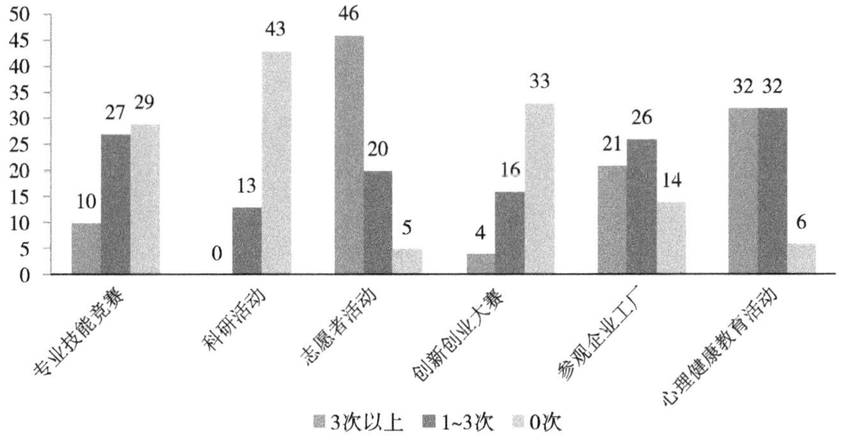

图 12 学生参与各校内活动的频率调查

（六）被调查学生的就业意向

图13揭示了所调查的包头职校的学生中就业意向的比例。根据调查数据，得出上图的数据。由图可知，毕业后选择直接进入就业市场的同学还是占到了较大比重，占53.85%；另一方面，希望能继续升学的学生只占到了10.26%，这说明职业学校的学生希望继续深造学习更多技能的比例还是较低的。但是正如上文所述，现如今高学历人才比低学历人才更受青睐，复合型人才将比单一技能型人才更受青睐，因此这时就需要职业学校对学生针对当今就业需要进行指导，树立起学生要做高学历人才、复合型人才的觉悟。

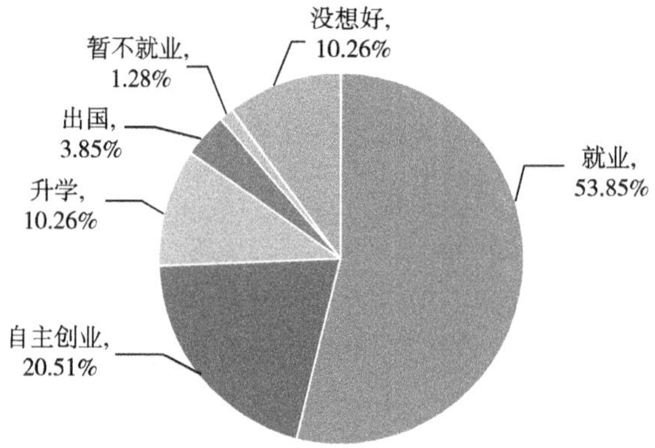

图13　被调查学生的就业意向

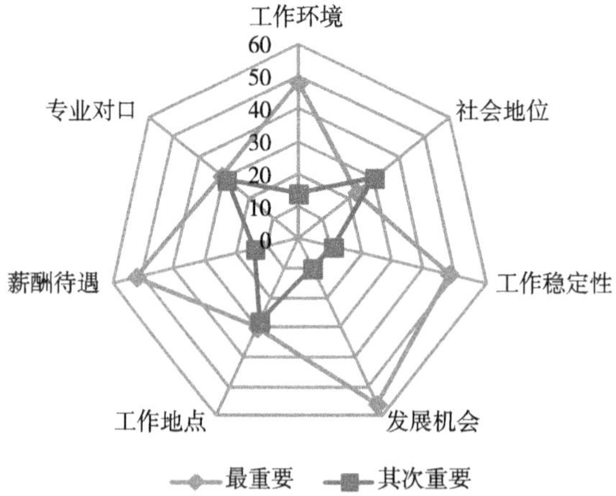

图14　在就业考虑的偏好因素

图14非常清楚地揭示了学生在就业考虑的因素中的偏好。在该雷达图里，深色的点和原点相隔越远，说明学生对该因素的重要性评价越高。由图可知，学生对发展机会和薪酬待遇这两个方面比较看重，而剩下的“工作稳定性”“工作环境”“专业对口”“工作地点”的重要性评价相对较低。这说明，学生对专业对口的工作并不执着，有利于学校通用技能课程的开展以及多样的技术知识的教授；而学生对薪酬待遇的水平较为看重，这就更要求学生在职校培养阶段就注重自身的能力培养和努力进步。

三、包头市职业技术学院职业教育存在的问题分析

“中国制造2025”建设对职业教育的人才培养提出了新的要求，在这样背景下的大部分职业技术学院都纷纷采取了积极的行动来保证战略的顺利实施，在很多方面也取得了较大的进展。但目前我国的职业教育转型才刚刚起步，在人才培养上还存在很多问题，面对较多的困境。

（一）专业设置方面

虽然在调查中，职业学院积极响应国家发展战略，及时调整了专业结构和实训基地建设，就专业建设而言，现在针对形势和市场需求积极进行改革专业建设的气氛已经基本形成，但这其中还不乏有些问题有待解决，比如实践课程所占的课时比例较小，不利于学生形成系统的职业能力；职业院校开设跨专业类课程的情况也不普遍，不利于学生培养创新思维和多种思路解决问题的通路，且关于专业的实践练习均比较循规蹈矩、乏味单一，不利于启迪学生的创造性思维。

另外，由于我国的职业教育发展时间不长，还未形成较为成熟的发展机制，大部分还停留在直接参考本科教育模式的状态，没有自己进行积极的探索，而其中的专业设置和教学形式等都应该与学术研究的大学进行有界限的区分。

当出现一种人才的缺口时，一般会有一些院校集中开设这些相关的专业来在短期之内满足相关人才的需求，但是这一机制不言而喻是相对滞后的，没有体现出教育与就业的环环相扣和息息相关，而更多的是被动地跟着脚步走在后面。另一方面，这也会造成职业院校培养出的人才更多的同质性，不利于满足多样人才的越来越大的需求现状。

（二）实训实践设施方面

现如今对职业人员的需求不仅体现在专业知识的多样和精进上，更多地体现

在具体操作上，只有强大的操作能力才能更大地体现出人才的价值。为了增进学生的实践操作能力，职业教育一般会设置相应的实训中心，但是实训中心的现状是，实训中心往往耗资巨大，而且设备维护和升级比较困难，因而职业院校的实践设施根本没办法和企业市场上的先进技术保持同步和持平。另一方面就体现在对相应的实训指导教师的培训上，他们的知识直接影响到学生对先进设备的理解和消化，很多环节都会造成对引进的先进设备的浪费，难以利用到其中的所有价值。另外，在校外建设实训基地，始终是高职院校十分热心而企业往往比较冷淡，主要原因还是企业无利可获或获利颇微，同时企业也担心学生出现意外或受到伤害而自己担上责任，因此大多数企业都不愿意与职业院校进行实训基地的合作。

（三）职业教育的固有观念

根据上述调查数据，我国战略中规划的几类重点人才还是处在较大人才短缺的缺口中，这其中很大的原因就是现在职校的生源不仅是在质量上，数量上也并不占优势。首先，我国进入了老龄化快速发展期，每年的适龄学生的总人数就比较少，其次，还体现在人们对职业学校的传统认知持有偏见，认为正统的教育是正规的高等院校，而对文化课要求较低的职业教育学校是不得已才会去选择的。而职业院校也应该更加深入思考自己的办学定位，不能一味地跟着本科的学校进行专业设置以及人才筛选。

（四）完善自身的积极性

在上文中提到的很多关于学校改革和家长对于职业教育的偏见观念的更正中，要明确他们的地位固然重要，但是教育的主体是学生，这一点不可置疑。改变外部条件有利于帮助现在的职校学生进入职场，为国家的制造业发展提供自己的才能和精力。但是从内部出发能得到的有利条件更为强大，提高学生的主观能动性和对知识的积极吸收，才是真正的治标治本。

且学生进入职业技术学校一般已经成年，拥有独立的人格和意志力，理应对自己的教育有更多的参与和控制，其中就包括对自己的约束，然后把自己对学习的热忱积极投入在学生生活中，这对每一个环节都有利无弊。

（五）政府的政策支持

在“中国制造2025”的战略背景下，知道目前的问题是什么并不难，比较有操作难度的是，如何针对问题去应对，这一部分职校是比较缺乏经验的，而在这同时，政府积极地进行了资金的投入和其他有利条件的实施，但是还应该有相应的系统指导，这样才能更好地利用好政府提供的有利条件。

事实上，长期以来，我国职业学校发展缺乏综合的规划、实施和管理。在立法方面，我国也没有相应的法律法规的出台来督促促进企业对学校的教育义务。目前的状况是，一头热一头冷，这不仅得从两者分别努力，而且一股强有力的约束力量是必要的。只有这样企业和学校的互相依存的关系才能更加健康地运行下去。

四、应对策略

（一）加快制度规范建设

长期的实践表明，我国职业教育中存在的诸多障碍，都是源于缺乏国家层面的法律规范制度，因此，政府需要加快建立国家层面的宏观性职业教育规范，来保障职业教育的合理实施和发展。

政府在整个环节中应该加强对未来产业发展所需人才的预测和教育资源的整合，还有职校办学层次、地区及发展规模的合理布局。这都有利于实现各个行业人才的供需平衡。总而言之，政府应定时组织专业人员做好社会和市场需求的调查，在国家宏观层面制定系统的发展战略和行动指南，指引职业院校更好地转型和发展，确保其专业结构和资源布局的合理性和必要性。

在促进校企合作方面，政府应该出台相应的法律或者制度来对企业在校企合作中的角色和义务进行一个明了的界定，并对积极参与了职业院校的教育活动的企业给予一定的福利，来对这种行为进行一定的鼓励。

另外政府要主导建立一个广阔的合作平台，降低企业和学校的合作难度，提高校企合作的法律保障水平，这样才有利于校企合作的良性发展和健康改革。

（二）加强对学生能力培养

目前劳动力市场上基本的简单技能劳动者或者单纯体力劳动者正在被很快地取代，社会上只有拥有复合型的知识和操作经验的人才才能生存。这就要求职业院校对学生的培养计划进行调整，加强对学生通用能力和过硬的专业能力的培养，让学生将比较关键的通用能力内化为自己的基本素质，如此不管市场如何发展变化，或者不管时代如何发展更新迭代，这样的优质人才始终能在时代中环境中找到自己的价值，不会时刻担心被取代，与此同时，也实现了自身职业生涯的良性发展。

在德国的职业教育培养体系中，特别强调学生关键能力的培养，其高等专科学院将学生培养分为基础教育、专业教育、专长教育 3 个层面[①]。在前面 4 个学期的基础教育中，学生的主要任务就是学习专业相关的基础理论，接下来的 4 个学期学生可以根据自己前面对通用知识的了解和对自己能力的了解，对自己将来的发展方向进行选择，然后进行自己的专业教育和专长教育，进一步扩展了学生的专业知识。另外，在这一阶段中还包括着一定时间的实习，以便使学生进一步巩固理论知识和学习成果，使其学以致用，获得初步的职业感和职业经验。在最后一个学期里通常会让学生针对实习企业中的真实课题进行研究，这一方面极大地促进了学生的实践应用能力发展，另一方面也提升了学生的思考和创造能力。

从总体趋势来看，当前发达国家的职业教育理念都越来越注重学生的关键能力和通用能力，都在逐渐拓宽专业口径，使专业的适应性增强。因此，我国职业院校也应当重视对学生关键能力、通用能力的培养，提高学生的职业精神与道德水平、自主学习能力、团队合作能力、问题解决能力等，使学生能更好地实现可持续发展。

（三）设置专业布局

根据 2015 版的《中华人民共和国职业分类大典》与 1999 年第一版的比较，发现新增了 347 个职业，取消 894 个职业，共计减少 547 个职业，这些数据充分体现了近年来职业变迁的速度之快[②]。鉴于职业快速变迁影响下培养目标动态化的现实，职业教育需要尽快找到一条能良性发展的路径，这样才能更好地在现如今发展瞬息万变的市场上如鱼得水地输送人才。

首先，职业院校的专业设置要注意服务于国家的规划要求，实施重点建设。

其次，要处理好专业口径宽窄关系，对培养目标相似或者是开设专业相近的进行优化组合，让学生在适度的跨专业学科思路中得到进步和个人职业生涯的优化。

最后，专业设置要有一定的前瞻性，不能每一次都是跟在人才数量缺口后面的补充，而要实现一种良性循环，对市场和需求的快速反应，是机制上的，而不

① CASTELLANO M，HARRISON L，SCHNEIDER S. State Secondary CTE Standards：Developing a Framework out of a Patchwork of Policies [J]. National Research Center for Career & Technical Education，2007：88.

② 王博. 职业加速变迁时代职业教育的专业设置逻辑 [J]. 教育与职业，2018 (17)：23 –28.

是体现在事后的手动矫正。同时要立足地区发展，深入挖掘区域特色明显的专业。

另外，在专业实训建设方面，要积极推进校企合作办学、合作育人的模式，以校企合作为支撑，整合现有的专业实训资源，提升专业群设置的匹配程度。同时，要加强校内实训基地的更新和改造，与知名企业共同推进工业自动化实训室建设，提升教师数字化工具的使用能力，逐步实现实训中心的网络化、数字化和现代化。总而言之，职业院校的专业布局改革应遵循市场发展趋势的引导，不能只是满足单向度学习者的需求，而要兼顾其他需求端口的利益，这样才是能权衡大局的机制改革。

（四）完善课程设计

随着科学技术的不断进步，将多媒体、网络平台引入课堂教学已经成为一种趋势，而且在“互联网 +”的时代下，职业教育逐渐体现出更为丰富的教学形式，较为生动的教学内容，但由于目前我国正处于“互联网 + 职业教育”的探索阶段，因此仍面临着许多挑战。在如今制造业改革的背景之下，职业教育要相应地做出正确积极的调整，这就要求职业教育从课程上就要实现与现代信息技术的融合，首先就要提升教学活动的信息化水平，将信息技术课程纳入所有专业，使不论什么专业的学生都能具有相关职业所需要的信息化技术。其次职业院校还应根据国家战略加快发展智能制造、智慧服务等领域的专业。

除了增强课程上的信息化技术手段之外，学校在课程考核方面还应增加对学生实践能力的考核测试，具体形式可以是实践操作、产品设计、情景模拟、技能大赛等，通过邀请企业相关的工程师或者技术人员来评定学生的实践成果，并计入学生的学年成绩中。通过强调实践能力的培养，可以使学生树立一种创新和评判的精神，而将这种能力内化成一种自身的素质。

只有这样做，职业教育才能更好地适应国家提出的发展战略以及时代变革的需要，同时，学生在未来职业生涯中也能更从容地应对各种机遇和挑战，实现自我的可持续发展。

（五）加强队伍建设

其一要推进队伍建设，着重解决年轻教师“从学校到学校，从学生到老师”而带来的实践能力不强、专业视野不宽、教学经验不足等问题，打造名副其实的“双师型”教学团队。

其二要明显改变创新意识不强、科研面向不宽的现状，打造名副其实的“创新型”人才团队。

其三要全面提升高职教育研究水平和学校治理水平，结合《“十三五”发展规划纲要》，实现“规范包职”“品质包职”“典型包职”“幸福包职”的美好愿景。

重素质，全面实施文化育人；将文化育人贯穿于人才培养全过程，切实以先进的职教文化引领人。

参考文献：

[1] 刘海．推动职业教育在新的起点上取得新进展新突破：2016 年度全国职业教育与继续教育工作会议综述 [J]．职业技术教育，2016，37（12）：11－17.

[2] 徐莉亚．职业教育专业设置与产业结构适应性分析 [J]．教育与职业，2016（3）：5－8.

[3] 王玉婷．产业升级背景下广东省高职院校专业设置研究 [D]．广州：广东技术师范学院，2015.

[4] 张慧青．基于产业结构演进的高职专业结构调整研究 [D]．上海：华东师范大学，2017.

[5] 于志晶，刘海，岳金凤，等．中国制造 2025 与技术技能人才培养 [J]．职业技术教育，2015，36（21）：10－24.

[6] 戴刚，夏惠玲．职业学校机械制造类专业适应智能制造途径初探 [J]．职业教育（中旬刊），2017，16（8）：30－33.

[7] 张玲，侯炜征．适应中国制造 2025 需求的高职院校专业文化建设研究 [J]．职教论坛，2017（2）：48－54.

[8] 张虹．“中国制造 2025”下的职业教育思考 [J]．科技与创新，2016（11）：139.

[9] 邵癸．“中国制造 2025”背景下高职院校教师队伍建设研究 [J]．职业技术，2017，16（4）：8－10.

[10] 张连棣．浅谈中职校师资队伍建设 [J]．佳木斯教育学院学报，2011（2）：252.

[11] 李红，许晟．基于现代人力资源管理模式的职校师资管理探讨 [J]．职教论坛，2015（11）：9－12.

[12] 唐新宇．浅谈职校师资队伍结构建设 [J]．成功（教育），2008（6）：

144－145.

［13］史方平．企业锻炼：加强职校师资队伍建设的有效途径［J］．职业教育研究，2010（6）：65－67.

［14］刘小勇．“中国制造2025”背景下高职院校“双师型”教学团队建设:以湖南电气职业技术学院为例［J］．江苏科技信息，2017（27）：28－30.

［15］徐磊．关于民办职校师资队伍建设的探讨［J］．中国电力教育，2009（24）：35－37.

［16］王水泉．关于民办高校师资队伍建设的几点思考［J］．陕西师范大学学报，2006（7）.

［17］李政．“中国制造2025”与职业教育发展观念的转轨［J］．中国职业技术教育，2015（33）.

［18］王博．职业加速变迁时代职业教育的专业设置逻辑［J］．教育与职业，2018（17）：23－28.

［19］CASTELLANO M，HARRISON L，SCHNEIDER S. State Secondary CTE Standards：Developing a Framework out of a Patchwork of Policies［J］．National Research Center for Career & Technical Education，2007：88.

［20］杜灿谊．“中国制造2025”背景下职业教育面临的挑战及应对策略［J］．教育与职业，2018（18）：31－35.

［21］蔡泽寰，肖兆武，蔡保．高职制造类专业人才培养要素优化探析：基于“中国制造2025”视域［J］．中国高教研究，2017（2）：106－110.

［22］刘莉，朱德全．应用技术大学人才培养如何应对“中国制造2025”［J］．当代职业教育，2017（1）：14－17.

［23］吴枫．“中国制造2025”背景下湖北省职业学校应对策略研究［D］．武汉：湖北工业大学，2016.

［24］付卫东，林婕．“中国制造2025”建设下职业教育的应对之策［J］．职业技术教育，2016，37（24）：62－66.

［25］刘畅．“互联网＋”背景下高职英语翻转课堂教学模式研究：基于包头职业技术学院的实践探索［J］．阴山学刊，2018，31（3）：103－106.

［26］陈诗慧，张连绪．“中国制造2025”视域下职业教育转型与升级［J］．现代教育管理，2017（07）：107－113.

［27］谭周辉．浅谈职高就业与社会认可度［J］．学校教育研究，2014（19）.

［28］卢文涛．论高等职业教育的社会认可度［J］．当代教育论坛（综合研究），2010（8）：36－38.

［29］胡斌武，陈朝阳，吴杰．“中国制造2025”与现代职业教育发展路径探索［J］．山西大学学报（哲学社会科学版），2016（3）：91－96.

［30］付卫东，林婕．“中国制造2025”与职业教育发展战略［J］．职教论坛，2016（9）：9－16.

［31］胡斌武，叶萌，朱静，等．“中国制造2025”背景下职业教育技术技能型人才培养的现状与新要求［J］．经营与管理，2016（5）：38－41.

［32］刘晓玲，庄西真．高技能人才培养：“中国制造2025”与职业教育的最佳结合点［J］．职教论坛，2016（1）：62－66.

附　录

“中国制造 2025”建设背景下的职业教育现状调查问卷

包头职校的同学们：

你们好，我们正在进行一项关于“中国制造 2025”建设背景下的职业教育现状的调查，想请您用几分钟时间帮忙填答这份问卷。本问卷实行匿名制，所有数据只用于统计分析，请您放心填写。题目选项无对错之分。

1. 个人信息

①你所在的院系：________________

②你所读的专业：________________

③你现在的年级：________________

2. 你的专业课成绩在同专业学生中所属的位置

A. 上　B. 中上　C. 中　D. 中下　E. 下

3. 你对自己本专业的学习内容感兴趣吗？

A. 很感兴趣　B. 一般　C. 不感兴趣

4. 您认为本专业人才培养目标和效果是否可以适应社会需要和就业需要

A. 完全可以　B. 基本可以　C. 一般　D. 不可以　E. 完全不可以

5. 你在大学期间曾经参加过下列哪些校内活动？如果参加过，参加的次数是多少？在对应选项打对勾即可。

	专业技能竞赛	科研活动	志愿者活动	创新创业大赛	参观企业工厂	心理健康教育活动	其他
3 次以上							
1—3 次							
0 次							

6. 你对本专业目前在职教师的教学能力的满意度

A. 非常满意　B. 比较满意　C. 基本满意　D. 不满意　E. 不好评判

7. 你的老师在教学过程中是否经常使用网络教学平台？

A. 经常使用　B. 偶尔使用　C. 几乎没有　D. 没有用过

8. 你对本专业实训的硬件条件（实训基地建设、设备保障等）的满意程度

A. 非常满意　B. 比较满意　C. 基本满意　D. 不满意　E. 非常不满意

9. 你认为你所在专业实训环节存在哪些主要问题？（未参加实训的同学不填）（可多选，并请以重要程度先后排序）（________________）

A. 课时安排不足，无法完全掌握技能

B. 学习内容陈旧，与职业要求脱节

C. 学校实训基地建设不完善，缺少实训场所

D. 师资力量欠缺，缺少指导教师

E. 管理混乱，缺少相关规定制度

10. 你是否参加过顶岗实习？如果有，顶岗实习与所学专业面向一致性的情况

A. 完全一致　B. 比较一致　C. 基本一致　D. 不太一致　E. 不一致

11. 入学以来你所经历过的课程考核形式哪些较为常见？

结合频次与时间选择（在每项的竖栏内打勾，由高到低只打一个）	试卷考核	现场实操	产品设计	实训报告	其他
经常					
一般频率					
偶尔					
没有					

12. 在学习过程中，你觉得哪些课程或者经验对自己未来有较大的帮助？

(在每项的竖栏内打勾，由高到低只打一个)	专业课教学	校内实训基地	各种设备操作技能的技术培训	企业或社会其他机构的参观	比赛经验	实习工作经历
非常大的帮助						
较大的帮助						
一般的帮助						
较小的帮助						
没什么帮助						

13. 以下哪项描述符合你毕业后的去向安排？

A. 就业　B. 自主创业　C. 升学　D. 出国　E. 暂不就业

14. 你择业时优先考虑哪些因素？请选择最重要和其次重要的因素。

	工作环境	社会地位	工作稳定性	发展机会	工作地点	薪酬待遇	专业对口	其他
最重要								
其次重要								

谢谢您的填写！

新生代白领员工工作与生活时间分配问题研究①

——以北京市为例的抽样调查

指导老师：李洪坚　项目主持人：袁玥

项目参加人：宋维维　燕高翔　孔培钧

摘　要： 当今社会经济的快速发展离不开所有劳动者的辛勤劳动和付出，在劳动者依照自身的职责按时按量完成工作任务的同时，他们也有权利依照自己的意愿安排好自己的生活。于是，如何分配工作与生活时间成了每一个劳动者都必须要考虑的问题。此问题在不同年龄层的劳动者中存在不同的情况，鉴于新生代白领员工在当今的劳动者群体中占有相当一部分比重，同时其作为新兴劳动力的主力军，有着属于自己的具有极强代表性的工作生活方式，因此我们将新生代白领员工群体作为研究对象。

本文采用实证分析法，阐述了北京市青年白领员工中部分群体的工作与闲暇时间分配情况，从横向和纵向对比的视角分析了工作与闲暇分配满意度背后的影响因素、性别差异对工作闲暇分配产生的影响等问题。此研究对调查得到的青年白领员工工作与生活时间分配的情况进行了概貌性的描述并发掘其中问题，结果表明：婚姻家庭状况、工作单位性质等因素对青年白领员工工作闲暇分配满意度产生了主要影响；同时，性别差异也在工作时间、通勤时间、闲暇活动等方面影响着青年白领个人在工作闲暇之间的时间分配。针对表露在研究中的明显问题与现象，我们为此提出一些建设性意见，旨在帮助青年白领员工更好地分配个人的工作与闲暇时间，提升工作效率与生活质量。

关键词： 新生代白领　工作与生活时间分配　实证分析

---

① 本文为2018年中国劳动关系学院本科生科研项目二等奖，北京市大学生科学研究与创业行动计划项目，项目名称“新生代白领员工工作与生活时间分配问题研究——以北京市为例的抽样调查”。

一、引言

（一）研究背景

随着一批以“80后”“90后”为主的新生代白领员工逐渐成为当代劳动力市场的中坚力量，劳动力的“代际大换血”正式开始。在时代前进的大潮之下，随着社会主义市场经济的快速发展与现代科学技术的进步，当代劳动者的工作、生活方式也产生了极大的变化，从而影响到他们的工作和生活时间分配状况。新生代白领员工作为一群与新时代共同成长的特殊群体，他们的工作生活方式具有极强的时代特性。在当今社会，这些青年白领员工如何工作，怎样生活，怎么分配他们在工作与生活中的时间，都成为引起我们关注与思考的重要问题。

北京是我国的政治文化中心，相比其他城市有着较多的工作资源与工作机会，是数以万计的青年人寻求工作、追逐梦想的地方，吸引着众多新生代劳动者驻足；同时，北京作为我国的一线城市，受经济发展与科技进步影响巨大，城市化与现代化程度高，所以北京市的新生代白领员工属于极具代表性的群体，具有更为典型的研究价值，因此我们选定北京市作为研究开展的总范围。

在现有的关于工作与生活时间问题的研究中，众多研究者们主要针对工作时间的演变与发展、闲暇消费与闲暇经济、闲暇时间与社会阶层的关系等多个角度进行了研究，把工作时间与生活时间相提并论进行比较分析的学术研究委实不多。而在关于新生代白领员工（青年白领）的相关研究中，曾有研究者对青年白领的休闲生活方式进行研究，把青年白领的群体特征与当代多种多样的休闲生活方式联系起来进行比较与分析，但从群体性研究角度来看，展现的方面还不够全面。

针对新生代白领员工的工作与生活时间分配问题，专注新生代白领员工群体的日常实际，本次研究旨在探究影响新生代白领员工工作与生活时间分配满意度的因素，同时根据实地调研得来的信息对新生代白领员工的工作与生活进行概貌性的现状分析与研究。本次研究希望通过对新生代白领员工群体的工作闲暇分配状况调查得到有用的信息，从实证角度出发探究青年劳动者的工作生活现状。

（二）概念界定

1. 新生代：通常指20世纪80年代末90年代初出生的人。但最新调查显示，“新生代”被定义为心态年轻，时刻更新自己的知识结构和心态观念，与时代保持同步的人。本次研究，我们将调查对象的年龄范围限定在了 22 岁至 35 岁之间。

2. 白领员工：白领的范围包括一切受雇于人而领取薪水的非体力劳动者，中国最大的白领网站“白领公社”给白领的定义是在企事业单位从事脑力劳动的员工。本次研究的调查对象是新生代白领员工（青年白领），他们主要来自企业单位（包括所有制经济性质不同的企业）与事业单位。

3. 工作时间：指劳动者根据法律和法规规定，在企业、事业单位、国家机关、社会团体以及其他组织中用于完成其所担负工作的时间。

4. 生活时间（闲暇时间）：也称业余时间、“自由时间”。是指人们除劳动外用于消费产品和自由活动的时间。

（三）调查内容和方法

1. 调查内容

本次调查内容主要分为青年白领的基本信息、青年白领的工作信息、青年白领的闲暇信息与青年白领对于个人工作闲暇时间分配的态度 4 个部分。

问卷调查与访谈调查的具体内容如下：

（1）青年白领的基本信息。主要了解调查对象的性别、年龄、婚姻家庭状况等个人基本情况，便于我们对调查对象是否符合调查要求进行初步甄别与定位。这些基本信息的了解使得我们初步了解到青年白领员工在工作时间与闲暇时间分配中的背景。

（2）青年白领的工作信息。在个人工作信息方面，主要了解调查对象的工作单位类别、所在行业、所从事的岗位与月工资等信息。在个人工作时间方面，主要了解调查对象每日在工作单位的平均工作时间与每日通勤时间。这些信息使得我们对处于不同行业、不同工作单位、不同岗位的青年白领员工的工作时间与通勤时间有了直观的了解，有利于进行群体内部的横向比较。

（3）青年白领的闲暇信息。主要了解调查对象下班回家之后是否会选择继续工作以及每天的睡眠时间。除此之外，了解调查对象闲暇活动的具体内容、闲暇时间进行学习与阅读活动的主要原因、进行体育锻炼活动的频率、每天从事家务劳动的时间、闲暇时间里的上网时长以及上网时间主要从事的项目、每年旅游的次数与闲暇时间是否从事兼职的情况。这些信息是对青年白领的闲暇时间与闲暇活动的了解，通过这些信息我们能从中分析出青年白领具有极强群体代表性的生活闲暇方式，帮助我们更好地了解这个群体。

（4）青年白领对于个人工作闲暇时间分配的态度。主要了解调查对象对其工作之余的闲暇时间是否充足的感受、对其投入的工作时间与获得的工资报酬是否成正比的想法、是否愿意放弃更多的闲暇时间来获得更多的工资收入的意愿、对其目前的工作与闲暇时间分配是否合理的看法，以及了解调查对象所认为的目前青年白领群体的工作与闲暇时间分配存在的问题，并针对如何合理分配工作与闲暇时间向调查对象了解他们的建议。通过这些信息的了解，我们能够直观地了解到青年白领对于个人工作闲暇时间分配情况的真实态度与真实感受。

2. 调查方法

本次研究的调查方法主要有两种，问卷调查与访谈调查。

在设计问卷内容之前，我们对有关信息进行了查询，以保证问卷问题与相应选项的合理性，在收到问卷试填结果的反馈之后，我们又对问卷进行了两次整合与优化。在访谈内容中，为了充分利用面对面访谈的特点，我们更多地设计了一些开放性问题，有利于与调查对象进行更加深入与全面的交流。

由于调查对象为工作繁忙的青年白领，在一些不可抗因素影响下，在本次研究中我们无法在集中而完整的大面积时间里与全面的青年白领群体接触，因此本研究小组在两个调查地（海淀区的中关村、朝阳区的国贸）的青年白领员工群体中随机抽取样本，在工作日利用青年白领的午休时间与下班时间对他们进行问卷调查与访谈调查。正式的问卷调查与访谈调查自 2018 年 4 月初开始，到 2018 年 5 月中旬结束，共发放问卷 331 份，回收有效问卷 265 份，访谈青年白领员工 15 人。

在后期的数据信息处理阶段，我们使用了 Excel、SPSS 等数据统计软件对回收的问卷信息进行了整理分析，同时对访谈内容进行了信息化整理。

二、文献综述

当今社会经济的快速发展离不开所有劳动者的辛勤劳动和付出，在劳动者依照自身的职责按时按量完成工作任务的同时，他们也有权利按照自己的意愿安排好自己的生活。在这种情况下，如何分配工作与生活时间成了每一个劳动者都必须要考虑的问题。

进入新世纪以来，人们更加关注闲暇，更加关注人们的工作生活质量，工作与闲暇的选择越来越受到学术界的关注。现阶段关于工作与闲暇时间分配问题的研究并不多，但是仍然有不少具有价值的文献资料。课题旨在通过文献的研究，了解已有的研究成果，为本课题提供借鉴与参考。

（一）工作与闲暇时间研究的主要内容

近年来，国内外不少相关领域学者从不同的角度对工作与闲暇时间进行了深入探讨，通过回归分析、问卷调查、访谈等方法，在社会学、劳动经济学、伦理学、心理学等领域进行了大量研究。

1. 工作时间与闲暇时间的关系：此消彼长

因为一天的时间是固定的，所以工作时间与闲暇时间，是此消彼长的关系。但是随着时代的发展，工作时间与闲暇时间的长度也在此消彼长中不断变化。以下的学者对此进行了详尽的研究。

从历史与社会的演进角度上看，孟续铎与杨河清两位教授在论文《工作时间的演变模型及当代特征》中，提出了“Z 型假说”：处于不同发展阶段的国家，工作时间呈现不同的特点；随着经济的不断增长与社会财富的不断增加，工作时间会呈现“Z”型变化：首先减少，之后增加，再逐渐减少。按照这个模型，我国正处于工作时间“逐渐增加”与“再次减少”两个阶段之间：由于经济社会的发展，在工时方面，有许多企业（尤其是民营企业）不认真履行劳动法所规定的工时制度，加班情况时常发生，我国大多数企业（尤其是大中型城市的民营企业）经常让员工加班，延长员工的工作时间，甚至在一些企业内部发生了“过劳死”的现象；有的企业以各种各样的理由，克扣、拖欠甚至是不发加班费，在一些生活节奏较快的大城市，这甚至成了一种“潜规则”。然而随着经济的发展和以“新生代员工”为代表的新一代劳动者走进劳动力大军，休息权的保障逐渐受到重视，这种情况将逐步得到改善。

2. 工作—闲暇时间与经济发展的联系：循环中的发展

人们在工作时间内获得工资，而在闲暇时间内进行消费，这样便使得货币与生活资料在人的生活中不断循环运动。而闲暇时间的增多也推动了消费。以下学者对此进行了较为详尽的研究。

在李宗茂的《发展闲暇消费，促进人的全面发展——读〈闲暇消费论〉》一文中，作者认为：在现阶段我国劳动者的闲暇时间不断增长的大背景下，由于生活水平的提高以及医疗保健事业的发展，人的寿命正在延长，再加上一部分家庭生活社会化程度不断提高的趋势越来越明显，整个社会的闲暇消费水平得到了显著的提高，与此同时，闲暇消费水平的提升促使人们得到了全面发展，进而提高了人们的个人素质与生活水平。孙琨在他发表的《闲暇时间经济价值的开发利用》中认为：科技进步和生产力发展的一个直接结果就是人类逐渐摆脱了被生活所奴役的状态，开始享受越来越多的闲暇与自由。我们可以把闲暇时间看作一种经济资源，充裕的闲暇时间可以使人们产生旺盛的需求，进而拉动经济的增长，这种需求被我们称为“闲暇需求”。因此为了充分利用闲暇时间的经济价值，应在宏观层面上用货币媒介来嫁接人们的闲暇需求和供给，引导居民的闲暇消费行为。

3. 工作—闲暇时间与劳动经济学的联系：闲暇推动经济发展

从社会经济发展角度出发，闲暇时间产生的生活资料消费带动了社会主义市场经济的发展。以下学者对此进行了较为详尽的研究。

赵学增在《简论社会主义劳动者的闲暇时间》中认为，劳动者在劳动时间中对生产资料进行生产消费与劳动者在闲暇时间中对生活资料进行生活消费，这两个过程分别是劳动者必要劳动的耗费过程和补偿过程。而且新生代白领员工有着属于自己的具有极强代表性的工作生活方式，其闲暇时间里产生的生活资料消费是新生代白领员工群体必要劳动的补偿过程。而在蔡东汉、朱长艳与韩文晶三位教授的《具有最优工作年限与闲暇的生命周期模型》一文中证明，随着人的寿命延长或工资增长率上升，个人会延长工作年限。结果表明，个人寿命的延长和工资增长率的上升对最优退休年龄有较大的影响。

4. 工作—闲暇时间与社会学的联系：闲暇推动社会发展

从社会经济发展角度出发，闲暇时间产生的生活资料消费带动了社会主义市场经济的发展。以下学者对此进行了较为详尽的研究。

王琪延的《北京市居民闲暇时间分配的阶层差异研究》中表明，职业、收入与教育程度是划分社会阶层的重要标准。闲暇时间的增多是具有重要意义的社会现象之一，其本质是反映了一个人的生存状况、生命质量、精神态度，是对人驾驭自己生命能力的检验。选择什么样的闲暇方式，实际上也就是选择了什么样的生活态度和生活方式。

马惠娣在另一篇文章《闲暇时间与“以人为本”的科学发展观》中指出，闲暇时间，是一种“以时间形态存在的社会资源”，是发展社会生产力一种高级形式与途径，是促进科学发展观不可忽视的领域。闲暇是生产力发展的根本目的之一，闲暇时间的长短与人类的文明进步是并行发展的。从现在看来，随着工作时间的进一步缩短，闲暇时间的地位还可以进一步提高。

从龚江辉与王琪延的《城乡居民生活时间分配调查报告——基于北京城市居民与河北农村居民的对比分析》中可知，生活时间分配是除收入分配之外，反映城乡居民生活差异的重要方面。

5. 从伦理学的角度看工作—闲暇时间研究：信仰与工作

在山西大学哲学系的安希孟所著的《关于闲暇的理性思考》一文中，作者认为闲暇是我们生存的一部分。工作与闲暇已进入我们讨论日程，二者是辩证互动关系。基督教信仰为闲暇活动提供了特殊视角，但在历史上，很少有基督教思想家讨论闲暇。现代基督教思想家认为工作与闲暇都是上帝创造世界时的命令，任何想使二者分开的思想都会带来混乱。这种从宗教与伦理方面进行的理性分析，是一种非常新颖的研究角度。

（二）工作—闲暇时间研究的主要结论

1. 新生代白领员工更加注重闲暇时间

与他们的父辈相比，青年白领对闲暇时间更为重视，而且随着时代的发展，他们的闲暇活动更为丰富。

毛连泽在《青年白领休闲生活方式研究》中分析得出，青年白领在选择休闲方式时，多选择一些大众型的休闲活动。这与我国的体闲教育落后有关，也与青年白领所处的生命历程有关，他们需要在这个时候花更多的精力和时间去发展自己的事业空间，提高职业能力，发展社会网络，因此体闲可能就具有了更多的功利性。在我们父辈的时代，工作之外的休息时间，他们可能会去参加打牌、喝酒等交际性活动，以求积攒人脉关系，获得职位的提升。但是在受到社会新观念影响的年轻劳动者眼中，闲暇时间更多地被用于“取悦自身”，而闲暇时间的功利性，则在于“提升自身”。由于网络与智能手机的普及，新生代白领员工的闲暇时间更多地被用于微信聊天、玩网络游戏等，在虚拟世界中花费的时间逐步增加。而且随着网络直播平台、微信公众号、慕课等互联网衍生产品的出现，有的新生代白领员工会在闲暇时间做直播、写推文以赚取更多的收入，由于共享技术的发展，知乎、喜马拉雅等知识分享应用的陆续问世，使得知识变现的能力不断加强，而现代的年轻人则组成了巨大的知识市场。在工作时间之外的休闲时光中，越来越多的新生代劳动者不愿意像父辈们一样把时间花费在打麻将与喝酒上，而是在互联网上寻求更多的知识，学习更多的技能，以求在工作与生活中得到进一步发展。

2. 工作—闲暇时间推动了工资率的变化

卿前龙在《休闲服务的经济学分析》中指出，从经济学的角度上讲，“休闲”就是人们放弃一定的时间与金钱，换取身心的休息、放松与精神消遣的行为，通过有形或者无形的价值消费，获取个人心理效用最大化。每个人都想取得最大化的效用，即消费可以获得的每一个小时的闲暇同时保持最大化的收入。但人们可以支配的资源都是有限的，这些时候就需要考虑到机会成本。经济学理论认为，一小时闲暇的机会成本就是工资率，即工人多工作一小时能获得的拿回家的工资报酬。如果收入增加，而工资和偏好不变，则闲暇时间的需求增加。也就是说，如果收入增加，工资不变，愿意工作的时间将减少；相反，如果收入下降，工资率不变，则愿意工作的时间增加。经济学将这种在工资不变的情况下，由于收入变化导致的闲暇时间需求的变化称为收入效应。同时，如果收入不变，工资率增加，闲暇的价格提高，闲暇的需求减少，从而提高工作动机。因为随着闲暇的机会成本的变化（收入不变），出现替代效应，工作时间和闲暇时间相互替代。作为现代社会财富和个人收入的一种重要形式，闲暇时间是社会劳动生产率不断提高的必然结果。而社会劳动生产率的提高又必然表现为实际工资率的提高，因此闲暇时间的变化与实际工资率的变动间存在着密切的关系。

3. 闲暇时间的经济效益愈加显著

李贵卿、陈维政在《工作与闲暇的经济学分析》中指出，闲暇本身也是一种财富。这种财富说的绝对不仅仅是人们得到的精神财富与身心愉悦，更是闲暇时间所创造出的大量经济价值。马克思在评价《国民困难的原因及其解决办法》时指出：“不过下面这段话无论如何仍不失为一个精彩的命题：一个国家只有在劳动 6 个小时而不是劳动 12 个小时的时候，才是真正富裕的。财富就是可以自由支配的时间，如此而已。”马克思的论述精辟地概括了闲暇时间的含意和价值，指出闲暇时间本身就是一种社会财富。随着社会的发展，这种自由时间或闲暇时间越来越多。由于经济的发展与现代人消费观念的变化，越来越多的人选择在闲暇时间内进行出国旅游等一些曾经看起来比较“奢侈”的活动，即使是在家中度过闲暇时间的劳动者，其消费也会产生一定的变化。这篇论文中指出，这样的闲暇时间如果合理运用，可以有效地拉动内需，促进我国经济的发展。在可预见的未来，新技术会不断改变人们的生活方式，这场变革将产生一种更为有效的生产制度，固定的全日制工作变得不再必要，人们拥有的是弹性工作时间和更多的自由时间，工作在生活中不再是主要的活动，人们只需要将少部分时间用于工作，大部分时间将用于消闲、娱乐、学习和个人兴趣爱好上。

4. 我国的闲暇时间水平仍然较低

我国劳动者的闲暇时间水平仍然低于很多国家。甚至，有些在传统观念中被人歧视的职业，如农民工、保姆等，被认为“不应该有休息日”。谭克俭于《中共山西省委党校学报》发表的文章《农民工休息权利保障问题研究》中提出，许多人的观念认为农民工没有假期，殊不知，宪法与劳动法对公民休息权的保障都有明确的规定。调查发现，农民工的休息权被严重侵犯：80%左右的农民工日工作时间超过8个小时，40%以上的农民工不能享受法定休息日，农民工长时间处于连续超负荷劳动状态。作者在该文中提到，在往年修订的各项劳动法律法规中，并没有把农民工排除在“劳动者”之外，所以，农民工也应该享有休息权。上述问题产生的主要原因是企业用工不规范，执法部门监管不力等。作者认为，解决的思路应该放在转变认识，加大执法力度，改进用工制度上。

带薪休假在我国已不新鲜。在裴沛的《我国带薪休假制度实施现状》中可知，休假权是中国宪法规定的公民权利之一，劳动者平等享有，但直至2008中国的带薪休假制度才正式有了法律保障。然而，我国对于带薪休假的保障并不好。我国带薪休假制度自2008年1月1日起实施，但其在落实中大多还是停留在纸面上的尴尬处境。职工带薪休假基本上处在不能休、不敢休、不愿休等现状阶段上，带薪休假制度的落实还有很多现实的问题需要解决。在休假理念上，中国和西方有所不同，西方的文化理念是要休假但不要工资，中国的理念是要工资但不要休假。由于物价的不断上涨，再加上在城市化过程中造成的房价上涨和人们对房子的刚性需求，我国人民的生活水平和国外相比较还有很大的提升空间。当前就业困难也是人们对休假理念曲解的一大重要原因。该文作者认为，多元化、现代化的带薪休假方式是赋予公民更为合理的休息权利和旅游权利的休假制度，这种休假制度比“黄金周”更人性化，更能够体现对人权的尊重和理解，是社会进步的重要标志，有利于社会的和谐发展。

（三）文献评述

就目前的研究来看，很多学者从经济学、社会学乃至哲学角度对新生代白领员工工作与生活时间分配问题进行了研究。通过这些研究得出了关于工作—闲暇时间的一系列结论与研究成果。这些结论与成果，为进一步研究工作—闲暇时间问题提供了宝贵的参考意见。

然而，已有的研究存在着一定的局限性。首先，现有的研究大多数是以经济学角度来进行分析的，以其他角度的研究并不多；其次，大部分的研究结果没有特别注意对某个阶层进行分析，而是直接对整个社会进行分析，较为笼统。

已有的文献为我们的研究指明了方向。首先，我们此次研究的范围单方面局限于北京市城镇，对象主要是新生代“白领”员工。其次，我们在经济不断发展，休闲方式丰富化与劳动保障被人重视的大背景下，从社会学与劳动经济学的角度研究这一问题。再次，我们同时采用了最容易得知受访人详细情况与真实想法的访谈法与最为常用的问卷调查法，为我们研究的真实性做保障；并且，我们调查的对象既有普通的基层员工，又有年轻有为的大公司部门经理，样本比较丰富。最后，我们采用的样本是许多文献都不曾研究过的新生代青年白领，这是一个全新的研究角度，而且对新生代青年白领的精准分析，有利于对现代劳动问题的研究，推动社会的发展。

三、调查现状与基本问题

（一）调查对象的基本情况

1. 性别

在265份有效问卷的被调查者与15位接受访谈的被调查者中，男性约占58%，女性约占42%（如表1）。男性青年白领的数量略多于女性青年白领。

表1　男女性别频次统计

		频次	百分比(%)	有效百分比(%)	累积百分比(%)
有效	男	162	58.0	58.0	58.0
	女	118	42.0	42.0	100.0
	合计	280	100.0	100.0	

2. 年龄

在共计 280 位有效的被调查者中，31—35 岁的青年白领员工最多，约占被调查人数的 36%。其次是 20—25 岁的青年白领员工，约占总体的 34%。26—30 岁的青年白领员工约占总体的 30%。3 个不同年龄段的青年白领员工数量整体相差不大。被调查者年龄均值为 28.98 岁（如表 2），属于青年群体的年龄范围。

表 2　年龄均值

均值	N	标准差
28.98	280	4.108

3. 婚姻家庭情况

在共计 280 位有效的被调查者中，未婚的青年白领员工数量最多，约占被调查人数的 44%。其次是已婚并已有孩子的青年白领员工，约占总体的 36%。最少的是已婚但未有孩子的青年白领员工，约占总体的 20%。

（二）工作信息

1. 工作单位性质

在共计 280 位有效的被调查者中，在私有企业工作的青年白领员工数量最多，约占被调查人数的 66%。在外资企业工作的青年白领员工约占总体的 16%。在国有企业工作的青年白领员工约占总体的 8%。在行政事业单位工作的青年白领员工约占总体的 6%。还有 4% 的调查对象来自上述属性的工作单位之外的其他单位。

2. 行业类别

在共计 280 位有效的被调查者中，从事地产金融行业的青年白领员工数量最多，约占被调查人数的 42%。其次是从事信息技术行业的青年白领员工，约占总体的 22%。从事教育培训行业的青年白领员工约占总体的 16%。从事医疗保健行业的青年白领员工约占总体的 10%。从事能源化工行业的青年白领员工约占总体的 6%。还有 4% 的调查对象来自上述行业类别之外的其他行业。

3. 工作岗位类别

在共计280位有效的被调查者中，从事销售岗位的青年白领员工数量最多，约占被调查人数的28%。其次是从事管理岗位的青年白领员工，约占总体的26%。从事技术岗位的青年白领员工约占总体的22%。从事行政岗位的青年白领员工约占总体的16%。还有8%的调查对象从事上述工作岗位之外的其他岗位。

4. 月工资

在共计280位有效的被调查者中，月工资为10 000—20 000元的青年白领员工数量最多，约占总调查人数的46%。其次是月工资为30 000元以上的青年白领员工，约占总体的28%。月工资为20 000—30 000元的青年白领员工约占总体的20%。数量最少的是月工资为5 000—10 000元的青年白领员工，约占总体的6%（如表3）。

表3　月工资层段频次表

		频次	百分比(%)	有效百分比(%)	累积百分比(%)
有效	5 000—10 000元	17	6.0	6.0	6.0
	10 000—20 000元	129	46.0	46.0	52.0
	20 000—30 000元	56	20.0	20.0	72.0
	30 000元以上	78	28.0	28.0	100.0
	合计	280	100.0	100.0	

5. 在工作单位的每日平均工作时间

在共计280位有效的被调查者中，有约44%的青年白领员工在工作单位的每日平均工作时间为7—8小时。有约24%的青年白领员工在工作单位的每日平均工作时间为8—10小时。有约14%的青年白领员工每日工作6—7小时。有约8%的青年白领员工每日工作10—12小时。除此之外，有约6%的青年白领员工每天在工作单位的工作时间低于6小时，有约4%的青年白领员工每天在工作单位的工作时间在12小时以上（如图1）。

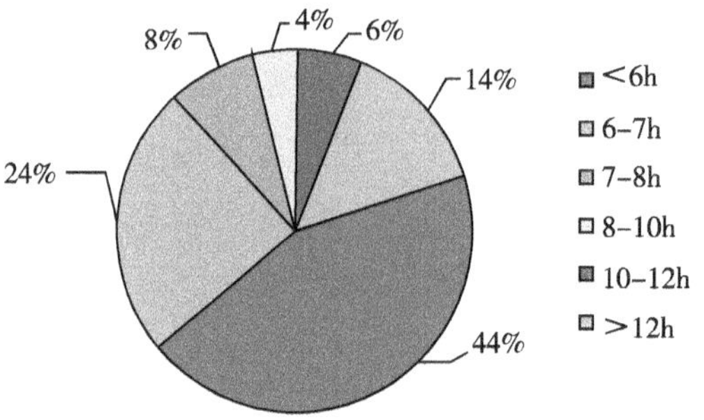

图1　青年白领员工在工作单位的每日平均工作时间

6. 每日通勤时间

在共计280位有效的被调查者中，每日通勤时间为30—60分钟与1—2小时的青年白领员工数量最多，均占被调查人数的38%，共计占被调查人数的76%。每日通勤时间在30分钟以下的青年白领员工约占总体的14%。除此之外，每日通勤时间在2小时以上的青年白领员工约占总体的10%。

（三）闲暇信息

1. 下班回家后是否继续工作

在共计280位有效的被调查者中，选择下班之后继续工作的青年白领员工数量约占总调查人数的38%。其中，下班后继续工作时间在1—2小时的青年白领员工约占总体的18%，继续工作达到2—3小时的青年白领员工则约占总体的10%，继续工作时间在3—4小时的青年白领员工约占总体的6%，而继续工作时间超过4小时的约占总体的4%。下班回家后不继续工作的青年白领员工约占总调查人数的62%。

2. 每日睡眠时间

在共计280位有效的被调查者中，每日睡眠时间为7—8小时的青年白领员工数量最多，约占被调查人数的70%。每日睡眠时间为5—6小时的青年白领员工约占总体的24%。除此之外，每日睡眠时间在8小时以上的青年白领员工约占总体的4%。每日睡眠时间在5小时以下的青年白领员工数量最少，约占总体的2%（如图2）。

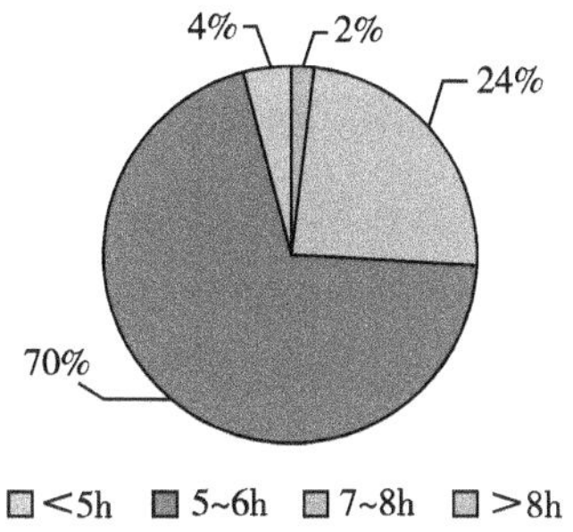

图2　青年白领员工每日睡眠时间

3. 闲暇时间的具体活动内容

在共计280位有效的被调查者中，有约19%的青年白领员工将闲暇时间用于学习与阅读。有约16%的青年白领员工的闲暇时间多用于外出游玩。有约16%的青年白领员工在闲暇时间进行社交聚会。在闲暇时间进行体育锻炼、家务劳动、上网休闲的青年白领员工均约占总调查人数的13%，共计约占总样本的39%。有约8%的青年白领员工在闲暇时间逛街购物。除此之外，有约0.7%的青年白领员工在闲暇时间进行兼职。

4. 在闲暇时间进行学习与阅读活动的主要原因

在共计280位有效的被调查者中，在闲暇时间进行学习与阅读的主要原因为“满足个人兴趣爱好”的青年白领员工数量最多，约占被调查人数的46%。进行学习与阅读主要原因为“满足自我进步需要”的青年白领员工约占总体的28%。除此之外，进行学习与阅读的主要原因为“满足工作需要”的青年白领员工约占总体的20%。闲暇时间不从事此类活动的青年白领员工数量最少，约占总体的6%。

5. 体育锻炼

在共计280位有效的被调查者中，有约22%的青年白领员工几乎不锻炼。有约48%的青年白领员工每周锻炼1—2次。除此之外，每周锻炼3—5次、每月锻炼1—2次和几乎每天锻炼的青年白领员工均约占总调查人数的10%，共计约占总调查人数的30%。

6. 从事家务劳动的时间

在共计 280 位有效的被调查者中，每日家务劳动时间在 30 分钟以下的青年白领员工数量最多，约占总调查人数的 68%。每日家务劳动时间在 30—60 分钟的青年白领员工约占总体的 24%。除此之外，每日家务劳动时间在 1—2 小时与 2 小时以上的青年白领员工均约占总体的 4%，共计约占总调查人数的 8%。

7. 闲暇时间里的上网时长

在共计 280 位有效的被调查者中，每日上网时间为 1—2 小时的青年白领员工数量最多，约占被调查人数的 42%。每日上网时间在 2—3 小时的青年白领员工约占总体的 34%。每日上网时间在 4—5 小时的青年白领员工约占总体的 12%。每日上网时间在 1 小时以下的青年白领员工约占总体的 10%。除此之外，每日上网时间在 6 小时以上的青年白领员工约占总体的 2%。

8. 上网时间里主要从事的项目

在共计 280 位有效的被调查者中，上网时间里主要浏览新闻资讯的青年白领员工数量最多，约占被调查人数的 32%。上网时间里进行社交的青年白领员工约占总体的 26%。上网时间里进行网购的青年白领员工约占总体的 23%。进行网上学习的青年白领员工约占总体的 13%。上网时间里主要从事的项目为网络游戏的青年白领员工数量最少，约占总体的 6%。

9. 每年旅游次数

在共计 280 位有效的被调查者中，每年旅游 1—2 次的青年白领员工数量最多，约占被调查人数的 66%。其次是每年旅游 3—4 次的青年白领员工，约占总体的 26%。每年旅游 5 次以上的青年白领员工约占总调查人数的 8%。

10. 闲暇时间是否兼职

在 265 份有效问卷的被调查者与 15 位接受访谈的被调查者中，在闲暇时间里做兼职的青年白领员工约占总体的 26%。在闲暇时间里不做兼职的青年白领员工约占总体的 74%。在闲暇时间里不从事兼职的青年白领员工远远多于兼职者。

（四）对于个人工作　闲暇时间分配的态度

1. 近半数青年白领认为闲暇时间是否充足应视工作量而定

在共计 280 位有效的被调查者中，认为自己的闲暇时间是否充足应视工作量与工作完成情况而定的青年白领员工数量最多，约占被调查人数的 48%。其次是认为自己闲暇时间不多的青年白领员工，约占总体的 34%。认为自己闲暇时间多的青年白领员工约占总体的 8%。

2. 超过半数的青年白领认为工作时间与工作报酬成正比

在共计 280 位有效的被调查者中，认为自己投入的工作时间与获得的工作报酬成正比的青年白领员工约占 64%。认为自己投入的工作时间与获得的工作报酬不成正比的青年白领员工约占 36%。

3. 超过半数的青年白领表示愿意放弃闲暇时间获得更多收入

在共计 280 位有效的被调查者中，愿意放弃更多闲暇时间以获得更多工资收入的青年白领员工约占 58%。不愿意放弃更多闲暇时间以获得更多工资收入的青年白领员工约占 42%。

4. 超过半数的青年白领认为个人工作与闲暇时间分配合理

在共计 280 位有效的被调查者中，认为自己目前的工作与闲暇时间分配合理的青年白领员工数量最多，约占被调查人数的 68%。其次是认为自己目前的工作与闲暇时间分配不合理、要求更多闲暇时间的青年白领员工，约占总体的 28%。认为自己目前的工作与闲暇时间分配不合理、要求更多工作时间的青年白领员工约占总体的 4%（如图 3）。

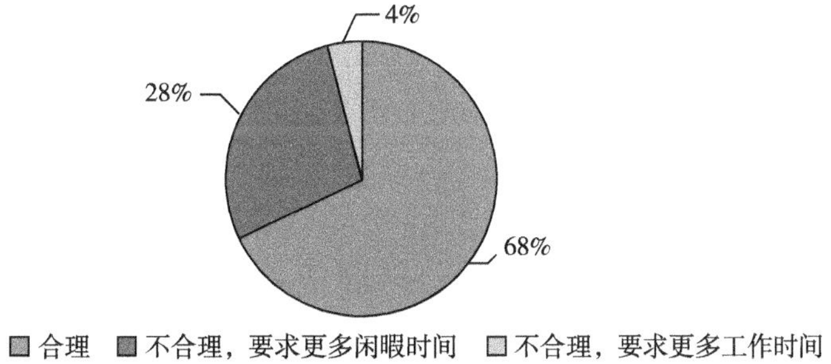

图 3　关于工作与闲暇时间分配是否合理的态度

（五）新生代白领员工工作与闲暇中的基本问题

进一步总结问卷调查与访谈调查得来的结果，针对北京市青年白领员工中部分群体的工作与闲暇时间分配情况，我们可以总结出一些概貌性问题。以下得出的观点，全部基于本次的抽样调查。

1. 每日的平均工作时间较长

调查结果显示（如图4），每日在工作单位工作超过8小时的青年白领员工占大多数，更有甚者达到12小时以上，但低于6小时的情况依旧存在。

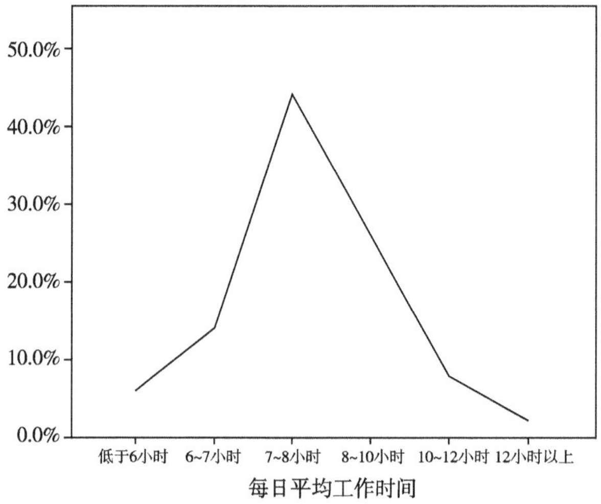

图4　每日平均工作时间频率统计图

2. 闲暇活动内容较为丰富，能够满足他们的多方面需求

调查结果显示，闲暇时间较多用于学习阅读、外出游玩、社交聚会和体育锻炼的青年白领员工占大多数。由此可以看出青年白领员工较为注重自我学习与自我提升，同时懂得通过一些休闲娱乐活动来调节工作压力，重视人际社交并乐于沟通，并且较为重视身体健康。

3. 进行学习与阅读活动的原因大多为迎合自我需要

调查结果显示（如图5），“满足个人兴趣爱好”与“满足自我进步需要”是青年白领员工在闲暇时间里进行学习与阅读活动的两大主要原因。较少的青年白领员工以“满足工作需要”作为学习与阅读的原因，还有更少一部分青年白领员工在闲暇时间里不进行学习与阅读活动。由此可以看出新生代白领员工群体在闲暇时间里以自我为出发的二次学习模式，具有鲜明的群体性特征。

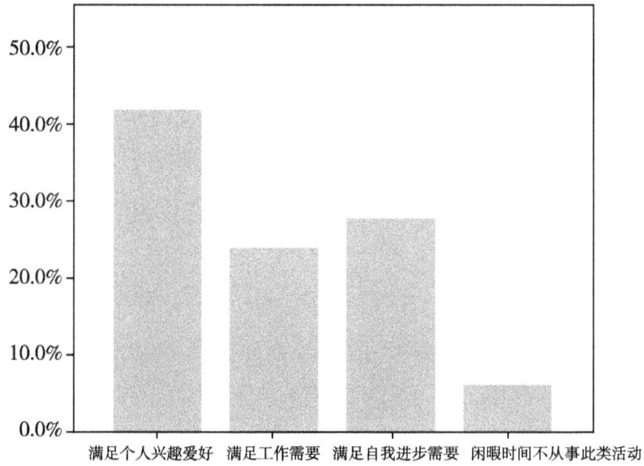

图 5　闲暇时间进行学习与阅读活动原因的统计图

4. 进行体育锻炼活动的频率总体较低

调查结果表明，每周只锻炼 1—2 次甚至是几乎不锻炼的青年白领员工占大多数。但与此同时，仍然有少数几乎每天锻炼的青年白领员工。体育锻炼的频率与青年白领的身体健康息息相关，同时也影响到他们的日常心情与工作效率。

5. 每天从事家务劳动的时间较少

调查结果表明，每天花费 30 分钟以下的时间从事家务劳动的青年白领员工占大多数，每天花 1 小时以上时间从事家务劳动的青年白领员工只占很少一部分。在访谈调查中，甚至有青年白领员工表示从来不做家务劳动。由此可以看出，青年白领员工群体由于工作繁忙、生活节奏快等原因，并不会花费较多的闲暇时间在家务劳动方面。

6. 在闲暇时间里从事兼职的情况较少

调查结果表明，大多数青年白领员工在闲暇时间里不会从事兼职活动。少部分进行兼职活动的青年白领员工从事了与个人兴趣爱好相符合的兼职工作，并将它作为个人闲暇时间里的兴趣爱好发展，对他们而言，从事这种兼职活动的精神获得是大于其中的经济利益的。

7. 每日上网时间较多，上网的内容较为丰富

调查结果表明，在闲暇时间里每日上网时间在 2 小时以上的青年白领员工占大多数。同时，青年白领员工上网时的主要时间较长花在浏览新闻资讯、社交、网购这 3 个项目上，也有部分青年白领员工进行网上学习、网络游戏等活动。由此可以看出，青年白领员工群体紧随互联网时代发展的步伐，关心时事，善于利用各种网络媒介来进行闲暇时间里的休闲娱乐，以满足个人的物质与精神需要。

8. 每年旅游的次数较多

调查结果显示（如表4），大多数青年白领员工每年至少会旅游 1—2 次，旅游 3—4 次的情况也较多出现，更有甚者每年旅游 5 次以上。由此可以看出，由于法定休假制度的逐步健全与一些企业在员工休假方面的人性化管理，再加上对于自身生活品质与身心健康的追求，青年白领员工较多地选择利用假期时间进行旅游活动。

表 4　每年旅游次数频次统计表

		频次	百分比（%）	有效百分比（%）	累积百分比（%）
有效	1—2 次	207	74.0	74.0	74.0
	3—4 次	50	18.0	18.0	92.0
	5 次以上	23	8.0	8.0	100.0
	合计	280	100.0	100.0	

9. 大多数人对工作满意度较高，认为个人目前的工作与闲暇时间分配合理

调查结果表明，大多数青年白领员工认为自己投入的工作时间与获得的工资报酬是成正比的，对工作满意度较高。认为个人目前的工作与闲暇时间分配合理的青年白领员工占大多数。在认为不合理的青年白领员工中，大多数人要求获得更多闲暇时间，依旧有小部分青年白领员工要求获得更多的工作时间。

四、工作与闲暇时间分配满意度影响因素研究

针对青年白领员工对个人工作与闲暇时间的分配满意度，我们对调查结果进

行了比较分析，得出以下结论：

（一）大多数未婚青年白领满意度较高

调查结果表明（如表5），更多的未婚青年白领员工认为他们的工作与闲暇时间分配合理。与已婚青年白领员工相比，未婚的青年白领员工对个人工作闲暇时间的掌控度更高，“独善其身”的生活状态使他们能够更好地安排个人的工作时间与闲暇时间，从而使得他们在这个问题上有着更高的满意度。与之相反，已婚的青年白领员工，特别是已经有了孩子的青年白领员工，在个人时间的安排上会受到多方面的牵制，导致个人工作与闲暇时间分配不合理，降低其满意度。

表5　婚姻家庭状况与工作闲暇时间分配满意度交叉表

		工作闲暇时间分配满意度			合计
		合理	不合理，要求更多闲暇时间	不合理，要求更多工作时间	
婚姻家庭状况	未婚	84	34	6	124
	已婚(未有孩子)	39	17	0	56
	已婚(已有孩子)	67	28	5	100
合计		190	79	11	280

（二）绝大多数私企青年白领满意度较低

调查结果表明（如表6），在认为个人工作与闲暇时间分配不合理的调查对象中，私有企业的青年白领员工占绝大多数。与此同时，所有来自国有企业与行政事业单位的青年白领员工均认为个人的工作与闲暇时间分配合理，绝大多数外资企业的青年白领员工也认为个人的工作与闲暇时间分配合理。与国有企业、行政事业单位与外资企业相比，一些私有企业缺乏规范的工时制度与休假制度，劳动者工作时间不稳定，加班情况经常发生，甚至出现休假时间被压缩的情况。在这种环境下，私有企业的青年白领员工在工作之余的闲暇时间较少，而国有企业、行政事业单位与外资企业的青年白领员工拥有相对较多的闲暇时间，便造成了满意度上的差异。

表6　工作单位性质与工作闲暇时间分配满意度交叉表

		工作闲暇时间分配满意度			合计
		合理	不合理，要求更多闲暇时间	不合理，要求更多工作时间	
工作单位性质	国有企业	22	0	0	22
	行政事业单位	11	0	0	11
	私有企业	118	67	6	191
	外资企业	39	11	6	56
合计		190	78	12	280

（三）工作时间与工资报酬的投入产出比影响满意度

调查结果表明（如表7），在认为个人工作与闲暇时间分配合理的调查对象中，认为个人投入的工作时间与获得的工资报酬成正比的人数远大于认为不成正比的人数，与此同时，在这部分群体中月收入较高的青年白领员工较多。在认为个人工作与闲暇时间分配不合理的青年白领中，赞同成正比与不成正比的人数基本持平，并且在这部分群体中月收入较高的青年白领员工较少。当个人的工作时间与工资报酬成正比的时候，青年白领员工能在工作中获得更多的满足感，并在一定程度上能够掌控个人的工作时间，从而在个人工作与闲暇时间的分配上获得更高的满意度。

表7　工作时间与工资报酬是否成正比与工作闲暇时间分配满意度交叉表

		工作闲暇时间分配满意度			合计
		合理	不合理，要求更多闲暇时间	不合理，要求更多工作时间	
工作时间与工资报酬是否成正比	是	157	34	5	196
	否	34	45	5	84
合计		191	79	10	280

（四）闲暇活动的内容影响个人工作与闲暇时间的分配满意度

调查结果表明（如表8），在闲暇时间里，以满足个人兴趣爱好为目的进行学习与阅读和经常从事体育锻炼活动的青年白领员工普遍认为个人工作与闲暇时间的分配合理。在认为个人工作与闲暇时间分配不合理的青年白领员工中，大多数人在闲暇时间里较少选择阅读与运动作为休闲与放松的手段。青年白领员工作负担较重、工作压力较大的群体，选择有益于放松身心的闲暇活动有利于减轻日常的工作压力、调节工作与生活的关系。

表8　从事学习阅读活动原因与工作闲暇时间分配满意度交叉表

		工作闲暇时间分配满意度			合计
		合理	不合理，要求更多闲暇时间	不合理，要求更多工作时间	
从事学习阅读活动原因	满足个人兴趣爱好	90	28	0	118
	满足工作需要	45	17	5	67
	满足自我进步需要	50	22	6	78
	闲暇时间不从事此类活动	6	11	0	17
合计		191	78	11	280

五、工作与闲暇中的性别差异影响研究

针对男性青年白领员工与女性青年白领员工的性别差异，我们对不同性别员工的调查数据进行了比较分析，得出以下结论：

（一）下班回家后继续工作的男性青年白领员工远远多于女性

调查结果表明（如表9），在男性青年白领中，下班回家后继续工作的人数比下班回家后不会继续工作的人数多。而在女性青年白领中，下班回家后不会继续工作的人数要远远多于下班回家后继续工作的人数。除了男女身体素质上的不同造成了这样的差异之外，男性青年白领员工一般面临着更重的工作负担与工作压力，有时候需要牺牲更多的闲暇时间来完成工作任务。

表 9　性别与下班回家后继续工作情况交叉表

		下班回家是否继续工作		合计
		是	否	
性别	男	91	71	162
	女	16	102	118
合计		107	173	280

（二）男性青年白领员工的每日通勤时间多于女性

调查结果表明（表 10），在大部分通勤时间段，男性青年白领员工比女性占据更大的比重。这与家庭住址的远近、交通方式的选择有一定关系，除此之外，女性青年白领员工每日待在工作单位的时间相比男性较短（尤其是已婚并已有孩子的女性青年白领），在某种程度上缩短了每日通勤时间。

表 10　性别与通勤时间交叉表

		通勤时间				合计
		30 分钟以下	30—60 分钟	1—2 小时	2 小时以上	
性别	男	28	67	50	17	162
	女	0	51	56	11	118
合计		28	118	106	28	280

（三）性别差异影响青年白领的闲暇活动选择

调查结果表明（如图 6），男性青年白领员工在闲暇时间里更多地选择学习与阅读、体育锻炼与社交聚会，女性青年白领员工更多地选择外出游玩与家务劳动。在上网时，男性青年白领员工更喜欢进行社交与网络游戏，女性青年白领员工更喜欢进行网上学习与网购。

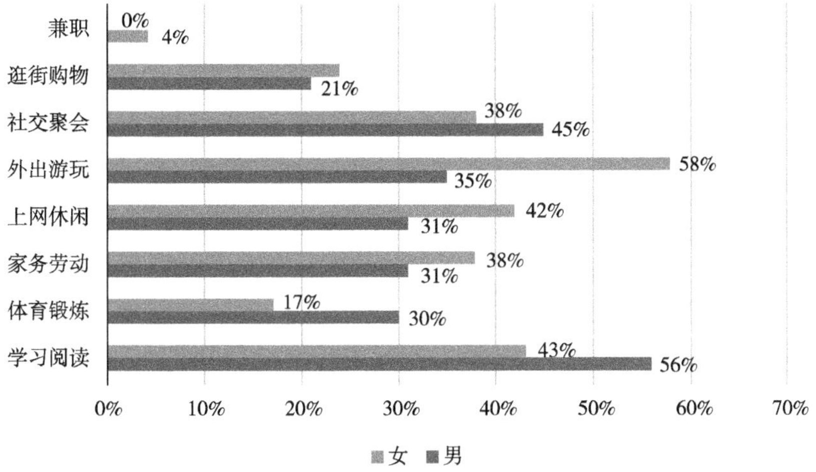

图 6　男女白领在闲暇活动中的选择

（四）男性青年白领员工进行体育锻炼的频率高于女性

调查结果表明（如表 11），没有女性青年白领员工几乎每天锻炼，几乎不锻炼的女性青年白领比例大于男性，进行体育锻炼的女性青年白领比例也小于同频率段的男性。一般而言，男性比女性更加热爱与重视体育锻炼，除此之外，男性青年白领员工相比女性有着更大的工作强度，需要更强的身体素质。

表 11　性别与体育锻炼频率交叉表

		体育锻炼频率					合计
		几乎不锻炼	每周 1—2 次	每周 3—5 次	每月 1—2 次	几乎每天锻炼	
性别	男	11	84	17	22	28	162
	女	51	50	11	6	0	118
合计		62	134	28	28	28	280

六、结论与建议

总结本次调查的信息与研究的结果，我们对于新生代白领员工工作与生活时间分配问题可以得出以下结论与建议。

（一）研究结论

1. 经济因素在工作闲暇时间分配问题中举足轻重

通过劳动获取经济性报酬是每一位劳动者工作的直接目的，也是每一位劳动者生存的直接手段。综合本次研究的结果，月工资、工作单位性质、行业性质、岗位性质等经济因素均对青年白领员工的工作状态、工作时长、闲暇活动安排等方面产生不同程度的影响。

在月收入较高、工作压力较轻等条件下，青年白领员工的经济情况较好，对个人工作闲暇的满意度较高，大多数人不愿意放弃个人闲暇时间来获取更多的经济性报酬；在月收入无法达到个人满意的状态、工作压力大等条件下，青年白领员工的经济情况较差，对个人工作闲暇的满意度较低，大多数人愿意继续放弃个人闲暇时间来获取更多的经济性报酬，部分青年白领员工也会选择从事兼职工作来增加个人收入。

2. 文化因素对工作闲暇时间分配问题具有重要影响

文化活动作为一种有利于促进劳动者素质提升，调节劳动者工作压力的重要活动，在青年白领员工群体的闲暇生活中占有重要的一席之地。综合本次研究的结果，闲暇活动的选择、阅读习惯、体育锻炼习惯、上网习惯、旅游频率等文化因素均对青年白领员工的自我进步、身心调节、对生活的满意度和幸福感等方面产生不同程度的影响。

在工作饱和的前提下，青年白领员工在闲暇时间选择一些迎合个人兴趣与需求的读物既能提升个人修养也能调节工作压力，经常进行体育锻炼的青年白领员工也能在健康的活动中释放压力。对于大部分青年白领员工而言，在闲暇时间从事上网、聚会、逛街、旅游等活动已经成了最普遍的放松方式。

3. 社会因素与工作闲暇时间分配问题联系紧密

特定的社会环境在一定程度上影响了当地劳动者的工作生活模式。本次研究的调查地为北京市，由于常住人口众多、交通压力大、住房成本高等因素，导致部分劳动者的通勤时间较长，从而使他们的闲暇时间被动缩减，影响到了个人的工作生活安排。

曾有青年白领员工在接受访谈时表示“只要住得近，工作闲暇一切都好说”，这也从一定程度反映了通勤时间对于青年白领员工工作生活时间安排的重要性。而导致通勤时间问题的原因，正是交通拥堵、公共交通压力大、房价高昂等社会因素。这些严峻的问题有着逐渐向好的趋势，但在短期内并不会有实质性的改变，需要社会各方的共同努力。

（二）建议

此外，我们从3个层面针对调查中发现的新生代白领群体的工作闲暇时间分配存在的问题提出以下建议：

1. 政府：完善法律体系与加强执法力度，保障劳动者的合法权益

继续完善劳动法体系建设，加强劳动法执法的力度，保证劳动法实施的效力，敦促企业积极保障员工在法定工作时长中的权益，帮助员工继续协调好工作与生活时间的分配。

逐步完善社会文化基础设施建设，比如社区图书馆、健身房等的创设，并对广大群体免费开放，丰富员工闲暇时间的活动，改善职工群体业余活动单一的现状。

2. 企业：改进员工工作方式，力求实现工作与生活有效平衡

保证任务和职责分配的明确性。这直接关系到员工完成该任务的效率和完成该任务的时间，也减少了员工在工作过程中推卸责任的可能性，促使员工更积极地完成工作任务，为自己尽可能多地赚得供自己支配的时间。

工作场所灵活化。改变传统办公的模式，除了在办公室办公外，还可采用远程办公和家庭办公的方式，让员工在办公时不再受到拘束。

工作时间弹性化。采取任务导向性工作方式，具体工作安排可由员工自由分配。

发挥企业人性化关怀。通过企业工会组织多多开展青年白领员工喜爱的文体娱乐活动，在工作之余使员工在有组织的闲暇活动中放松身心。

3. 个人：提高工作效率，改变生活习惯

在工作时全身心投入到工作中，提高工作效率，尽量在工作时间完成工作内容，这样既可以减轻闲暇时间的工作负担，又可以尽可能多地从工作中赚取可供自己自由支配的时间，获得更大的工作弹性，实现工作与生活时间的更好分配。

身体是革命的本钱，工作即使再忙也要进行体育锻炼，为了更好地工作和生活，更应该增强体魄，增加精力。丰富闲暇时间的活动，改变活动单一的状况，

提高生活质量则是必不可少。

已婚的青年白领可以与伴侣合理分担家务活动，为自己和家人创造更多在一起的闲暇时间。

保持积极的心态，把工作融进生活，将生活写进工作，不再总是对工作抱有埋怨和萎靡的态度，而应是乐观面对工作和生活。

在个人条件允许的情况下，适当放弃一些收入来获得更多自由的闲暇时间。

（三）研究局限性与展望

本研究针对北京市新生代白领员工工作与生活时间分配的情况进行分析并得出相应结论，但是在研究过程中也存在着局限性。在样本方面，样本量有限，我们先后在海淀区的中关村、朝阳区的国贸（建外 SOHO）共发放问卷 331 份，但回收到的有效问卷只有 265 份，并且在采样区域的选择上有着局限性，不能全面了解新生代白领员工工作与时间分配的大体情况。在分析问卷的过程中，由于课题组数据分析水平有限，未能进一步运用各类不同的分析方法进行深入分析。

针对以上几点不足，本研究课题小组在未来的研究里会运用更多的研究方法，完善问卷内容、扩大样本容量，多走访一些地区，深入各种企业，提高研究的可信度与代表性。鉴于本次研究只采取了抽样调查，未来的研究将会加强研究的广度与深度，进一步探究更有价值的结论。

参考文献：

[1] 李波，王春丽．劳动经济学：理论与应用［M］．北京：中国劳动保障出版社，2016.

[2] 高传胜，高春亮．劳动经济学：理论与政策［M］．武汉：武汉大学出版社，2011.

[3] 孙文凯，宋阳．劳动经济学［M］．北京：清华大学出版社，2015.

[4] 付亚和．工作分析［M］．上海：复旦大学出版社，2009.

[5] 蔡昉．劳动经济学：理论与中国现实［M］．北京：北京师范大学出版社，2009.

[6] 孙春阳．北京市居民闲暇时间分配的阶层差异研究［D］．北京：中国人民大学，2006.

[7] 王琪延．从时间分配看北京人 20 年生活的变迁：基于 2006 年北京生活时间分配调查的统计分析［J］．北京社会科学，2007（5）.

［8］龚江辉，王琪延．城乡居民生活时间分配调查报告：基于北京城市居民与河北农村居民的对比分析［J］．调研世界，2009（4）．

［9］钱津．劳动论［M］．北京：社会科学文献出版社，2005．

［10］陈铭．劳动经济学［M］．上海：复旦大学出版社，2008．

［11］杨伟国．劳动经济学［M］．大连：东北财经大学出版社，2008．

［12］孟续铎，杨河清．工作时间的演变模型及当代特征［J］．经济与管理研究，2012（12）．

［13］赵学增．简论社会主义劳动者的闲暇时间［J］．学术论坛，1982（5）．

［14］王琪延．北京市居民闲暇时间分配的阶层差异研究［J］．管理世界，1997（7）．

［15］卿前龙．休闲服务的经济学分析［D］．广州：华南师范大学，2005（6）．

［16］毛连泽．青年白领休闲生活方式研究［D］．长沙：湖南师范大学，2008（5）．

［17］李贵卿，陈维政．工作与闲暇的经济学分析［J］．当代经济管理，2008（10）．

［18］李宗茂．发展闲暇消费，促进人的全面发展：读《闲暇消费论》［J］．消费经济，2008（3）．

［19］朱长艳，蔡东汉，陈忠斌．给定生存函数下具有最优工作年限与闲暇的生命周期模型［J］．工程数学学报，2017（4）．

［20］安希孟．关于闲暇的理性思考［J］．自然辩证法研究，2005（12）．

［21］徐晓昱．收入与工作时间对主观幸福感的影响：以北京市C区为例［J］．时代经贸，2014（11）．

［22］孙琨．闲暇时间经济价值的开发利用［J］．江苏商论，2008（11）．

［23］季相林．闲暇时间与劳动力再生产［J］．济南大学学报（社会科学版），2003（1）．

［24］马惠娣．闲暇时间与“以人为本”的科学发展观［J］．自然辩证法研究，2004（6）．

［25］周敏慧．实行带薪休假制度的意义、现实性与保障体系［J］．消费导刊，2008（1）．

［26］裴沛．我国带薪休假制度实施现状［J］．合作经济与科技，2008（7）．

［27］尹世杰．闲暇消费论［M］．北京：中国财政经济出版社，2007．

附　件

附件一：调查问卷

"新生代白领员工工作与生活时间分配问题研究
——以北京市为例的抽样调查"调查问卷

尊敬的先生/女生：

您好！占用您的宝贵时间我们深感歉意。非常感谢您参与我们的问卷调查，这是一项关于北京市新生代白领员工工作与生活时间分配状况的调查，完成这份问卷大概需要 2 分钟。您在这份问卷中填写的内容仅用于我们的科学研究，不做任何商业用途，更不会泄露您的任何隐私。整个问卷中涉及的题目均无对错之分，请根据您的实际情况填写，无须署名。

谢谢您的合作！祝您生活愉悦，工作顺利！

中国劳动关系学院学生科研课题组

1. 您的性别是（　　）

A. 男　B. 女

2. 您的年龄为____岁

3. 您的婚姻家庭状况为（　　）

A. 未婚　B. 已婚（未有孩子）　C. 已婚（已有孩子）

4. 您的工作单位属于（　　）

A. 国有企业　B. 行政事业单位　C. 私有企业　D. 外资企业　E. 其他

5. 您所在的行业为（　　）

A. 地产金融　B. 信息技术　C. 能源化工　D. 教育培训　E. 医疗保健　F. 其他

6. 您的岗位属于下列哪个类别？（　　）

A. 技术人员　B. 管理人员　C. 行政人员　D. 销售人员　E. 其他

7. 您的月工资一般为多少？（　　）

A. 5 000—10 000 元　B. 10 000—20 000 元　C. 20 000—30 000 元

D. 30 000 元以上

8. 您在工作单位平均一天工作多少个小时？（　　）

A. 低于 6 小时　B. 6—7 小时　C. 7—8 小时　D. 8—10 小时

E. 10—12 小时　F. 12 小时以上

9. 您下班回家之后是否继续工作？（　　）

A. 是（大约工作____小时）　B. 否

10. 您上下班的往返时间大约为（　　）

A. 30 分钟以下　B. 30—60 分钟　C. 1—2 小时　D. 2 小时以上

11. 您每天的睡眠时间大约为（　　）

A. 5 小时以下　B. 5—6 小时　C. 7—8 小时　D. 8 小时以上

12. 您认为您工作之余的闲暇时间多不多？（　　）

A. 多　B. 不多　C. 视工作量与工作完成情况而定

13. 您的闲暇时间较多用于下列哪些活动？（可多选）（　　）

A. 学习与阅读　B. 体育锻炼　C. 家务劳动　D. 上网休闲

E. 外出游玩　F. 社交聚会　G. 逛街购物　H. 兼职

14. 您在闲暇时间进行学习与阅读活动的主要原因是（　　）

A. 满足个人兴趣爱好　B. 满足工作需要　C. 满足自我进步需要

D. 闲暇时间不从事此类活动

15. 您进行体育锻炼活动的频率大约为（　　）

A. 几乎不锻炼　B. 每周 1—2 次　C. 每周 3—5 次　D. 每月 1—2 次

E. 几乎每天锻炼

16. 您每天大约会花多长时间从事家务劳动？（　　）

A. 30 分钟以下　B. 30—60 分钟　C. 1—2 小时　D. 2 小时以上

17. 您在您的闲暇时间里会选择做兼职或是类似的赚取外快的工作吗？（　　）

A. 会　B. 不会

18. 您每天闲暇时间里的上网时间大约为（　　）

A. 1 小时以下　B. 1—2 小时　C. 2—3 小时　D. 4—5 小时

E. 6 小时以上

19. 您上网时的主要时间较长花在哪些项目中？（可多选）（　　）

A. 网络游戏　B. 网购　C. 社交　D. 新闻资讯　E. 网上学习

20. 您每年大约旅游几次？（　　）

A. 无　B. 1—2 次　C. 3—4 次　D. 5 次以上

21. 您认为您投入的工作时间与获得的工资报酬是成正比的吗？（　　）

A. 是　B. 否

22. 您是否愿意放弃更多的闲暇时间来获得更多的工资收入？（　　）

A. 愿意　B. 不愿意

23. 您的作息规律吗？（　　）

A. 很规律　B. 一般　C. 不规律　D. 很不规律

24. 您认为您目前的工作与闲暇时间分配合理吗？（　　）

A. 合理　B. 不合理，我要求更多闲暇时间

C. 不合理，我要求更多工作时间

25. 您希望固定工作时间内增大劳动强度从而增加工资收入吗？（　　）

A. 非常希望　B. 希望　C. 都可以　D. 不希望

26. 您平常会制作时间规划表吗？(　　)

A. 经常做　B. 有时做　C. 几乎不做　D. 从来不做

27. 您认为自己有拖延症吗？(　　)

A. 从来不会　B. 有时候　C. 经常有　D. 总是

28. 您认为自己是一个时间观念强的人吗？(　　)

A. 是的　B. 差不多是　C. 基本不是　D. 不是

29. 您对自己的工作时间和业余时间是怎样安排的？(　　)

A. 详细安排　B. 大概安排　C. 临时安排　D. 不怎么安排

30. 您认为目前青年白领群体的工作与闲暇时间分配存在哪些问题？针对如何合理分配工作与闲暇时间您是否有好的建议？(可不写)

____

____

问卷到此结束，谢谢您的参与！

附件二：访谈提纲

“新生代白领员工工作与生活时间分配问题研究——以北京市为例的抽样调查”访谈提纲

尊敬的先生/女士：

您好！我们是中国劳动关系学院人力资源管理专业的学生，我们正在进行科研调查，主题是北京市新生代白领员工工作与生活时间分配问题研究，我们希望通过这次调查了解北京新生代白领员工工作与生活时间分配状况，您的帮助和参与可以使我们的研究更具现实意义和实践价值，再次感谢。

我们向您承诺，您在调查中所提供的信息内容仅用于我们的大学生研究，不做任何商业用途，更不会泄露您的任何隐私，您可以进行完全自由的选择。我们将严格为您保密，谢谢您的合作，祝您工作顺利！生活愉快！

中国劳动关系学院科研小组

访谈对象：北京主要商务办公区的青年白领

（一）基本工作信息部分

基本资料：性别、年龄、婚姻状况等；

主要问题：

1. 了解受访者的工作单位性质。（如：A. 国有企业　B. 行政事业单位　C. 私有企业　D. 外资企业　E. 其他）

2. 了解受访者所在的行业。（如：A. 地产金融　B. 信息技术　C. 能源化工　D. 教育培训　E. 医疗保健　F. 其他）

3. 了解受访者的岗位类别（如：A. 技术人员　B. 管理人员　C. 行政人员　D. 销售人员　E. 其他）

4. 了解受访者的月工资情况。

（二）工作与生活时间安排问题部分

主要问题：

1. 了解受访者下班回家之后是否会选择继续工作。

2. 了解受访者于工作单位平均一天工作小时数。

3. 了解受访者上下班的往返时间。

4. 了解访者每天的睡眠时间。

5. 了解受访者对工作之余的闲暇时间是否充足的感受。

6. 了解受访者闲暇时间活动的具体内容。（如：A. 学习与阅读　B. 体育锻炼　C. 家务劳动　D. 上网休闲　E. 外出游玩　F. 社交聚会　G. 逛街购物　H. 兼职）

7. 了受访者解闲暇时间进行学习与阅读活动的主要原因。（如：A. 满足个人兴趣爱好　B. 满足工作需要　C. 满足自我进步需要　D. 闲暇时间不从事此类活动）

8. 了解受访者进行体育锻炼活动的频率。

9. 了解受访者每天从事家务劳动的时间。

10. 了解受访者闲暇时的上网时长。

11. 了解受访者上网的主要内容。（如：A. 网络游戏　B. 网购　C. 社交　D. 新闻资讯　E. 网上学习）

12. 了解受访者每年旅游的次数。

13. 了解受访者对于自己工作和生活时间安排的看法。

（三）主要问题

1. 您在您的闲暇时间里会选择做兼职或是类似的赚取外快的工作吗？

2. 您认为您投入的工作时间与获得的工资报酬是成正比的吗？

3. 您是否愿意放弃更多的闲暇时间来获得更多的工资收入？

4. 您认为您目前的工作与闲暇时间分配合理吗？（如：A. 合理　B. 不合理，我要求更多闲暇时间　C. 不合理，我要求更多工作时间）

5. 您认为目前青年白领群体的工作与闲暇时间分配存在哪些问题？针对如何合理分配工作与闲暇时间您是否有好的建议？

（四）其他问题

访谈过程中受访者可能会谈及其他有关主题的信息，需要进行及时记录。

（五）结束语

感谢您参与我们的访谈，祝您工作顺利，生活愉快，谢谢！

附件三：访谈记录

一、访谈对象 1（26 岁，私营企业行政人员，男）

1. 您所在的行业属于哪一类？您主要负责什么工作？

答：教育培训，我主要负责行政。

2. 您在单位平均每天工作多长时间？下班后还会在家继续工作吗？

答：都在工作，一般一天七八个小时，有时会更忙些，回家也要做些整理。

3. 您认为您的闲暇时间充足吗？

答：不算充足，还是有一些的吧，工作时非常繁忙，闲暇时就不愿做什么了。

4. 您在闲暇时间一般会选择做些什么呢？为什么要选择做这些呢？

答：我不兼职的，一般会锻炼或者阅读，不是太想出远门，就当休息了。

5. 您每天在闲暇时间会上网多长时间呢？一般会浏览些什么呢？

答：两三个小时吧，一般会网购或者社交，都是比较方便的。

6. 您认为您投入的工作时间和收入成正比吗？您是否愿意放弃一部分闲暇

时间选择兼职呢？

答：这个因人而异吧，我身边有的同事总是抱怨工作时间长但是工资少得可怜，但是有的同事就特别勤恳，年终时奖金总是很高，我觉得我现在拿的还好吧，也没特别努力去工作；我个人是不愿意兼职的。

7. 您的月收入大概有多少呢？

答：就 7000—8000 元。

8. 您认为您目前的工作与闲暇时间分配合理吗？作息是否规律呢？

答：不太合理吧，其实大多也都是单位决定的，自己没法做更多的自主，上班时间就上班，闲暇时间就闲暇，但是有时也加班。作息不太规律，因为每天的任务量可能都不一样。总体就是工作时太忙，闲暇时又有点清闲，不愿做别的。

9. 您认为自己有拖延症吗？您是怎么看待这种现象的呢？

答：有时也拖延，有时工作累了也是想忙里偷闲，拖延肯定不好，但是生活节奏太紧张了也就是一种正常现象了。

10. 您认为目前青年白领群体的工作与闲暇时间分配存在哪些问题？针对如何合理分配工作与闲暇时间您是否有好的建议？

答：建议的话其实简单来说就是效率，高效率可以节省时间；还要提高闲暇时间利用率。其他行业与我们情况可能不一样，我也不太了解。

二、访谈对象 2（35 岁，外资企业销售人员，男）

1. 您所在的行业属于哪一类？您主要负责什么工作？

答：在一个外资的能源化工行业，我也算做销售工作。

2. 您在单位平均每天工作多长时间？下班后还会在家继续工作吗？

答：七八个小时吧，但是因为出差所以也不那么确定；很少回家，如果假期回家一般不工作。

3. 您认为您的闲暇时间充足吗？

答：还可以，平时出差很多，但是假期还不算少，一般比较轻松。

4. 您在闲暇时间一般会选择做些什么呢？为什么要选择做这些呢？

答：就是出去旅游、健身之类的，不会选择继续工作，因为平时工作时间已经很长了。

5. 您每天在闲暇时间会上网多长时间呢？一般会浏览些什么呢？

答：上网不太多，一般不愿意在网络上花费很多时间，如果上网的话，一般也就是学习。

6. 您认为您投入的工作时间和收入成正比吗？您是否愿意放弃一部分闲暇时间选择兼职呢？

答：我不愿意兼职，兼职没有本职工作更加适合自己。我感觉我工作挺努力的。收入也成正比，如果可以的话我倒是宁愿放弃一小部分收入来获得更多闲暇时间。

7. 您的月收入大概有多少呢？

答：差不多3万元吧。

8. 您认为您目前的工作与闲暇时间分配合理吗？作息是否规律呢？

答：时间分配还是挺合理的，工作时间长。但是休息的机会也比较多。就是出差导致作息不太规律，也没有多么绝对的工作时间与闲暇时间，平常需要调整一下。

9. 您认为自己有拖延症吗？您是怎么看待这种现象的呢？

答：不怎么拖延。工作是工作，生活是生活，没有必要有太多的交集，工作完成了就该生活，所以也没有什么拖延。现在的大家都很累，拖延也可以理解，但是不能影响了正常的工作和生活。

10. 您认为目前青年白领群体的工作与闲暇时间分配存在哪些问题？针对如何合理分配工作与闲暇时间您是否有好的建议？

答：现在的白领时间观念可能比较死板吧。如果可以更加灵活一些的话其实工作和生活的质量都会得到提高。提前做规划挺重要的，有些人把工作当作受难，上班无精打采，下班兴高采烈，我倒是认为上班也是生活的一部分，我也就说这些吧。

三、访谈对象3（31岁，私营企业管理人员，女）

1. 您所在的行业属于哪一类？您主要负责什么工作？

答：我在一个地产金融公司做管理工作。

2. 您在单位平均每天工作多长时间？下班后还会在家继续工作吗？

答：一天可能要8到10个小时，有时要更多。如果下了班肯定不会再工作了。

3. 您认为您的闲暇时间充足吗？

答：一点都不充足，工作日比较繁忙，假期的时候还要为工作日做准备，平时总是很忙碌的，没有太多可以休息的时间。

4. 您在闲暇时间一般会选择做些什么呢？为什么要选择做这些呢？

答：做一些家务，照顾孩子，或者上网休闲。平时工作的时候没有时间去做这些。只有在闲暇时间才有精力去做这些。

5. 您每天在闲暇时间会上网多长时间呢？一般会浏览些什么呢？

答：几个小时吧。有时会网购，有时会休闲娱乐，有时也会学习。

6. 您认为您投入的工作时间和收入成正比吗？您是否愿意放弃一部分闲暇时间选择兼职呢？

答：我感觉还是成正比的。虽然比较忙碌，假期的时候有时也想做一些兼职补贴家用，毕竟生活成本比较高，两个孩子也挺花钱的……

7. 您的月收入大概有多少呢？

答：2 万元的样子，大概就是这样。

8. 您认为您目前的工作与闲暇时间分配合理吗？作息是否规律呢？

答：还算合理吧。但是作息不是特别规律，有家里的原因，也有工作的原因。我也没有太关注过分配合不合理的问题。

9. 您认为自己有拖延症吗？您是怎么看待这种现象的呢？

答：有时特别疲惫也有，或者有的事情不急的话也有。拖延不是好事，但是确实挺普遍。

10. 您认为目前青年白领群体的工作与闲暇时间分配存在哪些问题？针对如何合理分配工作与闲暇时间您是否有好的建议？

答：就是工作时间和闲暇时间比较混乱吧。有的人上班的时候想着家里的事，下了班了要做工作。其实不太好，应该划分得更明确些吧。家里的事，夫妻二人共同分担的话其实也就不那么费心了。

四、访谈对象 4（29 岁，国有企业行政人员，女）

1. 您所在的行业属于哪一类？您主要负责什么工作？

答：一个国有的医疗器材制造企业，我主要做行政。

2. 您在单位平均每天工作多长时间？下班后还会在家继续工作吗？

答：一般来说都要 10 个小时以上吧，有时就不回家了。回家也不会工作。

3. 您认为您的闲暇时间充足吗？

答：一周工作的时候不多，但是上班就很累，闲暇时间还算充足吧。

4. 您在闲暇时间一般会选择做些什么呢？为什么要选择做这些呢？

答：有时候会查阅一些资料，有时会做家务，更多的是锻炼和外出游玩。毕竟上班挺累的，闲暇时间主要就用来放松。还有就是多学习一些，可以积累更多的知识。

5. 您每天在闲暇时间会上网多长时间呢？一般会浏览些什么呢？

答：2 至 3 个小时。平时在网上学习挺多的。

6. 您认为您投入的工作时间和收入成正比吗？您是否愿意放弃一部分闲暇时间选择兼职呢？

答：成正比吧。我肯定不愿意再去做更多的兼职。

7. 您的月收入大概有多少呢？

答：1 万元出头吧。

8. 您认为您目前的工作与闲暇时间分配合理吗？作息是否规律呢？

答：工作时间长，但是休息时间也长。总体而言还合理。作息比较两极分化。工作时总感觉时间不够用，闲暇时又感觉有点太轻松了。

9. 您认为自己有拖延症吗？您是怎么看待这种现象的呢？

答：挺多的。一般有不太重要的事情，都会往后放，如果时间充裕的话，不会那么着急地去工作。拖延这种现象应该在别人身上也有。

10. 您认为目前青年白领群体的工作与闲暇时间分配存在哪些问题？针对如何合理分配工作与闲暇时间您是否有好的建议？

答：工作与生活不能混为一谈，但是休息的时候可以为工作做准备，提高工作效率。工作是工作，生活也是为了工作，生命不息，学习不止。

五、访谈对象 5（28 岁，私营企业技术人员，男）

1. 您所在的行业属于哪一类？您主要负责什么工作？

答：一个不算太大的广告公司，我做的是技术工作。

2. 您在单位平均每天工作多长时间？下班后还会在家继续工作吗？

答：经常 12 个小时以上，下班回家也经常要工作，一般一天要在家里加班几个小时。

3. 您认为您的闲暇时间充足吗？

答：很少。

4. 您在闲暇时间一般会选择做些什么呢？为什么要选择做这些呢？

答：这个问题其实我是不想回答的，因为闲暇时间基本上除了睡觉，没有做过太多别的事情，你在今天的上午采访我，其实我刚刚才下班，闲暇时间也就上上网。别的也没有时间去做了。

5. 您每天在闲暇时间会上网多长时间呢？一般会浏览些什么呢？

答：时间挺短的，随便做些什么，只要不是工作就行。

6. 您认为您投入的工作时间和收入成正比吗？您是否愿意放弃一部分闲暇时间选择兼职呢？

答：肯定不成正比，一天工作 20 个小时，但是工资和别人差不多，虽然比较缺钱，但是更缺时间，所以兼职只能想想。

7. 您的月收入大概有多少呢？

答：大概 9000—10000 元吧。

8. 您认为您目前的工作与闲暇时间分配合理吗？作息是否规律呢？

答：其实我感觉你们的这个问题不适合我，工作时间不是我能决定的，是老板决定的，基本上我的作息也全由他（她）决定了……

9. 您认为自己有拖延症吗？您是怎么看待这种现象的呢？

答：不会拖延，肯定越快越好。本身是不喜欢加班的，现在不拖延都需要加班这么长时间，如果再拖延的话就不用回家了。

10. 您认为目前青年白领群体的工作与闲暇时间分配存在哪些问题？针对如何合理分配工作与闲暇时间您是否有好的建议？

答：心态再好点吧……不想再去思考这些问题了，现在我也挺累的，稍微休息一下，一会儿我还要谈合同……

我国区域间城镇制造业企业劳动力价格水平影响因素比较研究①

——基于华北、华东、华中、西南四大地区部分城镇的面板数据分析

指导老师：桂俊煜　项目主持人：郭东昊

项目参加人：覃太国　杨敬开　崔宏睿　李贤哲

摘　要： 我国城镇制造业企业劳动力价格水平与多种因素有着密切的联系。本文选取了我国20个城市2012年至2016年的指标进行实证分析，通过面板数据的检验和分类回归，对我国城镇制造业企业劳动力价格水平影响因素进行了研究和分析，研究表明地区生产总值和最低工资标准对我国华北、华东、华中、西南四大地区城镇制造业企业劳动力价格水平有较为显著的影响，而职工受教育程度、职工人数、居民消费价格指数、产业结构只对个别地区城镇制造业企业劳动力价格水平有影响，对于总体地区来说影响不显著。

关键词： 制造业企业　劳动力价格　影响因素

一、引言

在2012年至2016年，我国经济飞速发展，GDP呈快速增长状态，对世界经济增长平均贡献率高达30%，此数据超过美国、欧元区和日本贡献率的总和，居世界第一位。但在近两年，我国GDP增长速度逐渐放缓，政府逐渐将我国发展战略由GDP高增长逐步转变为GDP高质量、低增长。在经济快速发展的同时，伴随着国家出台的各种保护劳动者权益的政策完善或实施，如《中华人民共和国

① 本文为2018年中国劳动关系学院本科生科研项目二等奖，中央高校基本科研业务费专项基金——优秀本科学生创新项目，项目名称“我国城镇制造业企业劳动力价格影响因素研究”。

劳动者权益保护法》《中华人民共和国劳动合同法》和最低工资的上调文件等，我国各行业的劳动力价格水平也在随之发生变化，其中制造业直接体现了一个国家的生产力水平，是现代经济体的关键组成部分，同时，制造业本身又是由很多相互关联、相互依赖的元素构成的，影响着一个国家的政治、经济、法律、教育、社会和医疗体系的总体面貌，因此本文将劳动力价格水平的研究范围放至制造业行业上，从我国制造业劳动力价格相关背景出发，对北京市、成都市、德阳市、石家庄市、泸州市等共计 20 个城市进行了实地调研，并对各大数据库和统计年鉴上的资料进行收集、整理和分析，通过研究华北、华南、华中、西南地区的城镇制造业企业劳动力价格水平的变化趋势，运用柱状图、趋势图对地区、时间进行统计分析，将各个因素和时间序列构建出平行数据进行面板数据回归的计量分析，由此得出各种因素对各地劳动力价格的影响程度，并根据差异情况和各地区主要影响因素提出相关建议。

二、文献综述

基于古典政治经济学、西方经济学、新古典经济学等经济学相关书籍中价格影响因素相关论述的基础，结合我们国家的情况，不同专家学者从不同的角度做了实证分析，如职工人数、地区生产总值、居民消费价格指数、最低工资标准、产业结构等。然而，当前国内专家学者对劳动力价格水平的研究大多体现在地区收入和地区发展水平之间的关系上，相关论文虽然有很多，但是尚未涉及制造业企业，我国城镇制造业企业对地区劳动力价格水平有重要影响，目前还缺乏对制造业这一行业的劳动力价格水平影响因素的详细分析，制造业和劳动力价格水平的结合研究还很少。在这样的研究现状下，对城镇制造业和劳动力价格水平进行结合分析是一种新的思路，本项研究对基于城镇制造业企业角度下的我国劳动力价格水平的研究发展很有帮助。

职工人数是指与企业订立劳动合同的所有人员，其中包含全职、兼职和临时职工，也包括虽然未与企业签订劳动合同但是由企业正式任命的人员，除此之外，在企业的计划和控制下，虽未与企业订立劳动合同或未由其正式任命，但为其提供与职工类似服务的人员，也纳入职工范畴，如劳务用工合同人员。本文主要研究的是与企业订立劳动合同的全职职工。

职工人数方面研究综述：田园、郭东旭、左静（2009）通过运用 Cobb－douglass 生产函数理论和数据回归的方法研究得出从事加工贸易行业的大多是非熟练劳动力，但是非熟练劳动力的工资上涨较慢，且非熟练劳动力数量的增加会造成平均工资下降，因此扩大加工贸易的规模能够提高劳动力的工资水平，但这种效应并不显著的结论。张樊（2006）在研究中运用岗位需求价格函数的方法，对于过去年度中已定工资水平的合理性进行了分析：若已知岗位需求量，则可以运用价格函数求出相对应岗位的价格（劳动者的工资），再与实际工资进行对比分析；并可以对未来年度的未定工资水平合理性展开预测，得出了所有经济类型和所有行业的岗位需求量与岗位价格的变动方向呈负相关的结论。王兰会、邹静韵（2012）通过回归分析的方法，得出林业在岗职工人人数与职工工资呈正相关关系的结论。张旭光、张南、吉孟振、王晓志（2012）基于多元回归模型的方法分析，认为内蒙古除了地区生产总值外，职工人数和失业人数也是影响平均工资的重要因素之一，相比于地区生产总值，职工人数和失业人数的影响弹性相对较小。综合而言，当行业职工人数越多时，职工在谈判时能力越弱、优势越小，则会导致其工资水平下降。

地区生产总值（地区 GDP）是指本地区所有常住单位在一定时期内生产活动的最终成果。地区生产总值等于各产业增加值相加之和。

地区生产总值方面研究综述：王潇（2009）通过对政策等宏观分析，得出北京地区在高增长 GDP 总量或是增量中投资所占的比重很大的结论。这也是我国经济增长的普遍特点之一，在靠投资拉动的经济增长转化成人们的收入的过程中往往有一定的滞后性，尤其是大型能源投资项目，短期内只能对很少的一部分人的收入产生影响，但对于全体职工工资增长的作用却是不明显的。陈希、刁节文（2017）通过运用协整分析及误差修正模型、格兰杰因果检验等方法在研究中得到人均 GDP 的增长与职工平均工资的增长存在着单项因果关系，即上海市人均 GDP 增长可以拉动职工平均工资增长。综合而言，经济水平的增长和工资的增长有着密不可分的关系，经济水平的上涨可以拉动职工工资水平上涨。

居民消费价格指数（CPI）是一个反映居民家庭一般所购买的消费品价格水平变动情况的宏观经济指标。它是指在特定时段内度量一组代表性消费商品及服务项目的价格水平随时间而变动的相对数，是用来反映居民家庭购买消费商品及服务的价格水平变动情况的指标。其计算公式为 CPI =（一组固定商品按当期计算的价值除以一组固定商品按基期价格计算的价值）×100%。

居民消费者价格指数方面研究综述：Lemos（2006）的研究发现，理性代理人会将地区最低工资调整作为劳动力价格上涨的信号，并且最低工资调整对物价水平有两个月的提前影响效应。王于鹤、王雅琦（2014）通过对最低工资标准影响物价的传导机制进行研究，研究表明最低工资标准的提高可以直接对部分服务产品价格起到一定的推动作用，从而使产品服务的 CPI 得到提高，进而推动整个社会的综合 CPI 水平上升。王中江（2017）通过建立 VAR 模型，通过 Johansen 协整检验、方差分解等方法，实证检验了制造业 PMI 和 CPI 的关联性，发现我国制造业的采购经理指数与消费者的价格指数存在双向传导关系，并且制造业采购经理指数对于 CPI 有着正向影响作用，CPI 对制造业采购经理指数也存在着正向影响作用，其中，CPI 对制造业采购经理指数的影响作用相对较大。综合而言，CPI 对于制造业企业劳动力价格水平起到了一定的影响作用。

最低工资标准是指劳动者在法定的工作时间或依法签订的劳动合同中约定的工作时间内提供了正常劳动的前提下，用人单位应当依法支付的最低的劳动报酬。

最低工资方面研究综述：Wilson（1998）通过统计美国最低工资标准对于物价的影响，发现每小时的最低工资升高 1 美元则会导致物价提升 0.1%—0.2%。罗小兰、丛树海（2009）运用经济学中的理论构建了一个包含攀比效应的均衡模型，并根据中国省际的面板数据进行了相关的实证分析。研究表明，我国最低工资标准对于交通业、房地产业和金融业等高工资行业的工资水平增长具有一定的推动作用，而对于建筑业、批发零售业和制造业等低工资行业的工资水平增长的推动作用则具有一定的滞后性。同时，不同地区、不同时间段的最低工资标准对于工资水平变化的影响也不同。刘险峰（2009）通过运用宏观经济学相关知识研究后得出了最低工资制度的出台对于劳动力市场中弱势群体有利的结论。孙中伟、舒玢玢（2011）通过对 2010 年截面数据以及 2000—2010 年的面板数据的分析，认为最低工资标准与农民工的工资之间具有一定的共变关系，农民工工资会随着最低工资标准增长的同时同步增长；马双、张劼、朱喜（2012）通过建立模型、利用 OLS 回归分析，认为最低工资将更多地增加劳动密集型或人均资本较低企业的平均工资。邸俊鹏、韩清（2015）的研究表明最低工资每提高 1% 会导致工资收入平均大约提高 0.6%。张世伟、杨正雄（2016）基于回归调整的自然实验法分析，认为最低工资标准提升对女性农民工就业产生了显著的消极影响，相反最低工资标准提升会促进男性农民工的月工资和小时工资显著增长，但月工资增长幅度远高于小时工资的增长幅度。郭凤鸣、张世伟（2017）基于 2013 年中国流动人口动态调查的数据，综合考虑微观个体因素和区域经济因素，并应用经济计量的方法分析了最低工资标准对农民工工资和工作时间的影响。研究结果表明，最低工资标准对农民工月工资的增长有一定的积极影响。综合而言，最低工资标准与劳动价格水平呈正相关关系，最低工资标准主要保证了很多基层劳动者的劳动价格利益。

产业结构，亦称国民经济的部门结构，是国民经济各产业部门之间以及各产业部门内部的构成，社会生产的产业结构或部门结构是在一般分工和特殊分工的基础上产生和发展起来的。研究产业结构主要是研究生产资料和生活资料两大部类之间的关系。

产业结构方面研究综述：亚当·斯密（1776）认为充足的劳动报酬，鼓励普通人民增殖，因而鼓励他们勤勉；高工资地方的劳动者，总是比低工资地方的劳动者活泼、勤勉和敏捷。因此，高工资会促使劳动产生高效率。虽然凯恩斯（1936）并没有将工资水平与产业结构高级化直接联系起来，但他明确指出了工资增长会增加居民消费，从而增加社会总需求，促进国民收入的增加。曾湘泉（1989）提出随着人均收入的增加，人们对于农产品的相对需求在逐渐下降，而对制造品的相对需求将会先上升后下降，最后将会让位于服务业。综合而言，产业结构对于制造业企业劳动力价格水平也会起到一定的影响作用。

基于国内外学者的研究，我们发现劳动力价格水平与职工受教育程度、职工人数、产业结构比重、地区生产总值、地区最低工资标准、居民消费价格指数之间存在某种相关性。为了更好地测量这些影响因素对劳动力价格水平的影响程度，我们拟构建出劳动力价格水平影响因素模型，模型如下：

$$Y = aER + bPSI + cGDP + dWage + eCPI + C + \delta$$

Y 代表制造业企业员工平均工资，ER 代表制造业就业人数比例，PSI（Proportion of Secondary Industry）代表第二产业比重，GDP 代表地区生产总值，Wage 代表地区最低工资标准，CPI 代表居民消费价格指数。a、b、c、d、e 是线性相关系数，C 代表常数，δ 代表残差。

三、样本选择

在选取样本时，为了更好地体现我国制造业劳动力价格水平影响因素，我们在中国华北、华东、华中、西南 4 个地区各选取了 5 个城市作为各自所在地区的代表，选取结果如下（见表 1）。

表1 样本城市选取表

地区	城市代表
华北地区	北京市、天津市、太原市、石家庄市、呼和浩特市
华东地区	上海市、南京市、苏州市、青岛市、厦门市
华中地区	宜昌市、襄阳市、十堰市、新乡市、株洲市
西南地区	成都市、德阳市、攀枝花市、泸州市、自贡市

不同等级的城市劳动力价格水平影响程度不同，本文分3个层次分析城镇制造业企业劳动力价格水平各影响因素的影响程度。第一个层次是同一个地区直辖市、省会城市以及地区经济较发达城市分析，第二个层次是同一地区的非省会城市的普通地级市影响因素程度分析，第三个层次是一个省的省内城市劳动力价格水平影响因素程度分析。

（一）省会城市、直辖市和地区经济较发达城市的选取

华北地区选取的方式是选择每个省的省会城市或直辖市，其中有一线城市北京市，新一线城市天津市，二线城市石家庄市、太原市、呼和浩特市，目的是分析一线和二线城市的劳动力价格水平的影响因素。

华东地区同样选取的是经济较发达的城市，其中上海市为直辖市，南京市、苏州市、厦门市、青岛市都为经济较为发达地区，华东地区选取的主要是一线和新一线城市。

（二）非省会城市的选取

华中地区选取了宜昌市、襄阳市、十堰市、新乡市、株洲市等非省会城市，目的是比较非省会城市制造业企业劳动力价格水平的影响程度。

（三）同一省份城市选取

西南地区主要选取了四川省成都市、德阳市、攀枝花市、泸州市、自贡市，目的是比较同一个省内影响因素的回归效果和数据分析，使分析的情形更加全面。

我们在选择各个地区的代表性城市时，主要是考虑所选城市的制造业比重，选取的城市在我们假设影响因素中都有一定的代表性，例如：北京市、天津市、上海市等直辖市或省会城市，这些城市经济体量庞大，研究这些城市制造业劳动

力价格水平，更能凸显地区生产总值的影响。而十堰市、株洲市、攀枝花市、呼和浩特市等城市，重工业发达，在一定程度上能展现该地区的特色。

四、我国城镇制造业企业劳动力价格水平统计分析

基于上述国内外学者的研究，我们发现，制造业企业劳动力价格水平与制造业就业人数比例、第二产业比重、地区生产总值、地区最低工资标准、居民消费价格指数有关，为了验证我们的假设，我们在全国范围内挑选了20个城市从2012年至2016年的相关统计数据（见表2），共计100组数据对我们的假设进行实证分析。

表2　20个城市2012—2016年相关统计数据

时间	地区名	制造业就业人数比例	第二产业占总结构比重	地区生产总值（亿元）	地区最低工资标准（元/月）	居民消费价格指数	制造业员工平均工资水平（元/年）
2012	北京市	0.192 0	0.227 0	17 879.400 0	1 260	103.3	64 235
2013	北京市	0.184 8	0.223 2	19 500.560 0	1 400	103.3	72 915
2014	北京市	0.181 5	0.213 1	21 330.830 0	1 560	101.6	80 418
2015	北京市	0.169 3	0.197 4	23 014.590 0	1 560	101.8	88 934
2016	北京市	0.158 2	0.192 6	25 669.130 0	1 720	101.4	97 600
2012	天津市	0.412 0	0.516 8	12 893.880 0	1 160	102.7	56 786
2013	天津市	0.417 6	0.506 4	14 370.160 0	1 310	103.1	63 093
2014	天津市	0.389 3	0.493 8	15 726.930 0	1 500	101.9	64 864
2015	天津市	0.357 0	0.465 8	16 538.190 0	1 680	101.7	71 931
2016	天津市	0.339 5	0.423 3	17 885.390 0	1 850	102.1	73 550
2012	呼和浩特市	0.158 1	0.364 5	2 475.570 0	1 200	103.1	41 503
2013	呼和浩特市	0.157 7	0.319 8	2 710.390 0	1 350	103.8	45 338
2014	呼和浩特市	0.155 0	0.293 1	2 894.050 0	1 350	101.2	48 582
2015	呼和浩特市	0.157 9	0.280 6	3 090.520 0	1 500	101.8	50 655
2016	呼和浩特市	0.151 2	0.278 7	3 173.590 0	1 640	101.2	53 670
2012	太原市	0.180 1	0.448 0	2 311.432 6	980	102.1	34 941
2013	太原市	0.189 1	0.436 0	2 412.872 4	1 125	103.1	36 683

续表

时间	地区名	制造业就业人数比例	第二产业占总结构比重	地区生产总值（亿元）	地区最低工资标准（元/月）	居民消费价格指数	制造业员工平均工资水平（元/年）
2014	太原市	0. 183 0	0. 405 8	2 531. 091 7	1 290	102. 2	39 868
2015	太原市	0. 177 9	0. 373 0	2 735. 344 2	1 450	100. 4	41 093
2016	太原市	0. 176 6	0. 361 2	2 955. 604 5	1 620	101. 5	42 314
2012	石家庄市	0. 262 5	0. 497 9	4 500. 209 8	1 100	102. 8	36 613
2013	石家庄市	0. 234 1	0. 485 1	4 863. 658 3	1 100	102. 9	40 169
2014	石家庄市	0. 252 3	0. 467 6	5 170. 265 3	1 320	102. 0	43 950
2015	石家庄市	0. 238 1	0. 450 8	5 440. 598 8	1 480	101. 0	47 678
2016	石家庄市	0. 238 2	0. 454 5	5 927. 729 3	1 480	101. 6	50 970
2012	上海市	0. 302 0	0. 390 0	20 181. 720 0	1 450	102. 8	49 381
2013	上海市	0. 300 4	0. 372 0	21 602. 120 0	1 620	102. 3	52 238
2014	上海市	0. 268 1	0. 347 0	23 567. 700 0	1 820	102. 7	54 853
2015	上海市	0. 257 8	0. 318 0	25 123. 450 0	2 020	102. 4	58 120
2016	上海市	0. 250 3	0. 298 0	28 178. 650 0	2 190	103. 2	62 941
2012	苏州市	0. 673 3	0. 541 0	12 011. 650 0	1 140	102. 7	48 587
2013	苏州市	0. 654 2	0. 519 0	13 015. 700 0	1 370	102. 1	57 953
2014	苏州市	0. 666 4	0. 501 0	13 760. 890 0	1 530	102. 1	63 848
2015	苏州市	0. 659 3	0. 486 0	14 504. 070 0	1 630	101. 6	70 100
2016	苏州市	0. 656 4	0. 470 0	15 475. 090 0	1 820	102. 7	72 666
2012	青岛市	0. 163 5	0. 466 0	7 302. 110 0	1 240	102. 7	33 355
2013	青岛市	0. 163 0	0. 456 0	8 006. 600 0	1 380	102. 5	38 699
2014	青岛市	0. 161 7	0. 448 0	8 692. 100 0	1 500	102. 6	44 028. 5
2015	青岛市	0. 161 4	0. 433 0	9 300. 070 0	1 600	101. 2	47 878
2016	青岛市	0. 159 6	0. 416 0	10 011. 290 0	1 710	102. 5	51 905

续表

时间	地区名	制造业就业人数比例	第二产业占总结构比重	地区生产总值（亿元）	地区最低工资标准（元/月）	居民消费价格指数	制造业员工平均工资水平（元/年）
2012	厦门市	0. 495 1	0. 484 0	2 817. 069 7	1 100	102. 1	45 446. 5
2013	厦门市	0. 415 1	0. 468 0	3 018. 156 5	1 200	102. 3	50 343
2014	厦门市	0. 387 7	0. 446 0	3 273. 577 2	1 320	102. 2	55 061
2015	厦门市	0. 353 1	0. 436 0	3 466. 028 8	1 450	101. 7	59 403
2016	厦门市	0. 331 2	0. 408 0	3 784. 266 2	1 500	101. 7	63 764
2012	南京市	0. 363 4	0. 440 0	7 201. 570 0	1 140	102. 7	46 859
2013	南京市	0. 270 9	0. 431 0	8 011. 780 0	1 320	102. 7	57 969
2014	南京市	0. 246 9	0. 411 0	8 820. 750 0	1 480	102. 6	64 144
2015	南京市	0. 248 7	0. 403 0	9 720. 770 0	1 630	102. 0	70 152
2016	南京市	0. 236 1	0. 392 0	10 503. 020 0	1 770	102. 7	77 143
2012	十堰市	0. 173 4	0. 513 0	955. 700 0	900	102. 4	38 400
2013	十堰市	0. 165 3	0. 507 0	108 0. 600 0	900	103. 4	40 134
2014	十堰市	0. 156 2	0. 508 0	120 0. 800 0	1 020	101. 5	43 230
2015	十堰市	0. 148 0	0. 489 0	1 300. 120 0	1 225	101. 4	45 248
2016	十堰市	0. 132 0	0. 477 0	1 429. 150 0	1 225	101. 9	46 230
2012	襄阳市	0. 184 3	0. 571 0	2 501. 960 0	900	102. 8	39 432
2013	襄阳市	0. 177 4	0. 573 0	2 814. 020 0	900	102. 9	40 145
2014	襄阳市	0. 161 2	0. 577 0	3 129. 300 0	1 020	101. 5	43 566
2015	襄阳市	0. 152 0	0. 569 0	3 382. 100 0	1 225	102. 0	44 568
2016	襄阳市	0. 143 9	0. 554 0	3 694. 500 0	1 225	102. 2	46 325
2012	新乡市	0. 182 2	0. 587 0	1 619. 771 4	1 080	101. 2	36 320
2013	新乡市	0. 173 2	0. 566 0	1 766. 090 0	1 080	102. 8	39 430
2014	新乡市	0. 162 4	0. 566 0	1 917. 990 0	1 400	102. 0	41 350

续表

时间	地区名	制造业就业人数比例	第二产业占总结构比重	地区生产总值（亿元）	地区最低工资标准（元/月）	居民消费价格指数	制造业员工平均工资水平（元/年）
2015	新乡市	0. 158 0	0. 507 0	1 975. 020 0	1 600	101. 5	43 210
2016	新乡市	0. 151 4	0. 490 0	2 095. 070 0	1 600	101. 7	44 530
2012	宜昌市	0. 176 8	0. 603 0	2 508. 890 0	900	102. 9	38 480
2013	宜昌市	0. 167 4	0. 601 0	2 818. 070 0	900	103. 0	40 124
2014	宜昌市	0. 154 6	0. 593 0	3 132. 210 0	1 020	102. 5	42 345
2015	宜昌市	0. 149 2	0. 587 0	3 384. 800 0	1 225	101. 5	44 572
2016	宜昌市	0. 141 2	0. 572 0	3 709. 360 0	1 225	102. 3	45 676
2012	株洲市	0. 171 4	0. 606 0	1 759. 400 0	1 160	101. 2	43 454
2013	株洲市	0. 165 3	0. 601 0	1 948. 000 0	1 160	102. 1	41 345
2014	株洲市	0. 151 4	0. 593 0	2 160. 500 0	1 265	102. 2	39 534
2015	株洲市	0. 145 6	0. 573 0	2 335. 100 0	1 390	101. 7	36 432
2016	株洲市	0. 134 2	0. 543 0	2 512. 500 0	1 390	101. 8	46 543
2012	成都市	0. 199 0	0. 462 0	8 138. 943 8	1 050	103. 0	31 257
2013	成都市	0. 190 1	0. 459 0	9 108. 890 4	1 200	103. 1	43 650
2014	成都市	0. 182 6	0. 448 0	10 056. 592 6	1 400	101. 3	45 708
2015	成都市	0. 181 7	0. 437 0	10 801. 163 3	1 500	101. 1	49 878
2016	成都市	0. 181 1	0. 427 0	12 170. 233 5	1 500	102. 2	52 930
2012	德阳市	0. 151 1	0. 602 0	1 280. 204 6	960	102. 1	36 975
2013	德阳市	0. 155 3	0. 596 0	1 395. 944 5	1 070	102. 6	42 211
2014	德阳市	0. 155 2	0. 597 0	1 515. 649 0	1 250	101. 2	43 239
2015	德阳市	0. 143 8	0. 562 0	1 605. 064 0	1 380	100. 6	45 978
2016	德阳市	0. 145 7	0. 540 0	1 752. 454 2	1 500	101. 8	49 446
2012	泸州市	0. 117 5	0. 597 0	1 030. 453 8	880	102. 0	29 163

续表

时间	地区名	制造业就业人数比例	第二产业占总结构比重	地区生产总值（亿元）	地区最低工资标准（元/月）	居民消费价格指数	制造业员工平均工资水平（元/年）
2013	泸州市	0.131 9	0.606 0	1 140.481 5	1 070	103.2	34 417
2014	泸州市	0.118 4	0.600 0	1 259.731 1	1 250	101.8	36 567
2015	泸州市	0.112 6	0.602 0	1 353.413 3	1 380	101.5	39 408
2016	泸州市	0.111 6	0.596 0	1 481.910 5	1 500	110.7	41 334
2012	攀枝花市	0.160 5	0.758 0	740.034 8	960	103.0	37 784
2013	攀枝花市	0.147 7	0.746 0	800.883 2	1 140	101.3	43 048
2014	攀枝花市	0.223 4	0.738 0	870.850 1	1 250	102.0	48 377
2015	攀枝花市	0.157 7	0.714 0	925.183 9	1 380	101.5	46 377
2016	攀枝花市	0.134 8	0.705 0	1 014.683 9	1 500	101.7	49 345
2012	自贡市	0.143 2	0.598 0	884.797 1	960	103.1	29 680
2013	自贡市	0.152 5	0.598 0	1 001.602 8	1 070	102.9	34 800
2014	自贡市	0.146 9	0.595 0	1 073.404 6	1 250	101.9	37 712
2015	自贡市	0.138 3	0.581 0	1 143.111 3	1 380	101.7	39 519
2016	自贡市	0.140 7	0.576 0	1 234.563 7	1 500	102.1	41 173

（一）制造业就业人数比例

在2012—2016年中，20个地区的制造业就业人数比例均呈现出了稳定下降的趋势，这表明所调查的20个地区制造业劳动力市场供应逐步减少（见图1）。制造业就业人数降低幅度平均为14.04%，下降幅度最高达到了35.03%（南京市），同时厦门市降幅达到了33.10%，十堰市降幅达到23.88%。最低为1.68%（自贡市）、1.94%（太原市）和2.39%（青岛市）。南京市制造业就业人数比例大幅度下降的主要原因是近年来南京市高新产业增势强劲，而与此同时传统制造业比重逐年下降，这是南京市产业结构调整优化的结果。由于厦门市大部分支柱产业、特色产业的智能制造转型升级，厦门市传统制造业就业人数

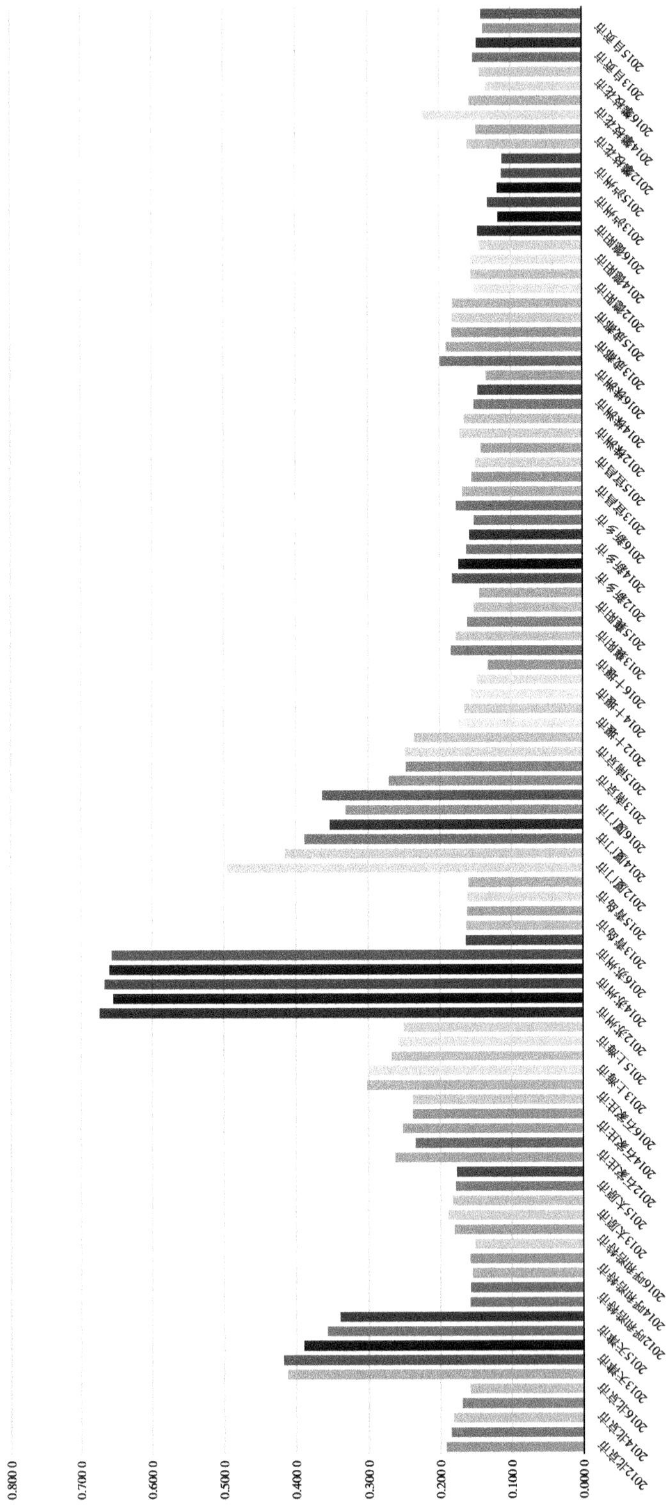

图1　2012年—2016年各地区制造业就业人数比例变化情况

比例受此影响降幅较大。十堰市近年来大力培养以新能源汽车为主的新兴产业，并促进传统产业转型升级，对制造业就业人数比例的大幅下降造成了突出的影响。自贡市属于我国西部欠发达地区，同时第二产业比重很高，经济发展仍然依靠第二产业，因此制造业人数比例没有明显下降。太原市是国家的能源重化工基地，支柱产业为重型机械制造、钢铁冶炼等重工业产业，因此制造业就业人数比例没有大幅度地降低。青岛市也是我国重要的工业城市，第二产业在国民经济中的比重降幅较少，因此制造业就业人数比例降幅也相对较少。在 20 个城市中，苏州的制造业就业人数比例明显高于其他城市。总体而言，近年来，我国科学技术飞速发展，多数机械的低端劳动逐渐被智能化科技取代，对制造业就业人数造成了相应的影响，加之产业结构的调整，第二产业就业人数比例逐渐下降，制造业劳动力供应相应逐渐减少，第二产业劳动力价格水平逐渐升高。

（二）第二产业占总产业结构比重

从图中（见图2）可以看出在 20 个地区中，绝大部分地区的第二产业比重均呈现出下降的趋势。从数据中可以看出，2012—2016 年，我国第二产业的比重随着我国经济环境的调整不断下降，调查的 20 个城市中，平均变动率达到了 3.68%；变动率最高的三座城市为上海市（23.59%）、呼和浩特市（23.54%）、太原市（19.38%），最低为泸州市（0.17%）、襄阳市（2.98%）、自贡市（3.68%）。上海市的工业产值平均增速低于全国水平，而与此同时上海市第三产业较为发达，其比重逐年上升，对上海市第二产业占全产业的比重有较大的影响，因此上海市第二产业占全产业比重有大幅下降。近年来呼和浩特市产业结构不断优化，形成了以服务业为主导的产业结构，服务业对全市经济增长贡献率持续提高，因此对第二产业占比形成鲜明影响。太原市重工业产业较多，受金融危机传导效应的影响，下游企业的停产导致上游企业需求乏力，因此第二产业的比重下降明显。在选取的 20 个城市中，第二产业占全产业比重下降幅度最小的地区都为中西部地区，主要是由于中西部地区经济发展仍然依靠第二产业，第三产业发展相对较弱。以泸州市为例，泸州市近年来接受外商投资较多，外商投资行业主要以第二产业为主，且行业分布差异较大，因此第二产业比重降幅不大。总的来说近年间，我国第二产业产能严重过剩，导致我国经济结构发生了供给与需求的不均衡，我国第二产业结构的比重逐步下降也是市场自发调整的主要表现之一。

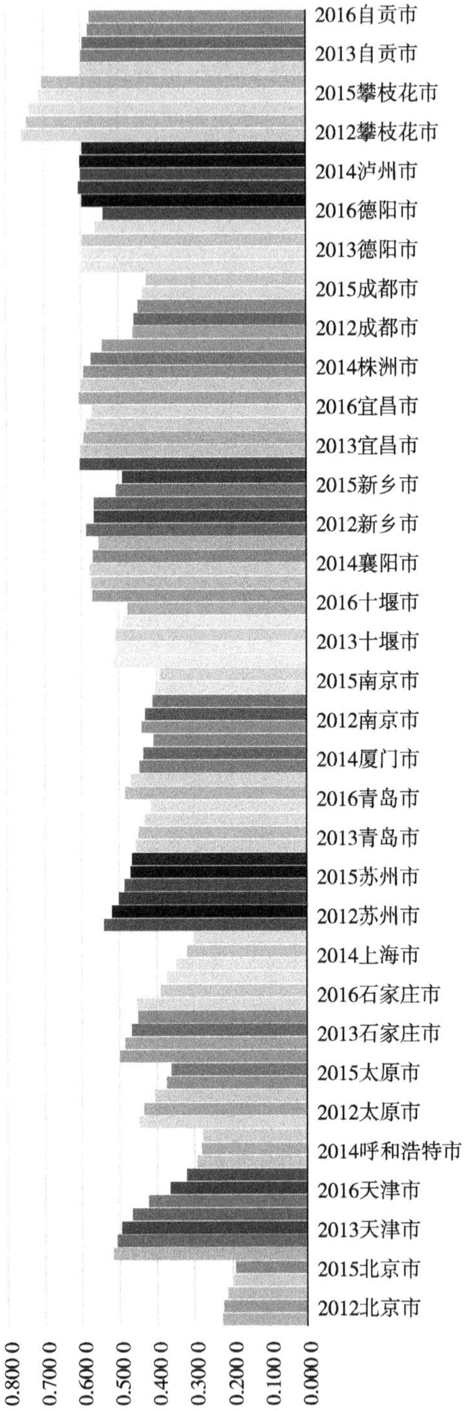

图 2　2012—2016 年不同城市第二产业占总产业结构比重

（三）地区生产总值

在统计的20个地区当中，地区生产总值全部逐年上升，五年间增长幅度平均达到了38.99%（见图3）。变动幅度最高的地区为十堰市（49.54%）、成都市（49.53%）、宜昌市（47.85%），最低的地区为太原市，但也达到了27.87%。十堰市地区生产总值的高速增长得益于十堰市近年来重大项目的建设，其中一些龙头项目的支撑作用非常明显，成为经济发展的强力引擎。成都市作为四川省的省会城市并作为新一线城市拥有较多人口，并且对人才具有足够的吸引力，2017年8月12日，全球化智库（CCG）与智联招聘联合在北京发布了基于对以往若干年数据研究所得出的《2017中国海归就业创业调查报告》称，在“海归”创业选择的城市中，成都的吸引力持续增长，仅次于北京、上海，位列全国第三位，因此对成都近年来的地区生产总值的增长起到了强有力的推进作用。在生产法计算地区生产总值中（地区生产总值 = 劳动者报酬 + 生产税净额 + 固定资产折旧 + 营业盈余）可反映出劳动者报酬与地区生产总值有直接相关性。在统计分析中我们无法直接得出生产总值与劳动者报酬有正比关系，但是值得注意的是劳动力价格水平是构成地区生产总值的要素之一。

（四）地区最低工资标准

最低工资标准是指劳动者在法定工作时间或依法签订的劳动合同约定的工作时间内提供了正常劳动的前提下，用人单位依法应支付的最低劳动报酬。2012—2016年，所选取的20个城市在五年内的平均最低工资标准为1 331.3元/月（见图4）。各地区同比增长最高的城市为泸州市70.45%、太原市65.31%、苏州市59.65%，最低值为株洲市19.83%。依据《劳动法》第四十八条第二款规定，用人单位支付劳动者的工资不得低于当地最低工资标准。因此，最低工资标准上调，也意味着相当部分的基层劳动者（每月工资执行最低工资标准）的工资（包括计算加班费的基数）会随之上涨。制造业企业的劳动力价格水平也相应上升。

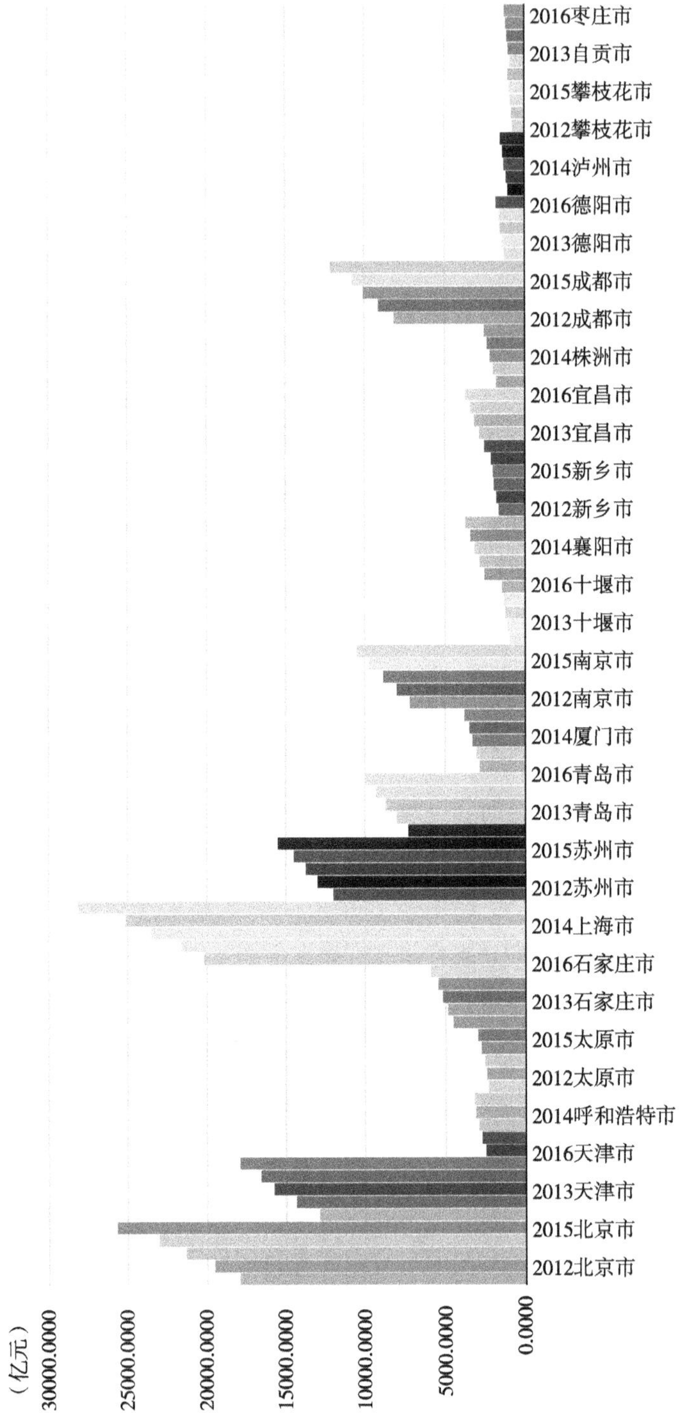

图3　我国主要城市地区生产总值

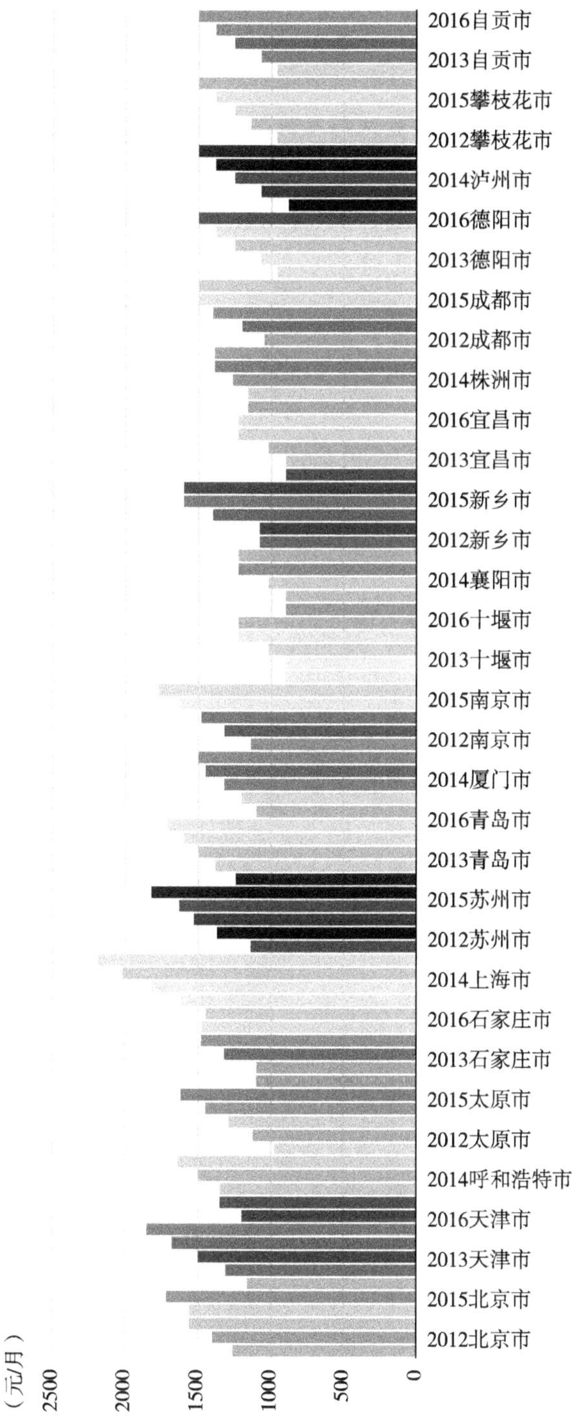

图 4　我国主要城市地区最低工资标准

（五）制造业员工平均工资水平

尽管受到2008年金融危机的影响，中国的经济增速自2012年以来明显放缓，我国经济下行压力增大，制造业产业受到剧烈冲击，但从图中可知在选取的20个样本城市中，绝大部分城市的制造业员工平均工资水平在2012年至2016年都呈上升趋势（见图5）。究其原因，主要是近年来劳动力供给的相对减少与经济发展对劳动力需求的不断提高、通货膨胀、生产效率提高等因素的影响。制造业员工平均工资最高的三个城市分别为北京市80 820.4元/年、天津市66 044.8元/年、南京市63 253.4元/年；最低的3个城市分别为太原市36 177.8元/年、自贡市36 576.8元/年、泸州市38 979.8元/年。经过计算，我们所选取的20个样本城市制造业员工平均工资水平在2012年到2016年的平均增长率为35.45%。在选取的20个样本城市中，南京市的制造业员工平均工资水平的增长率最高，为64.62%，青岛市和北京市次之，分别为55.61%和51.94%；最低为株洲市7.11%，襄阳市17.48%，宜昌市18.7%。不难看出经济发达地区制造业人员平均工资水平涨幅较大，经济欠发达地区的制造业人员平均工资水平涨幅较小。

（六）居民消费价格指数

居民消费价格指数，是一个反映居民家庭一般所购买的消费品和服务项目价格水平变动情况的宏观经济指标。其变动率在一定程度上反映了通货膨胀或紧缩的程度。从选取的20个样本城市的居民消费价格指数统计图来看，居民消费价格指数在总体上并无统一趋势，主要是因为现期我国的CPI指数是根据上年为基期（100）计算得出的，而并非是以历史某一确定时点作为基期（见图6）。经过计算，选取的20个样本城市的居民消费价格指数的5年平均值大都在102上下浮动，没有明显差别。在进行制造业企业劳动力价格影响因素回归分析时，我们发现华中地区的居民消费价格指数通过了检验，相关分析在本文制造业企业劳动力价格影响因素回归分析中有所说明。

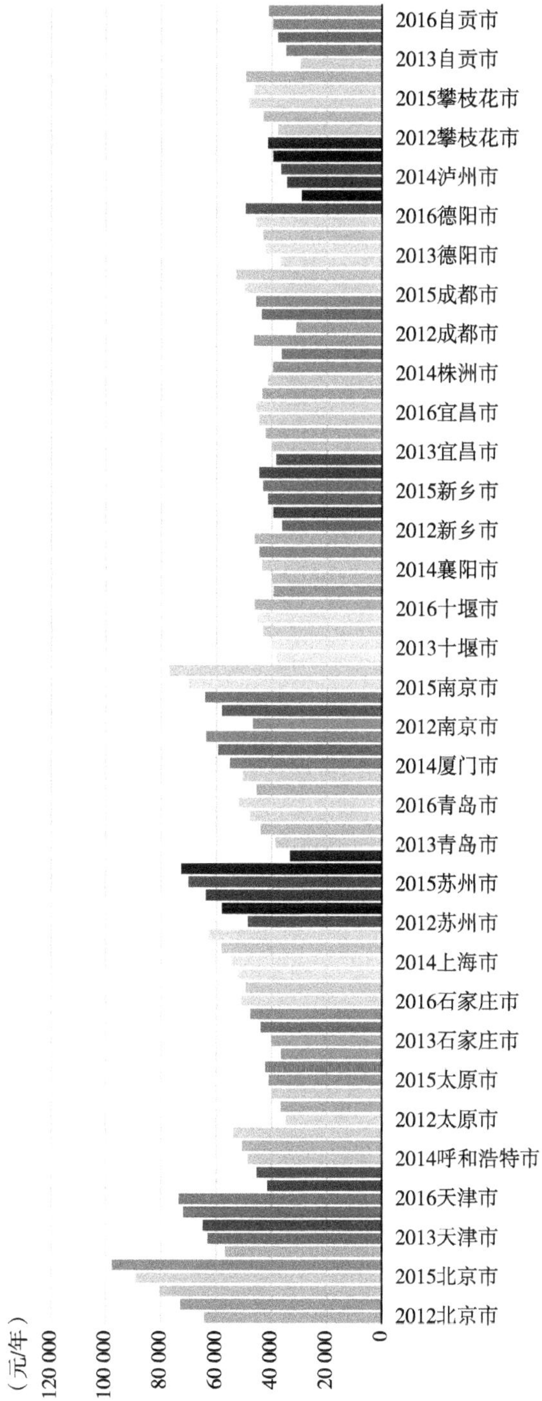

图5 制造业员工平均工资水平

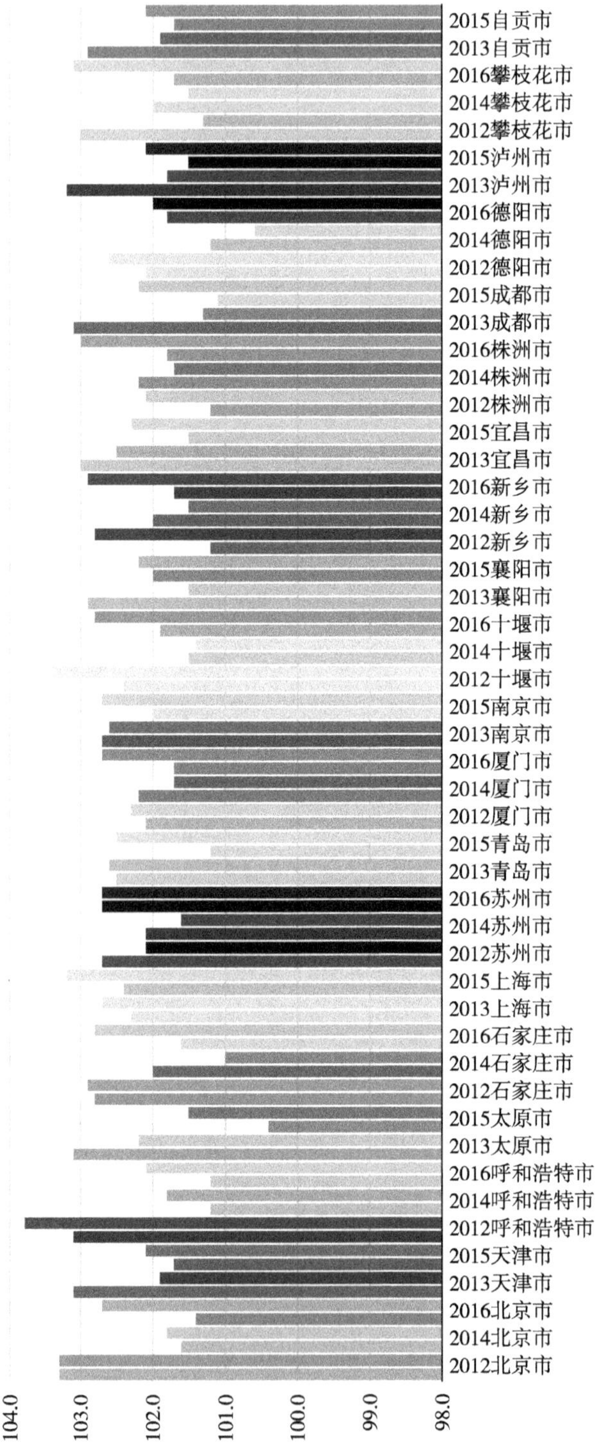
2015自贡市
2013自贡市
2016攀枝花市
2014攀枝花市
2012攀枝花市
2015泸州市
2013泸州市
2016德阳市
2014德阳市
2012德阳市
2015成都市
2013成都市
2016株洲市
2014株洲市
2012株洲市
2015宜昌市
2013宜昌市
2016新乡市
2014新乡市
2012新乡市
2015襄阳市
2013襄阳市
2016十堰市
2014十堰市
2012十堰市
2015南京市
2013南京市
2016厦门市
2014厦门市
2012厦门市
2015青岛市
2013青岛市
2016苏州市
2014苏州市
2012苏州市
2015上海市
2013上海市
2016石家庄市
2014石家庄市
2012石家庄市
2015太原市
2013太原市
2016呼和浩特市
2014呼和浩特市
2012呼和浩特市
2015天津市
2013天津市
2016北京市
2014北京市
2012北京市
104.0
103.0
102.0
101.0
100.0
99.0
98.0

图 6　居民消费价格指数

五、制造业企业劳动力价格影响因素回归分析

为了更好地研究各因素与我国制造业企业劳动力价格水平之间的关系，本文采用的Stata统计分析软件对各地区和总体的面板数据进行了回归分析，寻找各因素对制造业企业劳动力价格的线性关系，对各地区5个指标的回归效果进行分析，探究每个指标与劳动力价格水平的相关性，并进行解读。

各指标符号对应含义如表3。

表3　指标说明

Y	ER	PSI	GDP	Wage	CPI
制造业员工平均工资水平	制造业就业人数比例	第二产业占总产业结构比重	地区生产总值	最低工资标准	居民消费价格指数

（一）华北地区回归效果分析

R_sq：within =0.854 2

between =0.995 2

overall =0.972 7

表4　华北地区回归

Y	Coef.	Std. err	*Z*	*p*>|z|	[95% Conf.	Interval]
ER	21 734.75	23 544.74	0.92	0.356	-24 412.09	67 881.59
PSI	-39 884.42	20 213.4	-1.97	0.048	-79 501.95	-266.896 5
GDP	1.618 37	0.182 919 1	8.85	0.000	1.259 855	1.976 885
Wage	18.585 73	3.928 156	4.73	0.000	10.886 68	26.284 77
CPI	425.115 1	372.110 7	1.14	0.253	-304.208 4	1 154.439
_cons	-21 784.12	41 331.68	-0.53	0.598	-102 792.7	59 224.48

由上述（见表4）回归结果得知，拟合优度为0.854 2，拟合效果较好。具体来看，就业人数比例未通过显著性检验，这是由于制造业员工工资更多地与劳动者的效率有关，而受整体劳动者数量的影响相对较小。第二产业比重对制造业

员工工资的增加起到了显著为负的影响，这可能是由于当前华北地区工业结构占比较大，甚至出现了一些结构化雷同现象，使得制造业出现低端化倾向，也有可能是由于我们所选取的样本本身存在不足。地区生产总值对制造业员工工资起到了显著为正的影响，这是由于经济发展水平高的地区，市场化程度往往较高，这直接影响到员工的工资水平。地区工资标准对制造业员工工资起到显著为正的影响，地区最低工资标准迎合了本地生产的最低消费层次，制造业生产往往是地区的重要产业，其部门经济效益高于一般其他部门，随着地区最低工资标准的提高，其工资水平也会相应地提升。居民消费价格指数对制造业员工工资的影响也为正，但是并不显著。这是由于华北地区消费价格指数总体较高，消费水平相对较高，使得地区消费支出较多，这也间接地促使制造业等部门抬高制造业员工工资水平。

（二）华东地区回归效果分析

R_sq：within = 0. 823 5

between = 0. 640 2

overall = 0. 730 5

表 5　华东地区回归

Y	Coef.	Std. err	Z	p > |z|	[95% Conf.	Interval]
ER	55 352. 63	11 888. 87	4. 66	0. 000	32 050. 88	78 654. 39
PSI	−39 884. 42	49 180. 94	−2. 15	0. 031	−202 330. 1	−9 544. 36
GDP	−1. 296 959	0. 338 684 9	−3. 83	0. 000	−1. 960 769	−0. 633 148 7
Wage	37. 49 482	8. 761 701	4. 28	0. 000	20. 322 2	54. 667 44
CPI	1 831. 76	3 287. 519	0. 56	0. 577	−4 611. 659	8 275. 179
_cons	−147 288. 1	341 427. 3	−0. 43	0. 666	−816 473. 3	521 897

由上述（见表 5）回归结果得知，拟合优度为 0. 823 5，拟合效果较好。具体来看，就业人数比例对制造员工工资水平具有显著的正向影响，这一点同华北地区有所不同，华东地区就业人数比例这一指标通过了显著性检验，这可能跟我们选取的样本数据有关。第二产业比例对制造业员工工资的增加起到了显著为负的影响，这一点跟华北地区很相似，华东地区第二产业占总产业结构比重逐年降低，由第二产业为主导向第三产业为主导演进，第二产业具有供给能力大、需求

相对不足的矛盾，导致该指标对劳动力价格水平有显著负影响。地区生产总值对制造业员工工资起到了显著为负的影响，对于这一回归结果，我们认为，这与经济发展相关理论有背离，很可能是选取的样本数据存在不足之处，今后，我们会继续深入研究。地区工资标准对制造业员工工资起到显著为正的影响，地区最低工资标准迎合了本地生产的最低消费层次，随着地区最低工资标准的提高，其工资水平自然也会相应地提升。居民消费价格指数对制造业员工工资的影响也为正，但是并不显著。这是由于华东地区与华北地区相似，消费价格指数与劳动力价格水平无相关性，CPI是一个滞后性的数据，也是重要的社会经济指标，不能完全反映劳动力价格水平。

（三）华中地区回归效果分析

R_sq：within =0. 649 2

between =0. 976 9

overall =0. 665 1

表6　华中地区回归

Y	Coef.	Std. err	*Z*	*p* > |z|	[95% Conf.	Interval]
ER	−75 081. 75	43 148. 17	−1. 74	0. 082	−159 650. 6	9 487. 1
PSI	−36 445. 93	15 284. 69	−2. 38	0. 017	−66 403. 37	−6 488. 497
GDP	1. 959 051	0. 733 377 9	2. 67	0. 008	0. 521 656 9	3. 396 445
Wage	−2. 355 808	2. 839 112	−0. 83	0. 407	−7. 920 365	3. 208 75
CPI	−1 890. 347	845. 819 2	−2. 23	0. 025	−3 548. 122	−232. 572
_cons	265 520. 4	88 838. 67	2. 99	0. 003	91 399. 76	439 641

由上述（见表6）回归结果得知，拟合优度为0. 649 2，拟合效果较好。具体来看，就业人数比例对制造业员工工资水平具有反向影响，但是并不显著。可能是由于在华中地区人口和富余劳动力较多，同时制造业提供的就业岗位有限，受劳动力供求关系的影响，劳动者为了就业会降低劳动报酬，如此导致了就业人数比例对制造业员工工资水平产生了反向作用。第二产业占总产业结构比重对制造业员工工资有显著负效应。地区生产总值对制造业员工工资起到了正向影响，由于p值大于0. 01，所以并不显著。地区生产总值体现了一个地区的经济发展水平，地区生产总值增加，相应地会影响地区劳动力的价格水平，至于回归结果并

不显著，可能是由于制造业企业员工价格水平受多方面因素的影响，其他因素的存在，导致制造业企业员工工资水平与地区生产总值相关性并不显著，也有可能是我们选取的样本本身存在不足。地区工资标准对制造业员工工资起到了正向影响，但是并不显著。当地区最低工资调高以后，相应地会导致该地区劳动力整体价格水平提升，制造业企业员工属于基层就业人员，最低工资标准对该群体的作用更明显，回归效果不显著的原因可能是本身选取的样本数据存在偏差，也可能是因为其他影响因素的存在影响了回归效果。居民消费价格指数对制造业员工工资的影响显著为负，这一点跟华北地区和华东地区的回归结果方向相反，可能是由于华中地区制造业企业的类型存在特殊性，这里的具体影响因素还需要做深入研究。

（四）西南地区回归效果分析

R_sq：within =0. 8619

between =0. 7180

overall =0. 8061

表 7　西南地区回归

Y	Coef.	Std. err	Z	p > |z|	[95% Conf.	Interval]
ER	59 155. 95	3 479. 44	1. 70	0. 089	−9 039. 893	127 351. 8
PSI	30 606. 3	13 405. 31	2. 29	0. 022	4 382. 378	56 930. 22
GDP	0. 606 778	0. 419 686	1. 45	0. 148	−0. 215 792	1. 429 349
Wage	25. 177 25	3. 444 489	7. 31	0. 000	18. 426 17	31. 928 32
CPI	−443. 682 8	361. 739 8	−1. 23	0. 220	−1 152. 68	265. 314 2
_cons	26 207. 06	39 103. 55	0. 67	0. 503	−50 434. 49	102 848. 6

从回归结果（见表 7）来看，拟合优度只有 0. 861 9，拟合效果较好。具体来看，就业人数比例与制造业员工平均工资水平未通过检验，表面就业人数比例与劳动力价格没有显著的相关性。第二产业比例与制造业员工平均工资有正相关性，通过显著性检验。地区生产总值对制造业员工平均工资影响不显著，最低工资标准通过显著性检验，有强相关性。原因一是西南地区选取的样本为同一省的不同地区，其中成都市是西南地区的特大城市，其地区 GDP 显著高于普通地级市的地区 GDP，导致该指标在本地区可比性较弱。二是选取的城市中除成都市外

不发达城市居多，居民人均收入低于全国平均水平，最低工资标准对制造业劳动力价格影响较大，工资收入低的人群更加关注最低工资标准的变动。最低工资标准与制造业员工工资有显著正相关关系，西南地区选取的是四川省的省内各城市，除成都市外其余4个城市属于四线及以下的城市，当地平均收入低于发达地区，最低工资的需求较高，地区最低工资的影响显著。居民消费价格指数的回归并不显著，居民消费价格指数是反映居民家庭一般所购买的消费品和服务项目价格水平变动情况的宏观经济指标，根据检验结果显示该指标与劳动力价格水平无相关性。

（五）总体回归效果分析

R_sq：within =0.803 0

between =0.534 3

overall =0.577 2

表8　总体回归

Y	Coef.	Std. err	*Z*	*p* > |z|	[95% Conf.	Interval]
ER	-10 365.19	11 057.38	-0.94	0.349	-32 037.25	110 306.88
PSI	7 748.59	15 392.9	0.48	0.628	-22 720.93	37 618.11
GDP	1.391 74	0.267 006	5.32	0.000	0.878 816	1.904 664
Wage	19.810 85	2.482 002	7.98	0.000	14.946 18	24.675 52
CPI	25.086 01	219.394 9	0.11	0.909	-404.920 1	455.092 2
_cons	9 174.363	25 738.8	0.36	0.722	-41 272.75	59 621.48

总体拟合优度0.803 0，回归效果显著（见表8）。总体上，地区生产总值和最低工资标准对劳动力价格水平有显著的正相关关系。地区GDP指标总体通过显著性检验，华北、华东、华中地区对制造业企业劳动力价格为显著正相关，原因是地区生产总值是一个地区经济状况的表现，地区GDP的增加反映出该地区经济发展蓬勃，消费能力增强，居民收入增加，制造业企业员工工资水平随之提高。西南地区未通过显著性检验原因是西南地区的样本选取导致的地区生产总值两极分化，这使指标的相关性更弱。成都市是西南地区的特大城市，地区GDP显著高于其余三线、四线城市地区GDP，导致该指标在本地区可比性较弱，回归效果不好。最低工资标准对劳动力价格水平影响十分显著，具有强正相关性，其

中华北、华东、西南地区回归效果良好，原因是最低工资标准保障了制造业员工的合法权益，为劳动关系中的劳动报酬部分提供了一个法律依据，同时保障低收入者的基本生活，以促进消费并带动经济发展。就业人数比例对制造业企业劳动力价格水平影响整体不显著，华北、华中、西南地区未通过显著性检验，原因是制造业企业员工工资更多地与劳动者的工龄和绩效有关，而受整体劳动者数量的影响相对较小。华东地区通过显著性检验且检验结果十分显著，从指标上看华东地区制造业职工就业人数比例与劳动力价格有很强正相关关系，华东地区制造业分布均衡，制造业发展较为领先，制造业就业人数变动反映制造业的发展状况和结构变化，因此就业人数比例在华东地区对劳动力价格水平有正向影响。第二产业总体比重对劳动力价格水平无显著影响，从产业结构角度来说，产业结构正朝着第三产业为主导的方向发展，第二产业比重逐年递减，产业结构调整会对劳动力供求产生影响，但对劳动力价格水平无显著影响。居民消费价格指数整体无相关性，说明该指标与劳动力价格水平无关，居民消费价格指数一定程度上反映了当地通货膨胀或紧缩的程度，不是影响制造业企业劳动力价格水平的指标，由回归可知 CPI 与劳动力价格水平无线性关系。

六、结论

通过上述研究发现，我国制造业劳动力价格水平受多种因素的影响，我们所选取的 5 个影响因素在一定程度上能够解释制造业员工的工资水平。综合对比华北、华东、华中、西南以及对总体的整体回归来看，地区生产总值和最低工资标准这两个指标基本都通过了回归检验，说明其影响效果显著，从这点来看，说明国民经济的发展有利于提高居民的收入水平。最低工资标准是社会福利水平的体现，是国家从公共政策层面对劳动力权益的维护。在一定程度上，当地区最低工资标准提高时，相应的劳动力价格水平整体也会上升。从总体上来看，我国制造业企业员工工资水平与我国经济发展水平关系密切，当国家经济发展水平高的时候，地区生产总值提高，会使得制造业企业员工工资增长，这也在一定程度上说明了我们的假设存在一定的合理性。由于影响制造业员工工资水平的因素有很多，我们所选取的 5 个因素只是其中的一部分，并不能很好地解释制造业劳动力价格水平。而且我们选取的样本有限，在最终结论上可能也存在不严谨的地方，在今后的研究过程中，我们会不断完善我们的结论，扩大样本量，选择样本时会更加科学合理，以期得出更加科学的研究结论。

参考文献：

[1] 田园，郭东旭，左静．江苏加工贸易的工资效应：以苏州为例的实证研究［J］．黑龙江对外经贸，2009（5）：38－39.

[2] 张樊．弹性理论在工资定价中的应用［J］．华东经济管理，2006（5）：117－120.

[3] 王兰会，邹静韵．林业职工工资的影响因素分析：基于省级面板数据［J］．北京林业大学学报（社会科学版），2012，11（3）：74－77.

[4] 张旭光，张南，吉孟振，等．基于多元回归模型的内蒙古地区平均工资影响因素分析［J］．内蒙古农业大学学报（自然科学版），2012，33（2）：230－232.

[5] 王潇．国内生产总值增长与职工工资变化关系研究：以北京地区为例［J］．渤海大学学报（哲学社会科学版），2009，31（5）：95－98.

[6] 陈希，刁节文．上海市人均 GDP 对职工平均工资的影响实证研究［J］．科技和产业，2017，17（10）：51－55.

[7] LEMOS S. Minimum Wage Effectsina Developing Country［R］．workingPaper，2006.

[8] 王于鹤，王雅琦．最低工资标准和消费者价格指数关系的实证研究［J］．价格理论与实践，2014（4）：73－75.

[9] 王中江．我国制造业采购经理指数与消费者价格指数的关系研究［J］．红河学院学报，2017，15（3）：94－96，101.

[10] 罗小兰，丛树海．基于攀比效应的中国企业最低工资标准对其他工资水平的影响［J］．统计研究，2009，26（6）：60－65.

[11] 刘险峰．市场分割条件下的最低工资制度效应研究：以农民工市场为例［J］．经济体制改革，2009（5）：92－95.

[12] 孙中伟，舒玢玢．最低工资标准与农民工工资：基于珠三角的实证研究［J］．管理世界，2011（8）：45－56，187－188.

[13] 马双，张劼，朱喜．最低工资对中国就业和工资水平的影响［J］．经济研究，2012，47（5）：132－146.

[14] 邸俊鹏，韩清．最低工资标准提升的收入效应研究［J］．数量经济技术经济研究，2015，32（7）：90－103.

[15] 张世伟，杨正雄．最低工资标准提升是否影响农民工就业与工资［J］．财经科学，2016（10）：100－109.

[16] 郭凤鸣，张世伟．最低工资标准对农民工工资和工作时间的影响［J］．

统计与决策，2017（19）：111－115.

［17］亚当·斯密．国富论［M］．北京：中国华侨出版社.

［18］约翰·梅纳德·凯恩斯．就业、利息和货币通论［M］．徐毓枏，译．北京：北京时代华文书局.

［19］曾湘泉．中国产业结构变动中的工资功能［J］．经济理论与经济管理，1988（2）：55－59.

劳动者给用人单位造成损害的赔偿责任研究①

指导老师：沈建峰　项目主持人：周珺
项目参加人：宋宗权　杨成　杨治林

摘　要： 在理论界与实务界的摸索前进中，尽管对劳动者给用人单位带来损害的赔偿责任问题的认识不断深入，实践经验不断积累，但现行法律关于该问题规定之疏漏不可避免地对劳动者赔偿责任之认定增添了难度。鉴于劳动者给用人单位造成损害的问题屡见不鲜，本文从劳动者给用人单位造成损害的赔偿责任问题的实质入手，通过对本问题的研究现状的认识，对劳动者损害赔偿责任认定提出了思考，并从立法、司法、问题的防范等方面为问题之解决完善提出建议。

关键词： 劳动者　用人单位　损害赔偿　责任认定

一、劳动者给用人单位造成损害的赔偿问题再认识

我组在科研过程中发放了关于劳动者给用人单位造成损害时赔偿责任认定问题的调查问卷，问卷涉及填写者身份、其对本问题的了解程度、对该问题的态度及看法等方面。我组通过线上线下的方式并发动身边的家人、朋友进行了问卷发放，以使得问卷调查范围尽可能广泛，以期调查结果不可能真实。通过对回收到的 311 份有效问卷的数据进行统计分析，我们发现以下结论。

第一，劳动者给用人单位造成损害的赔偿问题在生活中较为常见，在此次调查的 311 名填写者中仅有 9.97% 的人未曾听说过此类问题，甚至有 32.8% 的人有过此种经历（见图 1）。这个数据让我组意识到研究此课题的必要性与解决问题的重要性。

① 本文为 2018 年中国劳动关系学院本科生科研项目二等奖，中央高校基本科研业务费专项基金——优秀本科学生创新项目，项目名称“劳动者给用人单位带来损害的赔偿责任研究”。

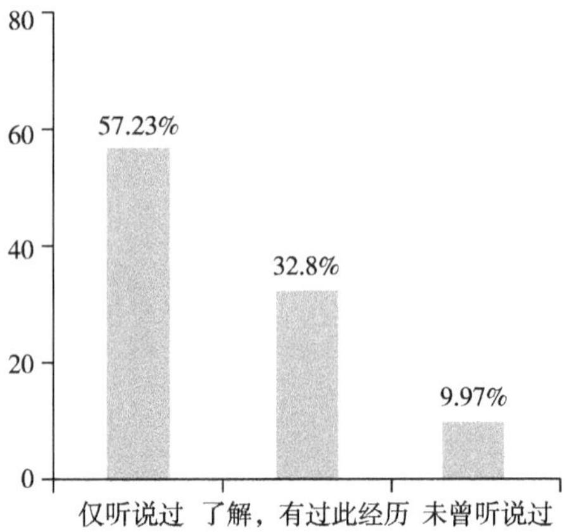

图 1　填写者对本问题了解程度统计

第二，在劳动者给用人单位造成损害时是否应当赔偿的问题中（见图 2），6.43%的填写者认为应当出于保护弱者而免于追究劳动者的赔偿责任，25.08%的填写者认为劳动者应就其造成的损害全部赔偿，68.49%的填写者认为劳动者应赔，但应当综合考量劳动者过错程度兼顾双方利益并给予劳动者一定保护。这反映出较多的人对劳动者给用人单位造成损害时的赔偿责任承担问题具有较为正确的认识，可还有相当一部分的填写者对本问题的认识较片面。

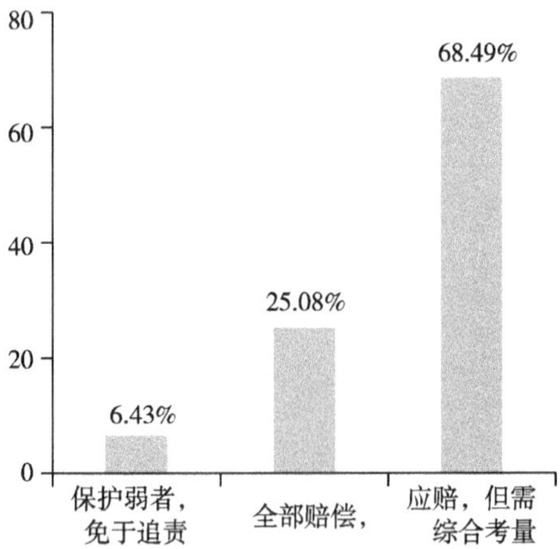

图 2　填写者对劳动者是否应赔问题看法统计表

通过对问卷结果的分析，我组发现了本问题在日常生活中是较常见的，但人们对于劳动者赔偿责任的认识存在一定欠缺。在解决如何处理劳动者给用人单位造成损害的赔偿责任问题之前，我们首先应清楚该问题的内涵是什么：劳动者对用人单位造成损害的赔偿责任，是指劳动者违反法定义务或约定义务，使得用人单位财产受到损失，劳动者承担法律后果的一种形式。从狭义上来说，劳动者对用人单位造成损害的赔偿责任仅限定于劳动过程中。例如，仓库库管人员乱丢烟头导致仓库失火货物毁损；售货员因为工作疏忽致使货物被盗；等等。从广义上来说，劳动者对用人单位造成损害的赔偿责任除了包括上述情形外，还包括我国劳动立法中规定的劳动者违法解除劳动合同的损害赔偿责任、违反服务期约定的损害赔偿责任、违反竞业限制的损害赔偿责任、违反保密义务的损害赔偿责任以及缔约过失赔偿责任等。

二、研究现状分析

在用工关系日渐复杂的现在，实践中形态各异的劳动争议案件层出不穷，这不可避免地造成了劳动法律规定与司法实践一定程度上的脱节。劳动者给用人单位造成损害时赔偿责任问题的处理便是如此，此问题在理论研究与实践探索中虽初有成效但仍存在困境。

（一）立法方面

追根溯源地来看，对劳动者给用人单位造成损害时赔偿责任的认定可归于违约责任或者侵权责任的范畴，但劳动合同区别于一般民事合同的持续性、生存依赖性和从属性[①]，使此类问题不足为调整平等民事主体之间法律关系的充斥着自由与理性的民法规范所直接调整。找寻本问题解决路径时，我们不得不面对我国立法上对此问题规范的欠缺：目前我国法律关于本问题缺乏总则性规定，且规定内容较分散。以倾斜保护劳动者为立法宗旨的劳动法律规范关于赔偿责任的规定大部分篇幅规定了用人单位对劳动者的赔偿责任，而对劳动者给用人单位造成损害的赔偿责任问题法律条文却不多，纵观我国现行《劳动法》，仅第一百零二条[②]对劳动者的损害赔偿责任做了规定，但本条却因适用范围较窄不具一般适用

---

① 朱军．雇员在工作中致雇主损害的责任减轻规则：基于案例分析的比较研究清华法学［J］．2015（9）：119.

② 《中华人民共和国劳动法》第一百零二条规定：“劳动者违反本法规定的条件解除劳动合同或者违反劳动合同中约定的保密事项，对用人单位造成经济损失的，应当依法承担赔偿责任。”

性；我国《劳动合同法》第九十条[①]也对劳动者的赔偿责任进行了规定，其也因规定的局限性而无法在形态各异的劳动者损害赔偿案件解决中大展身手。法律和相关司法解释虽对此问题有所规定，如《侵权责任法》第三十四条[②]规定了雇主承担雇员的侵权责任的规则，《最高人民法院关于审理人身损害赔偿案件适用法律若干问题的解释》第九条[③]规定了用人单位的追偿权，但这些规定在实践中指导意义不大。在我国学术界，系统阐释该问题的法律著作亦较为缺少。除上述问题外，现存立法中还存在着劳动者对用人单位承担赔偿责任的归责原则不明确、劳动者对用人单位的赔偿标准规定不详的问题，阻碍着对劳动者赔偿责任的合理认定。

（二）司法实践方面

虽然现行立法中未对劳动者给用人单位造成损害时，劳动者是否赔、赔多少的问题进行明确规定，但从已有判例中大概可琢磨出司法实践中处理此问题的价值倾向。《人民司法》曾登载过一则劳动者给用人单位造成损害的案例，即“王刚案”[④]。从本案二审法院判决中我们不难看出，二审法院在肯定了雇员在履行职责过程中因重大损失给用人单位造成损害的应当承担赔偿责任的同时，结合雇员职务过错责任相较一般民事侵权责任的特殊性，将雇员赔偿责任限定在了合理适当的范围内，这体现出了我国司法实践中处理劳动者对用人单位造成损害的问题时限缩雇员责任的价值取向。

法律上的缺位与理论研究的不充足使得此类问题的处理处于一种直接依据单薄法律原则与法理学思想发挥重要意义以及很大程度上依裁判者的自由裁量的境地。需要肯定的是，从近些年来各地方法院公布的此类问题的裁决结果来看，我国司法界对劳动者给用人单位造成损害的赔偿责任问题的解决已基本形成“恶意

---

① 《中华人民共和国劳动合同法》第九十条规定：“劳动者违反本法规定解除劳动合同，或者违反劳动合同中约定的保密义务或者竞业限制，给用人单位造成损失的，应当承担赔偿责任。”

② 《侵权责任法》第三十四条规定：“用人单位的工作人员因执行工作任务造成他人损害的，由用人单位承担侵权责任。”

③ 《最高人民法院关于审理人身损害赔偿案件适用法律若干问题的解释》第九条规定：“雇员因故意或者重大过失致人损害的，应当与雇主承担连带赔偿责任。雇主承担连带赔偿责任的，可以向雇员追偿。”

④ 该案中王刚（本案被告）驾驶货车时因操作不当导致车辆侧翻，交警大队认定，王刚对事故负全责。叶先军（本案原告）为王刚的雇主，起诉要求被告王刚赔偿保险未赔付的损失。一审法院以被告对此次事故具有重大过失为由，依据《关于审理人身损害赔偿案件适用法律若干问题的解释》第九条判决支持原告诉求。被告不服，提起上诉。二审法院在审理基于对原被告之间特殊法律关系的考量，认为原审法院依据民法中的权利义务对等原则即认定被告承担过错责任的判决并不合理，鉴于雇员与雇主的地位和经济能力差异，应当认定雇员对雇主的财产损害承担适当赔偿责任，遂改判被告王刚承担全部损失的40%。

或故意则全赔，过失则不赔，重大过失部分赔”的主流观点。但现阶段对本问题的不详尽规定以及不充分研究使得对问题的处理难免处于各自为营的混乱状态以及标准各异的不稳定状态。

三、劳动者给用人单位造成损害时的赔偿责任的认定

对于劳动者给用人单位造成损害的赔偿责任认定问题，可简化为对“是否赔”“如何赔”的思考。关于“是否赔”的问题理论与实践中基本达成了故意则赔、重大过失限制赔、轻过失不赔；损害合法利益赔、损害非法利益不赔的共识，在本文中不做赘述。我们的思考主要针对争论较大的“如何赔”问题展开。

对劳动者给用人单位造成损害的赔偿责任之认定可依据是否有双方约定或法律规定分为约定赔偿、法定赔偿以及既无约定又无法定情形的赔偿。

（一）约定赔偿责任

实践中，劳动者和用人单位就此问题的约定包括签订的协议，如保密协议、服务期协议、竞业禁止协议等，用人单位内部规章制度中的相关规定等。给予用人单位与劳动者较大限度的自由，通过双方合意进行关于损害赔偿问题的约定机制，意在充分发挥劳动者与用人单位双方的主观能动性，形成劳动者遵守劳动纪律和职业道德以充分完成工作任务，用人单位为劳动者创造适宜的劳动条件、保障劳动者正常劳动完成以及各项权利实现的良好局面，通过约定促发展，实现双方利益最大化。然而，双方之间不可忽视的身份差异，以及劳动关系突出的从属性特点使得此类约定往往在“骨感”的现实面前“心有余而力不足”。实践中用人单位与劳动者签订的协议中难免出现增加劳动者义务，或者约定的劳动者赔偿责任明显不合理等用人单位规避自身风险而侵害劳动者合法正当权益的情形。

生活中在有约定情况下产生的劳动者给用人单位造成损害时赔偿责任问题的争议是较为常见的。极为典型的“名表城”[①] 案及“深圳市源达船务有限公司诉

---

① 2007 年 12 月，徐某入职某名表城，工作岗位为营业员。2009 年 3 月 8 日，名表城制定了《关于手表丢失及手表损坏之规定》，规定了手表丢失时职员的责任问题。2009 年 5 月 3 日 17 时 34 分，徐某在工作期间，名表城内一块名牌手表被盗，该表销售价格为 214 000 元。2009 年 6 月 10 日，名表城向徐某邮寄送达了自 2009 年 6 月 1 日起解除与徐某 2007 年 12 月 1 日签订的劳动合同的《解除劳动合同通知书》。后提起诉讼，诉讼要求是：确认双方劳动合同关系于 2009 年 6 月 1 日解除；徐某赔偿名表城因其工作失职造成的损失 21 400 元。最终法院判定双方劳动合同关系于 2009 年 6 月 1 日解除，但对名表城要求徐某支付遗失手表损失的请求不予支持。

杨延春案”（以下简称“杨延春”案）[①] 可以为处理有约定的劳动者给用人单位造成损害的赔偿问题提供启发。两个案件分别从用人单位规章制度内容上的瑕疵（“名表城”案件中名表城在规章中对劳动者苛以明显过高的赔偿责任）和制定程序上的瑕疵（“杨延春”案中深圳市源达船务有限公司未能证明其涉及劳动者切身利益的规章的制定经过了民主程序）排除了其在案件审理中的可适用性。

诸多真实的案例让我们认识到，为充分兼顾双方利益，在实践中处理双方之间存在约定的损害赔偿问题时，优先考虑双方之间符合法律与道德要求的合意是极具合理性与正当性的，但应把好约定的“审查关”。首先从约定内容上，约定应基于平等、自由、公平、诚实信用的原则，由双方达成合法并不违背公序良俗的合意。从程序上，约定或者规章制度需经法定程序做出，且为劳动者知悉等。用人单位和劳动者双方签订的协议、规范等应经过相应的程序符合一定的条件，并能够对劳动者的行为规范进行明确、具体的规定，若出现双方约定不明，用人单位规避自身风险，对劳动者要求过于严苛等情况时，此约定不宜作为过错依据进行采信。

（二）法定赔偿责任

我国法律中对劳动者给用人单位造成损害时的法定赔偿责任有一定的规定。

1.《中华人民共和国劳动合同法》第八十六条规定了因劳动者原因致使合同无效给用人单位造成损害时应承担赔偿责任[②]。

2.《中华人民共和国劳动法》第三十一条规定了劳动者解除劳动合同时的提前告知义务；《中华人民共和国劳动合同法》第三十七条规定了试用期的劳动者解除劳动合同的提前通知义务。如果劳动者在辞职时忽略了这些法定的要求，构成违法解除劳动合同，根据《中华人民共和国劳动合同法》第九十条规定，若该违法解除行为给用人单位造成损失的，劳动者应当承担赔偿责任。

3. 根据《中华人民共和国劳动合同法》第九十一条[③]之规定，可看出劳动者

---

① 广州海事法院（2008）广海法初字第118号民事判决。

② 《中华人民共和国劳动合同法》第八十六条规定：“劳动合同依照本法第二十六条规定被确认无效，给对方造成损害的，有过错的一方应当承担赔偿责任。”第二十六条规定：“下列劳动合同无效或者部分无效：（一）以欺诈、胁迫的手段或者乘人之危，使对方在违背真实意思的情况下订立或者变更劳动合同的；（二）用人单位免除自己的法定责任、排除劳动者权利的；（三）违反法律、行政法规强制性规定的。对劳动合同的无效或者部分无效有争议的，由劳动争议仲裁机构或者人民法院确认。”

③ 《中华人民共和国劳动合同法》第九十一条规定：“用人单位招用与其他用人单位尚未解除或者终止劳动合同的劳动者，给其他用人单位造成损失的，应当承担连带赔偿责任。”

未解除或终止劳动合同，又与另一单位建立劳动关系，对原单位造成损失时，应承担赔偿责任。

4.《中华人民共和国公司法》第一百一十四条第一款规定了董事、监事、经理利用职权收受贿赂、其他非法收入或者侵占公司财产时的处理。由此规定可见劳动者利用职务之便侵占公司财产、挪用公司资金、在业务往来中收受他人贿赂等造成用人单位财产损失的，或者因过错损毁公司财物从而导致用人单位遭受损失的，应承担赔偿责任。

（三）既无约定又无法定情形的赔偿

在处理个性化的劳动争议案件时，对劳动关系区别于一般民事法律关系这一基本属性的把握往往能使陷入困境的问题解决豁然开朗。在既无约定又无法定情形下，劳动者赔偿责任认定问题显得更加无助，此种情形下发掘出在解决此问题时需把握的基本原则显得无比必要。德国劳动法院对待此类问题时的思想原则为我国法律实践中该问题的解决提供了很好的经验。德国劳动法院在肯定了民法规定之赔偿责任的同时，对劳动关系的特殊性予以诠释和发展，从而提出了对劳动争议问题的解决极具指导意义的“经营风险”与“社会保护”的思想。

1. 经营风险思想

德国劳动法院将经营风险性的内涵解构为两大减轻雇员责任的因素：工作危险性与组织风险性。

（1）工作危险性

工作危险性，顾名思义是指来源于工作过程中或者与工作本身相关联的风险，如生产设备本身存在的危险性、生产过程本身中存在的危险性及生产成果蕴含的危险性。这意味着劳动者在劳动过程中给用人单位造成损害发生的概率有所提高。结合《德国民法典》第254条第1款①之思想，对于此种情况下劳动者损害责任承担的认定上应当以劳动者在此损害中有何种程度之共同作用为考量。

（2）组织风险性

组织风险性与工作危险性的最根本区别在于所谓危险性涵盖的范围：上述工作危险性着重指出的是在劳动者的工作阶段存在的种种损害风险，而组织风险性

---

①《德国民法典》第254条第1款规定：“在损害发生时，受害人共同负担过错的，赔偿的义务人以及应予给付赔偿的范围，由情况，特别是由损害主要是由一方当事人或者是由另外一方当事人引起的来决定。”

则结合了劳动者与用人单位之间从属性特点，通过对劳动者对用人单位的人身从属性与经济从属性的本质分析，提炼出了用人单位应对其在生产经营活动中行使经营自主权而对生产经营活动以及劳动工作条件等做出的单方决定负责的结论。

在经营风险性思想的逻辑中还存在着一个很关键的因素——利益。劳资双方劳动关系的建立使劳动者劳动力所有权与使用权相分离，用人单位通过劳动者在其单方决定的劳动条件与劳动环境下提供的劳动给付而获益。从此视角来看，工作危险性中用人单位是引起、控制风险并获益的角色，组织危险性中的用人单位是为获益而组织劳动者进行风险性劳动的角色。基于此，民法大师拉伦茨（Larenz）先生以及卡拉里斯（Canaris）先生提出的“特定的损害风险归责于该风险的获益者”的思想为劳动者给用人单位造成损害时的限制责任原则提供了理论依托。

2. 社会保护思想

劳动法律很重要的立法目的是实现对劳动者这一相对弱势群体的社会保护。这一点是与我国劳动立法中“倾斜保护劳动者”原则极为相似的。因劳动者与用人单位身份与力量的悬殊差距，以及劳动者从属于用人单位这一重要事实，对劳动者实行一定的倾斜性保护是十分必要的。社会保护原则对于劳动者给用人单位造成损害时赔偿责任认定问题的要求便指向了限制劳动者责任。德国劳动法院认为如果不对劳动者的损害赔偿责任加以限制，容易造成劳动者工资与责任风险不成比例的情况出现，劳动者的生活极易遭受威胁。

德国劳动法院的思想为我们对劳动者赔偿责任认定提供了很好的思路。对劳动者赔偿责任的限缩之根源是劳动合同区别于一般民事合同的从属性特点。劳动过程中存在的劳动者听命于用人单位指令、服从用人单位管理、被纳入用人单位组织体系等情形使得劳动者从根本上弱势于用人单位。劳动者在用人单位单方创设的劳动条件下，将自身劳动力的使用权转移给用人单位，在用人单位的生产活动与组织行为所创设与控制的风险下，通过进行用人单位指令性劳动行为，而使用人单位盈利。整个劳动过程中，劳动者抵御损害风险的自由是极弱的。用人单位负有保障劳动安全、控制劳动风险的义务是毋庸置疑的，如果对劳动者适用全面赔偿原则，实质上使用人单位规避了其义务，转嫁了其经营风险①。综合上

① 在2010年上海一中院判决的一起劳动合同纠纷上诉案中，审判长就提出了“用人单位作为工作流程的设计者，应该制定各种预防损害发生、扩大的操作流程，尽量防止过失的发生”的判决理由。

述，出于协调稳定劳动关系、倾斜保护劳动者、维护社会稳定、实现立法目的、顺应道德要求等方面的综合考虑，限制劳动者损害赔偿责任是必要的①。

四、解决劳动者给用人单位造成损害问题之对策

（一）立法方面

1. 明确劳动者对用人单位赔偿时的归责原则

劳动者给用人单位造成损害的赔偿责任认定问题存在两种类型：一是劳动者侵权产生的赔偿责任，二是劳动者违约产生的赔偿责任。基于两种不同的责任形式，应对其归责原则进行明确。

（1）劳动者违约产生的损害赔偿的归责原则

现行劳动法律中对于劳动者违约的赔偿责任方面仅设定了服务期、保密协议、竞业限制的情形，而对这些情形之外劳动者的违约赔偿责任问题未做明确规定。虽然民法上对公民、法人违反合同或者不履行其他义务，对他人的财产或人身造成侵害时应承担民事责任的问题有所规定，但是在劳动者损害赔偿问题上直接援引民事赔偿规范，是不利于维护劳动者利益，无益于劳动关系的平衡稳定的。学界关于此问题主要持三种态度：无过错责任原则观点、过错责任原则观点以及过错推定责任原则观点②。这种多种观点云集而法无明文规定的状态，给劳动者赔偿责任的认定造成了困境。

（2）劳动者侵权产生的赔偿责任的归责原则

劳动者职务侵权纠纷案件主要分为三种情形：劳动者履职过程中直接侵害用人单位权益；因劳动者侵害第三人利益的履职行为致用人单位承担赔偿责任；劳动者履职行为致第三人对用人单位造成侵害。可是在层出不穷的劳动者侵权赔偿纠纷背后，是法律规定的空洞——劳动法律未对此进行一般性规定。

归责原则作为确定行为人法律责任承担的原则，对法律关系双方之间的损害

① 需注意的是，董保华和邱婕所著的《论劳动法主体的界定》一书中，提出了“劳动法不应当将简单的从属性与弱势主体划等号”“只有根据社会的经济地位以及职业的差异把握更加具体的人才能真正实现对弱者加以保护的目的”的观点。基于这种观点我们就可以认为我们不可以将具有较高的社会经济地位的、在职业的认定上通常被认定为管理人员或者雇主的高级管理人员与一般意义上的劳动者等价，相较于一般劳动者有更高工资收入、能够更直接地参与用人单位管理、具有更强的社会力量的高级管理人员群体实质上不具有弱者地位，故其在侵权责任的认定方面应与一般劳动者有所区别。

② 张奎．论劳动者的的损害赔偿责任［D］．上海：华东政法大学，2011.

结果分配与法律后果平衡有着非常重要的作用。完善对劳动者给用人单位造成损害时赔偿责任认定之归责原则的法律规定，定将指引对该问题的处理走向一条更宽阔明亮的道路。

2. 规定劳动者对用人单位的赔偿标准

在对劳动者损害赔偿责任进行认定时，除劳动者故意情况下应认定其全部赔偿外，其他情形下责任限度的把握应遵循限制劳动者责任的原则。可对于限制的度在哪里的问题，现行法律是没有规定的。司法实践中仅根据合理性原则进行赔偿责任的划分，而无确切标准，终究难以取得双方当事人的信服。在司法实践中，用人单位基于劳动者造成损害而向其提出天价索赔的案件时有发生，这呼唤着立法对于劳动者应承担的损害赔偿标准的确立与完善。

（二）司法方面

增强审判者素质，推动法官之法的续造。随着社会经济发展，法律规范滞后性越发凸显，劳动法律续造显然赶不上劳动关系的复杂化发展，法律与现实之间的空缺成了解决劳动法律问题时不可回避的问题，这时法官之法的续造便成了填补法律漏洞解决劳动争议的有力工具。法官运用法律续造来进行司法审判时，其学识、道德、偏见等主观因素，以及社会主流价值取向、公共政策等外界因素均有可能对其断案产生不同程度的影响。如何尽可能降低司法者的主观因素以及繁杂的外界因素对司法判决的干扰造成的不确定性，这对审判者综合素质提出了考验。通过对审判者进行知识培训、能力考核、工作评估等手段，进而推动审判者素质之提高，是有利于实践中此类案件的解决的。

（三）劳动者损害赔偿纠纷的预防方面

劳动争议案件的发生对双方当事人人力、物力、财力都进行着消耗，无论是出于实现劳动者与用人单位双方利益的最大化、保障劳动关系和谐稳定的需要，抑或是出于节约司法资源的考量，在劳动者给用人单位造成损害时的赔偿责任问题上进行提前的预防无疑是最优之举。

1. 完善规章制度的订立

实践中由于用人单位与劳动者法律知识的欠缺或基于用人单位逃避风险的恶意考虑，部分用人单位规章中的不合法不合理制度比比皆是。在劳动者给用人单位造成损害时，规章制度中的相关规定对赔偿责任的认定有着重要意义。有瑕疵的规章制度不仅加大了司法实践中双方责任的认定难度，更常常使用人单位因其出于故意或者过失造成的规章制度之缺陷在审判中处于不利地位。由此可见，有瑕疵的规章制度的制定对于劳动者与用人单位双方权利的保护均是无益的。为防范这种不利风险，用人单位在制定规章制度时应当在程序、内容等各个方面进行规范。实践中用人单位可通过指派法律专业人员进行规章制度拟定、加强制定时与劳动者群体的沟通等形式来完善规章制度之订立。

2. 增强劳动者责任意识与工作能力

劳动者责任意识与工作能力的加强是避免劳动者给用人单位造成损害问题发生的根本途径。用人单位可对劳动者进行相关职业培训，明确劳动者的忠实义务与勤勉义务，推动劳动者责任意识的加强，提高劳动者的工作能力与工作中的突发事件应急处理能力，使劳动者有能力按质按量尽职尽责完成劳动任务，从而减少损害结果的产生。

五、结语

劳动者给用人单位造成损害的赔偿责任是在劳动法领域受到广泛关注的重要课题，它对劳动者与用人单位双方利益之保护具有深刻意义，亦对社会中劳动关系的和谐稳定以及社会经济之健康发展有着深远影响。在现行立法尚未对劳动者损害责任之认定进行明确规定且实践中尚未形成一致审判思路的情况下，不断推动对本问题的发展完善是每一个关注此问题的法律人之义务。随着理论界与实务界对该问题越来越深入的重视与探究，劳动者损害赔偿责任的认定问题正以可喜的态势发展完善着。我坚信在不断的探索中，在社会各界的共同努力下，本问题终将得到合理解决。完善劳动者给用人单位造成损害的赔偿责任问题，我们仍在路上。

参考文献：

[1] 关怀，林嘉. 劳动法 [M]. 北京：中国人民大学出版社，2016.

[2] 程延园，高云. 劳动合同法理解与应用 [M]. 北京：中国劳动社会保障出版社，2007.

[3] 蔡海霞. 劳动者对用人单位的赔偿责任研究 [D]. 沈阳：辽宁大

学，2013.

[4] 张奎．论劳动者的损害赔偿责任［D］．上海：华东政法大学，2011.

[5] 何水．劳动者对用人单位的损害赔偿责任研究［D］．武汉：华中科技大学，2016.

[6] 刘丽杰．论劳动者的损害赔偿责任［D］．济南：山东大学，2017.

[7] 肖伟志，梁辰，谭茜茜．论劳动者履职损害赔偿责任的范围和法律依据［J］．法制与社会，2013（4）.

[8] 秦国荣．劳动违约责任：归责原则、构成要件及立法完善［J］．当代法学，2006（20）.

[9] 刘杉，陈锋．劳动者违约责任在劳动争议仲裁实践中的运用［J］．中国劳动，2000（11）.

[10] 林海榕．劳动者对用人单位的赔偿责任研究［J］．宜春学院学报，2010（1）.

[11] 肖伟志．劳动合同中劳动者赔偿责任条款的效力分析［J］．公民与法（法学），2011（2）.

[12] 朱军．雇员在工作中致雇主损害的责任减轻规则：基于案例分析的比较研究［J］．清华法学，2015（9）.

[13] 董保华．论劳动合同法的立法宗旨［J］．河北法学，2007.

[14] 王昌硕．关于劳动者承担赔偿责任的探讨［J］．中国劳动科学，1995（9）.

基于 Pathfinder 的地铁乘客疏散风险量化与分级研究①

指导老师：孙贵磊　项目主持人：王亚琪

项目参加人：万姿洁　容菁璐　陈晓昱　赵欣园

摘　要：由于城市地铁公共交通具有人群高度聚集的特点，其在紧急状态下时常发生拥挤踩踏事故。相关部门对地铁疏散风险进行量化评估与分级，能够采取紧急措施控制人流，避免人员伤亡事故的发生。根据标准中的疏散时间要求，应用 Pathfinder 针对不同地铁乘载率分析地铁站台可疏散的人群数量及相应人群密度，模拟评估其疏散时间，依据不同的疏散时间对地铁风险进行量化分级。结合北京地铁实际情况，课题组探讨在不同风险等级下，地铁承载率与地铁站台人群密度之间的函数关系，并拟合出数学表达式，可以对地铁的疏散风险给出客观、及时、迅速的预警，加强进站客流管控，防风险于未然。

关键词：人群密度　地铁承载率　安全疏散　Pathfinder　风险分级

一、引言

随着人民生活水平的不断提高，地铁成为人们常用的交通工具，但其存在疏散距离长、潜在隐患多等特点，在发生突发状况时，逃生困难，常造成群死群伤的事故。从百年来地铁中发生事故来看，造成危害最大的就是火灾②。如 1995 年 10 月 28 日，阿塞拜疆库巴库地铁因列车电路故障诱发列车车厢起火，司机紧急

---

① 本文为 2018 年中国劳动关系学院本科生科研项目二等奖，北京市大学生科学研究与创业行动计划项目，项目名称“地铁事故致因分析与疏散模拟”。

［基金项目］中国劳动关系学院院级科研项目《基于 Pathfinder 的地铁乘客疏散风险量化与分级研究》，编号 18bjx056。

② 陈晓林．地铁火灾事故的疏散逃生［J］．城市轨道交通研究，2012（12）：21 -23，44.

刹车将车停在了隧道里，加剧了逃生和救援的难度，最终造成558人死亡，269人受伤的惨烈后果①。

在进行地铁人群疏散时，地铁车站内极高的人群密度会给安全疏散带来很多困难，是造成重特大安全事故的主要原因。以北京为例，工作日地铁高峰时段运营时严重超员，存在极高的拥挤踩踏事故风险。日本建设省对人群密度与人的运动状态进行的调查，如表1所示②，由此可以看出，人群密度越大，个人活动越困难③。在各类疏散逃生中，疏散时间的长短直接影响伤亡人员的数量。

表1　人群密度与人的状态

拥挤密度	1m 站席的状态
5人	接触旁边人衣物的状态
6人	可以捡拾脚下的物品，可转身
7人	肩、肘有压力
8人	人与人之间可以勉强挤过去
9人	手不能上下动作
10人	周围感到压力，身体不能动，发生呼救

地铁火灾事故中，允许乘客逃生的时间只有5分钟左右；如若列车车厢内使用有机材料的广告牌，特别是站厅层设有商铺，或乘客携带易燃物品，一旦引燃，火势能在短时间内扩大，则允许逃生的时间则更短。

鉴于地铁火灾的危险性，大量学者对地铁疏散风险进行研究，如：何健飞与刘晓④结合地铁拥挤度改进拍卖算法，为每一疏散个体求解最优疏散路径；连海涛等⑤基于多目标粒子群的拥挤人流安全疏散路径规划方法，完成拥挤人流安全

① 卢国建．高层建筑及大型地下空间火灾防控技术［M］．北京：国防工业出版社，2014：303－307.

② 木村清．公共场所的事故预防：2001中日产业安全研讨会论文集［C］．2001：26－30.

③ 任常兴，吴宗之，刘茂．城市公共场所人群拥挤踩踏事故分析［J］．中国安全科学学报，2005（12）：102－106，137.

④ 何健飞，刘晓．基于拥挤度的地铁应急疏散路径优化方法［J］．中国安全科学学报，2013，23（2）：166.

⑤ 连海涛，胡一可，杨旌．地铁高峰段拥挤人流安全疏散路径规划仿真［J］．计算机仿真，2018，35（4）：94－97.

疏散路径的规划；杜棋东等[①]采用元胞自动机智能决策模型，构建融合蚁群算法与元胞自动机的地铁行人疏散模型；Li Zhenyu等[②]对地铁疏散进行数值模拟，提出楼梯和闸门是疏散过程中的瓶颈；Li Yanfeng等[③]基于FDS+EVC等获得火灾与人员疏散的交互作用对人员疏散效果的影响体现在延长疏散时间、限制活动范围和改变人员疏散路线三方面。

首都北京拥有众多地铁线路，上下班高峰时段极度拥挤，目前对乘车人员数量的管控，主要依靠地铁站管理人员直观经验判定，并无相关量化标准，因此，量化地铁内人员疏散风险，预估疏散风险级别，对事故风险进行预警、预防及控制是非常有必要的。

二、风险等级标准的确定

确定风险等级划分标准

根据《城市轨道交通工程设计规范》（DB 11－995—2013）24.2.40、24.2.41中规定[④]：站台上的疏散设施能力应满足乘客从站台撤离时间不大于4分钟，高峰时段站台上的候车乘客和进站列车所载乘客通过楼扶梯、疏散通道等安全出口的时间不超过4分钟，并规定离站台疏散设施最不利的点乘客撤离到安全区时间不应大于6分钟（包括从站台最远点到最近的楼扶梯或通道口的行走时间，以及在站台楼扶梯前或通道口的等待时间和楼扶梯提升所需时间总和），这是考核站台上所有安全出口通行设施能力的规定，疏散时间不考虑乘客反应时间。

由于地下车站展厅配备事故通风系统，站厅可作为安全区，站台到站厅或安全区的疏散时间不大于6分钟，其中考虑了1分钟的反应时间，实际疏散时间为5分钟，比美国NFPA130疏散时间（不大于6分钟）要严。

在《地铁安全疏散规范》（GB/T 33668—2017）中5.3条提出[⑤]，当发生火

① 杜棋东，陈柔香，许爱军．基于蚁群元胞自动机的地铁行人疏散模型［J］．计算机时代，2018（2）：18－21.

② Li Z，TANG M，LIANG D，et al. Numerical simulation of evacuation in a subway station［J］．Procedia Engineering，2016（135）：616－621.

③ LI Y，WANG H，WANG C，et al. Personnel evacuation research of subway transfer station based on fire environment［J］．Procedia Engineering，2017（205）：431－437.

④ 城市轨道交通工程设计规范：DB 11－995—2013［S］．2013.

⑤ 地铁安全疏散规范：GB/T 33668—2017［S］．2017.

灾时，应满足 6 分钟内将远期或客流控制期超高峰小时下的必须疏散人员全部疏散到达安全区的要求。

根据以上规定，将 5 分钟内人群全部疏散设定为安全疏散时间。设置 5 分钟、6 分钟、7 分钟和 8 分钟 4 个时间点作为划分风险等级的疏散时间节点。设定 5—6 分钟内人群全部撤离的危险性分级为Ⅳ级，6—7 分钟内人群全部撤离为Ⅲ级，7—8分钟内人群全部撤离为Ⅱ级，8 分钟以上才能全部撤离设定为Ⅰ级。设定方式如表 2 所示。

表 2　地铁人群疏散危险性分级设定表

疏散时间(min)	风险等级
5—6	Ⅳ级
6—7	Ⅲ级
7—8	Ⅱ级
>8	Ⅰ级

三、地铁及站台模型参数

（一）地铁车厢相关数值

DB 11 -995—2013 中 3. 2. 3 条规定：车辆采用 A 型车或 B 型车，列车编组根据客流预测结果、线网规划和线网运能匹配要求确定，采用 A 型车 8 辆编组、6 辆编组或 B 型车 6 辆编组、4 辆编组。由于不同编组对应的安全出口及对应数量不同，以北京地铁常用的 6 节 B 型车为研究对象，根据 DB 11 -995—2013 中 4. 3. 1 条规定：正常运营条件下立席密度标准为 6 人/m^2，超载情况下不超过 9 人/m^2。对应 6 节 B 型车，其中定员人数为 1460 人（按站立人数 6 人/m^2 计），超员人数为 1860 人（按站立人数 8 人/m^2 计）；另外，1. 0. 10、9. 12. 9 条规定：城市轨道车厢内有效空余地板面站立乘客标准宜按 4. 5—5 人/m^2 设计。如果考虑轨道交通实际客流的波动性、与预测客流的差异性，避免高峰时间列车上乘客过分拥挤，乘客的站席按站立人数 5 人/m^2 计算，6 节 B 型车的人数为 1260 人，超员站立人数按 7 人/m^2 计为 1660 人，6 节 B 型地铁车辆主要的技术规格如表 3 所示。

表3　6节B型车城市轨道交通技术等级表

尺寸				载员		运营
无司机室车体基本长度（m）	车体基本宽度（m）	车门宽度（m）	地铁总长度（m）	定员（站立人数按5人/m^2计）	超员（站立人数按7人/m^2计）	车辆编组（节）
19	2.8	1.3—1.4	114	1260	1660	6

（二）确定地铁站台相关数值

根据DB 11 –995—2013中第9.3.2条，公共区双向人行楼梯最小净宽为2.4米；丙级双柱岛式站台的站台宽度为12米；车站承重柱的面积为1平方米；车站的公共厕所按常规计，即男厕大便器不少于2个，小便器不少于3个，女厕大便器不少于3个。根据该规定以及实地调查，设定地铁卫生间长度10米，宽度7米。同时根据表3中地铁总长度及现场测量，取站台长度与地铁长度相等。

根据《电梯　自动扶梯　自动人行道》（13J404—2013）[①]中自动扶梯主要技术参数表，自动扶梯名义宽度为0.6—1.2米不等，实际常采用1米作为地铁自动扶梯名义宽度；根据《地铁设计规范》（GB 50157—2013）第9.7.3条[②]，车站出入口自动扶梯的倾斜角度不应大于30°。

根据以上要求，设定北京地铁站台相关数值如表4所示，根据表4可得地铁站台人群可使用面积。考虑到人体尺寸中男性肩宽第99百分位为415毫米，女性第99百分位为387毫米[③]。同时在地铁站台中人与人之间会由于“空间压抑感”保持一定安全距离，取450毫米为人体平均肩宽（考虑心理修正量），可得到北京站台与乘客相关数值见表5所示。

表4　北京地铁站台相关数值

项目	长度（m）	宽度（m）	数量（个）	所占面积（平方米）	备注
车站站台	114	12	1	1368	
双向人行楼梯	4.16	2.4	1	9.98	
承重柱	1	1	34	34	共两列，每列17个
自动扶梯	1.73	1	2	3.46	上下共2列
卫生间	10	7	1	70	设定为右侧

① 国家建筑标准设计图集：电梯 自动扶梯 自动人行道：13J40［S］．2013.

② 地铁设计规范：GB 50157—2013［S］．2013.

③ 廖可兵，撒占友，程卫民，等．安全人机工程［M］．江苏：中国矿业大学出版社，2012.

表 5 北京站台与乘客相关数值

总面积 (m^2)	可使用面积 (m^2)	人体平均肩宽 (mm)	人体所站面积 (m^2/人)	可站最大人数 (人)
1368	1 250. 56	450	0. 16	7816

四、Pathfinder 人群疏散仿真模拟

（一）仿真模型的设计

在进行模拟地铁站台人群疏散实验中，采用基于 agent 技术的仿真技术软件 Pathfinder，通过设置疏散人员及建筑物参数，实现对突发事件下人群疏散行为的仿真。Pathfinder 软件可以实现对行人运动模式的两种基本选择，SFPE 模式和 steering 模式。由于 steering 模式更接近现实①，仿真中使用 steering 模式。为模拟不同人群密度对疏散时间的影响，根据表 5 中的数据，建立地铁站台模拟人群疏散立体图如图 1 及平面图如图 2。

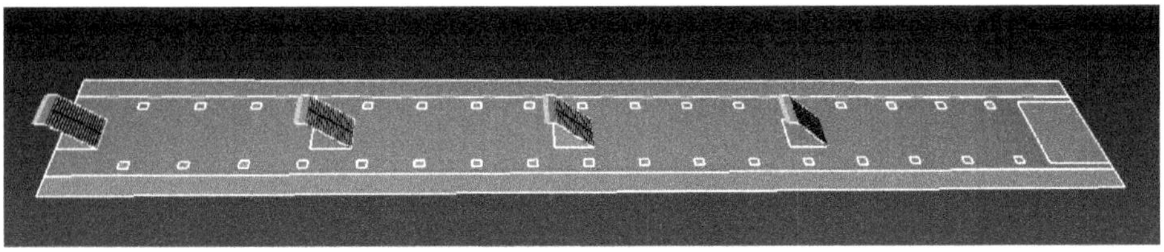

图 1 地铁模拟立体图

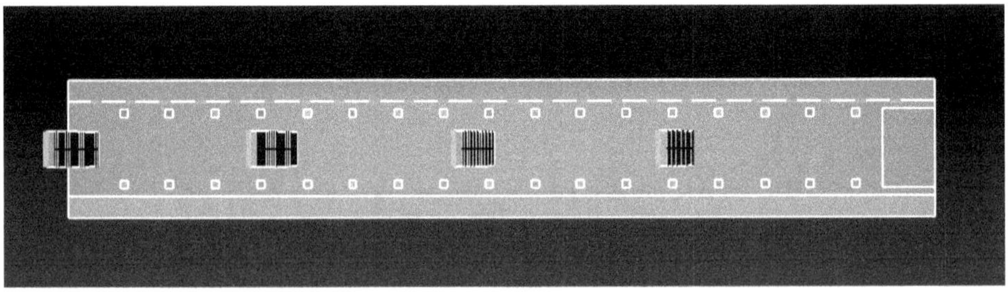

图 2 地铁站台平面图

① HAROLD N，MOWRER F. Emergency movement. the SFPE Handbook of Fire Protection Engineering [M]. 3rd ed. Bethesda：society of Fire Protection Eingeers，2002.

（二）仿真模型的人群疏散速度选定

在人群疏散模拟实验中，会遇到楼梯、长型走廊及门等设施，都会对行走速度产生影响。通过查询一些设施和情况下的人群运动参数（如表6），可知人群在拥挤程度最小时，在走廊可达到最大速度1.27米/秒①，由此，将1.2m/s设定为人群疏散的最快速度。

表6　一些设施和情况下的人群运动参数（节选）

设施	楼梯(上行)				门		
人群拥挤情况	最小	中等	最佳	拥挤	中等	最佳	拥挤
速度(m/s)	0.80	0.50	0.22	0.10	0.86	0.61	<0.25

（三）仿真模拟车厢承载率的选定

在进行人群疏散模拟的过程中，需要根据相关规定确定车厢最大乘载率。DB 11－995—2013中1.0.10要求：城市轨道车厢内有效空余地板面站立乘客标准宜按4.5—5人/平方米设计。如果考虑轨道交通实际客流的波动性、与预测客流的差异性，避免高峰时间列车上乘客过分拥挤，乘客的站席拥挤度按站立人数5人/平方米计算，6节B型车的定员人数为1260人。同时规定中说明，车站站厅、站台规模及出入口通道、楼梯、自动扶梯、售检票口（机）等设施的能力应按该站超高峰设计客流量确定。超高峰设计客流量为该站预测远期高峰小时客流量或客流控制期的高峰小时客流量乘以1.1—1.4的超高峰系数，换乘车站的超高峰系数宜取上限值。

根据以上规定，设定人群疏散模拟的地铁车厢承载率在0—140%之间，将0—140%分成8段进行疏散模拟，即分析乘载率分别为0%、20%、40%、60%、80%、100%、120%和140%时，地铁人群密度与疏散时间之间的关系。以北京常用的6节B型车地铁进行分析模拟，定员为1260人，对单方向地铁及站台候车人员进行模拟，可得地铁承载率与车厢人数的关系如表7所示。

表7　地铁乘载率和车厢人数的关系

地铁承载率	140%	120%	100%	80%	60%	40%	20%	0%
车厢人数(人)	1764	1512	1260	1008	756	504	252	0

① 梁富利．城市轨道交通换乘枢纽设备设施疏散能力研究［D］．北京：北京交通大学，2016.

五、人群疏散模拟实验结果的应用

（一）人群疏散模拟结果输出

根据表7中地铁承载率的设定，以全部疏散进入站厅作为成功疏散条件，进行人群疏散模拟仿真模拟，可得到不同乘载率情况下，疏散时间与站台人群密度之间的关系，如表8（N表示站台人数，ρ表示人群密度，ET表示所需疏散时间）所示。

表8　乘载率确定时，疏散时间与站台人群密度的关系

地铁承载率在140%时，疏散时间与站台人群密度的关系											
5min作为疏散时间节点			6min作为疏散时间节点			7min作为疏散时间节点			8min作为疏散时间节点		
N（人）	ρ（人/m^2）	ET（s）	N（人）	ρ（人/m^2）	ET（s）	N（人）	ρ（人/m^2）	ET（s）	N（人）	ρ（人/m^2）	ET（s）
1700	1.36	289.8	2600	2.08	356.5	3400	2.72	416.3	4000	3.20	456.3
1750	1.40	298.0	2650	2.12	358.0	3420	2.73	417.8	4100	3.28	471.0
1800	1.44	302.0	2700	2.16	362.0	3450	2.76	420.8	4200	3.36	474.3
1900	1.52	308.0	2800	2.24	369.0	3500	2.80	426.5	4300	3.44	486.3
2000	1.60	311.3	3000	2.40	386.0	4000	3.20	462.5	4500	3.60	498.3
地铁承载率在120%时，疏散时间与站台人群密度的关系											
5min作为疏散时间节点			6min作为疏散时间节点			7min作为疏散时间节点			8min作为疏散时间节点		
N（人）	ρ（人/m^2）	ET（s）	N（人）	ρ（人/m^2）	ET（s）	N（人）	ρ（人/m^2）	ET（s）	N（人）	ρ（人/m^2）	ET（s）
2000	1.60	295.3	2800	2.24	353.3	3500	2.80	403.3	4500	3.60	473.0
2050	1.64	297.0	2900	2.32	358.5	3600	2.88	410.3	4550	3.64	481.5
2060	1.65	297.8	2920	2.33	359.8	3650	2.92	414.3	4600	3.68	489.5
2070	1.66	300.8	2950	2.36	364.5	3700	2.96	422.5	4700	3.76	513.8
2100	1.68	301.0	3000	2.40	371.8	3800	3.04	425.3	5000	4.00	644.3

续表

地铁承载率在 100% 时,疏散时间与站台人群密度的关系											
5min 作为疏散时间节点			6min 作为疏散时间节点			7min 作为疏散时间节点			8min 作为疏散时间节点		
N（人）	ρ（人/m^2）	ET（s）	N（人）	ρ（人/m^2）	ET（s）	N（人）	ρ（人/m^2）	ET（s）	N（人）	ρ（人/m^2）	ET（s）
2000	1.60	278.0	3000	2.40	351.3	3800	3.04	406.0	4600	3.68	465.5
2300	1.84	293.8	3100	2.48	352.5	3900	3.12	416.0	4770	3.81	480.0
2350	1.88	299.0	3150	2.52	359.3	3920	3.13	416.3	4780	3.82	481.3
2400	1.92	302.5	3200	2.56	363.3	3950	3.16	423.5	4800	3.84	484.0
2500	2.00	309.5	3500	2.80	387.0	4000	3.20	552.3	5000	4.00	496.5
地铁承载率在 80% 时,疏散时间与站台人群密度的关系											
5min 作为疏散时间节点			6min 作为疏散时间节点			7min 作为疏散时间节点			8min 作为疏散时间节点		
N（人）	ρ（人/m^2）	ET（s）	N（人）	ρ（人/m^2）	ET（s）	N（人）	ρ（人/m^2）	ET（s）	N（人）	ρ（人/m^2）	ET（s）
2000	1.60	256.2	3000	2.40	330.3	4000	3.20	402.8	4900	3.92	472.8
2500	2.00	292.5	3300	2.64	350.3	4200	3.36	418.3	4950	3.96	472.8
2550	2.04	295.3	3400	2.72	357.8	4250	3.40	423.5	4970	3.97	468.8
2600	2.08	302.8	3450	2.76	365.8	4300	3.44	425.8	4990	3.99	473.0
2700	2.16	304.5	3500	2.80	364.8	4500	3.60	440.3	5000	4.00	480.3
地铁承载率在 60% 时,疏散时间与站台人群密度的关系											
5min 作为疏散时间节点			6min 作为疏散时间节点			7min 作为疏散时间节点			8min 作为疏散时间节点		
N（人）	ρ（人/m^2）	ET（s）	N（人）	ρ（人/m^2）	ET（s）	N（人）	ρ（人/m^2）	ET（s）	N（人）	ρ（人/m^2）	ET（s）
2200	1.76	250.0	3000	2.40	316.8	4000	3.20	346.0	5000	4.00	458.5
2600	2.08	284.0	3500	2.80	350.8	4400	3.52	414.3	5200	4.16	471.8
2800	2.24	297.8	3600	2.88	357.5	4450	3.56	417.3	5250	4.20	477.8
2900	2.32	305.8	3700	2.96	364.5	4500	3.60	426.0	5300	4.24	490.8
3000	2.40	311.3	3800	3.04	372.0	5000	4.00	461.0	5500	4.40	637.3

续表

地铁承载率在40%时，疏散时间与站台人群密度的关系											
5min作为疏散时间节点			6min作为疏散时间节点			7min作为疏散时间节点			8min作为疏散时间节点		
N（人）	ρ（人/m²）	ET（s）	N（人）	ρ（人/m²）	ET（s）	N（人）	ρ（人/m²）	ET（s）	N（人）	ρ（人/m²）	ET（s）
2500	2.00	255.5	3500	2.80	329.8	4000	3.20	364.0	5000	4.00	422.8
3000	2.40	293.3	3800	3.04	359.8	4500	3.60	403.3	5500	4.40	478.0
3100	2.48	298.3	3920	3.13	362.3	4600	3.68	413.3	5550	4.44	484.3
3200	2.56	307.3	3950	3.16	367.5	4700	3.76	441.3	5600	4.48	487.5
3300	2.64	315.3	4000	3.20	471.5	5000	4.00	554.8	5700	4.56	638.5
地铁承载率在20%时，疏散时间与站台人群密度的关系											
5min作为疏散时间节点			6min作为疏散时间节点			7min作为疏散时间节点			8min作为疏散时间节点		
N（人）	ρ（人/m²）	ET（s）	N（人）	ρ（人/m²）	ET（s）	N（人）	ρ（人/m²）	ET（s）	N（人）	ρ（人/m²）	ET（s）
3300	2.64	296.0	3000	2.40	276.3	4000	3.20	351.8	5000	4.00	423.5
3330	2.66	299.3	4000	3.20	349.5	4500	3.60	388.3	5500	4.40	460.3
3350	2.68	301.8	4100	3.28	357.3	4800	3.84	412.8	5700	4.56	475.0
3400	2.72	307.0	4300	3.44	370.5	4900	3.92	417.5	5800	4.64	485.8
3500	2.80	309.8	4500	3.60	387.5	5000	4.00	426.8	6000	4.80	494.5
地铁承载率在0%时，疏散时间与站台人群密度的关系											
5min作为疏散时间节点			6min作为疏散时间节点			7min作为疏散时间节点			8min作为疏散时间节点		
N（人）	ρ（人/m²）	ET（s）	N（人）	ρ（人/m²）	ET（s）	N（人）	ρ（人/m²）	ET（s）	N（人）	ρ（人/m²）	ET（s）
2500	2.00	217.8	4300	3.44	357.3	4900	3.92	394.5	5800	4.64	475.8
3500	2.80	289.5	4400	3.52	367.8	5000	4.00	401.5	5900	4.72	485.8
3600	2.88	302.3	4500	3.60	374.0	5100	4.08	414.8	6000	4.80	487.8
3700	2.96	311.5	4700	3.76	386.3	5200	4.16	422.2	6100	4.88	511.5
4000	3.20	334.5	4800	3.84	416.8	5300	4.24	477.5	6200	4.96	532.5

注：N为人员数量；ρ为人员密度，单位：人/m²；ET为疏散所需时间

（二）设定地铁疏散风险等级

根据表8中给出的数据，将最接近所选疏散时间节点的人员密度与成功疏散时间采用线性插值算法，获取不同疏散时间节点所对应的站台人群密度数值，利用表2中设定的不同疏散时间与风险等级的对应关系，可得进一步获取地铁风险等级与站台人群密度之间的关系，并制出地铁疏散风险分级表，如表9所示（ρ表示站台人群密度，t表示疏散时间），该表可以非常直观地检测地铁站台的人群密度是否达到一定的风险等级，以便采取相应的手段（如限行）控制站台人群密度。

表9 地铁疏散风险分级表

地铁车厢承载率为140%			地铁车厢承载率为120%		
ρ(人/m²)	t(min)	风险等级	ρ(人/m²)	t(min)	风险等级
1.42—2.14	5—6	Ⅳ级	1.65—2.35	5—6	Ⅳ级
2.14—2.75	6—7	Ⅲ级	2.35—2.94	6—7	Ⅲ级
2.75—3.40	7—8	Ⅱ级	2.94—3.62	7—8	Ⅱ级
>3.40	>8	Ⅰ级	>3.62	>8	Ⅰ级
地铁车厢承载率为100%			**地铁车厢承载率为80%**		
ρ(人/m²)	t(min)	风险等级	ρ(人/m²)	t(min)	风险等级
1.90—2.54	5—6	Ⅳ级	2.06—2.74	5—6	Ⅳ级
2.54—3.15	6—7	Ⅲ级	2.74—3.38	6—7	Ⅲ级
3.15—3.81	7—8	Ⅱ级	3.38—3.99	7—8	Ⅱ级
>3.81	>8	Ⅰ级	>3.99	>8	Ⅰ级
地铁车厢承载率为60%			**地铁车厢承载率为40%**		
ρ(人/m²)	t(min)	风险等级	ρ(人/m²)	t(min)	风险等级
2.28—2.92	5—6	Ⅳ级	2.52—3.09	5—6	Ⅳ级
2.92—3.58	6—7	Ⅲ级	3.09—3.72	6—7	Ⅲ级
3.58—4.22	7—8	Ⅱ级	3.72—4.42	7—8	Ⅱ级
>4.22	>8	Ⅰ级	>4.42	>8	Ⅰ级

续表

地铁车厢承载率为 20%			地铁车厢承载率为 0%		
ρ(人/m²)	t(min)	风险等级	ρ(人/m²)	t(min)	风险等级
2.67—3.36	5—6	Ⅳ级	2.84—3.48	5—6	Ⅳ级
3.36—3.96	6—7	Ⅲ级	3.48—4.12	6—7	Ⅲ级
3.96—4.60	7—8	Ⅱ级	4.12—4.68	7—8	Ⅱ级
>4.60	>8	Ⅰ级	>4.68	>8	Ⅰ级

（三）在同一风险等级下，对于地铁承载率和站台人群密度的定量探究

统计实地调查，现实情况中北京地铁车厢的乘载率最高可达 200%，进而添加乘载率为 200%、180%、160% 时的 Pathfinder 仿真模拟实验数据，获得在乘载率在 160%、180%、200% 时的风险等级如表 10 所示。

表 10　地铁乘载率在 160%—200% 时风险等级

地铁车厢承载率为 160%			地铁车厢承载率为 180%			地铁车厢承载率为 200%		
ρ(人/m²)	t(min)	风险等级	ρ(人/m²)	t(min)	风险等级	ρ(人/m²)	t(min)	风险等级
1.16—1.92	5—6	Ⅳ级	1.16—1.92	5—6	Ⅳ级	1.16—1.92	5—6	Ⅳ级
1.92—2.53	6—7	Ⅲ级	1.92—2.53	6—7	Ⅲ级	1.92—2.53	6—7	Ⅲ级
2.53—3.16	7—8	Ⅱ级	2.53—3.16	7—8	Ⅱ级	2.53—3.16	7—8	Ⅱ级
>3.16	>8	Ⅰ级	>3.16	>8	Ⅰ级	>3.16	>8	Ⅰ级

结合表9、表10 中得出的相关数值，可将不同危险等级下地铁承载率与站台人群密度之间的关系以散点图形式体现，对散点图采用二次多项式进行回归分析，结合表 2 可得具体结果如图 3 及表 11 所示，其方程的确定性系数均大于 0.99。

依据图 3 及表 11 中可看出，在不同风险等级下，地铁承载率和站台人群密度之间的关系均符合多项式函数关系，因此，在已知地铁乘载率的情况下，可以通过获取不同风险等级下的站台最大人群密度。一旦超过该人群密度，相关部门可以采取相关措施对于地铁乘客进行管控和限行，这对于提前预

警，预防、避免伤亡事故发生，以及紧急情况时的疏散都具有非常重要的意义。

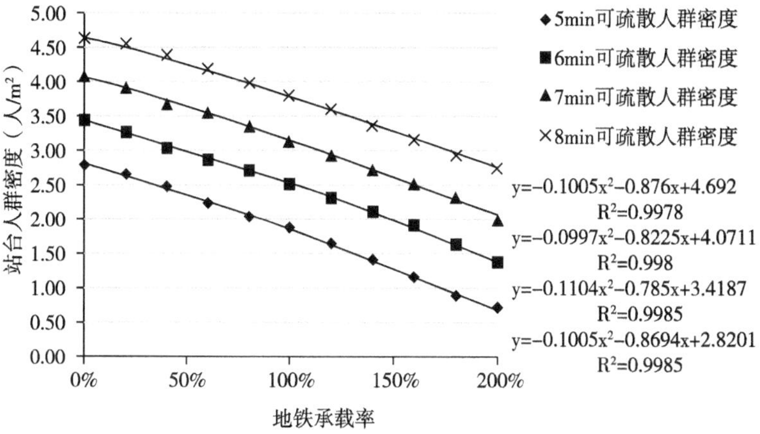

图3　地铁承载率、人群密度及对应的风险等级

表11　不同危险等级下，地铁承载率与人群密度之间的关系（$0\% \leq x \leq 200\%$）

地铁承载率(x)与地铁人群密度(y)之间的数量关系	危险等级
$[0.1186x^2-0.8551x+2.8484, -0.102x^2-0.8351x+3.4815)$	Ⅳ级
$[-0.102x^2-0.8351x+3.4815, -0.1078x^2-0.8353x+4.1117)$	Ⅲ级
$[-0.1078x^2-0.8353x+4.1117, -0.0994x^2-0.8136x+4.729)$	Ⅱ级
$[-0.0994x^2-0.8136x+4.729, \infty)$	Ⅰ级

六、结论

以地铁设计标准中的规定为基础，以6节B型车为研究对象，结合Pathfinder人群疏散仿真模拟，对地铁疏散风险进行量化分级，主要结果如下：

（1）以人群疏散时间为衡量基准，将地铁紧急疏散风险分为四级，并提出四级量化标准；

（2）提出从地铁车厢承载率及地铁站台人群密度两个方面考虑地铁疏散风险，并采用二次多项式拟合出地铁承载率与站台人群密度之间的数值表达式（拟合度均高于0.99）。

（3）通过对地铁承载率与站台人员密度的测算，可迅速对地铁风险级别进行评估并预警，进而采取管控措施，如控制进站乘客、加强地铁内人员疏导及管控等，最大限度降低事故发生概率，保护人员生命安全。

参考文献：

[1] 陈晓林．地铁火灾事故的疏散逃生［J］．城市轨道交通研究，2012（12）：21－23，44.

[2] 卢国建．高层建筑及大型地下空间火灾防控技术［M］．北京：国防工业出版社，2014：303－307.

[3] 木村清．公共场所的事故预防：2001中日产业安全研讨会论文集［C］．2001：26－30.

[4] 任常兴，吴宗之，刘茂．城市公共场所人群拥挤踩踏事故分析［J］．中国安全科学学报，2005（12）：102－106，137.

[5] 何健飞，刘晓．基于拥挤度的地铁应急疏散路径优化方法［J］．中国安全科学学报，2013，23（2）：166.

[6] 连海涛，胡一可，杨旌．地铁高峰段拥挤人流安全疏散路径规划仿真［J］．计算机仿真，2018，35（4）：94－97.

[7] 杜棋东，陈柔香，许爱军．基于蚁群元胞自动机的地铁行人疏散模型［J］．计算机时代，2018（2）：18－21.

[8] Li Z，TANG M，LIANG D，et al. Numerical simulation of evacuation in a subway station［J］．Procedia Engineering，2016（135）：616－621.

[9] LI Y，WANG H，WANG C，et al. Personnel evacuation research of subway transfer station based on fire environment［J］．Procedia Engineering，2017（205）：431－437.

[10] 城市轨道交通工程设计规范：DB 11－995—2013［S］．2013.

[11] 地铁安全疏散规范：GB/T 33668—2017［S］．2017.

[12] 国家建筑标准设计图集：电梯 自动扶梯 自动人行道：13J40［S］．2013.

[13] 地铁设计规范：GB 50157—2013［S］．2013.

[14] 廖可兵，撒占友，程卫民，等．安全人机工程［M］．江苏：中国矿业大学出版社，2012.

[15] HAROLD N，MOWRER F. Emergency movement. the SFPE Handbook of

Fire Protection Engineering [M]. 3rd ed. Bethesda: society of Fire Protection Eingeers, 2002.

[16] 党会森，赵宇宁. 基于 Pathfinder 的人员疏散仿真 [J]. 中国公共安全（学术版），2011 (4): 46-49.

[17] 梁富利. 城市轨道交通换乘枢纽设备设施疏散能力研究 [D]. 北京：北京交通大学，2016.

北京市海淀区粉尘重金属元素含量及影响研究①

——以中国劳动关系学院综合楼为例

指导老师：窦培谦　项目主持人：梁梵洁

项目参加人：殷燕山　朴忠仪　严派好　刘志刚

摘　要： 当前，粉尘重金属元素对空气质量及人体健康有着较大的影响，因此以校园为采样点对其进行含量及影响研究。首先，分别对秋季校园大气中可吸入颗粒（PM10）和总粉尘进行连续10天采样，应用电热板消解法进行消解。然后，使用电感耦合等离子体发射光谱仪（ICP－OES）检测分析PM10和总粉尘中Cu、Pb、Cd、Zn、Cr、Hg、Ba七种重金属元素的含量及浓度占比。最后，通过对比分析得出大气环境中重金属污染物以Zn、Ba为主，其中Cd、Zn、Ba浓度严重超标，因此北京市海淀区空气质量较差，且Cd、Hg粒径分布情况使其易进入人体，对人体健康尤为不利。

关键词： 重金属元素　ICP－OES　PM10　电热板消解

引言

研究背景

近年来，粉尘重金属逐渐成了人们研究的重点。粉尘重金属对人体的健康有着极大的影响，而目前我国尚未制定大气降尘的环境质量标准，虽然已经分别对粉尘和重金属进行了相关较为深入的研究，但是关于粉尘中重金属的研究却较少，对于空气情况的相关评价指数也是各种各样，很少将粉尘重金属列入评价指数。经国内外对比可发现，我国大气沉降中重金属的平均含量普遍高于国外大气

① 本文为2018年中国劳动关系学院本科生科研项目二等奖，北京市大学生科学研究与创业行动计划项目，项目名称“北京市海淀区粉尘重金属含量及空间分布特征的研究”。

沉降重金属平均含量。这可能与我国目前的经济发展水平、工业发展结构和土壤重金属本地值有关。随着经济水平的逐步提高，社会对于健康愈加重视，可以预见粉尘重金属必将成为热点研究目标。

一、国内外研究现状

（一）理论依据

根据《工作场所空气中有害物质监测的采样规范》（GBZ 159—2004），制定本实验检测程序，具体如图 1 所示。

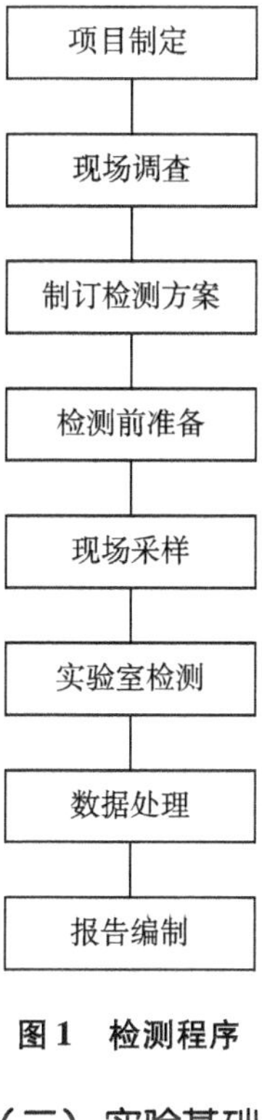

图 1　检测程序

（二）实验基础

运用《职业卫生检测》与《职业卫生评价》所学知识，采用实验室现有仪器，主要包括 PM10 的采样仪器 TSP 和总粉尘的采样仪器 FC－3 及检测仪器 ICP－OES等。

（三）研究方法

当前测定滤膜样品中重金属元素含量的主要方法有电感耦合等离子体质谱（ICP－MS）法①和发射光谱（ICP－AES）法②、离子色谱法③、原子吸收光谱（AAS）法④。

总的来说，当前粉尘中重金属研究引起社会和学界的广泛重视，学界各种视角的研究成果较为丰富多彩，但校园区域的重金属元素研究仍较为空白，很少有人能将可吸入颗粒（PM10）与总粉尘中的重金属元素浓度进行对比，以探讨其对人体的危害程度，而这正是本项目将要努力尝试的研究方向和着眼点、切入点。

二、粉尘重金属元素实验

粉尘分为呼吸性粉尘和总粉尘，通过实验法对 PM10 与总粉尘进行调查研究。

（一）粉尘重金属采样

通过查阅文献资料，发现大气沉降中粉尘重金属主要包括 Cu、Pb、Cd、Zn、Cr、Hg、Ba 七种重金属元素。这些目前已研究出的粉尘重金属对人体健康造成极大危害。因此，本实验主要对以上七种重金属元素进行采样与检测。

1. 检测条件

①满足环境标准方法《空气和废气 颗粒物中金属元素的测定 电感耦合等离子体发射光谱法》（HJ 777—2015）对现场检测的要求。

②采样现场及实验室环境条件满足采样、检测要求。

③现场采样仪器、检测仪器及仪器的检定校准情况、精确度满足检测要求。

④无组织排放大气颗粒物样品的采集，按照 HJ/T 55 中有关要求设置监测点位，其他要求与环境空气样品采集要求相同。

---

① 李香云，练鸿振，陈逸珺，等．ICP－MS 法测定大鼠血清和果蔬菜发酵液中的微量元素［J］．光谱学与光谱分析，2008，28（9）：2181－2186.

② 唐姣荣，陆建平，童张法．ICP－AES 测定南宁市大气颗粒物中重金属含量［J］．环境科学与技术，2010（5）：126－128.

③ 刘肖，离子色谱法测定铬［J］．环境化学，2005，24（6）：741－743.

④ 陈中兰．MBM 新型螯合纤维素富集原子吸收测定痕量铅、镉、铜和镍［J］．光谱学与光谱分析，1998，19（5）：601－605.

2. 采样地点及时间

（1）采样地点

采样地点选择在中国劳动关系学院实验楼三楼阳台，该地点具有典型的代表性，附近既有较大人流，又临近周边交通。

（2）采样时间

采样时间、流量等采样状况如表1所示。

表1　粉尘采样状况

粉尘类型	采样时间	采样流量	采样次数
总粉尘	90min	5L/min	1次/天
可吸入颗粒(PM10)	300min	100L/min	1次/天

（3）采样气象条件及结果

本次采样是在中国劳动关系学院的正常状况及相应环境标准规定（标准体积）的条件下执行，经过10天的仪器采样，可得粉尘采样结果，具体如表2所示。

表2　粉尘采样气象条件及结果

采样时间	气温(℃)	气压(kPa)	空气质量PM10	天气情况	样品编号	采样体积(L)
9.12	29.5	101.1	84	多云	z－01	450
					h－01	33 294
9.13	22	101.0	85	晴	z－02	450
					h－02	33 692
9.14	22	101.6	112	多云	z－03	450
					h－03	28 132
9.15	25.5	101.5	15	多云	z－04	450
					h－04	30 459
9.16	19	102.3	21	多云	z－05	450
					h－05	29 141
9.17	25.5	101.6	43	多云	z－06	450
					h－06	30 000

续表

采样时间	气温(℃)	气压(kPa)	空气质量 PM10	天气情况	样品编号	采样体积(L)
9.18	21	101.3	52	晴	z-07	450
					h-07	30 431
9.19	16	101.2	56	多云	z-08	450
					h-08	30 145
9.20	24	100.8	57	多云	z-09	450
					h-09	31 000
9.21	20	100.6	33	晴	z-10	450
					h-10	27 304

注：z 为总粉尘编号，h 为 PM10 编号

3. 采样设备及方法

本实验采用的采样设备及方法具体如表 3 所示。

表 3　采样设备及方法

检测项目	采样方法	采样设备	分析方法
总粉尘	测尘滤膜富集法	FC-3 型粉尘采样器	称重法
可吸入颗粒(PM10)	测尘滤膜富集法	智能 TSP 采样器	称重法
温度	直读	直读	无
气压	直读	直读	无

4. 检测仪器参数及原理

（1）检测仪器参数

本实验采用的检测方法为电感耦合等离子体发射光谱法，检测仪器为电感耦合等离子体发射光谱仪（ICP-OES），检测时 ICP-OES 的仪器参数如表 4 所示。

表 4　ICP-OES 测量参考分析条件

高频功率(kW)	等离子气流量(L/min)	辅助气流量(L/min)	载气流量(L/min)	进样量(m/min)	观测距离(mm)
1.4	15.0	0.22	0.55	1.0	15

（2）检测原理

将采集到滤纸的空气和废气颗粒物样品经电热板消解后，进入等离子体发射光谱仪的雾化器中被雾化，由氩载气带入等离子体火炬中，目标元素在等离子体火炬中被气化、电离、激发并辐射出特征谱线。由于在一定浓度范围内，其特征谱线强度与元素浓度成正比，因此可以测定出各重金属元素的含量，具体如图 2 所示。

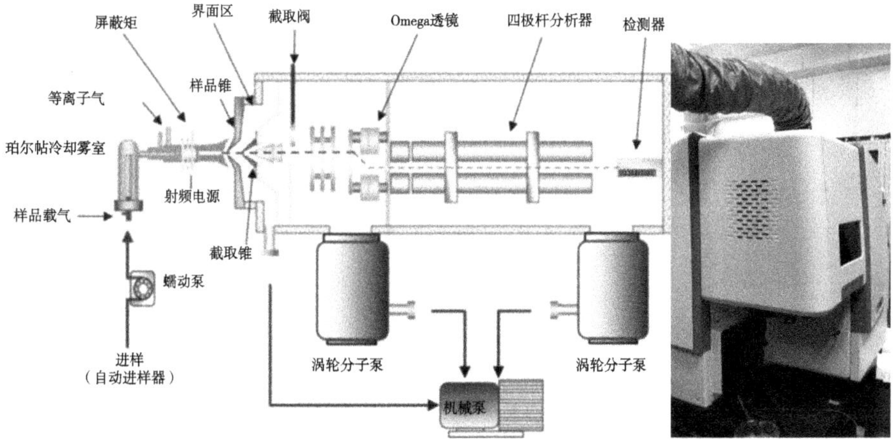

（a）　　　　　　　　　　　　（b）

图 2　检测仪器及原理图

（二）滤膜电热板消解

取适量滤膜样品，用剪刀剪成小块置于烧杯中，加入 20 毫升硝酸 - 盐酸混合消解液，使滤膜碎片浸没其中，盖上表面皿，在 100 ± 5°C 加热回流 2 小时，冷却；以水淋洗烧杯内壁，加入约 10 毫升水，静置 0.5 小时进行浸提；将浸提液过滤到 100 毫升容量瓶中，用水定容至 100 毫升刻度，待测①。

（三）波长选择

点燃等离子体后，分析比较每条谱线的强度、谱图及干扰情况，在此基础上按标准 HJ 777—2015 选择各金属元素的最佳分析谱线；将混合金属标准溶液依次导入发射光谱仪进行测量，建立校准曲线；分析样品前，用系统洗涤溶液冲洗系统直到空白强度值降至最低，待分析信号稳定后开始分析样品。

① 空气和废气 颗粒物中金属元素的测定 电感耦合等离子体发射光谱法：HJ 777—2015［S］．2015.

（四）测量与分析

1. 结果计算

颗粒物中金属元素的浓度按下列公式计算：

$$\rho = (c - c_0) \times V_s \times \frac{n}{V_{std}}$$

式中：ρ——颗粒物中金属元素的浓度，μg/m³；

C——试样中金属元素浓度，μg/ml；

C_o——空白试样中金属元素浓度，μg/ml。

V_s——试样或试样消解后定容体积，ml；

n——滤膜切割的份数（即采样滤膜面积与消解时截取的面积之比，对于滤筒 n = 1）；

V_{sast}——标准状态下（273K，101.325 Pa）采样体积（m³）。

2. 结果表示

ICP - OES 检测结果具体如表 5、表 6 所示。

表 5　总尘 ICP - OES 检测结果

样品编号	Cu(μg/m³)	Pb(μg/m³)	Cd(μg/m³)	Zn(μg/m³)	Cr(μg/m³)	Hg(μg/m³)	Ba(μg/m³)
z - 01	5.00	1.39	0.10	224.41	0.41	3.53	200.89
z - 02	7.63	22.13	0.46	318.45	0.15	1.17	204.96
z - 03	6.09	7.94	0.15	181.31	0.39	0.92	143.41
z - 04	8.18	0.20	0.09	266.70	1.47	1.44	220.74
z - 05	3.60	0.27	0.13	372.85	1.08	1.46	86.21
z - 06	3.89	1.37	0.06	216.64	0.95	1.24	173.84
z - 07	11.96	11.49	0.05	187.81	1.38	0.68	303.34
z - 08	1.62	1.79	0.06	661.94	0.13	4.53	137.42
z - 09	17.29	0.81	0.10	204.78	0.13	0.50	75.27
z - 10	7.03	4.09	0.07	221.55	0.50	2.27	106.30
平均	7.23	5.15	0.13	285.64	0.66	1.77	165.24
平均占比	1.55%	1.11%	0.03%	61.32%	0.14%	0.38%	35.47%

表6　PM10 ICP－OES检测结果

样品编号	Cu(μg/m³)	Pb(μg/m³)	Cd(μg/m³)	Zn(μg/m³)	Cr(μg/m³)	Hg(μg/m³)	Ba(μg/m³)
h－01	0.35	0.37	0.08	3.28	0.09	0.07	17.65
h－02	0.75	0.05	0.32	64.53	0.02	0.04	28.03
h－03	0.24	0.35	0.08	86.02	0.06	0.03	0.40
h－04	0.43	0.01	0.04	12.12	0.02	0.04	24.21
h－05	0.83	0.05	0.09	10.25	0.38	0.08	9.03
h－06	0.38	0.49	0.05	33.19	0.01	0.00	8.63
h－07	0.93	2.14	0.04	24.83	0.03	0.04	26.64
h－08	0.04	0.13	0.05	4.08	0.03	0.15	3.45
h－09	1.34	0.52	0.06	27.07	0.03	0.03	1.10
h－10	0.04	0.20	0.06	29.60	0.05	0.04	27.56
平均	0.53	0.43	0.09	29.50	0.07	0.05	14.67
平均占比	1.17%	0.95%	0.20%	65.06%	0.15%	0.11%	32.36%

由表5、表6所得数据，绘制总尘与呼尘的平均浓度对比图，具体如图3所示。

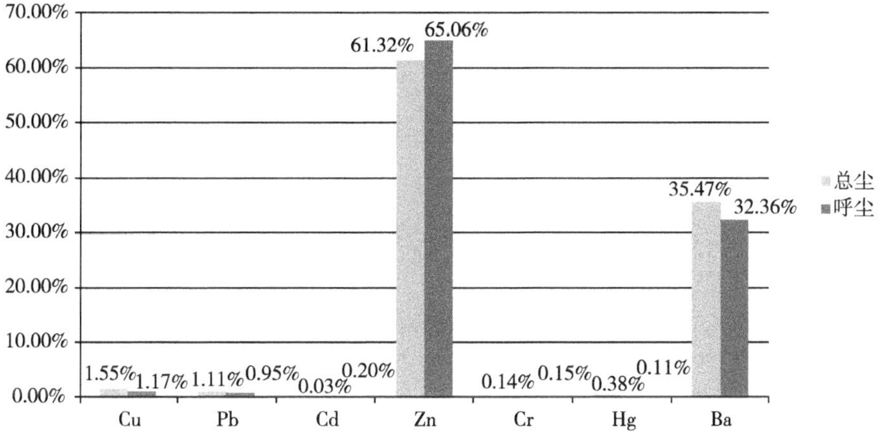

图3　总尘与呼尘的平均浓度对比图

由图3可知，北京市海淀区粉尘总尘中重金属主要成分为Zn、Ba，其中又以Zn为主，其浓度占总重金属浓度的61.32%，达到了285.64μg/m³。呼尘中重金属主要成分与总尘一致，依次为 Zn、Ba，其中 Zn 浓度占总重金属浓度的 65.06%，达到了 29.50μg/m³。

3. 结果分析

（1）重金属元素对空气质量的影响分析

根据《环境空气质量标准》（GB 3095—2012）① 对表 5、6 中的数据分析可得如下结果：

①Cd 的浓度严重超标，在总尘中浓度达 0.13μg/m³，在呼尘中浓度达 0.09μg/m³，远超限值的 0.005μg/m³。

②Hg 的浓度超标，在总尘中浓度达 1.77μg/ m³，在呼尘中浓度达 0.05μg/ m³，限值为 0.05μg/ m³。

③Pb 的浓度超标，在总尘中浓度达 5.15μg/ m³，在呼尘中浓度达 0.43μg/ m³，限值为 0.5μg/ m³。

④Cr 浓度轻度超标，在总尘中浓度达 0.66μg/ m³，在呼尘中浓度达 0.07μg/ m³，限值为 0.05μg/ m³。

⑤Cu 浓度超标，在总尘中浓度达 7.23μg/ m³，在呼尘中浓度达 0.53μg/ m³，限值为 0.253μg/ m³。

⑥Zn 浓度严重超标，在总尘中浓度达 285.64μg/ m³，在呼尘中浓度达 29.5μg/ m³，限值为 0.232μg/ m³。

⑦Ba 浓度严重超标，在总尘中浓度达 165.24μg/ m³，在呼尘中浓度达 14.67μg/ m³，限值为 2.13μg/ m³。

由以上数据可知，北京市海淀区空气质量较差。

（2）重金属元素对人体健康的影响分析

根据表 5、表 6 中数据可以得到的重金属浓度分布，结果如表 7 所示。

表 7　重金属浓度分布

样品编号	Cu(%)	Pb(%)	Cd(%)	Zn(%)	Cr(%)	Hg(%)	Ba(%)
01	7.07%	26.61%	87.14%	1.46%	22.18%	2.00%	8.78%
02	9.79%	0.21%	70.29%	20.26%	15.09%	3.33%	13.68%

① 环境空气质量标准：GB 3095—2012 [S]. 2012.

续表

样品编号	Cu(%)	Pb(%)	Cd(%)	Zn(%)	Cr(%)	Hg(%)	Ba(%)
03	3.92%	4.41%	57.18%	47.44%	15.09%	2.86%	0.28%
04	5.29%	5.65%	43.62%	4.54%	1.61%	2.58%	10.97%
05	23.00%	18.59%	70.29%	2.75%	35.63%	5.60%	10.47%
06	9.68%	35.76%	77.47%	15.32%	1.00%	0.33%	4.97%
07	7.73%	18.59%	77.91%	13.22%	2.29%	5.74%	8.78%
08	2.62%	7.02%	75.14%	0.62%	22.39%	3.33%	2.51%
09	7.73%	64.21%	56.87%	13.22%	24.76%	5.88%	1.47%
10	0.50%	4.87%	86.99%	13.36%	10.83%	1.63%	25.93%
平均	7.73%	18.59%	70.29%	13.22%	15.09%	3.33%	8.78%

由表7的数据分析可得如下结果：

①北京市海淀区粉尘中Cd的粒径分布主要为7.07μm以下，其呼尘与总尘的浓度比为70.29%。数据表明北京大气中严重超标的Cd进入人体的主要渠道是呼吸道。Cd不易被肠道吸收，却经呼吸被体内吸收，所以大气中Cd的粒径分布对人体的危害表现突出；

②Hg的粒径分布主要为7.07μm以上，其呼尘与总尘的浓度比仅为3.33%。数据表明北京大气中Hg接触人体的主要渠道是皮肤接触。汞很容易被皮肤吸收，所以大气中Hg的粒径分布对人体的危害表现突出。

三、结论

通过对秋季校园大气中可吸入颗粒（PM10）和总粉尘进行连续10天采样，得到以下结论：

①经实验测得北京市海淀区大气中七种重金属元素Cu、Pb、Cd、Zn、Cr、Hg、Ba的浓度，其中Zn的浓度最高，Ba次之，因此大气环境中重金属污染物以Zn、Ba为主；

②Cd、Zn、Ba浓度严重超标，Cu、Pb、Cr、Hg浓度超标，因此北京市海淀区空气质量较差；Cd、Hg粒径分布情况使其易进入人体，对人体健康尤为不利。

四、不足与展望

在实验过程中，采样点的选取不够充分，仅以中国劳动关系学院综合楼为采样点来验证粉尘重金属含量及影响，仍需进一步完善。同时，本文在得出大气中重金属粒径分布的基础上，可做进一步的研究。如对大气污染源进行小规模采样之后，通过对比大气中重金属的粒径分布与各污染源粒径分布的一致性，初步推断大气中重金属的主要污染来源，可为大气治理提供一定的研究基础。

参考文献：

[1] 李香云，练鸿振，陈逸珺，等. ICP－MS 法测定大鼠血清和果蔬菜发酵液中的微量元素［J］. 光谱学与光谱分析，2008，28（9）：2181－2186.

[2] 唐姣荣，陆建平，童张法. ICP－AES 测定南宁市大气颗粒物中重金属含量［J］. 环境科学与技术，2010（5）：126－128.

[3] 刘肖. 离子色谱法测定铬［J］. 环境化学，2005，24（6）：741－743.

[4] 陈中兰. MBM 新型螯合纤维素富集原子吸收测定痕量铅、镉、铜和镍［J］. 光谱学与光谱分析，1998，19（5）：601－605.

[5] 空气和废气 颗粒物中金属元素的测定 电感耦合等离子体发射光谱法：HJ 777—2015［S］. 2015.

[6] 环境空气质量标准：GB 3095—2012［S］. 2012.

社会工作在青少年亲子沟通中的应用研究[①]

指导老师：刘曦　项目主持人：詹成琮

项目参加人：赵仁珺　陶安琪　段康

摘　要：青少年亲子沟通问题是青少年领域中的热点问题。目前青少年亲子沟通的研究主要集中在心理学、教育学等领域，社会工作对其研究还有不足，尤其是对社会工作的实务性研究。本文正是基于这一情况，通过研究青少年亲子沟通个案和小组模式，来推动青少年亲子沟通的发展。本文在以小组社会工作方法为主，个案社会工作方法为辅的社会工作介入结果分析的基础上，剖析社会工作介入在亲子沟通中对青少年亲子沟通的作用，为青少年亲子沟通提供较为具体有效的亲子沟通方式。实践证明，小组和个案工作的介入开展能够很好地改善亲子关系沟通中心理问题、沟通方式等。最后结合社会工作本身及与其他系统的合作的角度提出了社会工作介入亲子沟通关系过程中的几点建议。

关键词：青少年　亲子沟通　小组工作

一、绪论

（一）研究背景

家庭是一个人社会化的最重要的场所之一。青少年（12—18 岁）这一时期，根据埃里克森人格发展八阶段理论来看，面临着自我同一性和角色混乱的冲突。这一阶段不是具有同一性，而是在寻找同一性的过程。青少年处在生理和心理都不断成长阶段，这时他们的自我意识增强，认知过程也有了巨大的变化和发展。在我国，人们常常用“青春期的孩子”来形容这个年龄段的孩子，就是因为这

① 本文为2018 年中国劳动关系学院本科生科研项目三等奖，中央高校基本科研业务费专项基金——优秀本科学生创新项目，项目名称“社会工作在青少年亲子沟通中的应用研究”。

一阶段的大多数孩子会出现情绪不稳定等现象。而父母由于工作繁忙、年龄差距等原因与孩子的交流互动会相对较少。

笔者在实习过程中发现部分学生有沟通改善方面的强烈需求。基于此，笔者采用小组工作和个案工作介入的方法进行实务探索，旨在提高亲子双方对沟通的重视和帮助其学习沟通的方法与技巧，对社会工作者的介入亲子沟通进行研究并提出建议。

（二）研究意义

目前青少年亲子沟通的研究主要集中在心理学、教育学等领域，社会工作对其研究还有欠缺，尤其是对社会工作的实务性研究。本研究采用社会工作的理念和方法，以小组工作和个案工作的形式介入青少年亲子沟通，以期为今后的研究者提供参考。社会工作介入能够有效从实际上提升服务对象的亲子沟通能力，构建和谐的家庭环境，促进青少年的健康成长。

（三）文献综述

青少年时期是人社会化的关键阶段，而亲子关系一直伴随青少年一路成长且发挥着重要的作用。随着青春期的来临，亲子关系的亲密度会下降，父母双方在同一事物的认知、判断和评价中会产生不一致，亲子关系存在冲突是必然的。亲子关系的冲突若处理不当，则会对青少年的认知发展、情绪管理、人际关系、社会规范产生消极影响。

目前，社会工作对亲子沟通的研究还较少，社会工作蕴含着的利他主义和助人自助理念，是完全可以在化解亲子沟通问题中发挥重要作用。小组工作的方法能够使服务对象获得支持网络来增强自己解决问题的能力；个案工作的实务方法能将亲子关系中的问题具体化，从而弥补小组工作的不足。

1. 青少年时期出现亲子冲突具有必然性

有数据统计分析，80%以上的青少年家庭至少存在一种不良的亲子关系。弗洛伊德从生物学角度用其“性欲发展理论”把儿童时期分为5个阶段，指出了青春期出现情绪冲动多变的特点其实就是其“生殖期”力比多的剧增所导致，从而会影响与父母的关系，产生亲子冲突。埃里克森用其“人格发展八阶段理论”指出儿童成长的每个阶段都有重要任务，亲子关系出现问题的主要原因就是阶段的没有完成或者完成受到阻碍。可以说我们每个人在青少年发展阶段中都会存在亲子关系问题。就前人研究来看，青少年亲子关系类型以理解信任型居多，专制服从类型仍占较高的比例[①]。王恕成分析青少年亲子关系的现状，得到了10个不同维度上的不良亲子关系比例，即消极拒绝型、积极拒绝型、严格型、期待型、干涉型、不安型、溺爱型、盲从型、矛盾型、不一致型[②]。

2. 亲子沟通关系的影响因素研究

（1）青少年个人对亲子沟通的影响

在青少年的个人因素影响方面，前人大多是从心理层面展开研究的。吴念阳等研究者通过分析评定青少年的亲子关系与心理健康状况，得出亲子关系与心理健康状况存在显著的高相关，而且不同类型的不良亲子关系与青少年不同的心理健康问题有关[③]。

首先是青少年心理表现出封闭性。大多数青少年在这一阶段都会出现心理封闭性，这类心理的特征较为隐秘，父母很难察觉到。加之朋辈群体关系的逐渐亲密，青少年对亲子关系的重的沟通技巧，比如支持性技巧、反应性技巧、引领性技巧、影响性技巧视程度下降。

其次是青少年心理开始具有独立性。皮亚杰的认知发展理论指出，青少年在认知上进入成人思考阶段。他们不再盲目服从权威，能较高地评价自己的观点和能力，而且也开始认识到道德规范的相对性。他们对独立自主有较高的要求，希望亲子间的关系是平等的。

最后，青少年心理发展还未完全成熟。这种不成熟的行为表现在对父母缺乏理解和宽容，不懂得换位思考，尤其当发现父母不能满足他们的要求或不理解他们的感受时，会出现愤怒情绪和极端的心理。

（2）亲子沟通受家庭的影响

家庭作为一个初级社会，是青少年获取关爱、体验亲密、融入社会的基础工程，其影响作用是十分重要和深刻的。萨提亚家庭治疗法认为，家庭成员之间的互动大部分是通过沟通的方式来进行。良好的沟通方式有利于维护家庭关系，但是由于青少年和父辈之间存在年龄、生活阅历差距，两辈之间存在代沟，从符号

① 方晓义，林丹华，孙莉，等．亲子沟通类型与青少年社会适应的关系［J］．心理发展与教育，2004（1）：18－22.

② 王恕成．初中生亲子关系特点及其发展趋势的调查报告［J］．宁波教育学院学报，2007（1）：66－69.

③ 吴念阳，张东昀．青少年亲子关系与心理健康的相关研究［J］．心理科学，2004（4）：812－816.

互动论来解释，青少年有自己群体的一套语言体系，而父母游离于这套体系之外，造成父母与孩子之间的沟通障碍。

3. 社会工作介入青少年亲子沟通的现状

学者李鑫提出可以从社会工作的角度对亲子关系进行干预，个人和家庭是影响青少年亲子关系的主要因素，家庭社会工作和个案社会工作可以对此进行介入①。在小组活动中，服务对象能在小组中获得技巧支持和同辈支持，如疏导情绪，以达到最佳沟通效果。孟育群通过团体实验法与个案研究法，对亲子关系进行了实验，结果证明小组工作对亲子关系的改善有重要作用；个案研究能将亲子关系中的问题具体化，从而弥补小组工作的不足②。

社会工作在改善亲子关系中能够发挥建设性作用，但是目前青少年亲子沟通的研究主要集中在心理学、教育学等领域，社会工作虽然有所介入，但是大多都集中在理论研究，而很少涉及实务介入，显然社会工作实务介入青少年亲子关系有待发展。本研究致力于以小组活动和个案实务的形式来探索亲子关系问题的成因，主要以小组工作，辅之个案工作来进行亲子沟通问题的干预，推动社会工作实务在亲子沟通问题中的应用。

（四）研究方法

1. 参与观察法

研究者深入到所研究对象的生活背景当中，在实际参与研究对象日常社会生活的过程中进行观察。本研究主要是结合自身在北京 M 寄宿中学从事青少年一线社工实习经历，参与学校开展的活动。

2. 无结构访谈法

即自由访谈，它没有事先设计好的问卷和固定的程序，而只有一个访谈的主题或范围，由访谈员和被访者围绕这个主题或范围进行比较自由的交谈。在本研究中体现在个案的访谈中，不同的家庭亲子沟通的问题不同。

---

① 李鑫．社会工作方法在青少年亲子关系中的运用［J］．法制与社会，2009（26）：238－239.

② 孟育群．少年亲子关系诊断与调适的实验研究［J］．教育研究，1997（11）：68－74.

二、M 学校亲子沟通的现状

经笔者实习期间的了解，M 学校属于寄宿制学校，学生工作日均住校，周末才可以回家，与父母的相处沟通的时间更少。父母是青少年社会支持网络的重要组成部分，与父母的良性沟通对青少年而言极为重要，良好的亲子关系能够减少青少年的偏差行为。萨提亚家庭治疗模式认为，一个人能否发挥自己的能力和资源，取决于这个人与他人交往的感受及所获得的自尊心的高低，家庭生活经验能够影响到个人。笔者发现大多数家长更加倾向于代替孩子做决定，命令孩子，很少与孩子沟通，学生们认为与父母的沟通较为困难。这种存在沟通障碍的亲子关系不利于青少年的成长。针对该校的亲子沟通状况笔者与驻校社会工作者一起制订了计划，进行小组工作和个案工作的介入。

三、青少年亲子沟通障碍小组工作介入过程

（一）理论

根据班杜拉的社会学习理论，通过观察历程，青少年进行学习需要个人亲身体验而直接受到奖惩。在小组中，我们先找到亲子沟通过程中存在的问题，然后进行分析，展现出合理的正确的处理问题的方式，即正确的沟通方法。班杜拉认为青少年辅导与治疗的最终目标是“自我规划”，这也符合社会工作的“助人自助”的理念。通过 5 节活动，提供给组员接触并学习正确的亲子沟通方法，在小组的沟通技巧训练中，小组工作会较多使用行为治疗法，假设人的行为是学习得来的，并且是有规律可以预测的，便可充分运用模范榜样学习的方法。

（二）目的和目标

1. 任务目标

让小组成员正确看待自己的亲子沟通问题，培养沟通技巧，从而改善亲子关系。

2. 具体目标

第一节活动引导组员表达自己对改善沟通模式的期望，激发组员的动力；第二节是使组员意识到沟通的重要性，并且相互学习有效沟通的策略；第三节致力

于增强亲子之间的信任感，提升亲子的默契，增加亲子双方的沟通机会和了解；第四节引导组员学会换位思考，控制自己的情绪；最后一节提升亲子双方改善沟通的信心。每节活动环环相扣，改善亲子沟通。

笔者结合前期的调研，与学校合作，在 M 学校中一共邀请了 6 个家庭（每个家庭一个孩子和一位家长）参与小组，结合实际需求制定小组活动，通过小组活动的实施促进组员的家庭沟通能力提升。

（三）每节介入计划和记录

1. 第一节：大声说出来

第一节介入计划：

个别活动时间	地点	目标	内容	所需物资
(1)10 分钟	M 学校社工活动室	了解亲子关系	组前测评：组织家长、青少年填写亲子沟通能力量表	量表
(2)15 分钟		自我介绍，相互认识	自我介绍 首先由工作者自我介绍并介绍小组主题和目标，让组员对此活动有更深的认识； 接着由每个家庭组成一个小组，并且给自己的小组起一个组名，并对大家分享为什么起这个名字	彩笔 彩纸
(3)10 分钟		确立小组规范	小组领导者组织小组成员，通过小组讨论的形式共同制订小组的规范，然后由小组领导者将规范宣读出来，促进小组工作的开展	彩纸 签字笔 工作员 1 名（发纸笔）
(4)10 分钟		了解小组期望	每人取一张纸，在纸上写下自己对小组活动的期望，限时 8 分钟； 进行小组总结，回应目标	彩纸，彩笔

第一节小组活动记录

本次活动全员出席。首先社工进行组前测评，使得组员对自己家庭的亲子沟通状况进行了解，帮助了解小组活动的目的、意义和内容。接着将每个家庭分成小组，形成一种家庭的整体概念，使得每组家庭相互认识和熟悉。了解组员的期望，帮助组员进行个人亲子沟通的探索，增强想要改变的动力，当然父母的期望和孩子的期望更加能强化这种动机。

在表达期望时父母和孩子关于沟通的冲突显现了出来，在表达时明显家长的语气更加肯定，而孩子则显得比较焦虑或焦急。在表达期望时 4 个家长表示希望能够让孩子了解他们是为孩子好，希望他未来能够过得比较轻松，而孩子则表示希望可以在沟通时多被理解。部分孩子在表达自己期望的时候，明显底气不足，最突出的是笔者观察发现每个孩子在表达前和表达后都会用余光观察自己的家长。小 A 同学在表达期望时不愿意说，显得很焦虑，于是社会工作者便鼓励她把期望写在纸条上再交给社会工作者，并许诺保密，告知小 A 如果愿意可以在纸上再写出自己不愿意说的原因。本节活动结束后，小 A 把自己的纸条给了社会工作者，并要求保密。社会工作者对小 A 的情况进行了记录，在接下来的几节活动中要多关注她。

2. 第二节：一条“沟通”线

第二节介入计划：

活动时间	地点	目标	内容	所需物资
(1)30 分钟		强调沟通的重要性	“我说你画” 第一步：由社工提供特定的图画给青少年，再由青少年进行描述，给家长一支黑笔，由家长进行作画，这一步家长和孩子不可以交流； 第二步：同样的一幅图画，孩子接着描述，给家长一支红笔，由家长作画，这一次家长可以向孩子提问，并且能够得到回答； 第三步：比较两幅画，讨论感受，并在组内进行分享	画纸 彩笔 桌子
(2)15 分钟		使组员了解有效亲子沟通的策略	将家长和孩子分别分成两组，给 5 分钟的时间谈论并写下每组认为的有效沟通策略，然后进行分享。最后由社会工作者进行总结和补充	

第二节小组活动记录

本次活动全员出席，该活动引起组员重视和反思，组员可以及时讨论和分享有效沟通的策略，通过经验分享，以提升组员的自我效能感，诱发改变。

在“我说你画”的游戏环节，社工观察到孩子们的表现比较活跃，家长被动一些，社工也不断强调要相互配合。在比较前后两幅画时，所有组员均表示可以提问的话明显和原画更加相像。小 F 的母亲说自己根据女儿的表情作画，感觉挺好。小 F 母亲的第一幅画在所有的第一幅画中与原图的相似度最高。社工也抓住这个机会告诉组员们表情和情绪会影响沟通，在沟通时配上合适的表情能够更加使对方了解你所要表达的内容。在这节活动中，我们特意观察到，上周离家出走过的小 D 在与母亲作画时，表现得不耐烦，对母亲的问题，一概用“哦”“嗯”来回答。社工针对这一现象，拟定对小 D 的个案服务。

社工组织大家一起讨论和分享有效亲子沟通的策略。最后社会工作者总结和补充后得到以下的结论：克制愤怒、倾听、用简单的语言回应感受、抓住有利的时机等。

3. 第三节：我相信你

第三节介入计划

活动时间	地点	目标	内容	所需物资
(1)20 分钟		整合新旧亲子沟通经验,促进亲子有效沟通	回忆幸福时光 将家长和孩子分成两组,分别回忆有关亲子的甜蜜回忆,并进行绘画记录	2 盒彩色笔 30 张彩纸
(2)15 分钟		增加亲子之间的信任	盲行游戏 由家长和自己的孩子组成一组,其中一人蒙上眼睛,由不蒙眼睛的成员带领走完社工制定的行进路线。(沿途设置障碍)分享体会	
(3)10 分钟		小组评估以调整后期计划	组员分享自己开组至今的感受和想法	纸笔若干

第三节小组活动记录

本节活动通过3个环节展开。盲行游戏中通过肢体的接触，拉近亲子关系，增加紧张的气氛和危险的环境，增进亲子间相互信任和依赖。比较畏惧母亲的小B同学展现了自己的细心，获得了赞赏，轮到小B遮眼时，有一次差点摔倒，母亲及时地扶住了她，她觉得自己特别开心。分享在小组的感受时，就连一向比较内向的小C也说了很多，大家纷纷表示在小组中很开心，收获了很多，学到的沟通技巧他们也在生活中尝试使用，现在感觉家庭关系缓和了很多。

4. 第四节：角色互换

第四节介入计划

活动时间	地点	目标	内容	所需物资
(1)35分钟		让组员感受亲子沟通的重要性与双向性；组员控制情绪的意识和化解冲突	角色互换，情景再现 社工邀请两组家庭，由家长和孩子互换角色，表演日常亲子相处中会遇到的情景	
(3)20分钟		组员相互学习	组员分享沟通经验	

第四节小组活动记录

本次全员出席。开始便通过情景再现的方式，引起组员的共鸣，通过反向的经验，强化组员认识和改变动机，巩固成果。其次通过家庭之间的交流，采用实例楷模的方法，诱发改变，互相学习，实现有效亲子沟通的目标。

5组家庭展现的沟通都是比较理想的，小E的家庭展现的是他们家一直容易引发矛盾的问题，他们希望大家能够帮助解决。他们的问题是每次都因为小E看电视的事情闹得不和。面对这样的情况，社工首先肯定了小E家庭敢于提出问题，并且想要解决的勇气，然后便采用头脑风暴的方法，群策群言，帮助他们解决问题。

5. 第五节：珍重再见

第五节介入计划

活动时间	地点	目标	内容	所需物资
(1)20分钟		使组员体验到被关注和欣赏的感觉，增强组员的信心，主动沟通	亲情创作 以家庭为单位，共作一幅理想未来图	卡片
(2)20分钟		增强组员与家人沟通的信心	“我能做什么” 请组员谈论自己在家庭中能够为促进家庭互动环境改善能做些什么。（发给纸笔，可以记录，思考时间4分钟）然后每人可以谈论2分钟	若干纸、笔
(3)10分钟		安抚组员的情绪，提升能力	制作爱心卡，亲子互送祝福	彩笔、彩纸

第五节小活动记录

本次全员出席，是最后一节，通过亲情创作、我能做什么和制作爱心卡来帮助组员处理离别的情绪，强化在小组中的收获，肯定组员的成长，鼓励组员有信心面对未来的生活。在制作爱心卡片的环节，笔者观察到小组成员之间已经建立了好的感情基础，有的组员表示以后不来参加小组活动也可以多聚聚。

小结：

社工通过本次小组活动使得家长和孩子之间互相了解，增进沟通。小组成员是家长和青少年，所以在活动设置的时候充分考虑了两类群体的特征。通过小组活动，使得组员意识到了沟通的重要性，学习了亲子沟通的技巧，并不断地进行强化，最后成功地实现了小组的目标。当然笔者也发现了小组工作在介入中存在不足，介入还不够深入，对一些比较特殊的亲子沟通影响不是很大，例如小D，于是社工针对小D拟订个案工作方案，并进行介入。

四、个案介入过程

1. 个案来源

经过小组工作过程中的第二节，社工发现存在比较严重的亲子沟通障碍的小

D 母子，在初次会谈中，进一步了解小 D 的情况，决定将潜在的个案服务对象转变为现有的服务对象。

2. 个案背景资料

小 D，14 岁，初中二年级，爱好篮球、手机游戏，学习成绩中等，之前是在 X 学校就读，因在原学校与同学发生肢体冲突而转学，现转到 M 学校。小 D 所属家庭是单亲家庭，父母于小 D 小学二年级离异，小 D 一直跟妈妈生活。妈妈在一家保险公司工作，自由时间相对较多，但据小 D 描述，即使妈妈在家，也是玩手机，小 D 自己也是玩手机游戏。M 学校的社工通过班主任得知，小 D 在上一个周末在家与妈妈发生冲突，一气之下离家出走，当天晚上，小 D 与一位好友在天桥底下露宿，于第二天早上回家。社工经过调查之后，发现小 D 与其妈妈关系紧张，小 D 采取的情绪发泄方式有些极端。

3. 问题分析与评估

首先，小 D 游戏成瘾对沟通造成不利影响。周中在寄宿制学校，周末玩游戏，疏于和妈妈交流。

其次，妈妈在家休息时间疏于对孩子的管理。

再次，小 D 的情绪发泄方式不恰当，选择过离家出走的方式。

最后，小 D 妈妈和小 D 对爸爸的看法按自己感性理解，缺乏对事情辩证的看法。

4. 制订服务计划

（1）引导小 D 了解多种合理的情绪发泄方式。离家出走并不是最佳的解决方式，以能够互相表达清楚自己想法为目的去看待冲突发生的原因。

（2）加强小 D 妈妈对亲子沟通重要性的意识。妈妈与孩子沟通的主观能动性不强，希望妈妈能主动沟通，给孩子起到带头示范作用。

5. 介入过程

首先为其介绍何为理性情绪治疗法。然后找出小 D 和小 D 妈妈不合理的认知，并进行合理化解释，然后模仿学习，进行行为强化。

（1）与小 D 交谈加强对自我情绪的控制。

介绍理性情绪治疗法，了解到小 D 采用离家出走这一方式的背后原因，并指出不合理的成分，修正他对情绪发泄方式的理解。

（2）与小 D 妈妈交谈改变妈妈对亲子沟通的认知。

在交谈中我们指出了小 D 妈妈和小 D 在沟通中的问题，解释了普遍单亲家庭存在的问题及这些问题可以解决的必要性。

（3）理性情绪治疗。

在上述分别会谈以后，这次小 D、小 D 妈妈和社工集聚一起，对之前的沟通指出问题，分析问题，提出解决问题的办法。每次会谈接近尾声时，布置家庭作业，于下次会谈验收成果。

6. 结案和评估

前后共进行 8 次会谈。通过对小 D 和小 D 妈妈的反映，以及小 D 在学校的表现，小组观察到小 D 在情绪管理方面取得明显进步，小 D 和小 D 妈妈的亲子沟通效果取得良好进展。在结案之后还得进行定期回访，以便检测他们的沟通技巧是否得到加强和巩固。

五、建议

（一）将小组工作和个案工作相结合进行介入

社会工作介入青少年的亲子沟通问题中，需要将个案工作和小组工作结合起来进行介入，小组工作的方法能够使服务对象获得支持网络来增强自己解决问题的能力；个案工作的实务方法能将亲子关系中的问题具体化，从而弥补小组工作的不足。在小组介入的过程中，采用家长和青少年分组活动和并组活动相结合的形式，可以更加细致和深入地了解家庭的亲子沟通状况，从而更加有效地介入。在个案介入中，社会工作者尤其要注意自身沟通技巧的运用，引导服务对象改变。

（二）与学校、社区加强联系和合作

社会工作介入青少年亲子沟通需要加强与学校和社区的联系和合作。家庭、学校和社区是青少年生活的主要场所，与学校、社区合作可以使得社工更加了解服务对象的亲子沟通状况，进行资料收集。除此之外，加强合作可以使得社会工作介入时获得更多的社会支持，学校活动、社区活动如亲子运动会能够增加亲子

互动，增强有效沟通。

（三）注重发挥榜样效应

社会工作在介入亲子沟通时与家长、青少年有很多的沟通交流，社会工作者这时要运用倾听、同理心、积极回应、鼓励等，在潜移默化中发挥榜样的作用，引起服务对象的反思，从而调整自己的沟通状况。

参考文献：

［1］刘雨露．良好亲子关系构建中的社会工作介入研究［D］．武汉：华中农业大学，2012.

［2］李鑫．社会工作方法在青少年亲子关系中的运用［J］．法制与社会，2009（26）：238－239.

［3］胡悦．亲子沟通与青少年健康成长［D］．哈尔滨：哈尔滨工程大学，2007.

［4］王恕成．初中生亲子关系特点及其发展趋势的调查报告［J］．宁波教育学院学报，2007（1）：66－69.

［5］张莉萍．亲子关系促进工作坊：家庭社会工作的示范［J］．华东理工大学学报（社会科学版），2006（1）：16－19.

［6］吴念阳，张东昀．青少年亲子关系与心理健康的相关研究［J］．心理科学，2004（4）：812－816.

［7］方晓义，林丹华，孙莉，等．亲子沟通类型与青少年社会适应的关系［J］．心理发展与教育，2004（1）：18－22.

［8］孟育群．少年亲子关系诊断与调适的实验研究［J］．教育研究，1997（11）：68－74.

［9］吴锐微．孩子，把你的手给我：社区亲子沟通小组［J］．中国社会工作，2017（15）：35－36.

［10］范辰辉，彭少峰．现代亲职教育：发展现状与未来取向：社会工作介入初探［J］．社会福利（理论版），2013（12）：52－57.

［11］郝向荣．亲子一起完成青春期蜕变的工具：推荐“如何说少年才会听，怎么听少年才肯说”［J］．少年儿童研究，2015（5）：52－55.

培训机构教师劳动就业状况及其满意度分析[①]

——基于4个样本的调查

指导老师：张艳华　项目主持人：邓艳
项目参加人：胡少蕊　李恒昱　杨浚哲

摘　要：自20世纪90年代国家提出“科教兴国”“人才强国”的战略目标以来，教育发展成为打开知识经济大门的认识越来越被人们所接受。同时，改革开放的深入发展、市场经济的拉动、全民教育意识的普遍提高促使一个新兴的行业——以提高考试成绩为目的，实现学生个性化发展需求的课外培训机构应运而生。课外培训机构的迅速成长与发展使得培训机构教师这个劳动群体也逐渐壮大起来，而总览以往研究，对此群体的研究甚少。公立学校因具有事业编制从而保证了教师队伍的稳定性，那么那些教师角色相对模糊、教师结构参差不齐的培训机构教师在劳动力市场上又面临着怎样的问题与挑战呢？本研究从培训教师队伍的任职资格、薪酬待遇、绩效管理、工作满意度、流动率等方面着手，深入分析该群体的劳动就业状况，探索和发现其中存在的各种问题及其影响因素，从人力资源管理方面适当提出建议，促进培训机构持续健康发展，从而推动民办教育行业的可持续发展。

关键词：教育培训机构　薪酬　工作满意度　流动率

一、引言

（一）研究背景

自20世纪90年代国家提出“科教兴国”“人才强国”战略以来，教育发展成为打开知识经济的大门这一认识也被越来越多的人所认可和接受。随着改革开放的

① 本文为2018年中国劳动关系学院本科生科研项目三等奖，北京市大学生科学研究与创业行动计划项目，项目名称“培训机构教师的劳动就业状况研究——以新东方例”。

深入发展、知识经济的拉动使得全民教育意识逐渐提高，对教育的需求也呈现出多样化的特点。同时，由于教育资源的稀缺，“校园式”教育的特点和局限，建设“全民学习、终身学习的学习型社会”的担子，便只能在很大程度上转交给教育培训市场了，同时转移到了一个新兴的劳动群体——教育培训机构教师的肩膀上。

《2016年版中国教育培训市场专题研究分析与发展趋势预测报告》指出，中国培训业规模速度递增不断提高，截至目前，全国大、中型培训机构2万余家，教育培训的潜在市场规模巨大，并保持着迅猛的发展态势。但与发达国家相比，国内从事培训业务的公司规模小、数量多，“大市场，小作坊”现象非常突出。这就造成了培训机构教师这个群体呈现出人员数量繁多、素质参差不齐等问题。同时，在这样的市场环境下，相比其他劳动群体，培训机构教师行业的收入、任职资格、工作强度、流动率大小问题似乎非常值得探究，而对于这些问题的研究和探索对于完善劳动力市场，促进教育培训机构健康发展，推动知识经济增长也有着重要的意义。

（二）研究目的

民办教育机构蓬勃发展和培训机构教师群体的日益壮大使得培训机构教师在教育行业中发挥着越来越重要的作用，同时，该群体也在劳动力市场上凸显出越来越多的问题。总览前人研究，对于培训机构教师行业劳动就业状况的研究甚少，对培训机构教师的关注度不高。相比其他公办学校的教师，培训教育机构老师工作时间过长、工作强度过大、保障力度不够等问题已经危害到了他们的职业发展。

本研究将通过问卷、访谈、实地调查等各种方法对该劳动群体进行研究，探索培训机构劳动力市场上存在的问题，深入了解培训机构教师工时、薪酬待遇、绩效考核、流动率大小、工作满意度等问题并探索其中的影响因素，为培训机构优化管理提出合理建议，为促进教育培训行业的健康有序发展贡献绵薄之力。

（三）相关概念

1. 教育培训机构

胡天佑在2013年发表的文章《我国教育培训机构的规范与治理》[①]一文中，将教育培训机构定义为国家教育机构以外的社会组织或者个人，利用非国家财政性经费，面向社会从事非学历教育培训的机构。张煜[②]通过《民办教育促进法》

① 胡天佑. 我国教育培训机构的规范与治理［J］. 教育学术月刊，2013（7）：1.
② 张煜. 民办教育培训机构承担侵权责任的法理分析［J］. 法制与社会，2017（5）：236.

中关于营利性和非营利性培训机构的差异进行了概念的界分，主要侧重于准入机制的差异并进行了概念的初步认定。

教育培训机构是为完成某类或某项具体任务，培养某类或某种专业岗位技术人才而成立的教育教学组织。教育培训机构依靠国家政策法规，面向社会进行非学历教育培训，重点培养社会急需的专门技术技能人才。根据《民办教育促进法》之规定，广义的教育培训机构指营利性和非营利性的教育培训机构和学校。因此，借鉴前面学者和国家颁布的法律对本文研究的教育培训机构做出以下概念界定：本文的研究主要基于英语培训机构进行，即提供短期英语技能培训的非学历教育、营利性机构。由于办学主体的情况差异，该类培训机构大多是大型民办培训学校或小型培训机构，总之是员工数量 15 人以上，学生数量达到 200 人的培训机构。

2. 薪酬

薪酬在本质上指雇主或企业因为员工提供了劳动而给予的一种回报或者补偿。对于薪酬的概念界定，通常可以划分为三类。第一种是宽口径的界定，即将薪酬等同于报酬，员工由于完成了自己的工作而获得的各种内在报酬和外在报酬；第二种是中等口径的界定，即员工因为雇佣关系的存在从雇主那里获得的各种形式的经济收入及有形服务和福利，这一概念包括薪酬（直接经济报酬）和福利（间接经济报酬）；第三种是窄口径的界定，即薪酬仅仅包括货币性薪酬，而不包括福利。

薪酬是收入分配的直接体现，但是薪酬水平与企业经营成本间存在固有矛盾，有效地调节薪酬水平与经营成本之间的矛盾，是企业薪酬管理的重要问题。

本文要研究的主要是培训机构教师的薪酬，培训机构雇用教师上课，双方形成了雇佣关系。而这里的薪酬指的则是教师付出劳动而获得的经济性报酬，包括工资、奖金、福利和津贴。

3. 工作满意度

工作满意度的概念首先由美国心理学家赫波克（R. Hoppock，1935）提出，他认为工作满意度乃是员工心理和生理上对工作环境与工作本身的满意感受，也就是工作者对工作情境的主观反映。它受每个人的价值观的影响，不同的雇员对同一种东西存在不同的价值判断，对相同的工作状况也会产生不同的主观感受；同时，工作满意度是一种主观感知，虽然有一定的客观标准加以比较衡量，但也并不能全面、准确地反映客观实际情况。

4. 流动率

在某时间内公司内部因员工架构调整或是公司战略需求，需要更多新员工入职，或解雇多余员工，在该时间段内进入公司员工数量和离开公司的人的数量的总和占该时间内公司总人数的比例。通常是按月或者季度计算，流动率的大小可以衡量公司的管理制度是否健全，是考察公司人才队伍是否稳定的重要指标。

（四）研究方法

1. 资料整理法

本报告收集和整理了大量的关于培训机构方面的文献资料，对其进行分类和归纳，通过对前人调查研究的总结，学习前人的研究方法，收集与本研究相关的资料，从而为本研究奠定资料基础。

2. 问卷调查法

本报告在查阅相关文献和实地调查观察的基础上编制了调查问卷，面向培训机构的教师或有过培训机构教师工作经验的群体就薪酬福利、工作满意度、任职条件、劳动合同期限等问题进行了调查，并适当地辅以访谈，间接地了解到培训机构教师行业的劳动就业状况。

3. 实地访谈法

暑假期间，本科研小组的成员以学员或者培训机构实习生的身份深入课堂和机构，通过现场观察和访谈等方式就培训机构教师的流动率、薪酬福利、考核方式、招聘条件等向培训机构的领导、教学教务人员等进行了访谈提问，获取了一些基本情况和内部资料，了解了培训机构教师劳动就业状况的现状。

二、有关教师劳动就业的文献综述

随着我国经济的快速发展和社会的不断进步，我国的教育行业获得了极大的发展，近年来一直保持着惊人的发展势头，各种教育培训机构应运而生，承担起非学历教育的社会角色。与此同时快速膨胀壮大的还有教师这个劳动群体，但他们的劳动就业状况却并没有受到相应程度的关注。为了响应国家“十三五”规划和“科教兴国”“人才强国”发展战略，促进知识经济的健康良好发展，课题组在研究时阅读了大量文献，从教师这个劳动群体着手，运用归纳法对他们的劳动就业状况进行了综述。

（一）教师薪资待遇现状分析

自2006年国家提出高等学校要建立符合自身特点的薪酬以来，教师的薪酬问题变成了教育行业改革的重点和难点。要加快教育行业的发展，使知识经济成为我国发展的主要支撑和动力，就必须深入剖析和解决教师薪酬水平缺乏竞争力、薪酬增长机制不合理等问题。

阅读近几年文献发现，越来越多的学者开始探讨教师薪酬的不合理问题，并且在加快薪酬改革，建立合理完善的薪酬结构体系方面发出越来越强烈的呼声。在指出教师薪酬管理问题方面，学者洪柳①指出我国教师薪酬体系存在以下问题：(1) 政府投入不足，教师薪酬总体水平低，外部竞争力不强，人员流失严重；(2) 教师薪酬结构不合理，缺乏内部公平性，激励作用不够；(3) 薪酬制度模式单一，薪酬考核机制不健全，缺乏市场调节机制。张二红②指出教育培训机构在薪酬管理上存在薪酬构成不合理、薪酬调整机制不完善、薪酬体系激励性不足、福利形式过于单一等问题。由此可见，在教育行业，无论是公办学校还是民办机构，在薪酬管理上都存在相似的问题。

在改进薪酬设计方面，学者李晓蕾、杨建③提出了三因子模型：薪酬获得因子＝基本保障因子＋行为评价因子＋px结果比重因子，为教育机构留住人才资源提供了借鉴经验。王胜鑫④指出，应主要从组织和工作两个层面采取措施，重视企业员工精神方面的薪酬；通过薪酬、发展机会、良好人际关系等措施提高员工对组织的内部心理预期；建立科学合理的员工薪酬评估体系，即企业自己根据自身发展战略、教育类企业文化及经营管理需要为本企业员工评定内部“职称”。

（二）教师绩效管理现状分析

阅读了近几年来关于教师绩效方面的文献，发现可以从绩效考核中的问题和建立合理的绩效考核指标两个方面进行划分。

学者龙欢⑤从教学工作和市场工作两个方面分析了教育培训机构教师的工作特

---

① 洪柳．国际视域下高校教师薪酬制度改革研究及启示［J］．教育财会研究，2017，28（6）．

② 张二红．中小教育培训机构薪酬管理研究：以LX教育培训机构为例［J］．现代商贸工业，2018（4）．

③ 李晓蕾，杨建．浅谈培训机构薪酬设计的三因子模型［J］．价值工程，2010．

④ 王胜鑫．教育培训机构企业薪酬影响因素的实证探究［D］．鞍山：辽宁科技大学．

⑤ 龙欢．影响非学历教育培训机构教师绩效的因素分析及指标体系构建［J］．兴义民族师范学院学报，2011．

点和内容，分析了影响培训机构教师绩效的教学工作方面的因素主要有教学工作数量、教学工作质量、教师的工作态度；而市场方面的因素主要有宣传工作、招生工作、课后服务、留班工作、树立口碑5个方面构成。并且认为应该参考教学和市场两大维度建立绩效考核指标。学者童喜涛①认为教师行业的指标设置不多、民主性不足、主观性不强、考核结果应用不当等问题会影响教师积极性的发挥和师资队伍的稳定性，因此可以通过增加教师参与、增加考评主体、设计关键绩效指标、扩大绩效结果应用领域等方面进行改善；学者杨金梅②也指出，院校的竞争说到底是教师人才的竞争，而合理又具有激励性的绩效薪酬体系是高校吸引人才的关键。

（三）教师离职率、流动率的现状分析

党的十九大以来，我国提出要打造制造强国，提高我国专业技术人才在国际的综合竞争力，而人才的培养又依赖着优秀和稳定的师资力量。师资力量是培训学校赖以生存的发展资本，培训学校教师离职率过高已成为影响学校竞争优势的主要源泉。因此，近年来教育行业的高离职率和高流动率无疑在对人才的培养上面产生了重要影响。

刘红霞根据北京市8所公办中等职业学校2010—2016年7年间的教师流动数据，分析了中等职业学校教师流动的群体特征和流动去向特征③。从群体特征上看，中青年教师是流动的绝对主体，92.5%的流动教师年龄集中在30—50岁之间；女教师流动占比高，但男教师的流动率在逐年增加；高学历教师流动率高，80.5%的流动教师是本科及研究生学历，而专科及以下学历的则不足20%。从流动的去向特征上看，主要是流动到薪资待遇更好或者企业中去了。但这仅仅是基于中职教育而言的，把目光转移到民办教育机构上面，富爽④指出了民办教育机构教师的高流动率是影响民办教育机构经济管理成本的重要因素，他通过对教师离职意向的人口学因素分析、多因素分析、内部服务质量和满意度对离职率的影响分析，指出影响教师离职率和流动率的因素是综合的、多样的。

（四）教师工作满意度现状分析

工作满意度在很大程度上关系着教师的工作行为，影响着教育教学活动的开

---

① 童喜涛．中小型中小学校外辅导机构教师绩效管理问题与对策［J］．现代商贸工业，2017（34）．

② 杨金梅．基于关键绩效指标的高职院校教师绩效薪酬设计研究［J］．管理科学，2018（22）．

③ 刘红霞．中等职业学校教师流动特征与动因调查分析［J］．职教论坛，2018（22）．

④ 富爽．民办高校教师离职意向调查与影响相关因素分析［J］．经济研究导刊，2018（8）．

展。学者张丽①将教师的工作满意度划分为个人评价满意度和组织评价满意度，指出高校教师个人评价满意度要高于组织评价满意度，二者均不高，也就是说高校教师对薪酬满意度、对职称评聘的满意度及对从工作中获得成就感的满意度一般，对学校政策的实行、对工作绩效的认可及对学校提供的深造进修机会的满意度较低。但工作满意度除了参照个人评价和组织评价的指标外，还应该考虑到性别、年龄、地区间的差异等，全方位分析影响工作满意度的因素。例如，学者王雪涵、李睿淼、宋宏鹏②就通过对北京、上海、江苏、广东四省（市）的工作满意度进行现状分析与国际比较，发现中国四省（市）教师工作满意度显著低于其他OECD国家，女老师的工作满意度显著低于男性教师。而本文中建立关于教师行业工作满意度影响因素的指标体系，则会将内部影响因素、外部影响因素、社会影响因素中的构成指标进行分类与细化，从各方面探索影响教师工作满意度的因素。

（五）教师劳动保护的现状分析

当前，教师的权益维护处在一个非常令人尴尬的地位，经常出现教师劳动权益被侵犯的现象，这直接影响到教育行业的发展。阅读近年来关于教师权益保障的文献发现，越来越多的学者在替教师维权方面发声。

左延彬③指出民办教育机构教师权益保障中主要存在以下问题：（1）民办与公办学校教师同等法律地位现实中的不平等；（2）司法理论上的平等与现实中地位的不对等；（3）对民办高校教师具体职业权利的保障乏力。学者程新英④以高校体育老师为例，提出应从维护教师的权利与义务，确立相关保障措施的实施程序与实施方法，确定教师的主导地位3个方面加大对教师的劳动保护力度；范琐哲⑤指出《教师法》语焉不详，倡导完善相应的法律法规，依法治教，加强教师的权益宣传力度，运用法律武器保障教师权益。

在教师劳动权益维护等方面，阅读文献发现他们多数从法律层面找出问题并提出建议。因此本文在研究时除了会借鉴前人的研究成果和建议，还会从教师个人层面、组织管理层面进行分析。

---

① 张丽．高校教师工作满意度影响因素研究［J］．山西大同大学学报，2018（6）．

② 王雪涵，李睿淼，宋宏鹏．教师工作满意度有多高：基于PISA2015中国四省（市）教师问卷的数据分析［J］．本刊视点，2017（10）．

③ 左延彬．论民办高校教师的权利保障［D］．石家庄：河北师范大学．

④ 程新英．高校体育教师工作量及劳动保护研究［J］．体育科技文献通报，2016，24（12）．

⑤ 范琐哲．教师权益保护的现实困境与理性诉求［J］．新西部，2009（14）．

三、培训机构教师劳动就业状况的现状

（一）培训机构教师薪酬水平及构成

由于培训机构有全职教师和兼职教师两种不同的工作形式，他们的薪酬结构和薪酬待遇呈现出明显的差异性。本研究通过访谈和在培训机构实习等方式，采取分类研究的方法对培训机构教师薪资结构进行了深入研究分析，得到了以下数据（见表1）。

表1　培训机构教师薪资结构

培训机构教师薪资结构	
全职	全职教师工资 = 基本保底工资 + 绩效工资 绩效工资 =（基本上课工资 * 每月实际授课数 + 超额人数奖金）* 绩效系数 （基本工资为 3000—3500 元；绩效工资（一对一）为 200—300 元/小时）
兼职	基本上课工资 * 每月实际授课数 + 续班率 + 超额人数奖金 * 绩效系数 +（车费补贴）+（学期末奖金） （每天基本上课工资 20 元，没有保底工资，基本上是 140—200 元/小时）

由表1可知，培训机构教师由于用工形式的不同，其在薪资构成和薪酬水平上存在很大的差异，并且在课时费用计算上也存在着较大差异。本报告收集了各大英语培训机构的招聘信息，发现全职教师的月收入在8000元到15 000元之间，而兼职教师大概在3000元到10 000元间不等，工资跨度较大。

同时，在调查的众多英语培训机构当中，发现培训机构教师薪酬待遇还受培训机构规模与知名度的影响。以新东方欧亚教育培训机构教师的薪酬待遇为例，全职教师的平均月收入在15 000元到20 000元的区间，兼职教师平均月收入在8000元到10 000元的区间；同时，以小组成员暑期实习所在的星火教育为例，全职教师的平均月收入为8000元到12 000元间不等，兼职教师的月收入在4000元到8000元不等。此外，除了培训机构知名度的因素，不同学历水平之间的薪酬也存在差异，以新东方为例，主要分为泡泡少儿英语、优能中学教育和出国留学部3个大模块，其中出国留学部的英语老师比少儿英语和优能中学教育英语老师有着更高的薪酬水平，大概在30 000元以上，这一方面因为留学英语的授课难度更大，另一方面这对教师有着更高的学历要求和经验要求，这些都决定了他们之间的薪酬呈现出显著的差异性。

另外，根据问卷和访问结果发现，在福利待遇方面，全职教师和兼职教师也存在着差异。以新东方为例，机构提供工资全额，提供六险一金（养老保险、失业保险、医疗保险、工伤保险、生育保险、补充医疗保险、住房公积金）的待遇。而对于兼职教师而言，尽管有的兼职教师有六险一金的待遇，但有些短期兼职的老师不享受该福利，例如短期兼职教师，具体要看与机构签订劳动合同的情况。

综上，即使是在教育培训这同一个行业当中，培训机构教师在薪酬待遇方面还受很多不确定因素，例如授课对象、授课人数、机构知名度等各方面因素的影响。另外全职教师和兼职教师的薪酬福利待遇也存在着差异性。

（二）培训机构教师绩效管理现状分析

在绩效考核方面，本报告通过访谈和到培训机构实习等方式，发现培训机构（如学而思、新东方）的绩效考核制度实行续班奖金制度。续班奖金指的是：春季班开始以后，计算这位老师寒假到春季这个班的续班率及寒假的满班率（见表2），然后根据这两个指标对教师寒假班的每节课进行额外奖金发放。培训机构通过续班率来考查学生、家长对老师的满意度，以此作为绩效考核的依据。（新东方续班率 = 寒假班学员续班到春季的人数/寒假班总人数；新东方满班率 = 寒假班总人数/学校规定此老师的满班人数）

表 2

秋续冬		满班率						
冬续春								
春续夏		100%—109%	110%—119%	120%—129%	130%—139%	140%—149%	150%—159%	160% 以上
续班率	50%—59%	80	100	120	140	160	180	200
	60%—69%	120	140	160	180	200	220	240
	70%—79%	160	180	200	220	240	260	280
	80%—89%	200	220	240	260	280	300	320
	90% 及以上	240	260	280	300	320	340	360
续班率	40%—49%	80	100	120	140	160	180	200
	50%—59%	120	140	160	180	200	220	240
	60%—69%	160	180	200	220	240	260	280
	70%—79%	200	220	240	260	280	300	320
	80% 及以上	240	260	280	300	320	340	360

除了学而思、新东方这样的教育机构中的“名牌”把续班制度作为绩效考核的指标之外，在一些二、三线城市的知名度相对较低的培训机构中，教师的绩效会参照一些其他的指标，例如宣传招生、课后服务、家长满意度、上级考评、同事考评等指标，这些都会计入教师绩效中的一部分。

由此可知，虽然从大部分教育培训机构的绩效考核方式来看，都存在着满意度、出勤率、上级考评、加班时数等方面的影响，但仍然受机构知名度等外在因素的影响。

此外，通过访谈发现不少老师表示面对这样的绩效考核方式压力很大。以新东方为例，新东方对于教师考核体系的核心思想就是：课时费不高，重视续班奖金。企业认为学生和家长对老师的肯定基本上反映在续班率上面，于是企业把原本高的课时费降下来，将激励重点放到了教师的续班奖金上。尽管这一绩效考核指标对于资历深的全职教师来说比较容易达到，因为多年的教学经验和在机构长期的口碑为实现这一标准提供了可能；但对于那些数量庞大的兼职教师来说，这无疑是一个巨大的挑战，多数兼职教师表示这样的绩效考核指标过于严苛，不易实现。

（三）关于工作形式的分析

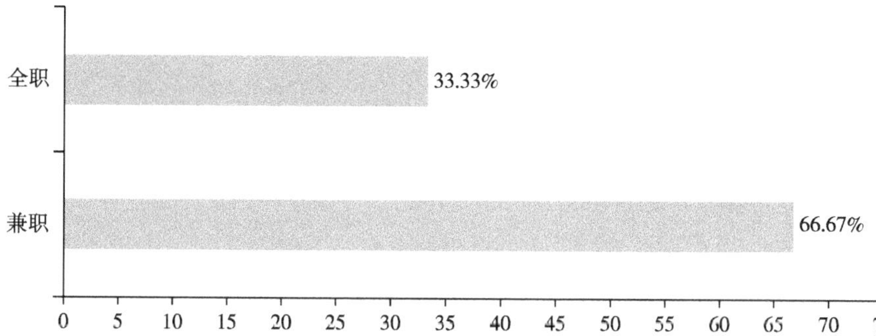

图 1　调查问卷中全职与兼职情况

调查结果显示（见图 1），在调查的 120 位教师当中，教育培训机构的兼职教师人数占到了 66. 67%，而全职教师只占 33. 33%；其中，女性教师占 70. 37%，男性教师占 29. 63%；而年龄在 20—30 岁的教师居多，达到了 92%。

总体分析以上数据，发现培训机构多雇用 20—30 岁的兼职教师。通过访谈发现主要原因有以下 3 点：首先，培训机构教师的工作时间主要集中在周末和节假日，此时他们正处于空闲时间；其次，培训机构的薪资水平总体高于同等条件下的其他兼职工作，年轻群体具备更好的任职条件并且对兼职的接受程度更高。于个人而言，做兼职可以有效利用空闲时间，获得更高报酬；但于企业而言，由于兼职教师具有流动性、经济型的特点，兼职教师数量超过全职教师会的现象在一定程度上会加大管理难度，不利于企业的长期发展。

（四）关于工作满意度的分析

本研究问卷共发放 135 份，有效回收 100 份，问卷数据显示（见图 2），对于工作满意度的各个指标，在一般水平左右。

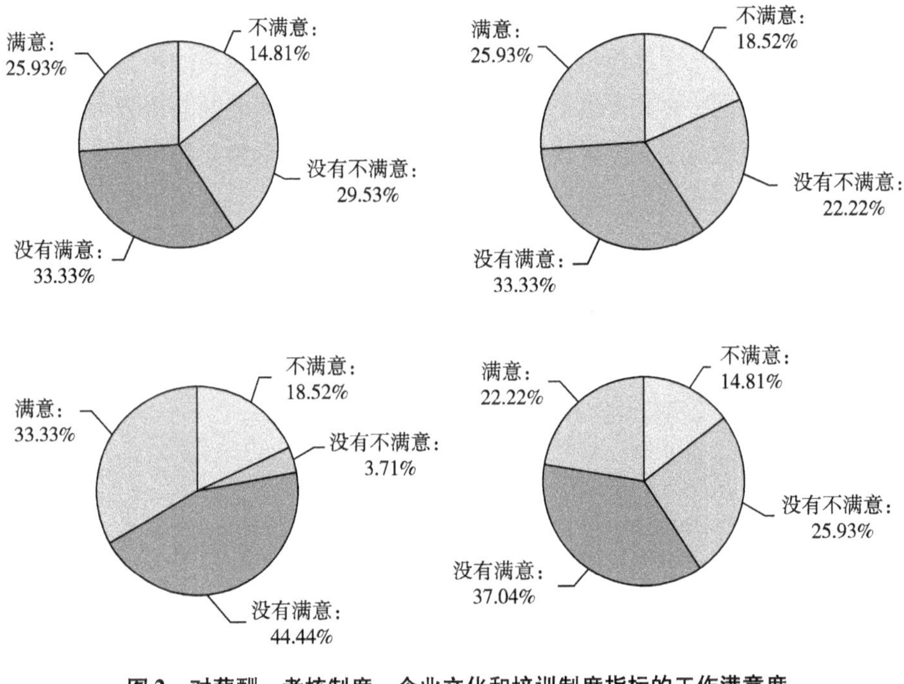

图 2　对薪酬、考核制度、企业文化和培训制度指标的工作满意度

本研究把工作满意度详分为薪酬、考核制度、企业文化和培训制度 4 个指标，发现教师对这些指标的满意度都处在一般水平：有 33.33% 的教师对培训机构的薪酬和考核处于没有满意的状态，有 44% 的教师对企业文化没有满意，37.04% 的教师对企业的培训制度没有满意。除了数据调查之外，通过访谈发现大多数教师表示对工作的满意度处在中等水平。根据结果得知培训机构并没有充分发挥激励因素的作用，对员工积极性的调动力度不够。

从目前状况来看，由于教育培训机构的“井喷式”增长和民众对教育需求的急剧上升，培训机构教师的工作强度增加是导致工作满意度不高的重要原因，而背后不完全对等的薪资增长也加剧了该现象的出现。同时，群众对教育的高要求、高关注和培训机构对结果的高指标在无形中增加了教师压力，从而导致培训机构教师工作满意度普遍不高。

（五）关于任职条件的分析

通过问卷分析（见图3）发现培训机构的教师学历在本科以上的占88.89%，表现出绝对的主体优势。培训机构教师这个劳动群体普遍具备较高的知识水平；同时，与其他行业相比，培训机构从业人员的录用也基本以学历和知识为导向，呈现出高学历的特点。

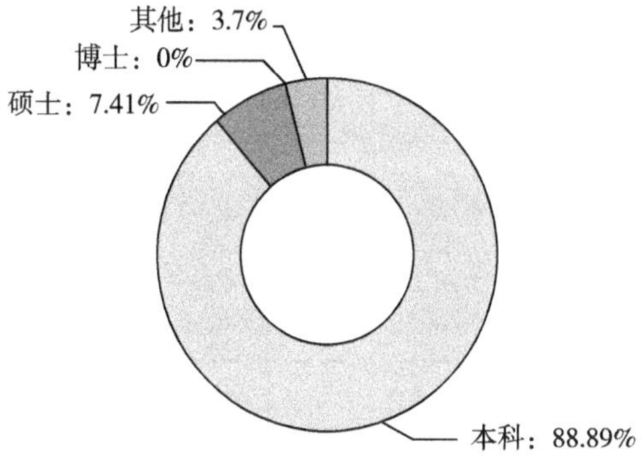

图3　培训机构的教师学历构成

进入21世纪以来，知识经济成为国家发展的重要牵引力量，而培训机构作为典型的以知识为支撑的行业，高学历的门槛是必要的准入条件，这也是该行业呈现出高学历高薪资特点的主要原因。

（六）关于工作时间的分析

民办教育培训行业的性质决定了教师不能像公办学校的老师那样享有周末和寒暑假的休假时间。相反，这些时间段恰恰是培训需求最旺盛的时间段。而从细化到每天的工作时间上来看，培训机构教师的工作时长也远远高出一般学校的老师。

通过访谈提问的方式发现全职教师工作日正常上班，上班时间具体是早上

9 点到晚上 8 点（包括午休和吃饭时间）。相比一般学校的老师，培训机构的教师每天要工作 11 个小时的工作时间，远每周高达 56 个小时的工作时间，远高出正常的工作时长，也超出国家规定的每周法定工作时间 40 个小时，强度较大。而兼职教师的课程和课时安排相对全职教师会轻松，每周只需要保证 3 天的出勤率，每天的工作时间是早上 9 点到下午 6 点，但课时费远远低于全职教师。总体来说，无论是全职教师还是兼职教师，他们的工作时间都要高于公办学校教师的工作时间，呈现出高强度、高压力的特点。

（七）关于流动率的分析

通过对各培训机构的实习和访谈发现，培训机构教师的流动率非常之高。其中主要原因有以下两点：（一）由于学生与教师之间没有相匹配的渠道去寻找资源，就在很大程度上依赖中介，于是教师作为与学生最直接的接触群体和教学承担者，只能分享利润的 15% 到 25%，从而导致教师流动率高；（二）工作量大。根据调查结果发现 22.5% 的教师认为工作压力过大，同时不匹配的薪酬水平使得教师的工作满意度下降，离职意向增强。

同时，通过问卷调查发现培训机构教师离职率呈现出以下特点（见表 3）。

表 3　某培训机构离职率的年龄结构特点

	2014 年	2015 年	2016 年	2017 年	2018 年
21—25 岁	50%	50%	53.8%	52.6%	52.9%
26—30 岁	25%	37.5%	23.1%	36.8%	35.3%
31—35 岁	25%	12.5%	23.1%	10.6%	11.8%

由上表可以出，培训机构的离职教师主要集中在 21—30 岁这个年龄阶段，其中以 21—25 岁这个群体居多，此年龄阶段的大多是刚毕业的大学生。因为这个年龄段的人是培训机构的主力军，他们多数是“90 后”的年轻人。同时，因为 30 岁以上的人很少进入到培训机构教师这个行业，并且职业定位很少有在私企教师上的，导致 21—25 岁年龄阶段的教师成为该行业流动率较高的主体。

表 4　培训机构男生/女生离职率

	2014 年	2015 年	2016 年	2017 年	2018 年
男性离职率	25%	38%	46%	37%	29%
女性离职率	75%	62%	54%	63%	71%

由表 4 可以看出，在培训机构教师群体中，女性的离职率要远远高于男性。据问卷及访问得知，因为教师行业的传统性和特殊性，同时，由于不同性别对于职业定位的不同，女性教师的数量要远高于男性，调查样本中女教师的数量远高于男教师，于是显示出女性教师的流动率要远远高于男性的特点。

四、培训机构教师的劳动就业满意度及其影响因素分析

本次研究针对培训机构教师的劳动就业情况，通过问卷调查和访谈调查相结合的方式，对 4 家英语培训机构的教师、管理人员发放了问卷并进行访谈。本次研究共发出 130 份问卷，有效回收 100 份。

（一）调查问卷信度分析

本次研究采用了 SPSS 19.0 软件对问卷的题目进行了一致性信度（Alpha 系数），对问卷调查进行了数据分析。信度分析是测量同一项目的不同问题间是否具有内在一致性的一个重要指标。根据 Price – Mueller（2000）模型把问卷中的题目归为 20 个维度，各维度及总量表的信度如表 5 所示。

表 5　问卷信息分析

Cronbach 信度分析			
名称	校正项总计相关性（CITC）	项已删除的 α 系数	Cronbach α 系数
性别	0.27	0.814	0.817
年龄	-0.12	0.82	
工作形式	-0.806	0.838	
在本单位的工作时间	0.662	0.802	
学历	0.094	0.819	

续表

Cronbach 信度分析			
名称	校正项总计相关性（CITC）	项已删除的 α 系数	Cronbach α 系数
是否签订劳动合同	-0.675	0.836	0.817
劳动合同期限	0.795	0.798	
平均每天的工作时间	0.007	0.836	
工作压力	-0.093	0.826	
月收入水平	0.677	0.794	
对本单位其他管理制度的满意度	0.717	0.792	
对本单位企业文化的满意度	0.736	0.789	
对本单位的考核制度满意度	0.881	0.78	
对本单位培训制度安排的满意度	0.731	0.791	
工资计算标准	0.208	0.82	
薪酬满意度	0.799	0.786	
是否参加培训	-0.217	0.821	
培训时长	0.592	0.797	
对劳动关系的总体评价	0.636	0.797	
其他	-0.449	0.831	

学者认为：任何测验或量表的信度系数在0.9以上的，为最佳信度；信度系数在0.8—0.9的，为可以接受信度；如果在0.7—0.8的则表示应该进行项目修订，但结果仍不失其价值；如果低于0.7的，则表示量表需要重新设计。当度量中的项目数小于6个时，而信度系数大于0.6的，数据也是可靠的。从上表可以看出总量表的信度为0.817，且每一项指标都高于0.7。说明本次研究的问卷量表信度基本符合测量要求，整体具有较高的内在一致性，说明选择的题目样本是有代表性的，结果是可信的。

（二）培训机构教师对当前就业状况的满意度

表6　不同工作形式对各项工作满意度的T检验分析

T检验分析结果				
	工作形式（平均值±标准差）		t	p
	全职（36人）	兼职（64人）		
对薪酬的满意度	3.56±0.53	2.28±0.96	3.706	0.001**
对考核制度的满意度	3.67±0.50	2.17±0.92	4.523	0.000**
对培训制度安排的满意度	3.44±0.88	2.28±0.83	3.384	0.002**
对企业文化的满意度	3.67±0.50	2.56±1.10	3.613	0.001**
对其他管理制度的满意度	3.44±0.73	2.56±0.98	2.395	0.024*

* $p<0.05$　** $p<0.01$

从表6可知，利用t检验（全称为独立样本t检验）去研究工作形式对于工作的薪酬满意度、考核制度的满意度、培训制度安排的满意度、企业文化的满意度和其他管理制度的满意度共5项的差异性，可以看出：不同的工作形式对于这5项满意度的指标全部均呈现出显著性（$P<0.05$），意味着不同的工作形式对于这五项满意度均存在差异性。所以，由此统计结果可知，不同的用工形式会对工作满意度产生显著影响。

（三）培训机构教师就业满意度的影响因素分析

就调查数据来看，培训机构教师对自己当前的工作满意度只有25.93%，可见，当前民办教育机构教师的工作满意度还处在一个较低的水平。本报告通过访谈、实习等方式发现影响教师满意度的因素主要有以下几个方面。

1. 工资稳定性不强

由于培训机构的行业特殊性，培训机构教师的工资浮动区间较大，这是造成培训机构教师工作满意度不高的一个重要因素。本研究的调查数据显示，无论是专职教师还是兼职教师，他们的工资浮动水平最高可以达到7000元，甚至超过了基本工资水平。薪酬的浮动不仅仅会导致工资水平的不稳定，也会给教师的家庭生活、投资储蓄、应对意外的能力带来负面作用。因此，培训机构工资的不稳定会给教师的工作安全感造成极大的威胁，是导致培训机构教师工作满意度普遍不高的重要因素。

2. 工作强度过大

同为教育行业，相比其他公办学校的教师，培训机构教师承受着更大的工作压力和工作强度。根据问卷调查和访谈结果发现，培训机构教师每天工作10个小时以上是普遍现象，像在新东方、学而思这样的培训机构，教师的每周工作时间更是达到了56个小时，远超出国家规定的每周40个小时的工作时间。超过37%的人表示工作压力过大，短期内有离职意向。同时，不同于一般教师有带薪休假的福利，培训机构的教师在假期也要面临着高强度的授课量，有子女的教师还面临着因工作强度过大而没有时间陪孩子的问题，这也是影响培训机构教师工作满意度的重要原因。

3. 考核压力大

据访谈得知，培训机构教师的绩效考核不仅仅依赖于授课质量，同时还受工作数量、教师态度、宣传工作、招生工作、留班工作、课后服务、树立口碑等多方面的影响，这就造成教师考核压力过大的问题。而从调查的4家培训机构的总体状况来看，绩效考核在薪酬水平中占比普遍偏高，致使教师不得不在考核中做出优秀的表现，因此，他们也必须承受过大的考核压力。长此以往，教师的工作满意度下降就是必然趋势了。

五、研究结论与发展建议

（一）研究分析与结论

本研究通过文献分析、问卷调查、实地访谈等方法研究了培训机构教师劳动就业状况并探索了相关影响因素。发现培训机构教师劳动就业状况存在以下问题。

1. 培训机构教师的平均每日工作时间在10个小时及以上，每周工作时间高达56个小时，不仅远高于一般学校教师的工作时间，还高于国家每周工作40个小时的工作标准。同时，由于教育培训行业“营利性”的特点，培训机构教师不享有带薪休假的福利，公办学校教师休息休假的时候他们却要面临着高强度的工作。本报告根据问卷调查和访谈实习等方式得出结论：培训机构教师对工作的总体满意度不高。

2. 培训机构教师的薪资结构不合理，薪酬的激励性作用和保障性作用无法协调发挥。目前我国市场上的培训机构越来越注重经济效益而忽视社会效益，与此同时却把这种影响附加到了对于教师的薪酬设计上，存在绩效占比过大，薪酬的保障性作用减弱的现象。本报告通过访谈调查分析发现，培训机构教师对薪酬满意度较低。

3. 培训机构教师离职率、流动率较高。通过深入培训机构实习和访问管理人员，发现培训机构教师的流动率远高于公办学校。一方面是因为兼职教师队伍本身“流动性强”的特点，另一方面更重要的原因是过高的工作强度和与之不匹配的薪酬待遇。另外，21—25 岁的教师流动率高；女教师流动率比男性高。

4. 培训机构兼职教师占比大，企业管理难度增大。培训机构的兼职教师占比高达70%，远远超出全职教师的数量。通过访谈发现，大部分培训机构都没有针对兼职教师专门的聘任程序和管理制度。再者，由于兼职教师“经济型”“灵活性”“流动性”的特点，企业在管理时也出现“随意性”“自由性”的特点，从长远来看这会加大企业的管理难度，阻碍战略管理目标的实现。

（二）改善培训机构教师劳动就业状况的建议

对改善培训机构教师劳动就业状况的研究全部基于本研究数据和分析结果，从企业管理方面提出以下建议。

1. 构建合理的薪酬制度

总体薪酬激励应确立以下指导原则：（1）以人为本，重在激励；（2）定量考核与定性考核相结合；（3）注重实效，便于操作。通过数据分析发现，培训机构教师的薪资结构中，教师的基本薪资水平处于一般水平，这会在一定程度上加重教师的工作压力，降低工作满意度，影响工作积极性，从而影响授课质量，不利于培训机构的长期发展。同时，大部分培训机构的教师是按课时计费，而对于绩效部分的重视程度较低，不利于激发教师的工作积极性。在薪酬基础理论方面，著名学者明茨伯格提出了双因素理论，该理论认为，影响员工工作积极性的因素包括保健因素和激励因素。保健因素作为满足教师最基本的生活物质所需，一旦产生不足就会导致满意度下降，而保健因素这一基础性满足条件无法起到激励作用，即使保健因素更充足的话，只有兼顾激励因素才会对员工产生激励作用。因此，在改善保健因素的同时，重视建立激励因素，才是有效激励员工的方法。

因此，在构建薪酬制度的时候，企业应同时注重薪酬的保障作用和激励作用，适当提高教师基本薪资的同时也提高绩效在总薪酬中的比重。例如，调整基本工资到占总薪酬的70%到80%的水平，加大显性福利的力度，按教师上班天数为其提供住房补贴、餐费补贴。

2. 构建合理的绩效考制度

在绩效考核制度方面，要充分发挥绩效的激励性作用，提升教师的工作积极性。首先，要合理分配绩效在总薪酬当中的所占比重，科学研究显示，绩效占比25%—40%可以最大程度地调动员工的工作积极性。其次，推动绩效考评主体实现多元化，考评主体加入学生反馈、家长反馈、同事评价、上级意见等多方面权重，替代传统的自上而下的考评方式，降低绩效考评的主观性色彩，客观地实施绩效考核。另外，在考评周期方面，在培训机构原有的以月为单位的考核周期上加入季度考评、周年考评等指标，让绩效考评差的员工知道考核周期紧密，争取下一次做出好的工作表现，同时激励表现好的员工持续努力，提升整个组织的工作效率，促进培训机构的长远发展。

从考核结果方面入手，企业应该合理运用教师绩效考核的结果。首先，推动教师的绩效考核与工资、课酬、福利、岗位、晋升等多方面联系起来，形成多层次、全方位的用人体系和激励体系，保证人力资源的高效分配和充分发挥；再者，做好教师的绩效面谈和绩效辅导工作，结合绩效结果和员工一起查漏补缺，设计针对个人的科学合理的绩效改进方案，提升绩效水平。

3. 实施个性化的福利方案

福利制度是薪酬体系的重要组成部分，福利制度不完善也会增加教师的离职率。针对实施福利方案的措施，本研究提出以下几点参考意见。

（1）在培训需求不那么旺盛的时间段可以增加老师休息休假的时间，工龄5年以上的老教师的休息休假时间可以适当高于试用期教师，既体现了差异性也体现了公平性；

（2）实行教师轮动休息的制度，保障了老师的休息权利也保障了机构的适当运行；实行弹性工作机制，当没有课的时候准许教师提前下班；实行月休积累制，规定在不影响机构正常运转的情况下准许叠加休息；

（3）适当增加一些其他个性化的福利。如重要节日组织全体员工聚餐旅游；在教师生日时免费送上生日蛋糕和小卡片，营造温馨的企业环境；增加领导对下属的关怀和认可，定期组织老板和员工的经验分享也是个性化福利的一种，对于提升培训机构教师工作满意度有着重要作用。

4. 加强兼职教师管理的制度化建设

调查数据显示，培训机构教师的构成以兼职教师为主，全职教师为辅。但由于兼职教师流动性、灵活性和经济性的特点显著，加强对兼职教师的管理关系到培训教育机构教学质量与核心竞争力的提高。因此，对于改善对兼职教师的管理，本研究提出以下 3 点建议。

（1）加强柔和的企业文化制度建设。兼职教师由于自身工作形式的特殊性，工作的归属感较低，因此良好的企业文化制度能够帮助来自不同地区不同行业的兼职教师加快融入企业文化当中去，提高工作效率；

（2）提升与兼职教师劳动合同的签订率。在访谈的时候发现，很多兼职教师不定期去培训机构上课，没有与用人单位签订劳动合同，这是造成兼职教师流动率高的原因之一。因此建议企业多与兼职教师签订劳动合同，减轻兼职教师的后顾之忧；

（3）建立与兼职教师相应的管理考核制度。由于全职教师和兼职教师的薪酬福利待遇不一样，二者共用同一套管理制度可能会造成兼职教师觉得受到不公平待遇的问题，在一定程度上影响企业的管理。所以，培训机构可以建立一套针对兼职教师的灵活性强的工作工时、任课质量的管理制度和考核指标，针对性地加强管理。

5. 营造和谐创新的企业文化氛围

培训机构由于工作时间长、工作压力大、绩效考核制度严等问题，工作环境会显得稍微紧张。培训机构可以适当推行教师民主管理制度，企业内部要形成支持教师工会、教代会、教师委员会等风气，增强教师对工作的话语权，同时要认真吸取教师的工作反馈情况，鼓励他们参加到企业的日常管理当中去。

营造和谐创新的文化环境具体措施有以下几点。

（1）当教师有新的创意或稍有业绩的时候，上级应慷慨肯定，适当放大教师个人的优点，增加教师的存在感和工作热情；

（2）机构的管理人员在实施决策的时候要和教师进行民主沟通，鼓励教师提出自己的看法，对提出意见的教师进行适当奖励，激发教师的创造力和民主管理能力；

（3）尊重教师的意愿和首创精神，明确教师的岗位职责分工，定期组织旅游聚餐，增强团队的凝聚力；

（4）定期组织兼职教师和机构的资深教师进行交流互动，形成“和谐”“融合”的文化环境，增强企业凝聚力。

参考文献：

[1] 洪柳．国际视域下高校教师薪酬制度改革研究及启示［J］．教育财会研究，2017，28（6）．

[2] 张二红．中小教育培训机构薪酬管理研究：以 LX 教育培训机构为例［J］．现代商贸工业，2018（4）．

[3] 李晓蕾，杨建．浅谈培训机构薪酬设计的三因子模型［J］．价值工程，2010.

[4] 王胜鑫．教育培训机构企业薪酬影响因素的实证探究［D］．鞍山：辽宁科技大学．

[5] 龙欢．影响非学历教育培训机构教师绩效的因素分析及指标体系构建［J］．兴义民族师范学院学报，2011.

[6] 童喜涛．中小型中小学校外辅导机构教师绩效管理问题与对策［J］．现代商贸工业，2017（34）．

[7] 杨金梅．基于关键绩效指标的高职院校教师绩效薪酬设计研究［J］．管理科学，2018（22）．

[8] 刘红霞．中等职业学校教师流动特征与动因调查分析［J］．职教论坛，2018（22）．

[9] 富爽．民办高校教师离职意向调查与影响相关因素分析［J］．经济研究导刊，2018（8）．

[10] 张丽．高校教师工作满意度影响因素研究［J］．山西大同大学学报，2018（6）．

[11] 王雪涵，李睿森，宋宏鹏．教师工作满意度有多高：基于 PISA2015 中国四省（市）教师问卷的数据分析［J］．本刊视点，2017（10）．

[12] 左延彬．论民办高校教师的权利保障［D］．石家庄：河北师范大学．

[13] 程新英．高校体育教师工作量及劳动保护研究［J］．体育科技文献通报，2016，24（12）．

[14] 范琐哲．教师权益保护的现实困境与理性诉求［J］．新西部，2009（14）．

附　录

附录一：培训机构教师劳动就业状况研究的问卷

请在代表您的意见的选项的上面打“√”

Q1：您的性别

□男　□女

Q2：您的年龄是

□A. 20 岁以下　□B. 20—30 岁　□C. 30—40 岁　□D. 40 岁以上

Q3：您是属于那种工作形式

□A. 全职　□B. 兼职

Q4：您在本单位的工作时间是

□A. 1 年以内　□B. 1—5 年　□C. 5—10 年　□D. 10 年以上

Q5：您的学历是

□A. 本科　□B. 硕士　□C. 博士　□D. 其他（____）

Q6：您是否与本单位签订劳动合同

□A. 是　□B. 否

Q7：您的劳动合同期限是

□A. 1 年以下　□B. 1—3 年　□C. 3—5 年　□D. 5 年以上

Q8：您的工作时间主要集中在哪个时段（可多选）

□A. 工作日　□B. 周末　□C. 节假日　□D. 寒暑假

Q9：您平均每天的工作时间是

□A. 2—4 小时　□B. 4—6 小时　□C. 6—8 小时　□D. 8—10 小时

□E. 10 小时以上

Q10：您觉得工作压力大吗？

□A. 不大　□B. 一般　□C. 比较大　□D. 非常大

Q11：您的月收入水平大概是

□A. 5000 元以下　□B. 5000—10 000 元　□C. 10 000—15 000 元

□D. 15 000—30 000 元　□E. 30 000 元以上

Q12：您的工资是按什么标准计算？

□A. 按课时数计算　□B. 按周发放　□C. 按月发放　□D. 其他（____）

Q13：您在工作岗位中参加过在职培训吗？

□A. 有　□B. 没有

Q14：您在成为本单位员工前进行了多长时间的培训？

□A. 1 个月内　□B. 1—2 个月　□C. 2—3 个月　□D. 其他（____）

Q15：单位为您提供了哪些保险福利措施？（可多选）

□A. 交通费用补贴　□B. 带薪假期　□C. 定期组织聚餐旅游

□D. 定期员工培训　□E. 每年体检和保健补贴　□F. 五险一金

□G. 其他____

Q16：您对所在公司劳动关系的总体评价是

□A. 紧张　□B. 一般　□C. 良好　□D. 非常好

Q17：按 100 分值的标准来看，下列哪个数字区间能代表你对其他工作满意度？

您对本工作的薪酬满意度	□1—25 分	□25—50 分	□50—75 分	□75—100 分
您对本单位的考核制度满意度	□1—25 分	□25—50 分	□50—75 分	□75—100 分
您对本单位培训制度安排的满意度	□1—25 分	□25—50 分	□50—75 分	□75—100 分
您对本单位企业文化的满意度	□1—25 分	□25—50 分	□50—75 分	□75—100 分
您对本单位其他管理制度的满意度	□1—25 分	□25—50 分	□50—75 分	□75—100 分

附录二：访谈提纲

1. 采访培训机构教师的问题：

您当初为什么会选择当培训机构的老师？

您的课程培训主要方式是什么？

您的工作内容主要是什么？（授课、与家长沟通、宣传，还有其他的吗？）

您的工作职责主要有哪些？

您是师范专业毕业的吗？

您方便讲一下您的培训经历吗？

你认为培训机构的老师和学校里的老师有什么不同？

您对现在的工作环境满意吗？

您的单位的管理考核制度是怎样的？您觉得严格吗？压力大吗？

您觉得您现在的工作强度与您的薪资水平相匹配吗？

请问您短期内有离职意向吗？

培训机构老师的离职率很高，您个人觉得有哪些方面的原因呢？

您觉得自己的劳动权益有受到应有的保护吗？

2. 采访培训机构管理人员的问题：

（1）基本问题：

本机构有多少老师？

老师的年龄结构、性别结构、学历结构等的基本情况。

本机构主要培训哪些课程？

（2）关于招聘：

招多少人？

招聘途径、方式。

招聘条件，毕业学校、学历等要求。

学历和教学经验更看中哪个？

离职率、流动率问题。

如何看待贵公司的员工流失问题？

（3）关于培训：

培训之前有培训计划吗？会公之于众吗？

是否做过培训需求评估？如何完成？

如何安排知识培训、技能培训和素质培训的比例？您认为哪方面的培训更重要？

培训的话对于兼职和全职教师有差别吗？有什么样的差别？

（4）关于管理考核：

贵公司的管理考核制度是怎样的？全职、兼职的区别是怎样的？

考核周期到的时候，如何给员工打分？除了出勤天数外有没有其他因素？

贵公司的奖惩制度大概是怎样的？会在员工入职前说清楚吗？

贵公司有过辞退员工的经历吗？大概原因是什么？

（5）关于薪酬福利：

贵公司的工资结构是怎样的？（看老师的课时数、课堂人数还是授课时间长短？）

有没有全勤奖之类的奖励？

您可以简要评议一下贵公司的工资福利政策吗？

给员工的报酬是适当的吗？有竞争性吗？公平吗？

本机构的薪酬区间大概是多少到多少？

生育二胎女性员工工作生活平衡问题研究①

——以北京市为例

指导老师：李洪坚　项目主持人：孙思伟

项目参加人：王恩铭　张雨欣　姚骋　钟煜辉

摘　要：中国从 1982 年 9 月便定计划生育为基本国策，同年 12 月写入宪法。其主要内容是：提倡晚婚、晚育，少生、优生，从而有计划地控制人口。出台这一项基本国策对中国的人口和发展问题的改善作用不可忽视。但随着政策的推进，人口发展逆淘汰倾向、人口老龄化、劳动力人口不足、出生婴儿性别比例失调的缺陷逐渐显现，失独家庭、养老问题、人口红利这些问题对我国改革开放进程逐渐产生影响。2011 年 11 月，中国各地全面实施双独二孩政策，即允许双方都是独生子女的夫妇生育两个孩子。在 2013 年 11 月，党的十八届三中全会上做出启动实施单独二孩政策的决定，即允许一方是独生子女的夫妇生育两个孩子。2015 年 10 月，中国共产党十八届五中全会提出“为促进人口均衡发展，坚持计划生育的基本国策，完善人口发展战略”，提出全面二孩政策。政策于 2016 年 1 月 1 日开始实行。

而目前我国从一胎政策到全面二孩政策的转变，作为政策主要对象的女性，特别是职场女性，必定在各个方面受到不小的冲击和挑战。二孩女性员工如何平衡其工作和生活，是值得关注的问题。“全面二孩”政策看似只涉及生育问题，但由于政策授予了女性进一步的生育选择权，会使得女性在工作生活平衡中遇到新的难题：女性员工在生养孩子上所花费的时间和精力会限制她们的工作行为；为工作投入的时间和精力，很可能会因此产生更重的负担；面临着与一胎政策相较更大的生育挑战。本科研主要目的是在工作—生活平衡理论的基础上，结合问

① 本文为 2018 年中国劳动关系学院本科生科研项目三等奖，中央高校基本科研业务费专项基金——优秀本科学生创新项目，项目名称“生育二胎女性员工工作生活平衡问题研究——以北京市为例”。

卷调查法、访谈法，通过统计问卷和访谈，收集二孩女性员工相关资料，了解二孩女性员工的工作生活状况和心路历程。

本研究得出的主要结论是：（1）二孩女性员工的工作—生活平衡程度处于比“一般”略差的水平上；（2）统计结果表明，大多数女性在时间投入上倾向于工作；（3）影响二孩女性工作生活平衡的因素主要是养育子女和工作负荷；（4）如果养育子女和工作负荷这两个压力能够解决，那么二孩女性的平衡压力和难度可能就小很多；（5）二孩女性员工的主要呼声是实行弹性工作时间制度，营造有利于职业女性职业发展的文化氛围和工作、人际关系，建立灵活合理的工作调配制度；（6）二孩女性员工在工作当中感受到比“一般”更高的压力，因此缓解其平衡问题有必要从工作方面入手；（7）双职工家庭与否、家人支持、子女是否在身边对二孩女性的工作生活平衡产生显著影响；（8）家人交流频率和家庭满意度有一定的正相关关系。

关键词：工作—生活平衡　生育二孩女性员工　双职工家庭

一、引言

研究背景

在新中国成立初期，我国有多次生育高峰，人口数量迅速上升。由于社会环境的安定、医疗卫生条件的改善、生产力的提高，人口增长进入高出生、低死亡、高增长的模式，人口与经济、社会、环境、资源之间的矛盾逐渐凸显，因此在1982年，中共十二大将计划生育政策定为基本国策。计划生育对于控制中国的人口数量的增长和人口质量发展的改善起到了很大的作用。

但随着时间的推移，客观环境已经发生变化。人口发展逆淘汰倾向、人口老龄化、劳动力人口不足、出生婴儿性别比例失调的缺陷逐渐显现，失独家庭、养老问题、人口红利这些问题对我国改革开放进程逐渐产生影响。先是中国人口逐渐呈现“三低”特点，即低出生率、低死亡率、低增长率。人口老龄化问题日益凸显。再是国家劳动年龄人口持续负增长。就“全面二孩”政策放开的前一段时间而言，不论按照16—59岁，还是按照15—64岁的统计口径，比重都在持续下降，这可以证明在政策实施前我国已经持续一段时间的劳动年龄人口的负增长，即我国劳动年龄人口进入了负增长时期。并且，根据推算，我国总和生育率低于人口正常标准，甚至远低于更替水平，处于国际上公认的“低生育陷阱”边缘。这意味着新生人口的数量并不一定能弥补生育妇女和其伴侣数量，所以二孩政策的放开有其必要性和重要性。

党的十八届三中全会在《中共中央关于全面深化改革若干重大问题的决定》中提出，坚持计划生育的基本国策，开始实施有关夫妻双方一方是独生子女的可以生第二个孩子的政策，并逐步调整相关政策，从 2013 年 11 月中共十八届三中全会提出的“单独二孩”政策最终到2015 年10 月中共十八届五中全会的“全面二孩”政策，标志我国从以往传统意义的“计划生育”政策到现在的“全面二孩”时代拉开序幕。

但随着政策的放开，一系列的问题也接踵而至。生还是不生？生育一个孩子就已经够累，还要不要“重蹈覆辙”？生育二孩的决定受到生育成本的高低、社会政策、生育观念、同辈群体的影响。而生育成本包括了养育成本、教育成本和生育机会成本。正如许多二孩妈妈担心的，如今的社会生活成本高昂，养一个孩子经济压力很大，生第二个孩子会加剧家庭的经济压力；更何况对于那些自己生活尚且不稳定的年轻夫妇，孩子无疑将会给他们的生活带来更大的负担。并且，在职场上，如果女性选择生育二孩，那么企业也需要付出相应的成本。因此在这方面，生育二孩女性受到歧视。目前在劳动领域的法律当中，对女性的保障并不健全，对于女性的职业保护、就业歧视等方面并没有得到完善的保护。二孩政策放开使得课题组成员们带着这些问题展开思考，想要了解目前生育二孩女性员工的生活、工作状态及两者之间的平衡问题。

北京作为我国的政治中心，二孩政策的实施更是走在前列；且这里人口众多、经济发展迅速，快节奏的城市生活无疑会让生育二孩的女性员工面临更多来自工作方面的压力，在这样的大环境下暴露出来的有关工作—生活平衡问题也会更加全面且更具代表性；而且北京的生活成本近年来也是逐年增加，这对问题的研究提供了足够的大背景，所以最终选择以北京地区为例具有更强的典型意义。

此次的研究先从研究对象的基本情况入手，对研究对象目前的婚姻状况和生育情况进行了解；紧跟着围绕生育二孩女性的工作、生活两个维度对生育二孩女性在生育二孩后的工作、生活状态进行了调查，通过分析明确影响其工作—生活平衡状态的影响因素有哪些；并根据以上调查结果为工作—生活平衡出现问题的生育二孩女性员工提供一些解决措施，也为准备生育二孩或持观望态度的女性员工提供一些意见以供参考。

二、研究内容和研究方法

（一）调查目的

本研究意图了解生育二孩女性工作—生活平衡状况，探索在工作、生活两方面的维度下其对生育二孩女性员工产生的影响，并了解生育二孩女性在职场中关于生育权益是否得到保护、落实，试图为生育二孩女性获取工作—生活平衡提出建议与对策。

（二）调查方法

本研究采用问卷调查法。调查对象为工作的生育二孩女性员工，根据调查目的，调查生育二孩女性员工的工作—生活平衡的状况和影响因素。

完成问卷的回收和数据的录入、整理后，使用 SPSS 22.0 和 Excel 软件对数据进行统计学分析和归纳。解释说明生育二孩女性员工的工作—生活平衡的状态，了解生育二孩女性在这一方面的心声和诉求。

（三）问卷设计

问卷分为五大模块。第一模块是基本信息模块，主要涉及样本的生理及社会属性。具体为：年龄、文化程度、婚姻状况、子女情况、工作年龄、单位性质和工作岗位。第二模块是总体评价模块，用于样本自评工作—生活平衡程度，反映样本的工作—生活平衡的状态。并且设计了工作维度和生活维度当中可能对生育二孩女性的工作—生活平衡状态产生影响的因素，并根据文献综述列举了一系列有利于工作—生活平衡的措施，倾听生育二孩女性当前需要的举措来缓解她们平衡的压力。第三模块是生活模块，意图了解生育二孩女性所处家庭的负担情况、生育二孩女性对所处家庭的满意度。第四模块是工作模块，包括 3 项客观题目及 3 项主观评价题目。前者有：工作时间、是否为全日制工作、是否享受过产假和生育津贴，后者为是否了解生育政策的规章制度，感受到工作的压力程度及在工作当中遇到的问题。第五模块是工作—生活平衡维度模块，设置询问生育二孩女性在生育二孩前后的感觉，工作遇到困难家人的支持、工作上的情绪影响了个人生活，生活上的情绪影响了个人工作，以及参加非工作性质的放松活动次数够不够。

（四）调查的基本情况

本次调查采取方便抽样，向不同年龄、不同单位、不同工作的生育二孩女性发放调查问卷，共发放问卷198份，回收问卷158份，有效问卷为149份，回收率为79.80%，有效率为94.30%。

（五）概念界定

生育二孩女性员工：是指已经育有二孩、有自己的工作岗位且目前在职的女性职工。

工作—生活平衡：个体在工作和生活当中获得相同水平的满足感。

三、文献综述

（一）国外文献综述

“工作—生活平衡”侧重于平衡过程的角度进行解释，有比较长的发展历史。其雏形可以最早追根于二战时期以后的“社会—技术系统学派”（the Socio-technical System Approach）。创始人E. L. Trist和在英国塔维斯托克研究所中的同事通过对英国煤矿中生产的研究，认为在组织的管理过程中，不仅要考虑社会性、技术性的因素，更要考虑到个体的态度和群体行为的影响。此学派是将研究从关注技术转变为关注人的重要节点①。从这开始，“工作—生活平衡”其前身“工作—家庭冲突”（work - family conflict）概念慢慢发展起来。到20世纪90年代初，学者们意识到非工作的类型可以有非常多的选择，其状态不仅仅囿于家庭。虽然“工作—生活平衡”这个词很早就被使用，但从1996年起相关学界才正式引入这个概念。而学者们也逐渐将视线扩展到“工作—生活平衡”。

（二）“工作—生活平衡”概念研究

“工作—生活平衡”概念研究从20世纪90年代初开始在学术界中引入，一直在被不断地完善。Kofodimos（1993）认为“工作—生活平衡”是会使人“满

① LONGS. Socioanalytic Methods: Discovering the Hidden in Organisations and Social Systems [M]. Australia: Routledge, 2013.

意的、健康的、生产率高的工作、家庭和爱情的生活”[①]。Marks 和 Mac Dermid（1996）认为“工作—生活平衡”使个体在不同角色圈的角色伙伴中扮演着不同的角色，通过多重角色找到平衡点，使得个体满足角色群体对其的要求[②]。Clark（2000）认为“工作—生活平衡”是以最小、最少的角色冲突达到工作和生活的满意状态[③]。Kirchmcyer（2000）则认为：若员工可以合理分配自己的资源使得自己满意，那么则认为员工达到了“工作—生活平衡”[④]。Delecta（2011）认为“工作—生活平衡”用来描述个体在分配工作时间与生活其他方面之间需要的平衡。除工作生活以外的其他生活领域可以是但不限于个人兴趣，家庭和社交或休闲活动[⑤]。Duxbury 和 Higgins（2003）定义为“工作—生活平衡”是达到来自个体工作和生活的需求是等量的均衡状态[⑥]。Byroe（2005）则从 5 个方面来定义“工作—生活平衡”：工作、家庭、朋友、健康、自我方面，当在任意一个时间节点上，一个方面的活动对另外一个方面的活动不产生负面影响，就实现了平衡[⑦]。另外，Jeffrey H. Greenhaus（2003）将工作生活平衡具化为时间平衡（time balance）、心理参与平衡（involvement balance）、满意度平衡（satisfaction balance）。其内涵分别为工作和生活上投入时间相称；心理上对工作和生活投入程度相称；工作和生活满意程度相称[⑧]。

（三）“工作—生活平衡”影响因素研究

就影响因素而言，有研究集中分析了有无子女、工作时间、学历教育对工作—生活平衡的影响。Mark Tausig 和 Rudy Fenwick（2001）的研究显示：“有无

① KOFODIMOS J R. Balancing act：How managers can integrate successful careers and fulfilling personal lives San Francisco：Jossey & Bass，1993.

② MARKS S. R.，Mac Dermid S. M.，Multiple roles and the self：A theory of role balance. Journal of Marriage and the Family，1996：417，432.

③ CLARK S C. Work/Family Border Theory：A New Theory of Work/Family Balance ［J］. Human Relations，2000，53（6）：747－770.

④ KIRCHMEVER C. Work and life initiatives：greed or benevolence regarding worker’s time? Trends in organizational behavior，2000（7）：79－94.

⑤ DELECTA P. “Work Life Balance”［J］. International Journal of Current Research，2011（3）：186－189.

⑥ DUXBURY，H G. Work－life Conflict：Myths Versus Realities［J］. FMI Journal，2003，13（3）：16－20.

⑦ BYROE U. Work－life balance：Why are we talking about Business Information Review［J］. 2005，22（1）：53—59.

⑧ JEFFREY H. G，Karen M. Collins，Jason D. Shaw. The relation between work－family balance and quality of life［J］. Journal of Vocational Behavior，2003，63（3）：513.

子女”与“工作生活平衡”的程度有关联，“有子女”与低“工作生活平衡”显著相关；“工作时间”也是影响“工作生活平衡”程度的重要因素，“工作生活平衡”程度随着每周工作小时数的增加而迅速降低①。Alterman（2007）发现：年轻员工、受过良好教育的员工更可能感受到“工作—生活失衡”②。

而从“工作—生活平衡”的对立面“工作—生活冲突”的影响因素来看，有研究主要从角色规范、角色责任、角色负担、学习方式等进行分析。Linda Duxbury 和 Higgins（2003）将“工作—生活冲突”定义为员工来自工作和生活的不同需求中挣扎的不稳定状态。在此之前，Linda Duxbury 和 Higgins 把“工作—生活冲突”分为三类：第一类是“角色超载（role overload）”，即“有太多的事情，而有太少的时间来做”；第二类是“工作对家庭的影响（work to family interference）”，即“工作需求使家庭责任难以得到满足”；第三类是“家庭对工作的影响（family to work interference）”，即“家庭需求使工作责任难以得到满足”③。2003 年在加拿大发布的“工作—生活平衡”调查报告中，Duxbury 和 Higgins 对“工作—生活冲突”又补充了两个分类：一类是“护理者负担（caregiver strain）”，指的是与照顾老人、护理有病的亲人等相关的负担，这种负担又可以分为四类：感情负担、体力负担、经济负担和家庭负担。另一类是“工作对家庭的溢出效应（work to family spillover）”，指的是员工应用他们在工作吸取的经验来处理他们非工作的责任和活动的能力，通常认为这是一种对员工有益的效应④。

（四）“工作—生活平衡”失衡后果研究

现有研究主要从个人、家庭、企业、国家 4 个方面去分析个体或组织的工作—生活平衡的失衡后果。Joanna Hughes 和 Nikos Bozionelos（2007）表明“工作—生活失衡”使得企业的工作在员工的心目当中满意程度低下⑤。Oliver

---

① TAUSIGM, FENWICK R. Unbinding Time: Alternate Work Schedules and Work - Life Balance [J]. Journal of Family and Economic Issues, 2001, 22 (2): 101 -119.

② ALTERMAN T, LUCKHAUPT S E, Dahlhamer T M, et al. “Job insecurity, work - family imbalance, and hostile work environment: Prevalence data from the 2010 National Health Interview Survey” [J]. Am J Ind Med, 2013, 56 (6): 660 -669.

③ DUXBURY L, HIGGINS. Work - life Conflict: Myths Versus Realities [J]. FMI Journal, 2003, 13 (3): 16 -20.

④ DUXBURY L, HIEGINS C, COGHILL D. Voices of Canadians: Seeking Work - Life Balance [M]. Québec: Human Resources Development Canada, 2003: 75.

⑤ HUGHES J, BOIIONELOS H. Work - life balance as source of job dissatisfaction and withdrawal attitudes: An exploratory study on the views of male workers [J]. Personnel Review, 2007, 36 (1): 145.

（2009）通过实证研究发现当员工处于高程度的工作—生活冲突时表现出自我感知度低的健康状态，具体表现为焦虑、抑郁、悲观、工作疲惫、背痛、头疼、睡眠紊乱和身心疲劳①。Marc J. Schabracq 和 Cary L. Cooper（2000）研究表明“工作—生活冲突”对个体具有很大的影响，具体表现为影响个体的工作积极性、工作乐趣、社交生活质量，最终使得个体患上身心疾病，高水平的“工作—生活冲突”甚至可以让组织的生存发展变得岌岌可危②。Frone 和 Russell（1997）研究表明当工作—家庭冲突提高，个体抑郁程度、身体状况、高血压发生率往坏的方向发展③。Hubson（2001）等人的实证研究表明，高程度的“工作—生活冲突”会使得员工缺勤率、离职率、医药成本上升，使得生产效率、工作满意度、组织承诺、组织忠诚度低下④。Duxbury 和 Higgins（2003）发现“工作—生活冲突”与国家的国民健康状况和卫生支出有一定的相关关系⑤。而 Murphy 和 Cooper（2000）的研究也表明，企业为了“工作—生活冲突”付出的相关成本大约是 1500 亿美元⑥。

除此之外，Esson（2004）系统地将工作—生活冲突的后果归类整合，认为工作—生活冲突会使得工作压力和生活压力加强，分别对工作疲惫、组织忠诚度、工作满意度、绩效和生活满意度产生影响，而工作压力的增强或会使得个体的离职意向越发清晰⑦。

---

① HÄMMIGO，GUTZWILLER F，BAUER G. Work－life conflict and associations with work－ and nonwork－related factors and with physical and mental health outcomes：a nationally representative cross－sectional study in Switzerland［J］. BMC Public Health，2009（9）：435.

② SCHABRACQ M J，COOPER C L. The changing nature of work and stress［J］. Journal of Managerial Psychology，2000，15（3）：227－241.

③ Frone M R，Russell M. Relation of Work－family Conflict to Health Outcomes：A Four－year Longitudinal Study of Employed Parents［J］. Journal of Occupational and Organizational Psychology，1997，70（4）：325－335.

④ HOBSON，CHARLES J，DELUNAS，et al.，Dawn. Compelling evidence of the need for corperate work－life balance initiatives ：Results from a national survey of stressful life events. Journal of Employment Counseling［J］. 2001，38（1）：23－41.

⑤ DUXBURY L，HIGGINS C. Work—Life Conflict in Canada in the New Millennium：A Status Report .［R］. Health Canada，Ottawa，2003.

⑥ MURPHY L，COOPER C L . Healthy and productive work［J］. London：Taylor&Francis，2000.

⑦ ESSON，P. L. Consequences of Work－family Conflict：Testing A New Model of Work－related，Non－work Related and Stress－related Outcomes［J］. Thesis Submitted to the Faculty of the Virginia Polytechnic Institute and State Univcersity in Partial Fulfillment of the Requirements for the Degree of Masters Science in Psychology，2004.

（五）国内文献综述

由于二孩政策是根据我国的国情，社会状况和经济状况制定而成，因此，梳理二孩政策的历史发展有其意义；而对于“工作—生活平衡”，国内的研究起步较晚，而且大部分聚焦于“工作—家庭平衡”问题，针对女性的研究也是如此。不过由于家庭是生活的一部分，因此这些研究也有参考价值。

四、“工作—生活平衡”现状研究

徐峰、邢亚柯（2007）从女性结婚和生育年龄、工作需求、员工健康问题、家庭观念和亲友同事关系四个方面分析，认为中国企业员工的“工作—生活冲突”水平较高，已经达到拉响警报的程度了①。吴谅谅、冯颖、范巍（2003）认为现代职业女性并未认识到自身所面临的严峻压力，女性自身角色认知与社会对女性角色认知之间存在矛盾②。安砚贞、Philip C. Wright（2003）通过对从事工商业管理工作的已婚女性的问卷调查，发现大部分女性除了要承担固有的性别责任，生儿育女；因自身受到的教育而重视精神和经济的独立性，还由于社会的快速变革导致的就业压力增加、生活节奏加快、生活费用上涨，而她们从组织、配偶那里得到的支持不多，因此她们当中相当一部分人感到身心疲惫③。陆佳芳、时勘、John J. Lawler（2002）面向北京市的科研单位、金融单位和高新技术行业调查研究得出结论：较之男性员工，女性员工更容易受到“工作—家庭冲突”的影响④。

（一）“工作—生活平衡”影响因素研究

有学者从家庭和工作的相互关系来分析影响因素。李晔（2003）认为影响“工作—家庭冲突”的因素除了照顾老幼以外，基本和工作都有直接关系，例如：工作时间、加班轮班、工作卷入、单位支持等，而影响“家庭工作冲突”的因素除了工作时间这一个因素以外，和家庭的关系十分密切。例如：家庭卷

---

① 徐峰，邢亚柯．中国企业员工工作—生活冲突的预警及原因分析［J］．企业活力，2007（8）：43.

② 吴谅谅，冯颖，范巍．职业女性工作家庭冲突的压力源研究［J］．应用心理学，2003，9（1）：46.

③ 安砚贞，WRIGHT PC．已婚职业女性工作家庭冲突调查研究［J］．HR 新观察，2003，6：56－57.

④ 陆佳芳，时勘，LAMLER J J．工作家庭冲突的初步研究［J］．应用心理学，2002，8（2）.

入、家庭支持[①]；邓子鹃（2013）通过实证研究认为工作效能感强的女教师工作效率和绩效水平高，相对可以有更多时间精力投入家庭，从而减少工作与家庭之间的冲突[②]。杨哲（2012）认为生活满意度水平在一定程度之前和“工作—生活平衡”呈现正相关，而之后不再呈现正相关关系[③]。高中华、赵晨（2014）对大型制造企业的员工进行调查研究，认为角色冲突、角色超载、角色压力、工作满意度是干预“工作—家庭冲突”的原因[④]。杜学元、陈金华（2010）认为职业女性承担家务劳动过重，已经影响了女性自身的职业发展态度、学习时间、职业发展目标，对女性职业发展产生负面影响[⑤]。颜学勇、周美多（2014）基于“工作—生活平衡”视角对城市青年人群进行的实证研究表明，工作与生活之间寻求平衡并不意味着单方面地削减工作时间，而增加与家人相处时间、降低家务劳动时间、增加短途旅游的措施增加主观幸福感，有利于实现“工作—生活平衡”[⑥]。吴谅谅、冯颖、范巍（2003）对浙江省杭州市的职业女性进行调查研究，结果显示：导致职业女性“工作—家庭冲突”的主要压力源为工作负荷，其次为工作投入、配偶压力、家庭投入和家庭满足感。此外特别提到的是，“工作时间的规律性”是产生压力的主要因素，会使她们产生角色模糊[⑦]。

（二）“工作—生活平衡”失衡后果研究

由于我国工作—生活平衡问题研究更多倾向于家庭，所以在失衡研究上主要也是以对家庭的影响为主，但是工作—生活失衡具有双重性，偏向不同方向的失衡对女性的影响也不一样。陈建武、张向前（2013）通过对高校女教师的调查得出目前高校女教师面临着较为严重的工作家庭冲突，并且工作干扰家庭更甚于家庭干扰工作，当家庭干扰工作影响程度越高时，女教师越有可能面临

---

① 李晔．工作—家庭冲突的影响因素研究［J］．人类工效学，2003，9（4）：16.

② 邓子鹃．工作家庭冲突、工作效能感与工作生活质量：基于苏北268名高校女教师的实证研究［J］．教育学术月刊，2013（3）：38.

③ 杨哲．职业女性工作—生活平衡研究［D］．北京：首都经济贸易大学，2012：99.

④ 高中华，赵晨．工作家庭两不误为何这么难？基于工作家庭边界理论探讨［J］．心理学报，2014，46（4）：564－565.

⑤ 杜学元，陈金华．论家务劳动对女性职业发展的影响及解决对策［J］．中华女子学院山东分院学报，2010（2）：36－37.

⑥ 颜学勇，周美多．我国城市青年人群幸福感的实证研究：基于工作—生活平衡理论的视角［J］．电子科技大学学报（社科版），2014，16（1）：26.

⑦ 吴谅谅，冯颖，范巍．职业女性工作家庭冲突的压力源研究［J］．应用心理学，2003，9（1）：45－46.

严重的情绪衰竭，从而降低工作成就感；而工作干扰家庭时虽然也会产生情绪衰竭，但不会显著影响工作成就感①。而张伶和张大伟（2006）则认为职业生涯后果与工作—家庭冲突呈现正相关，即员工投入家庭事务所产生的职业生涯后果越小，则其工作—家庭冲突越低。此外工作家庭冲突还会影响组织绩效、组织承诺和工作参与度。一般认为工作—家庭冲突会影响工作绩效和工作质量②。

于国内就性别方面而言，现有的研究多集中在女性上。因为女性面临着相比男性而言频率更高的、更大的工作生活平衡冲突和压力。全面二孩政策放开后，生育二孩女性的生活、工作状况也引发了关注。在生活上，王位（2017）通过访谈5位女性、发放204份问卷进行实证分析，结果显示：女性在生育二孩后，女性的身体状况和心理状况均会发生变化，心理更趋向于家庭，主要表现为社交减少、自我投资和职务晋升意愿下降，职业期望向家庭友好型方向转变③。程倩（2017）通过文献、问卷、访谈白领职业女性，研究显示二孩政策的放开会使得女性的生育二胎需求受到满足，扩展女性生育空间；增加女性的生育效用，女性主观幸福感提高；女性身心负担加重，经济成本增加，职业发展受阻，家庭关系复杂化④。

而对于生育二孩女性的工作生活平衡问题的研究，相关文章较少且集中于对策研究上，并没有系统地对生育二孩女性的工作生活平衡进行调查讨论，这是本研究意图填补的空白点。

本章小结

在应对工作生活平衡问题上，我国采取在吸收外国的优秀经验的基础上，根据我国的基本情况由企业实行组织干预政策的对策，但是我国也有自家事自家办的习惯，外人有时很难参与其中，所以在应对工作生活平衡问题上除了企业的努力，还需要员工的配合。

国外针对“工作—生活平衡”问题的研究起步时间早，并且其现状、影响

① 陈建武，张向前．高校女教师工作家庭冲突与职业倦怠关系研究［J］．集美大学学报，2013，14（3）：15－16.

② 张伶，张大伟．工作—家庭冲突研究：国际进展与展望［J］．南开管理评论，2006，9（4），55—63.

③ 王位．“全面二孩”政策对女性职业发展的影响及对策：以南昌为例［D］．南昌：南昌航空大学，2017：20－25.

④ 程倩．二孩政策对白领职业女性的影响：以A大学青年女教师为例［D］．安徽：安徽大学，2017：15－30.

因素、失衡后果、对策研究等领域已经取得重要研究成果。值得注意的是，国外并没有明显集中对女性的工作生活平衡进行大幅度的讨论。相对于国外研究，我国对于“工作—生活平衡”问题研究仍有进一步扩展的空间，目前主要围绕“工作—家庭冲突”这个问题，而研究“工作—生活平衡”问题的并不多。并且，国内目前有关“工作—生活平衡”的文献资料大部分是在国外的相关概念梳理的基础上提供策略的建议类文章，仍缺少深入的实证和理论方面的探索。而针对生育二孩女性员工工作—生活平衡问题开展的深入研究更是少之又少，有其研究价值。在前人对于“工作—生活平衡”概念界定的基础上，本研究确定“工作—生活平衡”的定义为：个体在工作和生活当中获得相同水平的满足感。

五、生育二孩女性员工工作—生活平衡的调查研究

（一）基本信息

本次调查样本的年龄分布主要集中在“31—37 岁”（48.3%）、“38 岁及以上”（41.6%）两个年龄组，累积百分比占 89.9%。从婚姻状况上看，已婚女性的比例最大，占 98.7%，其次是未婚和离异的女性。从生育二孩的情况上来看，有二孩的女性所占比重最多，但也存在有两个以上的孩子的女性。从整体上看，被调查者的教育水平较高。本科及以上学历者占 65.7%，其中，本科学历者占样本总量的 57.0%，硕士及以上者占 8.7%（如表 1）。

表 1　人口统计学变量的描述性分析

信息	选项	人数	百分比	有效百分比	累积百分比
您现在处于哪个年龄段	18—25 岁	2	1.3	1.3	1.3
	26—30 岁	13	8.7	8.7	10.1
	31—37 岁	72	48.3	48.3	58.4
	38 岁及以上	62	41.6	41.6	100
您的婚姻状况	未婚	1	0.7	0.7	0.7
	已婚	147	98.7	98.7	99.3
	离异	1	0.7	0.7	100

续表

信息	选项	次数	百分比	有效百分比	累积百分比
您的子女情况	有二孩	143	96	96	96
	更多	6	4	4	100
您的文化程度	没有上过学	2	1.3	1.3	1.3
	高中及以下（包括中专/技校/职高）	30	20.1	20.1	21.5
	大专	19	12.8	12.8	34.2
	本科	85	57	57	91.3
	硕士及以上	13	8.7	8.7	100
	总计	149	100	100	

在工龄方面，大多数女性的工龄为5年以上，工龄为5—10年的生育二孩女性占总体的26.2%，工龄在10年以上的女性占总体的65.1%。在单位性质方面，在事业单位工作的占比最大，占总数的64.4%；其次是其他性质的单位，占17.4%；在民营企业工作的占7.4%，在国有企业工作的占6.0%，在国家机关工作的占4.0%。在工作单位中的工作岗位（职级）方面，普通工人或操作工占比最大，占总量的34.9%；其次是其他岗位的，占总量的24.8%；办公室文员占总量的15.4%，中层管理人员占总量的12.8%，基层管理人员占10.1%（如表2）。

表2　工作信息

信息	选项	次数	百分比	有效百分比	累积百分比
您的工龄	1年以下	2	1.3	1.3	1.3
	1—3年	2	1.3	1.3	2.7
	3—5年	9	6	6	8.7
	5—10年	39	26.2	26.2	34.9
	10年以上	97	65.1	65.1	100

续表

信息	选项	次数	百分比	有效百分比	累积百分比
您的工作岗位（职级）	办公室文员	23	15.4	15.4	15.4
	高层管理人员	3	2	2	17.4
	基层管理人员（班组长）	15	10.1	10.1	27.5
	普通工人或操作工	52	34.9	34.9	62.4
	其他	37	24.8	1.3	63.8
	中层管理人员	19	12.8	12.8	100
您所在的单位性质	国有企业	9	6	6	6
	外资企业	1	0.7	0.7	6.7
	民营企业	11	7.4	7.4	14.1
	国家机关	6	4	4	18.1
	事业单位	96	64.4	64.4	82.6
	其他	26	17.4	17.4	100
	总计	149	100	100	

（二）生育二孩女性员工的生活工作平衡程度整体呈较低水平

将该题目赋值，“非常不平衡”选项赋分1分，“非常平衡”赋分5分，其余选项在此之间。结果显示，被调查的生育二孩女性的工作—生活平衡程度处于比“一般”略差的水平上，即从总体上来看，我们所调查的生育二孩女性员工的工作—生活平衡并没有达到一个高水平的平衡，也没有表现出严重的不平衡（如表3、表4）。

数据展现出来平衡程度在一定程度上反映了当下生育二孩女性员工的现状。生育二孩女性普遍已经养育过一孩，不仅二次生育可能因为身体条件，需要花费更多的心思休息调理，没办法处理正常的工作任务，造成自己的“职业上升空白期”，而且由于养育一孩所导致的职业生涯的中断已经影响了女性，而生育二孩后女性还要再一次承受职业生涯的中断，女性在工作方面牺牲巨大，女性面临难度更高的工作生活平衡问题。因此我们认为女性往往在这个时候降低了自己职场方面的目标和要求，不过这需要更多数据进一步证实。

表3　工作生活平衡程度赋值表

题目	1分	2分	3分	4分	5分
您认为您现在的工作与生活之间的平衡程度	非常不平衡	比较不平衡	一般	比较平衡	非常平衡

表4　工作—生活平衡总体指标的描述性统计分析

	N	最小值	最大值	平均数	标准偏差
您认为您的工作与生活之间的平衡程度	149	1	5	2.95	0.91
有效 N(listwise)	149				

另一方面，在接受调查的生育二孩女性中的工作生活平衡与否的比重不稳定，认为当前状态一般的占比43.6%，认为比较平衡的占比27.5%，认为比较不平衡的占比20.1%，有7.4%的人认为目前的状态是非常不平衡的，剩余的1.4%则认为目前的状态是非常平衡的。研究组认为（如表5），由于我们样本的单位性质以事业单位居多，而工作生活平衡程度比重不稳定，这在一定程度上反映了即使在同样性质的单位工作，生育二孩女性员工的工作生活平衡程度还是有区别的。

表5　您认为您现在的工作与生活之间的平衡程度属于

		次数	百分比	有效百分比	累计百分比
有效	非常不平衡	11	7.4	7.4	7.4
	比较不平衡	30	20.1	20.1	27.5
	一般	65	43.6	43.6	71.1
	比较平衡	41	27.5	27.5	98.7
	非常平衡	2	1.3	1.3	100.0
	总计	149	100.0	100.0	

（三）大多数女性在时间投入上倾向于工作

现如今，整个社会都在推行8小时工作制，但是在本次调查中，近半数的职场女性的工作时长仍高于该水平，而真正符合8小时工作标准的仅占54.4%；由此不难看出，很多生育二孩女性在背负着家庭重担的同时，职场上仍然承受着极大的负担，且工作时长这一指标无疑显现出了职场女性在生活—工作平衡问题上，至少在时间投入上更加倾向于工作；这样的状况对于生育二孩女性的心理压力也是一个不小的挑战。在调查中统计到的职业，其中70.5%的为全日制工作，29.5%为非全日制工作（如表6）。

表6　工作方面的描述性分析

	选项	次数	百分比	有效百分比	累积百分比
您每日的工作时长	8小时及以下	81	54.4	54.4	54.4
	9—11小时	60	40.3	40.3	94.6
	11小时以上	8	5.4	5.4	100
您的工作是否需要经常坐班	A. 是，为全日制工作	105	70.5	70.5	70.5
	B. 否，为非全日制工作	44	29.5	29.5	100
	总计	149	100	100	

（四）大部分女性需承担平衡工作家庭的责任和结婚生子的影响

从工作维度来看，职场女性还面临着很多困难，其中有38.10%的女性认为自己有家庭和工作平衡问题，给其带来很大的困扰，而这也是当前职业女性所面临的最大的问题；结婚生子给女性的工作也带来了一定的挑战。结婚生子给女性的职业生涯带来“空窗期”，这对正处于职业上升阶段“黄金期”的女性带来了极大的影响。职场中还有一些容易被人忽略的“隐形”歧视。在调查中，有近25.5%的女性提出曾遇到类似于“性别歧视”和“经期带来的不便”等问题，这给女性的工作带来了很多不必要的麻烦和困扰，无形中加大了职业女性的职场压力，对职业女性的工作生活平衡有着不小的伤害（如表7）。

表7　您身为职业女性在工作中遇到的问题频率表

		回应		观察值百分比
		N	百分比	
您身为职业女性在工作中遇到的问题	招聘及晋升中的性别歧视	39	12.90%	26.20%
	职业技术培训的性别歧视	15	5.00%	10.10%
	性骚扰	1	0.30%	0.70%
	经期工作的不便和困难	38	12.60%	25.50%
	结婚生子对工作的影响	80	26.50%	53.70%
	平衡工作和家庭的责任	115	38.10%	77.20%
	没有问题	14	4.60%	9.40%
总计		302	100.00%	202.70%

（五）大多数职业女性认为实行弹性工作时间有利于工作生活平衡

在工作生活压力不断加重的现在，女性所承担的压力也越来越重，因此相应地会有一些措施有利于女性的工作生活平衡，其中实行弹性工作时间制度，营造有利于职业女性职业发展的文化氛围和工作、人际关系，建立灵活合理的工作调配制度是接受调查的职业女性中认为最有利于工作生活平衡的措施，分别占总量20.31%、19.35%、18.77%。部分职业女性认为设计符合职业女性特点的职业生涯规划是有效办法的占比13.98%；有10.15%的女性认为提升时间管理能力是有效的；认为提升个人工作能力、参加心理辅导的分别占比为9.58%和7.47%。通过我们的调查可以看出女性更倾向于通过措施来缓解工作方面的压力从而达到工作生活的平衡，而通过减轻家庭压力进而有更多的时间解决工作上遇到的困难的反而寥寥无几，从侧面来说女性的重心更多地偏向于家庭，而且普遍认为工作上的压力过大导致工作生活的失衡（如表8）。

表 8　有利于职业女性的工作生活平衡的措施

		回应		观察值百分比
		N	百分比	
您认为以下哪些方法有利于职业女性的工作生活平衡	提升工作能力	45	9.30%	30.20%
	建立灵活合理的工作调配制度	90	18.60%	60.40%
	实行弹性工作时间制度	98	20.30%	65.80%
	心理辅导	37	7.70%	24.80%
	设计符合职业女性特点的职业生涯规划	66	13.70%	44.30%
	提升时间管理能力	52	10.80%	34.90%
	营造有利于职业女性职业发展的文化氛围和工作、人际关系	93	19.30%	62.40%
	1.30%	其他	2	0.40%
总计		483	100.00%	324.20%

a. 在值 1 处表格化的二分法群组。

（六）生育政策在受益人群体普及度不高

在该问题上，我们所调查的生育二孩女性，有近六成以上的人并不太了解其所在单位有关生育政策的规章制度，且其中没有享受津贴的女性竟然高达 36.9%。在这一方面，我们有两点认识：一是这在侧面反映部分生育二孩女性对于其自身特殊权益政策不够重视，缺乏一定的了解，更反映出当前整个社会对于生育二孩女性这个特殊群体的重视程度远远不够；二是企业没有很好地帮助生育二孩女性去申领这个津贴。因为津贴的申领是需要在企业的帮助下完成的。产假期间的津贴应当是对于生育孩子女性的一种社会保护措施，但实际上却有大量的权益受益人不了解甚至不知道，谈何受益。经过探讨，认为有以下两点原因：其一是生育二孩女性对其自身权益不够重视；二是某些企业为了减少自己的成本，对于生育津贴“避而不谈”，导致这部分女性在产假期间没有享受到生育津贴（如表 9）。

表9 您产假期间是否享受生育津贴

		次数	百分比	有效百分比	累积百分比
有效	没有休过产假	9	6	6	6
	有享受津贴	85	57	57	63.1
	没有享受津贴	55	36.9	36.9	100
	总计	149	100	100	

（七）绝大部分的生育二孩女性仍需要承担照顾老人的责任

调查结果显示，家里有需要照顾的老人占总体的76.5%，其中3位及以上的占到总体的45.6%，2位及以下的老人有54.4%。在计划生育政策下，现在适龄女性及其伴侣基本都以独生子女为主，也就是说有45.6%的家庭在照顾老人方面有较大的压力。但是在影响工作—生活平衡因素的多选题中，认为照顾老人是影响因素的只占16.6%，这就意味着家里要照顾老人的数量对女性工作—生活平衡影响不大，并不是影响女性生育二孩的主要影响因素之一。

可以很明显地看出：无论是处于哪个年龄段的女性，生育二孩女性所需要照顾的老人大多集中于“有，2位及以下”和“有，3—4位”两个选项，选这两个选项的生育二孩女性在其年龄段内占比依次为50%、46.15%、68.05%、66.13%，整体来看占到了65.1%；且仍有11.4%的生育二孩女性需要照顾4位以上的老人，这样的重担在生活成本逐渐增加的当今社会，无形之中削弱了女性对于二孩的生育意愿。当今中国人口“低出生率、低死亡率、低增长率”三低的特点及人口老龄化带来的变化和危机显而易见。大多数生育二孩女性在照顾二孩和工作中疲于奔命时，家中还有多达3—4位年迈的老人需要腾出时间去照顾，这无疑加大了生育二孩女性肩上的负担，促使其将更多本应放于工作的时间精力向生活和家庭倾斜（如表10）。

表10 您家里有需要照顾的老人吗？如果有，有几位

		次数	百分比	有效百分比	累积百分比
有效	没有	35	23.5	23.5	23.5
	有，2位及以下	46	30.9	30.9	54.4
	有，3—4位	51	34.2	34.2	88.6
	有，4位以上	17	11.4	11.4	100
	总计	149	100	100	

（八）将近一半的生育二孩女性与家人缺少交流

在当前社会快节奏的生活中，整个家庭的和谐与否是影响二孩妈妈工作生活平衡的一个极其重要的因素。在二孩妈妈休产假的期间，二孩养育成本的压力都落在了二孩爸爸一个人的身上，因此对二孩妈妈的照顾必定会有所减少，这会使二孩妈妈的心理发生很大的变化，也容易引起家庭内部的不和谐，因此二孩妈妈与家人的交流频率是影响家庭和谐的一个重要指标。但从调查结果来看，有41.6%的二孩妈妈认为与家人是缺少交流的，这无疑会降低女性对自己家庭的满意度，女性会无意识地倾向于加大对家庭方面的投入，对其工作生活平衡也带来了极大的影响。在对女性对家庭满意度的调查中，有22.9%的女性对自己的家庭持不满意的态度，这无疑会加大家庭对于女性的心理压力，从而引起女性在工作生活平衡的问题上逐渐偏向于生活维度，很容易造成平衡失衡的后果（如表11）。

表11　家庭方面的描述性分析

信息	选项	次数	百分比	有效百分比	累积百分比
您与家人交流的频率	很少或者根本没有	6	4	4	4
	不太多	56	37.6	37.6	41.6
	有时或者说有一半的时间	50	33.6	33.6	75.2
	大多数时间	37	24.8	24.8	100
您对自己家庭目前的整体满意度	极其满意	7	4.7	4.7	4.7
	非常满意	28	18.8	18.8	23.5
	比较满意	80	53.7	53.7	77.2
	不太满意	29	19.5	19.5	96.6
	一点也不满意	5	3.4	3.4	100
	总计	149	100	100	

并且由于在生育二孩中，女性相对地比男性要承受更大的工作和家庭方面的压力，即便有66.4%的女性在工作有困难的时候会得到家人的支持，但依旧有41.6%的女性承认在工作上有较大的压力，所以，多与家人交流减轻压力，提升家庭满意度便显得十分重要（如表12）。

表 12　工作上感受到的压力 & 家人给予支持　交叉列表计数

		当您在工作中遇到困难时，家人给予支持				总计
		很少或根本没有	不太多	有时或有一半时间	大多数时间	
您是否在目前的工作上感受到了一定的压力	很小或根本没有	4	1	2	2	9
	比较小	0	2	3	14	19
	一般	10	13	15	21	59
	比较大	4	10	13	18	45
	非常大	3	3	4	7	17
总计		21	29	37	62	149

家人支持对生育二孩女性的工作生活平衡程度影响显著

为了更直观反映生育二孩女性的工作—生活平衡程度总体指标水平，对问卷指标类问题进行了量化并赋值（如表 13）。

表 13　工作—生活平衡程度总体指标水平赋值表

题目	1 分	2 分	3 分	4 分	5 分
您是否在目前的工作上感受到了一定的压力	很小或者根本没有	比较小	一般	比较大	非常大
当您在工作中遇到困难时，家人给予的支持	很少或者根本没有	不太多	有时或者说有一半的时间	大多数时间	
工作上的情绪影响了您个人的生活	很少或者根本没有	不太多	有时或者说有一半的时间	大多数时间	
您觉得生活上的情绪影响了您个人的工作	很少或者根本没有	不太多	有时或者说有一半的时间	大多数时间	
您觉得您参加非工作性质的放松活动次数不够	很少或者根本没有	不太多	有时或者说有一半的时间	大多数时间	

被调查的生育二孩女性在工作上感受到比“一般”稍高的压力，但未达到高水平的压力。另外，当工作遇到困难时，生育二孩女性认为家人给予她们的支

持频率比“有时或有一半的时间”稍微低一些；而工作上的情绪影响到个人的生活比生活上的情绪影响到个人的工作更为频繁，但总体上看，处于适中的一个频率。而生育二孩女性参加的非工作性质的放松活动不够的感觉处于“不太多”更偏低一些，即“不太多”的频率会出现“我参加非工作性质的放松活动不够”的感觉（如表14）。

表14　工作生活维度指标描述性统计

	N	最小值	最大值	平均数	标准偏差
您是否在目前的工作上感受到了一定的压力	149	1	5	3.27	1.031
当您在工作中遇到困难时，家人给予的支持	149	1	4	2.94	1.086
您觉得工作上的情绪影响了您个人的生活	149	1	4	2.32	0.878
您觉得生活上的情绪影响了您个人的工作	149	1	4	2.07	0.823
您觉得您参加非工作性质的放松活动次数不够	149	1	4	1.87	0.917
有效的N(listwise)	149				

因此，我们认为家人支持的频率在女性的工作生活平衡中占有很大的比重。由于生育二孩女性在生活中很大一部分处于家庭当中，因此我们认为家人的支持和理解应对女性的工作生活平衡起到较大影响，所以我们决定选取该因素做进一步的论证。

通过卡方检验我们可以发现，当生育二孩女性在工作当中遇到困难时，有证据表明家人给予的支持对生育二孩女性的工作生活平衡起到显著性影响。（如表15所示，Pearson卡方检验 $P<0.05$）再基于上文所述，我们认为家人的支持和理解对生育二孩女性的工作生活平衡起到显著性的影响，对生育二孩女性的工作生活平衡达成起到关键性的作用和显著性的影响。

表15　家人给予的支持卡方检验

	数值	Df	渐进显著性(2端)
皮尔森(Pearson)卡方	13.161[a]	6	0.041
概似比	12.622	6	0.049
有效观察值个数	149		

a. 0资料格（0.0%）预期计数小于5。预期的计数下限为5.78。

（九）双职工家庭与否影响女性工作生活平衡

我们设想双职工家庭是影响生育二孩女性的工作生活平衡因素之一。在此次调查中，将双职工家庭与女性的工作生活平衡进行对比分析，结果发现双职工家庭对生育二孩女性的工作生活平衡有显著影响（Pearson 卡方检验 $P<0.05$，如表16）。

表16　双职工家庭与生育二孩女性工作生活平衡的卡方检验

	数值	df	渐近显著性(2端)
皮尔森(Pearson)卡方	12.495[a]	4	0.014
	12.788	4	0.012
线性对线性关联	0.626	1	0.429
有效观察值个数	149		

a. 资料格（30.0%）预期计数小于5。预期的计数下限为0.55。

究其原因，我们认为如果二孩家庭男女双方都参与工作，那么在家庭当中的经济方面所承受的风险要大大降低，并且双方在工作、职业发展晋升当中所承受的压力比只有一方在工作和职业发展晋升当中所承受的压力要低很多，因此，我们认为双职工家庭的生育二孩女性在对其工作生活平衡的处理负担要轻许多。在北京这个快节奏、生活成本高的城市尤为如此。这也是为什么卡方检验的结果显示显著性接近0.01，因此我们可以认为是否为双职工家庭对生育二孩女性的工作生活平衡影响显著。

（十）超过半数的职业女性工作生活平衡受养育子女和工作负荷的影响

当前社会影响工作生活平衡的影响因素是多种多样的，生育二孩女性经受着来自社会和家庭的双重压力，不管是从工作维度还是生活维度，都对生育二孩女性的工作生活平衡造成了极大的影响。在二孩政策施行的大环境下，有将近

77.90%的女性认为养育子女将会给自己的工作生活平衡带来影响，而这也成了当前影响女性员工工作生活平衡的首要因素；其次，当前社会经济飞速发展，北京快节奏的生活带给女性的工作负荷成为造成工作生活平衡失衡的次要因素，有近55.00%的女性认为该因素会打破其现有的工作生活平衡；而照顾老人、个人能力、人际关系压力等因素给女性的工作生活平衡带来的影响也不可小觑，占比由高到低依次为38.30%、34.90%、22.80%，且相关的学术著作中对这些影响因素也有所验证，故此，对这些影响因素我们应当给予足够的警醒与重视（如表17）。

表17　工作生活平衡的影响因素

		回应		观察值百分比
		N	百分比	
工作生活平衡的影响因素	工作负荷	82	23.80%	55.00%
	个人能力	52	15.10%	34.90%
	养育子女	116	33.70%	77.90%
	人际关系压力	34	9.90%	22.80%
	照顾老人	57	16.60%	38.30%
	其他因素	3	0.90%	2.00%
总计		344	100.00%	230.90%

a. 在值1处表格化的二分法群组。

子女在身边与否影响生育二孩女性对工作生活平衡的感知

变量进行二次处理，将“非常不平衡”“比较不平衡”分类为“不平衡”，“比较平衡”“非常平衡”分类为“平衡”，“一般平衡”分类为“一般”；接着将子女“在老家”和“在其他地方”分类为“不在身边”，“在您所在的工作城市”分类为“在身边”（如表18）。

表18　子女是否在身边 & 工作生活平衡程度　交叉列表计数

		程度测试			总计
		不平衡	一般	平衡	
子女是否在身边	子女在身边	27	49	18	125
	子女不在身边	14	16	25	24
总计		41	65	43	149

在此次调查中，将子女是否在身边与女性的工作生活平衡程度进行对比分析，通过数据分析，我们发现子女在身边与否对生育二孩女性的工作生活平衡有显著影响（如表 19，Pearson 卡方检验 $P<0.05$）。我们认为有以下原因。

首先，子女如果不在身边养育，其衣食住行都比在北京市养育成本要低。因为如果选择不在身边养育，那么一般会选择在类似于老家这样经济成本与北京相比更为低廉的地方进行养育，因此家庭所负担的经济压力会小很多，女性的工作生活平衡更容易处理，更容易达到平衡的状态。

其次，子女如果在其他地方养育，男女双方在养育孩子方面所付出的时间成本将大大减少，那么生育二孩女性有更多的时间投入到工作和生活当中，于工作而言，可以比在身边养育孩子的女性有更多的时间去弥补因生孩子所造成的“事业空白期”，这样更容易达到工作生活平衡。

表 19　子女是否在身边 & 平衡程度的卡方检验

	数值	df	渐进显著性(2 端)
皮尔森(Pearson)卡方	12.398[a]	4	0.015
概似比	1.012	4	0.014
有效观察值个数	149		

a. 0　资料格（0.0%）预期计数小于 5。预期的计数下限为 7.70。

结论与建议

（一）研究结论

本研究主要采用实证研究和定量分析法。在定量方面，对于北京市生育二孩女性员工工作—生活平衡的问题，我们采用 SPSS 12.0 进行比较分析，对问卷中的问题进行分类汇总，主要对问卷数据所占百分比进行统计，以及对数据进行卡方检验等。

本研究选取的基本理论模型是在文献的阅读的基础上对问题进行假设，经过对样本的调查与研究，从而得出结论。以北京市生育二孩女性员工为研究对象，以工作生活平衡的研究视角出发，去了解生育二孩女性员工现状，以及生育二孩女性员工的工作生活平衡因素对她们的具体影响。影响其工作生活平衡的因素主要是工作负荷、个人能力、人际关系压力、养育子女。并且不同单位性质的生育二孩女性对这组因素的某个或某几个有着不同程度的侧重。具体而言，工作负荷越大，调节工作生活平衡的压力越大；养育子女的压力越大，调节的压力越大。另外，本研究意图通过生育二孩女性员工对工作生活维度的自评去展现各方面生育二孩女性员工的工作生活平衡状态。

本研究可以得出如下结论：一方面，生育二孩女性员工的工作—生活平衡程度处于比“一般”略差的水平上。统计结果表明，工作—生活平衡程度主要集中在一般和比较平衡这两个程度。一方面，影响生育二孩女性工作生活平衡的因素主要是养育子女和工作负荷。通过分析得出，如果养育子女的压力和工作负荷这两个方面能够缓解，那么生育二孩女性的平衡压力和难度可能就小很多。另一方面，生育二孩女性员工的主要呼声是实行弹性工作时间制度，营造有利于职业女性职业发展的文化氛围和工作、人际关系，建立灵活合理的工作调配制度。需要从制度和氛围方面入手去缓解平衡压力。大多数女性在时间投入方面更倾向于工作。双职工家庭与否对女性工作生活平衡有显著影响。子女在身边与否影响生育二孩女性的工作生活平衡的感知。生育二孩女性员工在工作当中感受到比“一般”更高的压力，因此缓解其平衡问题有必要从工作方面入手。双职工家庭与否对生育二孩女性的工作生活平衡产生显著影响。大部分生育二孩女性在下班后将重心放在家庭上，并对目前家庭现状感到满意，在工作遇到困难时有家人的支持。最后，家人交流频率和家庭满意度有一定的正相关关系。

（二）政策建议

根据以上文献、现状和原因的分析，我们对于缓解二孩政策下女性的工作生活平衡压力有以下建议。

政府应提高女性对自身权益的认识水平。

经济上，在税收方面，可以考虑给生育二孩女性或者二孩家庭制定相关的优惠政策，或者对于生育二孩的女性给予一定的补贴和经济支持，缓解养育二孩的成本压力。

政策上，需要将性别意识纳入到整个政策过程中。与劳动法保护劳动者的权利和利益的思维相似，把保护妇女的权利和利益的思维贯彻到法律当中尤其必要，让更多的女性参与到政策的制定。并且在保护妇女的生育权的过程当中，政府有责任提供诉讼便利性，当妇女与企业因生育出现争议或者纠纷的时候，能有方便快捷的渠道处理；另外，男性是生育的另一主体，是抚养孩子的另一责任人，对于二孩生育问题应承担更多的责任。因此，除了给女性放产假之外，可以考虑适当给男性放产假，缓解女性的压力。

福利设施上，政府应大力建设社会化幼儿托管机构、全日制幼儿学校等育儿、育婴机构，通过政府投资，来减少家庭在养育孩子方面的压力。并且降低家庭在育婴、育儿、托管机构的消费，让更多的家庭消费得起。

在我们的问卷调查中，超过半数的女性对生育政策并不了解，甚至有部分女性没有享受到生育政策所带来的权益，因此应加大对生育政策的宣传力度，勇于、敢于为女性维护生育权益不受侵犯，让政府部门在大方向上起到指引的作用。

企业应主动维护女性员工的生育权益。

出现生活工作失衡问题其很大部分原因是自身能支配的时间不足，因此应当对处于生育期的女性制定特殊的工作制度，具体做法如：实行弹性工时、远程办公、家庭办公等制度，有助于女性集中时间高效完成既定的工作，有效减少女性员工在上下班的通行时间，从而缓解因时间不足带来的工作家庭失衡。

此外，企业还可以实行以企业为主体的对员工的组织干预策略，将家里有需要照顾的老人和小孩安置到员工小区中，对其进行良好的照顾和教育，减少员工的后顾之忧。

（三）女性应受到家庭的支持和照顾

不管在生理上还是在心理上，女性在生育前后都需要家庭的支持和照顾，生育二孩女性尤为如此。同时家庭文化的建设，可以给生育二孩女性带来一个更为舒适稳定的生活环境，以此来分担女性的养育压力。不仅需要重视女性在家庭方面的诉求，也要重视她们除了家庭以外，例如生活和工作等方面的诉求。再者，家庭当中男性角色不可或缺，男性角色如果缺失，不仅将抚养老人和孩子的重担压在女性一人身上，而且导致家庭经济来源单一化，不确定因素加重。因此，完整的家庭结构和良好的家庭文化氛围需要当中的成员共同建设。

（四）研究局限性与展望

本研究主要有以下局限。

于样本方面，收集样本数量有限，发放问卷的过程中符合条件的女性较少，代表性有一定的影响；方便抽样的样本单位性质过于集中，调研的范围有待进一步扩展。需要进一步补充在民营企业、国有企业、外资企业等单位工作的生育二孩女性样本，扩充更多年龄段的生育二孩女性；本研究计划探求既有需要照顾的老人并且工作压力大的不同年龄女性对其工作生活平衡进行分析。但本研究课题组计量水平较为有限。不能进一步运用 SPSS 当中更多的功能去分析数据，探索不同情况下生育二孩女性的工作生活状况。

针对以上局限，本研究的展望。

完善生育二孩女性工作—生活平衡影响因素体系，深入论证影响因素的可信度和有效性；完善统计知识，对生育二孩女性的工作生活平衡现状及影响因素进行深入分析；选取具有一定代表性的生育二孩女性，务必征求她们的同意，更进一步探索生育二孩女性实现工作—生活平衡的主要障碍。

附录一

生育二孩女性工作生活平衡问题调查问卷（以北京市为例）

尊敬的女士：

您好！我是中国劳动关系学院人力资源管理专业的一名学生，我们目前正在研究一项关于“生育二孩女性员工工作生活平衡问题研究——以北京市为例”的调查，试图通过对该群体的调查分析，了解生育二孩女性员工目前的工作—生活平衡状况，并为其不平衡问题提供一些相应的解决措施；同时也希望通过此次调查能够引起整个社会对于该群体的关注，保护其应当享有的权益。

此次问卷采取匿名的方式，您的作答将完全保密，请你不必有所顾虑。如果无特殊说明，选择题为单选题。我们诚恳地希望得到您的支持！由衷地感谢您能从百忙之中参与我们的调查！

中国劳动关系学院科研小组

一、基本信息：

1. 您现在处于哪个年龄段？

A. 18—25 岁　B. 26—30 岁　C. 31—37 岁　D. 38 岁及以上

2. 您的婚姻状况

A. 未婚　B. 已婚　C. 离异　D. 丧偶

3. 您的子女情况

A. 有二孩　B. 更多

4. 您的孩子现在处何处？

A. 和自己一起在工作城市　B. 在老家　C. 在其他地方

5. 您的文化程度是

A. 没有上过学　B. 高中及以下（包括中专/技校/职高）C. 大专
D. 本科　E. 硕士及以上

6. 您的工龄是

A. 1 年以下　B. 1—3 年　C. 3—5 年　D. 5—10 年　E. 10 年以上

7. 您的单位性质是

A. 国有企业　B. 外资企业　C. 民营企业　D. 国家机关　E. 事业单位　F. 其他

8. 您的工作岗位（职级）是

A. 普通工人或操作工　B. 基层管理人员（班组长）　C. 办公室文员　D. 中层管理人员　E. 高层管理人员　F. 其他（请说明）

二、总体评价

9. 您认为您现在的工作与生活之间的平衡程度属于

A. 非常不平衡　B. 比较不平衡　C. 一般　D. 比较平衡　E. 非常平衡

10. 您认为影响工作—生活平衡的因素（多选）

A. 工作负荷　B. 个人能力　C. 人际关系压力　D. 养育子女　E. 照顾老人　F. 其他

11. 您认为以下哪些方法有利于职业女性的工作生活平衡？（多选）

A. 提升工作能力

B. 建立灵活合理的工作调配制度

C. 实行弹性工作时间制度

D. 心理辅导

E. 设计符合职业女性特点的职业生涯规划

F. 提升时间管理能力

G. 营造有利于职业女性职业发展的文化氛围和工作、人际关系

三、生活维度

12. 您是否为双职工家庭？

A. 是　B. 否

13. 家里有需要照顾的老人吗？若有，有几位？

A. 无　B. 有，2 位及以下　C. 有，3—4 位　D. 有，4 位以上

14. 您与家人交流的频率

A. 很少或者根本没有　B. 不太多　C. 有时或者说有一半的时间

D. 大多数的时间

15. 您对自己家庭目前的整体满意度

A. 极其满意　B. 非常满意　C. 比较满意　D. 不太满意

E. 一点也不满意

四、工作维度

16. 您每日的工作时长

A. 8 小时及以下　B. 9—11 小时　C. 11 小时以上

17. 您的工作是否需要经常坐班？

A. 是，为全日制工作　B. 否，为非全日制工作

18. 您是否了解所在单位有关生育政策的规章制度？

A. 完全不了解　B. 了解一点　C. 比较了解　D. 完全了解

19. 您产假期间是否享受生育津贴？

A. 没有休过产假　B. 有　C. 没有

20. 您是否在目前的工作上感受到了一定的压力？

A. 很小或者根本没有　B. 比较小　C. 一般　D. 比较大　E. 非常大

21. 您身为职业女性在工作中遇到的问题（多选）

A. 招聘及晋升中的性别歧视　B. 职业技术培训的性别歧视　C. 性骚扰

D. 经期工作的不便和困难　E. 结婚生子对工作的影响

F. 平衡工作和家庭的责任　G. 其他　H. 没有问题

五、工作生活平衡维度

下面 4 道问题是有关您生育二孩前后的感觉，每道题目的答案都是一样的，请您选择合适的答案。

22. 当您在工作中遇到困难时，家人给予支持。

A. 很少或者根本没有　B. 不太多　C. 有时或者说有一半的时间

D. 大多数的时间

23. 您觉得工作上的情绪影响了您个人的生活。

A. 很少或者根本没有　B. 不太多　C. 有时或者说有一半的时间

D. 大多数的时间

24. 您觉得生活上的情绪影响了您个人的工作。

A. 很少或者根本没有　B. 不太多　C. 有时或者说有一半的时间

D. 大多数的时间

25. 您觉得您参加非工作性质的放松活动次数不够。

A. 很少或者根本没有　B. 不太多　C. 有时或者说有一半的时间

D. 大多数的时间

26. 关于生育二孩女性工作生活平衡问题您有什么想说的？

____

____

附录二

“生育二孩女性员工工作生活平衡问题研究

——以北京市为例”访谈提纲

尊敬的女士：

您好！我是中国劳动关系学院人力资源管理专业的一名学生，为了了解北京市生育二孩女性的现状，探究影响生育二孩女性工作—生活平衡的因素，为相关制度改革完善提供参考，促进社会的公平正义，我们决定研究“生育二孩女性员工工作生活平衡问题研究——以北京市为例”课题。本次调查主要了解您对自己目前生活状态和工作状态的看法及评价。

您的回答信息将对本研究具有重要的价值。本访谈提纲所获得的资料仅供研究报告整体分析之用，我们将对您所提供的信息严格保密。感谢您对我们的工作给予合作和支持！

中国劳动关系学院科研小组

访谈目的：了解生育二孩女性目前的工作生活状况并发现存在的问题

访谈时间：

访谈地点：

访谈方式：面对面访谈

访谈对象：育有二孩的职业女性

提问提纲

访谈开场语：进行简单寒暄

您好，我们是×××，非常感谢您参与我们此次访谈。

访谈对话：

您有两个孩子，还是更多？

您的孩子都是多大呢？都在身边吗？

您和您的丈夫都在工作吗？

您家庭的月平均工资大概在什么水平？

您平时的主要工作是做什么？您工作几年了？

您每天工作多长时间？需要坐班吗？

您下班之后与家人的交流多吗？都是哪些方面的交流？

您会经常参与您孩子的成长教育吗？

您对您目前的家庭状态满意吗？

您认为您目前的工作生活平衡状态如何？

您认为哪些因素影响您的工作生活平衡？

您在工作之余会做一些与家庭生活无关的活动吗？

您认为您的家庭生活会影响到您的工作吗？具体表现有哪些？

您认为您的工作会影响到您的家庭生活吗？具体表现有哪些？

您在工作上遇到困难时，家人会给予您有效的帮助吗？

您了解您所在单位关于女性生育的相关规定和福利吗？

您享受过所在单位的有关生育的相关规定和福利吗？

您是否在生育二孩后在工作上感受到明显的压力？

您认为有什么好的办法能够缓解您的压力？

您希望国家推出什么样的政策来解决您当前的问题？

访谈中其他问题

访谈结束语：

谢谢您参与我们的访谈，访谈的内容我们会进行严格的保密，祝您生活愉快！

关于外卖配送员工作现状及权益保障情况探究[①]

——以北京市为例

指导老师：闻效仪　项目主持人：武楷

项目参加人：莫惠　彭碧容　张媚　赵格

摘　要： 在政策支持、互联网的高度发展、用户习惯养成的背景下，外卖O2O行业迅速发展并吸纳大量劳动者。由于餐饮配送平台对外卖“骑手”用工性质模糊、相关法律制度缺失，其不得不独自承担市场风险，无法在相应的雇用体系下得到保护。本文针对外卖“骑手”的工作模式、平台对其控制过程——通过“补贴”、奖惩制度、绩效考核方式进行分析，探究出目前外卖行业存在的执法不严及法律制度缺失、劳动者缺少社会保障、市场竞争激烈致企业用工不规范、竞争机制引发职工之间不团结、劳动者缺乏维权意识等一系列问题。并在此基础上，提出相应的对策建议。

关键词： 平台经济　外卖　用工性质　权益保障

一、引言

随着“互联网+”计划的实施及信息技术的飞速发展和互联网应用的普及，平台经济正在迅猛地发展。平台经济覆盖了传统商品、服务、金融等各个领域，使资源能够在更多市场主体、更广时空范围内进行规模化和精细化的配置，亦深刻地反映着人类协同、合作能力的演化和发展。在餐饮服务领域，随着网络食品安全方面的法律及相关制度的不断完善，加上互联网技术、人工智能及大数据的深入和城市化进程的加快，我国以“美团”“饿了么”“百度外卖”（2017年8

① 本文为2018年中国劳动关系学院本科生科研项目三等奖，中央高校基本科研业务费专项基金——优秀本科学生创新项目，项目名称“关于外卖配送员工作现状及权益保障情况探究——以北京市为例”。

月 24 日“饿了么”正式合并“百度外卖”，现为“饿了么星选”）为代表的餐饮配送平台应运而生并迅速发展。这些平台以弹性和灵活的工作方式吸引了大批劳动者，参与平台工作的劳动者数量迅速增加。国家信息中心分享经济研究中心、中国互联网协会分享经济工作委员会发布的《中国共享经济发展年度报告（2018）》显示，截至 2017 年年底，“美团外卖”用户数超 2.5 亿人，合作商户 200 多万家，活跃配送骑手 50 多万人，覆盖城市 1600 个，日完成订单最高破 1800 万个①。平台外卖配送是新生事物，在用工方面呈现出用工性质模糊、主体无形、从属性弱化、劳动关系多重，工作时间、工作地点不固定等特点。与传统用工模式相比，目前平台对外卖员用工的性质具体是怎样的？在现有用工性质模糊、相关法律欠缺的基础上，外卖配送员所处的状况如何？整个外卖行业存在的问题是什么？为回答以上问题，本文将以“美团”“饿了么”“百度外卖”为分析对象，从这些网络平台对配送员的管理方式入手，理清平台对配送员的用工性质并剖析目前外卖行业存在的问题，助推外卖行业走上良性发展的轨道。

二、研究方法

本研究在对已有文献研究的基础上，通过访谈法和观察法进行资料收集，并运用定性的方法对所收集的一手资料进行分析。针对研究对象——“美团”“饿了么”“百度外卖”（2017 年 8 月 24 日“饿了么”正式合并“百度外卖”，现为“饿了么星选”）这 3 个国内主要的外卖配送平台对外卖配送员的用工方式、管理模式及外卖配送员的工作模式，结合传统的企业用工，比较分析两种用工性质、用工方式的异同点。从劳动关系的层面出发，通过比较进一步地探究当下外卖行业存在的问题，希望针对已有问题的认识对未来外卖平台企业用工的法律规范、权利维护提供一定的方向。

三、文献综述

与传统经济中市场简单分为买卖双方的单边市场不同，平台经济是以双边市场为载体，双边市场以“平台”为核心，通过实现两种或多种类型顾客之间的

① 张乐．中国共享经济发展年度报告（2018）共享经济高速增长［J］．中国经济信息，2018（5）：11．

博弈获取利润①。双边市场特征是指平台型企业的买卖双方相互吸引，平台可以整合具有互补需求的双边用户，平台企业的双边用户履行各自的责任，为平台的正常运转做出贡献②。在这一背景下，平台经济下的用工就是要为平台企业的双方用户提供服务，满足双方的需求，促进双方的交易成功进行。

平台为个人提供信息平台和交易平台的模式大致可分为三种：第一种为点对点，消费者将需求告知平台，平台直接指派合适的劳动者；第二种为点对面，平台获取消费者需求后，将信息进一步分享给劳动者们，通过进一步的规则，由劳动者竞争从而获得业务；第三种是面对面，平台提供一个信息媒介，由劳动者们提供自己的相关信息，消费者在查看后，选择合适的劳动者以满足自己的需求③。

当下，"互联网+"领域出现的各种争议层出不穷，包括劳动关系的认定、社会保障及用工模式等各种问题。外卖平台的业务模式在很大程度上确实符合劳动关系的特征，例如为劳动者进行培训、对劳动者的工作不到位情况进行罚款、提供相应的工作服和工具等，但这种用工形式没有固定的地点，同时劳动者可用空闲时间来从事别的劳动。而且外卖"骑手"的流动性极强，绝大多数用工单位没有为其参加城镇职工基本养老保险④。从外卖员的角度来看，他们的工作安全处于很大的危险之中，当下各大送餐平台都在想方设法占领市场，留住客户，在拼服务、拼准点率的市场规则之下，外卖员为"多送多得"而追求速度，也为获得更多的收入而不疲工作。这种看似符合市场逻辑的企业奖惩机制实际上将公共安全的风险转嫁给了社会，转嫁给了劳动者⑤。

外卖行业存在不同的工作模式：商家招聘外卖员，专门为该商家通过各种途径产生的外卖订单进行外送；由外卖平台管理的外卖员，为该平台下的各种商家提供外送服务；平台与第三方公司签订协议，由第三方公司派遣劳动者提供外送服务⑥。虽然外卖行业与传统服务行业相比更加灵活，且劳动及用工管理方式更加特殊，但不论是劳动者一方还是企业方都需从自己的角度出发，明确双方的权利义务关系，为创建更稳定的劳动关系共同努力。

---

① 李允尧，刘海运，黄少坚．平台经济理论研究动态［J］．经济学动态，2013（7）：123—129.

② 王千，赵敏．平台经济研究综述［J］．南阳师范学院学报，2017，16（07）：22—26.

③ 孟现玉．平台经济下劳动关系认定标准的重塑［J］．河南财经政法大学学报，2018，33（03）：82—89.

④ 茅磊．别让劳动关系认定成谜［N］．中国劳动保障报，2018-06-13（3）.

⑤ 吴学安．让外卖小哥"慢"下来需要管理措施跟上去［N］．经济参考报，2018-08-22（8）.

⑥ 常洪雷．外卖行业也要与劳动者签订书面合同［N］．人民政协报，2017-08-01（12）.

四、群体特征

从改革开放以来，大量的务农人员成为一支新型劳动大军从农村流入城市，不仅推动城市建设，并且助力于中国开放初期经济的稳步增长，使中国制造业在30年内迅速成为仅次于美国的全球第二大制造业。随着经济的快速发展，我国已步入知识经济时代，并注重应用智能科技来提高劳动力效率、增加经济效益。近年来，不但在江浙和广东等制造业发达的地区，而且在江西和湖北等中部地区都出现了“机器换人”的热潮。2012年，浙江省为加快推进产业转型升级加速推进“机器换人”进程①。2014年，广东东莞市政府发文件指出设立“机器换人”专项资金支持“机器换人”②。杭州将成为全国“机器换人”的设备供应商③。机器换人的规模仍然在不断扩大中。企业使用“机器换人”的初衷是解决用工荒的问题，同时降低人工成本和减少劳资纠纷。其中被迫换掉的农民工只能从工厂流入新行业。与此同时互联网经济呈现出蓬勃发展的态势，以平台为基础的新经济日益兴起，这吸引着大量新生代农民工向外卖送餐、快递配送、网约车等平台流动。

（一）主要特征

经过访谈调查了解到，外卖员群体的特征主要可以归纳为以下几点。

1. 外卖员群体受教育程度普遍较低，较早地步入社会导致其年轻化

低学历是劳动者在择业时最大的阻碍，新生代农民工群体中，选择外出打工的劳动者的文化水平集中在小学、初中、职业技校等，为追求更高的工资、更多的发展机会来到城市。初到城市没有任何的依靠又迫于谋生的压力，此时平台经济中外卖员的岗位大量空缺，学历要求低且收入高于一般低端劳动力行业，比如制造业、餐饮娱乐、服务业、建筑工等，导致越来越多新生代农民工流向外卖行业。

2. 缺乏专业知识技能，被迫平层流动

送餐员群体前期人力资本投资缺乏，进入劳动力市场后，忙于挣取工资又忽视人力资本再投资，在城市工作几年后文化水平和初入城市时几乎没有差别。在选择

---

① 祝惠春，温济聪．“机器换人”撬动产业升级：来自浙江省宁波市北仑区的调研［N］．经济日报，2013-09-26.

② 黄锐，李其聪．“工业机器人产业”与“机器换人”齐飞［N］．东莞日报，2014-08-07.

③ 李长灿．机器换人匀勒“工业4.0”实践路径［N］．杭州日报，2014-12-10.

工作时，倾向于选择易上手又高工资的职业，职业发展前景并不被列在考虑的范围内，导致的结果是劳动者既不愿意进行人力资本投资，又感叹自己没有高学历只能从事低端劳动力的尴尬处境，这一群体始终在低端制造业或者服务业之间平层流动。

3. 挣取高工资是首要目标

外卖员群体大多来自中小城市或其他偏远农村，年轻的劳动者背井离乡渴望通过赚得更高工资，为以后更理想的生活打下坚实的物质基础；中年人群体已到不惑的年纪，承担着抚养三代人的重压，不得已为生活疲于奔命，放弃实现自我理想的追求，对于"高薪"的渴求是驱动他们从事外卖行业的动力。

（二）小结

农民工在选择工作时主要是以工资为导向，结合自身的知识水平和能力及就业机会多方面考虑，现实的工资驱动是劳动者呈现出高流失率的最主要的原因，进入劳动力市场的前期教育投入和专业技能培训是他们向更高社会阶层流动最大的阻碍。工资发放形式受劳动者过往经历的影响，劳动者付出劳动却得不到相应的劳动报酬，导致劳资双方缺乏信任体系，同时劳动者承受生活和抚养家庭的压力，在这样的情况下更加倾向立即得到工资。还有一部分人，对以后的职业发展迷茫，这个群体倾向于把送餐员作为经济来源的"缓冲带"，等待更好的工作机会并做好向上流动的准备。

五、案例介绍

为探究外卖配送平台与其旗下骑手之间存在的关系，我们选取了北京市的三家外卖平台美团外卖、饿了么、百度外卖（后改名为"饿了么星选"）进行深入访谈。

在上述平台中，"饿了么"成立时间最早，2008 年以本地生活平台的身份创立至今，已覆盖全国670 个城市和逾千个县，在线餐厅340 万家，用户量达2.6 亿人，旗下"蜂鸟"即时配送平台的注册配送员达300 万人[①]。而总部位于北京的"美团外卖"则在2013 年 11 月上线，同样保持着用户数达 2.5 亿人，合作商户数超过200 万家，活跃配送骑手超过50 万名，覆盖城市超过 1300 个，日完成订单 1800 万单的数据。"百度外卖"起始于2014 年，在 2017 年 8 月 24 日，"饿了么"正式宣布收购百度外卖。2018 年 10 月 15 日，"百度外卖"正式更名为"饿了么星选"。

---

① 出自"饿了么"公司《2017 年度企业社会责任报告》。

为避免发生理解混乱，下文统一将百度外卖视作一独立平台介绍。

选取这三家外卖平台作为研究案例具有良好的代表性。2017 年 11 月到 2018 年 5 月，作者及团队先后选取北京及上海两个主要城市不同地点的平台配送人员进行了实地调研访谈。调研对象包括以上三家外卖平台的配送人员、其他平台骑手、业余兼职骑手。调研主要内容包括外卖平台工作流程、各主体在流程中的责任划分、平台公司管理策略等。

访谈中我们获知，从事外卖配送工作的骑手通常属于两种类型：全职和兼职，而鉴于当前各大平台多数将配送工作及骑手招募外包给个人团队，便出现了按照区域划分团队的情况。这些团队负责招募我们重点采访的全职外卖配送人员，对其进行培训、提供工作条件、处理纠纷事故，并根据每月团队的综合业绩进行奖惩。

在工作条件的设置方面，知名度较高的外卖平台规定全职员工必须佩戴带有该公司标志的头盔、穿统一的工作制服，会有检查装备的记录员拍照和抽查佩戴情况，如果没有按照规定进行装备，骑手及团队会面临被批评或者罚款的情况。装备可通过区域团队进行购买，但需要职工在刚入职时交纳押金，约为 500 元。此外，由于每个月配送员的工作配备会出现或多或少的破损，公司还会要求配送员每月支付一定的破损费，如百度外卖每个月会收取配送员 50 元的工作配备破损费。对于骑行工具（如电瓶车），配送员可以从公司方获取，但同样地需要其交付 2000 元左右的押金；或者从公司方分期购买。因为像电瓶车的电池磨损快，物流配送的意外多，大多数配送员会选择自行提供，减少自己在企业方需要担负的责任。工作配备也可由配送员自行购买，如同行之间的转赠、在电商网站上购置等，所需成本更加低廉。

各个平台为骑手缴纳的保险存在很大差异，无论是直营和外包之间、全职和兼职之间，甚至是不同团队之间的标准都会不一致。“美团”公司直营下的外卖送餐员，公司缴纳五险，外包平台下的劳动者则不予缴纳。多数兼职送餐员只需缴纳人身意外险，保险费用从劳动者每天第一单的收入中扣除。对于保险缴纳，在访谈过程中大多数受访骑手并不看重。一方面是办理保险的转移续接手续很麻烦，而外卖送餐员这个行业流动性极大，办理社保手续不仅费时而且费力；另一方面骑手多数认为保险并非必需品，并不能从中获益。

骑手加入平台以后，就可以通过外卖平台应用程序在平台上接单工作。在调研中我们发现，完整的外卖配送流程包含如下 6 个阶段。

（1）平台用户下单。使用外卖平台的用户打开 App 选定商家选购餐品发出订单。

（2）平台派单。外卖平台接收到食客订单后，通过复杂运算将订单直接指派给附近骑手。一些跨区域单、高峰时期的余单，多通过兼职骑手依靠抢单完成。

（3）骑手送餐。骑手在接到订单后，前往商家取餐，并按照系统发配的预定路线前往用户指定地点为其送餐，并通过手机与用户进行沟通。在骑手骑行过程中会被定位，接受平台和乘客的监督。

（4）结算订单。当用户收到外卖，会支付费用给平台，经平台扣除部分费用后，剩余收益划入骑手所在 APP 账户中，以周或月为单位提现。

（5）服务评价。平台多针对骑手设立一整套服务评价体系，通过智能化的大数据运营平台，向用户多角度核实骑手的服务情况，根据规章制度予以骑手相应奖励或处罚。同时，骑手的业绩也与所在团队绩效相挂钩，除去现金性奖惩，也会根据具体情况对订单分派的优先性与否进行调整。

（6）后续责任划分。骑手在后台会对用户的评价结果进行浏览，如果骑手与用户发生争议，平台会启动纠纷解决方面流程。

表 1

<table>
<tr><th></th><th>地区</th><th>工资构成</th><th>工作时长</th><th>结算方式</th><th>福利(保险)</th></tr>
<tr><td rowspan="2">“美团”</td><td>北京</td><td>【基本工资＋额外工资】
基本工资 3000 元(基础单数:500 单/月);
额外工资:超过 500 单后,5—6 元/单</td><td rowspan="2">28 天/月;
至少 8 小时/天在线时长
早班:早 7:20—晚 9:30,中班:上午 10:00—晚 11:00
晚班:自定</td><td rowspan="5">工资月结,按法律规定收税</td><td rowspan="2">缴纳五险</td></tr>
<tr><td>上海</td><td>500 单以内每单 8.5 元,
500—1000 单每单 9.5 元,
1000 单以上每单 10 元</td></tr>
<tr><td>“百度外卖”</td><td>北京</td><td>【基本工资＋额外工资】
基本工资:3000 元/月(基本单数:20 单/天)
阶梯工资:100 单以内,1 元/单;100—200 单,剩余部分,2 元/单;200—500 单,剩余部分,5 元/单</td><td>8 小时(午晚高峰)</td><td>购买人身意外险</td></tr>
<tr><td rowspan="2">“饿了么”</td><td>北京</td><td>无基本工资;
少于 800 单,7 元/单;800 单以上,8 元/单;
(新规定:自 2018 年 12 月 1 号起,少于 100 单,7 元/单;800 单以上,8 元/单)</td><td rowspan="2">26 天/月;每天 10 个小时有效在线时长</td><td rowspan="2">购买人身意外险和交通险(报销困难)</td></tr>
<tr><td>上海</td><td>【基本工资＋额外工资】
基本工资 1000 元/月
超过 800 单以上,8.5 元/单</td></tr>
</table>

根据调研结果，我们制作了如表1所示的三家外卖配送平台全职员工薪酬情况一览表。

除了在骑手劳动过程之内的监督之外，随着用户对服务品质不断提升的客观要求，当前“提供高品质送餐服务”几乎是所有送餐平台对用户做出的服务承诺。平台公司通过将配送员的工作表现、服务态度与其薪酬相挂钩，以期达到约束员工工作的目的。这主要表现在以下几个方面。

第一，通过“补贴”提升骑手工作积极性。由于夏季普遍高温炎热、冬季多低温冰雪，外卖配送员工作的困难增多；而外卖订单量激增，骑手业务负荷量大大提高。针对这种情况，外卖公司会在冬夏固定月份对每单价格进行适当提高（又名高温津贴及冬季“送温暖”补助）。也有个别公司采用月份集中发放补贴的方式进行激励，发放金额根据骑手业务量的差异进行适当调整。发放季节性补助当月，外卖配送员的月收入较同期收入约增长200—1000元。同时，外卖公司还通过补贴话费、伙食补贴、提供集体宿舍等方式减轻骑手生活负担，促使其全身心投入于外卖工作。

第二，奖金制度刺激工作过程的延长。一方面，骑手每月送单数超过一定数额，都会获得奖励，如“饿了么”骑手当月送满1000单奖励500元，而美团骑手一个月内跑满800单会获得300—400元的奖金。另一方面，外卖平台通过设置阶梯奖金制度，有效激励员工工作。配送员的工作表现会通过接单数量的多少、用户评分这些考量标准以所有累计的分值加以衡量。这些累计的分值关系到奖金数额。以“饿了么”为例，“蜂鸟”骑手在团队、众包等运力线通过跑单及出勤均可获取“蜂值”，当蜂值累计到一定数量后，即可提升骑手等级称号，蜂值10 000封顶，若连续35天未跑单，则蜂值清零。同时团队骑手满足每周30单且服务打败全国50%条件后可以获得相应等级的等级奖励。每个等级都有对应的“子等级”，不断地累计“蜂值”，就会很快提升等级（详见表2、表3）。外卖配送员达到王者荣耀一级，每单补助0.5元。

表2

骑手等级	所需峰值	子等级
青铜蜂鸟	0	青铜1/2/3/4级
白银蜂鸟	500	白银1/2/3/4级
黄金蜂鸟	1500	黄金1/2/3/4级

续表

骑手等级	所需峰值	子等级
铂金蜂鸟	3000	铂金 1/2/3/4 级
钻石蜂鸟	5000	钻石 1/2/3/4 级
王者荣耀	10 000	王者荣耀

表 3

青铜 1 级 0	青铜 2 级 125	青铜 3 级 250	青铜 4 级 375
白银 1 级 500	白银 2 级 750	白银 3 级 1000	白银 4 级 1250
黄金 1 级 1500	黄金 2 级 1875	黄金 3 级 2250	黄金 4 级 2625
铂金 1 级 3000	铂金 2 级 3500	铂金 3 级 4000	铂金 4 级 4500
钻石 1 级 5000	钻石 2 级 6250	钻石 3 级 7500	钻石 4 级 8750
王者荣耀 10 000			

第三，用“考核标准”来管理工作过程。考核标准是配送员的综合考评得分，即由配送员的月订单数或职业生涯订单数、用户评分、工作整体表现来得出相对应的分值并加以累计。如“美团外卖”设立奖励制度，设置三等奖励，一等奖金牌骑手 200 元，二等奖银牌骑手 100 元，三等奖铜牌骑手 50 元，考核方式为综合考评得分最高者为一等，以此类推。这种奖金制度的设置，有利于激发配送员的工作动力，刺激其高效、勤奋地工作。

第四，罚款制度规范配送员服务。由于配送员所获劳动报酬是根据订单数、距离进行计算，通常，以计件方式计算工资报酬的配送员每完成一件订单所获得报酬是 8 元左右，但如果送餐超时，用户给予差评或投诉，违反交通规则，出现交通事故、取消订单等情况，公司则采取罚款的方式对配送员的违规行为进行处罚，而通常罚款金额是一次 50 元，出现严重的情况一次多达 200—400 元。罚款的金额数是其所获报酬的数倍。而出现严重的违规行为如多次与用户争吵甚至辱骂客户，则公司会直接扣除工资甚至永久除名。对于配送员而言，接收订单获取报酬是其最主要的目的，而公司的规章制度将其获得的经济效益与其工作表现紧密地联系在一起，给予配送员巨大的压力，迫使配送员在工作过程中规范自己的行为。

在访谈过程中，我们也注意到外卖配送员群体对于兼职的倾向性在不断提高。比起各大外卖配送平台较为复杂的行业规定，兼职外卖在装备和接单方面更少禁忌；同时，由于时间可由自身掌控，一位兼职骑手可以同时接三家平台的配送单，因此在我们的访谈对象中，兼职骑手的月收入一般会达到6000—10 000元，在夏冬两季甚至会有兼职骑手拿到万元以上的月收入，而同行业的全职配送人员收入多在5000—9000元左右。同时，市面上的兼职外卖平台应运而生，不分区域，按里程计算报酬；业务承接广泛，除了承接“美团”“饿了么”“闪送”的派单之外，还接受快递单和个人订单（如同城文件运送、鲜花蛋糕运送等）。无须签订劳动合同，不需要进行每日培训，随时可以离职。但兼职外卖平台往往会隐藏收件人的电话号码，用户会出现定位不准确的情况，而联系寄件人只能通过平台，较为耗费时间精力。此外，因为运送物品的范围扩张，派送所承担的风险也相对变大。但总的来说，兼职和兼职平台这种方式极大地迎合了外卖配送员群体不愿受人管束、渴望自由工作的诉求，并逐渐成为城市间劳动力择业的热门选项之一。

六、案例分析

平台经济自发展至今，雇主对工人的“控制”及工人的“自由”与传统制造业相比发生了很大的变化。从劳动过程理论出发分析雇主对工人控制的4种形式，即市场控制、技术控制、管理控制和情感控制；工人不断复苏的抵抗意识对企业的控制造成挑战，双方出现了很大的矛盾和冲突。而企业的控制方法与工人的抵抗行动在经过双方不断地试探和磨合之后，会逐渐地由冲突向合作转化，从而实现和谐劳动关系的状态[①]。本文试图在分析几家外卖公司的运行现状和形式之后，以美团外卖为例，根据劳动过程理论来对比分析传统制造业与平台经济产业背景下雇主对工人的“控制”及工人的“自由”情况，以应对平台经济高速迅猛发展形势下可能产生的劳动关系双方的各种问题。

（一）雇主对工人的管理

雇主对工人的管理主要体现在两个方面：直接控制和责任自治。前者是对工

① 孙兆阳．劳动过程控制与劳动关系转换［J］．佳木斯教育学院学报，2013（7）：486，491.

人的劳动时间、劳动质量及劳动标准进行严格的监控，具有一定的强制性；而后者是赋予劳动者一定的权利，用相应的灵活性来处理劳动过程中的事情，以此增进工人对企业的忠诚度和成就感，维持双方稳定的劳动关系。平台经济与传统制造业对工人劳动过程的控制之间存在着很大的差异，但最为重要的一点是平台经济只对劳动者在劳动过程中的劳动任务完成程度进行监督，而在其他时间不加以监管①。

在我国传统制造业中，企业对工人进行的技术控制使得工人仅限于在特定的岗位完成特定的工作或相关工作，这种去技能化使工人处于极其不利的地位，影响他们与管理方进行谈判的能力；管理控制是工人服从企业方管理，更好地为企业方服务的保障，以制度和规定的形式展现出来，这些制度和规定展现了企业希望工人在工作期间的行为和思想状态；而情感控制则是企业通过建立一种企业文化使得工人在工作中介入自己的情感，情感控制利用了员工将个人感情作为出租屋以换取收入的特点，使个人情感成为维系管理权威和控制体系的工具②。此外，新生代农民工的“身份认同”也为企业对工人的各种控制创造了有利条件。新生代农民工早早地进入社会，游离于城市和乡村之间，他们基本没有种过地，并不像父辈那样依赖农村，他们努力想增加自己的经济收入，所以在企业的各种控制面前显得更加软弱和无奈。

在平台经济下工作的劳动者，以美团公司的外卖员为例，他们所受到的主要“控制”从传统用工的企业方转向了企业、平台及客户 3 个方面。企业方负责劳动者的入职培训、薪资发放和保险保障等内容；平台方负责为外卖员提供顾客所需商品的地址及配送地址等，平台方给出的路线及配送时间限制了外卖员的去向和配送速度，外卖员可以根据平台的派单及自己与商家的距离来选择是否接单；客户方虽不直接与外卖员产生交易关系，但客户可对外卖员的服务态度、送货时间以及服务质量进行评价以此间接影响到外卖员的绩效工资。从这 3 个方面来看，外卖员的工作时间和工作方式似乎比传统用工下的劳动者更加“自由”，但其实外卖员还是被“控制”在这种“游戏式”的激励制度和工作状态中。外卖员的基本工资很低或者没有基本工资，他们确实可以“自由”选择每天的工作量，但平台的奖励及补贴制度就是对劳动者控制的有力方式，为了避免收入的减

① 吴清军，李贞．分享经济下的劳动控制与工作自主性：关于网约车司机工作的混合研究［J］．社会学研究，2018，33（4）：137－162，244－245.

② 孙兆阳．劳动控制与抵抗：西方劳动过程理论评述与启示［J］．中国人力资源开发，2013（15）：102－109.

少，外卖员要争取更多的派单。

（二）辨析工人的“自由”

工人的“自由”是一个很难认定的界限，且从雇主和工人两个角度来看的“自由”也存在很大的差异。在传统用工模式中，新生代农民工明确排斥自己在户籍制度下的“农民”身份，积极认同自己的“工人”身份①，这会导致工人不能清晰地判断自己在工厂中所处的地位，他们的生产技术受到控制，掌握核心技术的工人和在流水线工作的工人在与管理方的抗衡中力量是完全不同的；雇主的“去技能化”和“激励制度”是将工人控制在企业明确的规章制度下，并创造更多收入的有力方式，而在工人看来他们积极地认同自己的“工人”身份，且在双方关系中处于较不利的一方，所以更不能摆脱“控制”，获得相对的自由。

在平台经济用工中，企业对外卖员的控制逐渐变弱，外卖员的工作自主性相对灵活。在此过程中，平台的规则和客户的评价监督对外卖员的约束又变得越来越重要，外卖员不得不遵守派单指令及注重顾客的评价，实际上这是在一定程度上对外卖员工作的隐性的控制。而且在我们对外卖员采访的过程中发现，虽然这种用工方式也是雇主对劳动者的控制，但外卖员已经认同这种平台下的用工且较满意这种“游戏式”的工作状态。

七、存在的问题

外卖员呈现出的“高薪”只是表面现象，实质上存在一系列的问题，比如法律疏忽对新兴行业的约束、劳动合同形式化、执法不严导致劳动者在受到侵害时得不到有效的保护、竞争机制引发劳动者不团结等。

（一）执法不严以及法律制度缺失

1. 缺乏法律保护

外卖企业经营模式复杂多样，分为直营和承包，承包再往下层层分包，通过定期收取管理费的方式管理。外卖员作为一个新兴的职业，用工模式分为全职和兼职，工资计算方式分为计时和计件，工资支付方式分为日结和月结等。我国现行的《中华人民共和国劳动法》《中华人民共和国劳动合同法》等与劳动者保护

---

① 沈原．新生代农民工出路何在［N］．社会科学报，2012－11－01（2）．

相关的法律和相关政策对劳动者权利义务关系、权益保障等做出了规定，但是这些规定具有普适性，而外卖行业作为新经济的产物，现有的法律在针对特殊用工形式的法律法规，尤其是劳动合同中约定计算工时制实际又按计件模式结算工资的方式，已经完全超越了《中华人民共和国劳动合同法》限制的范畴，导致企业在制定规章制度时既不完全遵守《中华人民共和国劳动法》等法律，又缺少相应的行业法律法规来约束其行为，企业通过严苛的管理制度压榨劳动者，对劳动者的权益存在潜在的威胁。

2. 劳动合同形式化

国家统计局中国农民工监测资料表明，城市农民工的劳动权益保护程度非常低，尤其表现在外出农民工劳动时间偏长、农民工签订劳动合同的比例低等问题上①。自《中华人民共和国劳动合同法》实施之日起，我国建立符合社会主义市场经济的劳动用工制度，规范了企业和劳动者不签合同的问题，但是缺乏严格的监管机构进行执法，导致部分用人单位有法不依，出现劳动合同形式化的问题，劳动用工混乱的现象仍然存在，这主要体现在劳动合同的履行和管理上。劳动合同流于形式，约定内容不合法，用人单位单方扣押劳动者的合同。

“饿了么”平台的管理方与正式工会在入职之前签订书面劳动合同，劳动合同中规定基本工资2200元/月，但在实际劳动合同履行过程中正式工没有底薪，全部工资都采用计件模式。工资数额由劳动者接单量决定，完全与劳动合同约定的计算方式不同，并且违反《中华人民共和国劳动合同法》最低工资标准的要求，企业没有提供给劳动者基本的保障。双方签订完的合同企业又以盖公章为由收回，长期不予返还劳动者一方的合同。

出现上述问题的原因一方面是劳动者忽视劳动合同的重要程度，日常工作中劳动合同没有对劳动者起到决定作用，在签订合同时对合同上的条款也是一扫而过，并不指望以后靠合同争取合法权益。另一方面，企业为了降低用工成本同时又避免违反《中华人民共和国劳动合同法》的规定，最后造成劳动者没有要求，企业不予保护的情况。

① 中华人民共和国国家统计局 .2017 年农民工监测调查报告［N］. 中国信息报，2018－04－28（3）.

（二）劳动者缺少社会保障

由于大部分外卖送餐企业从开始就不予缴纳社保，导致“无社保”逐渐成为约定俗成的规则，也是外卖送餐行业的公开的“秘密”。保险缴纳问题有劳动者、企业、法律制度 3 个方面原因。

一方面是劳动者一方“更愿意干一天拿一天钱”的短视，只看重眼前到手的实际工资，缺乏长远的社保意识，不主动向用人单位要求缴纳社保，同时外卖员群体的流动性大，80% 以上的受访者表示几个月以后会换一份工作，在城市打拼几年后还想回到家乡，外卖送餐只被当作暂时的“缓冲带”以保证现阶段在城市的生活来源，在不断地变换工作的过程中，办理用人单位之间的社会保险转移续接手续既费时又费力；最重要的是劳动者一方对潜在的安全隐患及未来的保障问题并没有引起足够的重视，尤其是外卖员这种高危职业，每天穿梭在车流中，存在着巨大的生命危险，频发的交通事故也警示劳动者应注意安全，但其并未采取切实可行的事前预防和事后保障措施。

另一方面公司基于自身利益的考虑，为减轻经营压力、节省用工成本，同样也会倾向于不缴或少缴社保。利用员工高流动的现状不予交保险，实际是对员工的不负责，没有按照《中华人民共和国劳动合同法》的要求提供给劳动者必要的劳动保护，同时用高额的工资让劳动者降低其他方面的要求，比如休息休假、劳动安全、食宿等，劳动者用拿到的工资自己支付购买服务后的结余并不多。

从宏观的角度思考不予缴纳社保的原因，社保费率太高、企业缴费负担太重，外卖送餐行业快速兴起吸引越来越多来自各行各业的劳动者，高费率导致企业将面临沉重的社保缴费负担，所以全行业墨守成规全都不予缴纳，这与相关政府部门履行监管职责的不到位也不无关系。《中华人民共和国劳动法》规定：“用人单位和劳动者必须依法参加社会保险，缴纳社会保险费”① “用人单位无故不缴纳社会保险费的，由劳动行政部门责令其限期缴纳，逾期不缴的，可以加收滞纳金”②。在法律规定如此严格的情况下还是存在保护缺失的问题，导致全国大多数农民工依然游离在社会保险的“安全网”之外。

---

① 《中华人民共和国劳动法》第七十二条（1995）。
② 《中华人民共和国劳动法》第一百条（1995）。

（三）市场竞争激烈致企业用工不规范

1. 竞争激烈导致不正当用工

由于外卖员的学历要求低且收入高于一般低端劳动力行业，比如制造业、餐饮娱乐、服务业、建筑工等，越来越多新生代农民工流向外卖行业，人力的聚集最直接的影响就是企业的不正当用工。外卖员职业技术要求不高、入门门槛低的特点，使得这一行业有大量的人力储备，企业完全不会担心人员不足的问题，即便劳动者辞职也会有更多的劳动力补充进来。因此，即使许多劳动者在激烈的竞争压力下遭受到了不公正待遇也没有勇气发声。

2. 企业缺乏针对外卖员的晋升机制和文化建设导致员工流失率高

企业缺乏针对外卖员的晋升机制，员工为企业的贡献仅仅体现在工资收入上，并无职业生涯发展前景，这也是外卖员人员流动大的原因。而且，员工并没有把工作当作职业看待，而只当作一种谋生的方式，企业并不能帮助劳动者实现自身的价值。同时，企业缺乏文化建设，员工感受不到被关怀，没有形成对企业的归属感，外包经营商克扣劳动者的工资，长时间处在被压榨环境下的劳动者，最终的选择只能是离开。

（四）竞争机制引发职工之间不团结

饿了么有全职和兼职两种用工形式，全职员工的工资构成是从 7 元到 8 元的阶梯增长，而兼职是固定 8 元一单。这种工资构成引发全职员工对兼职的不满，一是兼职的人越来越多，系统随机派单，人数增加对自己的派单量有影响；二是兼职员工每单的金额多，全职员工内心感觉到不公平，这种不公平感是导致群体不和谐的最主要的因素。人们的不公平感是通过与参照群体的比较产生的，这种比较既可能是纵向的自身比较，也可能是横向的与周围人的比较[①]。全职员工与兼职员工群体在身份上认同一致，从事同样的工作、付出同等劳动又没有得到等额的劳动报酬是引起他们不平等感的根本原因。但是对处于劣势地位的人或下层阶层成员来说，他们往往更倾向认为社会现实是不公平的或不合理

---

① 李春玲．流动人口地位获得的非制度途径：流动劳动力与非流动劳动力之比较［J］．社会学研究，2006（5）：85－106，244.

的[1]。全职员工对不平等又无法改变的工资计算方式只是无奈，然后把对制度的不满归结到兼职员工，最后导致为了同一个目标奋斗的劳动者被置于相反的对立面。

员工不仅没有能够按照企业的层级模式团结起来，而是依据内部乡缘、个人经历、性格特点等通过交往形成一些非正式组织，不同的小团体之间很少交流，企业利用底层员工的互相猜忌，避免劳动者结合成更强大的组织与企业一方抗衡；但是处于底层的劳动者都不团结，对企业将来的发展存在巨大的隐患。

（五）劳动者缺乏维权意识

劳动者个人的权利和维权意识不强。一方面外卖员的学历普遍不高，对相关法律法规及国家政策不太了解，对《中华人民共和国劳动法》和《中华人民共和国劳动合同法》的内容知之甚微，没有时间、没有精力、没有兴趣深入了解法律的规定，以致不知道怎么运用《中华人民共和国劳动合同法》来争取自己的合法权益。其次，在竞争激烈的资强劳弱的市场经济体制下，劳动者为了避免被当作挑事的不安分员工，没有勇气向上级提出更多请求，对于公司提出的工资规定和给予的劳动保护，劳动者都无条件地接受。劳动者不仅没有维权意识，更缺乏反抗的资本，基于外卖员职业的特点，充足的劳动力供给使劳动者在劳资关系中处于弱势地位。

采访中当外卖员被问及自己的权利受到侵害时会采取什么方式保护自己时，大多数外卖员尴尬一笑说“我们打工的有什么权利?”有位在北京漂泊10年的中年人表示现在像他们这样没技术没能力没学历的人，在北京能找到工作就很不错了，不会主动向经理提出更多有关权利的请求，以免被管理方认为是想挑事，害怕被解雇。

（六）劳动者工作时间过长

根据国家统计局2016年发布的数据，农民工的年从业时间平均为10个月，月从业时间平均为25.2天，日从业时间平均为8.7个小时。日从业时间超过8小时的农民工占64.4%，周从业时间超过44小时的农民工占78.4%，分别比上年下降0.4和1个百分点。数据表明企业普遍存在安排劳动者超长时间劳动的情况，侵犯劳动者的休息休假权，而休息权是《中华人民共和国宪法》和《中华

---

① 怀默霆．中国民众如何看待当前的社会不平等［J］．中国社会科学报，2009（7）：11.

人民共和国劳动法》规定的公民的基本权利，是确保劳动者得以恢复劳动力，实现个人全面发展的权利，劳动者有权要求用人单位安排劳动任务不得超过法定最高工时和禁止或限制加班加点。外卖平台实行计件工资制，迫使劳动者自愿采取加时加点的方法挣得更多工资，最大限度地榨取劳动者的剩余价值，而处在“赶工游戏”中的劳动者毫无察觉，他们希望尽可能地延长工作时间来获取更多工资，平台也利用劳动者这一心理保证企业利润增长，双方在利益上达成一致。

在调查采访中了解到外卖员每个月的工资按照工作天数计算，平台没有安排正常的休息时间。正是劳动者自负盈亏的模式，导致劳动者长期处于高强度的工作状态，劳动者甚至舍不得休息。同时平台企业方在企业制度和文化建设上缺少更加人性化的设计，在管理上又忽视员工的情绪，缺少人文关怀，使员工在身体和精神上承受巨大的压力。与劳动密集型企业的劳动者的工作状态极其相似，看似从“工厂政体”中解脱出来的劳动者，在不知不觉中又进入新的格局中。在如此高压下，劳动者是否会因为家庭、管理制度、工作压力等多方面的原因，导致最后出现类似富士康的跳楼事件，课题组不得而之。

（七）缺乏工会组织

在企业中，工会是职工和会员行使团结权的载体①，是企业通过民主程序了解劳动者诉求的途径，也是联系企业和员工之间的重要沟通方式。建立企业工会不仅有利于劳资双方及时解决在工作中发生的利益纷争问题，而且有利于积极调动员工自主工作性和创新性。同时，工会组织把员工相互联合起来，不仅促进员工的团结，增加员工对组织的归属感，而且有利于平衡劳资双方力量不均衡的状况。

工会作为农民工争取利益和维权的合法组织，本该在资强劳弱的情况下发挥代替劳动者发声的作用，把劳动者真正联合起来，打破原子化个体的状态，并且在工会领导下工作，达到维护自身合法权益的目的。现阶段，外卖行业缺乏行业工会，鲜有企业建立企业工会，即便是有工会的企业也不会把流动性大的人员纳入会员中。究其根本原因是对企业来说外卖员不属于稀缺的人力资本，低技能的工作内容使得劳动力供给充足，企业不需要用各种福利制度保证人员的稳定性，正因为如此，企业也有更大的弹性压低劳动者的工资。

① 乔健，钱俊月．对民营企业工会建设问题的思考［J］．中国人力资源开发，2010（10）：83-87.

（八）总结

除以上所提问题外，还有劳动者组织、心理等方面的问题亟待研究。作为社会成员中的一部分，促进社会健康发展的保障，底层劳动者的生存状况应当同样受到关注。资强劳弱的劳动市场，没有组织代替他们发声，面临难题时劳动者被迫选择忍受或者平层流动，这对于构建和谐可持续发展的劳动关系极其不利。上述所提出的问题还需要社会各界共同努力，聚焦劳动者的权益保护和未来发展，防止压抑的劳动者成为社会动荡的隐患，为构建社会主义和谐社会打下坚实基础。

八、建议与展望

2018 年 10 月 15 日下午，饿了么在北京举行战略升级发布会，宣布百度外卖更名为“饿了么星选”。餐饮外卖服务的全面升级，由“百度外卖”核心团队和“饿了么”共同运营，并在阿里生态力量的协同效应下，投入流量、资金、配送人力等资源，打造高端本地生活平台和千亿级即时配送平台。外卖平台的这一巨大变革正是餐饮外卖服务转型升级的缩影。

平台外卖服务自 2013 年前后发展至今，其自身不足也随之凸显，需要国家、企业、劳动者等多方力量进行调整，就整个外卖平台而言，出台针对行业、平台企业、市场整体运行模式的法律条文是当务之急；除此之外，食品安全和商家服务质量也需要政府部门加大监督力度。企业自身应着眼于对劳动制度完善和管理模式的更新，避免形式主义；鉴于平台经济下的劳动者在法律意识和劳动知识方面的欠缺，适当增设普法宣传和安全培训，提升维权意识会使其现状获得改善；同时，组建行业工会也是团结该群体，增强话语权，联结劳动者和企业的又一有力举措。

此外，在外卖行业中所反映的用工性质问题受到了学者的广泛关注，界定雇主与劳动者之间的用工性质及雇主对劳动者的“控制”成为当下平台经济亟须解决的问题，这是保障平台用工合法权益的根本。

参考文献：

［1］张乐．中国共享经济发展年度报告（2018）共享经济高速增长［J］．中国经济信息，2018（5）：11.

[2] 李允尧，刘海运，黄少坚．平台经济理论研究动态［J］．经济学动态，2013（7）：123－129.

[3] 王千，赵敏．平台经济研究综述［J］．南阳师范学院学报，2017，16（7）：22－26.

[4] 孟现玉．平台经济下劳动关系认定标准的重塑［J］．河南财经政法大学学报，2018，33（3）：82－89.

[5] 茅磊．别让劳动关系认定成谜［N］．中国劳动保障报，2018－06－13（3）.

[6] 吴学安．让外卖小哥“慢”下来需要管理措施跟上去［N］．经济参考报，2018－08－22（8）.

[7] 常洪雷．外卖行业也要与劳动者签订书面合同［N］．人民政协报，2017－08－01（12）.

[8] 祝惠春，温济聪．“机器换人”撬动产业升级：来自浙江省宁波市北仑区的调研［N］．经济日报，2013－09－26.

[9] 黄锐，李其聪．“工业机器人产业”与“机器换人”齐飞［N］．东莞日报，2014－08－07.

[10] 李长灿．机器换人勾勒“工业4.0”实践路径［N］．杭州日报，2014－12－10.

[11] 饿了么．2017年度企业社会责任报告［R］.

[12] 孙兆阳．劳动过程控制与劳动关系转换［J］．佳木斯教育学院学报，2013（7）：486，491.

[13] 吴清军，李贞．分享经济下的劳动控制与工作自主性：关于网约车司机工作的混合研究［J］．社会学研究，2018，33（4）：137－162，244－245.

[14] 孙兆阳．劳动控制与抵抗：西方劳动过程理论评述与启示［J］．中国人力资源开发，2013（15）：102－109.

[15] 沈原．新生代农民工出路何在［N］．社会科学报，2012－11－01（2）.

[16] 中华人民共和国国家统计局．2017年农民工监测调查报告［N］．中国信息报，2018－04－28（3）.

[17] 全国人民代表大会常务委员会．中华人民共和国劳动法［M］．北京：中国法制出版社，2018.

[18] 李春玲．流动人口地位获得的非制度途径：流动劳动力与非流动劳动力之比较［J］．社会学研究，2006（5）：85－106，244.

[19] 怀默霆．中国民众如何看待当前的社会不平等［J］．中国社会科学报，2009（7）：11.

[20] 乔健，钱俊月．对民营企业工会建设问题的思考［J］．中国人力资源开发，2010（10）：83－87.

工会组织微信公众号的应用现状与对策研究[①]

——以全总和三家地方工会为例

指导老师：郭宇强　项目主持人：王柯欣

项目参加人：刘琳　赖文芳　岳玥　石玉子

摘　要：在“互联网＋”时代下，新媒体的迅速发展和广泛普及，带来了传播方式和舆论格局的巨大变革，微信逐渐成为现阶段职工沟通交流的主要工具，微信公众号逐渐成为现阶段职工获取信息的重要来源。为适应新形势的要求，在全国总工会的带动下，工会组织主动作为，制订并实施网上工作行动计划，利用微信公众号积极进行网上工会建设，开拓工会工作新阵地。工会工作模式也因此进行转型。与传统模式相比，微信公众号具有更高层次的快捷性及实效性的特点，它的应用为工会工作提供了新视角：工会工作与微信公众号的紧密融合，将激活工会工作活力，最大限度地延伸工会触角，触碰与职工群众密切相关的方方面面。由此可见，微信公众号的应用将对工会工作起着日益重要的作用。因此，本组成员对工会组织微信公众号的应用现状进行研究，将微信公众号推送的主要内容分为工会工作、生活百科、福利信息公告解读、法律维权帮助、劳模工匠精神、关注农民工系列、婚恋/就业招聘信息等类别，对全国总工会及“北上广”三地总工会官方微信公众号的推送内容进行抽样调查并对文章的阅读量、点赞量、内容来源、推送形式等进行统计分析。从中发现4个微信公众号在应用中出现的为弱势群体发声过少、职工参与度低等问题，并提出宣传重点工作、加强矩阵建设等对策建议，从而助力工会提升其利用新媒体为广大职工群众服务的能力，以形成立体多样、融合发展、不断优化的工会新媒体格局，推进工会工作科学化、精准化发展。

①　本文为2018年中国劳动关系学院本科生科研项目三等奖，中央高校基本科研业务费专项基金——优秀本科学生创新项目，项目名称“工会组织微信公众号的应用现状分析与研究——以五家工会为例”。

关键词： 工会组织　微信公众号　应用现状分析

一、绪论

（一）研究背景

目前，随着现代网络技术的进一步发展，以网络媒体和社交平台为代表的新媒体已经成为新闻传播中最具发展潜力的重要媒介。近年来，新媒体的发展处于井喷的状态，微博、微信成了新媒体的核心代表，以微信公众号为例，微信公众号依托多媒体图文推送、互动方便快捷，为公众号主持方与订阅者之间进行沟通与对话搭建了良好的平台，备受用户青睐。它作为当今重要的新媒体传播平台之一，具有交互性与即时性、海量性与共享性、多媒体与超文本、个性化与社区化等特点，推动了新媒体在公共管理领域的应用与发展，尤其是在工会的信息传播与宣传方面开拓了新的方向和形式，使其日渐成为各级工会服务职工群体的新载体，给工会工作带来了新机遇和新挑战。

（二）研究意义

我国工会组织作为中国共产党联系人民群众的桥梁及纽带，想要更好地发挥工会在社会组织中的优势，就要紧跟当今社会“互联网 +”的时代热潮，适应新媒体时代下职工群众对工会工作的新要求，将新媒体作为政绩宣传、知识传播的载体，从而达到树立以职工为主体、快速有效听取职工心声、回应职工诉求等理念的质变。本文通过了解工会中微信公众号的应用，通过对微信推送内容、推送形式、传播效果的分析，发掘微信公众号在工会中发挥的作用，发现运营过程中有待改善的问题，分析原因，做出总结。在新媒体技术应用与传播日益广泛的今天，这一研究不仅顺应了“互联网 +”时代的热潮，也将启发工会工作者不断加强对微信公众号运营的认识，意识到微信公众号的传播力量及其在工会工作中发挥的不可或缺的重要作用。

（三）文献综述

中国新闻出版研究院公布的第十四次全国国民阅读调查数据显示，2016 年 62.4% 的成年国民在 2016 年进行过微信阅读，较 2015 年上升了 10.5 个百分点，可见我国国民对微信公众号的关注热度持续上升。在此背景下，我国工会组织也开始进行微信公众号建设工作，我国学者也从多个角度对工会中的微信公众号建设进行研究，从中发现问题，提出建议，推动了工会组织媒体工作的开展。

1. 微信公众号的定义

学者们对微信公众号的定义是相对一致的。李红霞（2017）认为，微信公众平台是一种向用户推出特定的信息的新媒体媒介，无论是个人还是企业都可以拥有微信公众号，并向用户推送信息，它推送的形式有图片、音频、视频和图文消息。微信公众号分为两种形式，一种是微信服务号，另一种是微信订阅号，服务号顾名思义就是为用户提供服务，订阅号就是为用户提供订阅信息。微信公众号还有种模式叫开发模式，在工会组织中，工会可以通过微信开发模式为职工更新资料，也可以通过微信公众号发布公告，上传相关文件。

2. 工会组织应用微信公众号的特点和优势

王佳妮、李娇（2016）指出微信公号具有精准传播、互动性强、形式多样的特点。刘威、谢光伟（2017）指出工会微信平台具有便捷性，随时随地提供信息和服务；富媒体内容，便于分享；一对多传播，信息达到率高等众多优越性，有利于弥补工会传统工作方式单向性、被动、时效性差，工作思想滞后等问题。许向东、高爽（2017）认为，主流媒体在社会建设中具有引导抚慰功能，有助于澄清流言，缓解群众精神压力；有助于疏导社会情绪，保障社会稳定，彰显人文关怀。李红霞（2017）认为，应用微信公众号还具有微信成本低、微信群成员数量大、可根据不同需求设置自定义菜单等优势。

吕炎（2017）指出，在新媒体发展趋势下，各级工会组织能够有效地利用互联网的网络社交平台发布涉及职工权益的政策法规、实际案例解读，来让职工进行自我学习与了解，有效地保障职工的所有合法权益；各级工会组织可科学合理地应用新媒体技术来制作信息、图片、视频，宣传先进人物与先进事迹，进一步彰显出先进人物与先进事迹先锋模范的示范作用。弘扬主旋律，发挥社会正能量；创新与发展工会工作的方式方法，增强对职工的思想政治教育，培养职工具有正确的政治思想观念以及良好的职业道德。

3. 工会组织微信公众号的应用现状

邹瑞琼（2015）指出，利用微信公众号创新工会工作是经济体制改革背景下的现实需要，网络平台的快速发展为其提供了技术支持；职工网民的大量发展为其提供了主体准备；工会应用微信公众号更好地维护了职工的合法权益；创新了民主管理的渠道；记录了更生动形象的劳动竞赛场面；在普及工会知识、组织职工、教育职工等方面也取得突破性进展。其次，在传播重构职工文化新视角，扩大职工文化的传播效应，增强职工文化宣传的广度与力度方面也发挥了巨大的作用。

吕炎（2017）指出，在工会组织中，微信公众号在有效地保障职工的一切合法权益、增强对职工的思想政治教育、对职工群体性事件的预警机制进行创新发展、大力拓展服务的渠道、主动构建职工的文化视野等方面发挥着重要作用。

福建省厦门市总工会研究室（2014）分析，厦门市总工会微信公众号每天推送数条职工关心的实事、关注的热点、工会服务职工的重点工作动态等信息，并在10多个工会志愿者建立的工会微群中开展工会工作交流讨论，线上线下，不限时间地点交流互动，运用“微”技术开展工会重点工作宣传。此举使工会的宣传报道工作融入职工，适应“微时代”即时性、移动性、互动性和全民化的特点，通过微服务号、微官网的开发建设，不断改进创新，在“微”字上下功夫。

张鸣岐（2017）以天津市总工会为例对微信公众号在工会中的应用进行了分析。微信公众号搭建了天津市总工会与广大职工之间新型的宣传、互动、办公、服务的桥梁。运营过程中该微信公众号尊重遵循新兴社交媒体的传播形态、特点和规律，创新表达方式、善用网言网语，以既有意思又有意义，既有亲和力又有权威性，既富个性化又具指导性的传播方式，将宣传党的政策主张、弘扬劳模先进精神、普惠服务职工举措有机地结合起来，不断完善服务功能、不断改善阅读体验、不断充实普惠内容，力求思想性、可读性、服务性有机统一。

4. 工会组织微信公众号应用中的问题

李昭熠（2017）分析，微信公众号在这些方面存在问题：基于主流媒体有认真核实真伪的规程、严格的把关制度，主流媒体微信公众号在一些新闻信息内容上往往会出现“慢半拍”现象，致使主流媒体微信公众号在热点问题上出现发声慢的缺陷；技术服务非人性化、信息推送方法仍存在不足，正成为制约主流媒体微信公众号发展的瓶颈要素，一方面，主流媒体微信公众号技术服务非人性化，不利于受众浏览公共信息，难以显现主流微信公众号的内容优势。

邹瑞琼（2015）指出，当前工会组织虽然在新媒体建设方面取得了一些成绩，但是也还存在着一些问题和不足，如群体性事件中工会预警性不足，职工对工会工作不甚了解或参与度不高，工会组织对职工吸引力不够，工会组织社会影响力不够等。将新媒体运用于工会工作中，则会有较大改善作用，特别是引入到创新工会工作方法、组织和策划对外宣传、拓宽服务渠道以及引领职工文化建设等方面。

关于微信公众号信息传播现状的困境，江雪晴（2015）指出：首先，微信公众号主要的信息传播方式仍然是图文形式，容易引起受众的抵触；其次，在传播过程中缺乏与受众的互动；最后，推送内容缺乏时效性也会降低受众对微信公众号的满意程度。

5. 改善工会组织微信公众号运营问题的对策

江雪晴（2015）针对微信公众号在传播过程中存在的问题，文中给出了 3 条解决办法，即“以多媒体信息为主，以图文信息为辅”“提高推送的针对性”和“变定时推送为即时推送”。王佳妮、李娇（2016）提出建设自身微信公众号，加强互动；加强微信公众号运营人员队伍建设；加强优质内容建设；加强议程设置，提升传播效果等建议。

邹瑞琼（2015）提出，要利用新媒体重新打造工会的业务工作；更好地维护职工的合法权益；工会应用新媒体也可以创新民主管理的渠道；面对新的网络环境、新的形势，工会干部应与时俱进，掌握新媒体的应用技巧。首先，对网络信息进行日常性和持续性的跟踪与搜集；其次，关注和疏导网络舆情中的“民怨”，对一些激进的、容易引发群体性事件的观点要及时向主管部门和上级组织汇报，从而最大程度地发挥新媒体的预警机制，使之成为发现问题的“预警器”，调查了解职工动态的“情报部”。工会要充分利用新媒体这一平台，征集群众意见和建议，了解民情民意，汇集民心民智，为创新工会工作的机制和方法提供科学依据。

刘威、谢光伟（2017）指出，改善工会中微信公众号运营中的不足，要提高思想认识，对工会人员进行信息化培训；推动工会“参与职能”网上建设、“教育职能”网上建设、“维护职能”网上建设。

二、研究设计

（一）研究思路

第一，在“互联网 +”的时代背景下，基于新的数字和网络技术的新媒体应用对影响工会工作发挥着日益重要的作用，随着工会组织对“互联网 +”建设的重视，“互联网 + 工会”的工作新模式应运而生。微信公众号作为工会应用新媒体中的一部分，具有时效性强、互动便利、维护成本低、定位精准等特点。工会作为职工群众的“娘家人”，设立微信公众号为职工提供便捷的信息服务与办事服务的必要性毋庸置疑，工会组织如何利用微信公众号给职工带来更好的服务体验已成为工会工作中的重要问题。基于此，我们选择重要省市总工会的官方微信公众号研究分析。在此之前，需要阅读相关文献资料，对工会组织在互联网上的影响力以及新媒体应用情况进行充分的了解。第二，对微信公众号的推送内容进行研究，并通过观察文章的阅读量、点赞量研究内容的推送效果和职工接受程度。第三，选取“全国总工会”“北京市总工会”“申工社”（上海市总工会）、“广州市总工会”4 个微信公众号，对 4 个微信公众号的内容进行抽样，对样本内容进行分类分析。第四，对样本中每篇文章的点赞数量、阅读数量及评论互动数量进行统计分析，观察职工的阅读倾向及职工关注的内容。第五，通过对以上内容与数据的分析，将 4 个微信公众号的研究结果进行对比，找出工会微信公众号在内容上的不足，得出结论并提出切实可行的建议。

（二）研究目的

通过研究分析，找出全国总工会与“北上广”三地总工会官方微信公众号具体推送哪些内容，分析其中的优势与欠缺，观察工会组织利用微信公众号与职工群众的互动效果，总结问题并寻找对策，为职工带来更好的服务体验。

（三）研究对象

我们主要研究了全国总工会、北京市总工会、上海市总工会和广州市总工会的 4 个官方微信公众号。全国总工会在 4 个微信公众号中具有引领作用，其他 3 个一线城市以全总为榜样，作为国家一线城市，对工会会员、全体职工的重视程度应该是相当的且推送的内容应该与职工密切相关。通过对研究对象的分析，观察“北上广”三地总工会的微信公众号推送内容在具有各地特色的同时，与全总关注的重点内容是否一致，并结合阅读量与点赞量等数据分析，总结问题，提出相关建议。

1. 全国总工会

全国总工会微信公众号于 2016 年 9 月 13 日（注册时间）成立，推送频率为每日一推，文章数在 2—4 篇，每月平均推送 110 篇文章，月度阅读量约在 12 万至 22 万不等，平均每篇文章阅读 1500 次，阅读点赞数量不等，最低为 500 次，最高2000次，每篇文章平均点赞数为14次，截至2018年1月，全国总工会拥有工会会员人数3.03亿人，其中农民工会员1.4亿人，并定于2018年将大货车司机纳入工会组织。

2. 北京市总工会

北京市总工会微信公众号于2017年10月31日（现用新公众号注册时间）成立，推送频率以周为单位，每周文章数为3—5篇，每月平均推送12篇文章，每月阅读量平均保持在5000次，阅读点赞数量不等，最低为40+次，最高60+次，平均每月点赞数为50+次，每篇文章平均点赞数为5次，截至2018年1月，北京市总工会现有会员273万人。

3. 上海市总工会

上海市总工会微信公众号于2014年9月11日（认证时间）成立，推送频率为每日一推，每日文章数约为3篇，每月平均推送66篇文章，平均每篇文章阅读量1.6万+次，阅读点赞数量不等，最低为4800+次，最高7900+次，平均每月点赞数6800次，每篇文章平均点赞数为100次，上海市总工会拥有工会会员人数857.2万人。

4. 广州市总工会

广州市总工会微信公众号于2014年6月30日（最近一次认证时间）成立，推送频率为每周一推，每周文章数平均为4—6篇，每月平均推送30篇文章，平均每篇文章阅读量为300+次，阅读点赞数量不等，最低为40+次，最高90+次，平均每月点赞数为60+次，每篇文章平均点赞数为2次，就目前可查资料观察，广州市总工会拥有工会会员2 207 718人。

（四）研究内容

对全国总工会及“北上广”三地总工会官方微信公众号的应用现状进行研究，探索微信公众号对工会工作的意义、发展趋势，找出各微信公众号运营的特点及职工群众的关注点，根据目前的问题与不足，提出相应的合理化建议。

本研究主要从以下几方面进行分析：

1. 推送内容分析。根据工会重点工作以及样本中涉及的内容进行分类，具体分为工会工作、生活百科、福利信息公告解读、法律维权帮助、劳模工匠精神、关注农民工系列、婚恋/就业招聘信息等7个类别。

2. 推送时间。对4个微信公众号的推送时间进行分析，推送的时间是否在职工阅读的黄金时间段内。比如，是否为早晚高峰时间，方便职工在上下班途中进行碎片化阅读；中午12点，职工午休前习惯性的阅读；是否抓住网络黄金时间段（晚上9点），这是阅读量最高的时间。

3. 推送频率。推送频率指各微信公众号推送次数的周期性变化。比如，是每日推送还是每周推送，每次推送几篇内容。

4. 内容来源。内容来源是各微信公众号推送内容的重要参考，通过统计分析，我们分为原创、《工人日报》《人民日报》、"央视新闻"等。

5. 推送形式及阅读量。推送形式包括图文结合、视频音频结合、H5等，这一维度关系着推送内容的创新活力与微信公众号对读者的吸引力。阅读量主要是指每篇推送文章被浏览的次数，关系着读者关注倾向与文章内容的宣传效果。

6. 点赞量。点赞量是每篇文章右下角的点赞总数。这一维度关系着读者对文章的兴趣度与认可程度，为编辑确定文章的内容方向给予一定参考。

（五）研究方法

1. 抽样分析法

对全国总工会以及"北上广"三地总工会官方微信公众号进行抽样研究。首先，从2018年的1、3、5、7、9月（共5个月）中，选取每个月的第一周和第三周（共10周），选取每周的周一、周三与周五（共30天）进行分析。再次，抽取春节、元旦、三八妇女节、五一劳动节等重要节日进行分析，观察各微信公众号在这些节日中的推送内容。再次，对样本中的阅读数量、点赞数量等进行统计。将统计结果按类别制成表格，进行分析研究。

2. 内容分析法

对全国总工会以及"北上广"三地总工会官方微信公众号进行内容分析研究。首先通过对各微信公众号2018年1月至9月的推送内容进行跟踪记录，通过统计发现，内容主要包括工会工作、生活百科、福利信息公告解读、法律维权帮助、劳模工匠精神、关注农民工系列、婚恋/就业招聘信息等7个方面。在研究过程中，我们分别对这7个类别进行细分。

工会工作涉及宣传国家重要政策与工会本身的工作两个方面，因此我们分为时事新闻与工会新闻两大类，在工会新闻中细分为工会改革创新、基层组织建设、构建和谐劳动关系等重点工作。

生活百科类以关心职工的日常生活为主，分为旅游休假、饮食养生、职业健康、天气预警、节气节日等。

福利信息公告解读主要是指关心职工福利，以会员普惠活动为主，还包括社保公积金、母婴关爱、退休养老等。

法律维权帮助主要指工会为职工群众提供法律服务，帮助职工群众维权，包括普法宣传、案例讲解、法律条例讲解等。

劳模工匠精神作为工会的重要宣传内容，除宣传工人先进事迹外，还包括技术工人待遇、职业技能鉴定、职工技能大赛、大国工匠论坛、产业工人队伍建设等重点工作。

农民工/婚恋/就业，这三方面信息都是工会工作的关注重点，但由于各微信公众号涉及不多，所以我们放在一起进行分析。农民工问题主要分为为农民工提供法律服务和农民工工资问题；求职就业主要包括发布招聘信息、求职技巧介绍、最低工资标准以及职工状况调查；婚恋交友主要是指交友活动，但涉及较少。

3. 文献研究法

查阅与微信公众号内容相关的文献，对工会组织中微信公众号运行状况进行了解，总结在现有研究中，微信公众号的特点、优势、现状、问题与对策。

三、全国总工会、北上广三地总工会官方微信公众号应用现状分析

（一）公众号内容分析

1. 公众号内容构成比例分析

表 1　公众号内容构成比例（单位：篇，%）

内容分类	全国总工会		北京市总工会		上海市总工会		广州市总工会	
	数量	比例	数量	比例	数量	比例	数量	比例
时事新闻	19	13.70	0	0	6	5.61	0	0
工会新闻	9	6.52	1	1.80	11	10.28	30	34.49
生活百科	26	18.84	11	19.64	29	27.10	12	13.79
福利信息公告解读	16	11.59	19	33.93	21	19.62	15	17.24

续表

内容分类	全国总工会		北京市总工会		上海市总工会		广州市总工会	
	数量	比例	数量	比例	数量	比例	数量	比例
法律维权帮助	14	10.14	11	19.64	12	11.21	2	2.30
劳模工匠精神	35	25.36	2	3.57	13	12.15	15	17.24
关注农民工系列	6	4.34	12	21.43	7	6.54	3	3.45
婚恋/就业信息	13	9.42	0	0	8	7.48	10	11.49
总计	138	100.00	56	100.00	107	100.00	87	100.00

数据来源：根据样本中各微信公众号各类别推送数量统计

如表1所示，全国总工会的更新频率最高，共更新138篇。在相同的时间范围中，更新数目最多，各类别信息均有兼顾，在4个微信公众号中，有着一定的引领带头作用。其中，对劳模工匠精神的宣传力度最大，占比25.36%，对农民工的关注较少，仅有4.34%。上海市总工会的更新条目最多，共107篇，以生活百科和福利信息公告解读为主，分别占比27.10%和19.62%，但对农民工和婚恋/就业类信息关注得较少，分别仅占6.54%和7.48%。广州市总工会更新数目较少，但广州市总工会基层调研较多，所以工会新闻类信息较多。其次，福利信息公告解读与劳模工匠精神类信息较多，占比均为17.24%。再次，对婚恋/就业信息的关注与其他3个公众号相比较多（11.49%），对农民工的关注较少。北京市总工会在假期几乎不更新微信公众号，更新数目最少，且在工会新闻、时事新闻、婚恋/就业信息、劳模工匠精神等方面都极少涉及，甚至出现空缺的情况，需要加强管理，但是北京市总工会对农民工的关注较多，占更新总数的21.43%。

表2　生活百科内容分类表格（单位：篇，%）

生活百科内容分类	全国总工会		北京市总工会		上海市总工会		广州市总工会	
	数量	比例	数量	比例	数量	比例	数量	比例
旅游休假	4	15.38	1	9.09	1	3.45	0	0
饮食养生	1	3.85	5	45.45	9	31.03	0	0

续表

生活百科内容分类	全国总工会		北京市总工会		上海市总工会		广州市总工会	
	数量	比例	数量	比例	数量	比例	数量	比例
体育锻炼	0	0	1	9.09	2	6.90	2	16.67
职业健康	2	7.69	0	0	6	20.69	2	16.67
天气预警	0	0	0	0	7	24.14	0	0
节气节日	9	34.62	2	18.18	2	6.90	5	41.67
生活趣闻	5	19.23	2	18.18	2	6.90	0	0
图书影音	5	19.23	0	0	0	0	3	25
总计	26	100.00	11	100.00	29	100.00	12	100.00

数据来源：根据样本中各微信公众号各类别推送数量统计

2. 生活百科类内容分析

如表1和表2所示，在生活百科类内容推送方面，全国总工会共推送26篇，占比18.84%；北京市总工会共推送11篇，占比19.64%；上海市总工会共推送29篇，占比27.10%；广州市总工会共推送12篇，占比13.79%。此类信息中，4个微信公众号的侧重点与推送强度有所不同。关于节日节气的内容均有所涉及并各有特色，在元旦、春节、清明节、端午节、妇女节等节日送出祝福的文章居多，其中，在元旦期间，全国总工会推送了“习近平新年贺词”和“全国总工会职工慰问信”两篇文章，为全国职工送去新年祝福。其次，在职工的饮食养生、体育锻炼、职工健康等此类信息方面，全国总工会和广州市总工会对此类信息的关注较少，北京市总工会和上海市总工会对此类信息的关注较多，内容包括饮食规律、保健品骗局以及失眠、颈椎病、办公室空气等与健康息息相关的生活常识。天气预警类信息，上海市总工会关注得较多，包括高温天气、台风天气的预警等。全国总工会、北京市总工会和广州市总工会在抽样调查中，此类信息空缺。图书影音类信息，全国总工会关注得较多，多以推荐阅读为主，如最美劳动古诗、写给父亲的散文诗等。广州市总工会虽然涉及广州新闻电台重磅推出的“有声版”《梁家河》，但整体来看，对此类信息的推送很少。北京市总工会和上海市总工会缺少此类信息。

表 3 福利信息公告解读内容分类表格（单位：篇，%）

福利信息公告解读内容分类	全国总工会		北京市总工会		上海市总工会		广州市总工会	
	数量	比例	数量	比例	数量	比例	数量	比例
会员普惠活动	5	31.25	15	78.95	13	61.90	7	46.67
女职工生育/母婴关爱	1	6.25	0	0	3	14.28	2	13.33
社保公积金	7	43.75	2	10.53	1	4.76	1	6.67
离职/退休养老	2	12.5	2	10.53	4	19.04	3	20
金秋助学	1	6.25	0	0	0	0	2	13.33
总计	16	100.00	19	100.00	21	100.00	15	100.00

数据来源：根据样本中各微信公众号各类别推送数量统计

3. 福利信息公告解读类内容分析

如表 1 和表 3 所示，在福利信息公告解读类内容推送方面，全国总工会共推送 16 篇，占比 11.59%；北京市总工会共推送 19 篇，占比 33.93%；上海市总工会共推送 21 篇，占比 19.62%；广州市总工会共推送 15 篇，占比 17.24%。其中，4 个微信公众号的推送内容主要是以会员普惠活动为主，北京市总工会和上海市总工会对福利信息的重视尤为突出。北京市总工会主要以“工会互助服务卡”和免费赠票看电影、去游乐场以及优惠购票和享受购买优惠服务为主。上海市总工会以“卡卡福利”为特色，包括品茶福利、亲子参观牛奶基地等福利，内容新颖，丰富多样。在社保公积金类、离职/退休养老类信息方面，各公众号虽有涉及，但数量较少。全国总工会对两类信息的关注比较突出，包括公积金缴存比例降低、“公积金”活用大全、养老保险中央调剂制度、失业保险金如何申报等多方面内容，帮助职工群众多方面地了解社保公积金的动态，推送实实在在的“有料”文章为职工群众服务。在职工生育、母婴关爱方面，广州市总工会和上海市总工会做出的实际性措施在信息中有所体现。广州市总工会在妇女节期间专门为女性职工举办文化活动，庆祝节日；上海市总工会加强母婴设施建设，设立爱心妈咪小屋；全国总工会和北京市总工会在此类信息方面关注较少。金秋助学类信息，除全国总工会和广州市总工会有极少涉及，北京市总工会和上海市总工会在抽样调查中是空缺的。

表 4　法律维权内容分类表格（单位：篇，%）

法律维权内容分类	全国总工会		北京市总工会		上海市总工会		广州市总工会	
	数量	比例	数量	比例	数量	比例	数量	比例
普法宣传	9	64.29	2	18.18	6	50	0	0
案例讲解	2	14.29	4	36.36	0	0	2	100.00
职工维权	3	21.43	0	0	3	25	0	0
法律条例讲解	0	0	5	45.45	3	25	0	0
总计	14	100.00	11	100.00	12	100.00	2	100.00

数据来源：根据样本中各微信公众号各类别推送数量统计

4. 法律维权类内容分析

如表 1 和表 4 所示，从整体来看，全国总工会、北京市总工会、上海市总工会涉及的法律维权服务类信息较多，均在 10% 以上，广州市总工会涉及极少，仅占 2.30%；但各个公众号侧重点不一样，全国总工会和上海市总工会侧重普法宣传，旨在让更多的工会会员了解基本的劳动法。在全国总工会微信公众号中，此类信息以普法宣传为主，占比 64.29%，高达全国总工会法律维权分类的一半以上，农民工权益、女职工权益、退休权益等均有涉及；而法律条例讲解并未涉及。上海市总工会共推送 12 篇法律维权信息的文章，多以普法宣传为主，进行条例讲解，占比 50%，包括劳权变化、年休假等；但未涉及案例讲解。在北京市总工会的 11 篇文章中，内容多以法律条例讲解（45.45%）和案例讲解（36.36%）为主，关注社会热点，包括校园欺凌事件、网约车空姐遇害事件等；但没有涉及职工维权。在广州市总工会的 87 篇文章中，法律方面的信息仅涉及 2 篇，且均与案例讲解有关。通过以上的数据，我们可以看出，北京市总工会的微信公众号在法律服务方面有着比较偏重的认识，更关注工会会员的切身利益，倾向将与个人有关的政策法律及时推送；全国总工会的微信公众号也是对法律服务有明显的偏重，由于发布比较多的内容导致了比例不如北京市总工会高，但是从篇幅上来说是 4 个公众号里最多的，而且更偏向于普法宣传；上海市总工会紧跟全国总工会的脚步，大篇幅的内容集中在普法宣传中，也涉及北京市总工会与广州市总工会都未涉及的职工维权；广州市总工会的公众号对法律方面的内容推送极少，但是根据我们的了解，广州的工人更多，需要职工维权方面的推送内容应该更多。

表 5　工会工作内容分类表格（单位：篇，%）

工会工作内容分类		全国总工会		北京市总工会		上海市总工会		广州市总工会	
		数量	比例	数量	比例	数量	比例	数量	比例
时事新闻		19	67.86	0	0	6	35.29	0	0
工会新闻	工会改革创新	3	10.71	0	0	1	5.88	1	3.33
	工会基层组织建设	1	3.57	0	0	2	11.76	17	56.67
	工会志愿服务	2	7.14	0	0	0	0	6	20.00
	构建和谐劳动关系	0	0	0	0	2	11.76	2	6.67
	组织交流活动	0	0	0	0	1	5.88	4	13.33
	网上有奖征集	0	0	1	100.00	4	23.53	0	0
	网聚职工“好网民活动”	3	10.71	0	0	0	0	0	0
	职称评审	0	0	0	0	1	5.88	0	0
	团建活动	0	0	0	0	0	0	0	0
总计		28	100.00	1	100.00	17	100.00	30	100.00

数据来源：根据样本中各微信公众号各类别推送数量统计

5. 工会工作类内容分析

如表 1 和表 5 所示，全国总工会和广州市总工会对工会工作微信推送的关注度较高。全国总工会共推送 28 篇，在推送的所有文章中占比 20.22%。广州市工会共推送 30 篇，在推送的所有文章中占比 34.49%。其次是上海市总工会共推送 17 篇，在推送的所有文章中占比 15.89%。北京市总工会仅推送 1 篇，数量最少，在推送的所有文章中占比 1.80%。其中，以广州市总工会和全国总工会在工会工作方面比较突出，广州市总工会推送主要以工会的基层建设、工会组织建设为主，说明广州市总工会的工会组织结构相对来讲是比较完善的。北京市总工会在工会工作方面较为薄弱，有较大发展空间。全国总工会推送以时事新闻为主，共推 19 篇，内容以国家会议和政策为主，但与网民的互动交流较少。上海市总工会推送最多的内容是时事新闻，工会新闻各方面推送较为均衡。北京市总工会仅仅发布一次有奖征集活动。

表6　劳模工匠精神内容分类表格（单位：篇，%）

劳模工匠精神内容分类	全国总工会		北京市总工会		上海市总工会		广州市总工会	
	数量	比例	数量	比例	数量	比例	数量	比例
工人先进事迹	23	65.71	0	0	3	23.08	9	60
工人培训	0	0	0	0	0	0	3	20
技术工人待遇	3	8.57	1	50	3	23.08	0	0
职业技能鉴定	1	2.86	0	0	1	7.69	0	0
职工技能大赛	4	11.43	0	0	1	7.69	1	6.67
大国工匠论坛	2	5.71	0	0	0	0	1	6.67
工匠劳模评比	0	0	1	50	2	15.38	0	0
产业工人队伍建设	2	5.71	0	0	3	23.08	1	6.67
总计	35	100.00	2	100.00	13	100.00	15	100.00

数据来源：根据样本中各微信公众号各类别推送数量统计

6. 劳模工匠精神类内容分析

如表1和表6所示，在劳模工匠精神推送方面，全国总工会表现最为突出，数量最多，涉及内容最全面，共推送35篇，在推送的所有文章中占比25.36%。全国总工会弘扬劳模精神与工匠精神主要以宣传劳模事迹为主，包括为首都园林绿化人点赞，为给群众提供维权服务的律师点赞，致敬岗位英雄，致敬桥梁建设者等产业工人；还包括技术工人待遇、职业技能鉴定、职工技能大赛等相关信息，并对职业技能大赛进行线上直播，全方面推动产业工人队伍建设。其次是广州市总工会和上海市总工会，广州市总工会共推送15篇，在推送的所有文章中占比17.24%，以宣传“最美羊城职工”“最美女职工”“最美医师”等内容为主，还包括工会干部培训等相关信息。上海市总工会共推送13篇，内容丰富，除了有人物事迹、技术工人待遇、产业工人队伍建设等相关信息，还包括工匠劳模评比等信息，比如，对上海工匠候选人进行公示。北京市总工会仅推送2篇，分别为关于北京大工匠发布会和技术工人待遇的信息，在推送的所有文章中占比3.57%，与其他微信公众号相比，推送力度过小。

表7 农民工/求职就业/婚恋交友内容分类表格（单位：篇，%）

内容分类		全国总工会		北京市总工会		上海市总工会		广州市总工会	
		数量	比例	数量	比例	数量	比例	数量	比例
农民工	法律服务	3	50	6	50	6	85.71	2	66.67
	农民工工资	3	50	6	50	1	14.29	1	33.33
	总计	6	100.00	12	100.00	7	100.00	3	100.00
求职就业	招聘信息	0	0	0	0	5	71.43	4	500
	求职技巧	1	7.69	0	0	0	0	0	0
	资格考试报名	0	0	0	0	2	28.57	1	12.50
	最低工资标准	5	38.46	0	0	0	0	3	37.50
	职工状况调查	7	53.85	0	0	0	0	0	0
	总计	13	100.00	0	0	7	100.00	8	100.00
婚恋交友	交友活动	0	0	0	0	1	100.00	2	100.00
	总计	0	0	0	0	1	100.00	2	100.00

数据来源：根据样本中各微信公众号各类别推送数量统计

7. 农民工/求职就业/婚恋交友类内容分析

如表1和表7所示，在农民工、求职就业及婚恋交友3个相关信息方面，4个微信公众号总体推送农民工信息与就业信息较多，关于婚恋的信息很少，只有广州市总工会有2篇关于婚恋的信息，上海市总工会有1篇，其他两个微信公众号都没有涉及。全国总工会共推送19篇，其中，关于农民工的信息在推送的所有文章中占比4.34%，主要以关注农民工工资和农民工法律服务等相关信息为主；就业信息在推送的所有文章中占比9.42%，以最低工资标准和职工状况调查为主；其中两篇都有讲到人才缺口的问题，在体现了全国总工会对人才分布不均衡的担忧及对职工生活工作状况的关注。在北京市总工会的12篇文章中，关于农民工的信息在推送的所有文章中占比21.43%，其中法律服务方面推送的文章数量最多，表明北京市总工会注重培养农民工的法律意识及维权意识。上海市总工会共推送15篇，有关农民工的法律服务方面及招聘信息推送数量较多，重视法律知识的宣传和普及的问题和发布“招聘速递”解决职工就业难的问题。广州市总工会共推送13篇，农民工信息的内容主要是法律维权，就业信息以发布招聘信息和关注最低工资标准为主。

（二）公众号推送相关维度分析

表 8　微信公众号各月份发布文章总数（单位：篇）

微信公众号名称	1 月	3 月	5 月	7 月	9 月
全国总工会	106	107	112	116	106
上海市总工会	64	61	66	77	73
广州市总工会	16	29	30	32	32
北京市总工会	10	12	11	11	11

数据来源：根据样本中各微信公众号发布文章数量统计

1. 各月份发布文章总数分析

如表 8 所示，全国总工会更新数目最多，每月发文总量均在 100—120 篇之间，其次是“申工社”，每月发文总量在 60—80 篇之间浮动。“广州工会”每月的发文总量在 20—40 篇之间，数量较少。“北京市总工会”每月的发文数量在 10—20 篇之间，数量最少。

在 4 个微信公众号中，全国总工会和上海市总工会的更新频率最高，每日均有更新。除个别时间，全国总工会每日更新 1 次，每次更新 4 条，上海市总工会分别在每日早、中、晚 3 个时间段更新 1 次，每次 1 条，一天三条。而北京市总工会和广州市总工会每周更新一次，广州市总工会每周更新 7—8 篇，北京市总工会每周更新 2—3 篇。“全国总工会”和“申工社”两个公众号推送的文章数目远高于北京市的和上海市的，与他们平时的更新频率密切相关。尤其是北京市总工会的微信公众号，由于整改原因，目前仍然处于试运营状态，发文数量一直较少且不稳定。

表 9　微信公众号每篇文章平均阅读量（单位：次）

微信公众号名称	全国总工会	上海市总工会	广州市总工会	北京市总工会
平均阅读量	1747	16 859	374	483

数据来源：根据样本中各微信公众号每篇文章阅读数量统计

2. 每篇文章平均阅读量分析

如表 9 所示，上海市总工会的日平均阅读量最多，基本保持在 1.5 万次以上，远超于其他 3 个微信公众号。这与上海市总工会庞大的粉丝人数和较强的“粉丝黏度”相关。对其微信公众号的内容分析后发现，上海市总工会的推送文章中有超过半数的文章结尾都会附带有奖调查，相当于一种不记名的民意调查，这极大提高了粉丝的关注度以及参与民意调查的积极性，对工会工作有着积极的促进作用。其次是全国总工会的文章阅读量较多，在 2000 次左右，但与上海市总工会相比还是有较大差距。北京市总工会的阅读量略高于广州市总工会的阅读量，与他们更新频率较低有一定相关性，不利于用户习惯性的长期关注。另外，通过计算：各微信公众号每篇文章的平均访问量/该地区工会会员人数，得出全国总工会为 0.000 005 77 次，北京市总工会为 0.000 177 次，上海市总工会为 0.009 7 次，广州市总工会为 0.000 17 次。通过这一组数据我们可以分析出来，如果按照访问的人均为当地的工会会员来算（若访问者为非会员则访问量或许会更低），上海市总工会的微信公众号访问率要大于广州市的，北京市的最低。由于全国总工会会员人数基数较大，不适合与“北上广”三地一起比较，所以暂不适用此数据进行分析。但是全国总工会的阅读量整体高于北京市总工会和广州市总工会，但低于上海市总工会。

表 10　微信公众号每篇文章平均点赞数（单位：次）

微信公众号名称	全国总工会	申工社	广州工会	北京市总工会
平均点赞量	12	100	2	5

数据来源：根据样本中各微信公众号每篇文章点赞数量统计

3. 每篇文章平均点赞量分析

如表 10 所示，4 个微信公众号的点赞数总体低于阅读数，同样是上海市总工会最高，阅读量最高使得其每篇文章的点赞量也居于榜首，但数量在 100 次左右，与其上万的阅读量相比有很大的差距。全国总工会的每篇文章阅读量在 2000 次左右，平均点赞量只有 12 次。但是用平均点赞量除以平均阅读量得出的全国总工会和上海市总工会的点赞率均为 0.6%，从这个数据来看，相当于每 1000 个人阅读了文章，只有 6 个人会去点赞，大家的阅读意愿高于点赞意愿。北京市总工会的点赞量略高于广州市总工会，广州市总工会的点赞量最低。由此可见，微信公众号的阅读量与点赞量基本成正比。

表 11　微信公众号文章内容来源分类统计表（单位：篇，%）

内容来源	全国总工会		北京市总工会		上海市总工会		广州市总工会	
	数量	比例	数量	比例	数量	比例	数量	比例
原创	16	10.46	39	100.00	36	36.73	40	47.06
《工人日报》	35	22.88	0	0	2	2.04	2	2.35
《人民日报》	20	13.07	0	0	3	3.06	0	0
央视新闻	15	9.80	0	0	3	3.06	2	2.35
新华社 & 新华网	14	9.15	0	0	7	7.14	1	1.18
中工网	9	5.88	0	0	1	1.02	1	1.18
《劳动报》	2	1.30	0	0	5	5.10	2	2.35
综合整理自网络	13	8.50	0	0	16	16.33	2	2.35
其他来源	29	18.96	0	0	25	25.52	35	41.18
总和	153	100.00	39	100.00	98	100.00	85	100.00

数据来源：根据样本中各微信公众号每篇文章的内容来源统计

4. 文章内容来源分析

从表 11 中我们能够看出最具原创力的是北京总工会的公众号，虽然他们发布的文章篇数不多，但 100% 原创，这也是它运营的一大亮点。全国总工会发布的推送内容来源最多的是《工人日报》，其次是《人民日报》，在其他来源中包括人力资源社会保障局、“中国新闻网”“中国政府网”等。上海市总工会公众号的推送中，原创占比相对也是较大的，为 36.73%，其他来源相对比较分散。除了我们常见的日报和新闻网，还有一部分是上海的一些职工平台，这还包括少量其他公众号的转载，除去完全原创的文章外，还把一些官方平台发布的优质文章进行了综合整理，换成了自己的风格去推送。广州市总工会的文章发布原创比例为 47.06%，接近一半都是原创内容，而其他来源主要是来自广州市的各种网站和日报，相对而言转载自《人民日报》、“央视新闻”的较少。

四、结论与对策建议

（一）结论

1. 关心服务职工，促进工会形象建构

通过对各类别内容的统计发现，4 个微信公众号在生活百科、福利信息解读与法律维权帮助方面的内容整体侧重较多，说明工会作为职工群众的“娘家人”，利用微信公众号积极地发挥着关心职工生活、关注职工工作的作用。拉近了基层职工与工会的距离，增强了工会凝聚力，利于工会的正面形象建构。在福利信息解读方面，北京市总工会推送的数量占其推送总量最多，为职工群众发放各种优惠购票与免费电影票等，为职工群众提供实实在在的福利。其次，各微信公众号还从职工的饮食、职业健康、天气预警等各个方面为职工群众提供“知冷知热”伸手可触的方便。在研究的样本中，公众号不仅关注职工的维权服务，还从新条例颁布、维权方式、案例解析等各个方面努力为职工提供全面的服务。但广州市总工会公众号对职工维权的关注度较少，还需改善。

2. 关注弱势群体，发声力度有待提升

通过内容分类研究发现，虽然各工会公众号对职工福利、生活百科相关的报道较多，比较关心该职工群众，但是对农民工、孕妇、失业人群等弱势群体的关注度远远不够，这部分内容在各公众号推送的总文章中的占比几乎不超过10%。作为工会工作应该重点关注的职工群体，各工会更应该利用微信公众平台为弱势群体发声，号召更多的用户关注他们，推动和谐劳动关系的建设。在样本中，与这些弱势群体相关的文章多为农民工工资问题、农民工维权问题与女职工生育问题。虽有涉及，但与福利方面的信息相比远远不够。农民工在三四十度的高温环境中作业，却得不到企业发放的高温津贴；年底收不到工钱等情况每年都在发生。

其次，在为弱势群体发声的同时，作为省级总工会的官方微信公众号，更应该发挥带动作用，将工作落到实处，不能仅停留在呼吁与倡导上。以母婴关爱为例，上海市总工会推送过一篇为哺乳妈妈设立爱心小屋的文章，即为女职工哺乳提供方便，专门为她们创造了一个空间，将服务落到实处。上海市总工会自身具有用户基数大的特点，利用微信推送来宣传工会的这一工作，不仅让更多的职工群众体会到工会的温暖，也让更多的人加入到关注“母婴关爱”的行列中来。

3. 职工参与度低，未实现真切互动

通过研究我们发现，职工参与度较低是各微信公众号普遍存在的现象。多数推送内容缺少与职工群众的互动。以全国总工会和上海市总工会为例，全国总工会和上海市总工会推文的频率很高，但与职工的参与度有较大差距。除去推送内容，上海市总工会推送内容的几乎每篇内容都有职工群众的评论反馈且部分评论会收到后台微信编辑的回复；而在全国总工会的推文内容里，几乎没有职工的评论显示。再通过两者的阅读量进行对比，上海市总工会的阅读量远超全国总工会的阅读量。其中一个现象是，上海市总工会近半数的文章中均有抽奖活动，职工群众参与度极高。由此可见，阅读数量以及职工的关注程度与职工参与度密切相关。

其次，我们发现推送内容贴近民意利于增强与职工群众的互动，拉近工会组织和职工的距离。广州市工会推送的 9 月工资社保调整及变化情况和妇女节活动介绍分别有 1470 次和 3257 次的阅读量；申工社推送的关于“长寿运动排名表”的内容获得了 73 142 次的阅读量，需要特别指出的是《上海最低工资标准 & 九大相关权益跟着上涨》这篇推文获得了 100000 + 次的阅读量。从这些高阅读量的推文我们可以看出，当推送的内容涉及职工自身利益和一些抽奖活动时，推文的阅读量会比平时高很多。

（二）对策建议

1. 创新内容形式，宣传重点工作

通过对微信公众号推送的内容进行分析，我们发现各微信公众号多以图文结合的方式为主，整体推送虽然内容丰富，但是形式老套。吸引职工群众对微信公众号的关注，以便更好地发挥工会微信公众号的宣传作用，就要抓住职工群众的关注点与好奇心。要充分发挥微信公众号这一新媒体的作用，加入视频、音频、H5、网友评论等元素，创新内容形式。其次，微信推送内容的新颖程度与工会工作的创新相关联。如全国总工会在妇女节期间，推送一篇“中建三局”女职工时装秀的文章，这不但是工会工作在关心女职工方面的创新，同时通过微信公众号的推送，进入更多职工群众的视野，不但获得女职工的喜爱，也为其他工会组织的创新工作提供了范例，具有带动作用。在增强粉丝对微信公众号关注度的同时，一定程度上助力了工会的形象建设。

其次，在推送内容方面，虽然不同省市微信公众号各有侧重与特色，但涉及范围不全面，尤其是一些工会重点工作，不利于工会工作的全面开展。比如，以宣传弘扬劳模工匠精神为例，作为工会工作中全国性的重点工作，全国总工会大力宣传劳模事迹，推动促进产业工人建设，此类信息的推送比例占其推送文章总数的 25.36%，其他 3 个微信公众号则涉及较少。

2. 加强矩阵建设，发挥辐射作用

通过研究发现各微信公众号由于更新频率与推送习惯不同，微信公众号建设差距较大。同样是一线城市，上海市总工会的推送数量、粉丝数量、阅读量远超北京市总工会，这与上海市总工会一日三条的推送形式密切相关。再以全国总工会和北京市总工会为例，全国总工会的“勤奋度”远高于北京市总工会，全国总工会不但以每月推送的方式为职工群众服务，内容丰富程度也比较高，微信公众号整体结构比较完善。但是北京市总工会推送数量最少，更新频率最低，且在很多重点信息中均为空缺。这一现象值得反思。全国总工会在加强自身微信公众号建设的同时，更要发挥辐射带动作用，适时对各省市工会微信公众号建设进行培训评比，不可放任自流。要加强微信公众号的矩阵建设，增强工会组织微信公众号建设的整体凝聚力。

3. “网聚”职工，构建工会工作新阵地

“网聚”，顾名思义，是以网络聚集人的力量。随着互联网的不断发展，“网聚”的方式、效率都发生着巨大的变化。随着互联网发展和新媒体崛起，以网络为纽带，提供会员享有的权利福利，为职工办理更多业务。以往至今，工会会员都用着比较传统的方式，线下办事线下服务，有了微信公众服务号，可以发起网上投票、网上征集关于工会的相关决策建议，以及“好网民”征集等活动。除了创新形式，应将之前的一级一级通知这种费时费力并且末端极有可能无法享受会员权利的情况进行替换，而且还可以大众化地全民参与，有了新政策可以更加快捷方便地了解。

就4个微信公众平台而言，北京市总工会可发展空间较大，在网聚职工方面做得略有欠缺，也应在给予会员福利的同时，让更多会员参与到工会的民主工作中来；全国总工会微信公众平台充分发挥了带头模范作用，充分行使了网聚职工这一先进的理念，促进决策民主化；上海市总工会微信公众平台紧跟全总步伐，保持步调一致，做到了地方微信公众号的相对最优。当然，我们所说的新阵地不能仅仅是简单的推送，最好应该配有沟通、建议渠道，达到双方双向交流，这不仅方便工会会员享有权利、履行义务，还可以促进工会提供更有效用的信息和更加人性化的服务，以此促进工会新阵地服务质量提升。

最后，如果有可能，我们也希望“互联网+”工会新阵地不是简单地把线下的工作搬到网上，应该结合大数据和云计算成果，运用互联网的思维做工会工作，用互联网的思维服务职工。

参考文献：

[1] 王佳妮，李娇．微信公众号在高校思想政治教育中的创新应用［J］．

教育现代化，2016，3（36）：243－244.

［2］刘威，谢光伟．工会微信公众平台的创新实践［J］．企业改革与管理，2017（5）：178－179.

［3］许向东，高爽．主流媒体在社会建设中的引导抚慰功能［J］．新闻战线，2017（19）：30－32.

［4］吕炎．浅议利用新媒体创新工会工作的机制与方法［J］．科技风，2017（3）：219.

［5］邹瑞琼．利用新媒体创新工会工作的机制与方法［J］．天津市工会管理干部学院学报，2015，23（1）：9－12.

［6］李红霞．微信在继续教育中的应用研究［J/OL］．现代交际，［2017－12－30］.

［7］张鸣岐．天津市总微信公众号“津工 e 家”上线 搭建工会与职工间新型服务桥梁［J］．中国职工教育，2016（5）：44.

［8］李昭熠．优化主流媒体微信公众号发展策略［J］．编辑学刊，2017（5）：39－42.

［9］江雪晴．微信公众号信息传播现状与改进策略［J］．中国报业，2015（20）：22－23.

［10］郭怡人．“成都商报”官方微信的传播效果研究［D］．成都：电子科技大学，2016.

［11］何凌南，胡灵舒，李威，等．“标题党”与“负能量”：媒体类微信公众号的语言风格分析［J］．新闻战线，2016（13）：42－47.

［12］黄晓丹．“罗辑思维”微信公众号运营策略及其效果研究［D］．广州：暨南大学，2015.

［13］李旭东，董成双．浅谈微信公众号的推广及传播［J］．新闻研究导刊，2015（17）：247.

［14］齐红飞．微信公众平台传播特性研究［D］．郑州：郑州大学，2014.

［15］吴中堂，刘建徽，唐振华．微信公众号信息传播的影响因素研究［J］．情报杂志，2015（4）：122－126.

［16］谢远超．微信公众号信息服务平台的设计与实现［D］．中山：中山大学，2014.

劳动争议中福利争议研究[①]

指导老师：张冬梅　项目主持人：曹聪幸
项目参加人：刘亚铃　叶桐　肖姣

摘　要：随着经济发展与劳动者对“体面劳动”的追求，劳动福利争议在劳动争议中所占比例越来越高。然而在实践中，劳动福利争议存在现有法律规定不明、多依附于日益增长的劳动争议、各地仲裁裁决认定标准不一等问题，课题组小组成员在阅读相关书籍、论文的基础上，通过案例分析，在制度完善的框架下提出应当在微观层面加大普法力度，中观层面借助集体谈判之力，在宏观层面实现劳动福利监管渠道的建立，为劳动福利的实务认定提供一种新思路。

关键词：劳动福利　认定标准　集体谈判　监管渠道

一、研究背景

（一）经济全球化背景下劳动福利政策的思考

从宏观角度来看，在经济全球化背景下，劳动福利政策越来越成为影响全球资本转移的重要因素。

随着全球化的发展，传统的一国之内的劳动力市场被打破，各国企业之间的竞争也日益趋向全球化态势，由于目前的市场增长有限，各公司都力图减少生产成本，以获取最大限度的利益，作为生产力要素之一的劳动力不可避免地成为被削减的对象[②]。为维护劳动者的利益，各国纷纷在工时、工资、劳动保护方面予以立法，对劳动者进行保护。但随着全球化的不断加深，一方面，国内劳动福利

① 本文为2018年中国劳动关系学院本科生科研项目三等奖，校级学生科研项目，项目名称“劳动争议中福利争议研究”。

② 苑涛．经济全球化与我国的劳动福利保障政策［J］．山西财经大学学报，2002，24（3）：22.

水平的提高将使本国企业的产品在价格方面失去优势，不利于本国企业参与全球竞争；另一方面，随着金融全球化的不断发展，各国在吸引国外投资方面的竞争也加剧了。如果政府通过社会政策增加劳动者的收入，政府公共开支的增加将提高税收，这势必加重企业负担，导致国外投资的减少。

为了保护公共利益，政府可能反对公司压低工资、减少福利，然而一旦政府进行干预，受到干预的企业就可能把工厂移出这个国家，对这个国家的经济发展造成负面影响，这使得传统的高福利政策失灵。相反，为维持本国在全球竞争环境中的地位，还有可能开始主动削减劳动福利，这样一来，劳动者的劳动权益得不到更好的保护，加剧了劳资双方的矛盾。

而且由于发达国家与发展中国家对劳动福利保障政策的制定程度不一，发达国家认为发展中国家可利用其廉价的劳动力与较低的劳动福利保障，生产技术含量较低的商品。如此，发展中国家可吸引大量资本涌入，提高就业机会和商品出口率，但这也会导致发达国家失业率上升。为维护本国稳定、减缓公民就业压力，发达国家不得不向发展中国家的工资、福利标准看齐①。如此一来，国际劳工标准受到挑战。

另一方面，传统的“福利国家”的福利政策似乎向着相反方向发展。冷战结束以来，全球化浪潮席卷而来，整个世界都面临重新洗牌，福利国家的高福利使劳动力成本居高不下，资本的全球转移使得传统的高福利国家的失业率大增，欧洲各国的福利政策似乎朝着相反的方向发展②。

基于上述分析，劳动福利的界定与劳动福利争议的解决问题不再简单地为提高劳动福利，更多的是要从全球视角与劳资双方的平衡与协调的角度出发，使得劳动者的福利权益得到更为合理的保障。

（二）劳动福利对提高劳动者工作积极性、维系劳资关系的影响

从微观角度而言，劳动福利政策对于提高劳动者的工作积极性、维护和谐稳定的劳资关系具有重要作用。

随着经济的发展与劳动者自身素质的提高，劳动者越来越追求“体面劳

① 苑涛．经济全球化与我国的劳动福利保障政策［J］．山西财经大学学报，2002，24（3）：22.
② 肖巍，钱箭星．福利体制改革对劳资关系的复杂影响［J］．湖北行政学院学报，2017（4）：55.

动”，公平自由、追求人格尊严与安全，员工福利与员工的工作积极性与创造力越来越有着正相关的作用，劳动福利的提高在一定程度上减缓了职工的生活压力，让职工有更多的精力投入劳动领域，提高劳动效率，促进科技创新；对于企业方而言，劳动福利的提高减缓了劳资矛盾，增强了企业员工的凝聚力、创造力，劳动福利的落实，对于缓和劳资矛盾具有重要作用。

同时我们也应认识到，由于地区、企业性质与劳动者工作性质的不同，劳动福利的差异性也很明显，强制性的、过高的劳动福利带来的企业压力过大、滋生劳动者消极怠工情绪等问题同样不可忽视。

二、劳动福利争议存在的问题分析

从分析裁判文书网上2015—2018年劳动争议案件中涉及劳动福利争议的案例①来看，主要存在以下几种问题：现有法律规定不明确、福利争议依附于劳动争议、各地认定标准存在差异。

（一）劳动福利内容界定不清，现有法律规定不明确

关于劳动福利的概念，西方国家主要从福利计划的角度给员工福利下定义。美国学者加里·德斯勒认为，员工福利包括健康和人寿保险、休假和保育设施，具体可以归纳为四类：一是补充性工资；二是保险福利；三是退休福利；四是员工服务福利②。

我国的劳动福利，又称职业福利或员工福利，它是企业为满足劳动者的生活需要，在其工资收入以外，向员工本人及其家人提供的货币、实物及一些服务形式。刘昕认为狭义上的福利是为了改善企业员工及其家庭的生活水平、增强员工对于企业的忠诚感、激发员工的工作积极性③。

在中国企业的员工福利计划中，将劳动者福利分为法定福利与企业自主补充福利。法定福利包括：基本养老保险、基本医疗保险、失业保险、工伤保险、女职工生育保险、住房公积金、带薪法定假日、带薪年假、法定特别休假（婚嫁、

---

① 文中分析的案例均为截至2018年11月14日，在裁判文书网中检索“劳动福利”得出的案例。

② 德斯勒．人力资源管理［M］．北京：中国人民大学出版社，1999：492.

③ 刘昕．福利是否需要全部货币化［J］．中国人力资源开发，2001（1）.

丧家、探亲假)。企业自主补充的福利包括:企业补充养老保险、带薪假期(法定休假以外的带薪病假、事假、公假),司机外勤人员的人身意外保险、各种培训(继续教育、外派培训、企业培训)、专项福利补贴(住房补贴、生日津贴、结婚慰问金、住院慰问金、丧事慰问金、免费工作餐、定期体检)、福利设施和服务(员工宿舍、食堂、医务室、浴室、托儿所、上下班交通费补贴、电话费补贴以及各种文化设施)。

从2015—2018年的49起有关劳动福利争议的典型案例可以得出,目前法院审理案件过程中可认定为劳动福利的情形有:员工住房福利以及租房、员工优惠购房;水电补贴、通信补贴、交通补贴、高温补贴、社保津贴、岗位津贴、生育津贴;奖金、节假日福利费、公休假;劳保福利、公司培训、公司股份、体检等15项,且大多为劳动合同约定的内容,没有统一的认定标准。

从现有的法律规定来看,《中华人民共和国工会法》第三十条①对职工集体福利做了相关规定,涉及劳动者工资、劳动安全卫生和社会保险;《中华人民共和国劳动合同法》第十七条提出用人单位和劳动者可以在劳动合同中约定福利待遇,但劳动福利并不是劳动合同的必备条款。根据《中华人民共和国劳动争议调解仲裁法》第二条②第四项的规定,因工作时间、休息休假、社会保险、福利、培训以及劳动保护发生的争议可以诉诸仲裁,福利争议的范围又排除了社会保险、休息休假、培训和劳动保护上给予员工的利益,仲裁领域内的法律规定又将福利内容置于排除上述事项以外的更广泛的范围。

由此可见,劳动福利的概念范围在我国现行法律中无明确详细的规定,造成劳动福利在实务中认定难。在实践中,有些劳动福利似已成为体制内的专项,如福利购房。而体制外的劳动者,却很难找到维权的支点和与雇佣方博弈的杠杆。

---

① 《中华人民共和国工会法》第三十条 工会协助企业、事业单位、机关办好职工集体福利事业,做好工资、劳动安全卫生和社会保险工作。

② 《中华人民共和国劳动争议调解仲裁法》第二条 中华人民共和国境内的用人单位与劳动者发生的下列劳动争议,适用本法:(一)因确认劳动关系发生的争议;(二)因订立、履行、变更、解除和终止劳动合同发生的争议;(三)因除名、辞退和辞职、离职发生的争议;(四)因工作时间、休息休假、社会保险、福利、培训以及劳动保护发生的争议;(五)因劳动报酬、工伤医疗费、经济补偿或者赔偿金等发生的争议;(六)法律、法规规定的其他劳动争议。

（二）各地区在争议处理过程中，对劳动福利具体内容认定不一

从图 1 可看出，在 2015—2018 年劳动争议案件中涉及劳动福利的案件数量波动增长，从图 2 可以看出，在 2015—2018 年间，各省、自治区、直辖市的劳动争议案件数量存在较大差异，其中最多的为广东省，317 例，最少的省份为 1 例，如吉林省、内蒙古自治区等。

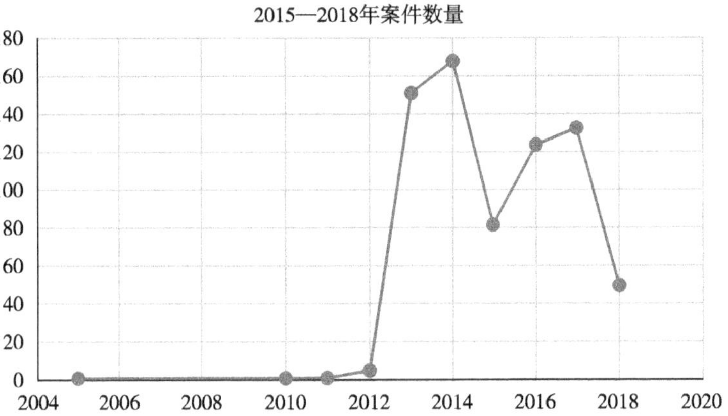

图 1　各年份案件数量分析

注：图片来源于裁判文书网，2018 年 11 月 2 日

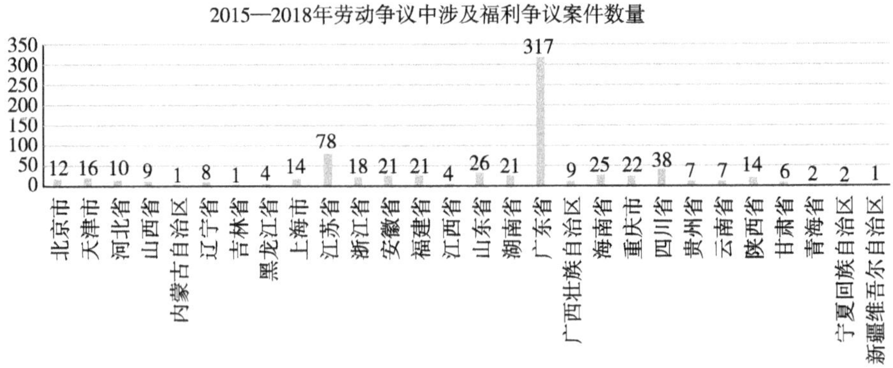

图 2　各地区劳动福利争议案件分布状况

注：来源于裁判文书网，2018 年 11 月 2 日

在实践中劳动福利争议往往不是劳动争议中的唯一争议，通常与其他争议组合在一起，这加剧了劳动福利争议认定的复杂性（见图 3、图 4）。

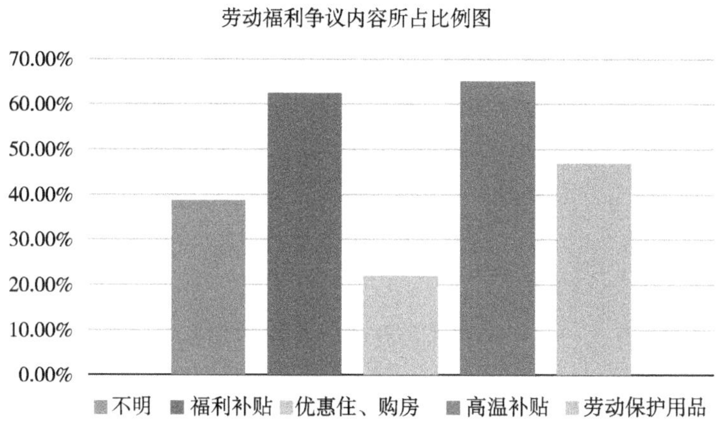

图 3　劳动福利争议所占内容比例图

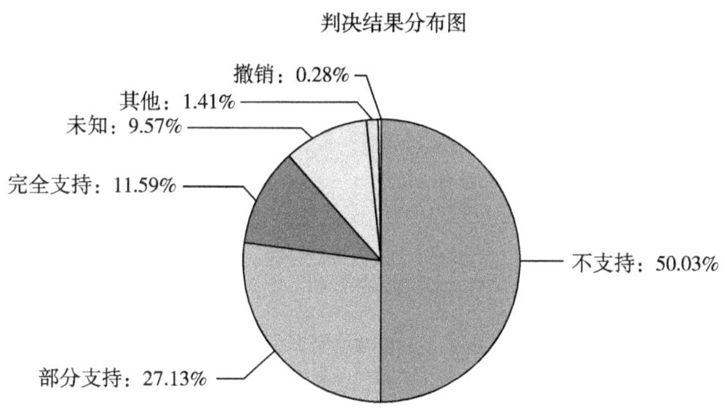

图 4　各地区劳动福利争议案件情况

注：来源于裁判文书网，2018 年 11 月 2 日

（三）劳动福利争议在实践中具有复杂性

对于劳动福利争议的处理意见，不同地区也有不同方式。以《北京市高级人民法院、北京市劳动人事争议仲裁委关于审理劳动争议案件法律适用问题的解答2017》为例，第十四条：在不属于《中华人民共和国劳动合同法》第三十八条规定的情况下，劳动者违反劳动合同约定的期限提前解除合同，用人单位拒绝继续履行约定的正常劳动报酬、福利外的经济方面的特殊待遇，或者要求劳动者返还正常劳动报酬、福利外的经济方面的特殊待遇的处理上，用人单位除向劳动者支付正常劳动报酬外，还特别给予劳动者如汽车、房屋、住房补贴等经济方面特殊待遇，双方对特殊待遇与约定工作期限的关联性有明确约定的按约定；虽无明

确约定，但能够认定用人单位系基于劳动者的工作期限给予劳动者特殊待遇的，由于劳动者未完全履行合同，用人单位可以就劳动者未履行合同对应部分拒绝给付特殊待遇，对已经预先给付的，可以按照相应比例要求返还①。各地区不同的受理范围，对福利争议的处理也存在不同。

三、劳动福利争议出现的原因分析

（一）“体面劳动”理念的发展

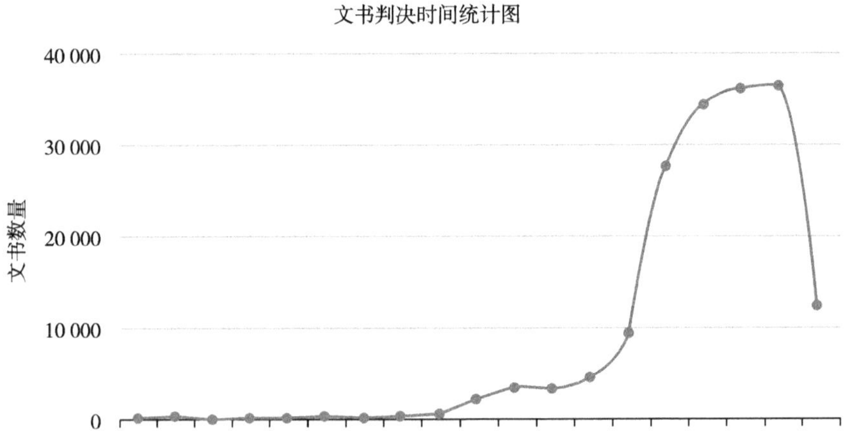

图 5　文书判决时间统计

注：图片来源于 OPENLAW 网页中检索“福利争议”所得数据图

随着人民生活水平的不断提高，“体面劳动”已经成为人们的普遍追求。从图 5 可以看出，近年来，劳动争议中福利争议的诉求呈持续性增加的态势。而涉及劳动者福利有关福利争议的案件频发，正反映了在这种新追求下产生的新矛盾。1999 年 6 月，国际劳工组织新任局长索马维亚在第 87 届国际劳工大会上首次提出了“体面的劳动”新概念，想通过促进就业、加强社会保障、维护劳动者基本权益，以及开展政府、企业组织和工会三方的协商对话，来保证广大劳动者在自由、公正、安全和有尊严的条件下工作。

企业为员工提供好的工作、生活环境，提供合理的薪酬、福利待遇，是劳动

① 北京市高级人民法院，北京市劳动人事议仲裁委员会．北京市高级人民法院、北京市劳动人事争议仲裁委关于审理劳动争议案件法律适用问题的解答 2017［J］．劳动和社会保障法规政策专刊，2017(6)：53－59.

者得以“体面”的具体物质支撑。而现实中劳资矛盾的爆发，劳动争议的出现，都可能会让员工的薪酬条件、福利待遇流于纸面。

（二）福利激励的员工管理模式不完善

北京市怀柔法院民一庭庭长许英法官说“职工福利不同于工资和奖金”，职工享受集体福利待遇的高低，并不取决于职工劳动的数量和质量，而是根据职工的实际需要与生活困难程度，以及社会劳动生产率和企业的经营成果来决定。

企业提供福利应当是什么水平，这取决于企业的薪酬水平，不同的企业应当对自身的福利水平做出决策，摒弃平均主义，根据员工的差异设计出更为弹性的劳动者福利体系。

（三）劳动者自我保护的意识觉醒

自《中华人民共和国劳动合同法》《中华人民共和国劳动争议调解仲裁法》的相继实施以来，劳动争议案件呈现较大幅度增长，而且近年来劳动者的诉求更加细化。随着劳动合同的效力越来越高，劳动者尤其是议价能力高的劳动者，在签订劳动合同时会仔细阅读并了解公司提供的劳动福利待遇条款，经综合考虑做出慎重的选择。

四、劳动福利争议问题的解决对策

（一）微观层面加强普法力度

如今在劳动市场中，劳动福利争议案件多发的重要原因是法律制度的缺陷和普法宣传的滞后。一方面我国的劳动法体系不健全，劳动关系领域的基本法于2007年通过，随着经济、社会的高速发展，“互联网+”模式、人工智能、平台用工等多种新型用工模式对劳动关系的冲击，现行的劳动法已渐渐无法适应时代发展的需要。关于劳动保障，劳动福利的法律规定也散见于多部行政法规、部门规章，这不仅规则繁杂，适用起来也有很大的争议。加之劳动法专业性较强，没有系统学习过劳动法知识的劳动者对我国的劳动福利制度知之甚少，遇到争议也不知如何拿起法律武器维护其合法权益。另一方面，普法工作的滞后也是造成劳动者法律意识淡薄、劳动福利争议频发的关键。劳动者不清楚自己的权利义务，也不了解自己应享有的津贴、补贴、奖金等劳动福利。基于劳动者与用人单位身份上的不平等性和从属性，不了解劳动福利制度的劳动者更不会因奖金和补贴少发、扣发等主动向单位申诉，这更加剧了双方实质的不平等。所以现在的首要问题就是如何在我们这样一个传统人治色彩极为浓厚、缺乏自然演化形成的法治传统的国家开展普法教育，从根本上解决劳动者劳动权益、劳动福利的保障问题。

首先要加大对劳动者的普法力度。通过年检、整治非法用工等专项行动全面掌握企业用工、工资支付、参加社会保险等基础数据，核实企业等级评价真实情况。在年检的同时将普法宣传教育与专项检查相融合，营造诚信评价工作的良好氛围。通过专项检查做到重点法制宣传与综合普法相结合，企业知法守法与职工懂法维权相结合，通过各种形式全力推进劳动保障工作落到实处。一是多途径开展劳动普法宣传教育活动，提高劳动者维权意识和自身素质，实现企业依法开展各项工作。二是进一步做好职工培训工作，包括新招用职工岗前培训、专业人员队伍培训、管理人员队伍培训。三是进一步完善劳动保障体系，把各项新的举措及时落到实处，努力实现劳动保障工作的日常化、制度化、规范化。

其次要加大对企业管理人员的普法力度。要加大遵守劳动福利法律法规企业的典型事例宣传力度。采取多种形式加大对用人单位劳动福利法律法规培训及宣传力度，督促用人单位自觉依法捋顺劳动关系，履行法定义务，按时足额为劳动者缴纳社会保险，切实维护劳动者合法权益。督促用人单位定时、定向对职工进行劳动福利法律法规普法宣传教育，提高劳动者依法维权意识。通过组织劳动保障协理员参加上级部门组织的劳动福利协理员培训，大力提高劳动福利协理员调解维权水平，增强为民服务能力。将劳动福利法律宣传教育始终与对各用人单位开展劳动福利诚信等级评价相结合，在年检同时将普法宣传教育与专项检查融会贯通，营造用人单位诚信务实的良好氛围。

（二）中观层面借助集体谈判之力

由于企业与员工之间共同利益和利益冲突并存，在一定程度上，企业在投入生产的资本收益与员工工资、福利等实际收益是可以正相关的，但短时间内的权利义务无法实现导致的利益冲突使他们之间发生争议不可避免。然而我们不可否认的是，当劳资双方联合行动时潜力非常大，即通过集体谈判的形式来实现资方和劳方关于生产收入、工资和福利等共同利益的方法更应该得到关注。在设计福利争议预防的法律制度和框架时，国际劳工标准和加拿大国家的域外经验具有参考价值。加拿大的集体合同制度非常详尽，加拿大劳动法中将劳动关系分为个体雇佣关系（The Individual Employment Relationship）与集体劳动关系（Collective Labor Relations），在劳动谈判过程中，区域性行业集体协商与集体合同工作的作用不容忽视。首先，在集体行动中，员工加入的有认证的工会会代表他们与资方针对争议事项进行协商，而且提起的这项福利争议仲裁并不会导致劳动关系的破裂，所以仲裁员可以充分审查争议的真实性和合理性。其次企业之间、行业之间可以对福利待遇的条件制定更加相对统一的标准，为福利争议的解决提供可供参考的依据。

立足于我国集体合同实施的现状，集体谈判与三方协商机制的缺失使劳动者只能直接诉诸仲裁，并且企业之间的福利标准难以把握，有些劳动福利看似已成为体制内的专项，如福利购房，而体制外的劳动者，却很难找到维权的支点和与雇佣方博弈的杠杆，这给福利争议认定和支持带来了难题。

（三）宏观层面建立劳动福利监管渠道

劳动福利的落实与争议解决还有赖于监管渠道的建立。

劳动福利的落实，是与劳动者群体的扩展、劳动者身份的多元化相伴生的。这种性质多元的特点将随着社会转型越来越强化，也将越来越显示出原有的保障设计的狭隘和治理手段的单一。以传统“单位”为支点来落地某一项政策的治理方式，明显受到了严峻的挑战，其功能也在迅速地萎缩[①]。建立有效的劳动福利监管体系，对于统一劳动福利类型、促进劳动福利落实具有重要意义。

由于劳动福利的具体内容没有统一的内容规定，且不同地区存在较大差异，实践中劳动者的诉请大部分基于用人单位的章程规定、劳动合同等，故建立劳动福利监管渠道，应加强工会、区域性行业协会在其中的作用，力求劳动福利的制定更符合劳动者的需要，更符合企业的综合性利益。

首先，加强工会在劳动福利制定中的协商和集体谈判的作用，督促用人单位在制定劳动福利的相关规定时的劳动者的参与力度，鼓励工会、职工代表大会、用人单位三方协商，增强制定过程中的民主性；区域性行业协会应立足本区域的行业发展现状，协商制定区域性的劳动福利标准与争议解决协商制度，为劳动福利监管渠道的建立提供行之有效的劳动福利标准与解决机制。

其次，在劳动福利监管渠道中引入工会、企业、劳动者三方。一方面发挥监管作用，坚决制止用人单位不履行劳动福利的相关规章制度；另一方面在劳动者劳动福利利益受损时，为劳动者提供救济建议，引导劳动者用合法有效的手段维护自己取得劳动福利的权利。

---

① 健全公务员社会监督评议机制［N］．组织人事报，2018－08－13（4）．

五、结语

劳动福利作为劳动者追求“体面劳动”、提高劳动者工作积极性的重要因素之一，对于劳动福利的制定不能简单从保护劳动者一方出发，更多的是考虑劳资双方的平衡。

应对劳动福利争议的认定，我们的研究试图为裁判机构判定劳动福利提供一种思路：首先判断劳动争议双方是否具有劳动关系；其次是否有合法有效的劳动合同，劳动合同内容是否就福利待遇进行约定；最后看是否具有劳资双方集体谈判政府、劳动者、企业三方协商的成果，针对不同地区、不同类型的企业和劳动者的工作内容综合判断。

在劳动福利的落实方面，加大普法力度，完善集体合同的订立，运用有力的监管渠道不让劳动者的劳动福利流于纸面。

参考文献：

[1] 苑涛．经济全球化与我国的劳动福利保障政策［J］．山西财经大学学报，2002，24（3）．

[2] 肖巍，钱箭星．福利体制改革对劳资关系的复杂影响［J］．湖北行政学院学报，2017（4）．

[3] 德斯勒．人力资源管理［M］．北京：中国人民大学出版社，1999.

[4] 刘昕．福利是否需要全部货币化［J］．中国人力资源开发，2001（1）．

[5] 组织人事报［N］．2015－08－13（4）．

[6] 柯文．M. 布朗．福利的措辞［M］．杭州：浙江大学出版社，2010.

[7] 赵慧萍．员工福利［M］．北京：北京大学出版社，2011.

[8] 仇雨临．员工福利管理［M］．二版．上海：复旦大学出版社，2013.

我国县级市环境治理中的公民参与模式分析①

——以涿州市污水治理为例

指导老师：李杏果　项目主持人：蒋义邦
项目参加人：张奇文　孙志前　郭鹏程　刘棵

摘　要： 在环境污染备受关注的当下，公民参与环境治理的热情越来越高涨，但由于受教育程度、参与成本等一系列因素的影响，如何使公民更好地参与环境治理成了各个国家都重视的难题。本文以涿州市污水治理为例，通过实地调查、调查问卷、访谈调查的方式得到数据，结合“公民参与阶梯理论”分析我国县级市环境治理中的公民参与模式，并提出了改善公民参与现状的若干建议。

关键词： 环境治理　公民参与　阶梯理论

一、绪论

（一）研究背景

随着世界上越来越多的国家开始迈进现代化，环境问题也越来越受到各个国家和社会的重视。环境问题，归根结底是发展的问题，它不仅会对一国的经济和社会造成重大影响，甚至可以影响到一国乃至世界的政治局势。因此，处理好环境问题，需要国家之间的合作，但在一国之内，更需要政府与社会之间的合作。自20世纪70年代末我国实行改革开放的基本国策以来，中国的经济进入了前所未有的发展黄金期，取得了众多具有划时代意义的突破。但是与惊人的经济发展速度相比，人民的思想转变显然是一个相对比较缓慢的过程。快速的经济发展水平与缓慢的思想发展之间产生了冲突，于是我们就可以看到“唯GDP”论与经

① 本文为2018年中国劳动关系学院本科生科研项目三等奖，北京市大学生科学研究与创业行动计划项目，项目名称“我国县级市污水治理的公众参与研究——以河北省涿州市为例”。

济粗放式增长依旧在存在，环境问题越来越突出。这些问题能否得到有效的控制与解决，决定了我国经济是否能走上一条可持续发展的道路。早在中国共产党第十七次全国代表大会中，胡锦涛总书记就提出了“科学发展观”，而在十九大会议中，习近平总书记又进一步强调了“坚持人与自然和谐共生”对于我国现代社会的必要性。由此可见我国中央及各级地方政府已经意识到了解决环境问题的重要性，致力于解决环境污染问题。但显然，环境问题并非是单靠政府就能轻松解决的问题，普通公民有权利也有责任参与到对环境的治理活动之中。然而，现阶段由于相关法律的不完善等，我国地方政府环境污染治理中公民有效参与的程度依然较低。

（二）研究意义

研究我国政府环境治理中的公民参与的意义，简单地说，就是既可以为协调发展难题的有效破解提供思路，同时也是对民主实践形式的一种新的探索。具体来讲，可以分为如下所述的理论意义和实际意义两个方面。

1. 研究的理论意义

公民参与如何在地方政府环境治理中发挥作用一直是困扰学者们多年的重要的理论问题。在民主化浪潮不断推进，环境问题也越来越受到人们重视的当下，这个理论问题必须要取得一定的进展。本文通过采集涿州市污水治理中公民参与的实际数据，以其为实例分析目前我国县级市环境治理中的公民参与模式，并提出相应的改善对策，使更多的学者了解到目前地方环境治理中公民参与的现状，为学界的相关公民参与实证研究做些许补全。同时本研究也有利于改进与完善环境治理理论与方法，有利于地方政府治理模式的创新，因此本研究对探讨政府污染治理中的公民参与具有深刻的理论意义。

2. 研究的现实意义

近年来我国经济的飞速发展离不开各个地方在经济上做出的贡献，但不可否认的是个别地方政府的领导人仍保留着过去的“GDP 至上”的观念，放任一些“粗放型”的企业以对环境的破坏来换取短期经济上的效益，这严重违反了可持续发展的观点，损害了地方人民的长远利益。研究地方政府环境治理中的公民参与，可以帮助政府和公民了解环境治理中公民参与的现状，从而为地方政府解决环境治理中的公民参与问题提供新的途径，这有助于提高地方政府的环境治理水平。而对公民而言，本研究通过唤起社会对环境问题的关注，能更好地提高公民的环境保护意识，从而提高公民的政治参与程度。

二、文献综述

公民参与的概念最早可以追溯到古希腊城邦民主政体的古老政治实践，18世纪以来，公民参与理念先后在卢梭的《社会契约论》、黑格尔的公民社会相关思想、托克维尔的《论美国的民主》中得到了体现。之后，在20世纪50年代末，公民参与研究又得到了进一步的发展，产生了《使民主运转起来》《集体行动逻辑》等诸多著作，对公民参与的研究慢慢引入到社会科学领域。

（一）国外文献综述

西方对于公民参与有着许多的理论研究，从城市管理、政府决策再到环境方面，学者都提出了自己的理论，立足于不同的切入点，对于公民参与有着不一样的理解，这对我们的公民参与研究发展有着重大影响。国外学者的研究集中在公民参与的内涵、公民参与的作用两个方面，另外因为我们做的是污水治理中的公民参与研究，所以也对这方面的国外研究做了综述，作为整个国外文献综述的一个部分。

1. 关于公民参与内涵的认识

公民参与是政治学中的重要术语，其主要包括3个基本要素，分为主体、客体与途径。

国外学者关于公民参与的内涵主要有三点普遍的认识：第一，公民参与是一个过程，它规定公民能够有机会影响公共决策和民主决策过程，其根源可以追溯到古希腊时期。而制度化的公民参与则产生于20世纪60年代中期的美国，其目的是推动政府内部的改革，以更好地促进“外部”参与，即公民参与。第二，公民参与是一种途径，其可以作为一种完成官方行政目标的补充，具有推进民主管理规范以及保护弱势群体利益的作用。第三，公民参与是一种机制，能够使公民参与到地方利益的分配过程之中。因为其把公民作为一个政治单位，这样可以让他们参与到政治或行政中来。

2. 公民参与的作用

B. Guy . Pteters（2008）提出政府组织的顺畅运作需要更多基层公务员和公

民的直接参与[①]。Jo Howard 和 Joanna Wheeler（2015）提出公民参与渠道的数量发达程度将会影响到组织可持续发展的目标的实现[②]。社会资本理论者则认为公民参与能够有效保证民主政治与获得良好制度绩效的顺利推进[③]。

3. 对于公民参与环境治理的研究

John（1995）发现在环境治理的问题上，公民对政策质量的期望值与解决该问题所需的公民参与程度呈正相关关系[④]。Manuelli（1995）、Kwon（2001）和 Khanna（2002）认为公民通过各种形式带给执政者的压力，会促使政府加强环境监管。罗伯特·帕特南（2001）认为，社会资本有利于促进更好的合作[⑤]。Dietz and Stern（2008）和 Rauschmayer（2009）认为公民及利益相关者的参与，有助于改进政府决策，已成为发达国家环境治理中的重要驱动力。

（二）国内文献综述

国内对公民参与的研究有这样三个特点：一、分布集中；二、比较细致；三、缺少实证研究。

1. 关于公民参与的研究

公民参与的概念与理论是从 19 世纪 90 年代开始传入我国，并掀起了国内学者的研究热潮。在此之前，公民参与的概念与理论研究在国外已经进行了近 30 年，他们的相关研究对民主、自由及其国家的公共政策发展起到了一定的推进作用。

（1）公民参与的定义方面

陈振明、李冬云（2014）将政治参与定义为“公民试图影响政府决策的非职业化行为”[⑥]。魏娜（2002）认为公民参与有广义狭义之区分，狭义的公民参

---

① B. 盖伊·彼得斯. 政府未来的治理模式［M］. 吴爱民，译. 北京：中国人民大学出版社，2013：64－65.

② HOWARD J，WHEELER J. What community development and citizen participation shouldcontribute to the new global framework for sustainable development［J］. Community DevelopmentJournal，2015（4）：552－570.

③ 杨敏. 公民参与、群众参与与社区参与［J］. 社会，2005（5）：78－95.

④ JOHN C. Thomas. Public Participation in Public Decisions：New Skill and Strategies for Public Manage［J］. Goverment Finance Review，1995，35（4）：689－694.

⑤ 罗伯特·帕特南. 使民主运转起来：现代意大利的公民传统［M］. 王列，译. 南昌：江西人民出版社，2001.

⑥ 陈振明，李东云. “政治参与”概念辨析［J］. 东南学术，2008（4）：104－110.

与指公民参与的政治投票活动，广义的公民参与即民主行政参与①。孙柏瑛（2005）指出公民参与是指公民通过进入政策过程，从而影响政策的制定和执行的行为②。王浦劬（2016）认为政治参与是普通公民通过各种合法方式参加政治生活，并影响政治体系的构成、运行方式、运行规则和政策过程的行为③。

从这些学者的观点中，我们可以总结出公民参与所具有的3个基本要素：一是参与的主体；二是参与的领域；三是参与的渠道。本文的公民参与主要是在地方政府环境治理方面，所以其概念内容就是一般的公民参与，亦可缩小为狭义的公民政治参与概念，即公民通过合法途径参与并影响政府决策的行为。

（2）公民参与的主动性和能力方面

王鹏（2014）认为，目前在我国公众参与的主动性较低，带有功利性和盲目性④。党秀云（2003）认为公民参与的有效性取决于公民的主体性、公民的知情程度、参与系统3个相互影响的基本要件⑤。黎慈（2011）认为我国公众参与社会管理的能力有待提升⑥。主要原因有三：首先，大众对“公民意识”的缺乏；其次，“精英”缺乏参与主动性；再次，公众参与能力低下无法适应新格局的要求。

（3）公民参与的相关制度、法律方面

蔡定剑（2010）指出，在我国参与式民主当前面临的困境，一是缺少制度基础，二是缺乏法律保障，这使得公众参与缺少系统性而呈现碎片化⑦。杨采琴（2012）指出，我国社会管理中的公众参与尚处于起步阶段，属于非制度化的参与。公众参与的广度和深度都存在严重不足，因缺少系统联系而呈碎片化，因缺少社会生态环境支撑而低效化，因缺少内在动力而凸现孱弱化⑧。

（4）公民参与的渠道、方式方面

宋林飞（2012）指出，目前我国公众参与社会管理的渠道存在不充分和不通畅两个问题⑨。姜晓萍（2007）认为我国地方政府设置的公民参与的途径在深度、广度和成效上存在较大差异⑩。王周户（2011）指出，公众参与存在三种方

① 魏娜．公民参与下的民主行政［J］．国家行政学院学报，2002（3）：19－22.
② 孙柏瑛．公民参与形式的类型及其适用性分析［J］．中国人民大学学报，2005（5）：124－129.
③ 王浦劬．政治学基础［M］．北京：北京大学出版社，1995：207.
④ 王鹏．新媒体与城市规划公众参与［J］．上海城市规划，2014（5）：21－25.
⑤ 党秀云．论公共管理中的公民参与［J］．中国行政管理，2003（10）：32－35.
⑥ 黎慈．公众参与：政府创新社会管理的有效保障［J］．湖北行政学院学报，2011（6）：85－90.
⑦ 蔡定剑．中国公众参与的问题与前景［J］．民主与科学，2010（5）：26－29.
⑧ 杨采琴．论公众参与社会管理的困境［J］．求索，2012.
⑨ 宋林飞．建立社会管理体系的难点和突破［J］．社会科学研究，2012.
⑩ 姜晓萍．构建服务型政府进程中的公民参与［J］．社会科学研究，2007（4）：1－7.

式——民意代表、非政府组织和精英代表在中国的现实逻辑之下更容易被强势集团所掌握等问题①。

（三）国内外研究现状评述

从国外的文献总结来看，学者对于公民参与的研究都有提出自己的理论支撑，也都有着不同的侧重点，结合其时代和国家特点，侧重于不同方面的公民参与。无论是自上而下的公民参与，还是自下而上的公民参与研究，都是为了社会问题的解决，目标与政策之间实现适应。

国内对公民参与的研究也不在少数，但多数是着眼于宏观的政策参与，如何体现出制度上的民主协商、公民参与。对于往下细分到地方政府，城市的环境治理还缺乏系统的研究，尤其是在基层这一领域，环境治理的参与性没有典型的案例分析。在经济发展中，公民参与的体系构建和具体路径选择都是应该被重视的，当然许多学者对于国内的地方环境治理中的公民参与研究提出了许多观点和结构模式，对于公民参与治理的重要性也都认可。但目前而言，如何使得公民真正有效地实现参与，还需公共管理者和公民在实践中不断探寻，当然学者的理论与实践研究也是我们借鉴进而完善自身研究的重要依据。

三、工具选择

（一）理论工具

目前，在公民参与方式的理论研究中，最具有代表性的是美国学者 Sherry Arnstein 提出的阶梯理论。他在比较不同国家公民参与发展水平和制度演进过程的基础上，将公民参与的发展过程按公民参与自主程度由低到高分为：政府主导型参与（不参与）、象征型参与（敷衍地参与）、完全型参与（公民权利）3 个阶段，以及操纵、引导（治疗）、通知、咨询、劝解（安抚）、合作（伙伴关系）、授权（权力下放）、公民控制 8 种形式，如图 1 所示。

操纵、引导（治疗）属于政府主导型参与（不参与），是阶梯理论中公民参与的第一个层次。如其名称所示，在政府主导型参与中，政府起着主导作用，公民如何参与政治由政府决定，公民处于被动地位，总体参与程度低。通知、咨询、劝解（安抚）属于第二个层次，即象征型参与（敷衍地参与），政府将一部

---

① 王周户．公众参与的理论与实践［M］．北京：法律出版社，2011.

分政治权力拿出来与公民共同享有，公民的参与能对政府决策的最终结果产生实际影响，并且政治参与本身已经表现出了较为明显的制度化和组织化的特点，总的来说公民参与程度属于中等。第三个层次包含完全型参与（公民权利），包含合作（伙伴关系）、授权（权力下放）、公民控制3种形式，此时公民能积极主动地参与和影响政策制定和执行，对公共事务进行自主管理，公民参与程度高。

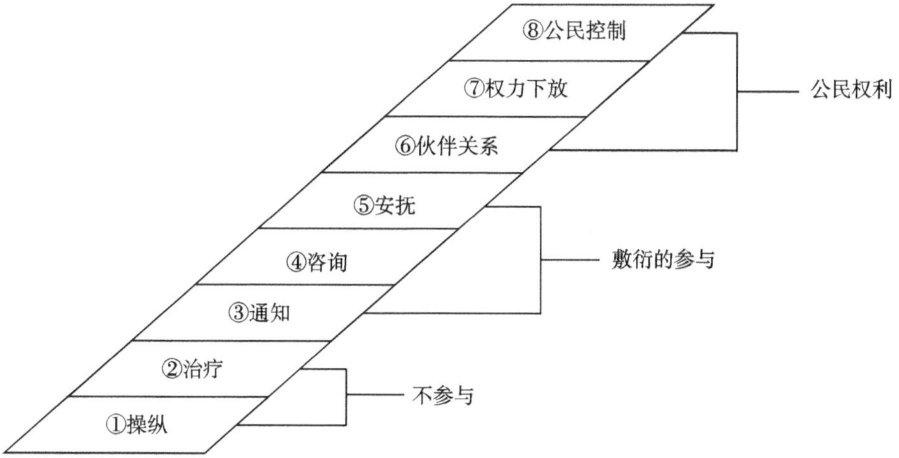

图1

（二）方法工具

本调研小组主要通过问卷调查、访谈调查以及实地考察三种手段展开调查。

1. 问卷调查——以调查出涿州市市民对污水治理的参与度、看法以及对污水治理的了解程度为目的发放问卷，本次社会调研，本小组于2018年3月至6月在涿州市城区以及小马村、大马村、宁村等地区共计发放165份问卷，其中有效问卷160份，有效率为97%。此次数据分析以此为基础，进行了民众对水污染问题的看法分析。

2. 访谈调查——调研小组对涿州市各周边村庄的村民、市中心的市民以及环保局相关人员分别进行了访谈，并对部分访谈内容进行了录音和记录，通过这些访谈内容来分析各个不同群体对相关问题的看法。

3. 实地考察——调研小组到涿州的各个河流、湖泊等进行了实地观察，观察时间为工作日和节假日，以进一步了解涿州市水污染的严重程度以及公民在污水治理中的参与情况。

四、我国县级市污水治理中公民参与的问题分析——以涿州市为例

（一）公民对水环境治理期望值和关注度高，实际参与度低

从调查结果中的图 2 可以知道，只有 12% 的市民对于涿州当前的水质是满意的，其余绝大部分的市民都认为当地水质还可以或者有待进一步的改善，可见涿州市公民对于涿州本地的水质期望值和关注度是比较高的；涿州市的全体市民都知道水质对于自身的健康和其他方面的重要性；绝大多数的公民知道自己参与到污水治理活动之中会带来水环境的极大改善；然而，现实情况却是只有 15% 的市民曾参与过当地的污水治理活动，6% 的公民经常参加其他政治活动，其余的大多数民众则是很少甚至是从来没有参与过当地的污水治理和其他的政治活动。如此高的关注度和期望值跟较低的参与率形成了鲜明的对比。由此可见公民对参与污水治理的态度表里不一，即在现实中对水污染问题关注度比较高，但是对于污水治理的行动却不甚积极。

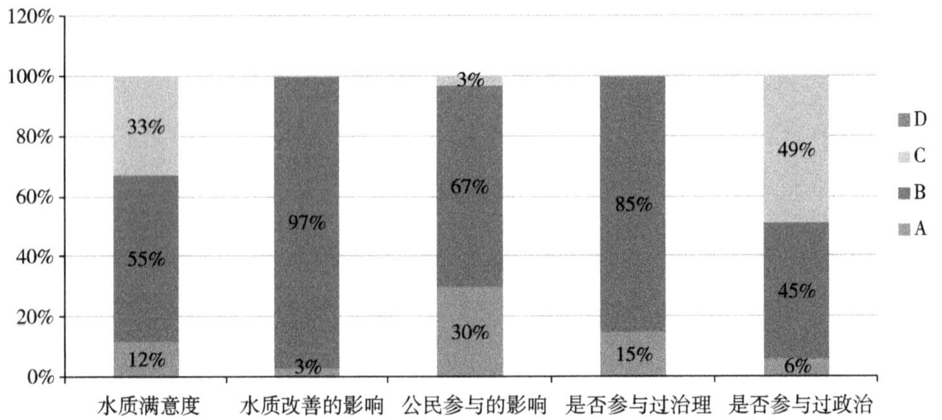

图 2

（二）污水治理中公民参与治理意愿高，参与能力低

图 3 清楚地表明，64% 的受访民众认为公民有必要参与水污染治理，由此可以得出大部分民众对于发生在自己身边的水污染，有着强烈的治理愿望。并且，图 4 表明涿州市受访民众中有 64% 有意愿参与污水治理，36% 的民众对参与治理污水无意愿，总体来说公民的参与意愿高。图 5 表明 76% 的民众不了解政府的“五水共治”行动，15% 的民众听说过，几乎没有民众能够叙述出其中的主体与

内容，这表明公民对于政府政策的了解缺失，参与到污水治理中的能力不足。由图6可知有64%的民众会支付治污相关费用，前提是较低的费用。这一方面说明公民的参与意愿高；另一方面也说明其参与治污活动受到财力的限制较大，更有24%的公民不愿意为治理污水支付费用。

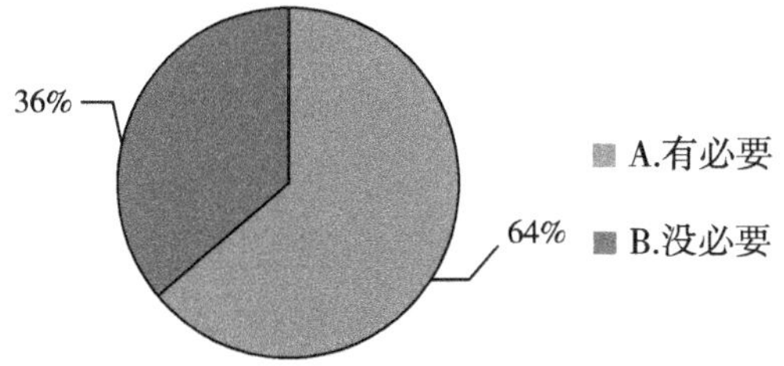

图3　您认为公民参与环境治理是否有必要

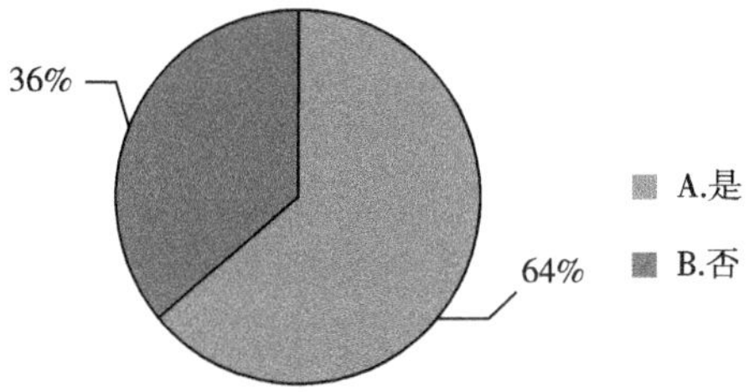

图4　您是否有意愿参与涿州市的污水治理

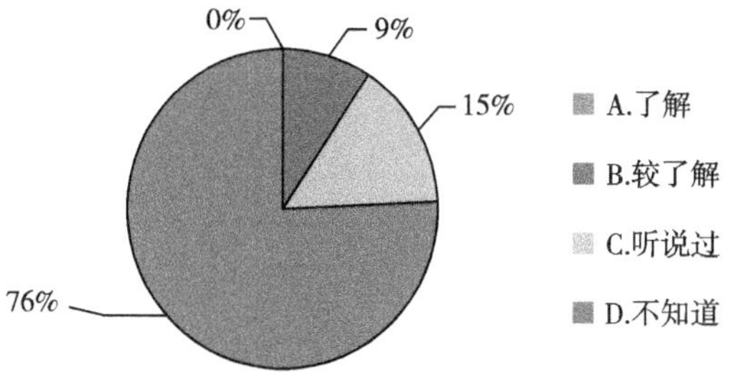

图5　您对政府的“五水共治”行动是否了解

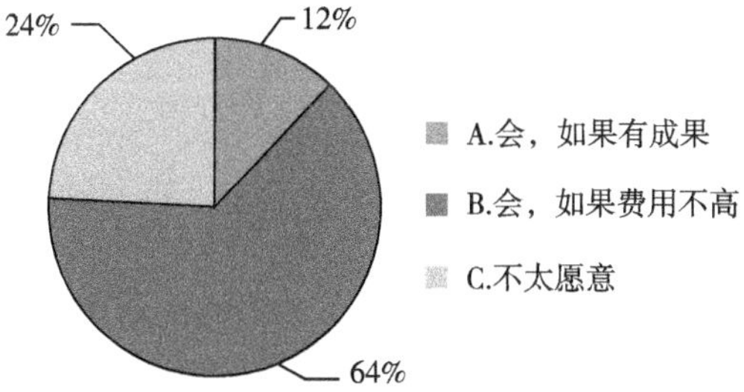

图6　您是否愿意为污水治理支付相关费用

（三）污水治理中公民参与途径少，政治参与功利化

相较于发达国家而言，我国公民参与污水治理的途径较少，方式较为单一。在本次调查中，当被问及最希望以何种方式进行污水治理时，如图7显示，有76%的民众会参加政府组织的活动，只有少数的公民会选择参与社区或是自发的活动。由此可见，政府主导的参与途径的多寡深刻影响着公民在实际生活中对政治的参与。

与参与途径的稀缺相对的却是公民政治参与的功利化，在对公民所关注的政治内容的调查中，我们发现，有近半数的受调者回答了不关注政治，回答“都关注”的仅有6%，而只关注重大事件和与切身利益相关事件的人则占了49%。在回答个人参与政治的目的时，有21%的人是出于从众心理，37%的受调者回答了“这是公民权利的正常行使”，剩下的30%和12%分别回答了“争取利益”和“投票拿钱”，很明显，后面这两种回答都并非基于从国家或者社会整体的考虑，而仅仅是体现了公民希望自身能够通过政治参与来达到获取经济利益或者是其他利益的诉求，这一方面反映了我国公民权利意识确实得到了很大进展，但另一方面我们又不得不承认公民参与政治目的功利化的这个事实。

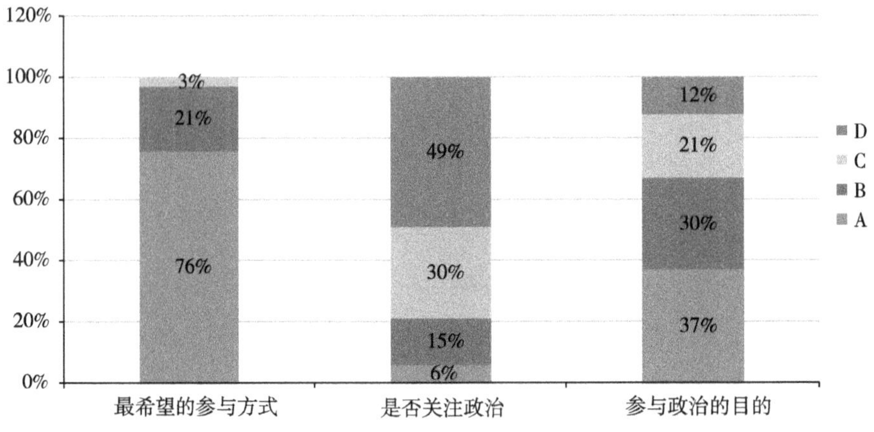

图7

（四）基层政府对公民参与重视度不够，存在懒政推诿现象

调查结果如图8显示，有超过半数的人认为政府目前所采取的污水治理方式还过得去，6%的人对政府采取的污水治理方式感到满意，36%的人对政府在污水治理中所采取的措施不满意。通过调查数据可以发现政府在污水治理中采取了

一定的措施，但针对政府在污水治理中所做的努力，涿州市的市民对此却褒贬不一。如图 9 所示，18% 的市民认为政府在污水治理中付出了努力并取得了成果，52% 的市民认为政府虽然做出了努力，但没有取得任何效果，而 30% 的市民则认为政府在污水治理中几乎没做任何努力。通过两组数据可知，虽然有部分市民认可政府在污水治理中所采取的措施，但总体来说，政府在污水治理中所发挥的作用不尽如人意，完全没有达到市民对政府的期望，这从侧面也可以反映出政府对污水治理所做的努力不够，没有把事关公民切身利益的事情放在重要位置，辜负了公民对政府的信任。

除此之外，为了进一步了解政府在污水治理中所起的作用以及涿州市公民在其中所扮演的角色，笔者专程来到涿州市政府相关部门，就相关问题采访政府工作人员。面对我们的问题，政府工作人员以“不懂业务”“这不是我们的工作”等各种理由予以拒绝。通过我们的采访进一步可以看出，基层政府内部对污水治理重视度不够，并且存在懒政怠政、推卸责任、不作为的现象。

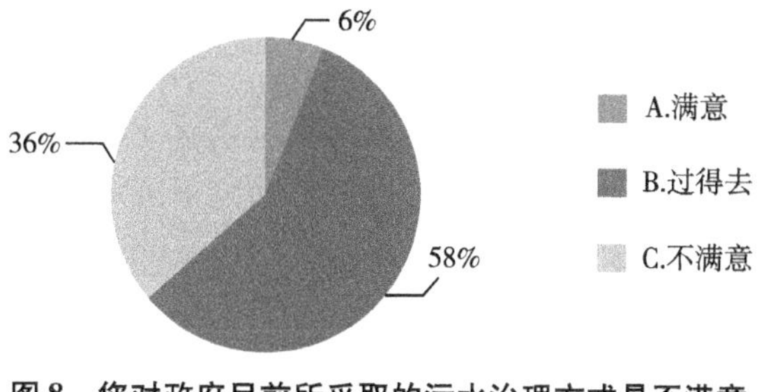

图 8　您对政府目前所采取的污水治理方式是否满意

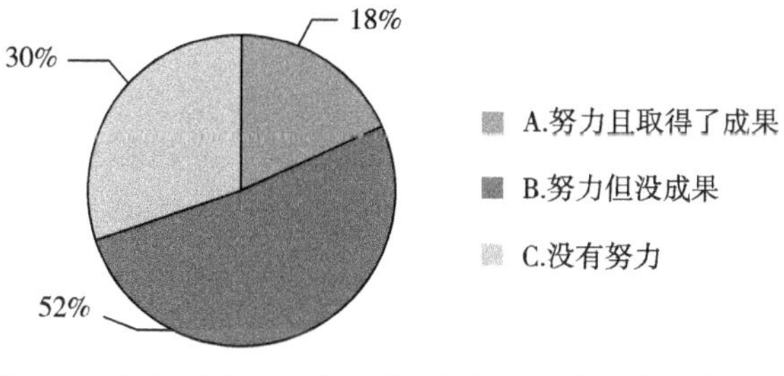

图 9　您认为涿州市政府在治污上是否付出努力并取得了成果

（五）涿州市污水治理模式属于政府主导型公民参与模式

经过调研问卷、访谈研究以及最后的数据图表分析，对于涿州市污水治理模式属于什么类型的公民参与模式我们进行了科学的判断。用 Sherry Arnstein 的公民参与的阶梯理论来分析的话，现阶段的涿州市公民参与还处在阶梯的底层，即政府操纵引导的政府主导型参与。我们对涿州市的公民参与特点进行了归类，并且调研数据也证明了这些特点。它们主要表现为公民期望值和关注度高，实际参与低；公民参与治理意愿高，参与能力低；污水治理中公民参与途径少，政治参与功利化；基层政府漠视公民参与，部门间相互推诿，操纵着公民参与。可以看出政府在组织公民参与，以及信息知识的普及上都占据着主导地位，公民的参与仍然处在受政府的引导的层面。这些特点与“阶梯理论”中的“操纵”“引导”不谋而合，可以看出政府在污水治理中是按照自己的意图和目的去组织公民参与或者不组织。基于理论的架构和数据的证明，我们可以将涿州市污水治理的公民参与模式归为政府主导型参与模式。

五、公民参与污水治理过程中存在问题的对策分析

（一）提高公民参与能力，培养公民参与的热情

公民的受教育程度对其行为是具有深刻的影响作用的。对于同一个公民而言，其受教育程度越高，处理问题的能力自然也就越高，相应地参与污水治理的概率也就越高。所以为保证公民持续积极地参与污水治理，提高公民参与社会治理的热情，就要加强教育的作用，通过学校、公司培训、社会宣传等多种方式来提高公民的综合素质，培养公民的社会责任感和主人翁意识。要引导公民形成健康绿色的生活方式，改善不良习惯，降低对周围水环境的污染，积极主动地参与到污水治理活动之中。

（二）政府积极宣传相关政策，公开相关信息

政府应积极宣传关于污水治理的现状与方法，通过各种宣传活动加强对公民的参与意识的培养，让公民意识到自己不仅是污水治理工作的受益者，同时也是责任的承担者。另外，政府应积极组织相关活动，引导公民参与污水治理，我国公民在许多情形下并不会主动采取措施，这就需要政府积极采取措施，让公民更多地接触社会事务，使他们的权利得到保障，并能多多地了解公民对某些社会事务的看法。这样既利于政府的科学决策精神的贯彻，也利于环境问题的有效解决。

（三）拓宽公民参与渠道，推进民主制度建设

在中国，公民利益诉求表达不充分很大一部分原因就在于参与机制本身存在着问题，即参与渠道不完善。因此，建立和完善公民参与机制就是解决环境治理中公民参与问题的有效途径。通过不断拓宽公民参与污水治理的渠道和方式，正确引导公民参与到污水治理活动之中，来达到“听民意，集民智”的目的。除了以往的信息公示、民意调查、公开听证等传统参与渠道，要多吸收国外有益经验，并根据我国现实情况制定符合我国国情的方式和措施。另一方面，公民政治参与的功利化也是我国民主化进程中一个亟待解决的问题，越来越多的公民是否选择参与政治直接取决于该活动是否与切身利益相关。对此，政府应该加强民主建设，宣传正确的民主参与方式，让公民在政治参与中得到更多获得感，从而遏制政治参与功利化的现象。

（四）进行奖惩机制改革，提高基层公务员的积极性

污水治理是政府的一项重要工作，也是事关人民切身利益的重大民生工程，污水治理的好坏直接影响人民的生活质量，甚至影响人民对政府公信力的评价。针对当前政府出现的懒政怠政、不作为不敢为、推卸责任的现象，相关部门必须强化问责机制和激励机制，对庸散懒政、无所作为的工作人员给予处罚，对积极施政、政绩突出的工作人员给予褒奖，形成能者上庸者下的人事任命格局，不断激发基层政府工作的积极性，提高基层政府干事创业的热情，增强政府的公信力。

参考文献：

［1］Arnstein S R. A ladder of citizen participation ［J］. Journal of the American Institute of p－lanners，1969（4）：216－224.

［2］B. 盖伊·彼得斯. 政府未来的治理模式［M］. 吴爱民，译. 北京：中国人民大学出版社，2013：64－65.

［3］HOWARD J，WHEELER J. What community development and citizen participation shouldcontribute to the new global framework for sustainable development ［J］. Community DevelopmentJournal，2015（4）：552－570.

［4］杨敏. 公民参与、群众参与与社区参与［J］. 社会，2005（5）：78－95.

［5］JOHN C. Thomas. Public Participation in Public Decisions：New Skill and

Strategies for Public Manage [J]. Goverment Finance Review, 1995, 35 (4): 689 -694.

[6] 罗伯特·帕特南，使民主运转起来：现代意大利的公民传统 [M]. 王列，译. 南昌：江西人民出版社，2001.

[7] 陈振明，李东云. "政治参与"概念辨析 [J]. 东南学术，2008 (4): 104 -110.

[8] 魏娜. 公民参与下的民主行政 [J]. 国家行政学院学报，2002 (3): 19 -22.

[9] 孙柏瑛. 公民参与形式的类型及其适用性分析 [J]. 中国人民大学学报，2005 (5): 124 -129.

[10] 王浦劬. 政治学基础 [M]. 北京：北京大学出版社，1995: 207.

[11] 王鹏. 新媒体与城市规划公众参与 [J]. 上海城市规划，2014 (5): 21 -25.

[12] 党秀云. 论公共管理中的公民参与 [J]. 中国行政管理，2003 (10): 32 -35.

[13] 黎慈. 公众参与：政府创新社会管理的有效保障 [J]. 湖北行政学院学报，2011 (6): 85 -90.

[14] 蔡定剑. 中国公众参与的问题与前景 [J]. 民主与科学，2010 (5): 26 -29.

[15] 杨采琴. 论公众参与社会管理的困境 [J]. 求索，2012.

[16] 宋林飞. 建立社会管理体系的难点和突破 [J]. 社会科学研究，2012.

[17] 姜晓萍. 构建服务型政府进程中的公民参与 [J]. 社会科学研究，2007 (4): 1 -7.

[18] 王周户. 公众参与的理论与实践 [M]. 北京：法律出版社，2011.

大学生兼职过程中的权益保护问题研究[①]

——以中国劳动关系学院为例

指导老师：杨思斌　项目主持人：徐绮梦

项目参加人：陈杰　马赛男　钱靖

摘　要：大学生兼职已经日益成为一个普遍而广泛的现象，但是由于其本身的特殊性，其兼职期间权益受损往往得不到有效的保护。以中国劳动关系学院的学生为例，本研究发现大学生在用人单位兼职过程中主要遇到用工超时、随意扣押证件、延时或扣发工作报酬导致其人身权利遭受侵害等问题。对于如何规范和有效保护大学生兼职期间的权益，本研究提出了以下建议：大学生应有选择性地参与跟自己所学专业相关的兼职；学校应对大学生兼职提供合理化指导和帮助；政府应尽快出台并完善大学生兼职相关的法律法规。

关键词：大学生　兼职　权益　合法

一、前言

（一）问题的提出

该问题的提出源于本研究对周边同学兼职状况的探究和思考。本研究发现，在学业之余，身边越来越多的同学选择不同种类的兼职，尽管大多数时候他们去的是正规的单位，但是仍旧存在超时用工、拖欠工资等现象，而当他们自身的合法权益受到损害时，大多数大学生会选择忍气吞声或者多一事不如少一事的想法不了了之。那么究竟应该如何保护大学生兼职期间的合法权益呢？本研究通过个案调查，以中国劳动关系学院的部分学生在兼职期间遇到的问题为例，围绕“大

① 本文为2018年中国劳动关系学院本科生科研项目三等奖，北京市大学生科学研究与创业行动计划项目，项目名称“大学生兼职过程中的权益保护问题研究——以中国劳动关系学院为例”。

学生兼职过程中的权益保护”的相关问题展开调查研究。

（二）调查目的

本课题立足于校园，以中国劳动关系学院的学生为例，针对本校学生在校外兼职中出现的权益受损情况进行抽样调查、个案访谈并进行总结，从国家法律和规章制度出发，实事求是，对大学生兼职过程中权益受损的问题、原因以及如何采取有效措施保护大学生合法权益等进行探讨，并通过定性研究和定量研究的方法进行对比、分析和总结，最终提出一些相关的对策和建议。

（三）调查对象

中国劳动关系学院学生。

（四）调查方法

本研究主要通过与相关同学进行访谈、参与观察、问卷调查法、文献调查法四种方法展开调查。

1. 与相关同学进行访谈——鉴于系里对本研究暑期实习的相关要求，我系同学在暑假期间找了不同的短期兼职或者实习工作，在这一过程中，同学们对兼职有了切身的经验和体会。本研究通过访谈了解同学们的真实情况，并对所得到的资料进行分析、分类和整理，获取相应的第一手资料。

2. 参与观察——我组成员在暑假分别参与了不同类型的兼职，对兼职期间的权益保护问题产生了自己的看法，同时本研究观察了兼职期间同伴的工作情况和工资发放情况。

3. 问卷调查法——从了解同学们对大学生兼职的看法、参与过的兼职种类、相应的工作时间和薪资水平以及兼职过程中权益受损时的处理办法为出发点，本研究对中国劳动关系学院 4 个年级的学生展开了问卷调查。从本研究掌握的有效数据进行分析，2018 年本校学生总数约为 3800 人，通过线上问卷调查的形式，共发放 200 张问卷，有效问卷为 150 张，有效率约为 75%。

4. 文献调查法——本研究通过书籍、期刊和互联网等收集了一系列大学生提供劳务过程中权益保障相关的资料，综合分析了当前我国大学生兼职期间提供劳务能否获得相应的权益保护现状和其中的问题，为小组的研究提供了一定的文献基础和相应的对策依据。

二、文献综述

当今，越来越多的大学生在学校学习的过程中，通过兼职和实习等多种形式，开始参与社会劳动。大学生在大学学习期间，拥有较多的自主支配时间，学习之余在校外兼职实习的大学生日益增多，形成了较大的群体。兼职和实习不仅可以使大学生获得一定的收入，减轻家庭负担，还可以增长工作阅历，为以后进入社会打好基础。近几年来，参与校外兼职的大学生越来越多，各大校园信息分享平台充斥着不同的兼职信息。与此同时，我们不可避免地发现，很多不怀好意的兼职介绍平台和用人单位，开始盯上大学生——这个社会实践经验较少，对自身权益保护意识较差的群体（唐斯羽，2008）。

在参阅了大量的文献之后，我们发现专家学者们对“大学生兼职过程中的权益保护问题”一直保持着高度的研究热情，因此研究得出了许多相关的学术成果。近年来，随着我国社会经济的不断发展和科技水平的持续进步，大学生兼职的途径越来越多，从过去的广告栏到现在的微信、微博、QQ 等形式；范围也越来越广，从过去的家教到现在的电话客服、演唱会检票、商场导购等岗位。大学生兼职越来越便捷的同时，由此引发的大学生权益保护方面的问题也日益严重。

大学生在兼职过程中权益受损这一社会问题的原因，从现行法律角度来说，一是民法在大学生劳动权益保护方面的内容和作用不足。我国目前主要通过《中华人民共和国民法通责》在具体案件中将大学生在用人单位的兼职处理为雇佣关系或劳务关系，这使大学生在兼职过程中的权益保护问题越来越多。二是适用现行的《中华人民共和国劳动法》保护兼职大学生的劳动权益存在制度障碍、用人单位使用大学生的工作时间不固定，既不是用人单位的全日制用工，也不是非全日制用工，不利于大学生权益的保护。大学生在企业兼职也不能适用劳务派遣用工规定（柯新华，罗琼，2013）。

从大学生个人方面看，大学生在兼职过程中没有合理的计划。有调查指出，大学生在兼职过程中没有明确的目的和长期合理的工作规划，导致兼职对大学生未来的发展就业没有促进作用（徐辉，2014）。

从学校方面看，目前中国的大学对学生在兼职方面的指导与管理仍然不足。由于资金与资源的不足，还有专业人才的缺乏，大多数高校并没有建立专门的机构对在校大学生进行兼职上的引导与管理。多数大学里的就业指导中心只服务于即将毕业的大学生，对中低年级的大学生在兼职过程中的指导微乎其微。据调查，大多数的在校大学生在兼职方面需要专业指导，需要正规的兼职信息发布平台（李蔚，王亚楠，吴彩虹，张国朋，2014）。

从社会方面看，我国缺乏健全的社会保障制度。根据相关机构的调查，大学生在兼职过程中的权益并不能得到有效保障。例如大量大学生兼职介绍平台，利用大学生缺乏工作经验、个人权益意识淡薄等弱点，恶意扣押大学生证件，延发大学生工资。当遇到自身权益受到侵犯时，大多数大学生缺少有效的维权途径，让大量不法的用人单位可以无所顾虑地侵犯大学生的合理权益（林素絮，2014）。

关于"大学生兼职过程中的权益保护问题"的方法是，首先在大学生个人方面，应该明确兼职目的，做好兼职规划，提升自身能力和水平，加强自我保护，更好地融入社会。现代大学生应该有自己的判断能力，不跟风、不盲从，从自身实际出发，在兼职前要做好长远规划，将兼职与自己本专业相结合，明确兼职目的。学校层面应该设立专门的大学生兼职服务机构，打造兼职示范点，有效地指导大学生兼职。社会层面应该加强兼职市场监管，完善相关法律法规内容，调动用人单位积极性。家长层面应该正确引导，理性辅导（满艺，2014）。

通过对"大学生兼职过程中的权益保护"等相关问题的文献回顾，我们获得了不少新的启发，为社会实践调查指引了方向，开拓了新思路，有了新想法。

我们认为随着社会的发展与进步，必定会有更多的大学生尝试兼职。兼职不仅仅可以解决我们经济上的问题，还可以增加我们的社会经验。大学生自身是"大学生兼职过程中的权益保护问题"的主体，问题的解决应从大学生这个方面入手。大学生要学会在兼职过程中积极主动地维护自己的权益。大学生维权，一要甄别兼职信息，不管是从何处得知的兼职信息都要仔细思考，对其事先进行充足的了解；二要合理规划自身兼职的时间，给自己留够休息的时间，最好不要在晚上；三要注意安全问题，包括财产安全和人身安全，不要轻信用人单位的话；四要合理选择，树立正确的金钱观，大学生找兼职，太趋于金钱势利，容易上当受骗，我们在选择兼职时应冷静分析，选择性价比高收益大的类型，也可以帮助我们在工作中找准自己正确的位置。

三、调研结果

（一）中国劳动关系学院大学生兼职现状概述

根据本研究小组回收的有效调查问卷的数据来看，150 名大学生中覆盖本校大一、大二、大三、大四人群，有多达 140 人在校期间曾从事过兼职活动，占

93.3%，其中男性为58人，占比39.67%，女性为92人，占比61.34%。

在获取信息的途径上，78.8%的大学生通过网络等新媒体渠道，通过陌生中间人、熟人、学校勤工助学中心和小广告的比例分别为9.4%、5.3%、4.2%和2.3%。通过初步的数据分析可以得知，大学生没有足够的判断兼职真伪信息来源的能力。

由于很多人对兼职信息的真实性辨别程度不够，150名学生中大约有14.7%第一次兼职时遇到相关权益受损的情况。依据他们在兼职过程中面临过的权益侵害问题的调查问卷，占比例最高的为未得到之前约定的报酬，占72%；紧接着是受到不良中介拐骗，比例为10.3%；影响学习和来回交通不便则为9.5%和8.2%。

如果在兼职过程中权益受损，75.8%的大学生表明会主动与对方沟通积极维权，不了了之的占22.4%，试图通过正当法律途径维权的仅占1.8%。从该数据来看，大学生的法律观念较强，但是仍旧有近30%的人在自身权益受损时放弃了维权，尤其是对于女大学生来说，她们往往会选择息事宁人。

在掌握初步调查结果的基础上，本研究对相关概念进行了界定，对于大学生在兼职过程中权益受损的类型、原因以及如何解决展开了进一步的个案分析和探讨，分析了大学生兼职期间权益受损的相关案例并得出了一些实务性结论。

（二）大学生在兼职过程中权益受损的类型

（1）超时用工

本研究首先应该明确的一点是，大学生在校期间从事自己选择的兼职活动，属于非全日制用工范畴。根据《中华人民共和国劳动合同法》（以下简称《劳动合同法》）第六十八条——非全日制用工，是指以小时计酬为主，劳动者在同一用人单位一般平均每日工作不超过4小时，平均每周工作时间不超过24小时的用工形式。但就本研究掌握的数据来看，大学生自主选择的兼职一般一天工作时长超过8小时，尤其是选择在周末和假期工作。很多人力资源部门掌握了兼职大学生权利意识淡薄的“特点”，在不增加劳动报酬的前提下延长工作时间。很多从事兼职的大学生由于不熟悉相应的法律规定，并不清楚自己的合法权益已在“合法”的幌子下被侵犯，这种情况下更别说维权了。

（2）拖欠或克扣工资

取得兼职相应的劳动报酬是每个参加兼职的大学生应有的合法权利，《劳动合同法》第七十二条规定：“非全日制用工小时计酬标准不得低于用人单位所在地人民政府规定的最低小时工资标准。报酬结算支付周期最迟不得超过十五日。”在调查中，超过55%的学生曾遭遇过工资未及时发放或者工资未足额发放的情况，理由多为荒谬的借口。长时间的拖欠之后，大学生可能会选择放弃这部分工资。本研究认为，即使是在那些按时拿到兼职工资的人群中，由于用工单位的狡猾，他们将大学生作为廉价劳动力，并没有给予每个劳动者当地最低小时工资标准的工资，这对于大学生来说其实是一种隐性的权利侵害而他们还不自知，反而会觉得自己拿到了相应的工资并沾沾自喜。

（3）扣押证件

根据某些大学生自己的描述，他们曾经在海淀区凯迪拉克中心从事某名为志愿服务的兼职时，在集合之后会被主办方要求先提交自己的手机、身份证或者学生证。根据主办方的说辞，是怕兼职大学生兼职期间中途跑路，带走品牌方的品牌物资从而给品牌方造成损失。虽然事后他们也拿到了自己的东西，但是不知道兼职期间自己证件的去处，是否被复印等，其实这存在不小的安全隐患。

（三）大学生在兼职过程中权益受损的原因

（1）大学生自身缺乏合理的职业生涯规划

伴随着参加过兼职的大学生的比例越来越高，本调查发现大多数学生自身缺乏合理的职业生涯规划，也没有明确的兼职目标。换句话说，在从事兼职之前，大多数人不明白自己究竟为何兼职。是为了赚钱，收获社会经验，增长实践阅历或是出于其他目的。动力的不明确性和模糊性导致他们并没有对兼职产生强烈的获得感和认同感。

（2）学校不认可大学生兼职

目前，大学生兼职多为个人自主选择，学校并不承担任何责任和后果。当学生无法合理安排自己的时间，因为外出兼职耽误自身上课或者出现严重违纪情况时，学校的辅导员会对其进行相应的沟通和劝导。从这个角度上来看，本研究认为学校对于大学生兼职缺乏有系统、有计划、有针对性的指导和帮助，没有做好对大学生兼职权益受损的提前科普、预防等工作。

（3）关于大学生兼职权益保护没有明确的法律规定

大学生兼职属于非全日制用工范畴。《劳动合同法》第六十八至七十二条对非全日制用工性质的劳动者的权益做出了相应的法律规定，但过于笼统，实践中参考价值不大。从事短期性兼职或者简单劳动时，大学生并未有签署劳动合同的意识，当侵权现象发生时也缺乏相应的证据来维护自身权益。本研究认为，政府应重视大学生兼职这一日益庞大的人群，尽快出台相应的维护大学生兼职权益的相关法律政策，给予其明确的政策导向。

（四）解决方法

（1）大学生要明确兼职目的，做合理的职业生涯规划

首先，大学生要明确兼职目的，并与自身的职业生涯规划相结合，在可供选择的范围内去选择投入产出比最高、性价比最高的兼职。其次，提高警惕，提升对兼职信息的辨别能力，多选择多了解相关信息，而不是看着兼职报酬诱人就失去判断力。再次，应多多读书，珍惜大学四年学习理论知识的机会，以备日后指导实践之需；在兼职过程中做好证据的相应采集和记录，时刻留一手。最重要的是，不论如何，作为大学生我们始终应以学习为主，牢记自己学生的身份，避免出现因为兼职而荒废学业的现象。

当涉及签订劳动合同的问题时，本研究认为，在校学生兼职不能因为其在校的身份而否认劳动者的身份，他们应当作为非全日制用工与用人单位签订劳动合同，规定相应的时薪和工资发放时间，在出现用工纠纷时，大学生首先应走不可或缺的强制性程序——劳动仲裁，准备相应的维权证据以维护自身的合法权益。

（2）学校应加强对大学生兼职管理的相应工作

学校是学生们学习和生活的主要场所，当学生们在学习和生活期间遇到疑惑、麻烦时，他们首先应寻求老师们的帮助。学校也应重视兼职大学生这一部分人群数量日益壮大的现象，及时开展就业指导等理论课程，让辅导员们加强和同学们的沟通和交流，了解同学们之中是否存在兼职的需要和对未来存在的迷惑等。其次，学校应设立校内更多的勤工助学岗位，及时发布岗位需求，来为有需要的同学们服务。再次，学校应鼓励大学生创业创新，举办相关的比赛来激发学生们的创造活力，点燃激情和梦想。

（3）国家和政府应当加强监管，尽快出台相应法律法规

大学生兼职虽然说是个人自主的选择性行为，但是政府也负有相应责任。政府没有合理管制劳动力市场，对中介的管理不到位，也没有出台相应的法律法规来维护大学生兼职期间的合法权益等问题，虽说政府不是直接责任人，但中介不免抱着“法无禁止即可为”的侥幸心理，一次又一次利用大学生廉价劳动力来为自己牟利，赚取不当利益等，始终是不正确的。

因此，本研究建议，国家和政府应当加强监管，尽快出台相应法律法规来规范大学生兼职市场，给大学生起到良好的导向作用，也警示钻漏洞的不法中介，

提高他们的违法成本。

参考文献：

[1] 唐斯羽．大学生兼职权益受侵害现象及其成因调查报告：兼谈大学生兼职权益的保障措施［J］．福建警察学院学报，2008（1）．

[2] 柯新华，罗琼．大学生兼职劳动权益保护问题探讨［J］．中国劳动，2013（12）．

[3] 徐辉．兼职大学生高校行为目标取向及其实现［J］．社科纵横，2014（8）．

[4] 李蔚，王亚楠，吴彩虹，等．大学生校外兼职的权益保护［J］．法制与社会，2014（18）．

[5] 林素絮．美国大学就业体系对规范中国大学生兼职劳动力市场的启示［J］．清远职业技术学院学报，2014（3）．

[6] 满艺．论在政府主导下大学生兼职孵化平台建设［J］．新西部（理论版），2014（13）．

[7] 陈玲玲，赖博文，周添億．新时期在校大学生兼职状况：基于湖南理工学院的实证分析［J］．湖南科技学院学报，2017（9）．

[8] 尹素清，刘里卿，伍永亮．劳动法视野下的大学生兼职权益保护［J］．河北学刊，2013（9）．

即将消失的风景线[①]

——重庆棒棒军

指导老师：胡晓东　项目主持人：刘艳辉
项目参加人：褚丁逸　陈增　沈宗元

摘　要：“棒棒军”，他们见证了重庆市的兴衰繁荣，是重庆的民俗符号。随着社会的不断发展，“棒棒军”逐渐被效率更高的机械工具所替代。本文通过分析棒棒军的历史背景、生存现状，对该群体的消失原因进行深入剖析，认为城市化进程、社保机制的缺失和缺乏有效的管理机制导致传统意义上的“棒棒”逐渐消失。

关键词：重庆棒棒军　现状　消失

引言

最近随着电影《最后的棒棒》的热映，重庆的“棒棒”群体进入了全国公众的视野，受到了更广泛的关注。他们是这样一群特别的人，用一根木棒和两根尼龙绳，肩挑背扛游走于大街小巷，是城市搬运的主力，他们是重庆特殊的地理位置和独特地貌的产物，看过电影的网友纷纷表示十分敬佩这些默默付出的劳动者。其实早在2014年，曾在重庆万州考察的李克强总理在万州港码头见到了“棒棒”代表，表示：“你们很了不起！每一分钱都是流汗挣来的，是中国人民勤劳的象征。”他说推动中国发展需要负重前行、爬坡越坎、敢于担当、不负重托的“棒棒精神”[②]。李克强总理的慰问是对“棒棒”们辛勤劳动的强烈肯定，

① 本文为2018年中国劳动关系学院本科生科研项目三等奖，北京市大学生科学研究与创业行动计划项目，项目名称“城市现代化进程中进城务工人员发展现状研究——以重庆棒棒军为例”。

② 李克强．中国发展需要负重前行的“棒棒精神”［EB/OL］．

在当时引起了社会和学术界的广泛关注。山城“棒棒军”靠着他们的韧性、坚守逐渐成为重庆特有的“文化名片”。

一、“棒棒军”的历史背景

1. “棒棒”的由来

自20世纪80年代以来，国家大力推行农村体制改革政策，家庭联产承包责任制使得农村大量身强体壮的闲置劳动力被解放出来。许多在家乡清闲下来的农村人（主要是男性）进城找活干，他们到城里找工作的目的很简单，就是想着赚一些钱回去修房盖屋，改善家里的生活条件。而重庆自古以来就是长江上游的水陆重镇，在那个靠水路运输的年代，许多的货物都需要人工搬运。而且重庆被称为山城，依山而建，大街小巷都是石梯，都需要爬城上坎。在重庆不管是搞城市建设还是在日常生活中的搬运挑抬，都需要方便灵活的劳动力，于是廉价、方便的“棒棒”应运而生。

在《重庆方言俚俗语集释》中是这样描述“棒棒军”的：他们以木棒或竹棒为工具在城里做临时搬运工，他们几乎都是年轻力壮的农民①。一根结实的木棒、几根绳子，再加上自己的劳动付出他们就能工作，就能获得报酬。由于“棒棒”的工作门槛很低，操作容易，因此在车站码头、大街小巷都有他们的身影。他们无所不搬，大到家电家具，小到青菜豆腐，只要谈定了价格喊一声“走起”挑上就走。

“棒棒”们凭借一根木棒就能谋求全家生活，他们靠自己的努力让家人过得更好，这是一种极有骨气的生存方式，是一种不甘贫穷、积极的生活态度，在他们身上体现出的是一种责任感。随着农村闲置劳动力的不断拥入，加上重庆码头水运的不断繁荣，在20世纪90年代中期形成了“棒棒军”的高潮期。重庆本地媒体与西南大学几位教授的调查显示，“棒棒”群体曾非常庞大，最蓬勃时期的数量大约有40万②。

---

① 马宇．称呼语“棒棒儿”与城市文化［J］．重庆科技学院学报（社会科学版），2009（10）．

② 宋尾．“棒棒军”的前世今生［J］．中国三峡，2012（4）：44－48．

二、关于山城“棒棒军”的文献回顾

由于“棒棒”是重庆的独特名片，具有非常明确的地域性，所以目前学界以山城“棒棒军”为直接研究对象的学者不多，研究成果较少。且大部分学者关注的都是针对“棒棒”这个群体的生存境况的调查。

夏进（1998）通过实证性调查总结出“棒棒军”的主要劳动特点是靠原始体力支出，每天工作的时间相对灵活自由，劳动的场所不固定具有随机性，相对缺乏劳动安全保障，劳动收入兑付及时，每天拉活多相应地挣得也多，与雇主的劳动关系为临时雇佣关系①。汪璜、王玲（2005）也认为“棒棒”群体属于散工的一种，没有正式的组织和行业规定，其混乱和分散的群体结构不利于其生存。

关于“棒棒”的身份认同问题，汪璜（2005）认为“棒棒”在社会生活中有较低的自我认同，该群体获得的政府支持低，社会认可和包容度低，导致其不愿意以“棒棒军”身份示人，不愿意长期留在城市发展，最终导致职业变化②。陈洪（2015）通过多方案例调查和实证分析发现，“棒棒军”的人力资本和社会资本双重匮乏，使得该群体只能继续从事单纯的体力劳动，其社会地位处于一种边缘化的状态，具体来说人力资本低下的具体表现是该群体年龄普遍偏高、知识水平不高、缺乏专业的技术能力，社会资本匮乏的具体表现是该群体很少得到政府或者社会组织提供的帮助和服务③。而杨晓鸿（2015）则从民俗文化现象的角度出发，认为“棒棒军”在重庆市民心目中有着极高的情感认同，其作为民俗文化现象可能消失，但其形成的独特文化符号价值仍将延续④。

黄颖、张大勇（2006）从阶层流动的角度分析，认为该群体是在不断探索改变自己以适应社会需求，部分“棒棒”通过自身的努力实现了阶层流动⑤。陈洪、汪璜、夏进、秦洁等多名学者都通过调查发现“棒棒军”的社会经济地位

① 夏进．进城农民生存状况实证研究：关于山城“棒棒军”劳动生活的调查与分析［J］．城市研究，1998（4）：39－43.

② 汪璜，王玲．重庆“棒棒军”职业变化及其影响因素的初步探究［J］．重庆文理学院学报，2005（7）：124－128.

③ 陈洪，刘达培，杜中波．关于山城“棒棒军”生存境况的调查报告［J］．重庆师范大学学报（哲学社会科学版），2015（5）：96－105.

④ 杨晓鸿．濒临消亡的民俗文化现象及其符号价值开发：以山城“棒棒军”为例［J］．广西经济管理干部学院学报，2015，27（4）：62－67.

⑤ 黄颖，张大勇．外出务工农民的行动反思与调整：重庆“棒棒”群体城市生存轨迹的社会学思考［J］．农村经济，2006（2）：112－114.

存在一种被排斥、被忽视的状况，社会美誉度不高。重庆大学曾国平教授曾呼吁，希望相关部门能在生活、工作和居住环境方面提供给“棒棒”力所能及的便利，体现出对他们的人文关怀①。

关于“棒棒”的职业发展，重庆社会科学院张凤琦（2011）认为，目前的“80后”“90后”农民工大部分都有高中学历，就业面更宽，不排除“棒棒”消失的可能性②。曾国平（2011）认为，新生代的农民会更愿意从事更有收入保障的工作，现在的“棒棒”会逐渐消失然后以新的形式再现。关于该群体的新形式，林必忠（2012）认为在不远的将来“棒棒”将演变成类似“旅游景观”的职业，传统的“力夫”角色将会逐渐退化。

通过借鉴学者们的研究成果，本次我们科研小组用深度访谈法，辅以问卷调查，实地走访了山城重庆的“棒棒”们，先后在火车站、菜市场、解放碑商圈、批发市场等地访谈多名“棒棒”和重庆当地的市民，了解了“棒棒”们的生活、工作以及社会影响等。通过调查发现：随着物流公司、搬家公司的兴起，道路交通以及电梯等设备的不断完善，现如今的“棒棒”所剩无几，当年的“棒棒”纷纷转行去做了装修工人、外卖员等，还有一些依靠自己当“棒棒”积攒的人脉转行做起了房产中介。目前还在继续坚守的大部分都是年龄在50—65岁的老人，他们大多坦言“不想折腾了”。随着城市化进程的不断加快，“棒棒”这个群体的消失似乎已经成了必然。

三、重庆“棒棒军”的生存现状

据本次重庆调研，对重庆“棒棒军”有了一些更深入的了解和认识。本次调研主要通过访谈“棒棒军”和重庆本地市民的方法，并针对不同访谈对象做了总结，得出以下结果。

1. 基本状况调查

重庆的“棒棒军”以男性为主，占比高达95%，且大部分为重庆附近乡镇和村落的居民，拥有城镇户口的占比很小；从年龄结构上来看，年龄在50—65岁的中老年占主体，40岁以下的“棒棒”比例不到5%，“棒棒军”队伍平均年

① 李国．山城“棒棒”的精神力量［N］．工人日报，2014-05-25（2）．

② 李国．市场萎缩生意难做，山城“棒棒”面临消亡？［N］．工人日报，2011-11-17（5）．

龄较高，整体趋于老年化；从文化程度来看，绝大部分的“棒棒”都是中小学的教育背景，文化程度普遍偏低。

除基本信息的调查以外，本次调研还发现这种以原始体力支出的团体身体状况普遍较好，很少患重大疾病。众所周知，“棒棒”的工作性质是纯体力劳动，体力指标作为他们是否能生存下去的必要条件，也是决定他们职业是否能继续的重要因素。但是，由于经济因素以及自身观念，大多数“棒棒”没有到迫不得已的情况下，是不会进行身体检查的，他们对于自己身体的评估大多来源于自我感觉，这并不能完全作为身体健康程度的标准，也不是有理有据的判断依据。

家庭和个人的情况也是“棒棒军”存在的一个重要因素。根据调查，长久以来“棒棒军”以已婚者占主体，未婚者占少部分；已婚者以挣钱为主要目的，并兼有锻炼身体、呼吸新鲜空气等其他目的，而未婚者绝大部分只有挣钱养活自己这一个目的。调查发现，近年来随着各行各业的快速发展，“棒棒”的生活压力越来越大，一部分已婚的“棒棒”选择回家养老，由自己的子女赡养自己，而未婚者大部分依旧坚守着当“棒棒”。

2. “棒棒”行业——无人接“棒”

近年来，随着重庆城市化的不断加快，陡坡、台阶路逐渐消失，加上私家小汽车的数量迅速增加，人们对“棒棒”的需求日益减少。私家车能到达的地方越来越多，人们的购物渠道、购物方式日益多样化，导致传统“棒棒”的市场需求越来越小。无法实现自身职业转型的“棒棒”，面临退出市场的危机。

我们通过访谈了解到重庆市大规模的楼房建设，对“棒棒军”冲击很大，许多年纪相对年轻的“棒棒”选择改行到建筑行业，并且他们一天的收入是原先的4倍左右；除此以外，还有一些“棒棒”选择转行到工厂或者务农。一些“棒棒”选择改行的目的是提高自己的社会身份，在访谈中，一些“棒棒”直接说出“棒棒军”这个行业社会等级低，特别是年轻的“棒棒”，这个行业对他们的婚姻造成了很大的困扰。

现在的“棒棒”主要集中在火车站、市场、批发商场等地。他们的主要娱乐方式有打牌、聊天等方式，一些“棒棒”表示曾经受到过来自“特警”的驱赶，要求他们离开，“棒棒”的说法是除非政府出台相关文件，否则他们会一直从事这个行业。

3. 社会待遇差

一是“棒棒军”的养老问题。调查发现该群体的参保情况很不乐观，80%

的“棒棒”都没有保险，这是由于城乡社会保障制度的不兼容、户籍制度的制约以及该群体流动性强等造成的。

二是“棒棒军”面临多方位社会歧视的问题。通过我们的调查，发现他们的社会地位略低，会受到他人的歧视。比如，有的雇主瞧不起“棒棒”，对“棒棒”的服务不满意，在选择“棒棒”的时候专门挑选那些年轻力壮的“棒棒”；有的市民认为“棒棒”形象欠佳，影响市容；有的大型高档购物中心会因为“棒棒”的形象问题驱赶他们，导致他们四处流落，没有休息之地。以上各类情况都比较普遍。

目前，相关部门采取了一些措施，关心这一群体的生活与就业转型。例如重庆永川区委党校在村、社区专门开设了技术培训班，南岸等区县曾开设了平价“阳光公寓”，但不少“棒棒”表示并不知情。

综上所述，“棒棒军”群体年龄普遍偏高、文化素质低，且缺乏规模化、秩序化的职业技能培训，人力资本低下。同时，政府部门或其他社会团体给予的帮助和服务较少，社会资本也有些匮乏。且“棒棒”群体获得的社会待遇较差，存在社会歧视的问题，有较低的身份认同和社会认可。种种因素导致山城“棒棒军”群体地位逐渐边缘化。边缘化的延续使得他们难以向上流动，使其地位呈现凝固化倾向，没有年轻人愿意“接棒”。

四、“棒棒军”即将消失的原因

1. 社会的进步

通过对访谈对象的采访，我们得知由于近些年来，随着物流产业和交通条件的日趋完善，人们的运输更多地依靠机器而非人力，这一切都在抢“棒棒”的饭碗，“棒棒”们似乎没有用武之地，最多是在菜市场帮饭店采购，这种活也不稳定，收益不高。随着受教育程度的增加，职业多元化的不断发展，更多的年轻人愿意选择那些相对较稳定、收入较可观也更为“体面”的工作。因此，越来越多的年轻“棒棒”退出队伍，只剩下那些年老者，“棒棒军”的平均年龄不断上升。

2. 社保机制的缺失

据我们的采访统计，被调查对象平均年龄在60岁以上，这本是享福安逸的年纪，他们却要出来为生计奔波，大多数“棒棒”都希望自食其力，不依靠儿女；那些无儿无女的，更是没有安度晚年的保障，只能自食其力。

当前实行的城镇职工养老保险制度和农民工的特点不相匹配，表现在如下。

一方面，农民工的工资收入较低，和缴费的标准不匹配。“棒棒”的收入不稳定，青壮年的日收入，按照一单十元，一天二十单的水准，年老的“棒棒”也许只能干他们一半的活，有时可能连100元都很难赚到。按重庆的社会平均工资计算，基本养老保险每月最低缴纳400元①。大多数年老的“棒棒”也都不愿意交保。

另一方面体现在农民工不稳定的工作时间与缴费年限的不匹配。农民工的工作伴随着季节性、流动性强，务工地点不确定，务工时间也不连续等特点。缴费时间难以累计15年，无法享受养老金待遇。因此，设立全国统一的社保网络系统迫在眉睫②。

3. 缺乏有效的管理机制

“棒棒”是一个个体行业，没有统一的行业管理，虽然能在某些五金批发市场看见成群结队的“棒棒”，可那只是小团体。由于缺乏整体的统一管理，他们的职业转型与行业存续问题无法与城市发展相对接，导致本就跟不上城市化进程的他们，已经与社会严重脱节。除此之外，“棒棒”这个群体因文化教育水平较低等原因也导致转职困难。在访谈中我们问到他们是否参加过技能培训，他们的回答都是没有参加过，没有人会关心在乎他们。对大部分“棒棒”来说他们并没有得到有用的社会信息以及社会支援，缺乏强有力的社会支持。

大多数“棒棒”和雇主之间的关系都是临时雇用关系。“棒棒”的雇主都是形形色色的，雇主支付的报酬是他们收入的主要来源。而“棒棒”的收入由以下几个因素决定：首先是雇主的预期支付，其次是雇主的主观因素。对于这些没有固定劳动组织以及相关工会支持的群体来说，没有公平可言，更没有稳定之说。双方的交易活动主要是在商场、码头、车站、批发市场等这些货物搬运需求量相对较大的地方，双方主要是通过面谈。“棒棒军”的工作性质和社会地位决定了他们社交圈的相对狭小。

4. 积累经验后的改行

“棒棒”的劳动力整体看是廉价的。不少“棒棒”寻求转行，在和雇主交涉的过程中，一些“棒棒”不仅学到了其他行业的经营知识，而且也掌握了其他行业的基本行情。他们利用做“棒棒”挣来的钱和经验知识，转行到其他行业，

---

① 唐小飞．重庆市基本养老保险替代率问题研究［D］．重庆：重庆大学，2010.

② 肖云，刘慧．低层灵活就业群体社会保障需求与对策研究：基于重庆市363名“棒棒”的调查分析［J］．南方人口，2008（2）：44－49.

开始在新行业里发展。街头“棒棒”少了，但是产业工人、快递员、外卖员等服务行业的人却增加了。

结语

一个地方的变迁，代表着一座城市的进程。一个职业的没落，代表着社会劳动力的进步。随着我国城市化进程的不断加快，山城“棒棒”面临着行业更替的困境，这是时代进步的必然，是重庆农民不断转型的必然，是推进城乡一体化的必然。

参考文献：

[1] 张慧文，曹雅青．山城棒棒军［J］．科技兴青报，2008.

[2] 夏进．进城农民生存状况实证研究：关于山城“棒棒军”劳动生活的调查与分析［J］．城市研究，1998（4）：39－43.

[3] 杨月蓉．重庆方言俚俗语集释［M］．重庆：重庆出版社，2006：13.

[4] 汪璜，王玲．重庆“棒棒军”职业变化及其影响因素的初步探究［J］．重庆文理学院学报，2005（7）：124－128.

[5] 陈洪，刘达培，杜中波．关于山城“棒棒军”生存境况的调查报告［J］．重庆师范大学学报（哲学社会科学版），2015（5）：96－105.

[6] 李国．市场萎缩生意难做，山城“棒棒”面临消亡？［N］．工人日报，2011－11－17（5）.

[7] 唐小飞．重庆市基本养老保险替代率问题研究［D］．重庆：重庆大学，2010.

[8] 肖云，王瑞杰，孙晓锦．农民工低层灵活就业群体参加城镇职工医疗保险的矛盾分析：基于对重庆市158名“棒棒”的调查［J］．西部论坛，2010，20（1）：29－35.

[9] 肖云，刘慧．低层灵活就业群体社会保障需求与对策研究：基于重庆市363名“棒棒”的调查分析［J］．南方人口，2008（2）：44－49.

[10] 黄颖，张大勇．外出务工农民的行动反思与调整：重庆“棒棒”群体城市生存轨迹的社会学思考［J］．农村经济，2006（2）：112－114.

[11] 杨晓鸿．濒临消亡的民俗文化现象及其符号价值开发：以山城“棒棒军”为例［J］．广西经济管理干部学院学报，2015，27（4）：62－67.

[12] 宋尾．“棒棒军”的前世今生［J］．中国三峡，2012（4）：44－48.

访谈提纲

感觉您身体倍儿棒，您多大年纪了？
您来自哪里？有城镇户口吗？
您的教育背景是？
您是否已婚？有几个子女呢？
您是否觉得自己一直充满干劲，身体非常健康？
您一年有一次体检吗？
您从什么时候开始当“棒棒”的呢？入行的原因可以简单谈一下吗？
您现在每次的收入大概多少？和5年前比有什么变化吗？
您对自己的职业认同吗？是否觉得自己从事的工作没有面子？
您是否想过转行？原因是什么呢？
您是如何看待自己的养老问题的？想过向政府寻求帮助吗？
政府是否有对你们进行过帮助，比如技术培训？
您希望得到政府或者社会团体什么样的帮助呢？
您觉得“棒棒”这个职业会消失吗？

对北京市公共场所灭火设施合理分布的研究①

——以国家图书馆等公共场所为例

指导老师：石晶　项目主持人：陈贤生

项目参加人：殷子易　黄慧冬

摘　要：公共场所承载着城市经济和文化发展的重任，北京作为首都更是如此。在人员高度密集、流动性大的场所，一旦发生火灾，如果未能及时控制，后果极为严重。灭火设施的合理分布对其影响较大，且较为关键。本次研究通过设计灭火设施分布检查表，验证北京市各类典型公共场所是否按《建筑灭火器配置设计》等相关规范设计。现场检查、统计分析北京市公共场所灭火设施空间上分布合理性的实际情况。以国家图书馆为例，利用 Pyrosim 模拟火灾现场水喷淋系统，计算灭火时间，讨论其合理性；基于对偶理论计算灭火器数量等方法；最终为各类灭火设施在灭火过程中起到的作用赋权，对消防灭火设施数量上分布合理性模糊评价。

关键词：公共场所　灭火设施分布检查表　Pyrosim 火灾模拟　对偶理论　模糊评价法

一、引言

公共场所往往集合了大量的物质财富，是多元物质集合体，火灾荷载大，其消防减灾是城市安全建设的重点也是难点。如影剧院、大型图书馆、地铁站、医院、商场等公共场所，是城市群死群伤极易发生的薄弱点。当发生火灾时，灭火设施的合理分布、能否利用灭火设施及时灭火，对火灾事故的控制起到决定性作用。相关部门在灭火设施方面也为消防监管提供了参考标准，但从实际情况观

① 本文为2018年中国劳动关系学院本科生科研项目三等奖，北京市大学生科学研究与创业行动计划项目，项目名称“对北京市公共场所消防设备合理分布的研究”。

察，消防设备在建筑竣工安全验收，安全审查时监督、监管最为严格，后续使用上是否损坏、是否按时更换、是否及时维修被个别单位忽视，管理模糊。

生活中我们见到公共场所有不少拿灭火器挡门，消火栓的门为了防止被破坏而上锁，灭火器的箱子没有盖等各种不合理的情况。而部分场所则出现“形如虚设”的现象，过期的、坏的设备设施没有及时检查、维修或更换。据《中国消防年鉴》2017 年记录，全国公共场所（包括商场、图书馆、影剧院、地铁站、医院、酒店宾馆等）发生火灾共 41 起，死亡人数 27 人，受伤 63 人，直接经济损失 61 594 万元，分别占特大火灾总数的 32.4%、59.7%、38.2%、41.5%。

2000 年洛阳东都商厦的大火在学术界人的心里仍在燃烧，如何降低火灾发生率一直是火灾界科研的重点，消防设备的合理配置和分布也开始被关注。付丽秋等前辈在《建筑消防设施安全性的模糊综合评价》中论述到各方面消防设施达不到安全的标准，但仅仅考量了某单位消防设施在数量上是否合理，没有给出合理设置的方法；蔡晶菁前辈则在《基于对偶理论的建筑消防设施优化配置研究》中引入了消防保险，其中也论述到灭火设备数量上如何配置才能得到最大的安全产出，但也没有全面谈到灭火设备如何配置，如何分布。

本次研究的灭火设施主要包括灭火器、室内消防栓、自动喷水灭火系统、烟雾探测器、自动报警系统、防火分隔水幕、消防卷盘等。为了进一步考量消防灭火设施在空间上、数量上的合理分布，团队通过现场调查，学习相关文献、标准，利用 Pyrosim 软件模拟，最终以中国国家图书馆（以下简称“国图”）为例，根据建筑物的结构、规模、火灾危险性等因素予以综合考虑，分析国图消防灭火设施在空间上、数量上分布存在的不合理性，并提出了建议，借以实现最小的消防安全投入下达到最大的安全产出。

二、灭火设施现场检查分析

（一）现场检查结果

通过对中国国家图书馆、海淀区西直门凯德 MALL 商场、海淀医院、海淀区复兴路凯德晶品博纳国际影城、西单地铁站、大兴区虹枫老年护养院等 6 处公共场所关于消防设备分布情况的检查和记录，结果显示：

在灭火器的设置点是否符合环境要求、灭火器的使用人员是否具备必要的体能、灭火器的配置是否符合其最大保护面积的规定、室内消防栓是否设在明显易于取用的地点、室内消防栓是否设在明显易于取用的地点这 5 个方面各存在 3 处不合理的现象。

在灭火器的选择是否符合火灾种类的需求、灭火器的灭火效能是否具有通用性、灭火器设置在不易发现的场所、灭火器的设置点高度是否符合有关规定、灭火器的设置是否配置器箱这5个方面各存在2处不合理的现象。

在灭火剂对保护物品是否具有大程度的污染，灭火器的配置数量是否符合该类场所的有关规定，灭火器是否经过年检，室内消防栓栓口离地面高度是否达到1.1米，自动喷水灭火系统的类型选用是否符合规范，自动喷淋系统的设置间距是否符合保护半径的要求，自动喷淋系统的配置数量是否符合该场所的设计规范，窗户处是否设置防火分隔水幕这8个方面各存在1处不合理的现象。

（二）结果分析

上述检查结果分析表明北京市公共场所在消防设备配置上仍存在不合理现象，集中表现为偏功能性公共场所，以及老旧娱乐场所消防设备选用不符合火灾类型，设置点不符合规定，过期未更换，保护面积不足等。

对于中国国家图书馆，有一处消防箱设置在工作人员活动场所，阅览客户需经过刷卡才能进入，而在四层阁楼的走廊内，却设有多达347只自动喷淋喷头（标准为≤200只），从最大消防安全裕度上是好的，但从安全投入上则相对不合理。对于西直门凯德MALL商场，多达5处的灭火器箱设置在有视线障碍的地点，例如设置在常开门门后、未设置指示其位置的发光标志。而对于西单地铁站，因设置时未考虑人流可能过大，造成设置位置不合理，大部分时间设置点会被人流淹没，一旦发生火情，使用较为困难。

三、对偶理论计算灭火设施数量

（一）对偶理论（Duality Theory）

线性规划具有对偶特性，即求任何一线性规划问题的极大值都有一极小值的线性规划问题与其相对应。把其中一个假设为原问题的话，则与之对应的另一个就是它的对偶问题，并称二者为互相联系的一对对偶问题。

（二）灭火设施数量上的合理分布

为了衡量配置数额是否合理，我们需要引“消防安全裕度”（FMS，margin of fire safety）。

其算法表达式如下（1）所示：

$$FMS = ASET - RSET \tag{1}$$

其中，ASET代表“可利用的疏散时间”，即火灾发展到临界程度（临界程度由不同情况不同定义，可以是危机人员安全临界点，当需要保护的物品较为贵重时，则是保护物品最小损失的临界点）的时间；

RSET代表“疏散所需的时间”，其中包含火灾探测时间、报警启动、疏散前准备时间以及人员撤离、疏散全程的时间。

本次研究，以消防安全裕度为目标函数，通过消防灭火设施数额上的合理分布，最大程度上有效地延长ASET，达到增大FMS的效果。从安全经济的角度讨论这个投入数额的问题，不得不谈及“消防保险”，即单位为了达到最小损失，通过购买消防保险来防范经济损失，这一措施主要体现在经济方面。保险应和消防设施搭配使用，从理论上讲，我们不配置任何消防设施，只是购买消防保险来防止经济损失，也能达到损失最低原则，但这不符合法律与道德要求。

先假设国家图书馆仅配置了灭火器 X_1 个，X_2 个水喷淋喷头，具体信息参考①某单位消防设施信息配置表，如表1所示。

假设只取一单元分区进行测算，面积为 $200m^2$，投保额为80元，可以根据上表信息为三类消防设施进行线性规划，模型如下（2）所示：

$$s.t\begin{cases}20X_1+8X_2\geqslant 200\\5X_1+3X_2\geqslant 80\end{cases} \qquad (2)$$

$$X_1,X_2\geqslant 0$$

表1　某单位消防设施信息配置表

设施名称	扩大的防火分($10m^2$)	单位保费(10元/$10m^2$)	延长的安全度(min)
灭火器	20	5	6
水喷淋	8	3	2

通过单纯公式方法解得，该线性问题最优解为配置 $X_1=3$，$X_2=23$，即 $200m^2$ 的单元里最优配置方案是配置3个灭火器，配置23个水喷淋喷头。

根据规范设置灭火器与水喷淋喷头的话，国家图书馆属于高层一类，严重危险级，$200m^2$ 需要4个以上灭火器和35个水喷淋喷头。而根据实际国图情况，取任意一单位空间，数额都超过前两者。如果是重点保护部位，比如主要书籍分

① 蔡晶菁．基于对偶理论的建筑消防设施优化配置研究［J］．科技资讯，2010（6）：86－87.

布区或者重要古籍区可以适当增加，但若是在读者座位或者不摆放书籍的位置同样密布喷头，意义可能不大，徒增维修工作量。

四、利用 Pyrosim 模拟水喷淋系统

（一）模型建立

1. 国家图书馆概况

国家图书馆北馆于 2008 年 7 月竣工，结构形式为钢筋混凝土框架 + 核心筒 + 钢构架，建筑层数：地下三层，地上五层，总建筑面积为 79 899m^2。其中四层（见图 1）长 75m，宽 65m，占地面积约为 5000m^2，实际使用面积约为 2400m^2，共分为 4 个区域，北侧为视听阅览区，南侧为中文报纸区和中文期刊区，分别有 171 017 册报纸和 828 407 册期刊。西侧为学位论文浏览室，藏有 1 064 178 篇，东侧为数字共享空间，中庭中空，东北角设有扶梯，东南角设有楼梯。消防系统较为健全，各个区域均配有喷淋系统、室内灭火器、消防栓及烟感报警装置。

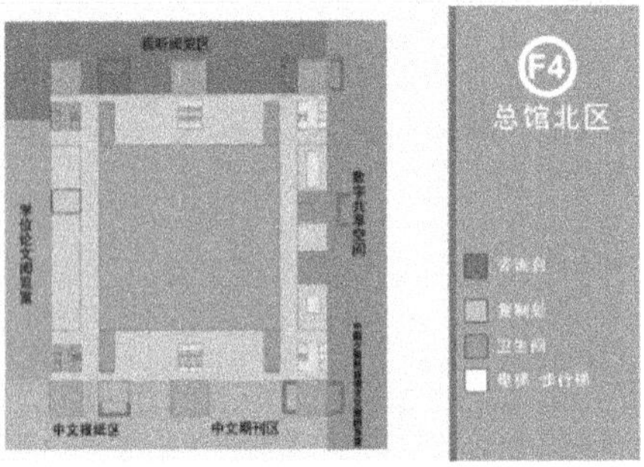

图 1　国家图书馆 F4 平面图

2. 火灾场景设置

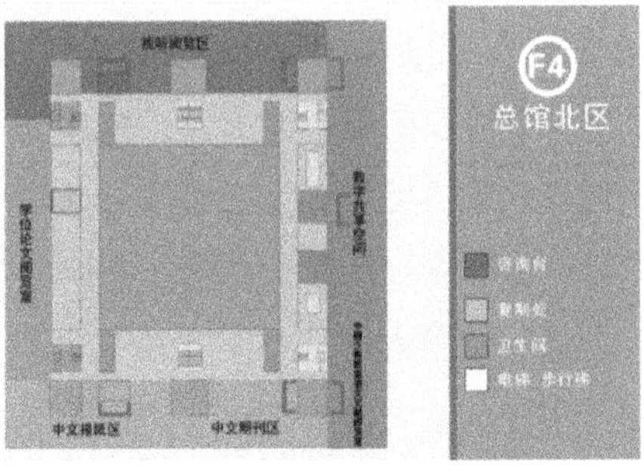

图 2　整体模拟效果图

本文采用1：1比例的国家图书馆四层内部几何空间简化模型，模拟国家图书馆四层某书架火灾（见图2）。设计网格边界尺寸大于国家图书馆四层尺寸，为获得最大模拟效率，划分的单元格数为2、3、5的倍数。因此，本文模拟对象网格划分为525×400×25，单元格的大小为0.5×0.5×0.5，则单元格的总数为21 570个。模拟将火源点设置在中文期刊区，火源面积为3m^2，火源功率为6Khw/h，模拟时间为90秒，燃烧反应物质为纸和塑料（聚乙烯、聚丙烯等成分）。本文讨论和分析均始于火灾产生明火的瞬间，忽略火灾阴燃阶段。

（二）模拟结果与分析

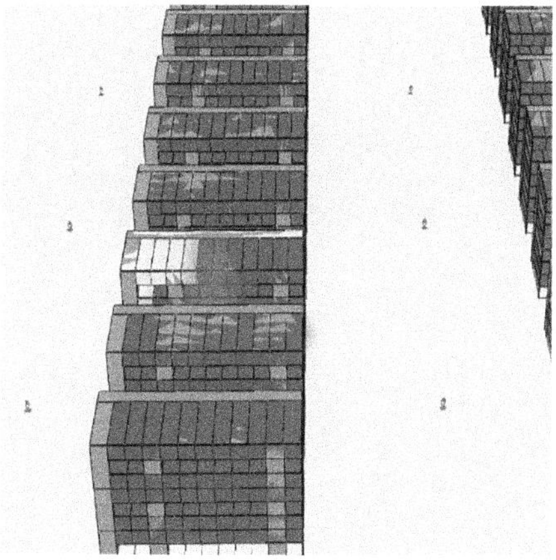

图3　模拟火源点初期图

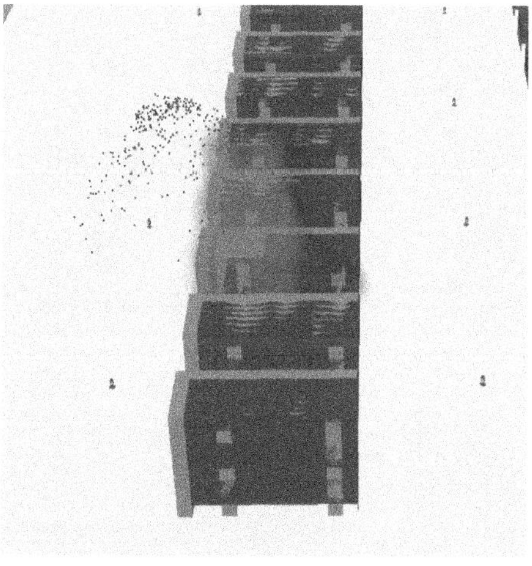

图4　模拟火源点自动喷淋起作用图

图 5　模拟火源点后期图

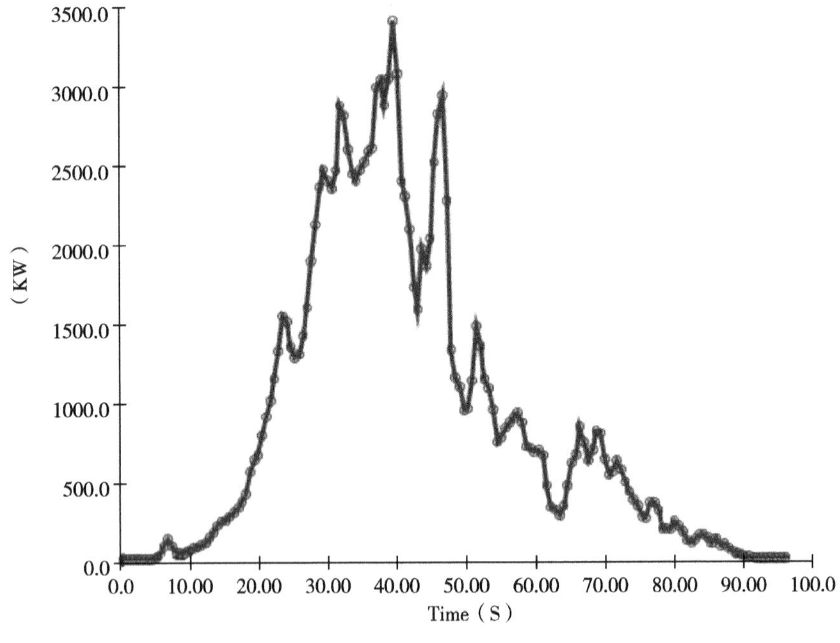

图 6　燃烧情况随时间变化图

由模拟结果（见图 3，图 4，图 5，图 6）我们可以看出，国图四层现设有的自动喷淋喷头在 90s 内能将火源面积为 $3m^2$ 的着火点熄灭，时间相当短。理论上说灭火时间越短越好，但也不能因而随意密布灭火设备。同时我们从模拟上和［14］中可以得知，自动喷淋在灭火过程作用赋权应该比较大。

五、模糊评价灭火设施的合理性

（一）灭火设施评价体系的建立

本次研究主要包括的灭火消防设施分为自动喷水灭火系统、室内消防栓、灭火器、自动报警系统、烟雾探测器、防火分隔水幕、消防卷盘七类，建立评价指标体系，如表2所示。

表2　灭火设施评价层次模型

建筑灭火消防设施 A	自动喷水灭火系统 B_1
	室内消防栓 B_2
	灭火器 B_3
	自动报警系统 B_4
	烟雾探测器 B_5
	防火分隔水幕 B_6
	消防卷盘 B_7

（二）灭火设施安全评价

在建筑灭火消防设施评价体系的基础上，利用层次分析对建筑灭火设施的重要性进行分析，并结合模糊综合评价法对建筑中灭火消防设施合理性进行评价。

1. 利用层次分析法计算评价指标权重

根据建筑灭火消防设施各级指标因素间的相互影响关系以及隶属关系，将因素依不同层次聚集组合，形成结构模型。根据对客观现象的主观判断，就每一层次因素的重要性给予量化描述，构造判断矩阵，再利用数学方法确定每一层次全部因素相对重要性次序的数值，并进行一致性检验，求得建筑灭火消防设施的合理性评价指标权重、最大特征值和一致性检验指标。其中二级指标 B =（0.417，

0.075，0.075，0.0208，0.075，0.075，0.075）对应的最大特征值为 λ_{max} = 5.16，一致性检验指标 $CI = 0.038$，$CR = 0.026$。

2. 灭火设施合理性评价等级

在求得的建筑灭火设施安全评价指数权重后，将建筑灭火消防设施安全评价等级分为合理、较合理、合理性一般、合理性差 4 个级别，对建筑灭火设施的合理性进行定量评价，以百分制为标准，其中 90 分以上为优秀，80—89 分为优良，60—79 分为一般，50 分以下为差。

3. 模糊综合评价的数学模型构建

（1）将因素级 X 按某种属性分成几个子因素集。设第 i 个子集 $x_i = \{x_1, x_2 \cdots x_7\}$，且他们两两互不相交；

（2）对每一因素集合做模糊综合评价。设 $V = \{v_1, v_2, \cdots, v_7\}$ 为评语集，得到评价向量 B_1，B_2，…，B_7；

（3）将每个 x_i 看作一个因素，并将他们重新构成因素级，以 $V = \{v_1, v_2, \cdots, v_7\}$ 为评语集，进行模糊综合评价。

（三）验证对偶理论测算结果

通过利用对偶原理计算，结合 Pyrosim 模拟得出的配置灭火实施的数量，通过模糊综合评价进行验证。本次研究包括自动喷水灭火系统、室内消防栓、灭火器、自动报警系统、烟雾探测器、防火分隔水幕、消防卷盘。

我们根据划分的 4 个等级对的二级指标进行评价，可计算出总体灭火设施配置的合理性，分别计算出各因素的隶属度。例如，对于自动喷水灭火系统 10 个人中有 5 人认为是“合理”，4 人认为是“较合理”，1 人认为“合理性一般”，没有人认为“合理性差”，则隶属度分别为 0.5、0.3、0.1、0。得到对 B_1 的评价为 $R_{B'} = \{0.5、0.3、0.1、0\}$，同理可得到其他评价指标的模糊评价指标值。

结合层次分析法得到的权重和专家打分得到的建筑灭火设施评价矩阵，得到建筑灭火设施向量式。

$$A' = A \times R_{B_i} = (0.417, 0.075, 0.075, 0.0208, 0.075, 0.075, 0.075) \times \begin{pmatrix} 0.5 & 0.4 & 0.1 & 0 \\ 0.8 & 0.2 & 0 & 0 \\ 0.7 & 0.3 & 0 & 0 \\ 0.2 & 0.5 & 0.3 & 0 \\ 0.6 & 0.4 & 0 & 0 \\ 0.4 & 0.5 & 0.1 & 0 \\ 0.3 & 0.7 & 0 & 0 \end{pmatrix}$$

$$= (0.460, 0.428, 0.1120)$$

从该建筑的评价矩阵可以看出，该建筑物的灭火消防设备的评价状况如表3所示。通过计算表明该单位建筑灭火消防设施安全性较好，同时需要注重维修和监督检查。

表3　灭火设施模糊综合评价表

评价等级	安全	较安全	安全性一般	危险	评价分值
分值	90—100	80—89	60—79	40—59	
灭火设施	0.460	0.428	0.112	0	82

六、建议

通过我们现场调查和模拟可知，现行标准固然是不存在问题，因为其设想的前提是已经发生火灾，在发生火灾的当下，需要多少灭火设施才能满足灭火要求，但其为了方便管理，统一并行其中却无法全面考量到建筑结构的差异性以及建筑空间利用的差异性。在防患于未然的时候，也应顾及成本。

相关施工单位应配置专业的设计人员，在整体设计中针对建筑物未来用途，尽可能考虑其空间内火灾的可能性进行模拟，以一个最低标准为基础，进行模拟，得出最为合理的灭火设施配置和布局设计。

在后续的管理中，相关部门更是要落到实处，隐患总是存在于疏忽之间，火灾的发生可能就是因为疏于管理，相关部门要加强监管力度。

参考文献：

[1] 中华人民共和国国家标准. 建筑灭火器配置设计规范：GB－50140—2005［S］.

[2] 中华人民共和国国家标准. 消防给水及消火栓系统技术规范：GB50974—2014［S］.

[3] 中华人民共和国国家标准. 建筑灭火器配置设计规范：GB50140—2005［S］.

[4] 中华人民共和国国家标准. 图书馆建筑设计规范：JGJ38—2015［S］.

[5] 陈志芬，陈晋，黄崇福，等. 大型公共场所火灾风险评价指标体系（Ⅰ）：火灾事故因果分析［J］. 自然灾害学报，2006（1）：79－85.

[6] 陈志芬. 大型公共场所火灾事故分析及风险评价指标体系研究［D］. 2006.

[7] 齐涵. 大型公共场所火灾隐患的定量分析及风险评估［J］. 安全，2018，（2）：55－58.

[8] 龙新峰，张雪琴，楼波. 基于Pyrosim的宿舍楼火灾模拟分析［J］. 安全与环境学报，2017，17（4）：1348－1353.

[9] 蔡晶菁. 基于对偶理论的建筑消防设施优化配置研究［J］. 科技资讯，2010（6）：86－87.

[10] 彭玉芳. 关于建筑消防设施安全性的模糊综合评价研究［J］. 建材发展导向，2014，12（7）：266－267.

[11] 徐智斌. 灭火器灭火性能试验影响因素及改进的探讨［J］. 消防界，2018，4（18）：40－41.

[12] 郭秀艳. 浅谈建筑灭火器的配置计算［J］. 消防科学与技术，2000（3）：20－22.

[13] 赵琨，王铭珍. 中国国家图书馆二期工程暨数字图书馆地下停车库的防火设计［J］. 消防技术与产品信息，2009（6）：3－4.

河北农村社区小微企业事故隐患分析[①]

指导老师：任国友　项目主持人：高驰
项目参加人：苏佩洋　和杰花　丁柳青　田润丰

摘　要： 在城镇化促进农村经济发展的同时，农村社区众多的小微企业安全事故频发，事故隐患管控是影响小微企业安全事故的关键因素。以河北省典型的农村社区为例，课题组通过实地考察与问卷调查，找出农村社区小微企业存在的事故隐患及其分布特征，依据MMEM理论构建了农村社区小微企业事故隐患分类指标体系，统计得出农村社区小微企业一级指标、二级指标的权重，并用AHP法进行一致性检验，建立小微企业事故隐患的分类方法。最后，提出改善河北农村社区小微企业事故隐患的对策并设计出隐患排查卡。

关键词： 农村社区　小微企业　事故隐患　MMEM理论　AHP

引言

在我国，小微企业占企业总数的97%以上，已成为社会经济发展的中坚力量，但目前由于小微企业受自身发展水平的制约，普遍存在着技术装备落后、安全生产管理人员配备不足、安全生产意识淡薄（冯国辉，2017）[②]、安全管理意识不强、用电安全管理不足（叶国斌，2017）[③] 等问题。此外，小微企业还存在着厂房未经消防安全审批或擅自改变使用性质、企业周边公共消防设施差、企业安全责任落实不到位、消防监督管理存在缺位、员工安全意识较差等典型的消防

---

① 本文为2018年中国劳动关系学院本科生科研项目三等奖，北京市大学生科学研究与创业行动计划项目，项目名称“农村社区小微企业事故隐患分类排查研究”。

② 冯国辉．谈小微企业安全生产管理：2017年第四届国内外水泥行业安全生产技术交流会论文集［C］．中国建材科技杂志社，2017.

③ 叶国斌．小微企业用电安全常见隐患［J］．劳动保护，2017（3）：60－61.

安全隐患（严玲娟，2018）[①]，开展农村社区小微企业事故隐患分析具有重要的现实意义和理论价值。

贺翔（2016）[②] 提出为了厘清国内学者研究小微企业发展的情况，在中国知网（CNKI）上以篇名“小微企业发展”作为内容检索条件对期刊论文和博士硕士学位论文进行模糊检索，通过梳理相关文献后发现，由于国家于2011年才在中小企业划型中增加了“微型企业”一类，国内学者对小微企业发展的研究并不深入，且大多数论文主要从融资难、税收角度来研究小微企业发展问题，小微企业研究成为热点问题。而小微企业中与事故隐患有关的研究并未得到重视，事故隐患一般是指生产经营单位在生产经营活动中违反安全生产法律、法规、规章、标准、规程和安全生产管理制度的规定，存在的物的危险状态、人的不安全行为和管理上的缺陷。左西胜、江虹（2016）[③] 将事故隐患分为违反法律法规类事故隐患和违反技术标准类事故隐患；林东（1996）[④] 将事故隐患分为一般隐患、重大隐患和特别重大隐患。齐全（2018）[⑤] 以中兴煤业为例提出当班普查、技术防控、落实责任的重大事故隐患排查制度。黄群超（2018）[⑥] 用文本挖掘技术，对文本数据进行预处理、可视化及丰富度分析，得出重点行业为餐饮住宿和商业零售行业，重点隐患问题为“安全出口”隐患、“逾期未改正”隐患、“堆积杂物”隐患、“指示标识”隐患，隐患类型较多的时段为三四月份。事故发生的主要原因分析如下：（1）个人防护装备占12%；（2）人员的位置占30%；（3）人员的反应占14%；（4）工具和设备占28%；（5）程序与秩序占12%；（6）不安全行为造成的伤害总数占96%；（7）其他因素造成的伤害总数占4%（《酒·饮料技术装备》，2018）[⑦]。

近年来越来越多的安全事故发生，都是存在的隐患导致的。小微企业发生的伤亡事故起数和死亡人数在所有事故当中均占到各类企业事故总量的70%—80%（逄文文，2018）[⑧]。2016年3月26日江苏省无锡市宜兴市公岭镇某电子材料有

---

① 严玲娟．小微企业亡人火灾调查及思考［J］．消防技术与产品信息，2018，31（8）：33－35.

② 贺翔．我国小微企业发展研究的现状、评价及展望［J］．贵州省党校学报，2016（6）：56－60.

③ 左西胜，江虹．安全生产事故隐患的定义及分类［J］．中国安全生产，2016，11（4）：30－31.

④ 林东．浅谈劳动安全管理部门对事故隐患的分类，认定与治理办法［J］．劳动保护科学技术，1996（2）：46－48.

⑤ 齐全．中兴煤业重大事故隐患排查的思路与做法［J］．煤，2018，27（8）：100－101.

⑥ 黄群超．北京西城区安全生产事故隐患分析及治理对策研究［D］．北京：首都经济贸易大学，2018.

⑦ 本刊汇编．生产中的安全隐患排查和培训［J］．酒·饮料技术装备，2018（3）：77－79.

⑧ 逄文文，司磊，张宇栋．小微企业安全生产管理现状与风险控制：根据山东省青岛市162家小微企业的调研［J］．安全，2018，39（10）：22－25.

限公司厂区东北侧空瓶仓库发生火灾，过火面积约60平米，损失该仓库内空瓶包装箱及部分空瓶，造成1人死亡；2017年3月无锡市西山区西北镇某机械厂因两层配电柜与两层分配箱之间的电线故障发生火灾，烧损厂房、原料等物品，导致1人死亡等事故（严玲娟，2018）①，灾难历历在目。为了降低农村社区小微企业事故的发生率，课题组根据收集得来的大量数据，提出利于农村社区小微企业事故隐患管控的对策和建议以及对事故隐患进行分析并得到隐患排查卡，帮助小微企业排查事故隐患，预防安全事故的发生。

一、基于MMEM理论的小微企业事故隐患分类方法

（一）MMEM理论的表述

唐艳春（2009）② 提出MMEM理论，“MMEM”即“人（Man）、机（Machine）、环（Environment）、管（Management）”，“人、机、环、管”是指综合安全管理四要素。最早是从“全面质量管理（TQC）”“人、机、料、法、环”引申来的。MMEM系统理论认为，任何事故都是由于“人、机、环境和管理”要素的不匹配、相互作用而造成的出乎人们意料的和不希望发生的事件。要避免和减少事故发生，就必须有效控制和协调人、机、环境和管理之间的关系，并事先采取有效措施进行预防。因此，任何生产安全系统的基本要素是由人（Man）、机（Machine）、环境（Environment）和管理（Management）构成的，如图1所示。

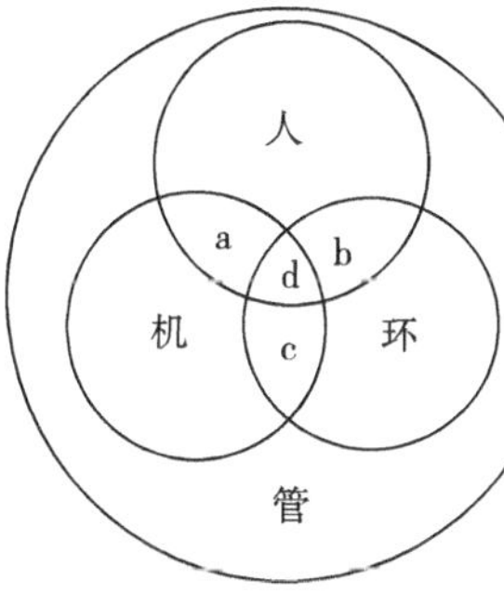

图1　生产安全系统基本要素

① 严玲娟．小微企业亡人火灾调查及思考［J］．消防技术与产品信息，2018，31（8）：33－35．
② 唐艳春．MMEM理论在安全生产中的应用［J］．安全、健康和环境，2009，9（1）：48－50．

依据图 1 可知，每个要素都与其他要素有着密切的联系。其中，a 区为人-机关系区，表现为机对人的安全影响、人能熟练掌握机的操作技能；b 区为人-环关系区，表现为环境对人的安全影响、人要适应和改善作业环境；c 区为机-环关系区，表现为环境对机的安全影响、机要适应并保护环境；d 区为人-机-环综合关系区，是事故的多发区域和安全控制的重点区域。管理要素则通过对安全事务的计划、组织、领导和监控，实现对管理体系自身的控制和使用该体系对人、机、环境要素的控制，并用法制、技术、规范、标准、程序和方法充裕地覆盖人、机、环境要素及各关系区。据此，依据 MMEM 理论可以从人、机、环、管角度进行对农村社区小微企业事故隐患的具体分析。

（二）基于 MMEM 理论的小微企业事故隐患分类方法

（1）小微企业事故隐患分类原则

农村社区小微企业存在“数量多、隐患多、事故多”的“三多”特征，近几年才受到企业界和学术界的关注，相关研究较少。因此，本研究结合 MMEM 理论和实践调查，确立了理论分析与实地调查相结合的隐患分析原则，以便科学地进行小微企业事故隐患分类与排查。

（2）小微企业事故隐患分类方法

依据 MMEM 理论，跟据理论分析与实地调查相结合原则，本研究将农村社区小微企业安全生产系统分为人、机、环、管 4 个关键要素，以安全性和技术性为参考标准，建立了小微企业事故隐患分类方法，为科学开展农村社区小微企业事故隐患识别、排查提供了理论方法。依据该方法，排查和识别出河北省农村社区小微企业事故隐患，如表 1 所示。

表 1　河北省农村社区小微企业事故隐患分类表

分类原则	典型事故隐患
人	人员误操作、不规范操作、违章操作；指挥失误、违章指挥；失职，不认真履行本职工作任务；决策失误，不理智决策；身体状况不佳的情况下工作；工作中心理异常，忽视职业禁忌证的问题
机	没有按规定配备必需的设备；设备选型不符合要求；设备安装不符合规定；设备维护保养不到位或未定期进行维护检修；设备超过使用有效期；防护设施不齐全；设备警示标识不齐全、不清晰、不正确，设置位置不合理；机的其他不安全因素

续表

分类原则	典型事故隐患
环	未定期对工作场所进行清洁工作;企业内无消防设施;人员密集场所无逃生通道;没有通风设备;电路杂乱、老化问题严重
管	未设置安全规章制度;管理层对安全培训不重视;管理人员文化水平不高;企业未与工人签订劳动合同,工人劳动安全无保障;管理人员未考虑到上岗人员的职业禁忌证问题

二、小微企业事故隐患调查及结果分析

（一）样本选择

河北省作为人口大省，存在着众多的农村社区，为了保证调查的广泛性、科学性，课题组选择保定、廊坊、石家庄、承德、张家口 5 个行政区，共抽取样本 28 个（见表 2），其中保定 16 个，廊坊 2 个，石家庄 3 个，承德 3 个，张家口 4 个。此外，考虑到保定市农村社区众多，在农村社区中小微企业普遍存在，保定市的样本占 57.14%。

（二）问卷设计与调查过程

1. 问卷设计与试调查

制定调查问卷初期阶段，以河北省涿州市宁村、大马村、小马村进行隐患试调查，发现由于小微企业种类繁多，不同类别的企业隐患种类也不同，因此小组成员根据试调查结果及 MMEM 原理设计了以农、林、牧、渔、工、商六大行业为主体的“农村社区小微企业事故隐患排查”问卷。在农业方面分为农药化肥种子类、农机设备类、农产品收购类、大棚种植类；在林业方面分为种植类、木产品加工类；在牧业方面分为畜牧类、肉产品加工类；在渔业方面分为养殖类、渔产品加工类；在工业方面分为建材类、建筑类、能源类、纺织类、作坊类；在商业方面分为食品类、住宿类、餐饮类、休闲娱乐类。在对问卷进行排版时，将问卷问题分为共性及个性两个部分。

表2　农村社区小微企业样本选择表

行政区	农村社区	数量	比例
保定	大马村、宁村、边各庄、陶家屯村、西坛村、杨家庄村、白塔村、泗平庄村、北务村、南尧村、杨家楼村、北坛村、莲池村、西河村、马官屯村、东庄头村	16	57.14%
廊坊	顺明屯村、旧州乡	2	7.16%
石家庄	孙庄乡、石井乡、小茨乡	3	10.72%
承德	安匠乡、新杖子乡、大营子乡	3	10.72%
张家口	新保安辛庄子村、大黄庄村、武家堡村、东小庄乡	4	14.26%
合计		28	100%

2. 调查过程

在保定、廊坊、石家庄、承德、张家口的农村社区对不同类型的小微企业发放不同的调查问卷，共发出808份问卷，回收问卷724份，有效问卷614份，回收率89.6%。且对农村社区内的村民和小微企业的负责人、员工进行访谈。

（三）调查结果与分析

通过调查统计数据计算企业各安全隐患所占比例表，如表3所示。

表3　农村社区小微企业安全隐患调查统计比例表

种类	事故隐患	比例
人	1.1 上岗人员未进行安全培训	85.79%
	1.2 上岗人员佩戴个体防护装备不足	41.21%
	1.3 负责人及员工安全意识淡薄	37.07%
	1.4 操作人员忽视岗位职责，违反操作规程	13.12%
机	2.1 机器没有安装消声、隔声装置	70.90%
	2.2 个体防护设备陈旧	64.54%
	2.3 机器设备未设置防护罩	43.84%
	2.4 机器设备超过使用有效期	31.20%
	2.5 未定期对设备进行检修和维护	11.99%

续表

种类	事故隐患	比例
环	3.1 企业内无消防设施	97.97%
	3.2 人员密集场所无逃生通道	83.49%
	3.3 电路杂乱、老化问题严重	72.66%
	3.4 没有通风设备	44.25%
	3.5 未定期对工作场所进行清洁工作	28.55%
管	4.1 管理人员文化水平不高	84.17%
	4.2 未设置安全规章制度	69.55%
	4.3 管理人员未考虑到上岗人员的职业禁忌证问题	66.85%
	4.4 管理层对安全培训不重视	58.46%
	4.5 企业未与工人签订劳动合同，工人劳动安全无保障	50.20%

1. 小微企业事故隐患“人”的因素分析

“人”的因素中调查对象主要包括企业内负责人、员工及顾客。针对“上岗员工未进行安全培训、上岗人员佩戴个体防护装备不足和负责人及员工安全意识淡薄”3个问题进行数据统计得出（见图2）。

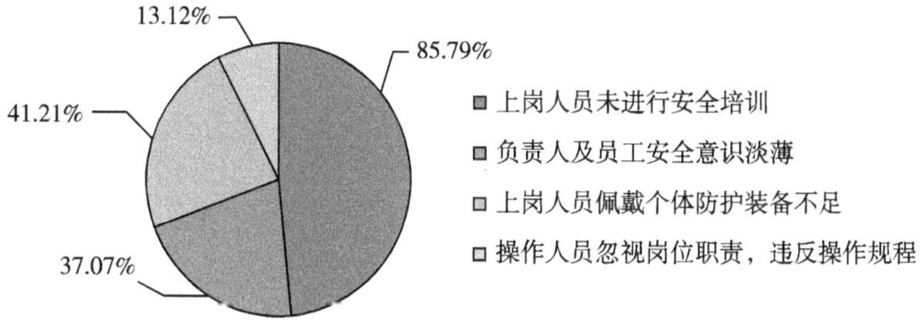

图2　小微企业事故隐患“人”的因素影响比例图

（1）员工上岗前未进行安全培训形成的事故隐患，在每一类企业中均占有较大的比例，比例高达85.79%，其中商业类尤为突出。经调研，企业经营管理者普遍认为员工只需粗略了解技术，通过简单指导就可符合上岗作业要求，无进行安全培训的必要，通过对员工的采访观察发现，员工存在较为严重的受伤情况。

（2）员工未配备个体防护装备，41.21%的小微企业存在此类隐患，且大多数企业个体防护装备种类不全，特别是在工业类企业，企业不负责防护装备的统一发放，大多数员工只配备手套、工作服。在建筑施工现场弥漫着大量粉尘、有严重的噪声污染，作业人员却没有佩戴口罩及耳塞，高处作业人员不使用安全绳，只有少数佩戴安全帽。

（3）负责人及员工安全意识淡薄，这种现象在37.07%的小微企业中都存在，在建筑类的企业中尤为突出。小微企业的负责人及员工都忽视生产环境中的危险因素，凭自己的经验进行生产操作，普遍认为没有必要进行个体防护装备的配备。

2. 小微企业事故隐患“机”的因素分析

“机”的因素主要包括企业内生产需要的设备及需要配备的设备（例如：灭火器、通风机）。针对“机器没有安装消声和隔声装置、个体防护设备陈旧、机器设备未设置防护罩”3个问题进行数据统计得出（见图3）。

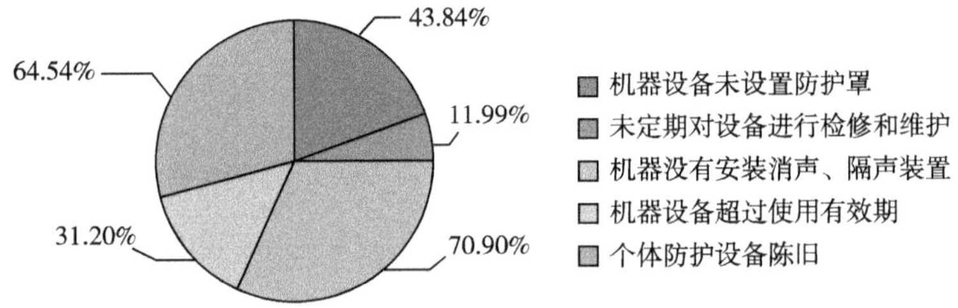

图3　小微企业事故隐患“机”的因素影响比例图

（1）机器没有安装消声和隔声装置。在农村社区中有70.90%的小微企业都存在此类隐患，在工业类企业中较为明显，95%以上的机械设备未设置消声装置、隔声防护装置，导致严重的噪声环境污染，员工长期在声音嘈杂的环境中工作，易患噪声类疾病。

（2）个体防护设备陈旧。在小微企业中占有64.54%的比例，企业员工佩戴陈旧的防护设备已经不具备使用效果。

（3）机器设备未设置防护罩。在小微企业中占有43.84%的比例，特别是在林业加工企业中，木工的圆锯机、铣床和刨床等设备都是易导致人员受伤的设备。

3. 小微企业事故隐患“环”的因素分析

“环”的因素主要指生产环境中对人体造成影响或引发事故的不安全因素。针对“企业内无消防设施、人员密集场所无逃生通道、电路杂乱、老化问题严重”3个问题进行数据统计得出（见图4）。

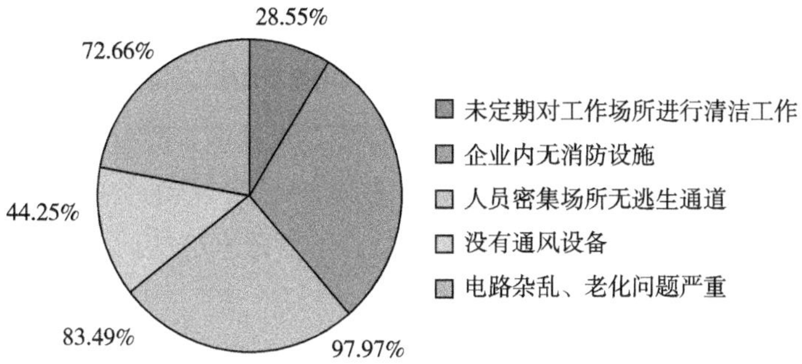

图 4 小微企业事故隐患“环”的因素影响比例图

（1）企业内无消防设施。经调研发现，农村社区发生的大部分事故都是火灾类，无论是电器火灾、明火类火灾还是静电火花类火灾都会造成严重的损失，但是 97.97% 的农村小微企业都未配备消防设备。

（2）人员密集场所无逃生通道。在小微企业中占有 83.49% 的比例，多数住宿类企业未设置安全疏散通道，少数有逃生通道的存在逃生门堵塞、货物放置不合理等严重问题。

（3）电路杂乱、老化问题严重。在小微企业中占有 72.66% 的比例，在一些小卖部中，电路老化的现象随处可见，店内货物众多，稍有不慎，极易引发火灾。

4. 小微企业事故隐患“管”的因素分析

“管”的方面主要包括店里负责人的管理方法、其制定的管理制度及政府有关部门的监管。针对“管理人员文化水平不高、未设置安全规章制度、管理人员未考虑到上岗人员的职业禁忌证问题”3 个问题进行数据统计得出（见图 5）。

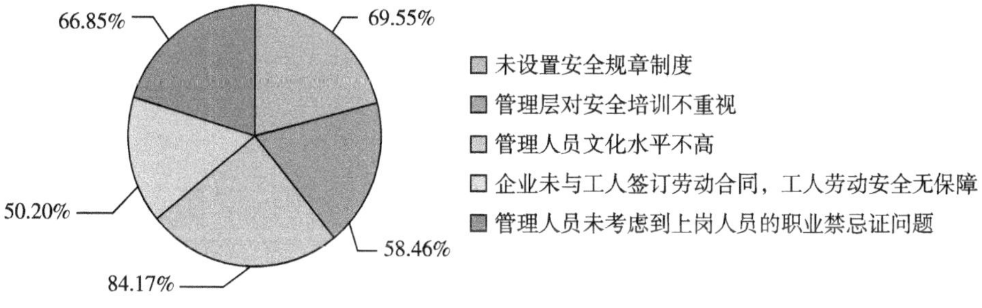

图 5 小微企业事故隐患“管”的因素影响比例图

（1）管理人员文化水平不高。在小微企业中占有 84.17% 的比例，在调查中发现，大多数小微企业的负责人的文化水平主要介于小学到初中阶段。因此负责人存在对安全管理方面的认识不够，出现管理不当的现象。

（2）未设置安全规章制度。在小微企业中占有69.55%的比例，企业负责人主要靠口头教育，不出台正规的安全规章制度以规范员工的行为。

（3）管理人员未考虑到上岗人员的职业禁忌证问题。在小微企业中占有66.85%的比例，员工不定期进行健康体检，不清楚自己的职业禁忌，许多有职业禁忌证的员工都未调离相应岗位。

三、小微企业事故隐患评价指标、权重分析

（一）小微企业事故隐患指标体系

通过实地调研得到的“农、林、牧、渔、工、商”六大类别的所有事故隐患分析，基于科学性、简便性、实用性的基本原则，结合MMEM原理，从“人、机、环、管”4个方面构建小微企业事故隐患分类指标体系（见表4），其中“人、机、环、管”为一级指标，“人、机、环、管”所包括的各种隐患为二级指标，为进行定量计算奠定基础。

表4　农村社区小微企业事故隐患分类评级权重表

评价目标	一级指标	权重	二级指标	权重
事故隐患（M）	人（A1）	0.578 0	上岗人员未进行安全培训（B1）	0.564 2
			员工无证驾驶（B2）	0.361 4
			上岗人员佩戴个体防护装备不足（B3）	0.061 4
			操作人员忽视岗位职责，违反操作规程（B4）	0.012 8
	机（A2）	0.080 9	机器设备未设置防护罩（B5）	0.387 7
			未定期对设备进行检修和维护（B6）	0.275 5
			机器设备陈旧（B7）	0.336 7
	环（A3）	0.188 2	产品堆放不合理（B8）	0.013 1
			未消除粉尘等有害物质（B9）	0.109 6
			未配备消防设施（B10）	0.517 5
			未定期进行检疫（B11）	0.149 1
			无安全标语或不醒目（B12）	0.026 3
			无安全疏散通道或安全疏散图（B13）	0.184 2

续表

评价目标	一级指标	权重	二级指标	权重
	管(A4)	0.152 7	政府未进行安全检查(B14)	0.286 4
			企业未对产品进行质量检测(B15)	0.124 3
			企业未进行安全卫生检查(B16)	0.259 4
			管理人员未考虑到上岗人员的职业禁忌证问题(B17)	0.329 7

（二）基于调查的小微企业事故隐患权重

根据问卷调查所得到的各个隐患的数量及所占的比例，运用统计计算的方法得到一、二级指标的各个权重。

（1）一级指标权重。小微企业事故隐患一级指标权重表如表 4 所示。如图 6 所示，在“人、机、环、管”4 个一级指标中，人的因素是一个非常突出的隐患因素（0.578），其次是环境的因素（0.188 2）。

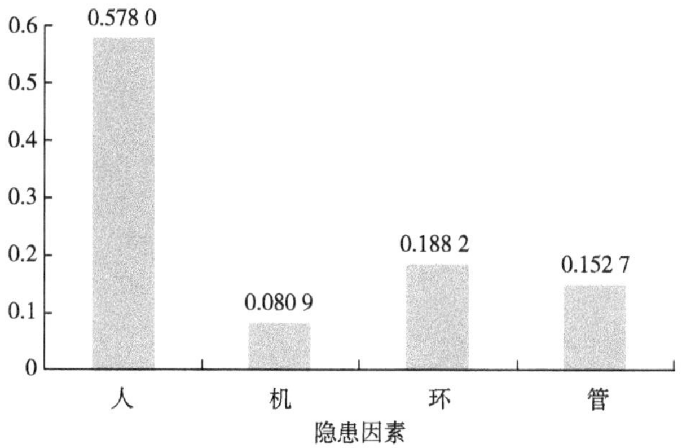

图 6　小微企业事故隐患一级指标权重合成分析

（2）二级指标权重。小微企业事故隐患二级指标权重如图 7 所示。在“人、机、环、管”一级指标下包含的二级指标中，上岗人员未进行安全培训是一个非常突出的隐患因素（0.564 2），其次是未配备消防设施（0.517 5），再次是机器设备未设置防护罩（0.387 7），以及机器设备陈旧（0.336 7）。

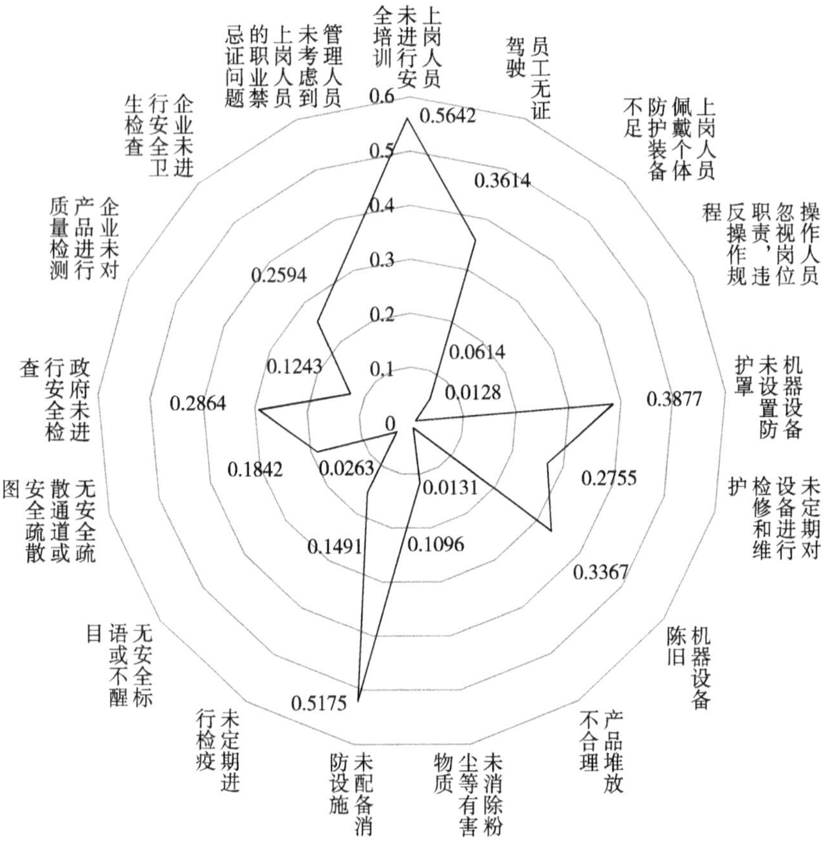

图 7　小微企业事故隐患二级指标权重合成分析图

（三）基于 AHP 法的一致性检验

1. 一级评价指标一致性检验

一级指标，即人、机、环、管的一致性检验。因 CI = 0.039 4，CR = 0.043 8 < 0.1，通过一致性检验，所以一级指标权重向量为：Q_1 =（0.578 0，0.080 9，0.188 2，0.152 7）

2. 二级评价指标一致性检验

人、机、环、管四个一级指标下的二级指标的一致性检验。

（1）因 CI = 0，CR = 0 < 0.1，通过一致性检验，所以“人”——该一级指标下的二级指标权重向量为：Q_2 =（0.564 2，0.361 4，0.061 4，0.012 8）

（2）因 CI = 0.021 6，CR = 0.037 2 < 0.1，通过一致性检验，所以“机”——

该一级指标下的二级指标权重向量为：Q_3 = （0.387 7，0275 5，0.336 7）

（3）因 CI = 0.070 8，CR = 0.057 1 < 0.1，通过一致性检验，所以“环”——该一级指标下的二级指标权重向量为：Q_4 = （0.013 1，0.109 6，0.517 5，0.149 1，0.026 3，0.184 2）

（4）因 CI = 0.015 6，CR = 0.017 3 < 0.1，通过一致性检验，所以“管”——该一级指标下的二级指标权重向量为：Q_5 = （0.286 4，0.124 3，0.259 4，0.329 7）

计算方法验证了指标的科学性。

（四）隐患排查卡设计

由于小微企业种类繁多，不同类别的小微企业隐患种类也不同，因此小组成员根据问卷调查结果及 MMEM 原理设计了以农、林、牧、渔、工、商六大行业为主体的“农村社区小微企业事故隐患排查卡”，且六大主体行业下的各类小微企业存在其个性问题，所以本研究根据小微企业的种类以及事故隐患的分类标准，并根据他们存在的个性问题为他们设计出适用于企业自身性质的隐患提示卡，能够为企业的安全发展提供保障。表 5 给出了农村社区小微企业隐患排查卡（农业版）农药化肥种子类隐患提示卡示例。应用该隐患排查卡直接找出企业中所存在的安全隐患，以此更好地定期对企业内的事故隐患进行评估，有效预防事故的发生。

表 5　农村社区小微企业隐患排查卡示例

分类标准	隐患	得分
人	1. 上岗人员未进行安全培训 2. 负责人及员工安全意识淡薄 3. 上岗人员佩戴个体防护装备不足 4. 操作人员忽视岗位职责，违反操作规程	
机	/	
环	/	
管	/	
总分		

（注：本研究中得分标准是根据每类存在的隐患的数量/此类所有隐患的总数量 ×100。）

四、改善小微企业事故隐患的对策

本研究通过对农村社区小微企业事故隐患指标分析得到各隐患权重，如图7所示，找到小微企业中存在的较为突出的隐患，并据此提出了以下对策。

（1）加强对企业员工的安全培训。安全培训是安全生产管理工作中一项十分重要的内容，它是提高全体劳动者安全生产素质的一项重要手段。小微企业的管理人员对于员工的安全培训并不重视，在各个隐患中所占权重最高为0.564 2，因此企业负责人加强对上岗人员的安全培训有助于小微企业的发展。

（2）配备完备的消防设备。消防设备主要是用于灭火、防火的设备，完备的消防设备能有效地预防火灾事故的发生，或者在火灾发生时能及时地使用消防设备进行控制。而对于小微企业来说，消防设备不齐全甚至没有，若想预防火灾事故，消除隐患，应按照相关规程配备完备的消防设备，并且应当定期地进行检查及更换。

（3）为机器设备安装防护罩。在企业中，车床、砂轮机等容易对人体造成伤害的机器众多，只进行个体防护也无法保证绝对的安全，而对于小微企业，机器众多，员工安全意识淡薄，由于资金问题，个体防护强度也不够，为机器设备安装防护罩可以将人与机器设备进行隔离，使人远离机器尖锐且易伤害到人的部分，这符合本质安全的理念。

（4）及时更换老旧的机器设备。小微企业由于资金缺乏，机器设备过于老旧，得不到及时的更换。老旧的机器设备的各项机能都无法得到保障，员工使用老旧的机器设备极易因为设备故障而发生安全事故。

五、结论

本研究结合河北省多地农村社区实地调研分析取得以下几点结论：

（1）找出农村社区小微企业存在的事故隐患及其分布特征，在农村社区小微企业中未进行安全培训、未配备消防设备、员工无证驾驶是主要的隐患。

（2）基于MMEM理论和现场调查构建了农村社区小微企业事故隐患分类指标体系，调查统计一、二级指标所占权重，并用AHP法检验其一致性，建立农村社区小微企业事故隐患管控分类方法。

（3）提出改善河北农村社区小微企业事故隐患的对策，设计农村社区小微企业事故隐患排查卡，为基层企业的应用提供实践工具。

参考文献：

［1］冯国辉．谈小微企业安全生产管理：2017年第四届国内外水泥行业安全生产技术交流会论文集［C］．中国建材科技杂志社，2017.

［2］叶国斌．小微企业用电安全常见隐患［J］．劳动保护，2017（3）：60－61.

［3］严玲娟．小微企业亡人火灾调查及思考［J］．消防技术与产品信息，2018，31（8）：33－35.

［4］贺翔．我国小微企业发展研究的现状、评价及展望［J］．贵州省党校学报，2016（6）：56－60.

［5］左西胜，江虹．安全生产事故隐患的定义及分类［J］．中国安全生产，2016，11（4）：30－31.

［6］林东．浅谈劳动安全管理部门对事故隐患的分类，认定与治理办法［J］．劳动保护科学技术，1996（2）：46－48.

［7］齐全．中兴煤业重大事故隐患排查的思路与做法［J］．煤，2018，27（8）：100－101.

［8］黄群超．北京西城区安全生产事故隐患分析及治理对策研究［D］．北京：首都经济贸易大学，2018.

［9］本刊汇编．生产中的安全隐患排查和培训［J］．酒·饮料技术装备，2018（3）：77－79.

［10］逄文文，司磊，张宇栋．小微企业安全生产管理现状与风险控制：根据山东省青岛市162家小微企业的调研［J］．安全，2018，39（10）：22－25.

［11］严玲娟．小微企业亡人火灾调查及思考［J］．消防技术与产品信息，2018，31（8）：33－35.

［12］唐艳春．MMEM理论在安全生产中的应用［J］．安全、健康和环境，2009，9（1）：48－50.

城市历史文化遗产①

——名人故居保护路径的探究　以山东地区为例

指导老师：何永波　项目主持人：乔玉

项目参加人：陈辰　王明琼　李梦鸽

摘　要：名人故居是古往今来文人墨客、政治家等对社会历史进程起到推动作用且具有一定社会影响力的人物曾生活居住的地方。它是一座城市特有的文化名片，显现着城市中重要的人文脉络。本文将以山东地区为例，探究我国名人故居保护工作的现状，并着重从建构景区与游客互动关系的角度，为当前故居保护与发展路径模式提出更切实有针对性的建议。名人故居所代表的含义不仅仅只是一栋房子、一种建筑风格，更多承载的是一种精神内涵。名人故居泛指那些曾经推动国家与社会进步的人士，居住过的房屋，这些房屋可能是简陋的，本身建筑审美价值并不高，但是由于名人生活痕迹的遗留，这些名人故居被赋予了一种重要的历史信息价值与教育意义。从这个层面上说，名人故居的人文价值才是故居存在的内核，其作为一种人文环境，对于中国这个历来重视传统、重视人文传承的文化大国来说，蕴藏了特殊的人文内涵并能引起人们广泛的情感共鸣。它的存在不仅能带领我们穿梭时空，追寻感受名人某一时期的意识活动，并且能映射出一个时代和及一个地区的社会风俗以及人们当时的生活轨迹。在今天来看，历史文化资源的占有率越高，也意味着旅游资源的可挖掘性更高，资源组合方式更多元。这对带动地域旅游经济的发展，促进相关行业发展，以及树立良好的城市文化形象等方面均具有重要意义。但在实际保护工作中，各种问题相继出现。单从名人故居本身来看，因其性质定位大多距今年代久远，建筑寿命就在很大程度上限制了其保存的完整性。存在墙体易受潮湿空气侵害等实际问题，导致一些故居房屋损毁严重。有资料表明从战国

① 本文为2018年中国劳动关系学院本科生科研项目三等奖，北京市大学生科学研究与创业行动计划项目，项目名称“城市历史文化遗产——名人故居保护路径的探究　以山东地区为例”。

到民国时期，山东省济南市曾经约有46处名人故居，如今只剩十几处，幸存的也有部分损毁严重，多数已经找不到存在痕迹，谈何修复？由此可见，对名人故居问题放任自流，不仅是对文化的一种缓慢侵蚀，也是对历史的一种慢性抹杀，保护城市历史文化遗产的重任迫在眉睫。秉持着从“修复的是故居，保护的是文化”的观念出发，从事名人故居的保护路径探究，是从历史意义、现实价值双向出发的，是泽被后世、福荫子孙的重要社会议题。

关键词：名人故居　保护　历史文化遗产

一、山东各地区名人故居分布特征及保护现状

山东是历史上的文化名城，早在先秦时期齐鲁礼仪之邦就被认作儒家文化的源头，对于中华文化的形成和发展有大量贡献及深远影响。因此，以山东地区为依托，探求我国名人故居的保护路径问题，更具有代表性与典型性，并可作为适用于推行全国故居保护工作的研究范式。由于地处华东沿海，气候湿润，有着宜居的地理、文化优势和优越的生产条件，山东一直是中国人口集中的大省，且从古到今的名人不胜枚举，也因此有众多的名人故居留存至今。众多的名人故居虽然已被列为近现代建筑格局保护及研究的重点，但是因文化政治等原因导致故居保护开发工作不容乐观，有些得不到重视甚至已被拆毁覆盖，因此，这也是我们将山东作为科研的目标地域的原因之一。

山东的名人故居在各个市区都有分布，共计81处[①]，分别如下表。

青岛市	济南市	淄博市	烟台市
34处	14处	7处	5处
潍坊市	聊城市	滨州市	枣庄市
3处	3处	3处	3处
东营市	泰安市	济宁市	临沂市
2处	2处	2处	2处
德州市	总计		
1处	81处		

① MAIGOO网：山东名人故居名录。

从数据中我们可以看出，山东省的名人故居分布在13个市区内，多集中在济南市和青岛市。实际上这样集中的资源分布情况，极大程度上方便了故居的统一管理和保护，并对山东省整体旅游行业发展，平衡各地区经济发展有着积极意义。因此，思考如何将名人故居保护系统的升级改造工作利用好，进一步扩大文化品牌的影响力，这将对当地整体良性发展，产生至关重要的意义。

（一）山东名人故居的保护现状

第一种是后期由政府投资改造为纪念馆或博物馆。国内很多地方的名人故居，大部分功能过于单一，无论是周围环境还是崭新的“旧居”，早已没有了当事人当时生活的影子。例如位于青岛的“骆驼祥子博物馆”，其中只有部分对当时的老舍书房进行了还原，其余都以《骆驼祥子》这本书的创作和版本的展示为主。

第二种是围绕名人故居这种人文景观，结合当地其他文化旅游资源开发当地旅游。如依托“天下第一家”孔府在曲阜市形成的中国现存最完整的古建筑群——孔庙。曲阜市大力开发与孔子、儒家相关的旅游景点、旅游纪念品和接待参观设施，再以推广曲阜文化圣地带动整个经济发展，营造中国文化经典的发源地氛围。曲阜孔子故居的附近有着多达15个泛旅游点，孔子故里现有文物景点103处。其中，孔庙、孔府、孔林于1994年被联合国列为世界文化遗产。

第三种是根据资料描述，依据想象进行场景还原。如蒲松龄故居“聊斋”位于山东省淄博市，是一座典型的北方农家建筑。蒲松龄故居在抗日战争中遭日军焚毁，1954年依原貌修复。

第四种是仅以挂牌表明此为名人故居，并没有加以保护。这种情况是比较普遍的，也是问题最严重的一种。如萧红、萧军、舒群故居，故居已然有人居住，产权不明，完全看不到原貌。

（二）山东地区名人故居保护工作的具体开展形式

从具体实践来看，以名人故居分布最广的山东省青岛市名人故居保护进程为例，该地区保护进程可笼统归为两个阶段。

第一阶段主要是探索名人与故居结合保护，如建设康有为故居纪念馆等；第二个阶段则着力探索名人故居的整体性保护，如成功申报小鱼山历史文化街区。

2000年年初，青岛市文物局全面维修了始建于1899年的康有为故居，并于同年国庆期间正式对外开放。该纪念馆集展览、收藏、科研为一体，以与康有为相关的历史文物的收藏、展示与研究为主旨，是山东地区名人故居保护工作的重大成果之一。

2003 年，青岛市政府将 20 处名人故居列入“青岛文化名人故居”名录并设置标志牌。其全部位于小鱼山周围，是小鱼山文化名人街区这一中国历史文化名街的主要组成部分①。

2010 年，本着“修旧如旧”的原则，在经过科学设计，精心施工，老舍故居再现了 20 世纪 30 年代的历史风貌，既保留了老舍故居作为文保建筑的历史价值，又提升了其作为文学博物馆的研究价值。

自 2014 年 10 月 8 日，青岛市发展和改革委员会向青岛各区、市人民政府，市政府各部门，市直各单位印发《青岛市发展和改革委员会关于印发青岛市名人故居保护利用规划的通知》以来，青岛市的名人故居保护工作的落实与日俱进，近年来，青岛市针对名人故居的保护，开展了以下工作。

首先，分类实施保护修缮与统分结合展览展示。启动青岛市名人故居修缮工程与展览展示工程。对故居建筑外观、周边环境、配套设施等进行修缮改造的同时，按照集中与分散相结合模式，进行全景展示、群体展示、个人展示和氛围营造。

其次，提升街区整体环境与推进旅游深度开发。启动名人故居改造优化工程。对小鱼山、信号山、观象山、八大关等名人故居街区道路、市政设施进行改造优化，促进故居街区整体环境升级提档。

再次，大力发展文化产业与加强推介营造气氛。引入文化产业和文化休闲服务业，通过广播、电视、报刊等媒体，运用现代网络传播手段，加强故居推介和社会宣传，为故居保护利用营造良好的社会氛围。

最后，拓展名录挂牌保护与加强人才队伍建设。拓展名人故居资源，增强故居名录的包容力和适应性，推动故居保护利用可持续发展。编写话本式宣讲教材，加快职业化、专业化故居宣传讲解人才队伍建设。

尽管政府各部门为了努力落实名人故居保护工作，希望可以积极培育文化义工，加快名人故居保护监督与宣传讲解志愿者队伍建设，但是实践起来仍存在许多问题。笔者在探访过程中发现除工作人员外，几乎没有青岛市民参与名人故居的保护工作，诸如志愿讲解、外语服务、文明劝导等岗位空缺很大。

单志先是一名青岛旅游志愿者，在接受记者采访时谈道：“1998 年退休后，

---

① 傅强．凸显名人特质　彰显文化个性：名人故居开发利用模式探讨［A］．北京：中国博物馆协会名人故居专业委员会；中国博物馆协会名人故居专业委员会 2016 年年会论文集［C］．北京：中国博物馆协会名人故居专业委员会，2016：11.

偶然之间，我开始了自己的志愿者之路，退休之前，我的工作内容与旅游、历史、文化完全无关，虽然在青岛生活了几十年，但真正讲解起来，却没有想象中容易。”由此我们可见，针对名人故居的保护工作，青岛市群众知之甚少，关注度不高，参与度也不高，毕竟对于大多数人而言，相关的历史与文化过于晦涩，难以掌握，更难以承担起志愿讲解的服务。

外国游客在参观名人故居时，主要依靠展板介绍中的英文翻译进行概要理解，很难深入探求更深层次的文化内蕴，而青岛群众真正具备外语服务能力并有时间参与其中的人少之又少。

相比较而言，文明劝导的工作技术含量最低，但仍大量缺乏相关人员，尤其是在旅游旺季时，游客数量庞大，参观秩序的维持仅凭工作人员远远不够。

二、公众对名人故居保护工作的意见调查与结果分析

针对名人故居保护工作的重视度、践行度与个人认识问题，笔者将调查对象主要锁定在大学生群体上，并通过发放问卷调查形式，在搜集相关信息后，对103 份调查样本进行了总结与分析。

1. 大学生群体对名人故居保护工作的重视度调查

名人故居是供人触摸历史的“活化石”，除了建筑本身的价值外，更是一座城市历史文明的微型样本和魂魄所在。大学生群体作为我国高素质人才，更应对名人故居保护工作给予重视。调查结果显示，从总体上看有 91. 26% 的大学生表示名人故居的保护工作意义重大，不了解的占4. 85%，认为该工作并无意义的占2. 91%，说明绝大多数的大学生能够认识到名人故居的保护意义重大（如图 1）。

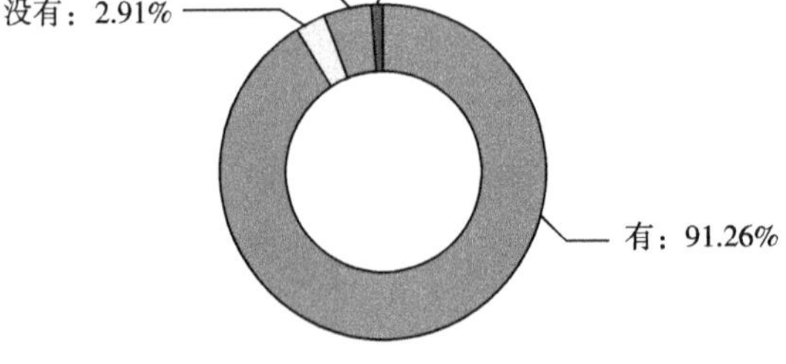

图 1　大学生群体对于名人故居保护工作重要性的认识

现阶段，我国名人故居的保护工作主要依靠政府支持和专家学者的大力倡导。调查结果显示，大学生群体对相关专家并不了解，根本不了解的占81.55%，了解3位以内的占10.68%，了解5位以内的占4.85%，了解5位以上的仅占1.94%，由此可知，大学生群体对于名人故居保护的相关信息与知识的匮乏（见表1）。

表1 大学生群体对名人故居保护专家的了解度

知道的致力于名人故居保护工作的专家学者个数	0	3位以内	5位以内	5位以上
总体情况	81.55%	10.68%	4.85%	1.94%

2. 大学生群体对名人故居保护工作的践行度调查

名人故居具有独特的自然环境和深厚的人文底蕴，展现了当时当地人民的生活风貌，积蓄着名人们的精神力量，只有身处其中，才能感知它们的独特魅力。调查显示，真正能够前往名人故居参观的人数非常少，总体上看，能做到经常参观的人占2.91%，偶尔参观的占40.78%，很少参观的占49.51%，从不参观的占5.83%。大学生群体对于名人故居保护工作的践行度很低（见表2）。

表2 大学生群体参观名人故居的频率

参观名人故居的频率	经常	偶尔	很少	从不
总体情况	2.91%	40.78%	49.51%	5.83%

3. 大学生群体对名人故居保护工作的个人认识

名人故居的保护和开发工作仍有很多阻力，亟待解决。思考其中的原因，大学生群体认为宣传力度不够的占64.08%，缺少专业指导的占68.93%，缺乏吸引力的占41.75%，游客重视度低的占66.99%，缺少互动性的占59.22%，政策不完善的占46.6%，缺少资金的占38.83%，居民不配合的占17.48%，地理位置偏远的占42.72%（见图2）。

其中，在大学生群体认知中，对于在故居的保护开发过程中，政府资金投入是次要问题，主要矛盾集中在故居整体设计不合理缺乏专业性指导、故居宣传力度不够大、参观者重视度低以及缺少互动性等几个因素上，占比都超过了50%。因此，如何建立一套良好的双向互动机制，提升参观者的体验感，从景区内部系统着手打造升级，具有更高的实际战略意义。

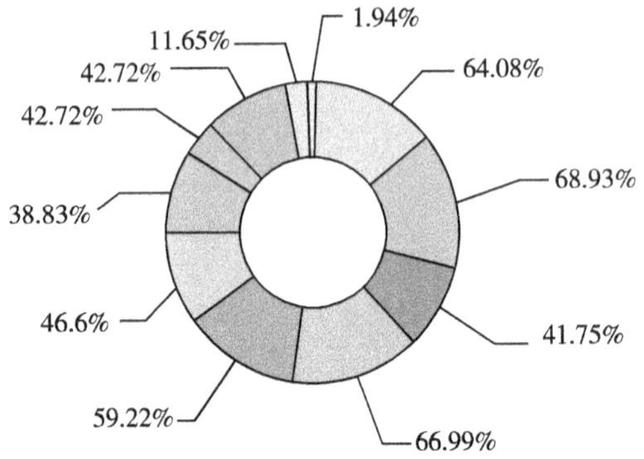

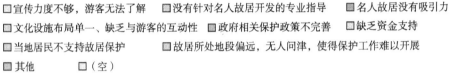

图 2　大学生群体对名人故居保护工作阻力的认识

三、未来名人故居保护与发展运行系统的构想设计

（一）兼具实用性与收藏价值的门票设计

景区门票除了自身传统的使用价值外，更多的附加价值也应该为我们所考虑。在设计出一套更具有艺术感和审美价值的门票，起到名人故居文化宣传名片作用的同时，也可看作挖掘名人故居自身价值，从历史文化视域下明确自身定位的重要契机。如何尽可能在一张门票限定空间中，呈现出更多最具独特性、丰富情感的文化信息，应该纳入名人故居保护与运行系统中的一环中去考虑。

本次研究中，我组选取了全国各地近 300 处的名人故居及历史文化博物馆门票作为参考，并从艺术设计、成本、收藏价值等多方面对这些景区的门票进行了初步评估。结果发现，目前在国内的名人故居门票中，在同等造价成本下，鲜少会在门票的附加价值上多下功夫。但这其中也不乏较为成功脱颖而出的设计，如山西晋祠博物馆的门票（如图 3、图 4 所示）。山西晋祠系列门票在设计上，主要分为 3 个部分。左侧三分之一部分为票价信息等，三分之二的主体部分的图片由艺术设计加工后的文物图片和实景拍摄两种类型组成。而右侧三分之一，用于景区中英文文字介绍信息。单从门票的正面来看，艺术设计合理且极具艺术感，已经从艺术性角度使其能在同类门票中崭露头角。再看背面，实用价值和收藏价值也有了更好的体现。门票作为可以邮寄的明信片的功用被挖掘了出来，这不仅提高了纸质门票利用率的问题，还为人们提供了情感交流的空间。这种门票设计模式可以广泛地推广到更多的名人故居与博物馆系统中去，让人们在游览过程中留下更加深刻的体验与记忆。

图3　山西晋祠博物馆门票（正面）

图4　山西晋祠博物馆门票（正反面）

（二）通过“VR”与“CG”技术的应用，增加名人故居互动体验设计

名人集中代表着一个时代、一种文化风貌，名人故居无疑保留着这些时代与文化风貌凿刻的痕迹。在名人故居保护的过程中，地方政府可以通过开发名人逸事及其背后的文化特色，增加游客互动体验的环节，在提升景点娱乐性的同时，也加强了对历史文化的宣传与保护。

例如，台南的朱玖莹故居结合朱玖莹书法家的身份，在故居中增加了拓印和用毛笔蘸水在精美石台上写字的环节（如图5）。或者结合最新的技术，如“VR”“CG”等，开辟浸入体验性更强的娱乐项目。例如在老舍的故居设计中，他生前的代表作有《骆驼祥子》与《四世同堂》，那么我们就可以结合“VR”

技术、人力车和胡同文化，添加设计一个游客在民国街道拉人力车的体验环节。这既带给了游客新鲜的体验感，又宣传了老北京胡同文化。又或者效仿角色冒险游戏和互动剧，截取名人的传奇故事片段，借助“VR”技术，让游客扮演故事的旁观者，在给予游客部分主动权的同时，保留故事的完整性。

而至于“CG”，是“Computer Graphics”的英文缩写。国际上习惯将利用计算机技术进行视觉设计和生产的领域统称为“CG”。它几乎囊括了当今电脑时代中所有的视觉艺术创作活动，如平面印刷品的设计、三维动画、影视特效、多媒体技术以及工业造型设计等。针对一些资金充裕、游客认可度高、参观人群流量大的名人故居，如鲁迅博物馆等，未来可以尝试运用“CG”技术结合全息投影，让名人“复活”与观者形成良好的“对话式”互动。与传统的将生平信息个人事迹陈列在展板上，依靠讲解吸引参观者相比，这种技术的应用，无疑能带来更大的效益。这不仅体现在加强游客的互动体验感上，还体现在它能更好地、多维度地向人们传达丰富的信息。

图5　朱玖莹故居

（三）搭建名人故居数字化管理体系

2018 年 9 月 2 日晚，巴西国家博物馆在一场无情的大火下，化为一片废墟。火舌吞噬了无数文物，一个国家的历史记忆在这场大火中损毁殆尽。这其中仅有十分之一的馆藏得以幸存，而巴西博物馆藏有的两千年前的珍贵历史资料，以及古埃及古希腊罗马时期，拉美等多个民族不同时期的艺术品都毁于一旦。

在惋惜之余，这起轰动世界的重大事故更警示我们，对文化历史遗迹保护意识的不足，将给国家和民族文化带来沉重灾难。而在这次损失惨重的事故分析中，一方面归咎于巴西在历史文化遗产保护管理政策上的缺失：巴西的建筑安全法仍停滞在 1976 年，用于博物馆的维修资金经年短缺。而另一方面，也体现了人工智能技术在历史文化遗产保护过程中应该占据的重要地位。一旦历史文化遗产遭到损毁，带来的将是不可逆的人类文明的灾难。在此次灾难发生后，巴西在中国的帮助下开始搭建“数字巴西历史博物馆”，通过人工智能技术将损毁文物进行技术复原，并依赖征集参观者多角度的照片，从多个视角对文物进行精确复原，使得人类共同的璀璨文明得以重生。

因此，正因历史文化遗产独一无二的特殊性，我们必须通过技术手段做好信息储存工作，否则，大量珍贵的资料与艺术品将只能存留在人们的记忆里。将数字化管理技术纳入到名人故居保护体系中，是大势所趋，也极大提升了安全防患意识。而其中检测管理、信息存储等多方面的功能，都应该被纳入到这个数字化管理系统中去。

四、解决目前名人故居保护与发展问题的对策

通过本次的调研工作，我们了解了山东地区名人故居保护工作的现状，并从以下几个方面给出相关的意见与建议。

（一）发挥政府的作用，完善保护机制

名人故居在性质上属于《中华人民共和国文物保护法》里保护的历史建筑。因此文物保护部门可以通过完善《中华人民共和国文物保护法》，加强对故居保护的力度与广度，减少相关的法律漏洞，促进名人故居的保护与发展。

名人故居所在地区政府在名人故居的保护发展过程中起着直接作用，直接参与到名人故居的保护当中，因此地区政府应当坚持“保护为主，抢救第一，合理利用、加强管理”的原则，更新保护模式，加大投资与宣传，完善基础设施，展示故居特色以吸引人民，进而促进名人故居的保护与发展。

首先，政府应完善多级保护名录，分级区别保护，根据名人故居的使用价值以及社会影响力分级建立名人故居保护名录。现今青岛市市南区已经分别统计全国、省级、市级、区级文物保护单位，并实施分级保护。将辖区内具有重要历史、科学、文化艺术价值的35处不可移动文物公布为第一批、第二批区级文物保护单位，这项举措夯实了名人故居保护利用基础，适用于省内与全国范围内名人故居保护的工作中①。

① 徐雪松，林希玲．追寻青岛百年记忆 传承城市历史文脉：以青岛市市南区名人故居保护与利用为例［J］．中共青岛市委党校青岛行政学院学报，2017（6）：115－120.

其次，建立专项组，健全保护机制。健全名人故居保护的保护机制，设立名人故居保护的专项组织，通过相关专家学者集思广益，提出最科学最高效的保护举措，促进不同类型的名人故居的保护与发展。

（二）完善运行机制、管理体制的问题

首先，政府应拓展保护利用模式，进行适当开发。对于不同的名人故居进行不同的保护、修缮与开发，如位于山东淄博的蒲家村就对蒲松龄故居进行深度开发，从故居、名人书籍，甚至衍生出的聊斋城等多方面进行开发宣传，在保护故居的同时进行开发，挖掘其内在作用力，促进名人故居的保护与发展。

其次，加强基础设施完善工作。经过此次调研我们发现多处故居存在着开发、管理不当的现象。当地政府应当完善基础设施及标识系统，注意指示牌、解说牌的设置，在重要路段设立鲜明的街头地图，标明每个故居的确切位置和门牌号码等①。

再次，加大投入，多渠道集资。当地政府应当树立名人故居的保护意识，注意合理的资金支出分配，对于缺乏保护的地区加大对名人故居的投入。另外可以通过不同渠道筹集保护资金，如适度开发相关纪念品，进行文化创意品的销售。另外也可以鼓励个人或企业经营一部分文化价值不高的名人故居，减少名人故居的闲置或缺乏管理的现象。

最后，培养专业讲解员与有能力的志愿者。讲解人才对于名人故居来说是重要的部分，如能配合指示标志促进游客对名人的了解，将会获得更好的体验。应当推动职业化、专业化的故居讲解人才队伍建设，编写话本式宣讲材料。同时需要加强招收有外语能力等的志愿者参与到名人故居的保护与发展中来。

（三）呼吁社会对名人故居保护与开发的重视

人民群众作为名人故居的参观者与保护者，也应当提高名人故居的保护意识，参与到名人故居的保护与发展中来。提高自身的素质修养，注意景区文明。在调研中，通过调查问卷我们了解到当前大学生的名人故居保护意识仍然有些匮乏，同时缺乏相关的实践。在这方面应当加强相关的宣传与培养，可以通过开展志愿活动，出版社与故居联合活动等方式吸引更多青年人加入到故居保护与开发的队伍建设中去。

---

① 刘庆．青岛名人故居保护与利用对策研究［J］．理论学刊，2011（11）：123－126.

这意味着仍需进一步加强名人故居保护开发工作宣传力度，来促进文化产业与旅游产业共同发展。当地在注重名人故居整体环境的改造与开发的基础上，要推进旅游产业向深度开发。如山东青岛小鱼山街区、八大关街区等故居群落的开发，要依靠街区整体环境的升级提档。同时，要通过广播、电视、网络等不同传播手段加强宣传力度，引入文化产业和文化休闲服务业，使得故居保护和发展焕发新的活力。

参考文献：

[1] 穆依兰，顾军．李提摩太对中英文化交流的影响及其在英故居的保护[J]．遗产与保护研究，2018，3（8）：151－154.

[2] 罗潇冰，马旭．沈阳名人故居的保护与利用[J]．辽宁广播电视大学学报，2018（3）：74－76.

[3] 刘韬．青岛市名人故居资源利用模式研究[J]．山东工业技术，2017（8）：243－244.

[4] 傅强．凸显名人特质 彰显文化个性：名人故居开发利用模式探讨[A]．北京：中国博物馆协会名人故居专业委员会；中国博物馆协会名人故居专业委员会2016年年会论文集[C]．北京：中国博物馆协会名人故居专业委员会，2016：11.

[5] 袁彩玉．临沂名人故居的保护利用及发展[J]．人文天下，2017（7）：42－45.

[6] 郑国．以开放式博物馆推进我市名人故居保护利用[N]．青岛日报，2015－04－11.

[7] 林承阳．传统与科技接轨：历史建筑数字化保护及改造再利用研究[J]．新建筑，2009（3）：109－114.

[8] 徐雪松，林希玲．追寻青岛百年记忆 传承城市历史文脉：以青岛市市南区名人故居保护与利用为例[J]．中共青岛市委党校青岛行政学院学报，2017（6）：115－120.

[9] 刘庆．青岛名人故居保护与利用对策研究[J]．理论学刊，2011（11）：123－126.

抗战题材小说中女性形象分析[①]

指导老师：雷世文　项目主持人：乔子扬
项目参加人：杨玉玲　吴梦芸　李玮钰

摘　要：抗日战争使中国女性进一步确立了历史主体地位，她们不再是单方面处于被压迫的状态。作家笔下的部分城市女性经过新文化运动的晕染，思想得到了一定程度的解放；乡村女性也更多地亲身参与到抗战的斗争之中。这些女性人物大都有独立人格，不再依附于男性，作家对其身上勇敢刚强的品行进行了赞美，同时也塑造了一些丑陋粗鄙、追逐名利的“坏女人”形象，“慰安妇”形象也成为抗日小说中特殊的存在。不同身份地位的女性以独特的方式走进战争，走进历史，抗日战争深刻地改变着女性的生命形态，也丰富着女性的内在品质。

关键词：抗战文学　女性解放　女性形象　慰安妇

引言

抗日战争揭开了中华民族空前悲壮与雄伟的篇章，它以博大的气势和深刻的力量，彪炳于世界反外来民族侵略解放战争的史册。在历时长达十四年的抗战过程中，各路作家学者用属于自己的方式记录下了中国人民的抗争历程，许多文学作品塑造了形形色色的正面与反派人物，史诗般地展现了中国人民争取解放、自由、独立的恢宏画卷。在这些文学作品中，女性形象崛起，进一步确立了文学作品中的主体地位，女性以亲身介入战争的方式介入到历史文明的发展之中。抗日战争对女性的意义尤为重大，刚刚在新文化运动中有所觉醒、思想初步解放的中国女性还没有来得及享受人性的自然舒展，就又被突如其来的战争被近拖下旋涡。此时此刻的战争对于女性而言，不仅仅是牵挂战场上的爱人那么简单了，她

① 本文为2018年中国劳动关系学院本科生科研项目三等奖，校级学生科研项目，项目名称“抗战题材小说中女性形象分析”。

们也切身投入到这场全民族的争取自由的战争之中。因此，中国女性形象在抗日题材的文学作品中的意义十分丰富，大多是对英勇不屈、追求自由女性的赞美，但也不乏对那些粗鄙糜烂、追逐名利女性的批评。纵观这两种形象，大抵可归纳为几种较为明显的特征，通过这些特征，可以清晰地反映出当时时代背景下的女性行为方式和文化心态。值得特殊注意的是，第二次世界大战期间，有许多女性被强迫做“慰安妇”，2017 年国际加强了对“慰安妇”事件的重视，因此“慰安妇”的遭遇再次出现在大众视野中。据调查，抗战题材的文学作品中也有涉及“慰安妇”形象的文字，将“慰安妇”列入研究范围之内，再现其在中国屈辱史中的悲惨形象。再者，抗战过程中女性的抗争体现了女性思想的独立解放，较早地反映了中国早期“女权主义”的诞生。

“女性意识”一词，最初被称为“妇女意识”。以“女性意识”为中心的艺术观，首先是在 1929 年英国现代女作家弗吉尼亚 · 伍尔芙的作品《自己的一间屋子》中提出来的。她的基本思想是反抗父权制度对妇女的压抑和迫害，反对妇女的屈从地位，要求妇女解放。“女性意识”传入中国之后，在不同的女性形象身上呈现出多元化的趋势。比较全面的归纳是乐黛云教授的论述：“第一是社会层面，从社会阶级结构看女性所受的社会压迫及其反抗压迫意识的觉醒；第二是自然层面，以女性生理特点研究女性自我，例如周期、生育、受孕等特殊经历；第三是文化层面，以男性为参照，了解女性在精神文化方面的独特处境，从女性角度探讨以男性为中心的主流文化以外的女性创造的‘边缘文化’以及其所包含的非主流的世界观、感觉方式和叙事方法。”因此，本文从两个大的方面“好”“坏”来划分抗战时期文学作品中的女性形象，在大范围中分别阐述不同视角下的不同角色。主要目的就是将女性意识的觉醒通过抗日战争这一重要的历史事件表现出来，虽然战争使整个民族的意志力凝聚在一起，但并未意味着女性的完全独立。因此，女性解放的道路依旧艰辛且漫长。

在以抗战为题材的小说作品中，比起以男性为主要描写对象的文学作品，女性形象是有限的。这一点也体现了当时男女地位的悬殊性。因此研究女性抗战形象是有一定困难的，个别性较少，广泛性反而较突出，大多数女性的生平与经历相似，只有少数有鲜明的特点。且有关“慰安妇”题材的小说较少，大多为战地实时报道，因此查找起来较困难。所以，总结及整理这些资料就显得尤为重要。

“抗日战争”一直是众多作家创作的题材，随着女性解放意识的发展，作品中对女性形象的刻画也越来越深刻。当人们意识到女性在战争中发挥着不可磨灭的作用后，一批“抗战题材”的小说开始赋予其中所塑造的女性更加深刻的内涵。纵观这些作品中的抗日女性，她们大致可以被划分为两大类型：一为作者在其作品中对女性加以褒奖与赞赏，对其在战争中的行为进行充分的肯定，通过女性形象将文学意义上升到更高的层次；二为女性在作品中担任着反派角色，或者作者并不肯定人物的行为，因此对其加以批判和讽刺。当然，在此两种类型中有一个特殊的存在，即“慰安妇”形象，她们的存在意义非常复杂，抗争与妥协并存，因此对其形象进行单独阐述。

一、城市与乡村的碰撞

抗战题材的小说主要以“农村”与“城市”为故事开展的场所，与之对应的，小说的人物也大致可清晰地分为“乡村”与“城市”两种背景。在这样的背景之下所创作出的女性形象，都敢于向战火敌人发起挑战，追求人性的解放和自由，从一定程度上反映了当时中国人争取独立解放的思想，但两者之间又有很多不同之处。

（一）乡村女性

中国乡村是漫长的中国古代社会的一个缩影。以小农经济为主要生产模式的传统中国将人类生存发展与土地贫瘠紧紧地捆绑在一起，因而与土地形成稳定关系的近代中国乡民养成了吃苦耐劳却又落后封建的思想。然而，现代化进程的不断加快迫使人们不断地挣脱与土地的牵连而走向工业化和城市，尤其是战争的出现，逼迫人们从安稳的生活中将原本的模式撕裂，残忍地被推入硝烟中。因此，以乡村为背景创作的抗日题材小说中塑造的女性形象相对来说是比较片面的，她们所受教育的局限性、生活的方式都决定了她们性格中的质朴与天真，同时也无法避免其自身所具有的封建落后思想的局限。

由于女性先天性的心理、生理因素，更由于她们身上背负着长久以来的地位不平等与文化压抑，女性在战争中表现出不同于男性的行为方式和行为特征，其中最突出的便是战争在女性眼中被还原得简单而直接，她们很少意识到战争背后所蕴含的文化和历史意义，更不会将思想上升到反法西斯角度以及整个人类的生存和发展的高度，大多数女性反抗的直接原因，仅是自己的家乡与亲人遭到践踏，因而令她们从心底里感受到“亡国”危机的痛楚以及对敌人产生的仇恨，“复仇”成为女性参与到战争中的直接动机。萧红在《生死场》中塑造了“王婆”这一性格刚直的形象，她的“男人性格”与村中其他的女人不同，甚至她身上所具有的英勇也超过了许多男人。因此，在日本人侵入村中时，她带领着众多女人喊出“生是中国人，死是中国鬼，不当亡国奴!”这种响亮的口号，使女性也规模性地参与到“爱国斗争”中去。虽然这些女性参与战争并未对人格独立、社会变革有深刻的概念，但正因如此，这种反抗才是纯粹和无畏的，它的目的仅仅是保全作为一个“人”的尊严。

但不可避免的，这种纯粹的反抗意味着思想的局限性和落后性，与城市知识分子不同，农村女性的挣扎是被动的、麻木的，如果不是自身的利益受到了侵犯，大多数人选择的是漠视与顺从。《八月的乡村》中的李七嫂，是在儿子与情人均被日本兵杀死，而自己也受到日本兵凌辱之后，才穿上了男人的衣服，拿起了枪杆，“变成这样一个英勇的女人”。《生死场》中的麻婆，在被日本兵强奸并迫害之后，村民们并未对她感到同情和愤怒，反而觉得“是那婆子自己招的”，直到日本兵大规模地进村，才意识到应该反抗。因此，封建思想的局限性和落后性导致旧时代的人们在人格上是有非常大的缺陷的，这种缺陷在女性身上体现得尤为深刻。她们对周围人的态度是冷漠的，只有自我的损害才教会这些女性将眼光放宽至他人身上。

因此，这些女性参加抗战往往是为了反抗敌人对亲人的蹂躏、对土地的摧残，这种行为在历史中分担了民族存亡和复兴的历史责任，同时也通过文学作品反映出了封建主义对人们思想的禁锢。

（二）城市女性与知识分子

城市与乡村是两个截然不同的文化社区，20 世纪的城市随着文明的进步渐渐变成社会生活的重心。城市中的知识分子受到良好的教育，能够切身感受到国际之间的风云变幻，因此，战争对于城市女性来说不仅仅是简单的抗争，她们大多怀抱着对思想解放、社会独立的憧憬，想要投身于世界反法西斯斗争的潮流中去，最终目的是使中国独立，人民解放。从这一意义来看，城市女性的思想境界更为高尚和开放。抗战题材小说中所塑造出的女性形象，除了理智的抗争之外，其本身也有一些局限性。思想解放得不彻底，伦理道德的禁锢与牵绊，男女之间的不平等，都成为“女性主义”无法在传统中国发展的原因。

那些受过教育，更多地去关注社会、世界与历史思潮的女性，在追求自由独立的道路上走得异常艰难，因为她们不仅是主动地参与反抗，为思想解放和民族独立做斗争，更是为女性的地位和权利做斗争。《青春之歌》是一部探索民主革命时期青年知识分子道路问题的长篇小说，记述了林道静一生的爱恨纠葛。因为小说带有自传性，因此林道静的一生与杨沫的一生轨迹几乎重合。在林道静的爱情经历与革命知识分子的成长历程一同展开的过程中，小说借着林道静跟3个人的爱情关系来阐述知识分子的思想改造。作者一方面写林道静的一些不可避免的弱点，这些弱点为知识分子需要不断改造的思想提供依据，例如她独自散发传单后的自我陶醉和狂喜，一参加革命就想去"火热的战场上"当红军等。另一方面她又在敌人的法庭与监狱的批判中煎熬，受尽折磨。卢嘉川、林红、刘大姐、江华的批评和教育以及她在革命斗争中的顽强磨炼，令她一步步地与小资产阶级决裂。因此，战争使女性受尽颠沛流离之苦，在痛苦之中，她们最广泛地接触了人生复杂，体味了社会底层的挣扎不公，打碎了她们原本在知识世界为自己构建的美好的梦。战争带给知识分子尤其是女性的，是一种近乎残忍的真相的到来，这逼迫她们成长。面对曾经不愿面对的不美好，无论是爱情的破灭还是社会的沉沦，这些都带给了女性困惑和思考，她们的单纯和美好慢慢消逝了。当这些女性面对家国灾难与情感破灭的双重打击时，她们感性占上风的性格就意味着将会受到更多的伤害，所以同农村女性形象相比，城市女性由于更复杂细腻的心理活动，反而会得到更深刻的打击与成长。

同时，封建伦理的压迫以及周围人的目光，都限制了有理想有抱负女性的顺利解放。韵梅用自己柔弱的身躯撑起四世同堂饥荒的日子（老舍《四世同堂》），"上海屋檐下"的女人们也在贫困寂寥中虚度光阴（夏衍《上海屋檐下》）。传统女性身上所具有的隐忍卑微又增强了人物的悲剧性色彩。

总之，城市和乡村是两个截然不同的文化环境，相比农村社会中女性无权接受正统教育的情况，城市的女性大多为知识分子，也正是这部分知识分子积极地参与到世界反法西斯战争和争取民族独立与思想解放的斗争之中。因此，城市女性更为理性，她们运用所学组织活动，有条不紊，比乡村女性"献身"的行为要理智得多。但同时，她们一边反抗，一边受传统教育的批判，传统道德与现代意识之间的选择让她们犹豫不前。爱情、思想、家庭、独立、解放，各种新时代下衍生出来的新观念冲击着女性思想，这使城市女性的人物形象更加丰富立体，与朴实的农村女性是不同的。

二、男性视角下的女性形象

由于时代的限定，"男权中心和浓重的政治意识形态性掩盖了被战争边缘化的女性的真实形象”①，这使男性作家创作的抗战文学整体上对女性形象的创作产生了偏见和类型化的特征，也使得掌握话语权的男性作家塑造的女性形象多是男性意识的投射。“如果说在自然与人伦关系中，男女关系还有自然朴素的一面，到了社会生活中，男女关系就显出了它的另一面：统治与被统治的关系”②，所谓的“男尊女卑”思想，早在《易经》中就加以存在，中国文化从源头就失去了它对男女地位的公正性与真理性，这样的思想与文化源远流长的结果就是，这些谬误一直充斥在中国文化中，“成为中国人精神的痼疾，毒害着中国人的思想”。因此，这种“传承”千年的伦理思想束缚了女性地位的上升，也暗示着一些文学作品中男性对于女性的看法注定带有贬低和偏见。

（一）姿色貌美、为财为利

男性对女性美貌的贪图，可以追溯到《诗经》中“窈窕淑女，君子好逑”的描写。女性的外貌作为审美客体，男性作家往往不惜笔墨来加以描写，但同时，女性的美色又是男性沉沦和迷恋的对象，因此为了维护男性的“至尊地位”，他们往往将红颜与祸水联结在一起，一旦男性因为美色而偏离了主权道路，他们就会迅速地将错误归咎于女性的外貌上，以此来维护自己的尊严和地位。所以在男性作家笔下不乏美貌歹毒、不择手段的女性，这些女性“表里不一”的特质在“抗日战争”这个背景下被激发得淋漓尽致，作者对其美貌的迷人与道德的败坏加以谴责。路翎《财主的儿女们》中的女主人公金素痕就是一个典型的例子，她的外表使众多男人为之沉醉，但实质上却贪图名利、金钱，内心狠如蛇蝎。她善于用美色诱惑身边有钱有权的男人，以满足自己对肉体与钱权的欲望，所谓的礼义廉耻对她毫无约束作用。她泼辣放肆，贪婪狠毒，从公公手中骗取巨额财产，对自己的丈夫不管不顾，在其他男人面前纵欲乱伦，最终让蒋家这个光辉的大家庭轰然崩塌。

在作家笔下，这些女性代表着欲望的极度泛滥，她们利用自己的外貌令众多男人为之疯狂，抛弃妻子、挥霍财产，这些女性卖弄风情，玩弄手段，游走于社会的上层，全然不受伦理道德的约束和规范，以至她们的行为挑战了男性权力，使男性丧失了尊严，最终遭到严厉的谴责，也无可避免地被安排上了悲惨的结局。但从根本上来说，这些女性担负了家破人亡的始作俑者的骂名，而在“红颜

① 刘晓琴．抗战时期中国男性作家笔下的他者女性形象［J］．海南师范大学学报（社会科学版），2016，11.

② 张红萍．女性：从传统到现代［M］．北京：北京时代华文书局，2016：7.

祸水”之下，男性的浅薄、贪婪与无能都显得无足轻重，对此类女性形象的描写，恰好体现了男性性格中的懦弱性与妥协性，如果没有男性的吹捧与追随，那么女性的美貌就毫无用处，更谈不上违背道德了。

（二）外貌粗鄙、内心丑陋

与美貌妖娆相对的，就有作家塑造一些丑陋粗鄙、为利弃义的女性形象。作者对她们的描述可谓满含憎恶，对她们的批判毫不留情。就如老舍《四世同堂》中塑造的大赤包形象，自私残酷，唯利是图，可以称得上丧失了女性所有的美好品质。为了自己的利益，她卖国求荣，贪婪无耻，为了巴结汉奸，她不惜将女儿送入虎口；为了讨好日本人，她陷害无辜，告密求荣，将良善之家搞得家破人亡；她成立妓女检查所，逼良为娼，从中牟取暴利。她在日本人面前卑躬屈膝，却在身边人面前趾高气扬，“她的气派使女儿不敢叫娘，使丈夫不敢叫太太”①。她代表了抗日背景下“恶”的女性的象征，她的灵魂被扭曲到极致，中国传统社会价值观念注定不能容忍这种形象的存在，因此大赤包最终的结局就是被她极力讨好的日本人关进监狱，折磨致死。同样的，老舍在《骆驼祥子》中也借助虎妞这个形象来颠覆传统女性的美好。虎妞长相丑陋且粗鄙不堪，“她脸红起来，黑红，加上半残的粉，与清亮的灯光，好像一块煮老了的猪肝，颜色复杂而难看”②，她的性格也完全没有女性性格中的温柔与娇媚，反而极为粗野。她使用诡计诱骗祥子与之成婚，控制祥子的思想和行为，自己却好吃懒做。虎妞用自己的权力和金钱束缚着祥子，使祥子原本那颗对生活和爱情充满期待和希冀的心逐渐崩塌，进而毁了祥子的一生。

毫无疑问，作者对笔下的诸如虎妞的女性是厌恶的，因此往往给她们安排了较为悲惨的结局。在这些女性的控制下，身边的男人无不懦弱无能，胆小怕事，对她们的指令唯命是从，这样的两性关系是不符合社会传统要求的。作者认为，男性性格的形成，除了其自身带有的妥协性之外，更多地要归结为女性对其产生的不良影响，女性才是毁灭男人的罪魁祸首。

男性作者视角下的女性形象，并不能完全代表处于当时社会的女性，他们笔下的女性，是带有强烈“他者”眼光所描写的，无法真实地刻画出女性的心理活动。因此，这些文学作品中的女性很大程度上只是男性作家自身臆想出的形

---

① 老舍．四世同堂［M］．北京：北京十月文艺出版社，2008：172.

② 老舍．骆驼祥子［M］．北京：人民文学出版社，1962：112.

象，并加上了较多自我对女性的定义和看法，带有非常多的主观色彩和印记，甚至带有浓重的道德批判色彩。在这些作品中，读者们能看到的并不是真实的“女性”，而仅仅看到了“女性的形象”。相反的，一般女性作家笔下所塑造的女性大多心思细腻，善良单纯，优缺点共生，反而令人觉得饱满。

三、传统与现代的“慰安妇”形象

在抗战题材作品中，也有以“慰安妇”为主要题材创作的。“慰安妇”一直以来是人们避而不谈的话题，因为她们的身上不仅背负着历史的屈辱，更代表着侵略者对被侵略者人格的凌辱及践踏。为了保护在战争中存活下来的“慰安妇”，人们有意让这件充满着痛楚的事沉默。但是，随着时代变迁，人们对中日两国关系的发展有了新的定义，“慰安妇”也重新出现在大众视野中，在社会各界甚至有人提出“慰安妇”这个名称是对当时受害者的不尊重，她们的身上应背负着对敌人的仇恨，以及强烈的民族主义情感。当人们将事件的高度上升到国际主义、人道主义时，事件本身的含义已经变得有所不同。但事实上，“慰安妇”最基本的悲哀之处，并非是一个国家对另一个国家的侮辱，而仅仅代表着男性对女性的践踏。战士们将俘虏敌对国家女人的多少作为胜利成果的衡量标准，全然不顾人性平等与性别的独立，将女性特别是被侵略国家女性的尊严踩在脚下。因此，当“慰安妇”话题重新被社会舆论掀起，新时代的女性还有男性均纷纷对日本当时的罪行展开声讨，谴责其丧尽天良的行为。很多实战报道都记录了“慰安妇”在敌人军营中所遭到的屈辱对待，这其中甚至还有日本本国妇女。丁玲在1941年6月出版的小说《我在霞村的时候》中就塑造了一个近似“慰安妇”形象的女性贞贞，丁玲在描述贞贞时，将她的隐忍和勇敢都上升到民族抗争的高度。

2017年8月，影片《二十二》登录中国院线。这部记录中国“慰安妇”的影片在国内引起人们对受害者群体的重新关注，甚至迎合着世界潮流，在全球范围内刮起了一阵为“慰安妇”承担历史责任的风。美国、韩国、东南亚等多个国家和地区建造多处“慰安妇”纪念碑来提醒人们莫忘历史，各国尤其是东方国家试图通过历史史料更深地揭露日本罪行，捍卫历史、维护正义的力量愈发巨大，但日本本国的态度始终不能令人们满意。2017年9月22日，美国政府在旧金山中心的圣玛丽广场举行“慰安妇”纪念雕塑揭幕仪式，纪念碑上刻有英文、中文、韩文、菲律宾文、日文等多种语言，并题字：“我们最大的恐惧，是我们二战时期的悲惨经历被世人遗忘”。在这座雕塑获得世界性的赞美的同时，日本政府却竭力阻挠雕塑的落成，不断挑战着人性与良知的底线。有人形容“慰安妇”与日本的关系为“她们在等日本道歉，日本在等她们死去”。因此，关于“慰安妇”的文学作品，除几篇战地时事报道之外，只有少数几部作品提到了这一话题，更多的作者则选择了回避。

总结

抗日战争是中国发展史中一段令人悲痛的经历，它代表着民族的屈辱与人性的解放。在此之前，中国女性的地位一直处于被压抑状态，因此在文学作品中以女性为主人公的案例非常少。无论是作品中的女性形象，还是现实中的“慰安妇”形象，都代表着中国女性的崛起，经过苦难，女性的思想得到解放，她们开始有意识地争取更独立平等的地位，因此中国早期“女权主义”诞生，这是极为有意义的。虽然目前女性的解放并未彻底完成，但当时的崛起可称得上“分水岭”。因此，借助这些形象，能够更深刻地阐释中国“女性独立、女权主义”的发展过程，分析其思想从传统到现代的改变，将古今结合起来，使文学作品有穿越时代的力量。

参考文献：

［1］付翠莲．在平等与差异之间：女性主义对自由主义的批判［M］．北京：社会科学文献出版社，2013，12.

［2］郜元宝．破碎与重建：1937—1945 抗战时期的中国文学研究［M］．上海：上海人民出版社，2015，12.

［3］汤尼·白露．中国女性主义思想史中的妇女问题［M］．上海：上海人民出版社，2012，3.

［4］张红萍．女性：从传统到现代［M］．北京：北京时代华文书局，2016，3.

［5］刘晓琴．抗战时期中国男性作家笔下的他者女性形象［J］．海南师范大学学报（社会科学版），2016（11）：29.

［6］韦丽华．抗战文学中的女性形象简论［J］．山东师范大学学报（社会科学版），1996（2）.

"数字劳工"的当下境况与发展趋势研究[①]

指导老师：吴麟　项目主持人：华光灿

项目参加人：陈丽金　杨鎏　白雪

摘　要： 互联网和科学技术的发展极大地改变了全球文化生产与传播的面貌。"数字劳工"的出现也就成了一种趋势，他们大多重复着机械式的工作。社会上"数字劳工"种类繁杂，比如字幕工、包装员等，行业内对其某一主体研究较多，但对其社会现状及未来发展的研究较少，本文主要通过实地观察法和访问调查法这两种研究方法了解"数字劳工"的生存状况及发展趋势。经研究得出：由于 Web2.0 时代的到来以及劳动力的解放，"数字劳工"吃着"青春饭"，从事着机械性的工作，但能够拿到一份体面的薪酬。在未来，"数字劳工"将会向低龄化扩散，数字时代下的工作岗位将会逐渐减少，且为信息服务的"数字劳工"也呈递减趋势。

关键词： "数字劳工"　生存境况　网络社会　发展趋势

一、研究缘起

截至 2018 年 12 月，中国网民数量已达 8.29 亿，互联网普及率达到 59.6%，较上年年底提高了 3.8%[②]。随着大数据时代的到来，网民数量不断攀增，与此同时，网民所带来的经济效益也不容小觑。网民价值不仅仅存在于网络消费中，网民自身也已俨然成为产业链条中的富矿，在以前，传统产业的发展主要是以受众为中心，而新兴媒体的蓬勃发展加固了受众中心化这一发展模式。互联网产业

① 本文为 2018 年中国劳动关系学院本科生科研项目三等奖，北京市大学生科学研究与创业行动计划项目，项目名称""数字劳工"的当下境况与发展趋势研究"。

② 中共中央网络安全和信息化委员会办公室. 中国互联网络发展状况统计报告［R/OL］.（2018－08－20）.

正费尽心机，企图将网民的一切行为纳入互联网市场领域，成为资本拓展与积累的核心要素。随着新型的“网络社会”形成，现实世界的生活逐渐被搬上网络。近几年，以大数据、云计算、物联网和便携终端等为代表的互联网技术不断推动着传统信息交流形态的变革。

经济全球化最大的特点就是拥有潜在的互联网市场，倘若没有互联网技术的革新，全球化将会被推迟。经济全球化催生了一种新的经济模式，在全球化的发展进程中，很多国家开始了文化产业化进程，文化全球化作为全球化的一个缩影，正在悄无声息地发生变化，向着不断深化的方向迈进。而全球化很大程度上改变了全球文明的传播模式，进而催生出了很多的工种，这其中就不乏影视行业辛苦劳作的字幕工，也不乏各类制造行业的包装员。如果把社会比作数字工厂，那么新媒体行业无疑是数字工厂的重灾区，形形色色的媒介从业人群组成了这座庞大数字工厂。

人的价值是通过自己的劳动创作出来的。全球化进程的加快促进了劳动力的解放，随之催生较多的劳工。在很多行业，很多公司为了规避高成本和高风险，进而聘用较多的“数字劳工”，促使生产成本最低化，历史上的很多“无酬劳工”正是迎合了社会上这样的发展趋势应运而生。虽然现在社会的“无酬劳工”较少，但是“数字劳工”算是对“无酬劳工”的一种继承与发展，唯一不同之处在于成本，但是这种成本很微薄。“数字劳工”当下究竟是一种怎样的现状，未来又会有怎样的发展趋势，本文将会进行重点阐述。

二、文献综述

张斌（2017）以字幕组工作为案例来分析劳工文化，其全文基本在全球生产体系的背景下讨论中国字幕组的文化价值观所面临的挑战和可能的异化。其主体研究尚属“数字劳工”，但是其研究方向和领域还可以深挖，全文并没有追根溯源来研究“数字劳工”的产生，也没有对其发展趋势做深入的剖析，其在“数字劳工”的产生与发展方面研究不足。

吴鼎铭（2015）主要是从传播政治经济学角度，以“数字劳工”为研究视角来研究公民记者，其研究主体是公民记者，并不是“数字劳工”，其是以“数字劳工”为研究视角，对于我们的研究具有一定的借鉴意义，其最后指出：所谓的“公民记者”其实质是在互联网商业意识形态召唤之下，自觉自愿为商业网站“贡献”自身劳动成果的廉价甚至是免费的“数字劳工”。本文也没有去追溯“数字劳工”的产生与发展，重点是从“数字劳工”的角度分析公民记者与其相关性。

吴鼎铭和石义彬（2014）主要是从传播政治经济学的批判视角解读互联网“大数据”背后所隐藏的对网民劳动的剥削，并解释了其中数字资本积累的过程，其也是以“数字劳工”为视角来研究“大数据”，即一些行业内潜在的“数字劳工”。但是其并没有阐述“数字劳工”的产生与发展，也没有对未来的发展进行预测分析。

姚建华（2018）主要关注零工经济中“数字劳工”的困境，并提出了相关的对策，其主要通过零工经济劳动者的维度、政策制定者的维度以及零工工作公平性利益相关者的维度来阐述零工经济下关于劳工困境的对策，具有前沿视角。但是并没有对“数字劳工”的发展进行研究。

综上，行业内的一些研究多是在“数字劳工”的视角上研究行业内的某一领域，比如字幕组、公民记者和网民，并没有具体针对“数字劳工”这一概念进行深入分析，更不用说阐述“数字劳工”的产生与发展，以及对“数字劳工”未来发展动向的分析。所以本文研究具有唯一性，重点阐述“数字劳工”的生存现状以及未来发展趋势，我们的研究并不会和行业内的一些研究有所重复，具有很大的研究意义。

三、研究方法

实地观察法是调查者根据调查目的，运用自己的感觉器官或借助科学观察工具，有计划地对处于自然状态下的社会现象进行直接感知的方法。我们于2018年8月15日前往“数字劳工”的集中办公区域（北京市朝阳区金台夕照2号院18号楼），进行了一天的观察，亲自感受“数字劳工”（字幕工）的生活工作环境，运用自己的感官进行直接感知，并且进行记录，观察发现“数字劳工”当下的生存状况。

访问调查法是访问者通过口头交谈等方式直接向被访问者了解社会情况或探讨社会问题的调查方法。我们于2018年8月15日在“数字劳工”的办公区域（北京市朝阳区金台夕照2号院18号楼）和“数字劳工”（字幕工）进行了口头交谈，了解他们的工作和生活情况。

我们通过实地观察法和访问调查法这两种研究方法深入地了解了“数字劳工”的生存状况，且我们的采访对象是“数字劳工”中最为典型的工种，具有典型性与独特性。

四、研究内容

（一）“数字劳工”的出现动因

“数字劳工”的特征

单单从文字表层着手，我们很难对“数字劳工”有一个清晰明了的定义。“数字劳工”几乎遍布各行各业，在媒体机构中，字幕工就是数字劳动的一种；在一些科技制造公司，包装工也可以表示为“数字劳工”。从构词的角度来看，“数字劳工”可以拆分为“数字”和“劳工”两个词，“数字”作为一个定语修饰“劳工”。“劳工”即现代劳工、劳动人民；“数字”在这里可以理解为数字化，就是将许多复杂多变的信息和工作转变为可计算的数字或者数据。由此看来“数字劳工”就是数字化的劳动人民。在当今这个信息化时代，“数字劳工”将其劳动工作进行数字化处理，从而将复杂多样的工作简单化，可以说他们是一种技术性人才。

以数据新闻来说，媒介从业人员通过专业数据工具，如 tableau 对数据进行捕捉，进而通过一种可视化的方式来表达出来。例如用数据新闻的方式呈现北京房租的分布情况，将房租用某种特殊的符号表示，比如一个红色的圆点，圆点越红越大代表房租越高，将不同大小不同颜色深度的圆点按照实际情况分布在北京的城市地图上，就可以很简单、清晰地看出北京的房租分布情况。在这个过程中，新闻工作者就是“数字劳工”，如果用文字或者视频来报道这一信息，需要大量文字、数字来进行解释说明。但用这种数字化的方式就可以较为直观地报道，同时还达到了可视化的效果，使信息通俗易懂。如果想要达到数据新闻的这种可视化效果，就必须借助于新时代的数字化、信息化。中间对数据清洗、挖掘和整理的过程就是“数字劳工”整个的工作流程，中间所需要的繁杂的步骤并不是轻而易举就可以实现的。

“数字劳工”的产生原因

第一，随着以大数据、物联网、便携终端为代表的互联网技术的不断发展与变革，一个新型的网络世界为“数字劳工”的出现创造了生存环境。信息时代的到来使得“数字劳工”这一群体被需要，在信息化时代，信息产生了价值，而“数字劳工”就是创造这种价值的群体之一。在工业社会，我们需要的是大量的劳动工人。如今，我们正处于由工业社会向信息社会过渡的阶段，那么“数字劳工”被需要就是时代发展的要求了。

第二，随着科学技术的发展，大量劳工的劳动力被解放，他们拥有的独立技能和创造的价值减少甚至消失。在这种情况下，部分劳工发展成为“数字劳工”。数字技术的发展要求劳动者不断掌握新技能，否则传统的劳工就会被淘汰，这样进而激发了传统劳工的自我成长，使他们发展成为“数字劳工”。而在由传统劳工向“数字劳工”发展的过程中，形成了“数字鸿沟”。

第三，Web2.0促进了新的生产关系的产生。在Web2.0时代，互联网就是一座数字工厂，在这个工厂里，工人们各司其职，创造着数字时代的生产力。Google、Facebook等平台生产的最重要的商品就是受众（用户）本身，而这样的数字工厂的存在，使得“数字劳工”的产生成为必然之势。

（二）“数字劳工”的生存状况

每当提起“数字劳工”，大家可能感觉非常陌生，它似乎是一个离我们很遥远的群体。但实则不然，“数字劳工”就存在于我们身边，他们遍布在各行各业。以下是“数字劳工”生存现状的分析：

第一，“数字劳工”是一个吃青春饭的群体。经调查发现：“数字劳工”（字幕工）往往工作力度、强度大，他们没有周末的休息时间，并且工作时间长、工作压力大。由于这样高强度的工作状态，长期加班熬夜，他们的身体状况会下降。他们年轻的时候身体承受能力较强，所以就算是长期加班熬夜也不会有太大的问题；但是当年龄大了以后身体状况也就不允许他们再进行这样高强度的工作了。即使他们的职业寿命较短，但仍然有源源不断的“数字劳工”进入这一行业，他们在消耗着自己的同时也不断为社会创造着财富。举个例子，一个项目公司雇用了一批程序员去研发一个项目，项目完成之时便是这批程序员使命完成之时，而对于一些高龄的“数字劳工”来说，接手新的项目将不占优势，高龄员工按理应该受到更多重视，但因为“数字劳工”特点：很多工种并没有技术含量，只是进行重复的工作，所以高龄与低龄对他们是无所谓的，相比较高龄工种的生产安全成本，公司更愿意雇佣年轻人群。

第二，“数字劳工”对人际关系的开发容易受限。他们平时的工作状态较为紧张，每天进入工作状态，打开电脑，面对着一个又一个的数据，大脑高速运转，他们似乎变成了可视化的工具。同时他们业余时间不多，没有太多闲暇来管理自己的人际关系。长此以往，他们较少地与他人交往，容易沉浸在自己的世界里。据调查，很多“数字劳工”没有周末，每个月只会调休一到两天，这一现象在影视制作行业尤为明显。

第三，“数字劳工”需要不断更新知识和技术来顺应时代的变化。我们讲到，“数字劳工”是一种技术型人才，而当今的技术更新换代速度之快远远大于他们学习新技术的速度。计算机技术更新迭代速度快，也许他们掌握了很多项技术，但是新技术的不断出现迫使他们必须不断学习。同时，由于新技术的出现，他们若跟不上技术更新换代的速度，极有可能被替代或者被淘汰。掌握Java、C语言、Python这些编程技术的人不在少数，如果一名程序员只会写代码，那他被顶替的风险就很大。如果乔布斯只是一个会写代码的程序员，他断不敢轻易退学，也不可能创造世界上最伟大的企业之一——苹果公司。因此“数字劳工”需要不断拓展自己的复合技能。

第四，“数字劳工”多重复着机械性的工作。现在的智能化并不是真正意义上的“智能化”，产品的生产以及加工的整个过程还比较机械化，中间很多流程还需要人为因素的干涉，而这个时候就需要“数字劳工”的参与，他们的工作几乎是没有技术含量的工作，只是在简单地进行操作，并没有实质性的飞跃。社会上对“数字劳工”需求基本都介于机械化与人为因素中间。

第五，“数字劳工”在薪酬方面基本都可以拿到一份不错的薪资。“数字劳工”大致可以分为两种，一种是以对数据和技术的探索为主要因素，通过满足自己内心的某种需求进而获得经济报酬；另一种仅仅是为了追求高薪资、高收入。很多行业几乎是后者占据主流，“数字劳工”的存在以追求经济利益为首要目标。

（三）“数字劳工”的发展趋势

互联网时代下的数字生产不可逆转，在未来，“数字劳工”将会向低龄化扩散。电子产品的日渐低廉化，将向一些偏远落后地区普及。过去，使用移动电子产品的年龄层是中青年。但随着移动电子产品逐渐被人们接受，它的受众人群将扩大到儿童和老年人。这意味着，大众对移动电子设备的需求增多，而需求量的增多就需要“数字劳工”的大量生产，这就使得对“数字劳工”的需求增多，但是这种需求量的增多更倾向于青年，老年人在工作中较容易诱发风险，所以很多岗位的工种以低龄化为主。

时代的更新总是伴随着大规模的裁员，数字时代下的工作岗位将减少。在工业时代，机器取代了传统的手工业；科技时代，自动化、人工智能又取代了一些低端的行业。数字时代更是如此，例如，过去企业要投放广告，需要大量人员做市场调查和广告设计。但现在企业在掌握了受众的信息后，就可以精准投放广告，从而减少调查、设计和投放广告的人员。再次，由于信息的高度集中和算法的不断提升，处理信息的能力将加大，速度也将加快，因此金融行业会逐渐被算法代替。这使得过去需要大批人力完成的事情，现在只需要少量人就能操作，剩下的人都可以被裁减，各行业人员规模都将会缩小。

“数字劳工”的薪资将会逐年减少。“数字劳工”多是互联网公司里对信息进行分析、处理的“码工”。目前，互联网行业还属于新兴行业，与传统行业相比，从事互联网工作的人还相对较少。虽然“码工”们的工作量较大，但他们的工资还是比其他工种要高很多。近两年来，大数据技术成为热门，高校也相继开设了大数据学科，学习大数据成为一种趋势。在未来，从事大数据分析工作的人将不断增多。大量的人拥入大数据行业，那时“码工”不再是稀缺职业。此外，由于算法的提升，“码工”由原来的紧缺变成过剩，社会供需发生转变，“码工”的薪酬待遇也会相应减低。

数字时代在很大程度上改变了我们的生活模式，它将使得我们的生活变得更加便利和高效，这是技术带来的进步。但是，技术进步也会导致社会的倒退，人们太过依赖网络将会失去很多技能。比如，电脑算法代替了人脑的算法，人类智力将会退化。人们过于沉迷于社交网络，将会弱化现实中的人际关系。数字时代的劳动剥削，将加重贫富差距，导致新的社会不公。如何在利用数据给我们提供服务的同时减少它带给我们的危害，这是数字时代下我们需要解决的问题。

五、研究发现和总结

通过本次研究，我们了解到：由于Web2.0时代的到来，互联网技术的发展变革以及劳动力的解放，“数字劳工”吃着青春饭，拥有着非常狭窄的人际关系，他们从事着机械性的工作，且需要不断更新自己的技术知识来顺应时代发展，但能够拿到一份体面的薪酬。在未来，“数字劳工”将会向低龄化扩散，但是随着时代的更迭，数字时代下的工作岗位将会逐渐减少，且为信息服务的“数字劳工”将逐渐减少。

我们发现在当下这个信息时代，“数字劳工”是被需要的，需要他们创造价值。他们是时代发展的必然产物，同时他们也推动了社会的进步与发展。只要信息科技在发展，他们就会存在。由于高强度的工作量，他们面临着很大的工作压力，这使得他们个人在职业发展中遇到很多困难，但就总体而言，“数字劳工”还是有很大的发展空间的。

互联网时代下由于数字信息大量生产，移动电子设备被人们接受，这意味着“数字劳工”生产的信息将空前地增多，数字时代的发展速度将超越工业时代和科技时代。但是，随着生产力的发展，大量人力被科技力量取代，这就是说，当“数字劳工”发展到一定阶段，会面临这大量裁员的情况。“数字劳工”是否会逐渐衰减，直至消失？如果“数字劳工”不复存在，这些“数字劳工”如何生存？这都是需要进一步讨论的问题。

参考文献：

[1] ALI－HASSAN H，NEVO D，WADE M. Linking dimensions of social media use to job performance [J]. Journal of Strategic Information Systems，2015，24（2）：65－89.

[2] BAYM N，K.，Burnett R. Amateur experts ：International fan labor in Swedish independent music. International Journal of Cultural Studies [J]. 2009，12（5），433－449.

[3] MANZEROLLE VINCENT. Mobilizing the Audience Commodity. Digital Labor in a Wireless World. Ephemera [M]. [S. L.]：10（3/4）2010，455－469.

[4] 曹晋，文森特·莫斯可. 传播政治经济学与中国案例研究 [M]. 上海：华东师范大学出版社，2018.

[5] 曹晋，赵月枝. 传播政治经济学英文读本 [M]. 上海：复旦大学出版社，2007.

[6] 曹晋，徐秀云，传播新科技与都市知识劳工的新贫问题研究 [J]. 新闻大学，2014（2）.

[7] 曹晋，格雷姆默多克. 新媒体、社会性别、市场经济与都市交往实践 [M] 上海：复旦大学出版社，2015.

[8] 吴鼎铭. “公民记者”的传播政治经济学反思：以“数字劳工”理论为研究视角 [J]. 新闻界，2015（23）：4－9.

[9] 吴鼎铭，石义彬. “大数据”的传播政治经济学解读：以““数字劳工””理论为研究视角 [J]. 广告大观（理论版），2014（6）：70－76.

[10] 姚建华. 制造和服务业中的“数字劳工” [M]. 北京：商务印书馆，2017.

[11] 姚建华．媒介产业的"数字劳工"[M]．北京：商务印书馆，2017.

[12] 张斌．中国字幕组、数字知识劳（工）动与另类青年文化[J]．中国青年研究，2017（3）：5－12.

[13] 走在"数字劳工"世界的路上[J]．国外社会科学，1997（3）：88.

近期电影中的孙悟空形象及其文化内涵[①]

指导老师：王翠艳　项目主持人：郭晓军

项目参加人：王诗飞　蔡依珊　卓德帅

摘　要：孙悟空是中国古典文学名著《西游记》中的经典人物形象，它已经作为一种文化符号，对千年来的中国传统文化造成了潜移默化的影响。打抱不平、伸张正义是我们对于孙悟空形象的一贯认知。但是其实这只是我们看到的一方面，孙悟空还有很多的形象特征等待我们去挖掘。随着时代的更迭，孙悟空形象被改编成无数的影视作品，不断被赋予新的生命力。

关键词：影视作品　孙悟空　人物形象

引言

（一）研究课题的来源背景

随着生活水平的提高，电影产业呈现出前所未有的井喷式格局。据专家推算，未来的几十年，娱乐业尤其是影视业将会继续发展，成为大众消费的热点。一方面，中国本土的大片在产量和社会效益两方面都越来越好，以此重新赢得国内观众的信任，票房方面也在不断突破。另一方面，中国大片的国际影响力也逐渐变大。有些专家学者将中国式的大片冠以“华莱坞”的称谓。当然，中国的电影还存在诸多问题，比如一味模仿西方的好莱坞模式、毫无新意的情节、大量“无脑性”的广告植入和一味的跟风翻拍等。

就比如经典的IP——孙悟空形象的改编。孙悟空是中国古典文学名著《西游记》中的人物形象，是我国民间文学的重要塑造人物形象之一，他已经作为一

① 本文为2018年中国劳动关系学院本科生科研项目三等奖，校级学生科研项目，项目名称“近期电影中的孙悟空形象及其文化内涵”。

种符号，对千年来的思想造成了潜移默化的影响。《西游记》是由吴承恩所著，是中国古典四大名著之一，同样也是神魔小说的杰出代表，向我们展示了一个天马行空的神魔世界。小说分为3个部分，第一部分是前七回，主要讲了孙悟空的出生、拜师学艺，侧重于孙悟空形象的描写。第二部分是第八回到第十二回，主要是唐僧的来历等。而第三部分，也就是十三回以后，是小说的主体部分，主要讲在孙悟空被唐僧救赎以后，经观音菩萨指点，发心保护师父唐僧西天取经，一路上和两个师弟，猪八戒和沙僧历经九九八十一难，最终修成正果，到达西天，取得真经。

在历史的不断变迁中，孙悟空形象作为一种价值符号，不断地被赋予新的生命力，不仅在中国，国外也有许多改编的范例。比如中国本土改编的电视剧1986年版的《西游记》和刘镇伟改编的《大话西游》系列等，都是为我们所知的。当然还有国外的一些改编作品。比如说日本和韩国改编的《西游记》，英国动漫《东游记》，还有一些好莱坞推出的大片，如《功夫之王》等。从这个维度来看，孙悟空不仅是民族的，更是世界的。它已经作为一种文化认同和世界文化发生碰撞并擦出火花。

但是，凡事都有两面性，我们要辩证地看待孙悟空改编的热潮。孙悟空的IP形象经好莱坞大片改编后，冲击了国内的民族电影业，使得国内相关孙悟空题材的电影观众锐减。虽然具有中国特色文化底蕴的孙悟空形象被无数次改编，但是其内涵并没有被完全挖掘出来。反而背道而驰，大量无节制无内核的改编使得孙悟空的形象面目全非，这无疑是对孙悟空IP形象的践踏，更是对中国传统文化的冲击。

（二）研究的目的和意义

1. 课题研究的目的

本文通过追溯孙悟空的原型，分析以《大话西游》为代表的西游题材的影视改编作品，从这些作品中探讨孙悟空形象的内在个性、外在造型以及人物关系等，同时对孙悟空这种带有强烈民族色彩的经典形象进行分析，并结合现代传播语境，寻找出一条对于这类民族特色IP形象恰当的、适合的影视改编道路，挖掘其内在价值。

2. 课题研究的意义

文化意义：孙悟空作为中国传统文化的经典形象，已经成了打抱不平、伸张正义的代名词，更是中国人的一张名片。作为一种极具民族气息、中国传统魅力的文化符号，对于其的深入研究有利于中国电影向国际化迈进和中国文化的对外输出。

历史意义：电影史上对于孙悟空形象的改编见证了中国电影业以及改编领域的发展，更是不同语境和时代下不同意识形态的体现，对于其的深入研究有利于了解过去不同时代下的价值判断和选择，对未来影视改编行业的发展具有举足轻重的作用。

艺术意义：孙悟空作为不断被改编的 IP 形象，说明其具有适应不同时代的包容力，其身上有普世追求的终极价值，对于其的深入研究有利于找到孙悟空的终极价值，对往后的改编具有建设性意义。

（三）国内外研究的发展水平

孙悟空是中国传统文化中一颗璀璨的明珠。自 1926 年以来不断地被搬上银幕，从最早的《孙行者大战金钱豹》到目前各种各样的题材，无不体现着其闪烁的光环，受到了电影人和研究者的广泛关注和讨论。其相关的研究成果丰厚，主要集中在对于孙悟空形象的原型探讨、孙悟空形象的解构主义等方面。

关于孙悟空原型探讨的文献比较多，本文主要参考了李雪心《孙悟空形象考辨》、赵雨《孙悟空形象原型及其宗教精神考释》和秦榕《图形崇拜到文学审美孙悟空形象的猴文化探索》等 5 篇论文。

（四）研究对象和范围

本论文与前者相区别的地方：研究对象上前者研究对象多以个案研究，或者是对某一类型作品在某一历史时刻的专门研究。另外大量论文将孙悟空形象研究放在对《西游记》研究上，很少把孙悟空形象加以提取作为研究重点。本论文以孙悟空为主线，研究孙悟空在不同时代的不同形象，并且将所有关于以孙悟空这个 IP 改编的作品进行典型案例的分析与对比。

（五）研究方法

文献调查法：对 30 年以来的影视作品进行内容分析和记录，尤其以《大话西游》系列为重点，归纳和整理出孙悟空形象的嬗变历程。

对比分析法：通过罗列不同的对《西游记》进行改编的影视作品，比较成功与失败作品的异同点，从中找出导致最后结果的理由，对未来以《西游记》为话题的电影形成一种借鉴。

二、文学作品中的孙悟空形象原型

（一）孙悟空形象的源起

关于孙悟空“籍贯”的问题早有争论，现当代的孙悟空原型之争始于董作宾的《读〈西游记〉考证》，该文章一经发表，便引发了大范围的对于孙悟空“故乡”源起的争论，这些争论分为实地说和虚构说两个派别，其各抒己见，一直争论不下。实地派是以李洪甫为代表的连云港云台山说、李国成的山西娄烦说等，而虚构说认为孙悟空的“故乡”就是我们从小对于孙悟空刻板印象中的花果山，对孙悟空“故乡”的考辨其实就是对花果山是否存在且究竟在哪里的探究。

著名文学家、思想家胡适先生说过：“我总疑心这个神通广大的猴子不是国货，乃是一件从印度进口的。也许连无支祁的神话也是受了印度影响而仿造的。”① 赞同其说法的有陈寅恪、林培志等人。而“印度传入说”② 主要是认为印度哈奴曼的故事和孙悟空的故事如出一辙，有异曲同工之妙。哈努曼多次救助罗摩王子，并打抱不平，行侠仗义，帮其夺回罗摩王子的妻子悉多，最后受到了罗摩王子的嘉奖，使其长生不老，哈奴曼的故事流传于整个东南亚。不仅是在历史上相同，就连外在形象上也类似，哈奴曼和孙悟空一样具有腾云驾雾的本领，金黄色的毛发和尾巴，没有谁能够与之匹敌，所以孙悟空自然而然地就被当成了哈努曼。

综上所说，虽然关于孙悟空的原型众说纷纭。但是孙悟空形象已然是我们每个人心中定格的价值符号，它代表了我们整个中华民族的情感诉求，寄托了我们的全部情感，无论其起源于哪里，我们都同样认同它，拥护它，因为它是我们中国传统文化的瑰宝。

（二）《西游记》中的孙悟空形象

在明代文学家吴承恩所著的长篇小说《西游记》之前，其实孙悟空形象就

① 胡适．西游记考证［M］．［出版地不详：出版者不详］，1923.

② 葛维钧．“西游记”孙悟空故事的印度渊源［J］．明清小说研究，2002（4）：36－43.

已经出现，并且不断出现在文学作品中，所以吴承恩在创作时，借鉴了大量的前人关于孙悟空形象的经验，比如取经故事《诗话》和元杂剧《西游记杂剧》等。从其身份来看，在《诗话》中孙悟空是作为一个“猴行者”的形象出现。从猴行者到后来的孙悟空，其形象完成了一个转变，所以具体的内在品质也有了一些微末的变化。

1. 外在形象

孙悟空具有一副十足的“猴”模样；头戴凤翅紫金冠，身穿锁子黄金甲，脚踏藕丝步云履，这是关于孙悟空形象最为经典也是最为直观的经典形象描写，同样也是我们最为所知的形象，无论其内在品质如何改编，而外在的这一身装束绝对是亘古不变的。

2. 人物生平

孙悟空是由灵石所变，这块石头在原著中是这样记载的：“其石有三丈六尺五寸高，有二丈四尺围圆，三丈六尺五寸高，上有九窍八孔，按九宫八卦。”孙悟空是神、人、猴三者的结合体，是一个有神的法力、人的情感、兽的外形的综合形象。

3. 人物能力

孙悟空有“筋斗云”，一个跟斗可以翻十万八千里；在大闹天空时炼就了一双火眼金睛，能够看清世间一切罪恶，识辨出一切妖魔鬼怪。同样在大闹龙宫的时候，拥有一根可以听其指挥并且能够变化大小的金箍棒，该金箍棒成了他降除妖魔的第一利器。同样他还有拔一根毫毛可以变出成千上万个猴子猴孙的本领，同样也可以召唤出无数个孙悟空。

4. 人物个性

孙悟空的性格大概可以分为两个阶段：第一阶段是孙悟空刚刚出世，大闹天宫，索取金箍棒时，这时孙悟空的性格如初生牛犊一般追求自由，不畏强权；第二阶段是与猪八戒和沙僧一同保护唐僧西天取经的路上，这个期间他收敛了自己的性格。

对于孙悟空的小说形象的溯源固然重要，它不仅可以让我们从改编的层面去更好地把握孙悟空形象，同时让我们挖掘出其最初的价值内涵。但终归还是要立足于孙悟空的银幕形象，从当下的角度去分析孙悟空形象，这样更能对目前的影视改编提出具有建设性的意见。自电影诞生以来，孙悟空形象就不断地被搬上银幕，并且不断地被赋予不同的形象，体现了不同时代下的多元的价值追求。

三、孙悟空形象改编的整体概况

（一）人物形象的改造——从丑陋猴王到百变神猴

从 20 世纪 20 年代至今，陆续出现了 60 多部关于孙悟空形象的影视作品，直到目前仍是一个改编的热点。每一次的改编都是对不同时代不同意识形态的反映。

但是无论怎么改编，孙悟空都是整部剧中的核心人物。“身穿一副黄金锁子甲，头戴一顶凤翅紫金冠，足踏一双藕丝步云履”还是其最经典的艺术形象，在大量作品遵循其经典形象的同时，也有一些改编作品另辟蹊径，赋予孙悟空不同的人物形象，比如孙悟空在《大唐三藏取经诗话》中的形象猴行者是个白衣秀才，在《西游记杂剧》中的孙行者贪恋女色，抢女为妻。在 2014 年改编的电影《孙悟空之大闹天宫》中，孙悟空改变了一贯的石猴形象，也不是从生来就带着无比强大的兽性，取而代之的是从懵懂单纯的小猴子到最后成长为金刚大猩猩，体现出了对于其外貌形象的大胆探索。再如 2015 年改编的动画版电影《西游记之大圣归来》，孙悟空变成了长身、马脸、尖耳朵，宽肩窄腰的萌的形象，他失去了法力却武功高强，并且与少年江流儿一起主持正义，最终救赎自己，重新回归齐天大圣，这里则体现了孙悟空对于自身人性本质的回归。

纵观这么多年来对于《西游记》的改编历程，孙悟空不断被赋予越来越多的形象，在不断迎合大众审美需求的同时，也用现代的眼光不断地挖掘其中承载的内涵。

（二）人物个性的改造——从野性自由到世俗情感

无论是在原先的神话故事还是在吴承恩的《西游记》原著中，孙悟空形象都是充满野性、充满斗志的正义形象。这也许是建立在大众的最深层次的元认知之上，创作者为了满足大众的审美需求，则创作了这样一类不食人间烟火，不过平常生活的艺术形象，充满了形而上的哲学意味。就像孙悟空一样，它从开始的桀骜不驯、大闹天宫到后来经点化一心保护唐僧西天取经，一路上伏魔除妖，从来没有任何的情感纠结。但是在改编的电视剧《西游记》中，创作者加入了一些生活化的表现，使其更加接地气，不断挖掘他的人格化形象，并且将这个点不断地放大，加强了其生活感，更加贴近了人们的生活。而在《大话西游》中由周星驰饰演的孙悟空则更加脑洞大开，直接把孙悟空还原到了原汁原味的现实生活中，甚至更加“坏”和“现实”，他风流倜傥、玉树临风，女人缘不断，对孙大圣不近女色是一个戏剧性的改变。

无独有偶，2015 年的《西游记之大圣归来》被称为是《大闹天宫》后反响最好的一部动画电影。影片中的孙悟空削弱了“猴性”和“神性”，厚重了“人性”，影片主题标榜“这是一个需要英雄的时代”，于是有了“大圣归来”，该情怀唤起了无数人童年的英雄梦，而充满正能量和人性的孙悟空成了全民追逐的对象。

再比如 1990 年韩国的以孙悟空形象改编的动漫影片《幻想西游记》，其中的孙悟空形象有了翻天覆地的变化，孙悟空形象完全被颠覆，从一个战神般的“齐天大圣”摇身一变，成了一个现代版的小男孩形象。从精神分析的角度来看，似乎和原著中大闹天宫的处理有些相似，回归到潜意识阶段，尤其表现在心理年龄上的不成熟，并且夹杂许多现代化元素，属于传统经典形象和现代潮流风的结合。具体表现在孙悟空变成了一个活泼好动、可爱稚嫩的小孩子形象，完全剔除了孙悟空的反叛精神，同时更加贴近小孩子的性格，其不喜欢被别人称作猴子。把妖化的反抗精神变成了顽皮可爱的天性，甚至会因为师父的一些话语而暗自伤心，完完全全从一个小孩子的角度出发来进行关照。除此之外，在形象上也有所区别，其全身上下除了保留了一个尾巴之外，其余都为人的形象。更喜欢被称为“Mr. 孙”。在取经路上与妖魔鬼怪斗智斗勇的时候，甚至会利用现代的科学知识来战胜妖魔鬼怪。

纵观 20 世纪到目前的关于孙悟空的影视改编，我们不难看出，不论是国内还是国外，对孙悟空形象的塑造都不尽相同，呈现出一种百花齐放的多元状态。但基本还是沿袭了原著小说中的孙悟空形象。除一些个别的文本之外，在当下经济快速发展、文化不断开放的时代，在影视改编的热潮中，尤其是从本土的改编现状来看，改编最为成功的当属刘镇伟导演的《大话西游》系列，在上文中也有提到，其影片中的孙悟空——至尊宝形象为我们开辟了一个全新的“大话”时代。

四、《大话西游》系列的解构与重建

（一）《大话西游》系列——爱情元素的注入

《大话西游》是20世纪90年代中国社会的一种文化标识，而当时所处的环境是一个全民价值观颠覆的转型时期，表现在文学上就是消解、戏谑一切宏大的叙事，抗拒借集体和国家名义的意识形态宣教，质疑一切道德的美学观念。而20世纪90年代的“大话”热，正是这种解构思潮的体现。

在“大话”题材下，孙悟空形象已经被改造得面目全非，从一心保护唐僧西天取经的孙悟空成为一只桀骜不驯、作恶多端的猴子，他甚至与牛魔王串通害唐僧，但所有这些颠覆仍然没有超出他作为“人”的局限，他的缺陷只是“人”的缺陷。而更重要的是将原著的“齐天大圣”变成了“大情圣”。孙悟空和白晶晶、紫霞、青霞、香香、铁扇公主等女子都有了感情纠葛，作品中有一处更是对孙悟空的爱情观的描写进行到了极致，当紫霞拔出宝剑抵在至尊宝的喉咙上时，有一段至尊宝的内心独白：“当时那把剑离我的喉咙只有零点零一公分，但是四分之一炷香之后，那把剑的主人将会彻底地爱上我。”所有的这一切都是对于孙悟空形象的消解，但是从另一个角度来说也是对于孙悟空形象从爱情方面进行的解读，丰富了原著中的孙悟空形象，更加多元化和立体化。

《大话西游》让观众感受到的不仅仅是孙悟空的命运问题，还有刻骨铭心的浪漫爱情。爱情在整个作品中起到了制作笑料的作用，爱情也是一开始作为制造笑料工作性符码出现的。在大多数人眼中，爱情是严肃的、美好的，是在彼此了解的基础上互相深入吸引的，而影片中的爱情却发生得特别匆忙，显得有些轻率。孙悟空在见到白晶晶时就一见钟情，当帮众说他品味太差时，他却反驳道：各有所好。在对爱情进行了一番戏谑和在游戏般的狂欢话语后，包裹着的是孙悟空与紫霞凄美的爱情故事。对影片中的至尊宝、紫霞、白晶晶来说，爱情甚至比生命还重要。最后影片把孙悟空的爱情推向了悲剧的层面，正如佛教中所讲的轮回转世。

（二）《大话西游降魔篇》——“妖魔性”的还原与夸大

《西游·降魔篇》虽然也是大话西游系列，但是不再遵循以往的套路，它更具有颠覆性。和《大话西游》不同的是，影片中的孙悟空不再有所谓的爱情观和人性美，自始至终都是他万恶不赦的“妖魔”的体现，无赖、桀骜不驯、不守信用是他的代名词。

影片以驱魔人收服水妖为开场，接着是制服“猪妖”猪八戒，最后降伏“猴魔”孙悟空。该孙悟空形象还原了原著中孙悟空的“妖魔化”特点，但是内在形象却对原著中“魔性”特点进行了比较夸张的处理。矮小、丑陋的“魔鬼”是孙悟空的特点。例如影片中黄渤饰演的孙悟空个头矮小，有一张奇丑无比的雷公嘴，而且牙齿参差不齐往外长，再加上他“变形扭曲”的脸部和“畸形”的身材，简直丑到了极致，这是对于观众心目中的孙悟空形象最大的颠覆。再加上他如动物般蜷缩的动作、滚爬状的跑步姿势等，无不对这个孙悟空形象的难以直视。

而从孙悟空的内在形象来看，他是一个极具争议的矛盾体，既具有现代的幽默元素，又带有人性的丑恶的色彩。影片中的孙悟空凶狠残忍，例如他最后拔光师父唐僧头发的行为，体现出了孙悟空的手段极其狠毒。原著中虽然也有孙悟空的反叛情节，如大闹天宫、大闹龙宫等，但是却没有这么极端。相比之下，原著反而更加让人容易接受，在原著中孙悟空的每次反叛都是有原因的，比如他因为贪吃蟠桃最后酿成了大闹天宫的大祸，为了找一件称手的兵器而大闹龙宫。这些举动完全是一个不明事理的猴子的举动而已，算不上是一个可憎的恶魔形象，而影片中对于孙悟空的描述是他彻头彻尾是一个无恶不作的妖怪，没有一丝值得同情可怜的地方。由此可见，《西游·降魔篇》中的孙悟空形象中的外在形象更接近于原型，但是内在形象却加以了极致的夸张和强化，凸显了“魔”的特性。虽然有些极端，但也为孙悟空另一方面性格的探索开了先河。

五、结论与建议

通过对孙悟空形象的原型探究以及对近100年以来的孙悟空银幕形象的嬗变的探讨，我们不难发现文学改编成功与否的一些精细微末之处，凡是成功的艺术形象的改编必然有一种共同的价值内核和价值取向所在，来支撑起整个艺术作品。所以我认为改编是否成功主要取决于以下3种情况：

第一，是否忠实于原著。这里的“忠实”不是指单纯地遵循原著中的话，而是在充分地理解了原著的基础上，正确地把握思想精髓。

第二，是否结合现代视角审视经典，在原著中挖掘出新的价值内涵。

第三，是否能给观众以文化和审美的提升。成功的改编应该让观众以一颗敬畏与感恩的心去感悟原著的精神内质，使观众得到真正的教化，在潜移默化中提升文化素养和审美品位。

今天距离第一部有关孙悟空电影的诞生已过去90多年，距离吴承恩创作的《西游记》也已过去400余年，然而关于孙悟空题材的电影及文学作品一直层出不穷。笔者认为我们应该秉承的态度是：一定要立足于原著本身并且结合现代元素，不能因为一次的改编成功就踯躇不前，也不能因一次的改编失败就踯躇不前，而是要在借鉴前人的基础上，从不同角度和立场去丰富和创新经典形象，与当下的主旋律相结合，体现时代精神，与时代并轨，使经典形象焕发出强大的生命活力。

参考文献：

（一）著作类

［1］吴承恩．西游记［M］．北京：北京联合出版社，2015：2－51．

［2］致宁．西游记前传［M］．上海：上海三联书店，2015：7－11．

［3］张友鹤．唐宋传奇选［M］．北京：人民文学出版社，1964：4－23．

（二）学术期刊类

［1］叶雄．西游记人物神怪造像［J］．上海：百家出版社，2003．

［2］葛维钧．《西游记》孙悟空故事的印度渊源［J］．明清小说研究，2002（4）：36－43．

［3］张久瑛．试论孙悟空形象的形成和演变［J］．人文世界，2009（00）．

［4］杨军．孙悟空生于哪一年？［J］．科学与文化，2010（1）：24．

［5］欧孟宏．简论1920年代的神怪电影［J］．长江师范学院学报，2009，25（4）．

（三）学位论文

郭娜燕．《西游记》在中国的动画改编［D］．福州：福建师范大学，2010．

（四）外文文献

SHAHAR M. The Lingyin Si Monkey Disciples and The Origins of Sun Wukong［J］．Harvard Journal of Asiatic Studies，1992（52）．

供给侧结构性改革背景下资源衰退城市就业质量问题研究[①]

指导老师：燕晓飞　李洪坚　项目主持人：赵甜甜

摘　要：“供给侧结构性改革”最初于2015年被提出，2017年10月，习近平总书记在十九大报告中指出，要深化供给侧结构性改革，坚持“去产能、去库存、去杠杆、降成本、补短板”，优化存量资源配置，扩大优质增量供给。在此政策背景下，诸多能源产业成了改革的对象。本报告以就业质量为视角，研究资源衰退城市在“供给侧结构性改革”政策实施后的职工就业质量状况。通过建立资源衰退城市职工就业质量评价体系，从就业环境、就业能力、就业状况、社会保护、劳动关系、培训状况、工作满意度这7个维度分析职工的就业质量状况，得出资源衰退城市职工就业质量现状及存在的问题，并据此进行了相关原因分析，最终提出了一些政策建议。

关键词：就业质量　供给侧结构性改革　资源衰退城市

一、研究背景及意义

“供给侧结构性改革”政策的出台，其目的在于调整经济结构，促进资源的优化重组，消除过剩产能，提高有效供给，实现中国经济结构的转型升级。产能过剩问题是制约中国经济的一大因素，主要过剩行业集中在钢铁、煤炭、石油、有色金属等资源型产业。

资源型城市是随着资源开采而发展或兴起的城市。进入21世纪后，诸多资源型城市进入了衰退期，2013年12月，国务院印发了《全国资源型城市可持续发展规划（2013—2020年）》，该规划中划定了67个资源衰退型城市，并明确要

① 本文为2018年中国劳动关系学院研究生科研项目一等奖，项目名称“供给侧结构性改革对厂办大集体员工就业质量的影响”。

求，到2020年这些城市的转型任务要基本完成①。

在转型任务以及“供给侧结构性改革”政策的双重指引下，地方城市以及相关产业面临着消除产能过剩的压力。虽然我国目前还没有建立相关的定性、定量指标来评价“产能过剩”，但是目前很多资源衰退城市的相关企业都面临着淘汰落后产能的任务，也就是说很多资源型企业都属于这次供给侧结构性改革的范围。这样的改革与结构调整方式必然影响到资源型企业职工的就业问题，企业面临减产减员压力，大量职工被迫转岗分流，职工工作状况不容乐观。

一方面，就业是民生之本，在这个特殊时期，更应该关注这些职工的就业状况。另一方面，在国家面临经济转型之际，产业状况的转型升级也必然涉及大量职工工作内容的转型升级，对于新形势下职工面临工作转型升级，必然会经历阵痛阶段，同样这个过程也是职工实现向高质量就业转型的过程。从长期来看是好事，但是这个转型阶段必须加强对职工就业状况、劳动关系等具体就业质量的关注，分析职工在此阶段就业方面存在的问题，并尽力帮助解决，否则极有可能带来劳动关系的不稳定，影响社会稳定与团结。

本次研究主要通过访谈法、问卷调查法和文献研究法，了解“供给侧结构性改革”政策实施之后，对于资源衰退城市职工工作生活状况带来的变化和影响。通过建立职工就业质量指标评价体系，多维度了解职工的就业质量现状及存在的问题，对政策执行效果进行客观描述与反馈，并对后续职工安置等方面政策的持续优化提供合理化建议。

二、研究现状

（一）关于供给侧结构性改革的国内外研究现状

国外关于供给侧结构性改革的研究较早，理论较为成熟，主要观点是“供给创造需求”；国内关于供给侧结构性改革的研究主要出现在2015年政策出台后，研究内容以政策为中心展开。

1. 国外关于供给侧结构性改革的研究现状

国外关于供给经济学的研究最早出现于19世纪初期，1803年法国经济学家萨伊在其所著的《政治经济学概论》中提出了“萨伊定律”，这是西方供给经济

① 方杏村，陈浩．资源衰退型城市经济转型效率测度［J］．城市问题，2016（1）．

学最初的理论来源。萨伊指出，需求可以由产品生产创造，并非有了需求才能进行生产，提出了“供给自动创造需求”，强调政府要减少干预，加强市场“自我调节”，引导产能过剩产业和就业不足失衡的现象在市场自我调节中慢慢实现平衡①。

20 世纪 70 年代后西方供给经济学逐渐趋于完善，并被英、美等西方发达国家所采纳，用于解决国内的“滞涨”问题，并形成了里根－撒切尔主义，里根政府以减税为中心，撒切尔主义则以国有企业私有化为重点进行改革②。

学界普遍认为供给学派没有形成理论体系，但是供给学派有一些共识性的观点，比如，“供给侧”是经济增长的唯一泉源；增加供给的方式在于刺激经济和投资；而刺激经济的主要手段在于减税；并强调要尽量减少政府对经济的干预。其中核心政策主张是“减税”③。

2. 国内关于供给侧结构性改革的研究现状

国内关于供给侧结构性改革的研究内容更加丰富一些，从改革的必要性、改革的内涵、改革的任务与目标等方面进行了探讨。

关于改革的必要性，有学者认为原有的需求侧政策难以维持，贾康、苏京春（2015）认为，多种原因导致了以“三驾马车”为代表的需求侧动力不足，无法成为经济增长的根本动力，强烈需要对供给侧的结构性动力机制进行探究④。许小年（2016）认为凯恩斯主义的刺激政策压低了资金成本，扭曲了需求结构，最终会使得一些行业和领域出现产能过剩。如果继续坚持原有的刺激政策，只能使产能过剩问题更加严重⑤。陈小亮、陈彦斌（2016）认为，由于中国的产能过剩存在严重的体制障碍，无法通过单纯的需求管理方式来根治产能过剩问题⑥。

关于改革的内涵，学者也有不同视角的研究。刘伟（2016）指出，供给管理

---

① 秦娟．供给侧改革对进出口贸易的影响［D］．合肥：安徽大学，2017.

② 韩敬云．制度创新与中国供给侧结构性改革［D］．北京：中央民族大学，2017.

③ 贾康，苏京春．探析“供给侧”经济学派所经历的两轮“否定之否定”：对“供给侧”学派的评价、学理启示及立足于中国的研讨展望［J］．财政研究，2014（8）.

④ 贾康，徐林，李万寿．“三驾马车”认知框架需对接供给侧的结构性动力机制构建［J］．全球化，2015（5）.

⑤ 吴敬琏．供给侧改革：经济转型重塑中国布局［M］．1 版．北京：中国文史出版社，2016：78－85.

⑥ 陈小亮，陈彦斌．供给侧结构性改革与总需求管理的关系探析［J］．中国高校社会科学，2016（5）.

就是政府通过各种政策来影响生产领域的效率，从而实现总供给与总需求的均衡[①]。吴敬琏（2016）认为结构性改革是指，在市场经济总体框架下对某些政府制度组织架构和社会经济架构进行改革，也将其理解为通常所说的体制改革，特别是政府职能改革，不应当把它跟政府运用行政手段“调结构”混为一谈[②]。

中央提出了供给侧结构性改革的五大重点任务在于“去产能、去库存、去杠杆、降成本、补短板”。对于改革任务，学者之间也进行了相关的探讨。陈晓亮、陈彦斌（2016）认为，供给侧结构性改革治理产能过剩的关键是要厘清政府与市场的关系，减少政府在去产能过程中的干预[③]。胡鞍钢（2016）认为供给侧结构性改革有五个不同目标：核心目标是转变原有的经济增长方式，首要目标是解决产能结构性过剩问题，创新目标是在长期构建创新驱动增长模式，保底目标是避免经济发展中的各种风险[④]。邓磊、杜爽（2016）认为，供给侧结构性改革短期目标是实现去库存，中期目标是去杠杆和去产能，长期目标是通过技术创新完成产业结构的升级[⑤]。

因而国内关于供给侧结构性改革的研究多数是在政策提出之后，以政策为中心进行的一系列研究，学者探讨的视角也呈现多元化。

（二）关于就业质量的国内外研究现状

通过阅读文献发现，国内外学者对于就业质量的研究都侧重概念的界定以及测量指标的确定，另外国内学者还从不同的群体视角研究其就业质量及相关影响因素。

1. 国外关于就业质量的研究现状

国外关于就业质量的研究虽然较早，但是没有形成统一的标准。其主要概念也有一个变迁的过程，不同的学者以及组织形成了不同的概念及测量标准，主要概念包括 4 个：“工作生活质量”“体面劳动”“就业质量”“高质量就业”。

---

① 刘伟，蔡志洲．经济增长新常态与供给侧结构性改革［J］．求是学刊，2016（1）．

② 吴敬琏．不能把“供给侧结构性改革”和“调结构”混为一谈［J］．中国经贸导刊，2016（4）．

③ 陈小亮，陈彦斌．供给侧结构性改革与总需求管理的关系探析［J］．中国高校社会科学，2016（5）．

④ 胡鞍钢，周邵杰，任皓．供给侧结构性改革：适应和引领中国经济新常态［J］．清华大学学报，2016（8）．

⑤ 邓磊，杜爽．我国供给侧结构性改革：新动力与新挑战［J］．价格理论与实践，2016（1）．

（1）关于“就业质量”概念界定的研究

关于“就业质量”的研究，美国最早于20世纪70年代提出了“工作生活质量”的概念，研究主要集中在内涵界定。随着时间的推移，其内涵和主要特征也在发生变化，从最初关注个体效益，到关注个体与组织的共同效益，进而通过提升工作场所环境提升工作满意度，但是20世纪70年代末由于受能源问题影响发展缓慢，到80年代初则发展为“工作生活质量等于一切”，其后由于概念范围过于宽广而存在不能实现的目标，就出现了“工作生活质量等于零”的预期①。

1999年，国际劳工组织（ILO）局长索马维在第87届国际劳工大会上提出了“体面劳动”的概念。ILO对于体面劳动的内涵进行了一些鉴定与说明。体面劳动意味着生产性劳动，生产性劳动需要满足以下几项条件：权利被保护；能创造充足的收入；有充分的社会保护。同时体面劳动还意味着充足的就业机会。ILO还认为：在自由、平等、安全和尊严的前提下，男性和女性都拥有体面劳动和生产性工作的机会②。

2001年，欧盟提出了“工作质量”的概念，指出了“工作质量”即“好工作”，一方面要关注工作报酬，另一方面还要关注就业本身的特点。并指出这是一个多维的概念，主要包含了4个维度：与就业相关的特征，即广泛的工作环境与工作的特殊特征；工作者特征；工作者特征与工作要求之间的匹配程度；个体工作者对工作满意度的主观评价③。

2007年，学者Schroeder、Fredric提出了“高质量就业”的概念，其指出：“高质量就业”意味着劳动者在复杂的工作环境中获取谋生工资的能力，这份工作对于劳动者来说具有挑战性，也能使其获得满足感④。

（2）关于“就业质量”测量指标的研究

国外有学者和相关机构对“就业质量”设计了测量指标。学者Anker（2002）设计了体面工作的6个维度以及11个指标。并指出，如果一份工作拥有体面劳动的绝大多数特征而非全部特征，那么说这份工作是体面工作是不合适

---

① NADLLER，DAVID A. Lawler III，Edward E. Quality of Work Life：Perspectives and Directions［J］. Organizational Dynamics. Winter83，VOL. 11 ISSUE 3，20－30.

② ILO. Decent work，report of the director general［R］.［S. L.：S. N.］，1999.

③ Commission of the European Communities. Employment and social policies：a framework for investing in quality［EB/OL］.

④ SCHROEDER，FREDRIC. Workplace issues and placement：What is high quality employment?［J］. Commentary，2007.

的①。GHAI 在 2003 年提出了体面劳动测量的四个维度及相关指标，4 个维度分别是就业、社会安全、基本权利和社会对话②。Bonnet（2003）则从宏观、中观和微观三个维度对体面劳动进行测量③。

不同的机构也会设计不同的测量指标，有不同的侧重点。欧盟（2001）提出了“工作质量”测评的两大维度以及相关指标。第一维度是工作的客观和本质特征；第二维度是工作和广泛的劳动力市场环境。欧洲基金会在 2002 年提出了衡量“工作质量”的 4 个维度及相关指标。第一维度是“职业和就业安全”；第二维度是“健康和福利”；第三维度是“技能发展和能力”；第四维度是“工作和生活的平衡”④。联合国欧洲经济委员会关于就业质量的测量则从 7 个维度进行。第一维度是“就业安全和道德标准”；第二维度是“就业收入和福利”；第三维度是“工作时间和工作生活平衡”；第四维度是“工作安全和社会保护”；第五维度为“社会对话”；第六维度为“技能发展和培训”；第七维度是“工作相关的关系和工作动机”⑤。

综上可以看出，国外学者及相关机构从理论以及应用角度提出了就业质量的概念特征和测量指标。从测量指标来看，多数都集中在职业安全、就业收入、技能可持续发展、工作生活平衡等方面。反映了“就业质量”随着时间的推移其概念及测量指标也在不断地发生新的变化。

2. 国内关于就业质量的研究现状

国内关于就业质量的研究，其概念名称普遍都用“就业质量”，但是对于就业质量的内涵，相关学者给予了不同的界定。国内研究领域主要侧重于概念界定、评价指标的建立以及就业质量的影响因素等方面。

（1）关于“就业质量”内涵的研究

国内的学者从不同的视角对就业质量进行了概念界定。马庆发（2004）从职业教育的视角指出，“就业质量”一般概括为职业社会地位、工资水平、社会保障、发展空间等四大方面⑥。郭丛斌（2004）根据二元劳动力市场分割理

---

① ANKER R. Measuring Decent Work with Statistical Indicators [R]. [S. L: S. N.], 2002.

② DHARAM GHAI. Decent work: Concept and indicators [J]. International Labour Review, 2003.

③ BONNET F. A family of decent work indexes [J]. International Labour Review, 2003.

④ E U. European Foundation for the Improvement of Living and Working Conditions. Quality of work and employment in Europe Issues and challenges [R] [S. L: S. N.], 2002.

⑤ UNECE indictors on quality of employment [EB/OL].

⑥ 马庆发. 提升就业质量：职业教育发展的新视角 [J]. 学术前沿，2004 (12).

论，指出了主要劳动力市场收入高、工作稳定、工作条件好、培训机会多、具有良好的晋升机制；次要劳动力市场则与之相反。同时指出，在中国，无论是主要劳动力市场还是次要劳动力市场，教育与劳动者收入具有显著正相关关系①。

刘素华提出了就业质量的含义及主要内容，指出“就业质量”是就业过程中劳动者与生产资料结合并取得报酬或收入的具体状况的优劣程度。其内容主要包括工作的性质、聘用条件、工作环境、劳动关系、社会保障等方面②。信长星（2012）指出“更高质量的就业”的内涵，即充分的就业机会、公平的就业环境、良好的就业能力、合理的就业结构、和谐的劳动关系等。其还依据中国国情，指出增加就业数量与提高就业质量之间的关系是有机统一的，需要共同发展，互促共进③。

（2）关于“就业质量”评价指标的研究

国内学者关于“就业质量”评价指标的研究有全国范围通用的指标体系，如刘素华（2005）从4个维度、17个指标设计全国范围通用的就业质量评价体系，并赋予相关权重④；赖德胜、苏丽锋、孟大虎、李长安（2011）依托于国家社会科学基金重大项目“实施扩大就业的发展战略研究”，构建了一个包括6个维度，20个二级评价指标和50个三级评价指标的就业质量评价指标体系⑤。

另外也有学者设计专门领域范围的评价指标，比如杨河清（2007）从大学毕业生的视角，提出了大学毕业生就业质量评分要素，实行百分制，并对各要素赋予相应权重⑥；苏丽锋（2015）设计了“地区就业质量指标体系”，由6个维度、20个二级指标和39个三级指标构成⑦。

国内文献研究的一个重要群体是农民工，有对农民工就业质量评价指标的建立，卿涛、闫燕（2012）构建了2个层次、5个维度，13个指标的框架⑧，林竹（2012）构建了6个维度的指标体系：工资福利、劳动关系、职业发展、

① 郭丛斌．二元制劳动力市场分割理论在中国的验证［J］．清华大学教育研究，2004，25（4）．
② 李来鹏．就业质量：内涵及其与就业数量的关系［J］．产业与科技论坛，2017（9）．
③ 信长星．努力实现更高质量的就业［J］．中国人口科学，2012（6）．
④ 刘素华．建立我国就业质量量化评价体系的步骤与方法［J］．人口与经济，2005（06）．
⑤ 赖德胜，苏丽锋，孟大虎，等．中国各地区就业质量与测算［J］．经济理论与经济管理，2011（11）．
⑥ 杨河清，李佳．大学毕业生就业质量评价指标体系的建立与应用［J］．理论研究，2007（8）．
⑦ 苏丽锋．中国转型时期就业质量研究［M］．北京：社会科学文献出版社，2015．
⑧ 卿涛，闫燕．西部五省市农民工就业质量调查［J］．研究探索，2012（2）．

工作环境、权益保护及参与管理、心理感受①。于艳芳（2015）从5个方面构建就业质量的指标体系：就业收入、就业水平、就业培训、就业权益、就业满意度②。

（3）国内关于不同群体“就业质量”的影响因素研究

国内学者研究的另一个视角是影响就业质量的因素，主要还是分群体进行研究，包括农民工群体、大学生群体、女性群体等。

在对大学生群体的研究中，莫荣、陈云、汪昕宇（2018）指出，应该关注灵活就业的毕业生，完善相关法律体系③；涂晓明（2007）指出，大学生的不自主就业方式负面影响大学生的就业满意度④；孟大虎（2005）指出拥有更充分的专业选择权会对大学生的人力资本投资和未来的就业质量产生积极影响。孟大虎（2012）指出，大学毕业生要想获得更高的就业质量，大学生必须增强人力资本的深度，从而拥有一个更高的人力资本质量⑤。

在对农民工群体的研究中，张敏、祝华凤（2017）指出，新生代农民工就业质量依然不高，主要原因包括自身素质技能的不足、国家政府的重视程度不够以及所从事行业对其也不够重视⑥；程蹊、尹宁波（2003）指出，农民工就业质量低的原因在于：劳动力市场供大于求、多元劳动力市场仍未改善、经济全球化背景下重资本轻劳动的格局、农民工受教育水平低下、国家长期以来“重工轻农”的发展战略⑦。赵立新（2005）指出，农民工进城务工，脱离熟人社会，社会资本缺失，使得农民工在就业质量、生活质量上都受到影响⑧。

从性别角度研究就业质量，张樨樨、王利华（2017）指出，全面二孩背景下，再度生育对城镇女性就业质量的冲击成为其决定是否生育的重要因素，每生育一个子女，其工资率下降9%—10%⑨；费涓洪（2001）指出，女性就业

---

① 林竹．新生代农民工就业质量调查：基于江苏省735份调查问卷［J］．“三农”问题，2012（6）．

② 于艳芳，陈鑫．河北省农民工就业质量的影响因素与提升对策［J］．经济研究参考，2015（63）．

③ 莫荣，陈云，汪昕宇，关注高校毕业生的就业质量［J］．中国劳动，2018（1）．

④ 涂晓明．大学毕业生就业满意度影响因素的实证研究［J］．高教探索，2007（2）。

⑤ 孟大虎．人力资本与大学生的就业实现和就业质量：基于问卷数据的时政分析［J］．人口与经济，2012（5）．

⑥ 张敏，祝华凤，新生代农民工就业质量与社会认同问题探究［J］．就业创业，2017（1）．

⑦ 程蹊，尹宁波．浅析农民工的就业质量与权益保护［J］．农业经济，2003（12）．

⑧ 赵立新．从社会资本视角透视城市农民工就业［J］．兰州学刊，2005（5）．

⑨ 张樨樨，王利华．“全面二孩”政策对城镇女性就业质量的影响［J］．上海大学学报（社会科学版），2017（9）．

受到多重社会因素的影响，但是发展生产力是推动妇女就业的根本[①]。张慧（2017）指出，经济下行挤压女性的就业空间[②]；李军峰（2003）通过对我国男女职工的就业质量进行定量比较，得出女性职工就业质量低于男性，同时指出这种差异是由男女教育程度的差别、社会性别观念、劳动力市场中的性别歧视等多种因素引起的[③]。郝冉（2009）用数据建模等方法指出影响女性就业的因素[④]。

三、指标维度构建及数据来源

（一）指标构建

在构建资源衰退城市就业质量指标的过程中，笔者以就业质量的主要内容以及当前资源衰退城市职工面临的主要问题为依据，尽量能够完整并科学反映职工就业质量。笔者以国际劳工组织的"体面劳动"以及欧盟建立的"就业质量"指标体系为主要体系，借鉴对外经济贸易大学苏丽锋关于"地区就业质量指标体系"，设计建立了资源衰退城市职工就业质量指标体系。该体系总共包含3个层次，第一层次是维度指标，第二层次为二级指标，第三层次为三级指标（见表1）。

表1　资源衰退城市职工就业质量指标评价体系

维度指标	二级指标	三级指标
就业环境	经济发展与就业	
	地区就业吸引力	
	劳动力供需状况	
	就业服务	
就业能力	劳动者受教育水平与年限	
	技工比例	

① 费涓洪．提高妇女就业质量的根本是发展社会生产力［J］．探索与争鸣，2001（3）．
② 张慧．新常态下女性就业问题研究［D］．信阳：信阳师范学院，2017（6）．
③ 李军峰．就业质量的性别比较分析［J］．市场与人口分析，2003（11）．
④ 郝冉．我国女性就业的影响因素分析［J］．山东社会科学，2009（1）．

续表

维度指标	二级指标	三级指标
就业状况	就业机会	
	就业结构	
	就业稳定性	工资稳定性、岗位稳定性、工资拖欠状况、劳动合同年限
	劳动报酬	
	工作时间	
	工作安全	物理环境安全、技能安全感
社会保护	社会保障	
	社会抚养比	
劳动关系	劳动合同签订率	
	工会状况	
培训状况		
工作满意度	职工工作现状满意度	
	职工对未来发展的乐观程度	

注：指标来源参照国际劳工组织的“体面劳动”指标、欧盟“就业质量”指标及苏丽锋“地区就业质量指标体系”

（二）资料数据来源

本报告的资料来源于实地调研，调研地点是辽宁盘锦、甘肃白银、江西新余和萍乡 4 个城市。

报告的数据来源于统计局官网相关数据及 802 份网络调查问卷，其中 714 人通过微信填写，88 人通过手机或电脑链接填写。调查问卷样本基本情况（见表 2）。

从表 2 可知，参加调查问卷的职工以男性为主，年龄多在 41—50 岁，绝大多数职工为普通员工，家庭婚姻状况稳定。因而可知调查职工普遍存在就业年龄偏大的问题，且多数为普通员工，这也预示着作为工薪阶层的职工没有过多的收入，流水主要依靠每个月的工资维系，稳定的收入在其生活中的重要性不言而喻。在此次改革的背景下，众多企业停工停产，工人收入状况必然受到冲击，社会稳定性也必须加以关注，研究职工在此阶段的就业质量状况就迫在眉睫。

表 2 调查问卷样本基本状况

分类	指标	样本量	比例（%）
性别	男	480	59.9
	女	322	40.1
年龄	20—30 岁	60	7.5
	31—40 岁	313	39
	41—50 岁	386	48.1
	51—60 岁	43	5.4
岗位等级	普通员工	782	97.5
	中层管理员工	9	1.1
	高层管理员工	0	0
	其他	11	1.4
婚姻状况	有配偶	716	89.3
	离异	42	5.2
	丧偶	4	0.5
	未婚	40	5.0

四、就业质量状况

（一）就业环境维度——就业环境总体较差

就业环境可以描述劳动力市场的就业难易程度，就业环境越好，就业越容易，就业质量也就越高。作为第一维度指标，主要包括当地经济发展水平、劳动力市场状况、就业供需状况等反映就业的背景条件因素。

1. GDP 增长率极速下滑，就业环境恶化

地区经济发展水平反映地区经济发展状况，奥肯定律显示，当实际 GDP 相对潜在 GDP 增长下降 2% 时，失业率上升约 1%。地区经济发展状况与就业状况存在显著的相关关系。因而通过了解资源衰退城市整体 GDP 状况及其与全国平均水平进行对比，可以透视其就业环境的优劣。

图 1 显示 2014—2016 年资源衰退型城市的经济总量，2014 年经济总量 57 184.12亿元，占全国经济总量的 8.9%，2015 年经济总量 61 422.1 亿元，占

全国经济总量的 9.0%，2016 年经济总量 63 389.08 亿元，占全国经济总量的 8.5%。2014—2015 年资源衰退型城市生产总值增速较快，2015—2016 年的增速较为平缓。可知其就业整体环境并没有出现良性的提升。

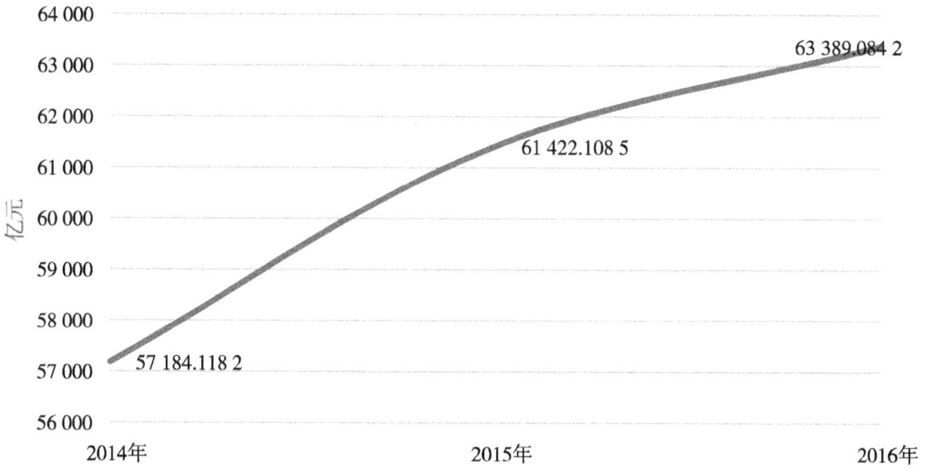

图 1　2014—2016 年资源衰退型城市生产总值

数据来源：根据国家统计年鉴相关数据计算所得

图 2 显示，资源衰退型城市在 2015 年的 GDP 增长率高于全国水平，2016 年资源衰退型城市 GDP 增长率则骤减，远远低于全国平均水平。其原因主要在于“供给侧结构性改革”以及“三去一降一补”政策的执行，因此也导致了资源衰退城市的就业环境的急速恶化，GDP 的下降必然带来失业率的增加。

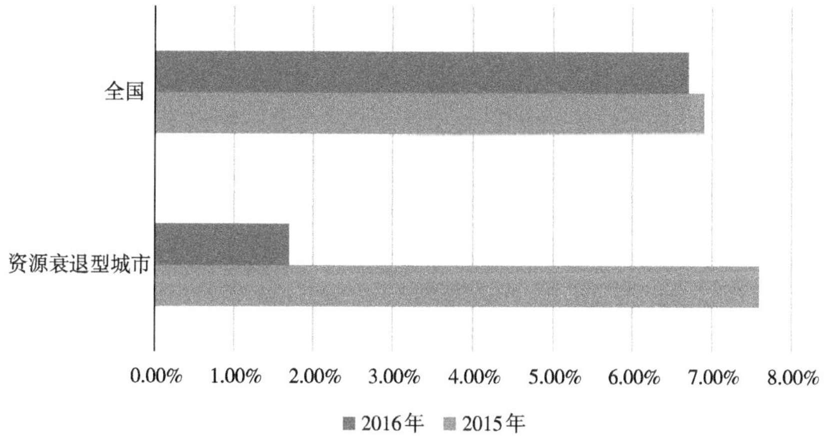

图 2　资源衰退型城市 GDP 增长率与全国对比图

数据来源：根据国家统计年鉴相关数据计算所得

2. 外来劳动力少，就业吸引力有限

有学者认为我国存在二元劳动力市场，分为主要劳动力市场和次要劳动力市场。主要劳动力市场就业环境好、工作稳定、工资高、有健全的晋升机制等，而次要劳动力市场就业条件则差很多，工资低、就业环境差、工作不稳定等。

赖德胜（1996）指出，中国劳动力市场分割是一种体制性分割①。许经勇、曾芬钰（2000）认为，我国劳动力的市场分割表现为城乡劳动力市场的分割②。中国现有的城乡二元劳动力体制，因户籍的不同导致了劳动者就业状况、就业质量的差异。一个地区劳动者的户籍比例反映了该城市对外来劳动力的吸引程度，也从侧面反映该城市就业质量的高低，即外来劳动力流入越多，表明该地区的就业条件与其他地区相比更具有吸引力，有更高的就业质量。

根据地区劳动力的户籍比例状况可预测当地的就业吸引力，图 3 是有关户籍的调查问卷，其中有效数据为 802 份。在调查者中，本市城镇户口 628 人，占比 78.3%；本市农村户口 44 人，占比 5.5%；本市居民户口 127 人，占比 15.8%；外市城镇户口 2 人，占比 0.3%；外市农村户口 0 人，占比 0%；外市居民户口 1 人，占比约 0.1%。该图显示存在一定的本市农村户口职工，表明部分工矿企业仍然会招收一定的农民工，本市城乡之间劳动力具有一定的流动性。但是外市户口的职工很少，说明职工的跨地域流动性很弱。也反映了资源型城市对于外来劳动力没有足够吸引力，其就业质量状况一般，不具有高竞争力。

究其原因可能在于当地依赖于传统的资源产业，而当今经济的发展呈现多元化的特点，尤其第三产业的快速发展，对于传统行业的冲击很大，再加上移动互联网等技术以及近些年平台经济的发展，劳动者就业机会多元化，且就业门槛不高，因而多数年轻的劳动者不愿再在资源行业通过繁重的体力劳动获得收入，更愿意通过多元的劳动力市场来实现人生价值。

---

① 赖德胜．分割的劳动力市场理论评述［J］．经济学动态，1996（11）：67.

② 许经勇，曾芬钰．竞争的劳动力市场与劳动力市场分割［J］．当代财经，2000（8）：12.

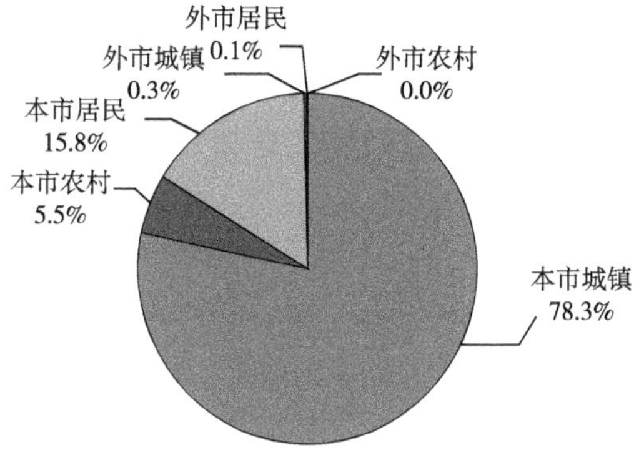

图 3　本市户籍状况

3. 市场总体需求大于供给，低端行业需求量大

古典经济学理论认为，劳动力市场是完全自由竞争的，当劳动的需求小于供给时，实际工资水平会下降，从而雇主增加工人，失业减少；反之，实际工资上升，雇主解雇工人，失业增加。从衡量就业质量的角度出发，通过分析地区劳动力的需求与供给状况，进而说明地区吸纳就业的能力以及劳动者获取工作的难易程度。

2018 年 1 月 5 日中国就业网公布的《2017 年部分城市公共就业服务机构市场供求状况分析》显示：市场需求略大于供给，岗位空缺与求职人数的比率约为 1.16。83.1% 的企业用人需求集中在以下行业：制造业（34%）、批发零售业（13.4%）、住宿和餐饮业（10.2%）、居民服务和其他服务业（9.5%）、租赁和商务服务业（7%）、信息传输计算机服务和软件业（4.7%）、建筑业（4.3%）。市场对于具有技术等级和专业技术职称的劳动者需求均大于供给①。说明从全国范围内来讲，对于劳动者来说处于一个相对宽松有利的市场环境，有助于其就业质量的提升。

新凯恩斯主义经济学派指出，结构性失业表现为失业与职位空缺并存。黄敬宝（2008）指出，结构性失业是我国失业的主要方面②。因而分析就业结构对于了解就业环境有重要意义，对于分析行业间就业质量变化也有前瞻性的预测作用。

上述调研显示：全国用人需求较大的职位主要是推销展销人员、餐厅服务

① 中国就业网.2017 年部分城市公共就业服务机构市场供求状况分析 [EB/OL].（2018-05-01）.

② 黄敬宝.我国结构性失业的类型与对策 [J].经济经纬，2008（11）.

员、厨工、简单体力劳动人员、保险业务人员等职业；用人需求较小的职业主要是财会人员、行政办公人员、秘书、打字员、其他仓储人员等职业。从行业来看，用人需求量越大，其就业质量提升的空间就越大，企业就越倾向于通过提升各种福利来吸引员工。

上述数据显示，需求较大的职位多集中于低端服务行业，虽然需求量大对于劳动者求职来说是个利好的消息，但是目前的这些需求量大的岗位，都是处于二级劳动力市场，技能需求比较少，替代率极高，对于劳动者长期稳定就业是不利的。

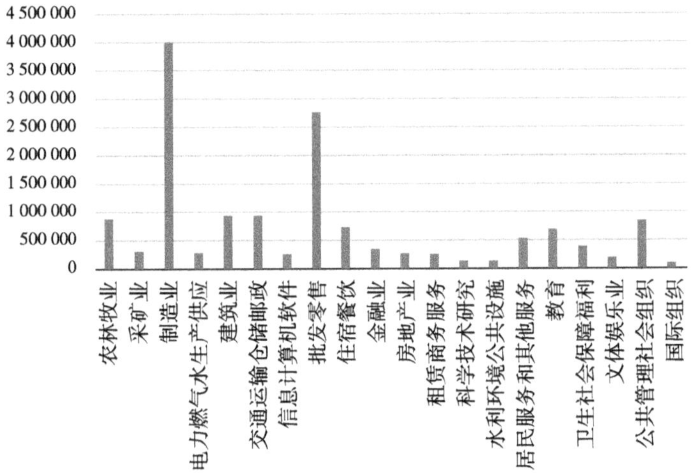

图4　资源衰退省份城市职工各行业就业人数

数据来源：第六次人口普查数据

图4显示：资源衰退省份城市职工就业人数最多的是制造业，其次是批发零售业。总体来看，第二产业就业人数最多，第三产业次之，第一产业从业人数最少。说明在资源衰退型城市，第二产业的就业对于劳动者吸引力更大，多数集中在资源型企业工作。另一方面也说明了在这些城市进行供给侧结构性改革具有高难度与高风险性，需要时刻关注职工的稳定性，在解决职工转岗分流过程中要妥善处理，应尽量减少对职工权益的损害。

4. 就业服务体系影响力小

就业服务是国家和社会为了解决失业、待业等问题，实现充分就业的重要手段，达到劳动力与生产资料在数量与结构上的有机统一。曾湘泉（2009）指出：

改革开放以来，随着改革开放的不断深化，匹配方式也在发生转变，中介作用日趋上升，公共就业服务组织通过提供信息等方式促进就业①。因而就业服务在实现就业目标的过程中发挥了重大作用，是国家就业政策和就业制度的重要组成部分。就业服务一方面提升就业数量，另一方面在提升劳动力供给与市场需求匹配度方面发挥着积极的促进作用，从而可以提升职工就业质量。

在盘锦市的调研过程中，其就业服务主要是通过当地的就业服务网站发布信息，另外还建立有四级的公共就业服务机构，分别是：市级、县级、街道和乡镇、社区和村。这样村民就不需要出村到劳动保障工作站去查询新的工作机会。全市有500多个就业服务机构，主要提供就业信息及相关培训服务。

但是在实施的过程中主要面临两方面的问题：一是宣传力度不够，导致虽然公共就业服务机构体系建立起来了，但是知道的人并不多；二是政府的公共就业服务职能与工会相关的工作有重复性，双方的职能职责在这方面不是很清晰。因而在服务效率上仍然有待提高。

（二）就业能力维度——就业能力受限

人力资本理论认为，人力资本是人类对于自身进行投资而形成的知识、技能，是人力质量的提高，其投入的教育、培训、保健以及劳动力流动等资本对于经济增长有不可替代的作用②。因而劳动者可以通过提升个人人力资本的方式来提升就业能力，这是从影响劳动者就业质量的主观方面进行分析的，这部分主要包括劳动者受教育水平与年限及其技能水平。

1. 职工学历普遍偏低，受教育年限偏短

舒尔茨（1990）认为，具有较高人力资本的劳动力往往能在劳动力市场中获得较好的就业机会和更高的收入③。劳动者的受教育程度越高，人力资本积累越多，就业能力也相应增强，越容易找到高质量的工作。同时高学历人才的增加也有利于反作用于当地经济的进步与发展。

图5是关于学历的调查问卷统计结果，数据显示：参与本次调查的职工中，小学及以下学历0人，占比0.0%；初中学历15人，占比1.9%；高中、

---

① 曾湘泉．劳动力市场中介组织的发展与就业促进［J］．中国人民大学学报，2009（9）．

② 汪继福，罗恩立．西方就业理论与实践及其对我国的启示［J］．西安大学学报（社会科学版），2000（12）．

③ 西奥多．W．舒尔茨．人力投资：人口质量经济学［M］．北京：华夏出版社，1990．

中专或中等职业学校学历331人，占比41.3%；大专、高职学历355人，占调查总数的44.3%；本科学历100人，占调查总数的12.5%；硕士及以上学历1人，占比约0.1%。这表明，相当部分职工学历水平偏低，也侧面反映资源衰退型城市对于高学历人才的吸引能力弱，高知识、高技能岗位少，这些城市也缺乏经济持续发展与纵深发展的潜力与后劲，十分不利于就业质量的长久持续提升。

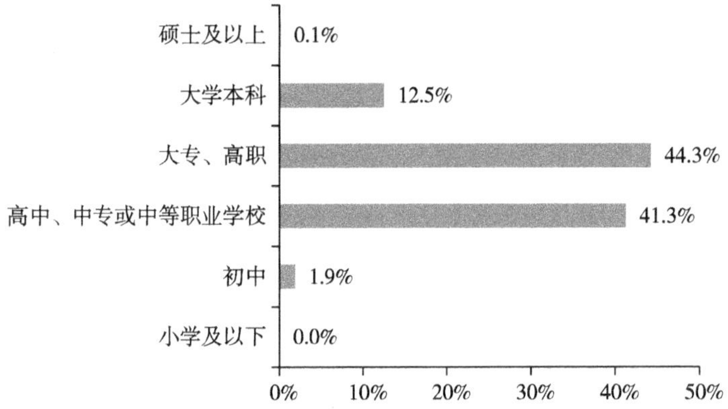

图5　学历分布

2. 多数职工具有技术等级

李杰、邱利生（2007）指出：近年来，我国劳动力供需结构性矛盾突出，在局部地区出现“民工荒”，其实质就是技术工人短缺①。技工比例反映职工的就业能力，也反映企业岗位设置的科学性。技工比例越高，则岗位匹配性越高，工作的专业性越强，职工就业质量就越高。

图6是关于技术职称的调查问卷，参加调查的有效问卷802份，职业技能等级以高级技工及以上为主。没有技术等级的205人，占比25.6%；初级技工122人，占比15.2%；中级技工137人，占比17.1%；高级技工及以上338人，占调查总数的42.1%。数据显示，多数职工具有技术等级，反映企业在职业岗位安排上专业性是比较强的，该因素对于职工就业质量来说具有正向的积极效应。

① 李杰，邱利生．企业技能型劳动者专用性人力资本：投资与激励［J］．经济管理，2007（12）．

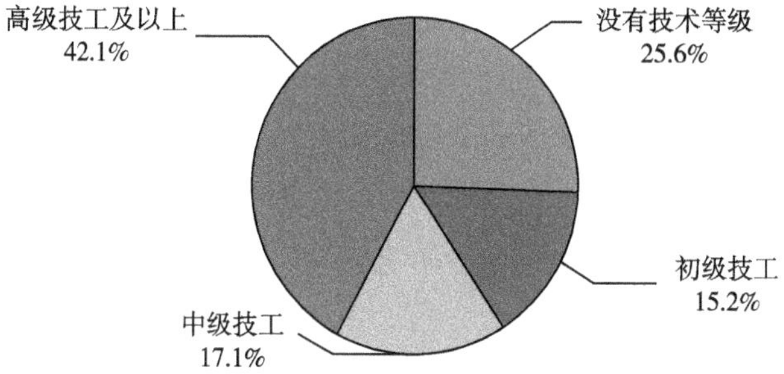

图 6　职业技能等级分布

（三）就业状况维度——就业状况一般

就业状况是地区经济发展状况的重要反映，主要包含指标：就业机会、就业结构、就业稳定性、劳动报酬、工作时间、工作安全等方面。

1. 多数职工不愿接受外地更好的就业机会

就业机会反映劳动者获取工作的机会。GHAI 在设计体面劳动测量维度时，第一维度就包含了就业机会①。总体来说，就业机会越多，就业质量相对越高。

供给侧结构性改革以及“三去一降一补”政策的出台实施，对资源型城市冲击最大，因为多数资源型城市的经济发展以资源型企业为主。在此背景下，大量工人面临下岗或转岗分流的风险。

此次改革，与 20 世纪 90 年代的改革不同。多数工人不会直接下岗，而是企业通过多种方式让职工转岗分流。比如在辽河油田的调研过程中，企业通过外派的方式将职工外派到青海、新疆等油田工作。也有些企业因为部分矿井面临枯竭以及政策影响被迫关闭，这些企业也有通过与其他兄弟企业合作的方式，将职工输出到兄弟企业矿井工作，这种方式职工工作满意度还比较高。

对于职工是否愿意考虑其他地区更好的就业机会进行了问卷调查，图 7 数据也说明了这一点。因为需要照顾家庭而不愿意考虑其他地区更好的就业机会的职工占比 49.7%，其中很不愿意的占比 8.4%，不愿意的占比 41.3%；另外不清楚的占比 22.6%，较愿意的占比 19.1%，很愿意的占比 8.7%。因而选择外派职工到外地工作并没有对就业机会的增加起到显著作用。

---

① DHARAM GHAI. Decent work: Concept and indicators [J]. International Labour Review, 2003 (142).

地区之间的经济发展水平以及当地的资源禀赋是造成就业机会差异的主要原因，也是造成我国二元劳动力市场的重要因素。劳动者基于个人效用最大化的原则会选择就业机会多、工作待遇好、社会保障充足的地区去工作。但是在现阶段资源衰退城市中，多数劳动者遇到了生活瓶颈，照顾家庭的责任使其无法去追寻更优质的就业机会。这也显示了照顾老幼的责任全部由家庭个人负担，社会的护理与保障作用不够，劳动者只能选择当地更差的就业条件，同时对于企业的安置工作也形成了巨大的阻力。

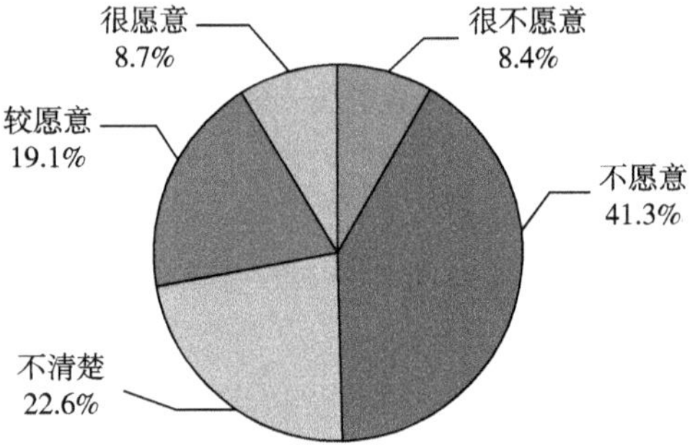

图7　考虑其他地区更好就业机会的意愿

2. 就业结构以第二产业为主，第三产业蓬勃发展

就业结构主要反映劳动力的分配结构。有学者指出第三产业所占比重与就业质量呈正相关关系。郭晓凌、刘社建（2002）指出：我国第三产业带动就业的空间很大①；夏杰长（2000）指出：发展第三产业有利于提高就业增长弹性②；苏丽锋（2015）指出：用第三产业的就业比重来直观地反映就业结构，符合经验研究的基本判断，即第三产业就业比重越高，说明该地区就业质量总体上越高③。

（1）第二产业从业人员最多

图8显示资源衰退型城市产业结构与全国的对比。数据显示：第二产业贡献率远远高于全国平均水平12.1个百分点，第一产业贡献率高于全国平均水平5.7个百分点。而第三产业增加值所占比重又远远低于全国平均水平15.1个百分点。因而资源衰退型城市对于资源的依赖程度远高于国家平均水平，而第三产业的发

① 郭晓凌、刘社建．就业结构演变：三产将成为吸纳从业人员主力［J］．中国国情国力，2002（1）．
② 夏杰长．我国劳动就业结构与产业结构的偏差［J］．中国工业经济，2000（1）．
③ 苏丽锋．中国转型时期就业质量研究［M］．北京：社会科学文献出版社，2015：40．

展远远落后于全国平均水平。说明资源型城市依旧依靠传统产业为主，新型产业的发展处于初级阶段。从该图的产业贡献率状况以及图 4 各行业就业人数状况可知资源衰退城市依然是第二产业从业人员最多。

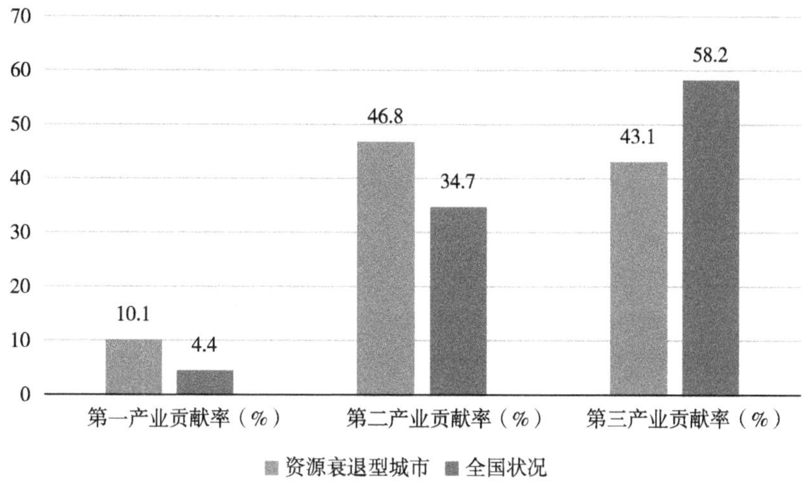

图 8　2016 年资源衰退型城市与全国的产业贡献率对比图

数据来源：根据国家统计年鉴相关数据计算所得

（2）第三产业蓬勃发展

可喜的是，由图 9 可知，虽然第二产业增长值所占比重最大，第三产业次之，第一产业比重最小，但最重要的是，第三产业所占比重在持续上升。根据资源枯竭型城市产业数据统计，第三产业的发展趋势在各城市是逐年扩张的，在不同产业增加值对比中，2014 年仅有 7 个城市第三产业增加值最多，2015 年扩张到有 17 个城市第三产业增加值最多，2016 年则有 26 个城市第三产业增加值最多，第三产业在资源衰退型城市经济增长中的贡献率也在逐年增强。根据学者苏丽锋的观点，可知资源衰退城市的就业质量近些年在逐年提高。同时可以看出资源衰退城市近些年的产业结构也在尝试转型，在逐步扩大第三产业在 GDP 中的比重，因而大力发展第三产业是资源衰退城市进行经济转型的重要途径，也是创造更多就业机会的重要方式。

3. 就业稳定性较好，工资拖欠状况具有区域差异性

就业稳定性是衡量就业质量的重要指标。苏丽锋（2015）指出，就业稳定性

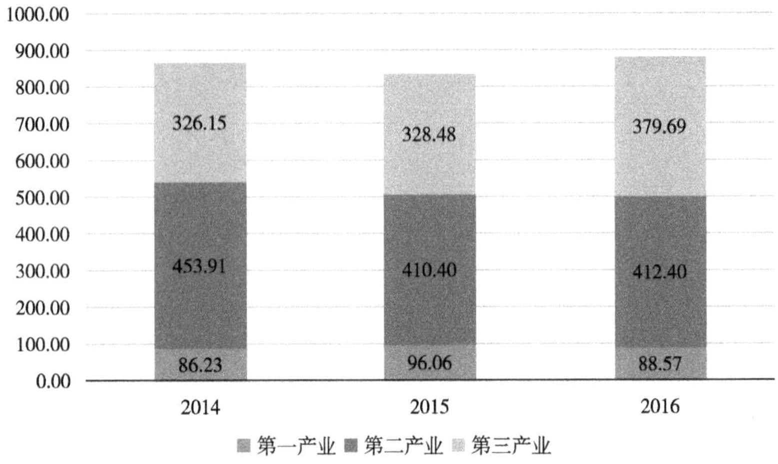

图9　2014—2016年资源衰退型城市各产业平均增加值（亿元）

数据来源：根据国家统计年鉴相关数据计算所得

越强，就业质量越高[①]。衡量就业稳定性的分指标主要包括：工资稳定性、岗位稳定性、工资拖欠状况、劳动合同年限。

（1）多数职工工资基本稳定

劳动力市场的供给与需求都是根据工资状况来决定的，工资在劳动力市场起着决定性的作用，工资的稳定性则关系着劳动者工作的稳定性。在关于职工月工资收入稳定性的调查问卷中，图10表明多数职工的工资稳定性较好。数据显示：134人认为其月工资收入很稳定，占调查人数总数的16.7%；598人认为其月工资收入基本稳定，占调查人数总数的74.6%；70人认为其月工资收入波动较大，占调查人数总数的8.7%。

上述数据显示，多数职工的工资基本稳定，对于提升劳动者的就业稳定性来说是重要方面。但另一方面，过度地追求工资与工作稳定不利于职工工作积极性的培养及职工工作潜力的挖掘，Grand和Tahlin（2002）通过对瑞士有工资收入的男性数据进行分析，得出职业转换有助于工资收入增长[②]。因而在当今市场化程度逐步提升的情况下，职工单纯地追求工资与工作稳定并不能长久地保证其个人效用的优化，职工其实应该在工作经验积累的基础上适时进行工作转换，以实现职业生涯的向上跨越。

---

① 苏丽锋．中国转型时期就业质量研究［M］．北京：社会科学文献出版社，2015：40.

② GRAND，TAHLIN. Job Mobility and Earning Growh［J］. European Sociological Review，2002，18（4）：381－400.

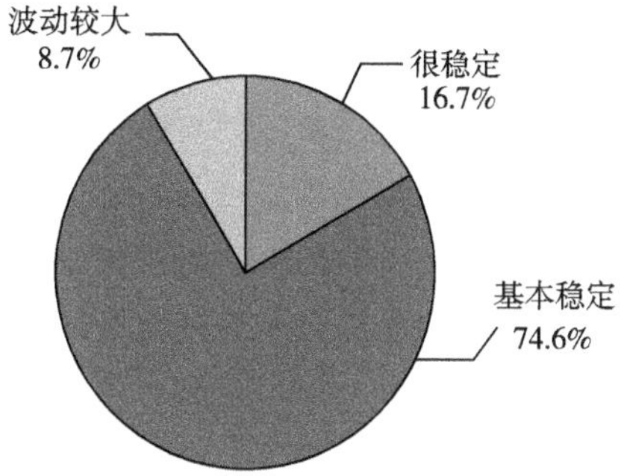

图 10　职工月工资收入稳定性

（2）多数职工认为其岗位稳定

岗位稳定性是指职工在岗位的工作时间，同时也体现了职工对于工作的胜任能力。在关于岗位稳定性的调查问卷中，图 11 数据显示：多数职工认为其工作岗位比较稳定。调查有效数据共 802 份，其中 11 人认为其工作岗位很不稳定，占比 1.4%；53 人认为其工作岗位不太稳定，占比 6.6%；232 人认为其工作岗位稳定性一般，占比 28.9%；437 人认为其工作岗位比较稳定，占比 54.5%；69 人认为其工作岗位非常稳定，占比 8.6%。从问卷可知，多数职工对于岗位稳定性还是认可的，对于其就业质量的提升具有正面的促进作用。这也得益于多数职工拥有相关技能证书，在资源型企业，多数岗位职责分工明确，有足够的工作技能是保证其岗位稳定的前提条件。

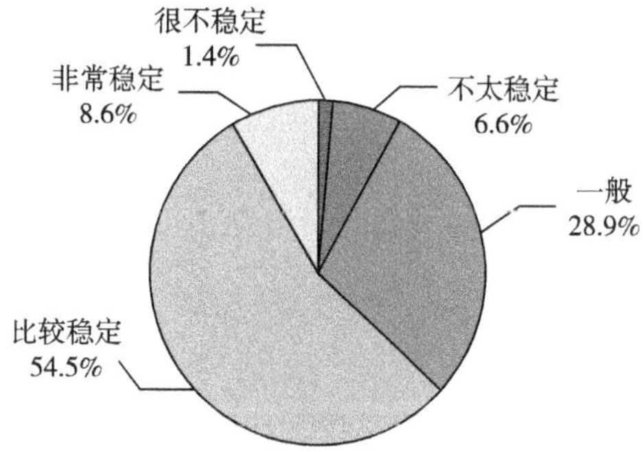

图 11　工作岗位稳定性

（3）工资拖欠状况具有区域差异，东北地区更为严重

学界关于工资拖欠问题的研究多集中在建筑行业以及农民工工资拖欠问题的

研究。但是在当今供给侧结构性改革背景下，多数资源型企业效益不好，研究其对员工是否有工资拖欠现象具有重要意义。

工资拖欠状况是反映工作稳定性和就业质量的一个负向指标，工资拖欠越多，拖欠时间越长，就越会降低就业质量。

在辽河油田的调研过程中，由于减产，工资拖欠状况比较严重，拖欠的时间长，甚至有拖欠一两年的，拖欠的人也多。对于拖欠工资的状况也是由部门的效益状况决定的，效益越差，拖欠就越多，时间就越长。比如三产职工，生产能力很弱，员工的生活状况很差。

但是在职工的调查问卷中，图 12 数据显示，多数职工未遭遇工资拖欠。数据显示：经常遇到拖欠工资问题的职工有 10 人，占比 1.3%；偶尔遇到拖欠工资问题的有 54 人，占比 6.7%；未遭遇拖欠工资问题的有 738 人，占比 92.0%。这显示，工资拖欠在资源衰退城市并不是普遍现象，可能是局部地区状况，比如可能是东北地区。

上述数据表明，虽然在当今"供给侧结构性改革"的政策下，企业面临着巨大的压力，但是当前多数职工并未遭遇欠薪状况，说明企业在这个过程中做了很多努力。在调研中有发现，有些国企在想方设法寻找出路，有些企业虽然没钱，但是通过借贷的方式也要给职工发放工资，这也充分显示了国企的担当精神。

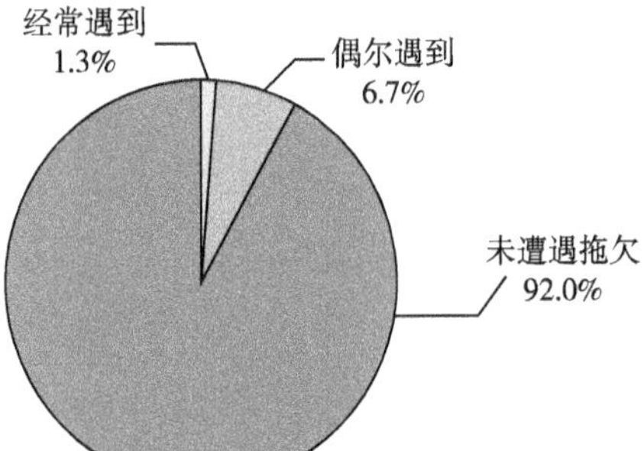

图 12　工资拖欠状况

（4）劳动合同年限多数为无固定期限

劳动合同法的立法初衷是保护劳动者的合法权益，其对于违约的相关补偿责任是根据劳动者工作年限确定的，对于劳动合同的签订期限分为固定期限劳动合同与无固定期限劳动合同。

劳动合同年限是反映劳动者在一个企业工作时间的重要指标，工作时间越长，工作稳定性就越强，劳动者的就业质量就越高。

图 13 是劳动合同签订年限的调查问卷，数据显示：多数劳动者与企业签订了无固定期限劳动合同。调查对象劳动合同期限普遍较长，以无固定期限为主。劳动合同期限 1 年以内的 3 人，占比 0.4%；1—3 年的 11 人，占比 1.4%；3—5 年的 67 人，占比 8.5%；5—10 年的 90 人，占比 11.4%；以完成一定工作为期限的 6 人，占比 0.8%；无固定期限的 610 人，占调查职工总数的 77.5%，比重最大。这显示，多数职工与企业的劳动关系持久稳定，对于资源衰退型城市来说，大部分资源型企业都是当地的主导产业，也是多数当地居民从业的选择，因而工作年限久，劳动关系稳定。因而从工作年限与工作稳定性角度考虑，资源衰退城市的职工工作质量相对较高。

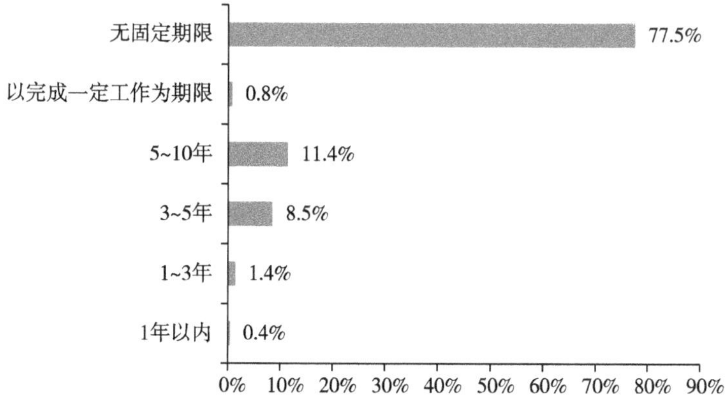

图 13　劳动合同期限状况

4. 劳动报酬普遍偏低，且区域差异明显

亚当•斯密认为，劳动同其他商品一样，也有价格，就是工资。工资是对劳动报酬衡量的最核心要素，其与就业质量呈正相关关系。劳动者工作就是为了获得工资，工资是劳动者提供劳动的价值体现，也是劳动者提供劳动以及雇主雇佣劳动的决定性因素。

（1）调查职工薪酬普遍低于社平工资

图 14 是关于劳动报酬的调查问卷，2017 年资源衰退城市职工月均工资多数在 2000—3000 元。数据显示，调查有效数据 802 份，其中 2000—3000 元之间的职工有 769 人，占比 95.9%。

调查地区主要包括 4 个资源衰退城市，分别为盘锦市、白银市、新余市和萍乡市。图 15 显示这些地区调查职工工资与社平工资的对比，发现各地区调查职

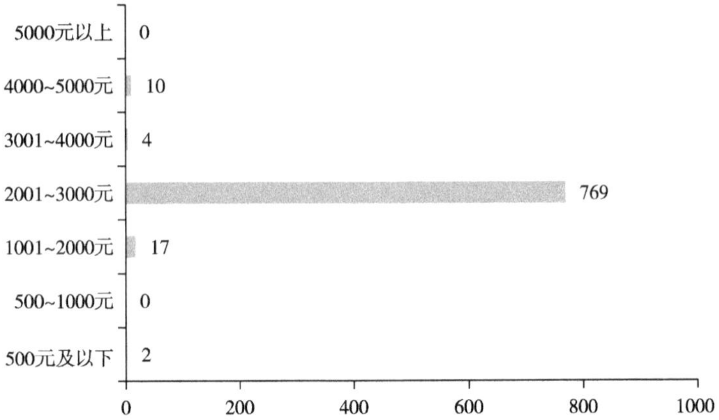

图 14　2017 年职工月均收入

工工资普遍低于社平工资。填写问卷的职工多为国有资源型企业职工，这个数据显示了市场就业的活力，同时也体现出产业工资竞争力之间的差别。说明随着资源型企业的衰退以及第三产业的蓬勃发展，市场工资已经远远超过体制内普通职工的工资水平。这种工资性差异也是倒逼职工脱离体制，走向市场的一个有利因素；但是年纪偏大的职工会基于对市场的不适应以及对脱离体制安全保障的恐惧而不敢走向市场，这两种因素对于职工来说是两个持久博弈的力量。

另一方面工资差异也说明供给侧结构性改革对资源型企业形成的冲击，调研中发现，很多资源型企业存在停产停工的状况，这种情况下企业只发基本工资，而没有绩效工资，这也导致了资源型企业职工工资普遍低于市场工资。

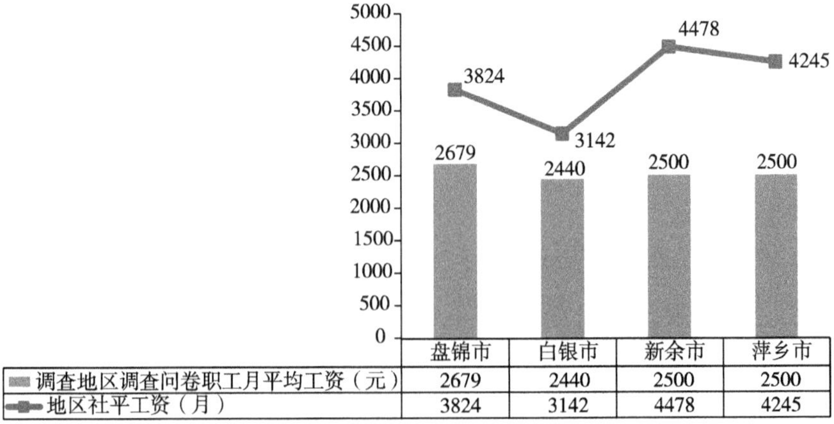

图 15　2017 年调查地区调查职工月均工资与地区社平工资对比图

数据来源：各地区人力资源与社会保障局；调查问卷答卷数据

（2）职工工资水平地区差异显著

通过将调查职工的工资收入与地区数据进行相关性分析，得出职工工资水平与地区存在显著相关关系。表 3 显示，其显著性 0.028 <0.05，相关性显著。说明地区差异对职工工资的影响具有明显差异，也说明就业质量的地区差异性。图 16 也显示各城市职工的收入具有明显差距，白银市和盘锦市的数据远远低于新余市和萍乡市，其中白银市最低。

表 3 地区与职工工资收入相关性

		地区	职工工资收入
地区	皮尔逊相关性	1	-.077*
	显著性（双尾）		0.028
	个案数	802	802
职工工资收入	皮尔逊相关性	-.077*	1
	显著性（双尾）	0.028	
	个案数	802	802

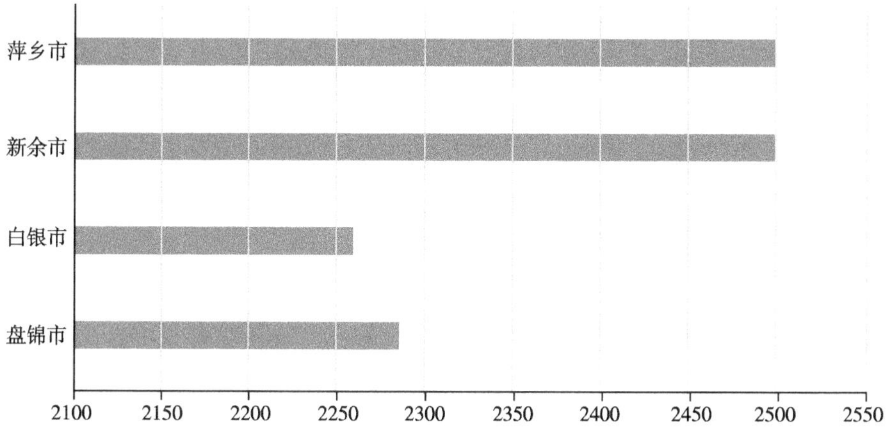

图 16 调查城市职工平均月均工资状况

数据来源：根据调查问卷相关数据计算所得

5. 工作时间——灵活化与加班现象并存

《中华人民共和国劳动法》第三十六条明确规定，劳动者的日工作时间不超过 8 小时。工作时间是反映劳动者的工作强度的指标，工作时间过长，则劳动者的劳动强度变大，工作压力大，不利于身体健康。但是如果工作时间过少，则存在隐性失业的风险，王健（2006）指出，城镇职工隐性失业的后果是由职工、企业和国家分担的，这也是国有企业负担重、困难多、效益低的重要原因①。同时，从人力资本角度来说，也是对人力资源的浪费，同样也影响职工工资收入水平。我国的法定劳动时间是8小时工作制，工作时间过多或者过少都会降低就业质量。

在调研的过程中，辽河油田由于减产，很多员工处于无事可做的状态。企业如果有生产，则让职工来上班；没生产，则职工自由安排，企业发放基本工资。在这种状况下其实很多职工都会私下找一些兼职工作来补充收入。这种方式无疑是一种通过灵活就业补充收入的路径，现阶段灵活就业机会的增加对于有效利用闲置劳动力具有很好的作用效果。

图17是调查问卷中关于资源衰退城市职工工作时间的相关数据，数据表明多数职工还存在加班现象。调查显示，周工作40小时及以下的183人，占比22.8%，其中20小时以下的18人，占比2.2%；21—39小时的29人，占比3.6%；周工作40小时的职工有136人，占比17.0%。周工作41—48小时的336人，占比41.9%；周工作49—56小时的177人，占比22.1%；周工作56小时以上的106人，占比13.2%。由此我们可以得出，虽然在供给侧结构性改革背景下，很多企业都面临减产的压力，但是77.2%的调查对象依然存在加班现象，加班依然是一种普遍现象。这种状况的出现可能预示着多数企业在现阶段受到的冲击并不是很大，或者是由于季节原因对于资源消耗又有新的需求增加，最终造成了虽然是“三去一降一补”的政策，但是职工依然有阶段性的工作忙碌。

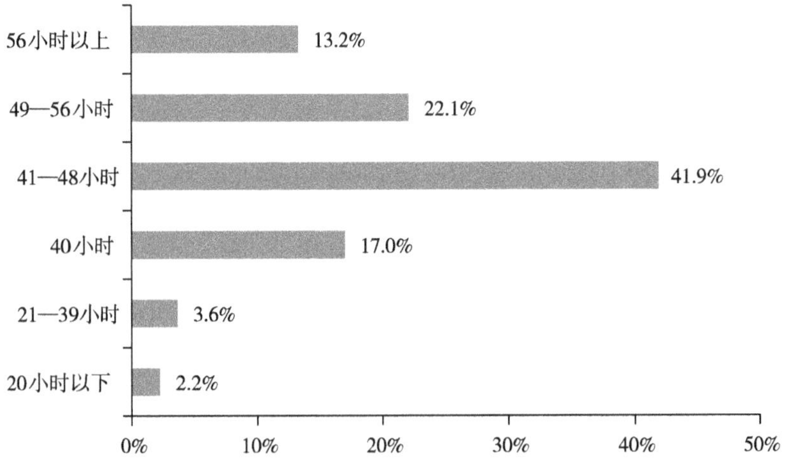

图17 职工工作时间

① 王健．我国农业隐性失业的统计研究［D］．厦门：厦门大学，2006.

6. 工作安全性较好

苏丽锋（2015）指出，工作安全是工作环境优劣的重要指标[①]，张勇、龙立荣（2013）认为，工作不安全感通过负向影响创新效能间接对创造力产生显著的负向影响[②]。因而职工工作安全对于职工工作的正常展开以及工作能力的更好发挥有着重要作用。工作安全也是衡量职工就业质量的重要指标，安全的就业环境意味着职工有一个较好的就业质量，这部分主要通过物理环境安全和技能安全两个要素进行分析。

（1）多数职工工作物理环境安全

职工的健康状况可以很好地反映其常年工作的物理环境优劣。

在辽河油田的调研过程中，身体健康状况主要根据不同的职位而有明显差异，一线矿工、高温有毒环境的职工，其身体不健康的职工相比于其他岗位则会比较多。劳动法以及企业对于这类职工在退休以及工资方面有着补偿性的优惠待遇。但是这类职工有很多是自愿选择从事此类工作的，很多职工都是迫于生活压力，现在有些职工的身体状况出现了健康问题，已经不能继续从事此类工作，企业应该关注这些职工的身体状况以及家庭生活状况，并积极为这些职工调整工作岗位。

在关于资源衰退企业职工健康状况的调查问卷中，图 18 表明多数参加调查职工的身体健康。数据显示：健康职工 455 人，占比 56.7%；身体状况良好的 184 人，占比 22.9%；身体状况一般的职工 148 人，占调查职工总数的 18.5%；身体不健康的职工 15 人，占调查职工总数的 1.9%。因而多数职工的工作条件还是有一定保障的。对于身体状况不够健康的职工，应该加强对这部分职工工作环境、工作条件等方面的改善。总而言之，多数职工身体健康，对于就业质量产生积极正向效应。

（2）技能安全感——多数职工技能可以满足工作需求

当今社会是知识型社会，工作技能是职工工作能力的直接体现。董直庆、蔡啸、王林辉（2014）指出，中国技术进步朝偏向于技能劳动方向日益迅猛地发展，扩大了技能劳动和非技能劳动的工资差距[③]。这也充分显示了技能的重要性在快速凸显。在知识技能快速迭代的社会，工作技能越高，工作被替代的可能性就越小，工作就越安全。

---

① 苏丽锋．中国转型时期就业质量研究［M］．北京：社会科学文献出版社，2015.

② 张勇，龙立荣．人—工作匹配、工作不安全感对雇员创造力的影响［J］．南开管理评论，2013.

③ 董直庆，蔡啸，王林辉．技能溢价：基于技术进步方向的解释［J］．中国社会科学，2014.

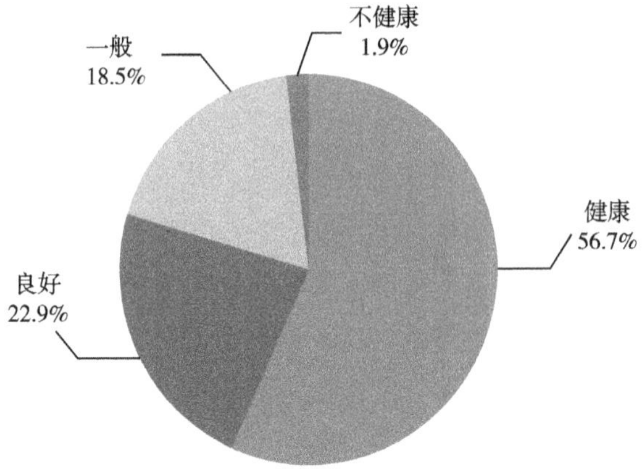

图 18　身体状况

图 19 是关于职工技能是否满足工作需要的调查问卷结果，数据显示，参与调查的职工中，355 人认为技能能满足工作需要，占调查人数总数的 44.3%；383 人认为基本能满足工作需要，占调查人数总数的 47.8%；46 人认为不能满足工作需要，占比 5.7%；18 人不知道其技能是否满足工作需要，占比 2.2%。从以上数据可知，多数职工认为其技能可以满足工作需要，说明多数职工都能胜任自己的工作。这对于提升工作安全感来说是非常重要的，但是对于部分自身技能不能满足工作需要的职工，应该主动通过学习或者培训的方式提升个人技能水平。另外，当今时代技术进步飞快，不能局限于已有的固定思维，应该及时进行大脑充电，学习自身领域的前沿技术，只有这样，才能持续保持充足的知识来应对不断变化的市场环境，从而保持自己有充足的能力来获取更优质的就业质量。

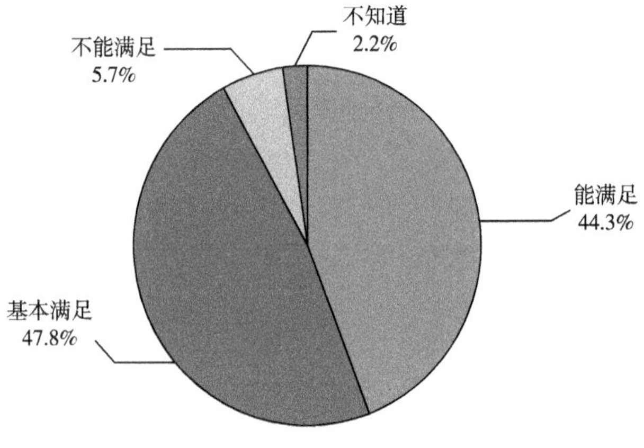

图 19　自身工作技能满足工作需要的程度

（四）社会保护维度——社会保障较好、抚养压力大

社会保护是社会公共服务的重要组成部分，对职工安稳工作起着后方保障作用。Anker 在其设计体面劳动的指标中，就包含了社会保护这一指标①。国际劳工组织对社会保护给出了全面阐述：社会保护是指通过政府行动和不断的社会对话而采取一系列手段和政策，以确保职工可获得足够的社会和医疗服务，且在因疾病、失业、生育、伤残、丧失家庭主要劳动力及年老等造成收入丧失或减少的情况下，都能得到足够的补偿②。社会保障是社会保护的核心内容③，社会抚养负担也是影响就业质量的另一个重要方面，蔡昉（2004）指出，在人口的较大比例由少年儿童和或老人组成的情况下，社会负担率较高，生产性较低，对经济增长不利④。这部分从“社会保障”和“社会抚养比”两个方面对职工就业质量状况进行分析。

1. 社会保障——多数职工缴纳“五险一金”

社会保障的指标主要通过“五险一金”的缴纳状况来体现，同时也包含商业险、企业年金等缴纳状况。

在辽河油田的调研过程中，其虽然生产经营状况不太乐观，也常有欠薪状况的出现，同样“五险一金”也存在比较严重的欠缴状况。但是值得欣慰的是企业在后期进行了补缴，员工并没有出现过度不满的表现。

图 20 调查问卷数据显示：正常签订劳动合同的职工基本企业都会为其缴纳“五险一金”，职工缴纳养老、工伤、生育、失业、城镇职工医疗保险的比例分别为 98.9%、93.6%、65.7%、98.4%、97.5%；住房公积金缴纳比例为 99.5%；缴纳农村社会养老保险的职工比例为 9.7%；单位缴纳企业年金的职工比例为 23.6%；缴纳“新农合医疗保险”的职工比例为 7.1%；单位缴纳商业医疗保险的职工比例为 14.3%。数据显示，多数职工都是缴纳“五险一金”，但多数农民工只能选择更低保障水平的“新农合”与“农村养老保险”，其原因在于我国二元劳动力市场的现状存在，导致职工在享受社会保障方面存在差异。我国

① RICHARD ANKER. Measuring Decent Work with Statistical Indicators. Policy Integration Paper，2002.

② 国际劳工组织国际职业安全与卫生信息中心. 提供全面保护，促进社会对话［N］. 中国安全生产报，2007-05-10.

③ 唐钧. 从社会保障到社会保护：社会政策理念的演进［J］. 社会科学，2014（10）.

④ 蔡昉. 人口转变、人口红利与经济增长可持续性：兼论充分就业如何促进经济增长［J］. 人口研究，2004（2）.

实行“低水平，广覆盖”社会保障原则，也体现了社会保障的相对公平性。对职工就业质量来说具有重要的正面效应。

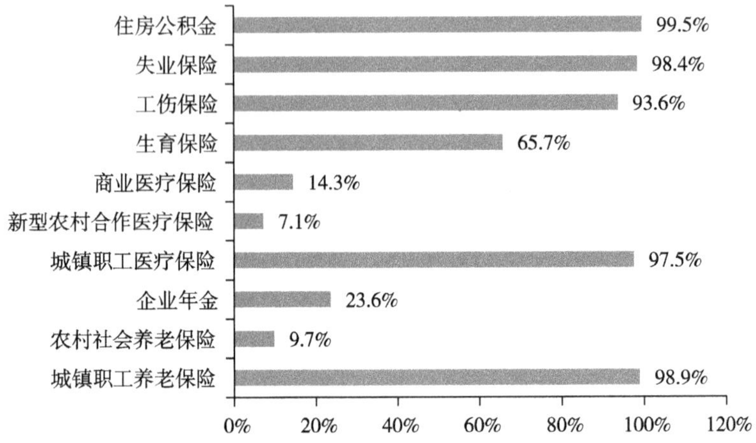

图 20　保险缴纳状况

2. 社会抚养比高，区域差异明显

社会抚养比体现劳动者的社会负担，是影响就业质量的重要因素。

很多女性在生育小孩之后都会选择“母亲友好型”职业，即偏向工作时间较短，不加班也不用出差，能够轻松请假或偶尔缺勤，以便可以随时照料孩子。此类职业一般收入较低，培训匮乏，职业前景黯淡。因而生育之后多数女性会主动选择此类向下的就业流动方向①。无疑小孩的抚养压力影响了女性选择更高就业质量工作的机会。

在调研中也发现，很多职工愿意留在当地工作，即使外地有更好的就业机会和更高的工作待遇。其原因就在于这些职工面临着教育小孩和赡养老人的双重压力。

图 21 显示：安徽、江西、山东、河南、湖南、广西、重庆、四川、贵州、云南、甘肃、宁夏的人口抚养比均高于全国平均水平。统计局数据显示，2017 年我国人口抚养比为 42. 72%，即 100 个劳动年龄人口抚养 42. 7 个非劳动年龄人口。数据显示，贵州地区抚养比远高于其他地区，黑龙江的城市人口抚养比最低。抚养比状况可间接反映当地职工就业质量。

---

① 林燕玲．女职工假期设置对女性权益维护的影响及国际经验比较［J］．中国劳动关系学院学报，2018（6）．

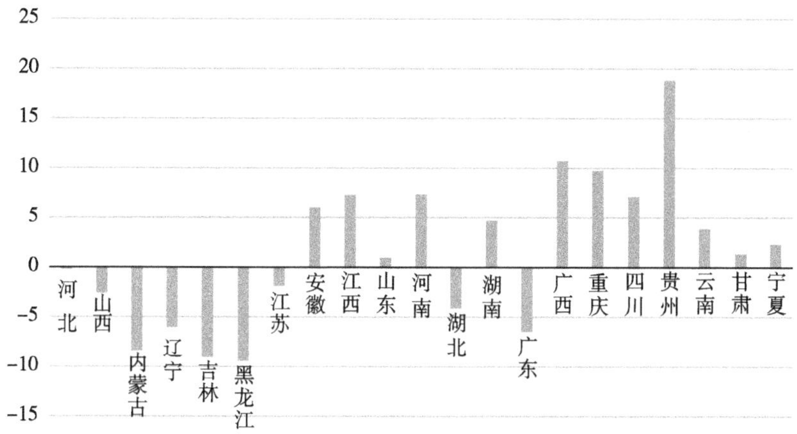

图 21　资源衰退省城市人口抚养比与全国平均抚养比差值

数据来源：第六次人口普查数据

根据调查问卷数据，笔者计算了调查职工的家庭抚养状况，计算公式为：

地区家庭老人抚养比 = 地区所有家庭老人数量总和/地区所有家庭工作人数总和

地区家庭幼儿抚养比 = 地区所有家庭幼儿数量总和/地区所有家庭工作人数总和

地区总抚养比 = 地区家庭老人抚养比 + 地区家庭幼儿抚养比

调查家庭职工基本状况见表 4，根据公式计算可得各地区抚养比状况，如图 22 所示，白银市调查职工的总抚养比最高，为 1.92，即一个职工抚养 1.92 个老人和小孩，盘锦市为 1.72，新余市为 1.48，萍乡市为 1.71，由此可知，各地区的抚养比都大于 1，家庭抚养压力大。

表 4　调查职工家庭抚养状况

地区	家庭工作人数	家庭老人抚养数	家庭幼儿抚养数
盘锦市	68	84	33
白银市	72	98	40
新余市	31	25	21
萍乡市	1292	1380	824

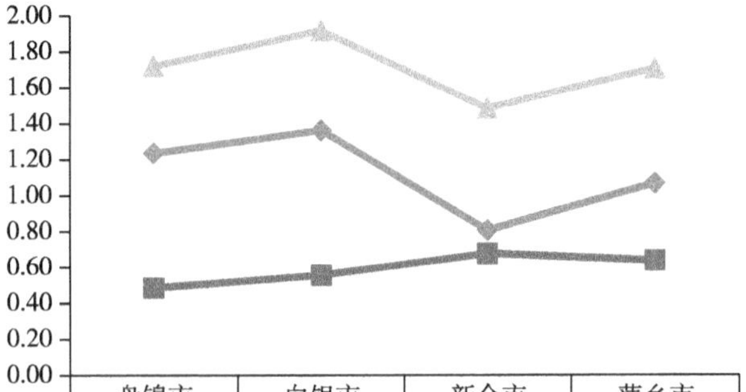

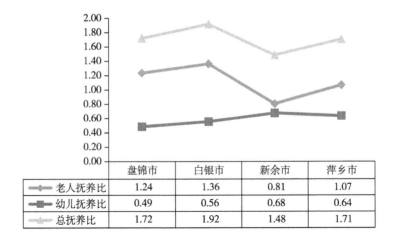

	盘锦市	白银市	新余市	萍乡市
老人抚养比	1.24	1.36	0.81	1.07
幼儿抚养比	0.49	0.56	0.68	0.64
总抚养比	1.72	1.92	1.48	1.71

图 22　地区调查职工家庭抚养比状况

与统计局公布的数据 42.72% 相比，远远高出，其原因主要在于两个方面：第一是统计口径的问题，统计局的计算公式为：抚养比 = 非劳动年龄人口/劳动年龄人口，主要差异在于分母，笔者选用的分母是家庭中的工作人员，与统计局的劳动年龄人口相比就减少很多，这也说明在地区职工家庭中，并非所有的劳动年龄人口都是工作者，有很多家庭都只有一个工作人员，可能意味着有很多家庭妇女的存在，这些家庭妇女可能由于要照顾老人和小孩而放弃了工作，她们被排除在了统计范围之外；另一方面，抚养比也存在地区性的差异，图 22 显示，白银市的老人抚养比最高，新余市的幼儿抚养比最高，白银市调查职工的总抚养最高，新余市最低。

抚养比是影响就业质量的一个重要因素，当家庭抚养负担小时，职工会有更多的时间投入工作或者享有更多闲暇，这样就有利于职工获得更高的工作成就或工作生活平衡；反之则不利于职工工作质量的提升，比如当家庭的老人小孩抚养压力大时，很多女性被迫选择放弃工作照看家里，这无疑是对女性职工工作的权利的抹杀。

（五）劳动关系维度——劳动合同签订率高、工会认可度低

党的十八大指出了要构建和谐劳动关系。劳动关系是就业质量的重要组成部分。对于企业来说，在供给侧结构性改革背景下，多数资源型企业面临减产减员的压力，如果不能合理解决，很可能导致劳资关系紧张，职工情绪激动，影响社会稳定。这部分主要从劳动合同签订状况和工会状况两方面分析。

1. 劳动合同签订率高

劳动合同是劳资关系稳定的法律保障。劳动合同签订是就业质量的基本保证。图23调查问卷数据显示：绝大多数调查对象都签订了劳动合同，参与调查的职工中，787人与企业签订了劳动合同，占调查对象总数的98.1%；没有签订劳动合同的有15人，占比仅为1.9%。说明在严格的劳动合同法制度下，企业的劳动合同签订率很高。

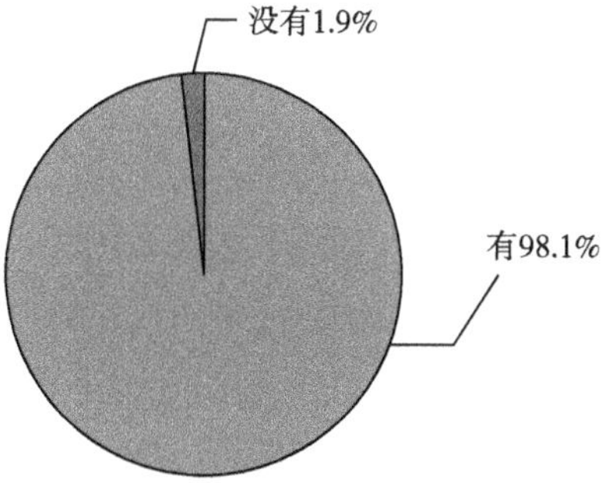

图23　劳动合同签订状况

2. 工会服务职能加强，但认可度有待提高

工会是维护职工权益，促进劳资关系和谐发展的重要力量。在促进就业、提升职工就业质量方面应该发挥必要作用。

在调研过程中发现，工会在促进就业、提升就业质量方面的作用主要体现在其服务职能。包括举行现场招聘活动、职业培训、职业介绍、督促企业与职工签订劳动合同等。在调研过程中，工会对转岗分流员工进行思想疏导，对因外出务工而导致两地分居的家庭进行思想疏导与矛盾化解，这对促进企业与社会的稳定发挥了重大作用，维护了稳定和谐的劳动关系。

在关于工会认可度的调查问卷中，图24显示：多数职工认为工会维权效果一般。调查有效数据802份，其中有40人认为工会维权效果很差，占比5.0%；40人认为工会维权效果差，占比5.0%；343人认为工会维权效果一般，占比42.8%；212人认为工会维权效果好，占比26.4%；90人认为工会维权效果很好，占比11.2%；77人对工会维权效果不清楚，占比9.6%。从上述数据可知，工会维权效果还有待加强，工会工人认可度有待提高。在提升就业质量方面，工会仍然有很大的发展空间。

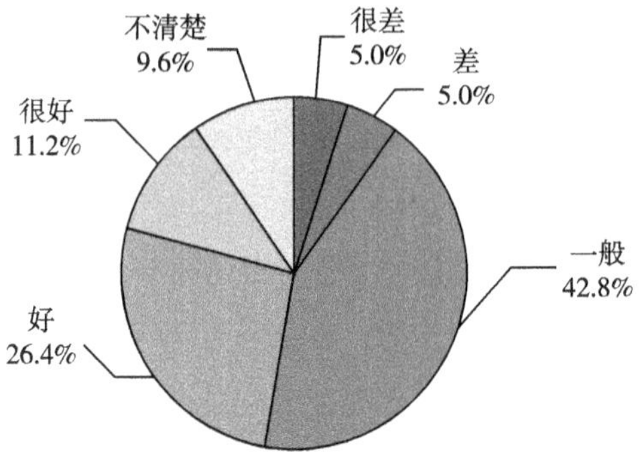

图 24　工会维护职工合法权益效果

（六）培训状况维度——培训状况不理想

联合国欧洲经济委员会关于就业质量的测量从 7 个维度进行，其中就包含“技能发展和培训”这一维度[①]，说明通过培训提升职工技能对于保障和提升职工就业质量具有重要意义。徐艳（2017）指出：职业培训是提高劳动力素质的主要途径，也是从劳动力角度助力供给侧改革的重要举措[②]。在供给侧结构性改革背景下，通过培训的方式来帮助职工实现就业转型，帮助职工有效完成转岗分流。

1. 职工实际参与度不高

关于培训，工会需要发挥其积极的教育职能。盘锦市的调研发现，当地工会与劳动局这几年保持着比较好的互动联系。工会在培训方面主要包括就业培训和创业培训，但是就业培训面临着招生不足的问题，原因可能是宣传不够，培训内容与需求不符，其方式是通过调研获取有效需求，去年就业培训 6000 人。另外工会还实行小微企业一对一帮扶，解决其实际困难，取得了不错的效果。

2. 职工参与培训的意愿较强

图 25 调查问卷数据显示，有 744 人愿意通过培训提升自身技能水平，占比 92. 8%；58 人不愿意通过培训提升技能，占比 7. 2%。因而大多数职工对于培训的方式还是持肯定态度的，愿意通过培训提升个人技能与竞争力。

---

① UNECE. indictors on quality of employment.

② 徐艳．职业培训对改善就业质量的作用研究［M］．中国言实出版社，2017：3.

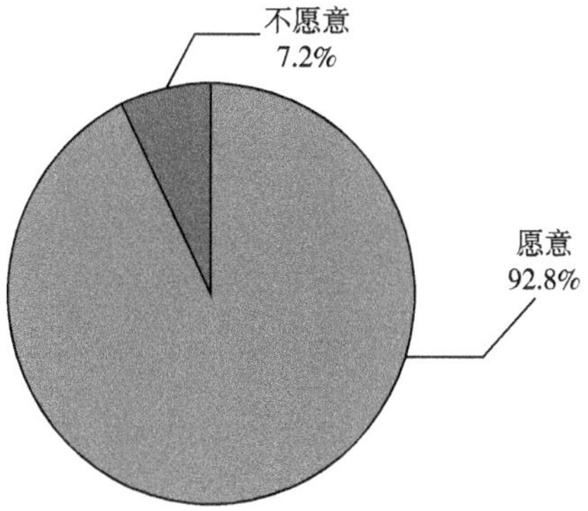

图 25　通过培训提升知识技能水平的意愿

3. 多种原因导致职工实际参与力度弱

图 26 是关于职工不愿意参加培训的原因的调查问卷数据，调查有效数据 58 份。数据显示，没有时间参加培训的人数占比 53. 5%；没有兴趣不愿参加培训的职工占 43. 1%；另外有 12. 1% 的职工是由于单位不提供培训机会；10. 3% 的职工是由于培训费用太高；10. 3% 的职工认为培训达不到提升知识技能的目的；24. 1% 的人有其他原因不愿参加培训。

数据表明，多数职工由于工作与家庭的负担，没有时间参加培训，也有部分职工由于对培训内容不感兴趣，所以针对这种情况，企业可以提供培训机会，使得职工能带薪培训，如此既可以提升职工工作技能，也能提升职工对企业的满意度，同时也可以作为公司福利，提升职工就业质量。

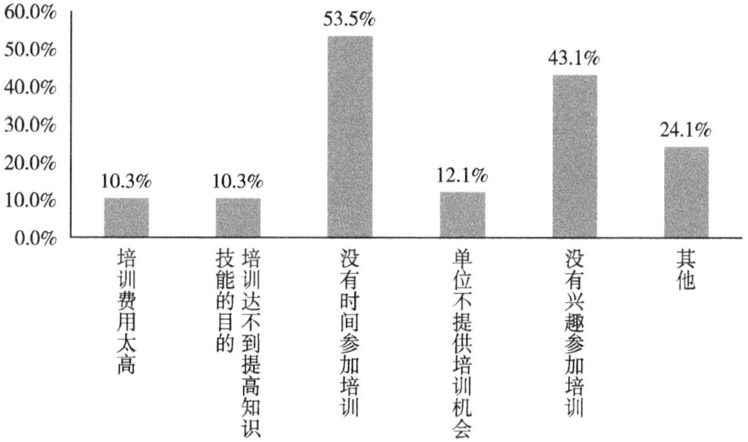

图 26　不愿参加培训的原因

（七）工作满意度维度——工作满意度一般

工作满意度反映职工对于自己的工作现状、工作前景等综合因素的主观满意度，欧盟在定义“就业质量”概念时提出了四个维度，其中就包括了个体工作者对工作满意度的主观评价①。较高的工作满意度可以带来更高的工作绩效②，因而工作满意度是衡量就业质量的关键指标。

1. 多数职工工作现状满意度一般

图 27 是关于职工对自己工作状态的调查，多数职工对自己的工作状态持一般态度。数据显示：16 人对自己的工作状态非常不满意，占比 2.0%；58 人对自己的工作状态不满意，占比 7.2%；346 人认为自己的工作状态一般，占比最高，为 43.1%；341 人对自己的工作状态感到满意，占比 42.5%；41 人对自己的工作状态感到非常满意，占比 5.1%。这显示，有相当部分的职工对工作不满意。

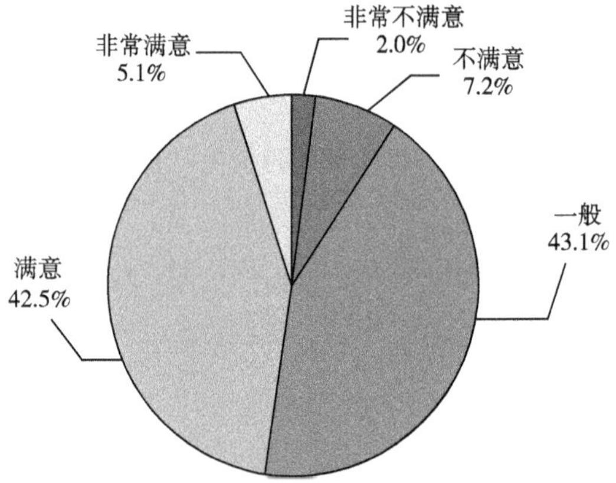

图 27　个人工作状态满意度状况

2. 多数职工对未来发展的乐观程度一般

图 28 是关于职工对其未来职业发展乐观程度的调查，数据显示，多数职工对其未来发展持一般态度，职工数为 358 人，占比 44.6%；312 人对其未来发展感到比较乐观，占比 38.9%；67 人认为其未来发展非常乐观，占比 8.4%；54

① Commission of the European Communities. Employment and social policies: a framework for investing in quality [R]. 2001.

② 范皑皑，丁小浩. 教育、工作自主性与工作满意度 [J]. 清华大学教育研究，2007 (12).

人对其未来发展较为悲观，占比 6.7%；11 人对其未来发展感到极度悲观，占比 1.4%。据此数据可知，企业需要在职工职业生涯发展与规划方面继续努力，不断提升职工对个人未来的乐观程度。也从侧面反映了职工对于目前工作满意度不足。

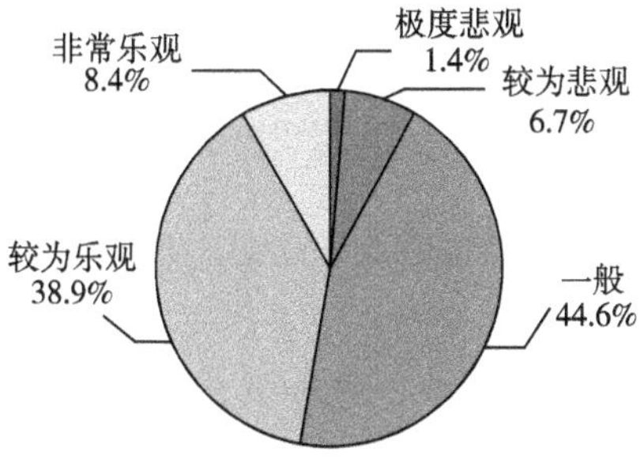

图 28　职工对未来发展的乐观程度

五、就业质量状况的原因分析

职工就业质量状况产生的原因有多方面，这部分从宏观因素以及微观因素等多个视角进行探析。

（一）政策因素导致总体就业环境下降

凯恩斯主义认为，市场在运行过程中往往存在失灵现象，因而主张政府对经济进行干预。供给侧结构性改革的政策便是政府干预市场的表现。供给侧结构性改革，旨在从供给侧进行调整，促进我国经济的整体转型。该政策从长远来看是要淘汰落后产业，但是对于调整阶段来说，会有阵痛期。

在此过程中，资源衰退城市的主要资源型产业都受到了巨大的冲击，诸多煤矿、油矿、钢厂等都被迫关闭，城市的 GDP 增速极速下滑，就业机会减少，就业环境恶化。一方面，企业面临着减产减员的压力、职工安置的压力；另一方面，企业效益的降低导致一些地区工资拖欠现象严重，尤其对于双职工都在同一企业的家庭，生活状况急剧下降；最后，资源衰退城市调查企业职工工资普遍低于地区社平工资，主要原因在于因企业效益下降，只能发放很微薄的基本工资，有些地区的基本工资也存在拖欠的情况。

就业作为民生之本，关系到民众的切身利益，也是政府宏观调控的目标之一。政府在通过行政手段强制转型的过程中，必须处理好转型过程中的各方关系问题。劳动者的就业问题关系着社会的稳定。目前在调研过程中发现，政府出台的政策只是行政化的强制措施，但是对于该政策引起的后续一系列问题缺乏前瞻性，并没有给出充足的应对策略，比如职工失业现象，职工转业培训方式、培训支持、地方政府具体举措、财政支持力度等，这些支持政策的缺乏都使得资源衰退城市的相关企业目前处于比较被动状态。

（二）人力资本投资不足导致职工就业能力受限

多数学者认为，人力资本的投资与职工就业能力呈正相关关系。在调研过程中发现，资源衰退城市职工的受教育年限普遍较低。有资料显示：非资源城市劳动者的平均受教育年限为11.5年，资源型城市为11.1年[①]。其受教育年限低于非资源城市。

另外在资源型城市发展过程中，很多矿工都是农民出身，知识水平低，技能单一，再加之年纪较大，对于新知识的学习与吸纳能力比较差，造成了知识技能的固化，对于新技能与新知识的反应不够敏感。

此外，自身对于学习与培训的关注也很少，一方面有可能是因为体制内职工的，工作危机感弱，认为可以在企业工作一辈子；另一方面有些职工因为多种原因不愿参加培训，比如培训费过高、没有时间、感觉培训无效果等，最终导致了自身的知识和技能没有长足的进步，如若到市场上再找工作，竞争力非常弱。

在这次职工安置与工作转换过程中，对于多技能的职工来说非常容易实现转岗，但是对于技能单一的职工，其转换就比较困难。现阶段有些企业通过安排一些培训，让职工学习新技能，促进职工转岗安置进程，但是多数培训的时间比较短，只有两三天，并且培训内容多为没有太多技术含量的家政、月嫂等工作。这对于职工后续工作的内容、就业质量来说非常不利，其职业发展因而也遇到了巨大的瓶颈与障碍。

（三）家庭压力使得职工放弃外地更好的就业机会

ILO指出：在自由、平等、安全和尊严的前提下，男性和女性都拥有体面劳动和生产性工作的机会[②]。但是就业机会的大小受到多重因素的影响，有宏观环

---

① 吴要武．资源枯竭的神话：资源枯竭型城市产业转移与社会稳定［M］．北京：社会科学文献出版社，2013：84－86.

② ILO. Decent work，report of the director general［R］．1999.

境政策等因素，也有微观个人因素。

在职工安置过程中，有些企业为职工提供了外地更好的工作机会，但是外派到外地去工作的方式，遭到了多数职工的反对，因为工人年纪普遍偏大，正处于家庭压力的高峰期，大部分职工都需要照顾家里的老人以及孩子，所以他们不愿意到外地工作。

另外从抚养比来看，调查地区的家庭抚养压力都比较大，社会也缺乏相应的护理假期等社会养老支持，因而幼儿以及老人的抚养全部变成了家庭负担，这也是影响职工职业向外扩张的一个重要因素。

（四）新经济的发展为去产能企业职工提供就业机会

随着近些年平台经济等新经济业态的快速发展，加之进入门槛低，大批劳动者加入了平台经济，比如“滴滴”司机、“美团”接单快递员、“e代驾”等。

在调研中发现，有些企业由于效益极速下滑，企业减产，工作内容减少，因此企业对于职工的管理出现了一些变化，不再是全日制用工，单位有事情的时候就让职工回来工作，没有工作职工就自行安排，这实际上已经构成了隐形失业。

2016年7月18日，滴滴出行发布了《移动出行支持重点去产能省份下岗再就业报告》。报告显示，截至2016年5月底，滴滴为国家去产能省份提供了388.6万个就业机会（含专快车和代驾）。来自去产能行业的滴滴司机为101.9万人，相当于这些省份的滴滴司机中每4个就有1个是去产能行业职工。

新经济的快速发展为时间闲散的职工提供了机会，很多职工加入了滴滴、美团外卖等平台，这些平台工作时间灵活，职工可以通过这种方式来获取额外收入弥补现阶段收入低的困境。

（五）传统产业比重过大，高新技术岗位供给不足

资源衰退城市的产业以第二产业为主，主要依赖于当地资源发展，因而资源是当地GDP的主要来源。虽然近几年资源衰退城市的第三产业发展速度比较快，但是第三产业更多集中于低技能的服务行业。在职工转岗分流过程中，面临的岗位选择也多数是低端岗位，其根本原因在于当地缺乏高新技术产业。此轮改革，对于资源衰退城市来说既是挑战，又是机遇，当地可以抓住此次改革的机会，实现地区经济的转型升级，为职工逐步提供更为优质的就业岗位。

（六）培训体系不完善致使培训状况不理想

党的十九大报告指出，深化供给侧结构性改革，旨在增强我国经济质量的优

势，要建设知识型、技能型、创新型劳动者大军，弘扬劳模精神和工匠精神。劳动者技能的重要性不言而喻，而劳动者技能的提升则需要依靠培训的力量。

国内外很多学者指出了职业培训的重要性。职业培训有利于提升职工的职业技能，也是提高职工就业质量的重要途径，但是在调研中发现参加过培训的职工很少。其主要原因在于培训体系的不完善以及培训宣传的力度不够。

首先，就业服务机构虽然设置有培训体系，但是多数职工不知道，这体现了宣传的失败；其次，很多职工没有参加培训的原因是没有时间、参加成本高、企业缺乏相关培训课程等，这说明企业对于职工技能的持续发展以及职业的向上发展缺乏责任；再次，调研发现，在推进职工转岗就业、职工安置的过程中，有些工会会对职工开展一些课程培训，但是存在一些问题，比如培训时间短，培训门槛有限制，培训内容与职工需求不匹配等。

因而从现阶段来说培训体系不够成熟，从政府顶层设计、地方及企业的执行方面都不完善。在查阅国外资源衰退城市转型过程的应对策略时，发现其最重要的经验在于政府主导、政府与企业共同出资给职工进行带薪培训、财政拨款鼓励中小企业发展、鼓励职工创业等方式。我国政府可以借鉴国外经验，完善培训体系，提升培训效果，为职工成功再就业创造条件。

六、结论及建议

在供给侧结构性改革背景下探讨了关于资源衰退城市企业职工就业质量问题的分析，职工就业质量状况不是非常乐观，从调研以及问卷调查资料也能发现其中存在的一些问题，因而提出如下结论及建议：

第一，完善政策法规。针对政策实施的效果以及职工在此过程中存在的困境，出台相应的解决方案，比如中央财政的支持、就业培训服务政策支持、创业企业金融优惠、高技术企业入驻政策优惠等。另外要持续完善增强就业服务能力的政策支持，促进就业信息的公开透明与快速传播，关注职工的就业问题。降低就业服务的门槛，让职工以最低的成本得到就业服务与帮扶，尽量减少职工在此次改革过程中遇到的困难。同时还需要加强政府、工会与社会中介组织之间的合作，多提供公开性的市场招聘会，增加更多的就业机会，并对职工进行就业指导或根据职工自身的具体状况进行就业推荐等。

第二，抓住新经济发展契机，积极发展第三产业，降低就业壁垒，增加就业机会。下岗职工有很多年纪大，技能单一，对新技术的适应能力不足，发展第三产业有助于解决这部分职工的再就业问题。同时新经济的快速发展为职工安置提供了重要的平台，例如快递行业、滴滴打车等平台行业的发展。据报道，滴滴司机中14%来自于去产能行业，人员达到238.4万人[①]。这些行业进入门槛低，劳动力吸纳量大，可有效帮助解决这部分职工的就业问题，但是在促进就业的同时应关注职工的工作状况与劳动关系等方面的问题，对职工提供正常的就业保障。

第三，创造优良环境，积极引进外资，为职工提供更多高质量就业岗位。地方上有很多是因为基础设施不够完善、政府办事效率低、优惠政策不足等因素，不能够吸引到优秀的企业进驻，因而地区需要完善基础设施，建设廉洁高效的服务型政府，为引进外资提供良好的环境氛围，同时要提供优惠金融税收政策，从而吸引高新技术企业入驻，积极促进地区产业统筹转型，增加更多高技术含量的就业岗位。

第四，提供更高水平的职业培训，培训是保证职工实现转岗分流及顺利再就业的基础和保障。在调研中发现企业提供的培训并不能满足职工的诉求，培训时间也只有三五天，这样根本达不到胜任新工作的要求。另外也发现职工参加培训还有较高的门槛限制，这其实加大了职工转岗分流的难度。因而应该开展多元化培训，降低培训进入门槛，根据劳动者不同年龄、不同学历背景制订多样化、个性化的培训方案，注重培训的实用性，提升培训质量，优化培训效果，通过这种方式保证再就业职工可以掌握一门新技术，从而找到高质量的工作。

第五，完善劳动保障体系，减轻劳动者就业负担。有些职工在就业过程中不能享受统一的社会保障标准，其原因在于我国劳动法没有将农民工以及“退而不休”[②]的劳动者纳入保障范围，使得很多农民工以及提前内退职工或退休人员在就业过程中不能享受“五险一金”的保障。另外随着我国“二孩政策”的推行以及养老压力的上升，职工在就业过程中的家庭负担严重影响了职工的就业发展，对于这些影响职工就业质量的因素，完全由家庭负担，这是社会责任缺失的表现。基于此，应该完善幼儿抚养以及老人抚养的相关政策法规，比如给予社区养老以及家庭养老等更高水平的支持，给予职工更多的护理假期等，多途径解决职工就业过程中的后顾之忧。

第六，职工要转变就业观念，主动提升个人能力。在知识经济时代，职工要通过主动学习的方式来保持自身技能的不断提升，从而才不会在激烈的竞争中被

① 21世纪财经网.2016年滴滴司机中14%来自去产能行业［EB/OL］.（2017－01－23）.

② 李海明.论退休自愿及其限制［J］.中国法制，2013（4）.

淘汰，在必要时也有能力找到更好的工作。在调研中发现，国有企业的职工存在严重的“等、靠、要”思想，即使目前工作形势很严峻，但是职工不愿意离开体制机制，因为他们离开这样的“安全区”，害怕自己找不到更好的工作，对自身知识与技能不自信。在东北地区，职工安置与转岗分流的压力更大。

第七，企业应该加强对职工职业生涯的规划，为职工提供更明确的方向与晋升空间，即 Fredric 所指出的高质量就业要具备一定的挑战性①。只有这样，职工才能通过不断学习提升企业的综合实力，才能不断提升自身的就业环境与就业质量。同时，也可以设置绩效薪酬，对职工进行激励。在调研中发现，很多职工的薪酬是根据工作年限决定的固定工资，缺乏灵活的绩效激励作用，可以通过设置绩效工资的方式，提升职工的工作积极性与工作获得感。

第八，就业质量是一个相对的概念，是一个动态变化的概念，如果将就业质量分为长期和短期，那么短期的所谓安逸的高质量就业很可能造成职工安于现状，不思进取，那么长期来说，职工当前的行为必然导致未来就业质量的下降。比如调研中职工“等、靠、要”等思想，都是因为自身能力已经跟不上时代发展的要求，没有能力与信心找到更好的工作。

参考文献：

中文文献：

[1] 方杏村，陈浩．资源衰退型城市经济转型效率测度［J］．城市问题，2016（1）．

[2] 秦娟．供给侧改革对进出口贸易的影响［D］．合肥：安徽大学，2017．

[3] 韩敬云．制度创新与中国供给侧结构性改革［D］．北京：中央民族大学，2017（5）．

[4] 贾康，苏京春．探析“供给侧”经济学派所经历的两轮“否定之否定”：对“供给侧”学派的评价、学理启示及立足于中国的研讨展望［J］．财政研究，2014（8）．

[5] 贾康，徐林，李万寿．“三驾马车”认知框架需对接供给侧的结构性动力机制构建［J］．全球化，2015（5）．

[6] 吴敬琏．供给侧改革：经济转型重塑中国布局［M］．1 版．北京：中

① SCHROEDER，FREDRIC. Workplace issues and placement：What is high quality employment？［J］．Commentary，2007.

国文史出版社，2016：78－85.

［7］陈小亮，陈彦斌．供给侧结构性改革与总需求管理的关系探析［J］．中国高校社会科学，2016（5）.

［8］刘伟，蔡志洲．经济增长新常态与供给侧结构性改革［J］．求是学刊，2016（1）.

［9］吴敬琏．不能把“供给侧结构性改革”和“调结构”混为一谈［J］．中国经贸导刊，2016（4）.

［10］胡鞍钢，周邵杰，任皓．供给侧结构性改革：适应和引领中国经济新常态［J］．清华大学学报，2016（8）.

［11］邓磊，杜爽．我国供给侧结构性改革：新动力与新挑战［J］．价格理论与实践，2016（1）.

［12］马庆发．提升就业质量：职业教育发展的新视角［J］．学术前沿，2004（12）.

［13］郭丛斌．二元制劳动力市场分割理论在中国的验证［J］．清华大学教育研究，2004，25（4）.

［14］李东鹏．就业质量：内涵及其与就业数量的关系［J］．产业与科技论坛，2017，（09）.

［15］信长星．努力实现更高质量的就业［J］．中国人口科学，2012（06）.

［16］刘素华．建立我国就业质量量化评价体系的步骤与方法［J］．人口与经济，2005.

［17］赖德胜，苏丽锋，孟大虎，等．中国各地区就业质量与测算［J］．经济理论与经济管理，2011（11）.

［18］杨河清，李佳．大学毕业生就业质量评价指标体系的建立与应用［J］．理论研究，2007（8）.

［19］卿涛，闫燕．西部五省市农民工就业质量调查［J］．研究探索，2012（2）.

［20］林竹．新生代农民工就业质量调查：基于江苏省735份调查问卷［J］．“三农”问题，2012（6）.

［21］于艳芳，陈鑫．河北省农民工就业质量的影响因素与提升对策［J］．经济研究参考，2015（63）.

［22］涂晓明．大学毕业生就业满意度影响因素的实证研究［J］．高教探索，

2007（2）.

［23］孟大虎．人力资本与大学生的就业实现和就业质量：基于问卷数据的时政分析［J］．2012（3）.

［24］程蹊，尹宁波．浅析农民工的就业质量与权益保护［J］．农业经济，2003.

［25］赵立新．从社会资本视角透视城市农民工就业［J］．兰州学刊，2005（5）.

［26］赖德胜．分割的劳动力市场理论评述［J］．经济学动态，1996（11）：67.

［27］许经勇，曾芬钰．竞争的劳动力市场与劳动力市场分割［J］．当代财经，2000（8）：12.

［28］黄敬宝．我国结构性失业的类型与对策［J］．经济经纬，2008（11）.

［29］曾湘泉．劳动力市场中介组织的发展与就业促进［J］．中国人民大学学报，2009（9）.

［30］汪继福，罗恩立．西方就业理论与实践及其对我国的启示［J］．西安大学学报（社会科学版），2000（12）.

［31］西奥多．W．舒尔茨．人力投资：人口质量经济学［M］．北京：华夏出版社，1990.

［32］吴要武．资源枯竭的神话：资源枯竭型城市产业转移与社会稳定［M］．北京：社会科学文献出版社 2013：84－86.

［33］莫荣，陈云，汪昕宇，关注高校毕业生的就业质量［J］．中国劳动，2018（1）.

［34］李杰，邱利生．企业技能型劳动者专用性人力资本：投资与激励［J］．经济管理，2007（12）.

［35］郭晓凌，刘社建．就业结构演变：三产将成为吸纳从业人员主力［J］．中国国情国力，2002（1）.

［36］张敏，祝华凤．新生代农民工就业质量与社会认同问题探究［J］．就业创业，2017（1）.

［37］夏杰长．我国劳动就业结构与产业结构的偏差［J］．中国工业经济，2000（1）.

［38］苏丽锋．中国转型时期就业质量研究［M］．北京：社会科学文献出版社，2015：40.

［39］张樨樨，王利华．“全面二孩”政策对城镇女性就业质量的影响［J］．上海大学学报（社会科学版），2017（9）．

［40］王健．我国农业隐性失业的统计研究［D］．厦门：厦门大学，2006．

［41］张慧．新常态下女性就业问题研究［D］．信阳：信阳师范学院，2017．

［42］苏丽锋．中国转型时期就业质量研究［M］．北京：社会科学文献出版社，2015．

［43］张勇，龙立荣．人—工作匹配、工作不安全感对雇员创造力的影响［J］．南开管理评论，2013．

［44］董直庆，蔡啸，王林辉．技能溢价：基于技术进步方向的解释［J］．中国社会科学，2014．

［45］国际劳工组织国际职业安全与卫生信息中心．提供全面保护，促进社会对话［N］．中国安全生产报，2007－05－10．

［46］中国就业网．2017年部分城市公共就业服务机构市场供求状况分析［EB/OL］．（2018－05－01）．

［47］唐钧．从社会保障到社会保护：社会政策理念的演进［J］．社会科学，2014（10）．

［48］蔡昉．人口转变、人口红利与经济增长可持续性：兼论充分就业如何促进经济增长［J］．人口研究，2004（2）．

［49］林燕玲．女职工假期设置对女性权益维护的影响及国际经验比较［J］．中国劳动关系学院学报，2018（6）．

［50］徐艳．职业培训对改善就业质量的作用研究［M］．北京：中国言实出版社，2017：3．

［51］范皑皑，丁小浩．教育、工作自主性与工作满意度［J］．清华大学教育研究．2007（12）．

［52］李海明．论退休自愿及其限制［J］．中国法制，2013（4）．

［53］21世纪财经网．2016年滴滴司机中14%来自去产能行业［EB/OL］．（2017－01－23）．

外文文献：

［1］NADLER，DAVID A. Lawler III，Edward E. Quality of Work Life：Perspectives and Directions［J］. Organizational Dynamics. Winter 83，VOL. 11 ISSUE 3，20－30.

［2］ ILO. Decent work，report of the director general［R］．1999.

［3］ ANKER R. Measuring Decent Work withStatistical Indicators［R］．［S. L.］：［S. N.］,2002.

［4］ DH ARAM GHAI. Decent work：Concept and indicators［J］．International Labour Review，2003.

［5］ BONNET F. A family of decent work indexes［J］．International Labour Review，2003.

［6］ Commission of the European Communities. Employment and social policies：a framework for investing in quality［EB/OL］.

［7］ EU. European Foundation for the Improvement of Living and Working Conditions［J］．Quality of work and employment in Europe Issues and challenges［R］．［S. L：S. N.］，2002.

［8］ UNECE. indictors on quality of employment［EB/OL］.

［9］ SCHROEDER，FREDRIC. Workplace issues and placement：What is high quality employment?［J］．Commentary，2007.

［10］ United Nations Economic Commission for Europe. Handbook on Measuring Quality of Employment［EB/OL］．2015.

［11］ GRAND，TAHLIN. Job Mobility and Earning Growh［J］．European Sociological Review，2002：18（4）：381－400.

附　件

附件一：调查问卷

“供给侧结构性改革背景下资源衰退城市职工就业质量问题研究”调查问卷

尊敬的先生/女士：

您好！为了促进职工就业，提升就业质量，推动发展和谐劳动关系，我们开展本次“供给侧结构性改革背景下资源衰退城市职工就业质量问题研究”课题调研。

本次问卷共包含四部分。您的回答信息将对本研究具有重要的价值。本问卷所获得的资料仅供研究报告整体分析之用，我们将严格保密您所提供的信息。感谢您对我们的工作给予合作和支持！

中国劳动关系学院课题组

2017 年 12 月

一、个人基本情况

1. 所在单位全称（或代号）是______________________________

2. 您的性别是（　　）
A. 男　B. 女

3. 您的年龄是（请填写整数）________

4. 您目前的户口是（　　）
A. 本市城镇　B. 本市农村　C. 本市居民　D. 外市城镇　E. 外市农村　F. 外市居民

5. 您受教育的程度是（　　）
A. 小学及以下　B. 初中　C. 高中、中专或中等职业学校　D. 大专　E. 高职　F. 大学本科　G. 硕士及以上

6. 您的婚姻状况是（　　）

A. 未婚　B. 有配偶　C. 离异　D. 丧偶

E. 其他（请注明）__________

7. 您的身体健康状况（　　）

A. 健康　B. 良好　C. 一般　D. 不健康

8. 您的职业技能等级是（　　）

A. 没有技术等级　B. 初级技工　C. 中级技工　D. 高级技工及以上

二、就业和劳动关系

1. 您目前是否与单位签订有书面劳动合同？（　　）

A. 有　B. 没有

2. 如果您与单位签订了劳动合同，合同期限为（　　）

A. 1 年以内　B. 1—3 年　C. 3—5 年　D. 5—10 年

E. 以完成一定工作为期限　F. 无固定期限

3. 您目前的工龄是________年；在现在单位工作了________年。

4. 您在现在单位从事的工作是（　　）

A. 生产制造　B. 销售　C. 行政/人事/后勤　D. 设计、研发

E. 其他________

5. 您在单位的岗位类别是（　　）

A. 临时员工　B. 普通员工　C. 中层管理员工　D. 高层管理员工

E. 其他________

6. 您目前平均每周的工作时间大约是几个小时？（　　）

A. 20 小时以下　B. 21—39 小时　C. 40 小时　D. 41—48 小时

E. 49—56 小时　F. 56 小时以上

7. 您每个月的工资收入（基本工资 + 奖金）是否稳定？（　　）

A. 很稳定　B. 基本稳定　C. 波动较大

8. 您是否遭遇过工资拖欠？（　　）

A. 经常遇到　B. 偶尔遇到　C. 未遭遇拖欠

9. 下列保险，您或现在的单位帮您缴纳了哪些？（可多选）（　　）

A. 城镇职工养老保险　B. 农村社会养老保险　C. 企业年金

D. 城镇职工医疗保险　E. 新型农村合作医疗保险　F. 商业医疗保险

G. 生育保险　H. 工伤保险　I. 失业保险　J. 住房公积金

10. 工会维护员工合法权益的效果怎么样？（　　）

A. 很差　B. 差　C. 一般　D. 好　E. 很好　F. 不清楚

11. 您对现在自己的整体工作状态（包括工资、培训、社保等）满意吗？（　　）

A. 非常不满意　B. 不满意　C. 一般　D. 满意　E. 非常满意

12. 您目前的工作岗位稳定吗？（　　）

A. 很不稳定　B. 不太稳定　C. 一般　D. 比较稳定　E. 非常稳定

13. 您对自己未来的生活保障及自身发展是否乐观？

A. 极度悲观　B. 较为悲观　C. 一般　D. 较为乐观　E. 非常乐观

三、家庭基本情况

1. 您的家庭中有________个人，有________个人工作，有________个老人需赡养，有________个孩子需抚养（包括上学）。

2. 您的家庭成员中，是否有和您在同一单位工作的？（　　）

A. 是　B. 否

3. 您家庭 2017 年平均每月获得的全部货币收入是多少？（　　）

A. 300 元以下　B. 301—500 元　C. 501—1000 元　D. 1001—2000 元

E. 2001—3000 元　F. 3001—4000 元　G. 4001—5000 元　H. 5001—7000 元

I. 7001—10 000 元　J. 1 万—2 万元　K. 2 万—4 万元　L. 4 万元以上

4. 您的家庭每月支出项目中，请选出支出最多的前三项：第一（　　）；第二（　　）；第三（　　）。（注：请按由多至少的顺序填选，第一就是每月支出最多的）

A. 食品支出　B. 医疗药品　C. 子女教育费用　D. 自己的教育培训费用

E. 交通费用　F. 购（租）房费用　G. 耐用消费品　H. 娱乐及旅游

I. 通信、网络费用　J. 赡养老人　K. 人际交往花费

L. 其他（请注明）__________

5. 通过对比近三年来您家庭的收入和支出情况，您认为您的家庭（　　）

A. 生活在变差　B. 没有改变　C. 生活在变好

四、职业培训和就业发展

1. 您的知识与技能是否满足目前的工作需要？（　　）

A. 能满足　B. 基本满足　C. 不能满足　D. 不知道

2. 您是否愿意通过培训提升自己的知识技能水平？（　　）

A. 愿意　B. 不愿意

3. 您最希望参加哪种类型的培训？（　　）

A. 技术技能培训　B. 文化知识培训　C. 学历培训　D. 外语培训

E. 创业培训　F. 职业资格证书培训　G. 其他（请注明）________

4. 您不愿意参加培训的原因是（可多选）（　　）

A. 培训费用太高　B. 培训达不到提高知识技能的目的

C. 没有时间参加培训　D. 单位不提供培训的机会

E. 没有兴趣参加培训　F. 其他（请注明）________

5. 如果现在让您自己在招聘市场上求职，您认为再找到现在这样的工作（　　）

A. 很难找　B. 比较难找　C. 不清楚　D. 比较好找　E. 很好找

6. 如果现在让您自己在招聘市场上求职，自己将面临的困难有哪些？（可多选）（　　）

A. 招聘市场上的岗位太少

B. 招聘信息太少

C. 不知道怎么获取招聘信息

D. 招聘市场上没有适合自己的工作

E. 能找到工作，但不是自己喜欢的

F. 不知道自己该应聘什么岗位

G. 其他（请注明）________

7. 您认为在招聘市场上求职时，自己还存在哪些不足？（可多选）（　　）

A. 适应能力不足　B. 理论知识不够

C. 操作技能偏低　D. 人际沟通能力不足

E. 其他（请注明）________

8. 在感觉自己专业知识或工作技能不够时，您是否愿意自己找机会学习？（　　）

A. 不会　B. 不清楚　C. 较愿意　D. 很愿意

9. 如果其他地区有很好的就业机会，您是否愿意考虑？（　　）

A. 很不愿意　B. 不愿意　C. 不清楚　D. 较愿意　E. 很愿意

10. 从保障职工就业和提升就业质量方面，您对政府的政策或工会组织的服务有什么建议？

____

____

附件二：访谈提纲

资源衰退城市企业访谈提纲——管理人员

注意:访谈内容包括但不局限于下面所列问题
1. 供给侧结构性改革政策出台后,企业面临哪些困难? 2. 企业有哪些职工安置的途径? 职工反应如何? 3. 请介绍一下职工年龄结构、学历状况、技能状况? 4. 职工后期的职业发展通道有哪些? 5. 此次改革过程中,工会有哪些做法?

访谈到此结束，感谢您对本次项目工作的支持！

资源衰退城市企业访谈提纲——普通职工

注意:访谈内容包括但不局限于下面所列问题
1. 请介绍一下您的工作状况、工作内容。 2. 您的工资收入状况怎么样? 3. 每天工作多久? 4. 有无工资拖欠状况? 社保按时缴纳吗? 5. 有没有相关培训? 都培训什么内容? 培训多久? 6. 目前面临的困难有哪些? 对于解决困难有什么想法与建议?

访谈到此结束，感谢您对本次项目工作的支持！

首都机场 T3 航站楼人群行为仿真分析[①]

指导老师：任国友　项目主持人：王文涛
项目参加人：刘旭　王军海　赵玉润

摘　要： 机场作为一种典型的公众聚集场所，往往因人群聚集而增大安全管理难度，人群行为控制问题成为公众聚集场所安全管理的焦点问题。以首都机场 T3 航站楼作为仿真对象，客观分析机场行人流的特性，并利用 MassMotion 软件平台，对 T3 航站楼内部行人交通组织与登机离港服务关键情景进行仿真模拟。在工作日和假期情景下，通过仿真分析确定了首都机场 T3 航站楼进站与登机离港时“行人流”特征。在此基础上，对仿真数据进行筛选和拟合，并建立了通过水平通道人群的密度、流量和速度 3 个主要参数的相互关系。对比显示，本文仿真模拟出的行人密度与实际测量数据相符。研究结果可为科学认识机场航站楼进站与登机离港人群聚集提供理论依据。

关键词： 社会力模型　行人流特性　MassMotion 仿真软件　T3 航站楼

引　言

公众聚集场所是城市公共安全管理的重要区域与场所之一。机场航站楼是一类典型的公众聚集场所，具有人员集中、人群复杂、局部人员密度高的特点，其现场安全管理十分困难，一旦发生事故，逃生疏散困难，很容易造成群死群伤事故[②]。公众聚集场所人群应急疏散能力引起了国内外学者的关注。国外学者 Fruin

---

① 本文为 2018 年中国劳动关系学院研究生科研项目二等奖，项目名称“民用机场航站楼人群行为仿真分析”。

② 刘梦婷，蒋美英．考虑人群拥堵的疏散出口选择行为研究及建模［J］．中国安全生产科学技术，2016，12（9）：157－163.

于 1987 年就提出了宏观“行人流”特征的概念①，研究了行人在平均速度、行人密度和行人交通流方面的聚集性特征。May 对行人流行为特征方面进行了研究，并将行人疏散仿真模型分为宏观仿真模拟和微观仿真模拟两大类②。Huang 等人认为③，在一定条件下，Hughes 模型中行人的路径选择行为满足用户动态平衡原则。国内学者陈涛等人④认为行人的行为减速是为了避免碰撞，从而修正了社会力模型。卢春霞运用了波动理论研究人群在出口的拥挤行为⑤。陈亮等人模拟了双出口教室的人员的疏散过程⑥。赵光华和张广厚对北京北苑交通枢纽的设计进行仿真模拟分析⑦。张建勋等人利用 VISSIM 仿真模拟软件对北京地铁客流量进行仿真模拟分析⑧。因此，在本研究中以首都机场 T3 航站楼作为仿真对象，客观分析机场行人流的特性，并利用 MassMotion 软件平台，对 T3 航站楼内部行人交通组织与登机离港服务关键情景进行仿真模拟，得到了首都机场 T3 航站楼进站与登机离港时的行人流特征。

一、公众聚集场所行人流影响因素

（一）行人流特性及其影响因素

行人流特性差异可以从个体特征差异和非个体特征差异两方面进行分析。

1. 个体特征

个体特征差异包括年龄、性别、文化和种族差异等因素。一是年龄。年龄是影响行人速度的一个重要因素。根据年龄可将人群分为 3 个阶段，15—40 岁为青年，40—60 岁为中年，60 岁以上为老年。二是性别。仅考虑性别因素，男女身

---

① 王爱丽．高速铁路综合客运枢纽行人集散仿真研究与实现［D］．北京：北京交通大学，2011.

② 塔娜．基于空间细化元胞自动机的行人疏散建模与仿真［D］．呼和浩特：内蒙古大学，2016.

③ 马剑．相向行人流自组织行为机理研究［D］．北京：中国科学技术大学，2010.

④ 陈涛，宋卫国，范维澄，等．十字出口宽度与人员阻塞的依赖关系及其模拟和分析［J］．自然科学进展，2004，14（5）：567－572.

⑤ 卢春霞．人群流动的波动性分析［J］．中国安全科学学报，2006，16（2）：30－34.

⑥ 陈亮，郭仁拥，塔娜．双出口房间内疏散行人流的仿真和实验研究［J］．物理学报，2013，62（5）：78－87.

⑦ 赵光华，张广厚．北苑交通枢纽行人仿真模拟研究［J］．武汉理工大学学报（交通科学与工程版），2012，36（1）：120－123.

⑧ 张建勋，韩宝明，李得伟．VISSIM 在地铁枢纽客流微观仿真中的应用［J］．计算机仿真，2007，24（6）：239－242.

体结构存在差异，行走速度必定存在差异。通常，男人有更大和更快的步伐。三是文化和种族差异。行人流研究目前多数在欧洲、亚洲、北美进行。亚洲人同西方（欧洲、北美）人身材有着明显的差异①。

2. 非个体特征

非个体特征差异包括温度、携带行李状况、避让距离和建筑设施类型等因素。一是温度。温度对行人速度有明显的影响。在本次研究中，不考虑温度对运动速度的影响。二是携带行李状况。根据行李的大小尺寸可分为4种情况②。无行李或携带随身小包、小行李（公文包等）、中等行李（中等尺寸的行李箱等）和大行李（大件行李箱或两个及以上的中等尺寸行李箱）。三是避让距离。避让距离是指行人间、行人和墙壁或障碍物之间的最小距离。这取决于周围环境和行人自由度③。四是建筑设施的类型。在公共场所，典型的建筑设施包括人行走道、过廊、电梯、楼梯、自动扶梯、推拉门和旋转门等。当行人使用垂直移动设施时，行人对向下方向的运动延迟更敏感④，穿过门时，形成拱形区域的可能性取决于门的宽度和行人的恐慌程度。

（二）行人流社会力模型及其仿真软件

在20世纪50年代时，Lewin在研究行人移动行为时发现，行人在移动过程中会受到力的作用，行人因此会改变自己的运动行为。后来，D. Helbing等人根据Lewin提出的理论，将流体力学方程与Lewin的理论组合起来，建立了一个社会力模型⑤，这里将行人视为满足力学定律的粒子，相比于其他模型，能更加真实地再现行人运动现象。另外，社会力模型是以个体为单位建立的，它是一种连续行人流模型。所以，社会力模型更加动态，模型仿真出的效果与实际人群的运动更相符。本研究所用的MassMotion是根据社会力模型所开发出的一款新型人群仿真模拟软件。

---

① 胡清梅，方卫宁，李广燕．公共建筑环境下行人行为特性及拥挤机理研究综述［J］．中国安全科学学报，2008，18（8）：68－73.

② 叶建红，陈小鸿，俞梦骁．个体特征对步行通道行人最大通过量的影响［J］．同济大学学报（自然科学版），2015，43（12）：1834－1840.

③ 樊羽裳．城市轨道交通车站双向通道行人避让行为仿真模型研究［D］．北京：北京交通大学，2016.

④ 胡清梅．轨道交通车站客流承载能力的评估与仿真研究［D］．北京：北京交通大学，2011.

⑤ 杨亚璪，尹华省，陈坚，等．行人运动行为的社会力模型研究现状与展望［J］．重庆交通大学学报（自然科学版），2015，34（6）：94－100.

二、T3 航站楼应急疏散仿真模型

（一）T3 航站楼概况及参数说明

1. 首都机场 T3 航站楼概况

北京首都国际机场 3 号航站楼主楼由荷兰机场顾问公司（NACO）和英国诺曼福斯特建筑事务所联合设计。机场所处北京市顺义区，位于北京城区的东北方向，和市区有多条线路的连接，交通便利。3 号候机楼是世界第二大单体航站楼，并且是中国最大的单体建筑。3 号航站楼由主楼、国内候车大厅和国际候车大厅组成。配备自动处理高速传输的行李系统，快速客运、快速交通系统和总建筑面积 98.6 万平方米的信息系统。国际机场理事会（ACI）发布数据统计显示，2017 年世界各大机场接待旅客排名，中国北京机场以 9579 万人次的客流量位居第二。

2. 机场客流量统计分析

机场作为公众聚集场所，有其特殊之处，节假日相较日常工作日接待客流量增多。基于我国的具体国情，每到节假日时，客流量急剧增大。目前，我国全年法定节假日（一般包括元旦、春节、清明节、劳动节、端午节、中秋节、国庆节）共 7 个，其中春节和国庆节持续时间最长，出行、回家的客流量是最多的。研究中选取 4 月份清明节假期为例，机场会在假期前做好预计进出港旅客的数据统计，根据官网发布的数据统计可知，4 月 5 日至 7 日将迎来“清明”小长假，在为期三天的假期内，首都机场预计进出港旅客 74.7 万人次，日均 24.9 万人次。同样可知，在“五一”小长假期间，即 4 月 29 日至 5 月 1 日，首都机场预计保障进出港旅客 80.5 万人次，日均 26.8 万人次；进出港航班预计 4860 架次，日均 1620 架次。从这两个假期的数据比较可以看出，日均人数差别不大，总人数还是“五一”长假相对较多。与春运客流量比较，春运的日均客流量也与上两个节假日持平，虽然春运客流量是最大的，但因为其持续时间长，人流数量分散，节假日日均旅客量是大致相同的。

（二）行人流仿真模型构建

1. 基本假设

（1）初始状态。航站楼内所有服务设备均正常运行，没有上机和等候的旅客，安保人员、服务人员等员工均处于就绪状态。

（2）模型中行人运行流程涉及值机和安检、买票等服务。均选择方式为：旅客先到达则先得到服务；旅客选择安检的方式遵循就近原则且选择随机，即旅客行走距离最短①。值机根据是否有行李，是否选择托运，选择不同窗口。

（3）值机柜台的功能分为：有行李托运柜台和无行李托运柜台。

（4）安检通道分为两个类型：普通通道和VIP通道。

（5）为了简化行人仿真模型，该模型中不包括行李检查和行李分检等流程。

（6）假设所有的旅客均熟悉登机流程，每一架航班都没有延误，当日所有航班均按照计划时刻表执行飞行任务。此外，模型中没有等待转机的旅客。

2. 基本模拟参数

按航空运输的国际惯例，机场运行开放时间是6：00，关闭时间是24：00，数据显示北京机场在0：00—6：00仍有部分航班执行。通常以航班数量、航班密度和占航班总量的比重三者作为衡量指标。仿真中模型选择中午黄金航段（11：00—14：00）的20分钟进行模拟。20分钟约有16个航班，每架航班搭乘人数约121人，共3146人。表1选取2018年4月某日进行统计得出T3航站楼各时段接待航班数量及每个时段预计搭乘旅客的人数。从中可以看出，日常工作日搭乘旅客数总计为15.05万人，节假日每日搭乘旅客数为25万人左右，两个时段旅客人数差别明显。

3. 观测数据与仿真参数标定

仿真参数的选择是模拟仿真建模的基础和关键，决定了仿真是否更加贴近实际。笔者实地调查首都机场T3航站楼进出口通道行人流到达量分布数据（见表2与表3），给出了仿真建模关键参数。

表1　T3航站楼各时段接待航班数量及预计搭乘人数

航段类型	时间段	航班数量(次)	航班比例(%)	预计搭乘旅客人数(万人)
早上航段	05:00—07:00	92	7.44%	1.12
早上黄金航段	07:00—09:00	179	14.47%	2.18

① 石丽娜，周慧艳，于飞．机场航站楼旅客离港流程仿真研究［J］．计算机工程与设计，2009，30（2）：449－452.

续表

航段类型	时间段	航班数量(次)	航班比例(%)	预计搭乘旅客人数(万人)
上午低谷航段	09:00—11:00	115	9.30%	1.40
中午黄金航段	11:00—14:00	202	16.33%	2.46
下午低谷航段	14:00—16:00	151	12.21%	1.84
下午小高峰	16:00—18:00	169	13.66%	2.06
晚低谷	18:00—19:00	74	5.98%	0.90
晚高峰	19:00—22:00	174	14.07%	2.12
深夜低谷	22:00—24:00	40	3.23%	0.49
红眼航班	00:00—05:00	41	3.31%	0.50
总计		1237	100%	15.07

注：数据来源：http://www.bcia.com.cn/。行人服务水平评价体系是 Fruin 根据行人运动（见表4）和候车（见表5）两种不同行为下的场景内服务水平，也就是依据人群的密度得出的人群在此范围内的舒适度。

表2 行人流建模参数①

参数名称	具体内容
行人种类	青年、中年、老年、其他
服务水平划分	Fruin 服务水平标准
基础设施配置	出入口、电梯、楼梯、安检处
服务时间	值机时间、安检通过时间
划定区域	等候区、排队区、行进区

表3 行人流设施参数表

设施	参数
办理托运(有行李)/min	3:00—10:00
无行李/min	00:30—2:00
VIP 柜台/min	2:00—8:00
值机最长排队数/个	15
安检最长排队数/个	5
安检时长/s	00:05—00:20

① 赵光华．行人仿真在奥运地铁站的应用研究［D］．北京：北京工业大学，2007.

表4　行人运动服务水平

服务等级	阈值(人/平方米)
A	0.00—0.31
B	0.31—0.43
C	0.43—0.72
D	0.72—1.08
E	1.08—2.17
F	≥2.17

表5　行人候车服务水平

服务等级	阈值(人/平方米)
A	0.00—0.83
B	0.83—1.11
C	1.11—1.43
D	1.43—3.33
E	3.33—5.00
F	≥5.00

为了确定机场内行人流步速，采用人工观测和视频采集的方法，结合个体特征差异和非个体特征差异中的影响因素，考虑年龄、性别、种族、携带行李状况的影响（见表6）。根据不同种类的人群，确定他们速度变化的范围。

三、仿真结果及其分析

表6　不同种类人群的速度参数

人群	类别	速度参数(m/s)
年龄	青年	0.71—1.49
	中年	0.65—1.40
	老年	0.60—1.20
性别	男性	1.40—1.55
	女性	1.27—1.45

续表

人群	类别	速度参数(m/s)
种族	亚洲	1.19—1.21
	西方	1.37—1.49
携带行李状况	随身小包	1.34—1.55
	小行李	1.30—1.52
	中等行李	1.23—1.47
	大行李	1.15—1.40

在本研究中，模型分两个部分，第一部分为旅客到达机场办理托运、值机等服务，即进站区域；第二部分为旅客安检通过从上机通道离港，模型预计模拟了航站楼中午黄金时段20分钟内行人流情况和节假日最大客流量情况。

（一）进站口仿真方案及其结果

输出旅客进站口的仿真模拟界面如图1所示，不同颜色对应不同种类的人群，蓝（深）色代表男性，橙（浅）色代表女性。

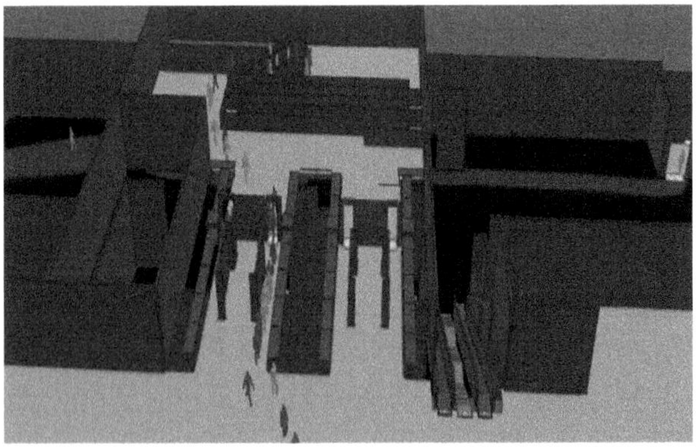

图1　进站口仿真图

1. 日常工作日进站口仿真结果

由图2可知，日常值机服务水平可以达到A级水平。在电梯和安检口两个易拥堵的区域，工作日行人密度表现良好。电梯达到C级服务水平之上，安检处均在A级以上。

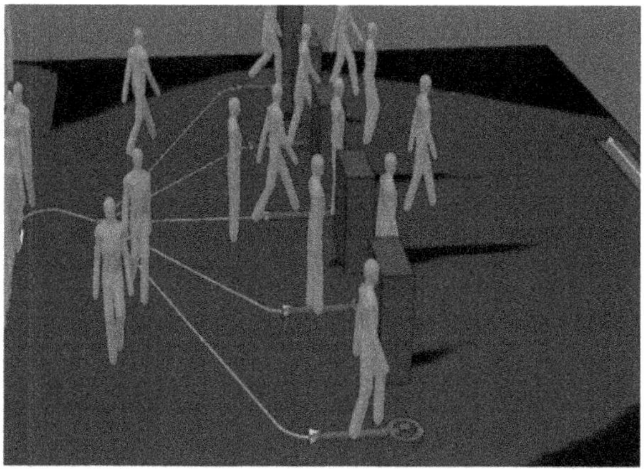

图 2　工作日值机服务情景行人平均密度图

2. 节假日进站口仿真结果

在节假日时间段内，旅客人数增多，航班增多，导致服务压力增大，服务水平的等级即将降低到 E 级（见图 3）；在进站口的其他局部区域（如电梯口和安全检查处），容易造成人员的拥挤，但都尚未达到危险的水平。

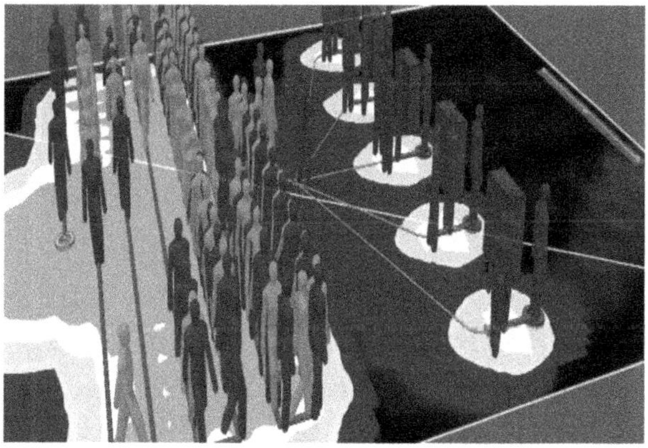

图 3　节假日值机服务情景行人平均密度图

（二）登机离港仿真方案及其结果

T3 航站楼登机离港受建筑结构的重要影响，其输出旅客离港仿真测试结果界面如图 4 所示。

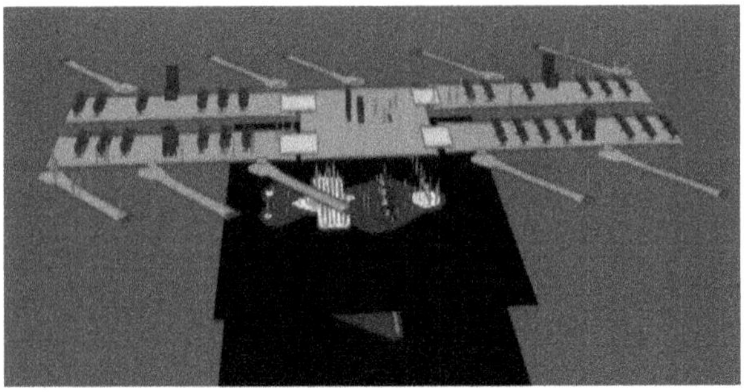

图 4　旅客登机离港仿真界面

1. 日常工作日进站口仿真结果

如图 5 所示，在日常工作日，乘客从 B1 层乘坐电梯进入 1 层安检区，排队接受安检，行人平均密度均在 E 级以上服务水平，满足基本乘机的需要，排队顺畅，设施之间有序衔接，没有较为拥堵的区域。

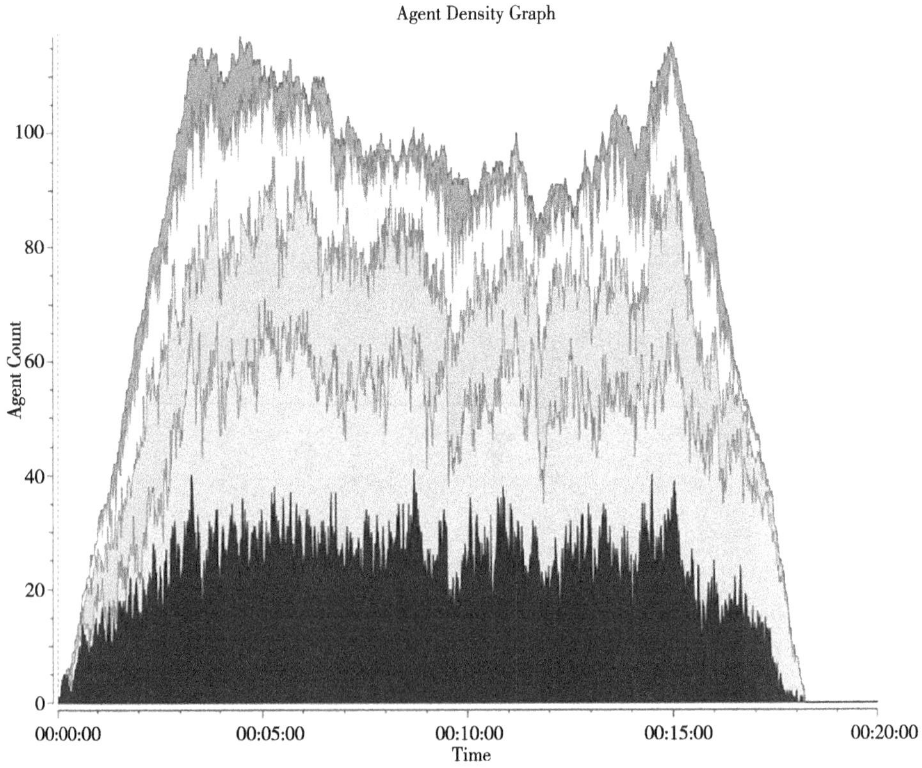

图 5　工作日离港前通过安检区行人平均密度图

2. 节假日进站口仿真结果

同样，增加模拟人数，模拟节假日时段内的人群密度，发现在安检处存在拥堵状况，局部人群突然密集区域密度增大。

（三）T3 航站楼实际行人流特征分析

行人流特征可以用行人流流量、速度和行人流密度 3 个基本参数描述。

1. 流量与密度之间的关系

密度是用来描述特定区域内行人密集程度的参数①。通过实际观测数据（通过 SAS 的 F 检验，95% 的置信区间），绘出流量与密度的关系图，如图 6 所示，并得到的二次多项式函数（见公式 1）。

$$Q = -16.15K^2 + 67.414K + 2.7711 \quad (1)$$

拟合出的流量与密度的关系趋势图，对比文献②研究结果，当密度为 $K = 2.08p/m^2$ 时，区域内行人流量达到最大值为 $Q = 73p/(min \cdot m)$，且当达到最大值后，流量开始逐渐下降，整体图像呈开口向下。以 $K_m = 2.08p/m^2$ 为分界点，此时流量为最大流量 Q_m，前一部分为不拥挤范围，后一部分属于拥挤的范围。当密度 $K_j = 4.21p/m^2$ 时，此时流量 Q 接近于 0，这时区域内的人群非常拥挤，难以移动，达到难以忍受的最小静态空间。

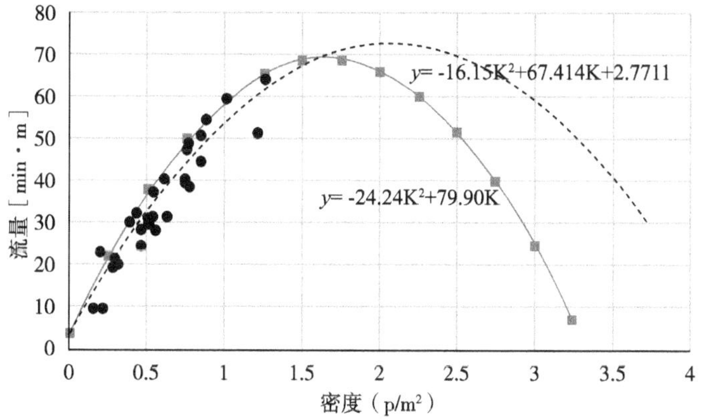

图 6　T3 航站楼人群密度与流量关系

① 杨睿. 基于信号交叉口行人二次过街设置方法的行人延误研究［D］. 成都：西南交通大学，2017.

② 李三兵，陈峰，李程垒. 对地铁站台集散区客流密度与行进速度的关系探讨［J］. 城市轨道交通研究，2009，12（12）：34－36.

2. 速度与密度之间的关系

同样，如图 7 所示，本文将实际观测数据与文献进行对比，拟合结果相似。即：

$$V = 1.6623e^{-0.396K} \tag{2}$$

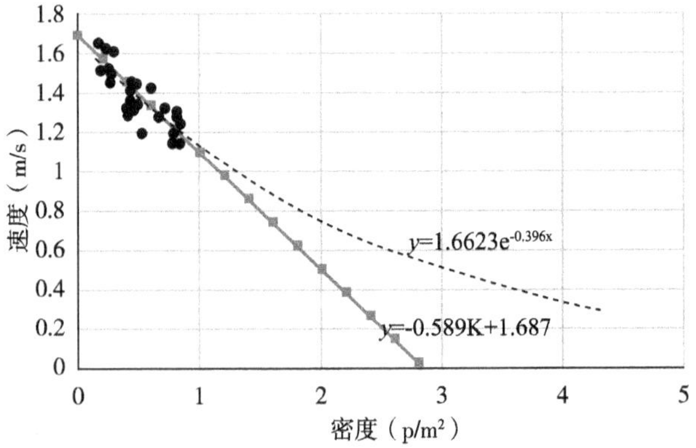

图 7　密度与速度关系图

由文献和图 8 结果可知，在密度为 0—1p/m^2 区间内，人流密度较小，行人处于离散的状态，个体行为特征因素对速度的影响占据主要位置。与模拟仿真结果做对比，C 级处于密度为 1.393—2.333 p/m^2，而依据实际测量的结果，当密度达到 K = 2.08p/m^2时，是不拥挤和拥挤的分界点，这个点落于 C 级区域内，仿真与实际符合。

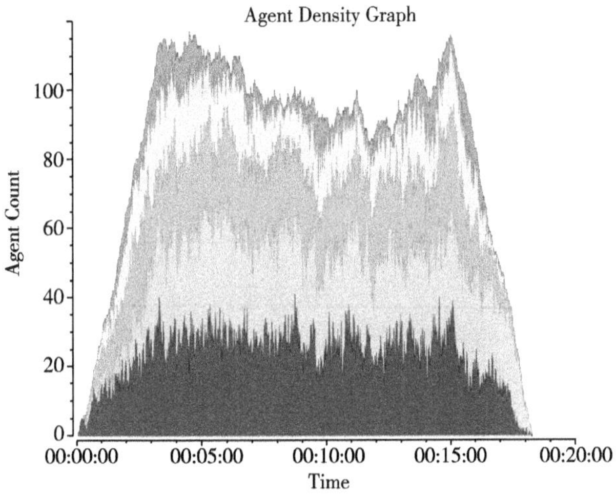

图 8　文献中的密度与速度关系

四、结　论

T3航站楼是首都机场重要的公众聚集场所，是影响北京城市公共安全的关键场所。调查T3航站楼数据，开展人群行为仿真分析，取得以下认识。

（1）研究发现，相比固定场所的非个体特征，行人流速度、性别及个体差异是影响公众聚集场所的关键参数，为改善首都机场T3航站楼服务水平提供了理论依据。

（2）对比仿真分析结果得知，相比日常工作日，节假日同一地点行人流平均密度明显增大，应科学估测节假日高峰期行人流平均密度。在无法从设备上弥补缺点的情况下，建议在高峰时段适量增加工作人员对旅客进行引导，避免乘客过度累积。

（3）实际观测数据与已有研究相比，结果表明，行人流量与密度在水平通道处呈二元函数关系，行人速度与密度呈线性关系，当达到区域内行人密度条件的某一点时，即 $K=2.08p/m^2$，行人流量才会达到最大；密度再增大，到阻塞密度 $K_j=4.21p/m^2$ 时，行人流量为零。在密度为 $0—1p/m^2$ 区间内，即人流密度较小的区域，行人处于离散的状态，个体行为特征因素对速度的影响占据主要位置；当人群密度大于 $4p/m^2$ 时，即在高度密集时，非个体行为特征对于速度变化不产生影响。

参考文献：

［1］刘梦婷，蒋美英．考虑人群拥堵的疏散出口选择行为研究及建模［J］．中国安全生产科学技术，2016，12（9）：157－163.

［2］王爱丽．高速铁路综合客运枢纽行人集散仿真研究与实现［D］．北京：北京交通大学，2011.

［3］塔娜．基于空间细化元胞自动机的行人疏散建模与仿真［D］．呼和浩特：内蒙古大学，2016.

［4］马剑．相向行人流自组织行为机理研究［D］．北京：中国科学技术大学，2010.

［5］陈涛，宋卫国，范维澄，等．十字出口宽度与人员阻塞的依赖关系及其模拟和分析［J］．自然科学进展，2004，14（5）：567－572.

［6］卢春霞．人群流动的波动性分析［J］．中国安全科学学报，2006，16

(2)：30－34.

［7］陈亮，郭仁拥，塔娜．双出口房间内疏散行人流的仿真和实验研究［J］．物理学报，2013，62（5）：78－87.

［8］赵光华，张广厚．北苑交通枢纽行人仿真模拟研究［J］．武汉理工大学学报（交通科学与工程版），2012，36（1）：120－123.

［9］张建勋，韩宝明，李得伟．VISSIM在地铁枢纽客流微观仿真中的应用［J］．计算机仿真，2007，24（6）：239－242.

［10］胡清梅，方卫宁，李广燕．公共建筑环境下行人行为特性及拥挤机理研究综述［J］．中国安全科学学报，2008，18（8）：68－73.

［11］叶建红，陈小鸿，俞梦骁．个体特征对步行通道行人最大通过量的影响［J］．同济大学学报（自然科学版），2015，43（12）：1834－1840.

［12］樊羽裳．城市轨道交通车站双向通道行人避让行为仿真模型研究［D］．北京：北京交通大学，2016.

［13］胡清梅．轨道交通车站客流承载能力的评估与仿真研究［D］．北京：北京交通大学，2011.

［14］杨亚璪，尹华省，陈坚，等．行人运动行为的社会力模型研究现状与展望［J］．重庆交通大学学报（自然科学版），2015，34（6）：94－100.

［15］石丽娜，周慧艳，于飞．机场航站楼旅客离港流程仿真研究［J］．计算机工程与设计，2009，30（2）：449－452.

［16］赵光华．行人仿真在奥运地铁站的应用研究［D］．北京：北京工业大学，2007.

［17］杨睿．基于信号交叉口行人二次过街设置方法的行人延误研究［D］．成都：西南交通大学，2017.

［18］李三兵，陈峰，李程垒．对地铁站台集散区客流密度与行进速度的关系探讨［J］．城市轨道交通研究，2009，12（12）：34－36.

典型航空运输事件的统计分析与致因研究[①]

指导老师：孙贵磊　项目主持人：曾阳

摘　要：为了提高民航运输航空风险管控水平，减少航班事故及严重事故征候的发生，选用事故树分析法对2008—2017年中国民用航空运输航空事故及事故征候事件发生数量最多的三类事件进行了可能发生的致因分析，绘制的事故树直观地表现出可能导致事故及严重事故征候发生的各基本事件及其与顶上事件的逻辑关系。通过对事故树的定性分析，得出其基本事件的结构重要度，指明了预防三类高发事件的途径，验证了事故树分析法在民航运输航空事故及严重事故征候分析中的实用性，为该方法的深入运用提供参考。

关键词：事故树分析　运输航空　事故及严重事故征候　致因分析　结构重要度

一、引言

安全是民航业内出现最为频繁的词，人们无时无刻不在提“安全”，对安全的不同认知和理解决定了安全管理的政策和方法的不同。国际民航组织在总结了民航过去60年安全管理的经验之后，给出了行业的安全定义：安全是一种状态，即通过持续的危险识别和风险管理过程，将人员伤害或财产损失的风险降至并保持在可接受的水平或以下。

多年来，民航局深入贯彻落实习近平总书记、李克强总理等中央领导同志对民航安全工作重要指示精神，把“坚持民航安全底线，对安全隐患零容忍”的要求落实到各项实际工作中，不断创新安全管理体制机制和方式方法，标本兼治、综合施策，行业整体安全水平不断提升。然而在实际工作中，由于民航运行各个环节受

① 本文获2018年中国劳动关系学院研究生科研项目二等奖，项目名称“航班运行事故预警体系的构建与应用”。

人、机、环等诸多因素的影响和共同作用，尚未形成一套普适的民航安全管理模式，但借助数据的统计分析，能很好地判断民航事故及事故征候的成因和规律，可以指导和应对未来可能的民航灾害，对实施预警、防范灾害具有重要的意义。

事故树分析法能对各种系统的危险性进行辨识和评价，通过对可能造成系统事故或导致灾害后果的各种因素的分析，确定事故原因的各种可能的组合方式。事故树分析法不仅能分析出事故的直接原因，还能深入地揭示出事故的潜在原因，既可用于定性分析，又可用于定量分析①。按照中国民航现有的分类标准，对2008年1月1日至2017年12月31日十年间发生的141起运输航空事故及严重事故征候事件按类型进行了统计分析，发现冲/偏出跑道、航空器（内）起火/冒烟/火警以及失压这三类事件共占事件总量的44.0%，是严重威胁民航安全的不安全事件。因此，本文运用事故树分析法对这三类事件进行了致因分析，确定了导致事故或严重事故征候发生的各基本事件及其重要程度，通过定性和定量分析，系统地掌握这三类事件发生的原因，为民航运输航空重点风险管控提供了有效参考。

二、近十年民航运输航空安全现状分析

民航是事故概率小但风险较高的行业，在过去十年，中国民航蓬勃发展，走上了由民航大国向民航强国迈进的发展之路，2008—2017年间，中国运输航空年飞行小时从393万小时增长至1060万小时，年均增幅11.15%，运输航空年飞行架次从187万架次增长至436万架次，年均增幅9.45%。从10年整体趋势看，事故征候以上不安全事件数量呈缓慢增长趋势，年均增长幅度为22.59%，其中运输航空共发生严重事故征候及以上不安全事件141起，年均增长幅度为13%，略大于年飞行小时增幅。

2008—2017年我国运输航空事故及严重事故征候事件按类型可划分为：冲/偏出跑道24起、航空器（内）起火/冒烟/火警23起、失压15起、空中颠簸10起、擦尾/擦发动机/擦翼尖/擦机腹10起、跑道侵入9起、系统失效/故障/卡阻6起、小于间隔/危险接近5起、跑道外接地5起、跑道混淆4起、可控飞行撞地/障碍物4起、其他4起、机组失能/发病3起、低于最低油量3起、未保持安全高度2起、通信中断2起、失控/失速2起、航空器与航空器相撞2起、发动机停车2起、重着陆1起、航空器与障碍物/车辆/设施设备相撞1起、低于标准着

① 王起全，孙贵磊，徐素瑞，等．安全评价［M］．北京：化学工业出版社，2015.

陆 1 起、部件脱落/损坏/磨损 1 起、其他驾驶舱/客舱安全事件 1 起、雷击/电击 1 起，如图 1 所示。

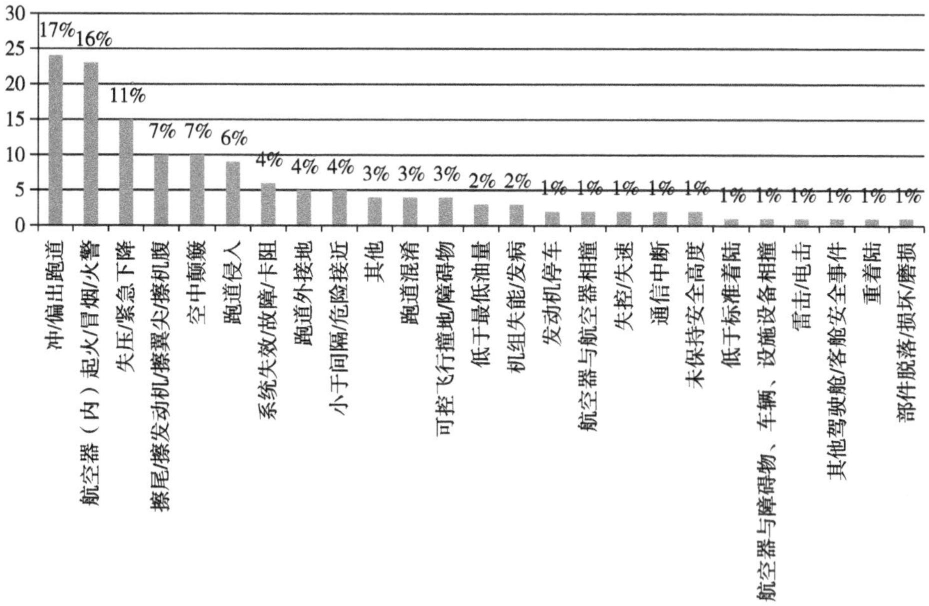

图 1　2008—2017 年运输航空事故及严重事故征候类型

其中，冲/偏出跑道、航空器（内）起火/冒烟/火警以及失压等三类事件的发生次数明显高于其他类型事件，占据总量的 44%。笔者认为，对于民航运输飞行安全的管控，最终想要达到的目的是减少不安全事件的发生，让不安全事件与运量的比例逐渐维持在一个可接受的范围内，甚至降低这一比例，因此，重点对高发事件进行预防和控制，提高机组人员对典型事件的处置能力，能有效提高民航运行安全水平。

三、事故树分析法理论分析

事故树分析法是一种用树形图表示系统可能发生的某种事故与导致事故发生的各种因素直接的逻辑关系的方法，是一种图形演绎方法，是故障事件在一定条件下的逻辑推理方法[①]。事故树分析法能对导致灾害事故的各种因素及逻辑关系

① 张曾莲. 风险评估方法［M］. 北京：机械工业出版社，2017.

做出全面、简洁和形象的描述，便于查明系统内固有的或潜在的各种危险因素，使有关人员、作业人员全面了解和掌握各项防灾要点。

目前，利用事故树分析法对民航安全管理进行分析使用并不普遍，但它的优势是逻辑关系清晰明了，操作简易，对分析结果可进行定性处理。它能识别导致事故的基本事件与人的不安全行为的组合，可为民航安全管理人员提供避免或减少导致事故、事故征候发生的基本事件，对不同的基本事件按照其重要程度有针对性地制定管控措施，从而降低事故、事故征候发生的可能性，为事件的事前预防和事后分析提供了全面的思路，对于提高民航安全风险管控水平、优化安全决策具有实际意义。

下面将运用事故树分析法对三类典型事件进行致因分析并提出安全建议。

（一）冲/偏出跑道事故树分析

1. 冲/偏出跑道事故树

根据2008—2017年运输航空24起冲/偏出跑道严重事故征候调查统计，绘制冲/偏出跑道事故树模型，如图2所示，各事件代码的含义见表1所示。

表1　冲/偏出跑道各事件清单

事件编号	事件名称	事件编号	事件名称
T	飞机冲/偏出跑道	X4	管制员错误指挥
M1	人的因素	X5	导航台指示不正确
M2	物或环境的不安全状态	X6	前轮转弯控制机构故障
M3	机组违规操作	X7	发动机反推故障
M4	物的因素	X8	刹车失效
M5	环境因素	X9	爆胎
M6	飞机故障或维护不当	X10	大侧风/风切变
M7	低能见度	X11	助航灯光照度不足
M8	跑道湿滑	X12	大雾
X1	未执行标准操作程序	X13	强降雨
X2	驾驶舱资源管理不当	X14	降雪
X3	机组经验不足、技术欠缺		

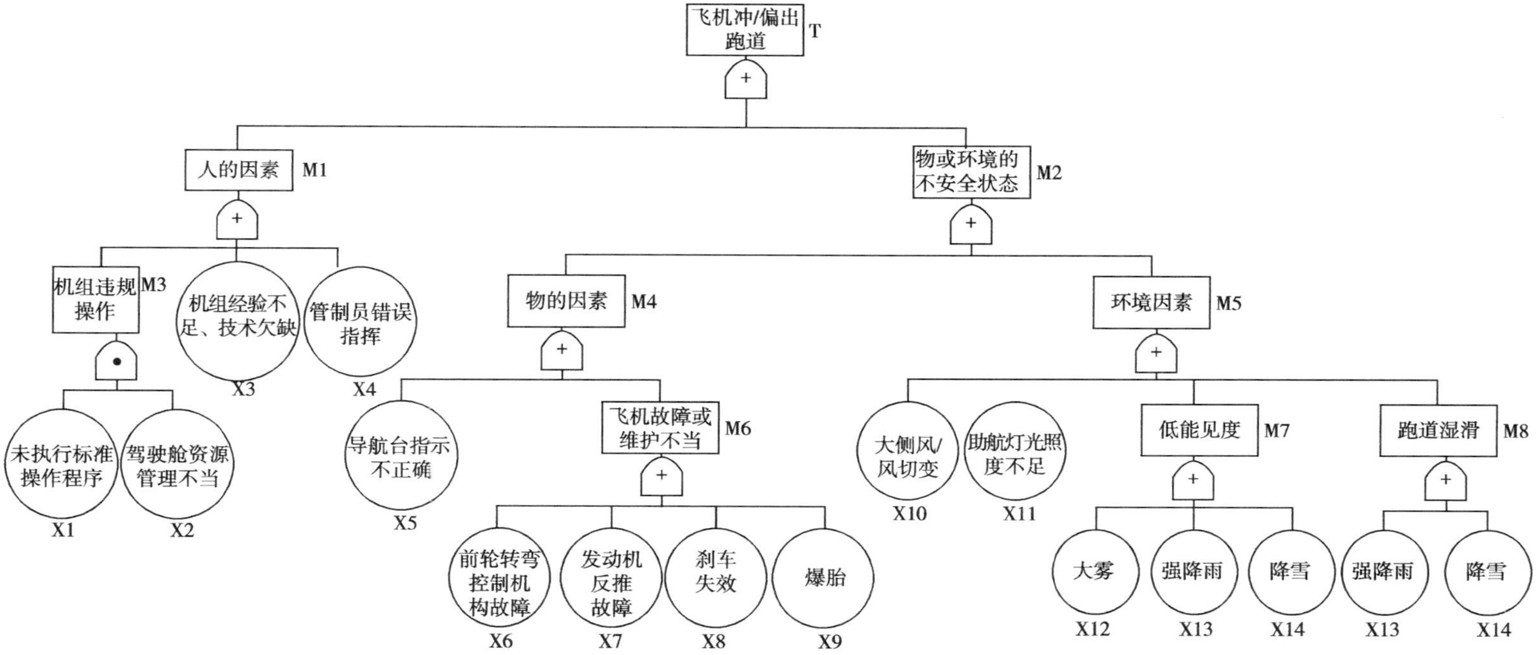
飞机冲/偏出跑道
T
人的因素
M1
物或环境的不安全状态
M2
机组违规操作
M3
机组经验不足、技术欠缺
X3
管制员错误指挥
X4
物的因素
M4
环境因素
M5
未执行标准操作程序
X1
驾驶舱资源管理不当
X2
导航台指示不正确
X5
飞机故障或维护不当
M6
大侧风/风切变
X10
助航灯光照度不足
X11
低能见度
M7
跑道湿滑
M8
前轮转弯控制机构故障
X6
发动机反推故障
X7
刹车失效
X8
爆胎
X9
大雾
X12
强降雨
X13
降雪
X14
强降雨
X13
降雪
X14

图 2　冲/偏出跑道事故树

2. 冲/偏出跑道事故树结构重要度分析

根据布尔代数方法，运输航空冲/偏出跑道严重事故征候事件 T 可表示为：

$$T = M1 \times M2 = (M3 + X3 + X4) \times (M4 + M5) = (X1 \times X2 + X3 + X4) \times (X5 + M6 + M7 + M8 + X10 + X11) = X1 \times X2 \times X5 + X1 \times X2 \times X6 + X1 \times X2 \times X7 + X1 \times X2 \times X8 + X1 \times X2 \times X9 + X1 \times X2 \times X12 + X1 \times X2 \times X13 + X1 \times X2 \times X14 + X1 \times X2 \times X10 + X1 \times X2 \times X11 + X3 \times X5 + X3 \times X6 + X3 \times X7 + X3 \times X8 + X3 \times X9 + X3 \times X12 + X3 \times X13 + X3 \times X14 + X3 \times X10 + X3 \times X11 + X4 \times X5 + X4 \times X6 + X4 \times X7 + X4 \times X8 + X4 \times X9 + X4 \times X12 + X4 \times X13 + X4 \times X14 + X4 \times X10 + X4 \times X11 \tag{1}$$

可见，事件 T 包含30组最小割集，当这些最小割集的任何一个发生时，航空器冲/偏出跑道事故征候将会发生。

由割集理论可知，仅在同一最小割集中出现的所有基本事件，而且在其他最小割集中不再出现，则该割集中所有基本事件的结构重要度相等；当最小割集中包含的基本事件的个数相等时，在最小割集中重复出现次数越多的基本事件，其结构重要度就越大，重复出现次数越少的基本事件，其结构重要度就越小，在最小割集中重复出现次数相等，则结构重要度相等；当最小割集中基本事件的个数不等时，基本事件个数少的割集中的基本事件结构重要度比基本事件个数多的割集中的基本事件结构重要度大①。

因此，利用最小割集对航空器冲/偏出跑道事故树的结构重要度进行分析，式（1）中，$X3 \times X5$，$X3 \times X6$，$X3 \times X7$，$X3 \times X8$，$X3 \times X9$，$X3 \times X12$，$X3 \times X13$，$X3 \times X14$，$X3 \times X10$，$X3 \times X11$，$X4 \times X5$，$X4 \times X6$，$X4 \times X7$，$X4 \times X8$，$X4 \times X9$，$X4 \times X12$，$X4 \times X13$，$X4 \times X14$，$X4 \times X10$，$X4 \times X11$ 为事件 T 的二阶最小割集，发生的概率较大，而三阶最小割集 $X1 \times X2 \times X5$，$X1 \times X2 \times X6$，$X1 \times X2 \times X7$，$X1 \times X2 \times X8$，$X1 \times X2 \times X9$，$X1 \times X2 \times X12$，$X1 \times X2 \times X13$，$X1 \times X2 \times X14$，$X1 \times X2 \times X10$，$X1 \times X2 \times X11$ 发生的概率相对较小。

根据上述分析，可对航空器冲/偏出跑道事故树中各基本事件结构重要程度排序：

$I(X4) = I(X3) > I(X2) = I(X1) > I(X14) = I(X13) = I(X12) =$

① 佟瑞鹏，李佳君，于春雨．常用安全评价方法及其应用［M］．北京：中国劳动社会保障出版社，2015.

$$I(X11)=I(X10)=I(X9)=I(X8)=I(X7)=I(X6)=I(X5) \quad (2)$$

3. 冲/偏出跑道致因分析及建议

由结构重要度可以看出，在冲/偏出跑道事件中人的因素是重要度最高的，由于机组经验不足、技术欠缺，机组未执行标准操作程序，驾驶舱资源管理不当，管制员错误指挥都是引起冲/偏出跑道事件的重要原因，这些基本事件与管理、教育、培训密切相关。而物或环境的不安全状态是导致事故或严重事故征候发生的主要原因，在导航台指示不正确、前轮转弯控制机构故障、发动机反推故障、刹车失效、爆胎、大侧风/风切变、助航灯光照度不足、大雾、强降雨、降雪等这些基本事件的作用下，如果机组未严格执行 SOP、相互协作纠正不到位、管理制度落不到实处、人员教育交底流于形式等，那么管理的缺陷将导致小隐患被放大，最终引发严重事故征候甚至事故。

因此，对于防止冲/偏出跑道，要重点从以下方面入手：

（1）管制员应合理分配注意力，在具有良好雷达管制条件的情况下能及时发现和纠正机组错误的操纵行为。

（2）提高驾驶舱资源管理能力，优化整个机组成员的表现，进一步提高机组飞行技术和心理素质。

（3）严格遵守标准操作程序，严禁违章蛮干，避免飞行随意性，同时加强与管制员之间的有效沟通。

（4）飞行机组有针对性地加强模拟机训练，积累飞行经验，在特殊天气下飞行时，把握好标准。当未能建立稳定进近时应及时复飞，避免因天气原因导致操作不稳从而引发更严重的后果。

（5）民航局应加强新技术的研发、推广和运用，减少环境对机组决策产生的不良影响，从而防控冲/偏出跑道事件的发生。

（二）航空器（内）起火/冒烟/火警事故树分析

1. 航空器（内）起火/冒烟/火警事故树

根据 2008—2017 年运输航空 23 起航空器（内）起火/冒烟/火警严重事故征候调查统计，绘制航空器（内）起火/冒烟/火警事故征候事件的事故树模型，如图 3 所示，各事件代码的含义见表 2 所示。

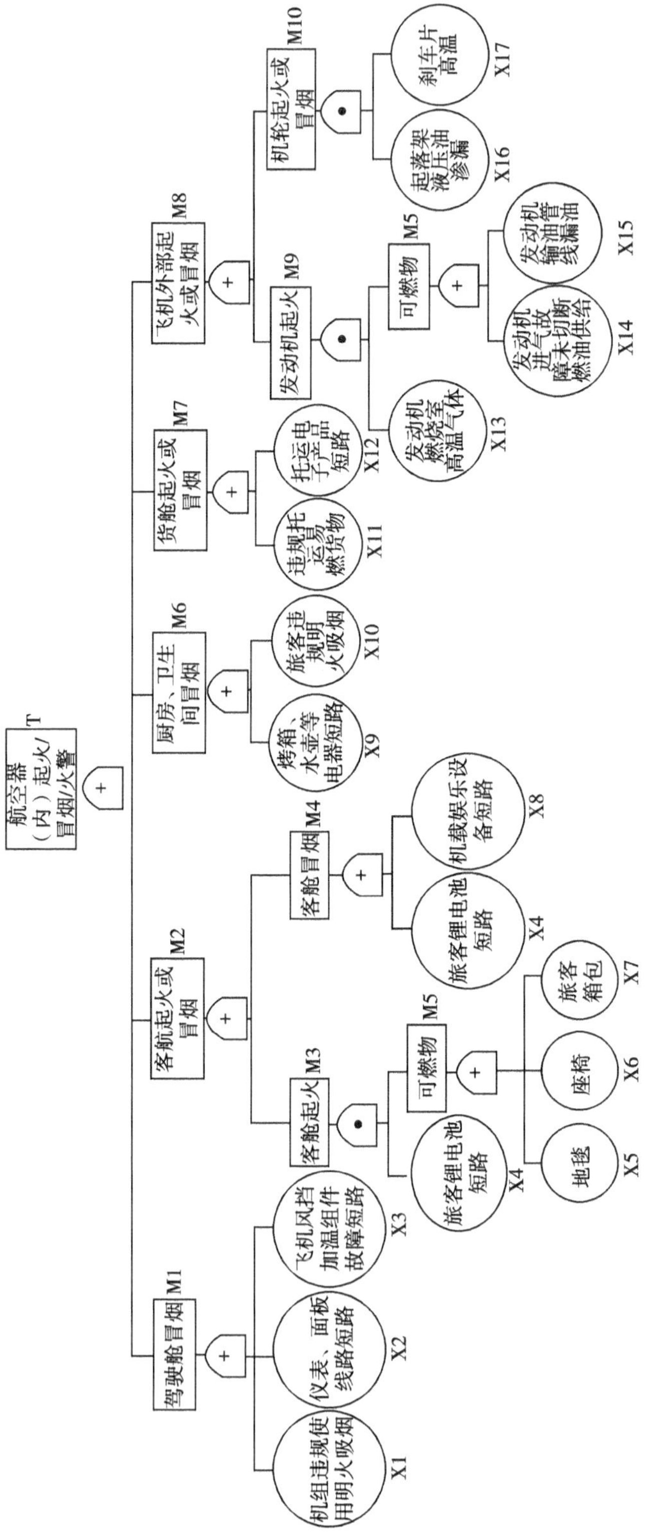

图3 航空器（内）起火/冒烟/火警事故树

表 2 航空器（内）起火/冒烟/火警各事件清单

事件编号	事件名称	事件编号	事件名称
T	航空器(内)起火/冒烟/火警	X4	旅客锂电池短路
M1	驾驶舱冒烟	X5	地毯
M2	客舱起火或冒烟	X6	座椅
M3	客舱起火	X7	旅客箱包
M4	客舱冒烟	X8	机载娱乐设备短路
M5	可燃物	X9	烤箱、水壶等电器短路
M6	厨房、卫生间冒烟	X10	旅客违规明火吸烟
M7	货舱起火或冒烟	X11	违规托运易燃货物
M8	飞机外部起火或冒烟	X12	托运电子产品短路
M9	发动机起火	X13	发动机燃烧室高温气体
M10	机轮起火或冒烟	X14	发动机进气故障未切断燃油供给
X1	机组违规使用明火吸烟	X15	发动机输油管线漏油
X2	仪表、面板线路短路	X16	起落架液压油渗漏
X3	飞机风挡加温组件故障短路	X17	刹车片高温

2. 航空器（内）起火/冒烟/火警事故树结构重要度分析

根据布尔代数方法，航空器（内）起火/冒烟/火警严重事故征候事件 T 可表示为：

$$T = M1 + M2 + M6 + M7 + M8 = (X1 + X2 + X3) + (M3 + M4) + (X9 + X10) + (X11 + X12) + (M9 + M10) = X1 + X2 + X3 + X4 \times (X5 + X6 + X7) + X4 + X8 + X9 + X10 + X11 + X12 + X13 \times (X14 + X15) + X16 \times X17 = X1 + X2 + X3 + X4 + X8 + X9 + X10 + X11 + X12 + X13 \times X14 + X13 \times X15 + X16 \times X17 \quad (3)$$

可见，事件 T 包含 12 组最小割集，当这些最小割集的任何一个发生时，航空器（内）起火/冒烟/火警事故征候将会发生。

因此，利用最小割集对航空器（内）起火/冒烟/火警事故树的结构重要度进行分析，式（3）中，$X1$，$X2$，$X3$，$X4$，$X8$，$X9$，$X10$，$X11$，$X12$ 为事件 T 的一阶最小割集，发生的概率较大，而二阶最小割集 $X13 \times X14$，$X13 \times X15$，$X16 \times X17$ 发生的概率相对较小。

根据上述分析，可对航空器（内）起火/冒烟/火警事故树中各基本事件结构重要程度排序：

$$I(X12)=I(X11)=I(X10)=I(X9)=I(X8)=I(X4)=I(X3)=I(X2)=I(X1)>I(X13)>I(X17)=I(X16)>I(X15)=I(X14) \tag{4}$$

3. 航空器（内）起火/冒烟/火警致因分析及建议

由结构重要度可以看出，机组违规使用明火吸烟、旅客违规明火吸烟、违规托运易燃货物三种违规行为的重要度很高，机组、旅客有章不依给民航安全运输带来隐患；仪表、面板线路短路，飞机风挡加温组件故障短路，旅客锂电池短路，机载娱乐设备短路，烤箱、水壶等电器短路，托运电子产品短路等均属于设施设备或电子产品质量问题；而发动机燃烧室高温气体、发动机进气故障未切断燃油供给、发动机输油管线漏油、起落架液压油渗漏、刹车片高温等基本事件属于燃油、滑油机械系统事件，航前、航后的维护、维修如不及时彻底，会酿成严重后果。

因此，对于预防此类事件的发生，重点做到：

（1）强化民航从业人员红线意识、规章意识、底线意识，机组在驾驶舱严格落实职责，严禁做出明令禁止的行为。

（2）加强社会大众民航安全法规普及，提高对可携带上机锂电池及托运电子产品的容量限制的宣传，增强社会大众的消防安全意识。

（3）加强安检人员识别能力，通过技能培训和设备精度提升，减少违规物品漏检率。

（4）机务维护部门要重点针对发动机输油管线和起落架液压系统进行检查，防止因线路老化、漏油继而引发起火的严重后果。

（5）定期维护、更新机上电器产品，对于第三方产品的选择要严把入口关，提高安全可靠性，避免短路现象的发生。

（三）失压

1. 航空器失压事故树

根据2008—2017年运输航空15起航空器失压严重事故征候调查统计，绘制事故树模型，如图4所示，各事件代码的含义见表3所示。

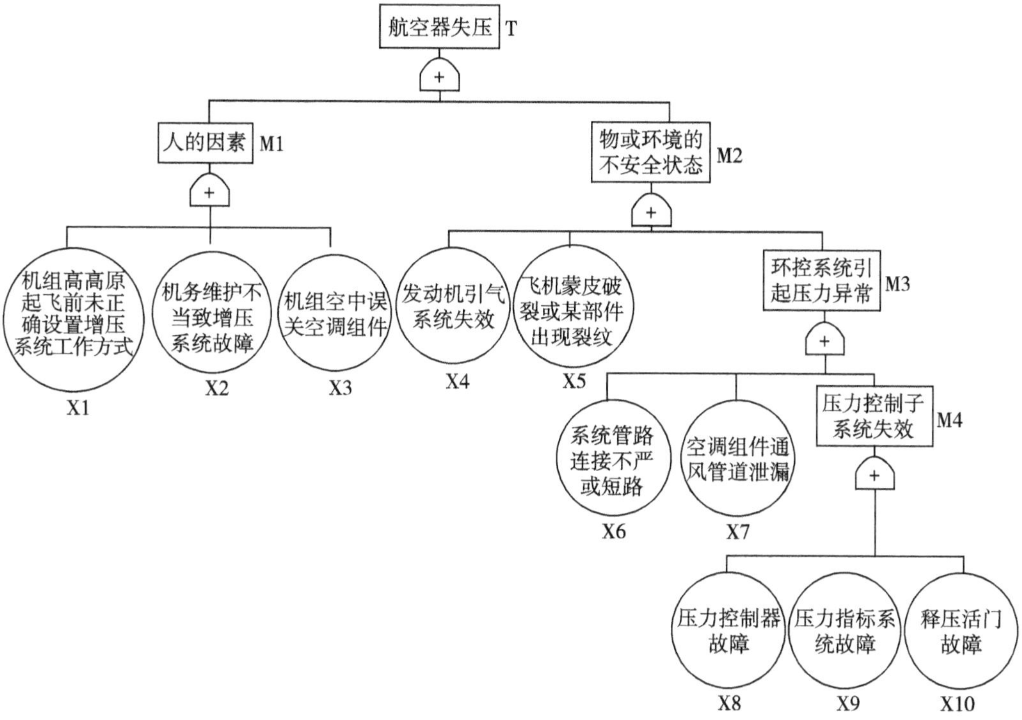

图 4　航空器失压事故树

表 3　航空器失压各事件清单

事件编号	事件名称	事件编号	事件名称
T	航空器失压	X4	发动机引气系统失效
M1	人的因素	X5	飞机蒙皮破裂或某部件出现裂纹
M2	物或环境的不安全状态	X6	系统管路连接不严或短路
M3	环控系统引起压力异常	X7	空调组件通风管道泄漏
M4	压力控制子系统失效	X8	压力控制器故障
X1	机组高高原起飞前未正确设置增压系统工作方式	X9	压力指示系统故障
X2	机务维护不当致增压系统故障	X10	释压活门故障
X3	机组空中误关空调组件		

2. 航空器失压事故树结构重要度分析

根据布尔代数方法，航空器失压严重事故征候事件 T 可表示为：

$$T = M1 + M2 = (X1 + X2 + X3) + (X4 + X5 + M3) = X1 + X2 + X3 + X4 + X5 + X6 + X7 + X8 + X9 + X10 \quad (5)$$

可见，事件 T 包含10组最小割集，当这些最小割集的任何一个发生时，航空器失压事故征候将会发生。

利用最小割集对航空器失压事故树的结构重要度进行分析，式（5）中 $X1$，$X2$，$X3$，$X4$，$X5$，$X6$，$X7$，$X8$，$X9$，$X10$ 的发生概率相等。

根据上述分析，对航空器失压事故树中各基本事件结构重要程度排序：

$$I(X10) = I(X9) = I(X8) = I(X7) = I(X6) = I(X5) = I(X4) = I(X3) = I(X2) = I(X1) \quad (6)$$

3. 航空器失压致因分析及建议

由结构重要度可以看出，导致航空器失压的原因很直接，机组在高原起飞前未正确设置增压系统工作方式、机务维护不当致增压系统故障、机组空中误关空调组件、发动机引气系统失效、飞机蒙皮破裂或某部件出现裂纹、系统管路连接不严或短路、空调组件通风管道泄漏、压力控制器故障、压力指示系统故障、释压活门故障均会引起航空器失压并导致紧急下降，而其中机组高高原起飞前未正确设置增压系统工作方式、机务维护不当致增压系统故障、机组空中误关空调组件是典型的人为原因，这与驾驶舱资源管理、机务工程管理密不可分。

航空器一旦高空失压，将会进入紧急下降以确保尽快到达安全用氧高度，尽量从以下几点做到事前预防：

（1）机组人员严格执行标准操作程序，落实机组配合制度，各航空公司要加强驾驶舱资源管理建设，可通过影音等方式督导机组在执勤期SOP的落实。

（2）机务人员在维护过程中严格执行单卡制度，避免错忘漏。

（3）机务工程部对于易老化部件和上述提及的易引发事件的部件要尤为关注，特别是压力子系统的压力控制器部件失效或故障最容易引起环控系统事故的发生，提高航空器机械部件的可靠性。

四、结论与建议

（1）在中国民航近十年事故及事故征候事件库中，发生最多的三类事件为航空器冲/偏出跑道、航空器（内）起火/冒烟/火警以及航空器失压。

（2）机组经验不足、技术欠缺、驾驶舱资源管理不当、机组未执行SOP、管制员指挥错误等因素对冲/偏出跑道的影响较大，因此应加强机组标准操作落实和驾驶舱资源管理工作，提高管制员错忘漏防控水平。

（3）通过结构重要度分析可知，机组、旅客违规吸烟，飞机仪表、设施设备或电子产品质量问题等因素对航空器（内）起火/冒烟/火警的影响较大，因此预防该类事故应加强安全意识的普及宣传，提高机务维修和维护质量。

（4）通过航空器失压事件分析，机组未正确设置增压方式、增压系统或引气系统故障均会直接导致航空器失压，提高机务维修和维护质量、加强机组标准操作落实和驾驶舱资源管理才能防患于未然。

参考文献：

[1] 王起全，孙贵磊，徐素瑞，等．安全评价［M］．北京：化学工业出版社，2015.

[2] 张曾莲．风险评估方法［M］．北京：机械工业出版社，2017.

[3] 佟瑞鹏，李佳君，于春雨．常用安全评价方法及其应用［M］．北京：中国劳动社会保障出版社，2015.

[4] 郑小平．事故预测理论与方法［M］．北京：清华大学出版社，2009.

[5] 罗晓利．人因（HF）事故与事故征候分类标准及近十二年中国民航 HF 事故与事故征候的分类统计报告［J］．中国安全科学学报，2002（5）：59－66，2.

[6] 王勤勤．民航事故征候统计分类方法与事故预警研究［J］．现代商业，2012（7）：63.

[7] 刘玲莉，孙亚菲，郑红运．基于集对分析的民航运输事故征候预测模型研究［J］．安全与环境工程，2013，20（5）：154－158.

[8] 霍志勤，罗帆．近十年中国民航事故及事故征候的统计分析［J］．中国安全科学学报，2006（12）：65－71.

[9] 李福海，谢孜楠．我国民机进近着陆阶段飞行事故及事故征候规律分析与预防措施研究［J］．中国民航飞行学院学报，2008（4）：3－7.

[10] 汤正华．加强进近阶段的驾驶舱资源管理是防止进近失败的有效途径［J］．民航飞行与安全，1999（2）：24－48.

[11] 王浩锋，谢孜楠．1997—2006 年中国民航冲出偏出跑道/场外接地事故征候的统计分析研究［J］．中国民航飞行学院学报，2008（3）：3－9，14.

[12] 杨开，黄晋．冲偏出跑道事件分析及防范措施［J］．中国科技信息，2017（18）：21－22.

［13］陈晓林，金宝权．飞机火灾事故原因分析与预防［J］．劳动保护，2011（5）：100－102.

［14］王准．飞机客舱火灾轰燃模拟研究［D］．德阳：中国民用航空飞行学院，2016.

［15］陈希远．飞机座舱环控事故分析与模拟仿真系统研究［D］．天津：中国民航大学，2014.

新时代工匠精神融入职业教育的意义和培育途径[①]

指导老师：岳玲　项目主持人：孟春伟

摘　要：职业教育是人才培养的最重要的途径。目前，职业教育存在很多问题有待改进，尚不能完全地适应社会经济的发展需要。将工匠精神融入职业教育过程中，对新时期中国特色社会主义建设，对培养知识型、技能型、创新型产业工人具有重要意义。

关键词：职业教育　工匠精神　产业工人

2016年，“工匠精神”第一次被写入政府工作报告，报告中提出要培育精益求精的“工匠精神”。党的十九大报告中提出“建设知识型、技能型、创新型劳动大军，弘扬劳动精神和工匠精神，营造劳动光荣的社会风尚和精益求精的敬业风气”。同时我国是世界第二大经济体，是制造业大国。但是制造业大而不强，制造业整体水平还处在世界中低端位置，制造的商品廉价、科技含量低。这表明要提高新时代我国经济发展质量，实现中华民族的伟大复兴，将国家由制造业大国建设成现代化制造业强国，需要弘扬和传承工匠精神，培养大量高素质、高技能的人才。职业教育工作，应该认真贯彻党的号召，改革创新人才培养模式，积极推进高素质技能人才培养；建设一支具有甘于奉献、爱岗敬业、追求卓越、精益求精的“工匠精神”的产业工人队伍。

一、“工匠精神”融入职业教育的意义

（一）“工匠精神”的内涵

有关“工匠精神”的描述在古时已有相似记载，如：“百工之事，皆圣人之

① 本文获2018年中国劳动关系学院研究生科研项目二等奖，项目名称“新时代工匠精神融入职业教育的重要意义和实施路径”。

作也。烁金以为刃，凝土以为器，作车以行陆，作舟行水，此皆圣人之所作也。”① 表明在古代，从事手工业制造的多才多艺的能工巧匠都被称为圣人，受到人们的敬重。“六府三事，谓之九功。水火金木土谷，谓之六府。正德、利用、厚生，谓之三事。义而行之，谓之德礼。”② 这表现出技能高超的工匠最为看重的事情应该是高尚的品德和修养。从这两部分可以看出古时的工匠精神应该包含着工匠的高超技能还有尽善尽美、精益求精的职业品德和个人追求。在当代，工匠精神的意义并没有变，指的是工匠对产品的设计、制作和生产等整个过程中精雕细琢、精益求精的工作状态和他们的价值取向和行为追求。工匠精神是一种甘于奉献的敬业精神，对工作严谨专注，对岗位执着坚守，富有责任感；它是一种追求完美的创新精神，对技术钻研创新，对产品品质追求卓越，精益求精。

工匠精神唤醒人们去自主学习，执着坚持自己的目标，注重细节完美，追求产品的极致。它要求我们有专业娴熟的技能的同时，还应该有优秀的职业道德、职业情怀。它这种精神执念，不管他是求学之人、企业职工，还是自主就业的创业者都可以拥有。他们都可以在自己的领域去认真学习、雕琢完善、钻研探索。

（二）建设新时代产业工人队伍，必须在职业教育中融入工匠精神

我国产业结构调整和转型升级过程中，技能人才的作用越来越大。我国提出“中国制造 2025”，和“中国制造”向“中国创造”和“中国智造”实施的战略转型，就是建立在强大的具有“工匠精神”的产业工人队伍的基础上。职业教育担负着培养各行业技术人才的责任，为我国加快发展制造业，服务社会现代化建设、战略性新兴产业提供急需的人才。

工匠是科学技术的创新的主要力量，推动着社会发展进步。现代科学技术水平的提高，各行各业的协同发展，需要工匠精神的回归；对现代企业而言，不仅需要有技术有知识的职工去完成工作任务，更需要职工具有敬业、专注、精益、创新的品质。企业的市场竞争力就是创新产品和技术的优势。产品和技术的创新很难，但是我们应该看到，所有的创新无不是高品质人才完成的。企业提高创新创造能力，提高市场竞争力，需要职工在工作中营造精益求精的敬业风气，弘扬工匠精神，专注于自己从事的工作，对工作细节追求卓越。

传承工匠精神是自我价值的实现。在伟大精神的支持下，才能克服困难，全

---

① 出自《周礼·考工记》。

② 出自《左传·文公七年》。

方位提高自己的能力，在平凡的岗位上造就不平凡；在伟大精神的支持下，有助于自己磨砺技术，提高技能水平，具备优秀的职业道德和职业素养。最终促进自我成长，促进自己高品质就业或者创业，实现自我价值。

具有“工匠精神”的人才必定是有着足够的知识、熟练的技能和孜孜不倦追求创新的人。将工匠精神融入职业教育中，才能培养出知识型、技能型、创新型人才，可以促进产业工人队伍的建设。这是国家战略顺利实施的保证，是社会科学进步、技术创新和企业发展的需要，也是个人自我价值实现的条件。

二、职业教育中缺失培育工匠精神的原因分析

实现国家制造业战略转型，推进社会经济发展，提高企业市场竞争力和个人自我价值的实现需要推进职业教育发展。培育具有工匠精神的技能人才是职业教育的重要责任。但是职业教育由于受到社会认可度、院校培养能力和教育体制等方面制约，缺失了培育工匠精神的作用。

（一）社会对职业教育的认可和评价不高

随着人们生活水平的提高，在“劳心者治人，劳力者治于人”等传统观念下，中国人对传统技术劳动者有职业偏见。越来越多的学生家长有意愿，也有能力让孩子接受普通高等教育而不是职业技术教育，导致学生和家长思想上排斥孩子进入职业教育体系。他们普遍认为进入大学，以后毕业才能找份好工作，才能“体面劳动”。而且普通高等教育学校扩招，大量青年学生进入到了大学。中等职业教育院校招生则越来越困难，而且学生质量也不高。没有足够的生源且没有“好”学生，很多公立或私立的职业院校都被迫关门。而且大多数学生在中学时的学习成绩较差，素质较低。进入到职业院校的学生，也很难树立把自己培养成工匠的职业目标。这在源头上制约着职业教育在培养和弘扬工匠精神的土壤。

（二）职业院校缺乏培养工匠精神的能力

职业院校招生人数减少，学校规模萎缩，获得的教学经费少，高技术含量的实训设备匮乏，配置落后；教职工得不到与时俱进的培训，缺少去企业实习培训和生产实践的机会，致使教师队伍的教学理念和技术水平跟不上科技发展和企业生产的需要，较难培养出“双师型”教师。而且由于教育体制上的原因，学校跟企业开展合作有很多限制。小企业本身没实力，它们也不在乎工匠作用，反而

更愿意得到廉价劳动力。大型企业又存在重视学生学历、重视社会影响等因素，不愿意和职业院校建立联合培养的机制。由于软硬件上的不足，职业教育院校向学生倡导“工匠精神”的意识不强，教师起不到传承工匠精神的模范作用。而且职业教育院校更愿意去注重就业率而不重视就业质量，教育的内容主要还是知识的教授和技术的培养。综合种种因素，最终导致职业教育院校培养高技能型人才的能力欠缺，容易忽视培育学生精益求精的“工匠精神”。

（三）社会需求排斥职业教育的发展

较多的国有企业、事业单位在招聘新职工时，将学历的最低要求条件设置为本科或者全日制本科。而且非公企业招聘也比较看重学历，尤其是大型企业，比如国内科技企业“BAT”（百度、阿里巴巴、腾讯）。国内这些优秀的高新企业招聘新职工时，本科学历往往是入职门槛的最低学历要求。它们把高学历职工看作自己的企业核心竞争力，这无可厚非，但是这也严重阻碍了引导未来青年选择进入职业教育。进入职业教育的学生毕业后往往只能拿到中专、大专或专科等学历，在缺少提高学历的可能时，便就此丧失了去优秀企业工作的机会。他们参加工作后，即使努力取得较高的职业资格，比如二级技师或是高级技师，虽然国家提倡将高级技师、技师资格与一级、二级职称（如：讲师、教授）同等对待，但是全国多个省份还不重视技术工人的职业技能水平，没有根据他们所达到的职业资格的不同等级，在物质和精神上予以表彰。这都使技术工人不易获得社会尊重和认可。当社会和企业唯“学历”是举的时候，职业教育就面临着消亡的危险。职业教育发展不能适应我国经济结构的调整、产业优化升级的发展需要；不能在新时代社会主义经济建设中，向社会弘扬工匠精神，营造劳动光荣的社会风尚和精益求精的敬业风气。

（四）教育体制限制职业教育发展的深度

中国教育是分层体制，一旦进入职业教育很难再有机会进入到高等院校中。进入普通高等院校的学生，可以在拿到本科学历之后还可以选择继续学习，有机会取得硕士研究生、博士研究生、博士后等学历。他们未来有很大的发展空间，更多发展方向的选择机会。而通过职业教育毕业的学生在拿到大专学历之后，基本上就达到了可获得的最高学历。他们未来如果想选择继续深造，高等教育院校的进入门槛基本上完全把他们阻挡在外。这样的教育体制在很大程度上制约了职业教育培养的技能型人才成长，不利于国家建设对复合型高技能人才的需求，限制了具有“工匠精神”的技能人才的成长空间。

不断涌现出的新经济形式和工业新技术的革新，需要强大的产业工人队伍，需要培育具有工匠精神的技能型创新人才。这对职业教育的发展提出了更高层次的要求。但是职业教育不论是体制、内容、结构等都比较固化。社会对职业教育的认知态度，职业教育院校的成长发展，用人单位的需求和教育体制等方面的因素，限制了职业教育在建设知识型、技能型、创新型产业工人队伍方面的重要作用。

三、国外“工匠精神”培养的经验启示

建设制造业强国，实现社会经济的持续健康发展，需要造就爱劳动、肯钻研、勇创新的产业工人队伍。德国和日本是两个世界制造业大国，它们通过不同的职业教育制度培养拥有工匠精神的技能人才。对德国和日本的成功经验的学习理解，可以让我们更清楚了解发达国家的职业教育制度，学习国家科学技术进步、社会经济发展所需人才的培养经验。

（一）德国培养具有工匠精神的工人，在职业教育制度上有自己的特点。第一，德国职业教育建立了双元制职业教育体系。双元制职业教育是指学校与企业深度合作，利用企业与学校的互补优势，进行职业教育。教学以企业实际问题为导向，模拟企业真实工作流程，加强理论与实践结合，启发和培养学生自主解决实际问题的能力；专业设置以市场需求为导向，全面且细化。每个细分领域，每个具体岗位，都可以有与其相对应的培养专业，保证了产业工人拥有专业的技能基础，提高学生就业的入职能力和适应能力。第二，德国职业学校重视教师培养。教师会定期到企业进行实训，以培养教师的综合能力。促进教师在课程教学中重视细节，严谨精准，注重在教学中培养学生精益求精的工匠精神。第三，德国企业重视技术工人。技术工人的工资待遇优厚，甚至比行政管理层还要高，而且企业领导也会从技术工人中选出。所以德国的工匠也有着较高的社会地位。他们自豪自己为技术工人，愿意成为技术工人。第四，德国全面系统的教育体制，还为学生提供了更多的学习机会，去选择进入其他的教育形式之中，促进了复合型专业人才的培养。

德国校企深度合作的职业教育模式，对学生提高专业技能水平和培养解决实际问题的综合能力有着重要的作用。而且经过职业教育的工匠也可以获得较高的劳动报酬和社会地位。这些促使他们主动要求把工作做好，在工作上追求创新，

在细节上严谨，在产品品质上追逐极致。

（二）日本的职业教育体系也有自己鲜明的特点。第一，日本的职业教育的主体是企业。学校和公共培训机构的培养能力和实力较弱，日本企业的技术工人基本上是由企业自己招募和培养的。企业有自己的职业教育制度，甚至有职业教育机构或者学校，因而培养出的工匠具有更高的专业性和适应性。第二，企业职业教育主要以师徒形式作为培养模式，让企业里优秀的老工匠带领新职工学习技艺技能。悠久的学徒制文化，加上老工匠的言传身教，促使新职工自主学习，提高对自己生产产品的品质要求，把工作做到精准，塑造自己追求一流技艺的理念。第三，日本的雇佣模式主要是以终身雇佣的形式为主。企业有意愿去培养自己的职工，对职工进行终身的教育。培养方式则会注重在职培训和脱产培训两种方式同步进行。企业注重职工技术技能的教育，同时对职工品行、职业道德教育也同等重视。企业也会支付相关费用去鼓励职工参加技能考试。

日本这种职业教育模式使得企业会将职工看作企业的“自己人”，认为职工的进步是企业的发展，职工的差距就是企业的差距。这种理念使得日本的企业推动了本国产业工人队伍的建设，培养企业自己所需要的工匠拥有爱岗敬业、精益求精的特质。通过企业塑造拥有工匠精神的技术工人，满足国家经济技术建设发展对高品质技能人才的需求。

（三）德国和日本经验的启示。中国要从“制造大国”走向“制造强国”，实现“中国制造2025”“工业4.0”，不仅需要大量的科学技术专家，也需要大批的富有工匠精神的专业技能型人才。德国和日本的经验表明，优秀的工匠是制造业水平强大的保证，而培养优秀的工匠需要建立合理的教育机制。因此，我们在积极宣传弘扬工匠精神的同时，应该推动教育制度改革，建立现代职业教育新体系；应加快学校职业院校改革，同时突出企业在职业教育中的积极作用。同时让他们有获得感、荣誉感，促进他们乐于工作、精益求精地完成工作。最终达到工匠精神培育融入职业教育中，培养出社会和行业发展所需要的工匠。

四、在职业教育中培育工匠精神的途径

职业教育是社会培养技能型人才的重要途径。面对目前职业教育存在着有待改进的地方，和参考学习国外的成功经验，需要根据我国特色社会主义制度采取多种途径，将培育工匠精神融入职业教育中。使职业教育在培养知识型、技能型、创新型产业工人队伍中发挥重要作用。

（一）加强学生对“工匠精神”思想的学习

在学生思想政治教育中，增加有关“劳模精神”“工匠精神”的课堂学习。职业院校应该以社会主义核心价值观去引领学生，倡导敬业、进取、自信、精益求精的精神，需要以“教书与育人并重”的育人理念，培养学生的综合职业能力。在加强专业技能培养的同时，重视学生的个体成长和道德品质的思想教育。

因为职业教育应该首先注重对人的教育，其次才是知识技能的教育。只有将对岗位热爱负责，专注工作，对产品服务追求完美极致的工匠精神融入进职业教育中，才能培育出一流的人才，才能生产一流的产品，才能有新技术的创新。通过职业教育，不仅应该使人学会完成一项工作，或是生产一种产品，更应该使人获得一种劳动文化。这种文化能够促使每个人自主钻研，改进创新，懂得如何更好地、更有效率去完成一项工作或者创造一种新的优质产品。

（二）授课教师培养

加强对教职工队伍“工匠精神”的教育培训，培养兼具理论知识和实践技能的双师型教师。由于从事职业教育的教师往往缺少充足的专业实践的锻炼机会，教授内容也往往主要以知识传播为主，所以职业院校需要建立教职工的培养机制，强化一线教师的专业实践能力、职业素养、德行的培养。教育工作要求教职工以身作则，对教育工作精益求精，对学生培养效果追求极致。以科学的方法和正确的态度，并融入、践行“工匠精神”，教授学生知识、技能和做人做事的优秀德行。教师的教学理念、教学方式和行为直接影响着学生的认知。所以优先建设培养具有“工匠精神”的教职工队伍，对职业教育的发展尤其重要。

（三）劳动模范的榜样引领作用

劳动模范是劳动人民的杰出代表。应该建立新的选聘制度，将劳动模范、大国工匠选聘为公选课教师，让各相关行业的劳动模范走向讲台。通过讲述自己的事迹，来感染学生对专业知识、职业品行的学习情怀。增加学生对劳动模范的认识，强化学生培养“劳模精神”“工匠精神”的理念，让学生切身感受劳动模范的魅力。让劳动模范成为学生的学习偶像，向学生灌输优秀的劳动情怀，作为学生学习的榜样力量。在学生心中展现劳模魅力，树立榜样力量，有助于培育学生的职业责任和敬业精神，并让学生对所学专业有职业的认同感和荣誉感。

以中国劳动关系学院为例，学校开办了“大国工匠面对面”公选课。公选课的开办是在高等教育阶段，向学生进一步弘扬劳模精神和工匠精神，引导学生践行社会主义核心价值观，培养积极的劳动情怀。劳动模范亲身讲述自己的劳动经历和演示技艺。他们勇于实践、精益求精、执着创新的精神，具体又鲜活的事迹更容易向学生弘扬劳动精神，传输新时代“工匠精神”的内涵。

（四）深化校企合作，创新产教结合模式

加强学校与企业的深度合作，重视企业在职业教育中的作用。因为企业比学校更清楚自己需要什么专业技能的职工。实践是学习和培养“工匠精神”的直接途径。职业院校应该强化与企业的合作深度，制定更完备的人才双培养机制。创新产学结合模式，让学生走入企业，不仅可以让学生加强对知识的理解，得到更多的实践机会，还可促进学生将所学习的知识用于实践工作中，培养学生的职业情怀。通过企业实践，还可以让学生接触优秀的企业文化和职工文化，使得学生得到更全面的锻炼。

以中国劳动关系学院酒店管理专业为例，建立了“工学结合”的创新培养新模式。工学结合模式是指学生入学后，在每个学期都以“学校—企业—学校—企业”交叉培养形式对学生进行职业教育培养。通过读书和工作相结合的形式，学生既巩固了所学理论知识，又提高了职业水平；既增强了职业认同感，又反过来激发了对专业知识的学习热情。这就促进了学生主动将理论学习与实践实习互相结合，促进学生在面对实习中遇到的具体问题时去主动学习请教，提高了学生的综合能力。以“走出去、请进来”为指导理念，学院要求专业教师到实践酒店去顶岗学习，为课堂教学积累经验；同时，定期与酒店开展合作洽谈会，邀请合作酒店到校展开专业讲座，相互交流。这种工学结合的教育模式有助于提高学生综合的专业技能，树立正确的职业意识，对工匠精神的弘扬和传承，具有积极的推动作用。

鼓励合作企业建设完备的职工培养教育体系。将实习学生看作未来企业新职工，以学生的职业成长角度为出发点，为学生提供全方位的职业选择，做好职业生涯规划。在职业规划中为学生建议有益的发展方向，设定分阶段的具体培养方案。使学生的职业能力及素养得到全面提高，也为学生以后职业发展规划好蓝图。这种应用型人才培养模式有益于企业的持续发展和学生自身价值的实现，也增加了学生对企业的归属感，增强了学生的责任感。同时，这种模式还强调了企业肩负的重大责任。企业要选拔技术能力强、素质品德高的“工匠”带领学生进行实践教育。可以效仿德国和日本，在企业设置学徒制的培养方式，让技能和工匠文化直接传播。

（五）用“竞赛”模式促进学生主动培养“工匠精神”

职业院校要积极组织学生参加专业技能大赛。通过各类技能竞赛，培养学生对知识、技能的学习兴趣，增强学生追求成功、奋发拼搏的斗志；鼓励他们主动学习，勇于创新，追求细节完美，培育学生精益求精的工匠精神。校企合作的企业或企业工会需要组织学生进行技能比武或劳动竞赛，促进学生在从事的岗位上，将理论学习与实践经验相结合，提升学习能力，磨砺技术，提高技能，传承工匠精神。

鼓励学生社团将“工匠精神”融入社团文化中，可以通过“竞赛”的方式，推动学生在课余爱好中提升能力，培养学生的专注力、责任心。通过竞赛比拼，加强学生社团学习“工匠精神”，使拼搏努力、执着坚持、奉献创新融入学生的生活中。

（六）注重培养学生从事理论学习和技能训练时的获得感

在全面提高学生职业素养，培育良好品德的同时，要奖励在理论和实践学习中表现优秀的学生，让他们在精神上和物质上都可以得到一定的鼓励。尤其是对已经参加校企合作实践的学生，应该较大程度地提高物质和精神奖励，让他们劳有所获。学生在工作和学习中付出努力提升技能，营造健康积极的劳动精神、秉承工匠精神的同时，可以获得认同感、成就感和使命感。这样有利于促进他们去进一步提高技术技能水平，树立学习榜样，并向其他同学传播弘扬工匠精神，营造劳动光荣和精益求精的敬业风气。

五、总结

改革开放以来，职业教育获得了稳步的成长。但是在全面建设小康社会的决胜阶段和中国特色社会主义进入新时代的关键期，职业教育面对社会主义步入新时代的主要矛盾，还存在诸多重要的问题。技术知识容易学得，可是培养钻研刻苦、精益求精的工匠精神却不容易。国家建设知识型、技能型、创新型劳动大军，必须将弘扬和培育工匠精神融入职业教育过程中。通过学习国外经验和结合我国社会主义制度，可以在教育教学内容和模式改进、教育体制改革、深化校企合作等方面推进实施。这样才能促进产业工人队伍建设，培育出国家和社会需要的高质量、高素质、高技能的创新性人才。将工匠精神融入职业教育的过程中，是职业教育的历史使命和莫大责任。

参考文献：

[1] 庄西真．多维视角下的工匠精神：内涵剖析与解读［J］．中国高教研究，2017（5）．

[2] 刘宝民．落实立德树人的根本任务，培育“劳模精神和工匠精神”［J］．中国职业技术教育，2017（34）．

[3] 杨力，陈焕章．我国工匠精神研究述评［J］．成人教育，2018，38（4）．

[4] 李云飞．职业教育中“工匠精神”的缺失、回归与重塑［J］．高等职业教育探索，2017（3）．

[5] 江雪．对我国工匠精神缺失的思考［J］．兰州教育学院学报，2017，33（2）．

[6] 张善柱．当前我国工匠精神缺失的因素分析［J］．人力资源管理，2017（7）．

[7] 蔡秀玲，余熙．德日工匠精神形成的制度基础及其启示［J］．亚太经济，2016（5）．

[8] 王千文．德国：“工匠精神”培养融入教学全过程［N］．中国教育报，2017－06－06（12）．

[9] 李进．工匠精神的当代价值及培育路径研究［J］．中国职业技术教育，2016（27）．

[10] 阿久津一志．如何培养工匠精神［M］．张雷，译．北京：中国青年出版社，2017．

[11] 杨子舟，杨凯．工匠精神的当代意蕴与培育策略［J］．教育探索，2017（3）．

[12] 叶华．工匠精神：职业教育改革的突破与超越［J］．实验技术与管理，2017，34（8）．

[13] 夏雨，梁蓓．“工匠精神”引领下高职院校工匠型人才培养路径研究［J］．新课程研究（中旬刊），2017（12）．

[14] 唐金权．“中国制造”背景下的高职院校学生“工匠精神”培养［J］．继续教育研究，2018（1）．

中小非公企业女职工产假落实情况调查[①]

——以山东省平原县为例

指导老师：林燕玲　项目主持人：赵坤
项目参加人：李高建

摘　要：全面二孩政策出台后，产假落实情况备受关注，问题也日益突出。这一“千呼万唤”的政策落地后，女职工的权益保护、现行法律、假期设置、资金支持等一列的配套措施是否能为“全面二孩”政策保驾护航？中小非公企业人员流动性大，制度不健全，企业用工成本压力大，产假落实情况不容乐观。本文从实际调查入手，通过对中小非公企业的女职工产假落实情况进行实地调研，呈现出其中存在的问题，并探究落实难、不落实背后的深层次原因，力求提出可行性建议。

关键词：中小非公企业　女职工　产假

一、绪论

（一）研究背景

历经多年舆论之争和反复研讨，全面二孩政策在2016年1月1日正式实施，中国开启了“全面二孩”时代。舆论普遍认为，全面放开二孩政策是大势所趋，是应对人口老龄化的积极行动。

但全面二孩政策在满足人们生育意愿期望的同时，也带来了新的问题。《产假延长了，但你敢休吗?》《延长产假别只是体制内福利》《休产假被降薪，赢官司丢饭碗》等焦点文章被各大报刊广泛报道，同时“摇号怀孕”“产假式缺员”

① 本文获2018年中国劳动关系学院研究生科研项目三等奖，项目名称“中小非公企业女职工产假落实情况调查”。

“产假式缺编”等新名词带着“全面二孩”的时代特色悄然流行开来。在这些背后，我们不难了解到职场女性的纠结焦虑、困难家庭“生不起”的痛楚、社会对生育期女性的“有色眼镜”和企业的无可奈何。

2018 年 8 月 14 日，江苏省《新华日报》刊发的《提高生育率：新时代中国人口发展的新任务》一文引发热议。文中提出了“生育基金”这一概念，声称设立这一具有强制性和保障性的生育基金制度可以鼓励家庭生育。一石激起千层浪，关于“生”与“不生”的讨论再度升级。

（二）研究目的和意义

用人单位是落实生育假期政策的关键环节，其中中小非公企业才是落实的重中之重，是真正能反映出生育假期政策执行情况的“试金石”。论文正是以中小非公企业的女职工为调研对象，以直观、翔实的调研数据呈现现行生育假期政策的落实现状，归纳总结生育假期政策对企业、女职工、劳动关系等方面产生的影响。同时对法律、制度、企业、女职工等不同层面进行深刻剖析，找出生育假期政策在中小非公企业落实难的真正原因，并通过对比分析国际劳工标准、国外经验做法，提出可行性建议。

论文的理论意义在于探析现行生育假期政策在立法观念、制度设计上的漏洞，并提出优化方向，为政府在政策调整、执行方面提供理论指导，为推动实现“全面二孩”，加强我国的生育保护提供理论支持。

论文的实践意义在于回应社会关切，指导女性合理维权。论文通过调查数据的方式呈现出中小非公企业及其女职工在现行生育假期政策中面临的现状和压力，为饱受困扰的企业和女职工“发声”，并在实际生活中指导女职工通过缴纳生育保险，寻求工会、人社部门帮助，诉诸法律等方式进行合理维权，提供切实建议。

（三）文献综述

产假制度的落实，尤其是在中小非公企业中的落实情况不容乐观，已经是社会和学者的普遍共识。

1. 现状。当前产假落实情况主要存在着女职工不能完整休假（林燕玲，2018）、不落实陪产假制度（劳君雨，2017）、生育保险覆盖率低（魏华，2014；王晓雯，2015；王宏伟，2017）、生育奖励假期内薪资待遇无保障（吴秀凤，2017）等问题。

2. 产假政策产生的影响。当前的产假政策对劳动关系、女职工权益保障、企业成本等产生了极大的影响。从女职工权益保障角度讲，璩梅宵（2013）、陈贺（2012）、马庆纯（2012）等指出生育假期延长使女职工择业、就业机会减少、职场压力增大、工作不稳定。杨冬梅（2016）指出，“全面二孩”政策出台后，女职工将会受到更加严重的性别歧视，女性的职业发展空间将更为狭小，二孩政策给女职工权益保护带来的叠加效应需要引起人们的注意。李小彤（2017）、安然（2016），阮占江、张贵付（2016），杨永正（2017）等一些学者也指出女职工生育期造成的企业管理成本增加、企业“产假式”缺员、影响企业绩效等问题，在企业立场的考虑有所增多。

3. 原因分析。对产假政策落实难、不落实的原因，学术界主要有以下几点分析：假期差异影响公平，各地自行规定生育奖励假天数并要求企业承担假期期间福利待遇的做法，造成了劳动者和用人单位因地域的不同而享受不同的假期、福利待遇或承担不同的成本，不利于企业间的公平竞争。（劳君雨，2017；林燕玲，2018）

存在着“政府请客，企业买单”的现象。政府提倡生育二孩，并提出生育奖励假的政策，却由企业独自承担成本，假期承担主体单一，并不能达成劳资政三方共赢。（劳君雨，2017；林燕玲，2018）

立法存在着过度保护倾向，现行法律对孕期、产期、哺乳期女职工的保护过于强调女性的家庭责任，而忽视了男性在家庭中应承担的责任。这也将加大对女性的就业歧视。（宋芳，2016）

缺少惩罚机制，责任主体及惩罚措施不明确。在实际生活中，没有相关部门实地督查，既定的惩治措施并不能有效执行，这也是企业对产假政策不予理会的深层次原因。（宋芳，2016；林燕玲，2018）

4. 对策建议。学术界就如何平衡女职工和企业之间的利益矛盾也进行了颇多的探索。2014 年，北京市人大代表、北京握奇数据系统有限公司董事长王幼君提出“将女性产假延长至三年，由财政或社保提供津贴”和“三年产假，但需离职”的建议，引发广泛热议。

在立法价值取向方面，李西霞（2016）结合国际劳工标准和对国外生育产假的发展，指出应提升生育产假制度的立法价值取向，将生育产假的立法目的纳入婴幼儿健康和早期教育因素。

在加强工会作用方面，王宏伟、黄振东（2017）强调了工会在女职工产假落实中的重要作用，指出工会应加强源头参与，促进女职工体面劳动。

在加强男性家庭责任，完善陪产假制度方面，唐芳（2016）、高蒙蒙（2015）、高磊（2017）、敬代晖（2017）等对男性陪产假入法、延长陪产假的可行性进行了研究，以此来分解女性在家庭和就业中的压力，避免“丧偶式育儿”，实现男女平等就业。

在加强监督执法方面，童钰坤、胡馨尹、周述荣、黄振东（2017）指出应加强对民营企业的监察力度，实施“怀孕备案制”（陈敏，2017），加强对女职工的权益保护。

在假期成本承担方面，林燕玲（2018）、劳君雨（2017）强调要探索假期成本多元化，根据假期性质的不同实行不同的成本共担机制。黄振东（2017）从法律层面对企业为减少两个生育期的用工成本采取对孕产女职工调岗降薪的措施进行了分析，陈敏（2017）提出要增加生育福利制度和生育救济制度，以增加对贫困女性的生育保障。杨冬梅（2016）、吴秀凤（2017）、杨慧（2017）提出了政府给予用人单位一定的经济补助或用优惠政策鼓励企业雇佣女员工的建议。

此外，许多学者还从政府完善公共托育服务（周宝妹，2017；宋芳，2016）、企业和员工双向强化“契约精神”（李小彤，2016）、梳理我国假期制度体系（劳君雨，2017）等多角度给出了合理的对策建议。

分析发现，理论界对于宏观层面的女性生育假期政策落实研究较多，但对于女性产假政策执行的真正薄弱环节——中小非公企业层面研究较少，调查数据稍显苍白。中小非公企业中的女职工是广大企业女职工中的重要群体，同时也是维权意识较弱、受保护较少的一个群体，对她们的产假落实情况进行有针对性的研究具有重要意义，在“全面二孩”时代也更为迫切。

（四）概念界定

1. 产假

产假，一般是指在职女性在生产前后享有的法定假期，即根据《女职工劳动保护特别规定》，女职工生育享受 98 天产假，其中产前可以休假 15 天；难产的，应增加产假 15 天；生育多胞胎的，每多生育 1 个婴儿，可增加产假 15 天。

考虑到本次调研的主题，本文将产假定义进行扩展，泛指女性劳动者在劳动关系存续期间因生育和生育后身体恢复所享有的法律法规规定的假期及其在假期之内应享有的福利待遇，假期包括产假、生育奖励假、哺乳假及配偶的护理假等，福利待遇包括生育保险、生育津贴等。

2. 中小非公企业

中小非公企业是指年销售收入在2000万以下的非公有制企业。

3. 平原县简介

平原县隶属于山东省德州市，位于山东省西北部、德州市中部。平原县辖8镇2乡2个街道办事处和1个省级经济开发区，总面积1047平方公里，总人口46万人，耕地85万亩，现有企业342家，其中中小非公企业289家，主要为制造加工、化工、农产品加工企业。

（五）调查方法

主要采用调查问卷及走访座谈的方式。

调查问卷为纸质版，面向调研地区平原县内的8家中小非公企业进行发放，调查对象为18—50岁内已生育并符合计划生育政策的育龄妇女，采取抽样调查法，共发放150份，收回146份，有效调查问卷144份，调查问题主要涉及个人工作及生育状况、产假休假情况、生育保险缴纳情况等。

座谈对象主要分为当地人社部门、企业管理人员、女职工3个群体，企业管理人员和女职工均来自发放调查问卷的8家中小非公企业，共采访企业管理人员10位，女职工40位，人社部门工作人员3位。

（六）平原县女职工产假及其福利待遇

1. 平原县女职工的产假

《山东省人口与计划生育条例》第二十五条规定："符合法律和本条例规定生育子女的夫妻，除国家规定的产假外，增加产假六十日，并给予男方护理假七日。增加的产假、护理假，视为出勤，工资照发，福利待遇不变"。

综合各项法律法规，符合计划生育政策正常生育的平原县的女职工应享有98天法定产假、60天生育奖励假、每天1小时哺乳时间（婴儿未满一周岁），男职工则享有7天护理假。

2. 平原县女职工产假内应享有的福利待遇

平原县的生育保险及生育津贴主要执行德人社〔2015〕91号及《德州市城

镇职工生育保险市级统筹实施办法》。企业、民办非企业单位、有雇工的个体工商户等按本单位上年度在职职工工资总额的1%缴纳生育保险费，职工个人不缴纳个人保险费。生育保险待遇包括生育津贴和生育医疗费用。参加生育保险的男职工的配偶无工作单位的，可以按照女职工生育医疗费用50%的标准享受到生育补助金。女职工生育津贴为本职工作上年度12个月平均缴费工资除以30天乘以产假天数。产假根据法定产假执行。

二、产假落实现状及存在问题

（一）调查对象基本情况

参与调查问卷的女职工生育情况（人次）

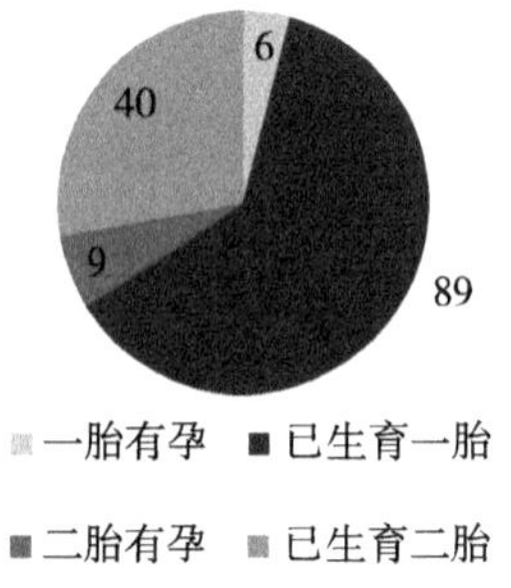

图1

	普通工人	基层管理人员	中层管理人员	办公室文员	后勤服务人员	其他
Asia	86	21	15	8	12	2
Europe	86	21	15	8	12	2
America	86	21	15	8	12	2

参与调查的女职工岗位分布情况（人次）

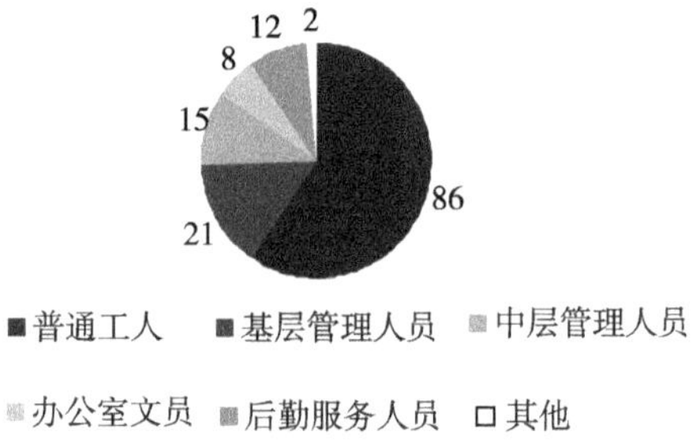

图2

本次有效调查问卷共计144份，调查对象在生育情况上分为一胎有孕（4.2%）、已生育一胎（61.8%）、二胎有孕（6.2%）、已生育二胎（27.8%）这四种情况（见图1）。调查对象主要为普通工人，占比约59.7%，其次为基层管理人员，占比约14.6%，中层管理人员占比约10.4%，此外还有办公室文员（5.6%）、后勤服务人员（8.3%）等（见图2）。

（二）产假落实现状

1. 参与调查问卷的女职工产假休假情况

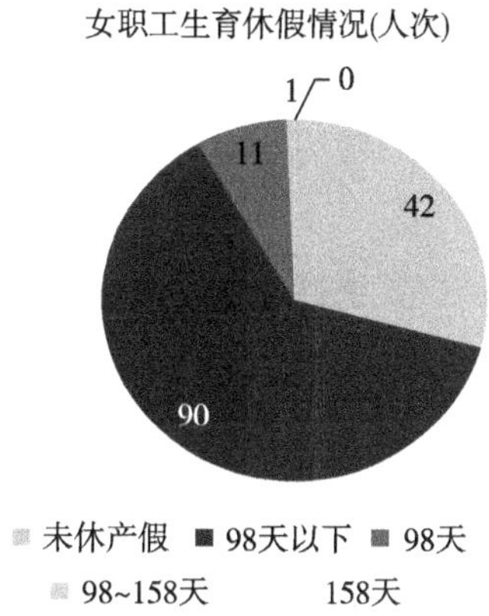

图 3

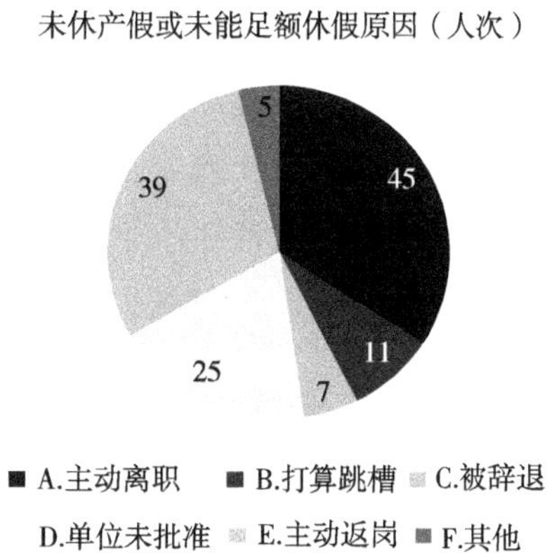

图 4

调查结果显示，女职工中无人享受到完整的生育奖励假休假；休假超过 98 天的仅 1 人；能休足 98 天法定产假的仅 11 人，占比约 7.6%；98 天以下的 90 人，占比约 62.5%；未休产假的有 42 人，占比约 29.2%（见图 3）。未休产假或未能完整休假的原因主要为主动离职（约占 34.1%）、主动返岗（约占 27.1%）和单位未批准（约占 18.9%）（见图 4）。

2. 生育保险、生育津贴落实情况

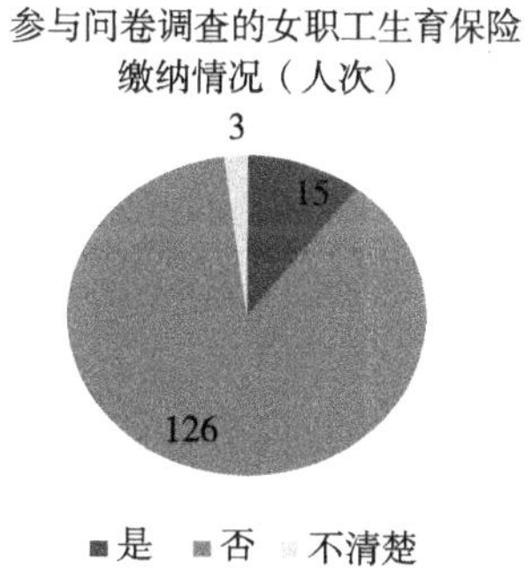

图 5

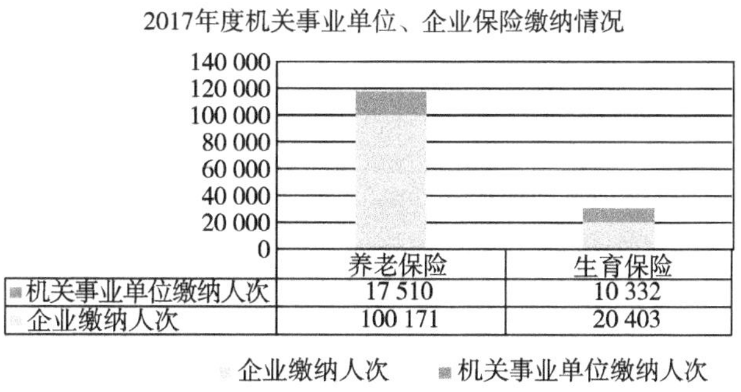

图 6

参与调查的女职工生育保险参保率为10.4%（见图5）。县人社部门统计数据显示，2017年度机关事业单位生育保险缴纳人次约为养老保险缴纳人次的60%。企业为职工缴纳养老保险的人数为100 171人次，企业为职工缴纳生育保险的人数为20 403人次，约为养老保险人数的1/5（见图6）。由此可见，企业生育保险缴纳比例极低。可想而知，中小非公企业的生育保险缴纳比例将会更低。

在座谈中人社部门表示，生育保险是五险中缴纳比例最低的，企业缴纳生育保险的积极性并不高，不够重视，因为保险都有征缴任务，现有生育保险缴纳情况已经是人社部门多次做企业工作的结果。

此次调研的8家中小非公企业中，均不同程度地为员工缴纳了养老保险，为员工缴纳生育保险的仅有2家，且不是面向全体职工，只为中层及以上管理人员缴纳。

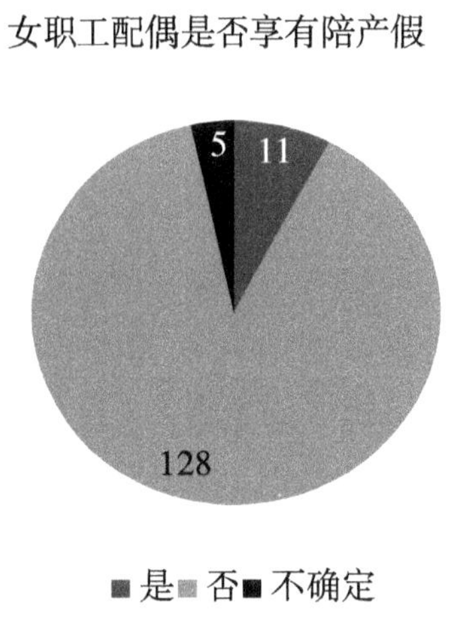

图7

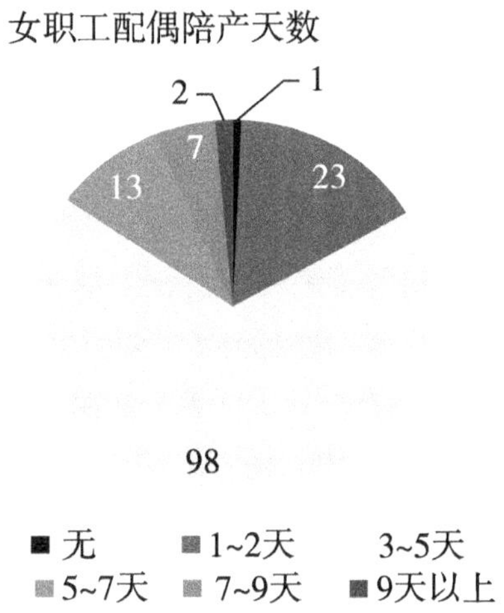

图8

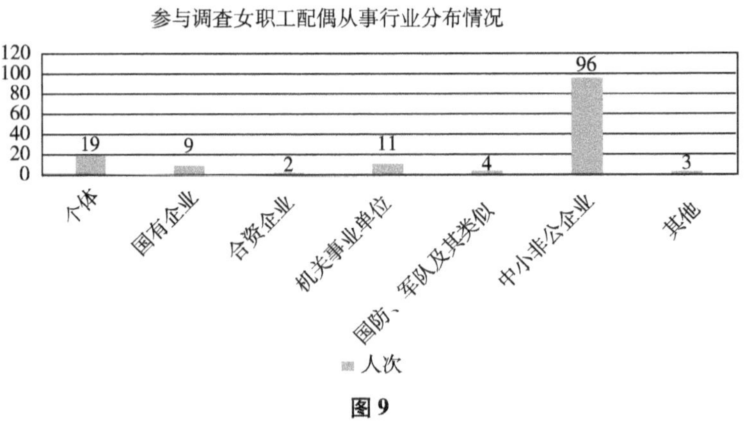

图9

3. 护理假落实情况

调查结果显示，调查对象配偶确定享有护理假的比率约7.6%（见图7），调查对象的配偶约66.7%在中小非公企业工作（见图9）。由此可见，中小非公企业男职工几近于没有享受到护理假。结合访谈情况，女职工表示，配偶往往是请事假进行陪产，一般3天左右（见图8）。

由此可见，护理假制度落实十分不到位，男性在女性分娩过程和婴儿抚育阶段缺位严重。

4. 女职工产假期间薪资待遇情况

本项调查只针对休产假的102位职工开展（见图10）。因仅有1人休生育奖励假，故在调查时没有对法定产假和生育奖励假分别开展调查。调查结果显示，74.5%的女职工在产假期间没有经济收入，仅有1位女职工领到了生育津贴并且单位补齐了不足部分。

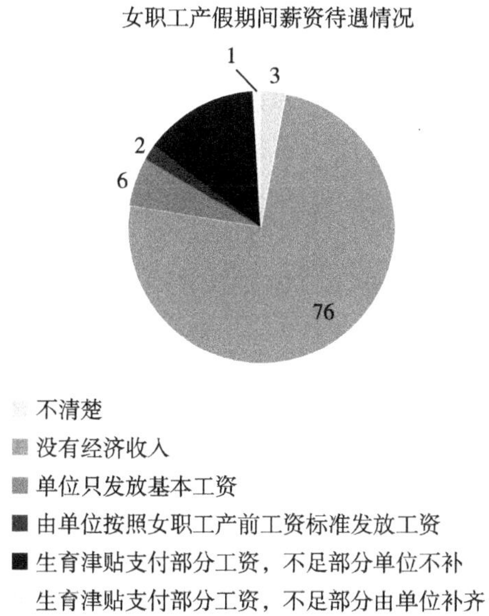

图10

（三）存在问题

调查结果可以直观地反映出中小非公企业女职工产假落实情况堪忧。通过分析调查数据，我们可以大致归纳出以下几点问题：

1. 产假制度落实不到位，大多数中小非公企业女职工不能完整休完法定产假（98 天），生育奖励假几乎成一纸空文。女职工的产假休假时长更多地是由企业的生产情况决定，没有严格遵守我国的产假政策。

2. 存在生育保险参保率低、覆盖范围小的问题。所调查的 8 家企业仅有 2 家为部分职工缴纳了生育保险，且仅是面向中层及以上管理人员，大多数女职工享受不到生育保险。在访谈中，企业方也表示，生育保险是该县近三年来开始提倡的，并没有职工要求企业缴纳生育保险，因而企业也没有过多重视与研究。

3. 对男性护理假认知模糊，男性在生育过程中责任缺失。大多数人以事假代替了护理假，没有认识到护理假的合法性和合理性存在。男性陪产天数少，作为家庭关系中的重要一方，没有尽到应尽的义务。

4. 女职工在产假期间缺乏必要的经济保障。企业没有按照法律规定补足女职工生育津贴支付不足的部分，大多数女职工在休假期间没有经济收入。

三、产假落实情况堪忧的原因分析

根据调查结果和存在问题，本文归纳出中小非公企业女职工产假落实不到位的五点原因。

（一）与企业特性密切相关

产假政策在中小非公企业落实难的主要原因与县域内中小非公企业的 4 个特性密切相关。

1. 县域内的中小非公企业多为制造、加工、化工企业，为劳动力密集型产业，企业用工较多，劳动力成本为企业的主要成本之一，吸引企业落户当地的主要原因为当地劳动力丰富且薪资水平较为低廉，劳动力市场处于供大于求的状况。

2. 在中小非公企业，女职工占比约 70%，女职工的休假状况直接影响着企业的正常生产和日常管理。且山东省为生育意愿较高的省份，在县城或乡镇生活的女职工因抚育成本较城市低，受传统观念影响严重，生育意愿更为强烈，大多数家庭选择生育二孩。

3. 与机关事业单位、国有企业、合资企业等不同，中小非公企业自负盈亏，规模小，市场份额较少，在企业竞争中处于举步维艰的地位，稍有不慎将面临破产。因此企业将加大对成本的压缩，以降低风险。以山东省平原县为例，生育奖励假为60天，如果企业准许女职工休生育奖励假，则将面临负担60天内“职工基本工资+新员工/替代员工的工资+岗位适应成本+招聘成本”等一系列支出，如多位女职工同时休产假，则将在岗位安排和人事管理上面临更大的挑战。延长产假对企业而言有弊无利，企业自然选择不去严格落实产假政策。

4. 人员流动性大。受生产情况影响，企业所需劳动力处于动态变化状态。劳动关系松散，许多情况下社会保险的缴纳无法延续，有时缴纳保险在离职时办理手续反而成为一种变相的“麻烦事”。此外，县域内职工缴纳社会保险的意识不强，甚至宁愿选择让企业将缴纳保险的费用折合到工资中发放。所以，许多员工自己选择不缴纳生育保险。

在这种情形下，企业出于逐利性，不希望全面落实产假政策。

（二）缺乏有效的监管

在访谈中，8家企业的负责人都表示，没有部门或机构督查过产假政策是否落实到位，他们也并不清楚哪些政府部门负责督查此项工作。产假政策是否落实，产假休多长时间，更多地是出于企业的自愿行为，更像是对长期工作的员工的一种奖励，没有达到遵守法律制度的层面。这是因为企业是否执行产假政策，并没有相关部门进行监管或处罚。

《女职工劳动保护特别规定》第十三条规定：“用人单位违反本规定第六条第二款、第七条、第九条第一款规定的，由县级以上人民政府人力资源社会保障行政部门责令限期改正，按照受侵害女职工每人1000元以上5000元以下的标准计算，处以罚款”。第十四条规定：“用人单位违反本规定，侵害女职工合法权益的，女职工可以依法投诉、举报、申诉，依法向劳动人事争议调解仲裁机构申请调解仲裁，对仲裁裁决不服的，依法向人民法院提起诉讼”。但在实际生活中，这些督查部门无法掌握企业中孕期妇女的情况，从而无法有效监督，导致产假落实成为劳动监察部门的管理盲区。

我国《人口与计划生育法》第二十六条规定：“符合法律、法规规定生育子女的夫妻，可以获得延长生育假的奖励或者其他福利待遇。由此可见，生育奖励假不属于强制休假”。在该法法律责任一章中，没有规定不落实生育奖励假的行为主体应负有何种法律责任及应受到的处罚措施。在各地制定的人口与计划生育条例中，法律责任及处罚措施均不明确。山东省《人口与计划生育条例》并没有对不落实生育奖励假的行为主体规定惩处措施。北京市在《人口与计划生育条例》中规定，“可以向卫生和计划生育行政部门举报”“卫生和计划生育行政部门应当督促落实，并对当事人维护合法权益予以支持”。但是在实际生活中，卫生计生部门怎么可能去企业检查生育奖励假的落实情况，又怎么督促落实呢？缺乏明确的监督者和有力的惩处措施，这就是不少企业对职工生育奖励假不理不睬的深层原因[①]。

（三）立法初衷不适宜

我国关于产假及其福利待遇的法律法规是为减少和解决女职工在劳动中因生理特点造成的特殊困难，保护女职工健康而制定。我国现行法律中对于处于生育期内的女职工的保护性规定，过于强调女性的家庭责任，而忽视了男性应当承担的责任[②]。这样的法律规定缺乏社会性别平等视角，忽视对男性生育劳动保护权的平等保护[③]。通过延长产假来奖励生育，反而使女性独有的假期及其待遇成了女职工在就业求职时的隐形负担，加剧了企业对女性用工的排斥，形成了一种越保护越弱势的恶性循环。

在这一点上，国外围绕生育的假期设置更为科学，更多地是从保护女性和婴儿健康出发，如许多国家的“父母产假法”。如法国规定夫妇双方共休产假 318 周，其中 22 周为带薪产假；西班牙规定新生儿父母两人可以共休产假 312 周，其中 18 周为有薪的产假；德国规定夫妇双方可共休产假 170 周，其中 47 周为有薪产假；在瑞典，在职的父母每生育一个子女都享有 480 天的带薪产假，费用由国家和雇主分摊。“父母产假法”也确实可以反映出我国的女职工劳动保护立法是否存在着“保护过度”倾向。

（四）假期成本承担机制不合理

国家提倡夫妇生育二孩，并延长了产假天数，鼓励休生育奖励假。但政府作为提倡者，却并没有负起应负的责任，如何保障生育奖励假能贯彻执行，女职工在奖励假期内应享受何种福利待遇，政府怎样弥补给企业带来的困境等等都没有政策可寻。相反，假期延长带来的就业歧视加重、经济收入减少、家庭和工作无

---

① 林燕玲．女职工假期设置对女性权益维护的影响及国际经验比较［J］．中国劳动关系学院学报，2018，32（3）：15－34.

② 宋芳．二孩政策下女职工权益保护的法理新思考［D］．济南：山东大学，2016.

③ 唐芳．我国女职工劳动保护立法反思及其完善［J］．中华女子学院学报，2016，28（5）：32－37.

法兼顾、“产假式缺员”等问题给女职工和企业造成了严重的负担。现有政策只是由政府社保部门通过统筹代替企业支付，与之增加的产检及哺乳期时间等相关损失工时、用工不便等困扰均是企业在承担①。企业用工成本增加，成为产假和生育奖励假的实际“买单者”。政府在推行生育奖励假中责任缺失，措施不足，对女职工和企业带来的影响考虑不足，导致生育奖励假成为一种停留在纸面上的口号，甚至产生了负面影响。

（五）女职工维权意识淡薄，不敢维权，不会维权

1. 人社部门、工会、企业等宣传引导不到位，女职工不知有何种权利，不会维权。县域内的中小非公企业女职工学历水平一般较低，法律意识不强，对企业落实产假制度的责任及自身应享有的权利认识不清。

表 1

您对我国的生育保护政策的了解情况			
	非常了解（人）	知道一点（人）	完全不知道（人）
产假	44	67	33
哺乳假（时间、长度）	19	58	67
生育医疗费用（项目、金额、前提条件、领取方式）	24	55	65
生育津贴（金额、领取方式）	18	31	95

表 2

您是否了解所在单位有关生育保护的规章制度？				
	有相关制度			没有相关规章制度
	非常了解	知道一点	知道有，但不了解	
产假	3	15	49	77
哺乳假（时间、长度）	0	9	23	112
生育保险缴纳	2	15	27	99

① 林燕玲．女职工假期设置对女性权益维护的影响及国际经验比较［J］．中国劳动关系学院学报，2018，32（3）：15－34.

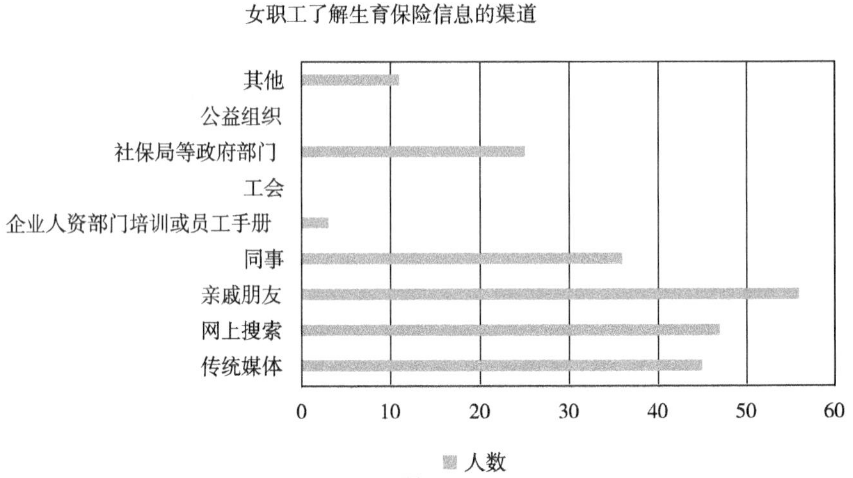

图 11

调查结果显示（见表 1），在中小非公企业女职工中，我国生育保护政策知晓度从高到低依次为：产假（77.1%）、生育医疗费用（54.9%）、哺乳假（53.4%）、生育津贴（31.6%）。由此可见，中小非公企业女职工对我国的生育保护政策了解程度较低。在这四项生育保护政策中，知晓度最低的为哺乳假和生育津贴。

在回答"您是否了解所在单位有关生育保护的规章制度?"这一问题中（见表 2），超过 60% 的女职工都回答单位无相关规章制度，知晓率最高的产假规章制度也仅有 12.5%。这两项数据说明了中小非公企业并不重视对员工进行生育保护，即使制定了形式上的相关制度，也并没有通过培训等渠道向员工普及。

图 11 的调查数据表明，女职工了解生育保险相关信息的主要渠道为亲戚朋友、网上搜索、传统媒体，而应负有主要宣传引导责任的政府部门、企业培训作用微乎其微，工会部门甚至显示数据为"0"。政府相关部门的职能缺失是显而易见的，企业的漠视也极其明显，工会部门的惨淡数据则与工会体制不健全和基层工会作用微弱密切相关。

在座谈时，女职工解释孕期主动离职的原因主要分为两种：一种为临近生产，无法从事劳动及为企业创造利润，自然要离职，等待身体基本恢复后再重新找工作。在她们的认知中，生育与工作是一件相对立的事情，并没有享受假期及期间福利待遇的意识。怀孕后便辞去工作，好像已经成了企业与女职工之间的一种默契；另一种为怀孕后，逐渐适应不了原有的劳动强度，与其等待企业安排强度小但薪酬极低的岗位，不如主动离职，安心在家待产。由于没有渠道了解生育保护政策和企业相关规章制度，女职工对自身权利了解少之又少，又何谈维权呢。

2. 在工作和经济压力下，女职工主动放弃自身权利。中小非公企业内管理制度并不完善，劳动关系松散，甚至许多女职工并没有签订劳动协议。在这种情况下，企业履行产假政策的可能性极小。但维权一定程度上意味着失业，女职工往往会为了保住自己的工作，而主动放弃维权。

另外，女性的收入在家庭收入中占有一定比例，生育二孩加剧了家庭的经济负担，在经济压力的迫使下，女性在生产后不得不尽早返岗。即使企业给予了完整的产假及生育奖励假，许多女职工也宁可放弃休假而选择早点工作，以保住自己的工作和岗位，分担家庭经济压力。

四、可行性建议

本文针对落实情况中存在的问题，结合我国现行法律制度、中小非公企业实际情况、女职工维权水平等，尝试给出如下对策建议。

（一）完善立法

主要分以下三方面：

1. 更新立法观念。目前，我国的全国性的法律法规中，如《中华人民共和国劳动法》《中华人民共和国社会保险法》《女职工劳动保护特别规定》等，都只对女性的产假做了规定，并未提及男性的生育假期。男性虽不需要像女性一样需要时间来完成生育和恢复身体，但作为父母中的一方，至少需要享有短时间回归家庭、照顾妻子与新生儿的权利。男性无法享受生育假期是对男性的不平等，这也不符合男女平等的要义。长远来看，这些法律赋予女性的生育保障和福利，虽是对女性的关怀与保障，但若没有男性在家庭中的分担，又何尝不是变相加重女性的负担，将“生”与“育”的责任悉数压给女性，这又是对女性的不平等[①]。夫妇双方协商共休育儿假，便于根据工作和家庭情况合理调节双方的休假时间，同时在社会层面来讲，可以有助于家庭关系和谐，缓解对女性的就业歧视。

2. 提高立法层次。目前，我国的产假落实主要执行《女职工劳动保护特别

① 高蒙蒙. 从我国现行政策看男性陪产假入法的可行性［J］. 法制博览，2016（36）：17－18.

规定》，法律层次较低，法律约束力不足，社会影响不够。应将女性假期设置、福利待遇及执法监察等相关情况进行明确规定，写入《中华人民共和国劳动法》或起草专门法律，引起劳资政三方重视，在全社会形成关爱妇女婴儿健康的良好氛围。

3. 统一假期设置。各地的人口与计划生育条例都对奖励产假进行不同程度的规定，多者长达267天，短者则有30天，各地区的奖励产假差异过大，对企业负担成本不公平。允许各地区对奖励产假进行自主调整，除西藏等特殊环境下，应将地区间假期差异缩短至一定范围，确定基本标准，以保证企业间的公平性。

（二）加强监管

虽然《女职工劳动保护特别规定》第十二条规定："县级以上人民政府人力资源社会保障行政部门、安全生产监督管理部门按照各自职责负责对用人单位遵守本规定的情况进行监督检查。但在实际监督过程中，除非女性举报、起诉，否则相关部门因无法有效掌握企业育龄妇女的相关信息和产假落实情况，在女性产假落实方面进行监察有相当大的难度"。所以，可以通过实施"怀孕备案制"来加强对产假政策落实情况的监管。孕期的女性可以去劳动监察部门进行登记备案，申请孕期保护，以便劳动监察部门有针对性地进行跟踪监察，切实保障育龄妇女在就业方面享受平等的权利①。督查部门应加强与计生部门、工会进行的联合，信息共享，全面掌握企业女职工的情况，有针对性地开展督查，加大惩处力度，起到震慑效果，同时鼓励女职工勇于表达合理诉求，合理维权。

（三）加强工会指导、监督作用

中小非公企业中几乎没有独立工会，基本都是政府工会部门指导工作。工会发挥作用不足，使女职工缺少了重要的支持者。其实，工会在立法和执法过程中担任着重要的桥梁纽带作用。法律也规定，工会要依法对用人单位遵守本规定的情况进行监督。基层工会应加大在企业中的覆盖面，在企业中发展工会会员和工会干部，壮大工会实力，为职工做好服务工作。

工会应做好宣传引导工作，许多企业为了自身利益，在职业培训中不愿对员

① 陈敏．全面二孩政策下的女性生育权益保护困境及对策［J］．长春大学学报，2017，27（11）：110－115.

工提及应享有的假期及福利待遇，工会应在此方面进行有针对性地培训，让女职工知道自己应享有何种权利，怎样维权。执法者不便掌握企业女职工孕期的有效信息，工会应在日常做好摸底工作，对处于孕期、产期的妇女建立台账，进行登记，及时送服务上门，帮助女职工办理产假、生育保险、生育津贴的手续等。在女职工权益受损时，及时指导其进行合理维权。

（四）加大政府资金扶持

政府作为生育奖励假的倡导者，应该通过采取有力措施来消除产假延长为女职工带来的后顾之忧，加强对生育奖励假期间的资金补贴，切实负起“倡导者”的责任。建议根据我国企业实际状况，针对不同性质的假期建立起不同的成本共担机制。如对比法定假期，政策奖励类假期本质上是国家因实施特定政策对公民的奖励和补偿。因此，国家有义务通过直接的行政给付或建立社会共担制度的形式承担相应的假期成本，以保障假期设计初衷的实现①。可以借鉴日本的做法，对于在维护女性权益做得好的企业支付奖励资金和税费减免，这个奖励的资金或税收的减免金额不能低于给企业带来的损失，当然也不能让企业在奖励或税收减免中获利②。政府人社部门可通过大数据测算，并可依企业总人数、女工人数占比，设定不同补贴系数，给企业以补贴，缓解企业的“性别亏损”状况③。同时，对于企业落实产假和福利待遇不力、教育无效的企业，应加大惩处，建立“黑名单”，在企业评奖、税收、手续办理等方面为企业增加压力，迫使企业重视保护女职工权益。

（五）加强宣传教育

在县域中小非公企业中，女职工的观念落后，维权意识不足助推了企业对产假政策的不落实。在采访中，女职工对维权的畏惧和无知让人惊讶，也暴露了政府在宣传教育方面的不足。没有部门重视孕期女性的权益，没有部门告诉女职工该如何维权，导致女职工的状况无人问津，企业落实不落实没有得到监督，自然无人主动执行。调查问卷显示，67%的女职工是通过亲戚朋友、网上搜索、传统

---

① 劳君雨．浅谈我国结婚生育假期制度现状及发展［J］．中国人力资源社会保障，2017（4）．

② 陈敏．全面二孩政策下的女性生育权益保护困境及对策［J］．长春大学学报，2017，27（11）：110－115．

③ 林燕玲．女职工假期设置对女性权益维护的影响及国际经验比较［J］．中国劳动关系学院学报，2018，32（3）：15－34．

媒体渠道知道生育保险信息的。县级以上人民政府人力资源社会保障行政部门、安全生产监督管理部门作为重要的监督检查部门，应切实负起监督责任，加强权益保护知识宣传，定期到企业进行培训，发放女职工权益保护手册、生育保险知识手册等，讲解权益保护案例，并实际解答女职工权益保护方面的问题，定期巡查，增强企业女职工维权意识，为女职工权益保驾护航。

其次，人社部门应加强对企业在保险缴纳方面的宣传引导。目前，我国的保险意识还比较滞后，尤其是中小非公企业，认识不到保险缴纳给企业带来的利益。人社部门应定期组织企业学习社会保险知识，对保险缴纳及时、覆盖面广的企业给予表彰奖励，激励企业缴纳社会保险。

参考文献：

[1] 林燕玲．女职工假期设置对女性权益维护的影响及国际经验比较［J］．中国劳动关系学院学报，2018，32（3）：15－34.

[2] 宋芳．二孩政策下女职工权益保护的法理新思考［D］．济南：山东大学，2016.

[3] 唐芳．我国女职工劳动保护立法反思及其完善［J］．中华女子学院学报，2016，28（5）：32－37.

[4] 高蒙蒙．从我国现行政策看男性陪产假入法的可行性［J］．法制博览，2016（36）：17－18.

[5] 陈敏．全面二孩政策下的女性生育权益保护困境及对策［J］．长春大学学报，2017，27（11）：110－115.

[6] 劳君雨．浅谈我国结婚生育假期制度现状及发展［J］．中国人力资源社会保障，2017（4）.

[7] 魏华．广州市民营企业产假政策执行情况研究［D］．广州：暨南大学，2014.

[8] 邵珠同，贺瑾玲，王晓雯．非公有制企业女职工劳动保护效果的实证研究：以重庆市为例［J］．法制博览，2015（9）：44－45.

[9] 李小彤．女职工管理要合法更要共赢［N］．中国劳动保障报，2017－11－03（6）.

[10] 王宏伟．“二孩时代”女职工权益维护刍议［J］．北京市工会干部学院学报，2017，32（1）：10－15.

[11] 璩梅宵．“女职工劳动保护特别规定”实施状况不容乐观［J］．中国

职工教育，2013（16）：7.

［12］陈贺．产假延长引热议，各家皆有难念经［J］．就业与保障，2012（6）：11－12.

［13］杨冬梅．“全面二孩”考验女职工权益保障［J］．工会博览，2016（7）：26－27.

［14］安然．从女职工特殊保护看“二胎”政策对企业绩效的影响［J］．中国人力资源开发，2016（8）：95－99，107.

［15］阮占江．“产假式”缺员难题如何破解［N］．法制日报，2016－04－19（5）.

［16］杨永正．如何做好“三期”女职工的管理［N］．中国劳动保障报，2017－11－03（6）.

［17］黄振东．调岗降薪？产假员工伤不起［J］．人力资源，2017（3）：62－64.

［18］吴秀凤．浅析县域企业落实女职工产假存在的问题及建议：以邵武市为例［J］．就业与保障，2017（15）：25－26.

［19］李西霞．生育产假制度发展的国外经验及其启示意义［J］．北京联合大学学报（人文社会科学版），2016，14（1）：100－106.

［20］陈敏，陈佳．产假之社会经济国际比较［J］．中外企业家，2011.

［21］周宝妹．“全面二孩”政策背景下的生育假期制度重塑［J］．山东警察学院学报，2017，29（5）：19－25.

［22］宋芳．二孩政策下女职工权益保护的法理新思考［D］．济南：山东大学，2016.

［23］唐芳．我国女职工劳动保护立法反思及其完善［J］．中华女子学院学报，2016，28（5）：32－37.

［24］高磊．全面放开二孩后男性陪产假制度研究［J］．法制与社会，2017（8）：167－168.

［25］敌代晖．论劳动者陪产假权益的保护［J］．湖北函授大学学报，2017，30（5）：101－102.

［26］童钰坤，胡馨尹，周述荣．二孩政策背景下女性劳动权益保障研究［J］．法制与社会，2017（30）：213－214.

附件一：中小非公企业女职工生育保险和产假状况调查问卷

您好，我们是“中小非公企业女职工产假落实情况调查”课题调研组，本问卷是课题研究中的重要部分。非常感谢您参与问卷调查，该调查目的在于了解您参与生育保险和产假休假情况。所有信息都匿名收集并且仅用于调查者的学术研究。十分感谢您的耐心配合。

（考虑到课题研究的主题，本调查对象仅限于计划生育政策内怀孕或生育的女性）

一、关于工作的基本问题

1. 您是哪一年开始工作的？________年（请填具体年份）

2. 什么时候开始到现在的单位工作？________年（请填具体年份）

3. 您所在单位的性质

（1）国有企业

（2）外资企业

（3）民营企业

（4）国家机关

（5）事业单位

4. 您所从事的行业

（1）采矿业

（2）制造业

（3）建筑业

（4）交通运输、仓储和邮政业

（5）批发和零售业

（6）住宿和餐饮业

（7）居民服务和其他服务业

（8）其他行业

5. 您现在的工作关系是

（1）与单位签订固定期限劳动合同

（2）与单位签订无固定期限劳动合同

（3）实习或兼职

（4）派遣工

（5）长期工作，但未签订劳动合同

6. 您现在的工作职位是什么？

（1）普通工人或操作工

（2）基层管理人员（班组长）

（3）办公室文员

（4）中层管理人员

（5）后勤服务人员

（6）自雇者

（7）其他（请说明）

7. 您每月的实际收入是多少？________元/月（请填写具体数字）

8. 请根据您的实际情况填写有关工作时间的问题

（1）包括加班时间，您每天大约工作多少小时？________小时（请填写具体数字）

（2）每周工作多少天？（如果是半天算半天）__________天（请填写具体数字）

9. 作为女性，您在工作方面遇到的主要问题有哪些？（可多选）

（1）招聘及晋升中的性别歧视

（2）职业技术培训中的性别歧视

（3）性骚扰

（4）经期工作的不便和困难

（5）结婚生子对工作的影响

（6）平衡工作和家庭的责任

（7）没有问题

二、有关生育保险

1. 您有参加以下类型的社会保险吗？（可多选）

（1）养老保险

（2）工伤保险

（3）医疗保险

（4）生育保险

（5）失业保险

（6）意外险

（7）不知道险种

（8）不知道有没有

（9）没有购买保险

2. 你从哪些渠道了解生育保险信息？（可多选）

（1）传统媒体

（2）网上搜索

（3）亲戚朋友

（4）同事

（5）企业人资部门培训或员工手册

（6）工会

（7）社保局等政府部门

（8）公益组织

（9）其他

3. 您是否了解国家的生育保护政策？

	非常了解	知道一点	完全不知道
产假			
哺乳假（时间、长度）			
生育医疗费用（项目、金额、前提条件、领取方式）			
生育津贴（金额、领取方式）			

4. 您是否了解所在单位有关生育保护的规章制度？

	非常了解	知道一点	完全不知道
产假			
哺乳假（时间、长度）			
生育保险缴纳			

三、有关生育和产假

1. 如果您在工作期间怀孕了怎么办？

（1）休产假，继续工作

（2）离职

（3）没想好

2. 您会选择在哪里生孩子？

（1）留在工作的城市

（2）回老家

（3）其他

3. 您选择回老家或留在工作的城市生孩子，最主要的原因是什么？

（1）有亲人照料

（2）生育医疗费用高，须自己负担

（3）有生育保险报销

（4）能够继续工作

（5）其他

4. 您是否休过产假？

（1）是

（2）否

（如果休过多次产假，请根据最近一次的休假状况填写）

4.1　如果是，哪一年休的产假？________年（请填具体年份）

4.2　您产假休了多长时间？__________天（请填写具体数字）

4.3.1　在法定 98 天产假内享有工资待遇的情况：

（1）生育津贴支付部分工资，不足部分由单位补齐

（2）生育津贴支付部分工资，不足部分单位不补

（3）由单位按照女职工产前工资标准进行发放工资

（4）单位只发放基本工资

（5）没有经济收入

（6）不清楚

4.3.2　超过法定 98 天产假的生育奖励假期间享有工资待遇的情况：

（1）按照单位上年度职工月平均工资，由生育保险基金支付生育津贴

（2）生育津贴支付部分工资，不足部分由单位补齐

（3）生育津贴支付部分工资，不足部分单位不补

（4）由单位按照女职工产前工资标准发放工资

（5）单位只发放基本工资

（6）没有经济收入

（7）不清楚

5. 产假结束后，您是否立刻回去工作？

（1）是，回到原单位工作

（2）否，继续请假

（3）否，主动跳槽到其他公司

（4）否，被单位辞退

6. 您配偶所在的单位是否有护理假的规定？

（1）有

（2）没有

6.1　如果有护理假，假期天数是____天。

6.2　如果没有护理假，通过请____假（病假/事假/休假/其他）进行陪产，是______天。

四、个人基本信息

1. 您的出生年份和出生地：

出生于19 ____年，出生地：__________省__________市

2. 您工作的城市：__________省__________市

3. 您现在的婚姻状况：

（1）未婚

（2）已婚

（3）离异或丧偶

4.1 如果您已婚，您和您的配偶是否在同一个城市工作？

（1）是

（2）否

4.2 如果是的话，你们是否在一起居住生活？

（1）是

（2）否

5. 如果您有孩子，有几个孩子？__________个（如果没有则填0）

5.1 孩子现在何处？

（1）和自己一起在工作城市

（2）在老家

（3）其他地方

6. 您的户口是？

（1）非农户口

（2）农业户口

7. 您的教育程度是：

（1）没有上过学

（2）小学

（3）初中

（4）高中

（5）中专/技校/职高

（6）大专及以上

附件二：访谈提纲

访谈对象：女职工

第一部分：进行简单寒暄

您好，我们是中国劳动关系学院科研小组，很感谢您参与我们此次访谈。

第二部分：问答式访谈

1. 您在生育时的休假情况。

2. 您在生育时的经济收入情况。

3. 您对享有的休假情况是否满意？您认为有什么需要改进的地方？

4. 您是否享有生育保险？您对生育保险的了解程度及了解渠道。

5. 您的配偶是否享有护理假？一般是通过何种方式进行陪产？陪产天数是多少？

访谈对象：企业

第一部分：进行简单寒暄

您好，我们是中国劳动关系学院科研小组，很感谢您参与我们此次访谈。

第二部分：问答式访谈

1. 企业目前的女职工人数、年龄及学历等情况。

2. 除岗位需求因素，您在招聘时是否会考虑性别因素，考虑的出发点是什么？

3. 企业一般会怎样管理怀孕或临近生产的女职工？

4. 您认为生育奖励假对企业有影响吗？影响是什么？

5. 企业女职工在生产时的休假情况。

6. 企业缴纳生育保险的情况，您对生育保险的了解程度。

访谈对象：县人社部门工作人员

第一部分：进行简单寒暄

您好，我们是中国劳动关系学院科研小组，很感谢您参与我们此次访谈。

第二部分：问答式访谈

1. 我县目前的社会保险缴纳情况分别是怎样的？
2. 缴纳生育保险的主要群体是谁？中小非公企业的生育保险情况怎样？
3. 生育保险缴纳率高/低的原因是什么？
4. 我县一般采取何种方式宣传生育保险？

公职人员辞职情况调研报告[①]

指导老师：胡晓东　项目主持人：栾一飞

摘　要：针对各地出现的公职人员的“辞职潮”，本文对北京等地区相关就业单位的辞职公职人员再就业情况进行了调研，通过分析机关事业单位的人事管理方面存在的问题和原因分析，提出了完善机关事业单位的公职人员管理的对策及建议。

关键词：公职人员　辞职　再就业

我国的公职人员是指依靠国家财政供给，进行公共管理、提供公共服务或生产公共物品的人员，包括政府公务员、事业单位和国有企业工作人员。党的十八大以来，一系列约束公职人员的党内规定密集出台，公共部门对公职人员的约束日益加深。公务员和事业单位的福利政策与社会逐渐并轨，2014 年 10 月人社部启动全国机关事业单位养老金并轨，政府将公职人员的福利待遇推向社会化。2009 年六部委联合发布《关于进一步规范中央企业负责人薪酬管理的指导意见》，国企薪酬受到限制。一系列制度实施以来，2014 年证监会 30 名处级干部辞职，2015 年智联发布的分析报告中显示 2 月全国范围内有 1 万多名公务员、事业单位工作人员通过智联网站投递简历。媒体开始热炒公职人员的“辞职潮”，笔者发现身边的许多公职人员有辞职意向或已经辞职，同时发现即时通信工具中（微信、QQ）建立了大量的公务员辞职群。2016 年人社部披露的《2015 年度人力资源和社会保障事业发展统计公报》显示，截至 2015 年年底，全国共有公务员 716.7 万人，其中担任县处级副职以上职务的领导干部约占 10%。公务员数量已连续两年持续下降，而在 2015 年内，中国公务员辞职的人数达到近 1.2 万人，约占总数的 0.2%。2017 年 4 月 28 日，四部委联合出台《关于规范公务员辞去

① 本文获 2018 年中国劳动关系学院研究生科研项目三等奖，项目名称“公职人员辞职情况调研报告”。

公职后从业行为的意见》，公职人员辞职的办理程序逐渐走向规范。

一、调研基本情况

2018 年 6 月至 10 月笔者主要以北京地区的机关、事业单位的公职人员为中心，辅助以北京、河北、山东、云南等地区相关就业单位的辞职公职人员再就业情况进行了调研，主要采取问卷调查、访谈的形式。

（一）问卷调查情况

针对在职公职人员就辞职意向、拟就业去向等情况发放了 1000 份调查问卷，收回问卷 698 份，有效问卷 698 份。经整理调查问卷情况总结如下：

1. 对工作的满意度方面

1.3% 的在职人员对目前的工作完全满意；84.4% 的在职人员对目前的工作感觉一般；14.3% 的在职人员对目前的工作不满意，不满意的原因主要有：工作内容单调无趣、人际关系复杂难处、晋升空间有限、收入低等。

2. 工作状态方面

2.4% 的在职人员表示工作状态较好；11.5% 的在职人员表示工作状态一般；86.1% 的在职人员表示工作状态不够好，主要原因有：工作任务繁多超过个人负荷，上级对工作要求高导致工作压力大，缺乏充足的休息时间导致工作状态不佳，纪律部门的严格监督导致工作高度紧张等。

3. 辞职意向方面

62% 的在职人员有过辞职意向，其中 44.7% 的人有过辞职的念头；17.3% 正在办理辞职手续；38% 的在职人员从未有过辞职的打算。

4. 辞职意向的原因分析方面

在有辞职意向人员的原因调查中，30.8% 的人认为收入过低；40.1% 的人认为职务晋升困难；23% 的人认为休息休假时间过少；6.1% 的人认为工作目标与个人价值观不一致。

5. 辞职后的就业去向方面

在有辞职意向人员的拟就业去向调查中，12.9%的人想去同类的国家机关或国有企事业单位；40.4%的人想去民营企业；16.2%的人想去外资企业；30.5%的人有其他打算。

6. 人事主管部门出台的辞职后的限制从业政策对辞职意向有无影响

对于《关于规范公务员辞去公职后从业行为的意见》，76%的人认为对自己的辞职意愿没有影响；24%的人认为有影响，需要按照新规定重新考虑辞职相关事项。

（二）访谈情况

访谈了100位已经辞职的公职人员（已不在政府机关、事业单位从业），情况总结如下：

1. 辞职意向的原因分析方面

29%的人因收入原因辞职；36%因晋升原因辞职；11%的人因纪律原因辞职；7%的人因人际关系原因辞职；17%的人因其他原因辞职。

2. 辞职后的就业去向方面

20%的人选择了创业；61%去了民营企业；5%的人去了外资企业；14%的人选择了其他。

3. 辞职后的适应性方面

18%的人表示已经适应新工作；25%的人表示还在适应新的工作；57%的人表示不适应新工作，其中40%的人表示打算更换工作，17%的人准备继续工作一段时间再看情况。

从调查总体情况来看，调研选取北京地区的机关、事业单位的公职人员中，有辞职意向的人员目前已经达到一定的规模。有一定数量的工作人员对当前工作的状态满意度较低，部分人员向往去国有、私营、外资或其他与目前单位属性不同的相关机构继续工作。虽然人事主管部门出台了一系列政策，却仍然无法降低公职人员的辞职意向，这体现了目前的机关事业单位在人事管理方面还不到位。

二、机关事业单位的人事管理方面存在的问题和原因分析

分析北京地区公职人员的辞职意向增多的现象，反映出目前机关事业单位在人事管理方面存在的一些问题，主要有：

1. 机关工作程序化

机关事业单位的各种事务都存在着规范的办理程序，工作人员按照流程开展工作即可。照章办事会使人变得机械化、程序化，缺乏自主性和独立性。尤其是在全面从严治党之后，公职人员“隐性的权力”开始被严重削弱，机关事业单位工作程序更加规范。长期从事此类工作，人会缺乏主动性和激情。因此，许多公职人员觉得工作缺乏价值，开始考虑辞职。

2. 晋升“天花板”

我国的机关事业单位采取计划经济条件下的编制管理方式，机关事业单位的领导岗位的职数有限，职务空缺是干部提拔的前提条件。囿于职数限制，许多能力较强的干部长期得不到晋升提拔，或者在提拔晋升过程中总会遇到“天花板”的情况，造成了部分干部缺乏工作动力。

3. 收入水平较低

公职人员的工资的标准受到人力社保部和财政部的严格约束，按照全国的统一标准发放，这种工资测算方式，没有考虑到所在地区的经济发展状况和所在地区的工作任务多少。而且随着一线城市经济发展的加速，出现了多样化的收入方式，房租、股权、期权等成为普通群众和私营外资企业从业人员中广泛存在的收入方式。公职人员却因为纪律规定，除了每月固定的工资，很难取得其他收入。北京地区的公职人员承担着大量的工作任务，却无法得到与工作量相匹配的工资收入。目前公职人员的薪资按计划经济条件下的标准进行发放，支出却要与市场相适应，两者之间明显存在着不匹配支出。收入与支出的差异，成为公职人员辞职的重要原因。

4. 缺乏激励机制

机关、事业单位缺乏竞争与激励机制，一旦进入终身任用，无后顾之忧，对

业绩和能力也缺乏科学的考核方法，晋升无法与业绩能力挂钩，对员工的激励作用不明显。工资主要与职务和级别挂钩，也无法起到奖优罚劣的作用。因此，许多能力较强的公职人员选择去激励制度较完善的民营企业发展。

5. 福利政策不完善

改革开放以后，我国建立社会主义市场经济体制，原有的在计划经济条件下享受的机关事业单位福利政策几乎被取消殆尽。1998 年实行住房货币化改革，2014 年机关事业单位养老保险并轨，部分机关事业单位配套建设的幼儿园、医院、食堂等也逐渐取消。中央“八项规定”之后，公职人员的大量“灰色”收入被规范或取消，而目前几乎没有由单位担负的福利适用于公职人员。这与一些国有、民营、外资企业良好的福利待遇形成了鲜明的对比。公职人员在福利方面缺乏保障，也成为辞职的一种原因。

三、完善机关事业单位公职人员管理的对策建议

1. 加强谈心谈话和心理疏导。一方面，机关事业单位的工作程序性较强，因此需要人事部门强化意识形态的教育和引导工作，使公职人员提高政治站位，增强使命意识和责任意识。另一方面，在全面从严治党的高压态势下，大量公职人员存在着巨大的心理压力，组织人事部门要及时开展心理疏导，不要让干部寒心受委屈。

2. 推行公职人员管理方式改革。目前职务和职级并行已经进入立法程序，此项制度就是解决公职人员晋升困难的重要举措。

3. 建立与所在地区的经济发展水平和工作任务量相适应的薪酬制度。公职人员的薪资待遇应该更加灵活，与各地物价水平、收入多样化等实际情况相符，全国“一刀切”不是长久之策。

4. 建立有效的激励机制。采用大数据的方法，利用办公自动化系统，通过监测公职人员的平时工作痕迹考核评价公职人员的工作数量和工作效果，并将薪酬发放与考核结果挂钩，作为调节薪酬和激励的重要依据。

5. 完善福利政策。在衣食住行等方面研究针对公职人员的福利政策，也是当务之急。

参考文献：

［1］ 肖益璇．我国公务员薪酬制度存在的问题及对策［J］．教育教学论坛，2018（47）：68－70.

［2］ 理查德．C. 博克斯．公职人员的公共角色：构想私人生活与未来选择［J］．湖北行政学院学报，2018（5）：21－28.

［3］ 陈明华．关于事业单位人力资源管理存在的问题及对策分析［J］．知识经济，2018（17）：92，94.

［4］ 公务员辞职后的从业行为有了规范［J］．中国人力资源社会保障，2017（6）：4.

［5］ 王勇．事业单位人力资源管理的问题及对策［J］．企业改革与管理，2015，（24）：76.

网上工会服务平台建设研究[①]

——以漯河市总工会为例

指导老师：刘文军　项目主持人：张乐

摘　要：近年来，各级工会积极顺应“互联网+”发展形势，不断创新工会服务形式，延伸工会服务领域，丰富工会服务手段，积极构建“网上工会”，着力建设服务职工“最后一公里”、线上线下深度融合的工作平台，提升服务职工水平。但工会组织在主动拥抱互联网、建设网上服务平台的同时，也存在着一些问题。本文以漯河网上工会服务平台建设的实践为基础，通过座谈、调研，立足提升工会服务效能，针对存在的问题提出对策和建议。

关键词：网上工会　服务　研究

当前，人类社会已经进入信息时代。2015 年，李克强总理在政府工作报告里首次提出“互联网+”。当年 7 月，国务院印发了《关于积极推进“互联网+”行动的指导意见》，使“互联网+”成为助力中国发展的热门词汇。作为工会组织，近年来，也积极主动适应信息时代潮流，应势而动、顺势而为，着力改革创新，打造“网上工会”工作新模式，努力提升服务职工水平。

一、加强网上工会建设的意义

“互联网+”是把互联网的创新成果与经济社会各领域进行深度融合，推动技术进步、效率提升和组织变革，提升实体经济创新力和生产力，形成更广泛的以互联网为基础设施和创新要素的经济社会发展新形态[②]。拓展在工会领域，就

① 本文获2018年中国劳动关系学院研究生科研项目三等奖，项目名称“网上工会服务平台建设研究——以漯河市总工会为例”。

② 国务院．国务院关于积极推进“互联网+”行动的指导意见［M］．北京：人民出版社，2015.

是要以互联网为载体，发挥其高效、便捷的优势，创新服务模式，提升工作效能，提升工会服务职工水平。

一方面，互联网已经成为职工群众学习、工作、生活离不开的空间、平台、工具。据中国互联网络信息中心发布的报告，截至2018年6月，中国网民达到8.02亿，其中手机网民为7.88亿。据《互联网技术和新媒体广泛应用对河南职工影响情况调查报告》，98.1%的职工有上网的习惯，仅有1.9%的职工基本不上网。职工群众在哪里，工会组织就要在哪里，工会组织的服务就要跟到哪里。另一方面，互联网的快速发展颠覆了传统产业，社会经济形态发生了深刻变革。互联网思维在商业领域的成功，为工会优化服务模式、提升服务效率提供了借鉴。在“互联网+”时代，大数据、云计算等新型技术为转变工作思维、重组组织结构、优化服务流程提供了技术支撑，加强了各部门之间互联互通与协同合作；微信、微博等新媒体的勃兴赋予了广大职工参与的广阔空间。“互联网+”蕴含的尊重人性、开放共享等特征高度契合工会坚持以职工为中心、竭诚为职工服务的理念，二者的融合也将进一步推动工会更精准地向职工提供高效优质的服务，更广泛地面向职工开展服务。

2015年，习近平总书记在党的群团工作会议上明确指出，“工会、共青团、妇联组织要下大力气开展网上工作，亮出群团组织的旗帜，发出我们的声音”①。《中共中央关于加强和改进党的群团工作的意见》中要求“打造网上网下相互促进、有机融合的群团工作新格局”。2018年，习近平总书记在同全总新一届领导班子集体谈话时发表重要讲话指出，要把网上工作作为工会联系职工、服务职工的重要平台，增强传播力、引导力、影响力②。王东明同志在中国工会第十七次全国代表大会报告中指出，强化互联网思维，运用大数据、云计算、物联网、人工智能等手段推进工会工作，促进互联网和工会工作融合发展，构建网上工作平台，打造工会工作升级版③。因此，加强网上工会建设，是工会组织践行党的群众路线、密切联系职工的需要，是转变工作方式、深化改革创新的要求，更是不断推动工运事业发展的必然趋势。

---

① 习近平出席中央党的群团工作会议［EB/OL］.（2015-07-07）.

② 习近平同中华全国总工会新一届领导班子成员集体谈话并发表重要讲话［EB/OL］.（2018-10-29）.

③ 王东明. 王东明在中国工会十七大上的报告［EB/OL］.（2018-10-29）.

二、网上工会建设的现状和存在的问题

以漯河市为例。2018年以来，漯河市总工会主动顺应信息时代新形势，以“引导职工跟党走、帮助职工解忧愁”为主线，坚持职工在哪里，工会服务到哪里，积极建设面向职工、线上线下深度融合、互相联动的工作平台，建成了“两端一库一中心”（PC端、手机端，工会云数据库、职工服务中心）基础服务体系，并利用移动互联、云计算、大数据等网络信息技术，实现了职工社保信息、医保信息、房屋信息、车辆信息等互联互通、数据共享、关联比对。以手机微信端为例，目前完成的“网上工会”一期建设，已上线的功能有入会转会、在线咨询、就业创业、困难帮扶、法律援助、县区服务等模块。职工只须使用移动终端提出诉求，工会专职工作人员通过系统进行业务分派，形成纵向数据流通，实现网上受理、云端分派、多级联动、完善扁平化业务处理机制，职工“在指尖”就能与工会联通服务。同时，通过与民政、公安、房产、工商、人社等部门信息的数据共享，实现职工信息的动态更新，为精准帮扶、精准脱困提供数据支撑。以前，申请成为困难职工需要层层申报、层层核实，现在，只须在网上服务平台上传户口本、身份证等个人身份信息，就能对其收入、车辆、房产、工商等信息进行核查，实时比对，真正实现了让数据多跑腿、职工少跑路。

事实上，各地工会也积极探索网上工会建设的具体模式。比如，上海工会全力构建以申工网、申工通、申工社“三个申工”为平台的网上工会新格局，努力实现联通党和政府、联通各级工会、联通广大职工、联通社会各方，工作平台与服务平台相互融合。福建省泉州市总工会推出“泉工e家”手机客户端、微信服务号，构建网上服务职工、协同办公、宣传教育、普惠商城“四大体系”，让广大职工体验“指尖”上的工会服务。江苏苏州太仓市总工会建设“工会综合服务管理平台”，由工会信息管理、工会业务管理、工会会员服务三大模块构成，并辅以网站、微信、手机APP等媒介，创新服务职工模式。

综观这些举措，有一些共同的特点：一是实现快捷服务。以往工会工作停留在“实体店”模式，职工在寻求工会帮助时，往往是找单位、找工会、找办事人，跑来跑去跑断腿，等来等去等着急。现在，通过职工身份信息关联网络服务，形成工会大数据，实现了业务工作、服务活动上网的流程再造，提升工作效率。二是满足职工需求。网上工会建设从职工需求出发，以职工满意为落脚点，

不仅把工会服务职工的功能，尽可能地延伸到网上，做到实体工会有的，网上工会也有；同时积极探索开通满足职工体面劳动、全面发展需求，增强对广大职工特别是新生代职工的吸引力和凝聚力。通过做好服务，让职工离不开工会，最大限度地提高网上工会对广大基层职工的吸引力和凝聚力。三是线上线下融合。在网络数据、会员信息等模块的支撑下，各级工会通过市场化手段和社会化运营，为职工量身定做涉及职工的普惠服务项目，形成一个以工会为主导、以互联网平台为依托、社会商家共同参与提供服务的职工普惠服务体系，让职工享受到真正的实惠，拥有实实在在的获得感。

网上工会的建设，提升了工会工作效率，赢得了职工欢迎，受到了社会认可。但从整体上看，当前网上工会的建设还处于起步和探索阶段，还存在一些问题，需要进一步重视并探索解决。

一是“为何建”的认识还不够。通过作者调研发现，一些工会干部对“互联网+”的意义、内容、要求认识不够，理解有偏差，“互联网+”的思维并未真正建立，对开展网上工会建设存在畏难情绪，对上级工会的要求只是被动地接受，自身参与积极性不高。同时，一些工会干部年龄偏大，学习新技术的积极性不高，工作还是老套路、老办法，不少都是推推动动、拨拨转转。

二是“怎么建”的研究还不深。虽然各级工会建立了网站、微信、客户端等服务平台，但开展服务不够丰富，模式和内容有待开拓，网站、微信平台淹没信息海洋中成为被人遗忘的角落，没有多少实惠和实用功能的会员卡被丢弃在抽屉里，而停留于电脑文档中的“大数据”仅仅成为纸质材料的数字版，仍有职工不了解、不清楚网上工会服务平台的功能、作用。

三是“如何用”的能力要提高。新时代的工会工作对工会工作者提出了新的要求。调查发现，各级工会干部对网络操作的技术还不熟悉，对如何使用网络、微信、网上工会平台更好地向职工反馈、与职工交流、为职工提供服务的技能还需提高。

三、建设网上工会的对策和建议

一是创新工作理念。互联网发展越来越快，逐渐影响到每一个工作领域当中，“互联网+”的工作模式成为时代的新要求。工会也要提高认识，因势而动，拥抱互联网，通过在工作模式上实现“网上工会”的转变，更好地推动新时代工会工作的开展。要树立互联网的用户思维，以职工为中心，职工需要什么就做什么，给用户最好的体验，才能赢得信任。要树立互联网的连接思维，加强工会系统内外各类工作、服务资源的有机整合，切实连接职工群众，切实连接政府、社会及工会系统上下，共同推动网上工会建设。要争取党政有关部门的大力支持，有效利用各类数据信息资源服务网上工会建设；要充分发挥市场机制作用，引导社会力量广泛参与网上工会建设，采取购买服务、项目合作等方式，利用第三方数据资源与应用平台，在职工心理咨询、法律服务、培训教育等领域加强合作，丰富服务职工项目，实现网上工会工作的共建共享；要加强工会系统内部的沟通协调，实现上下级工会之间的互联互通，加强上级工会对下级工会的指导、支撑和服务。

二要打造完善平台。要建立数据信息平台。数据信息平台是“互联网＋”服务职工体系建设的基础。要坚持因地制宜、务实管用的原则，建立以工会工作和会员信息数据库为基础、以会员实名制服务综合管理系统为核心、以“两微一端”为主体的网上服务职工平台，为高效、便捷、精准服务职工群众奠定坚实基础。要整合服务平台。整合工会系统网站、微博、微信、APP客户端等网络平台，与主平台互为支撑，推动工会内网系统、职工服务系统、公众微信系统有效运行，打造工会服务职工的新媒体矩阵。要加快推动工会内部网上平台对接、工会网上平台与企业党政信息平台对接、网上平台与业务工作对接，实现网上工作“三联通”，实现工作网、联系网、服务网“三网合一”，发挥大数据、新媒体作用，让互联网成为工会开展服务工作的新途径。要建立线上线下平台。坚持实体和虚拟“两网”融合，形成网上网下相互促进、有机融合的工会服务工作新体系。要着力扩大工作覆盖面和服务受众范围，使服务对象从困难职工向广大普通职工特别是一线职工、农民工延伸，使他们不受城乡地域、职业岗位、就业形式等限制，做到哪里有职工，哪里就有工会组织提供的贴心服务，实现服务对象全覆盖、服务时间全天候。要注重优选服务项目，围绕职工医疗、职工就业、职工培训、困难帮扶、职工文化等设立服务项目。坚持统一性服务和差异化服务相结合，实施精细化管理，不断提高服务的针对性和实效性。要充分发挥大数据、新媒体的重要作用，深入了解职工群众需求，掌握职工群众所需所急所盼，不贪多、不求全，因地制宜提供职工群众感兴趣、受欢迎的服务项目。

三要提升用网能力。着力强化队伍建设，确保工会工作干部熟悉业务工作，具备互联网思维，能运用网络技术手段、网上工会平台服务职工。一方面，能运用大数据、云计算优势，通过网上工会平台，积极提升工会响应能力、服务水平，提高工会服务职工效率。另一方面，要走好网上群众路线。把拓展网上服务同加强网上引导紧密结合起来，做强职工网上舆论引导工作。要学会问计于网、问需于职工群众，以职工服务为导向，通过互联网服务平台和工作平台，建立工会普惠性服务项目，优化工会内部工作流程，提高服务的便利化和可及性。要学会并善于运用“网言网语”，使用职工群众愿意听、喜欢听的表达方式来做好职工群众工作，快速回应职工群众诉求，帮助解决职工群众困难，扎实走好网上群众路线。

四要建立长效机制。要加强工会系统上下之间、与政府部门横向之间、与社会各界资源之间的联系协调，形成推动“互联网＋”工作合力。要完善网络服务运行机制，优化再造服务流程，研究制定统一的工作流程和具体要求，建立专人受理、限时办结、跟踪问效、群众评价的工作制度，实现网上交互点对点、全程跟踪不遗漏。要把网上的访问数、回复办结率和职工满意度作为衡量指标，运用线上平台和线下阵地，线上受理和后台分办相结合，推进网上网下深度融合。加大对工作流程的规范，对服务过程的管理，强化督查督办力度，接受职工、党政及社会各界的监督，形成职责明晰、长效管用的考核评价体系，推动打造“网上职工之家”。

参考文献：

［1］国务院．国务院关于积极推进“互联网＋”行动的指导意见［M］．北京：人民出版社，2015.

［2］习近平出席中央党的群团工作会议［EB/OL］．（2015－07－07）.

［3］习近平同中华全国总工会新一届领导班子成员集体谈话并发表重要讲话［EB/OL］．（2018－10－29）.

［4］王东明．王东明在中国工会十七大上的报告［EB/OL］．（2018－10－29）.

［5］张雅雅．工会改革背景下的“互联网＋工会”工作创新［J］．天津市工会管理干部学院学报，2017，34（4）：7－11.

［6］唐丽华，毛峰．“互联网＋”时代工会管理服务新模式研究［J］．湖南邮电职业技术学院学报，2017，16（4）：21－23.

［7］王静．“互联网＋”时代工会工作模式创新研究：以重庆市产业工会和区县工会为例［J］．中国劳动关系学院学报，2017，31（3）：119－124.

［8］黄新宾．顺应潮流，构建“互联网＋”时代的工会服务职工新体系［J］.

天津市工会管理干部学院学报，2017，31（1）：1-6.

[9] 范丽娜．“互联网+”背景下的工会工作创新［J］．北京市工会干部学院学报，2016，31（3）：18-21.

[10] 李芸．适应与超越：“互联网+”时代的工会改革［J］．南京社会科学，2017（9）：73-77.

群团改革背景下工会新闻出版单位发展战略研究①

指导老师：刘向兵　项目主持人：刘甲

摘　要：进入新媒体时代以来，传统新闻出版单位受到巨大冲击，遭遇经营困境，工会新闻出版单位自然也不例外。工会新闻出版单位主要服务于职工群众和工会干部，受众明确且基数较大，因为其主管主办单位都是各级工会组织，在新闻出版业中又处在比较特殊的地位，在原国家新闻出版总署主抓的历次清理整顿和体制改革中受到的影响较小。群团改革开展以来，各级工会组织开始深刻的自我变革，部分工会新闻出版单位已经在统一的部署下合并停刊，给行业带来一定冲击。因此，目前需要对工会新闻出版单位的现状进行深入研究，寻找工会新闻出版单位在群团改革压力下暴露出的共性问题并加以解决，促进工会新闻出版单位的良性发展。

关键词：群团改革　工会　新闻出版　战略

一、引言

工会新闻出版工作，一直是工会宣传工作的重点，也是工会履行教育职能的重要途径。目前，工会新闻出版工作已经形成“围绕工会的基本职责，聚焦职工关心的热点问题，弘扬劳动神圣的时代风尚”的发展格局，取得了一定的成绩。但是，近年来由于传统纸质媒体的发展普遍遭遇困境，2015 年开始的群团改革又对工会新闻出版事业提出更高的要求，全国总工会在改革试点中一次性将 8 家工会报刊停刊（1 报 7 刊），使得现存的工会新闻出版单位面临巨大压力。

通过对现有文献的梳理，目前学界对工会新闻出版单位的研究主要集中在工会报刊的个例研究、纯粹的业务层面的探讨和新媒体应用的探讨 3 个方面，缺乏对整

① 本文获 2018 年中国劳动关系学院研究生科研项目三等奖，项目名称“群团改革背景下工会新闻出版事业发展战略研究”。

个行业的系统研究，也没有结合群团改革的现实影响。同时，经过查阅对共青团和妇联系统的新闻出版单位进行研究的文献，发现也具有相同的问题。

在现实操作层面，工会新闻出版单位为了应对市场的变化，普遍开始尝试新媒体运营，对人事制度进行调整，突出维权特色，取得了一定的成效，但是未能根本扭转发展困境。目前，作为党和国家全面深化改革重要部分的群团改革，尚处在不断的推进之中，在这个背景下结合以往经验，研究工会新闻出版事业的发展战略，对工会新闻出版事业的健康发展具有重要的现实意义。

二、工会新闻出版事业发展的内在逻辑：历史与现状

工会新闻出版事业是随着我国工运事业的发展而发展起来的，1921 年 8 月 11 日，中华全国总工会的前身中国劳动组合书记部成立，工会新闻出版事业也随之正式起步。虽然在此之前，各地共产主义小组已经有意识地创办了一些工人刊物，但都存在持续时间较短、影响地域有限，缺乏全国性的影响力的问题。这一局面，在中国劳动组合书记部的机关报《劳动周刊》创刊后，才有所改观。

（一）革命战争时期的萌芽状态

1921 年 8 月 20 日，中国劳动组合书记部的机关刊物《劳动周刊》在上海创刊，它是我国第一份全国性工人报纸，发行量最多时达 5000 份。在它的影响下，《山东劳动周刊》《长沙劳动周刊》等地方性工人报纸也相继创刊，有力地配合了中国共产党对工人进行宣传教育，组织工会，领导工人开展罢工斗争。但在 1922 年 6 月 9 日《劳动周刊》即被上海公共租界工部局以“登载过激言论”“鼓吹劳动革命”为借口勒令停刊。1924 年 10 月，《中国工人》杂志创刊，1925 年 5 月成为中国总工会机关报，同月停刊。1928 年 12 月在上海秘密复刊，1931 年停刊。1940 年《中国工人》在延安复刊，毛泽东同志亲自为《中国工人》撰写发刊词并题词。1949 年 7 月 15 日，由中华全国总工会主办的《工人日报》创刊。同日，工人出版社创建，著名作家赵树理任第一任社长。

革命战争时期的工会新闻出版事业受革命斗争的影响，发展曲折，停刊复刊时有发生，它的主要任务是配合中国共产党宣传革命思想，弘扬马列主义，发动广大劳动者参加革命。

（二）建国初期的蓬勃发展

新中国成立后，我国工会新闻出版事业进入快速发展的时期，工作重心也由宣

传革命、发动革命转为向广大职工宣传党和政府的路线、方针、政策，指导职工工作、生活、学习，解答他们在工作、生活、学习中遇到的各种难题。这一时期，一些地方工会也创办了当地的工人报刊，上海市总工会、东北总工会、中南总工会还创办了自己的出版社，分别是上海劳动出版社、东北工人出版社和中南工人出版社。

建国初期一直到“文革”以前，我国工会新闻出版事业发展迅速，不但有效地配合了党和政府的中心工作，还成为了各地工会联系广大职工群众的“窗口”和“学校”，在宣传党和政府的路线、方针、政策，教育和培养职工群众方面起到了不可替代的重要作用。

（三）改革开放初期的“黄金”发展期

经过“文革”结束后的拨乱反正，1978 年 7 月 28 日，中共中央批准中华全国总工会关于《工人日报》复刊的请示报告。同年 10 月 6 日，《工人日报》复刊。之后，地方各级工会的报刊也纷纷复刊。没有机关报刊的地方总工会在条件允许的情况下，为了建设宣传阵地也开始创办自己的报刊，如 1981 年 1 月 1 日创刊的《甘肃工人报》，1992 年 5 月 1 日创刊的《西安工人报》（2004 年 4 月 26 日更名改版为《劳动者报》）等。1992 年 8 月，中国工人报刊协会成立，全国工会报刊终于有了定期交流学习的平台。在工会出版方面，工人出版社也恢复了建制，并更名为中国工人出版社，编辑出版了大量的工会专业图书和大众读物，获得了一系列的图书奖项，积累了良好的市场口碑。

这一时期是我国工会新闻出版事业发展的“黄金期”，有生力量不断壮大，社会影响力不断提高，出版的报刊图书开始关注社会，聚焦职工关心的热点问题，在一定程度上起到引导社会思潮的作用。

（四）进入新世纪的经营困境

进入 21 世纪，工会新闻出版单位纷纷考虑转型发展，力图更加贴近市场，扩大影响力，但大都没有成功。2000 年，《劳动午报》变身为北京第一张都市午报，坚持了 9 年，最终还是宣布退出都市报市场，重新定位为北京市总工会机关报。重庆市总工会主办的《现代工人报》在从机关报到市场报的转换过程中，曾是一张发行量比较大的报纸，但是由于定位不准、经营不善，高发行量并没带来高广告回报，最终被迫退出了市场，被人民日报华闻控股华商报业重组，2004 年 8 月 25 日更名《重庆时报》。相比之下，这个阶段的中国工人出版社发展得较为顺利，在全国总工会的支持下，承接了全国“职工书屋”的配送工作，完成了转企改制工作，出版了一系列优秀图书，但是与国内领先的出版社相比，各项经营指标仍有较大的差距，市场竞争能力较弱。

工会新闻出版单位在面临激烈的市场竞争时，都显得有些“稚嫩”，而且随着科技的发展，纸质媒体本来就受到了巨大的冲击，这使得工会新闻出版单位在市场的博弈中鲜有成功。因此，这一时期我国工会新闻出版事业发展进入了困难时期，各种报刊发行量基本呈下降趋势，出版图书的首印量也不断下调，大部分工会新闻出版单位都不同程度的遭遇经营困境，市场话语权进一步减少。

（五）群团改革时期的重大调整

2016 年 1 月，作为群团改革试点工作的一项重要内容，全国总工会开始对主管的报刊进行清理规范。清理之前，全国总工会主管的报刊共 16 家（2 报 14 刊），最终重组保留下来的只有 8 家，而后又调整了部分报刊的主办单位，将《中国工运》移交给工人日报社主办，将《中国工会年鉴》《中国工人》移交给中国工人出版社主办，在清理规范工作结束后，全国总工会主管报刊精简重组为 1 报 5 刊。

地方工会的改革目前尚未完成，各地工会主管主办的报刊也面临着改革的压力。在困境中进行自上而下的改革，对工会新闻出版单位的影响会有所扩大，加之全国总工会在改革试点中开创了改革开放以来工会报刊停刊的先例，使得各地工会新闻出版单位产生较强的危机意识。如何抓住改革的机遇，化解自身的不足，找到事业发展的突破口，就成了工会新闻出版单位亟须解决的课题。

三、工会新闻出版事业发展面临现实困境的成因分析

根据中国工人报刊协会公布的数据，截至 2012 年，该协会共有理事单位 60 家，其中报社 26 家，期刊 33 家，学院 1 家。这些工会报刊主要是靠各主管工会的政策倾斜和拨款维持运营，市场化程度不深，市场竞争能力较弱，但是在群团改革开始之后，政策倾斜和拨款均相应地受到了影响，加之纸媒近年来整体上一直呈衰落趋势，所以工会新闻出版事业目前的发展颇为艰难。

（一）新媒体的冲击

中国已经成为移动互联发展最为迅速的国家，根据中国互联网络信息中心发布的《第 41 次中国互联网络发展状况统计报告》，截至 2017 年 12 月，我国网民规模

已达 7.72 亿，其中手机网民规模就达到 7.53 亿，也就是说，有 97.5% 的网民会使用手机上网。这对新媒体的发展是巨大的利好，但是却给传统的新闻出版行业带来了巨大的冲击。目前，我国仅有 7.5% 的职工把报刊作为了解新闻、获取信息的主要渠道。2017 年，报刊广告和发行继续“双降”，整体市场下滑 14.8%，其中报纸广告市场的跌幅更是超过了 30%。

在这样的背景下，本来就几乎没有经历过充分的市场竞争的工会新闻出版单位就显得有些难以为继。尤其是近年来，各地工会纷纷设立官方微信公众号，有条件的工会还开发了手机客户端，利用这些新媒体发出工会的声音，吸引职工群众关注和阅读，这虽然起到了宣传工会、服务职工的效果，但在一定程度上也对传统的工会新闻出版事业产生了内部冲击。

（二）行政帮扶手段逐步退出

虽然工会新闻出版单位早已完成体制改革，由差额拨款转为自收自支，但由于缺乏市场竞争能力，且日常经营确实具有一定的公益性质，所以仍有相当一部分的工会新闻出版单位需要以各种形式获得上级主管工会的拨款来维持运营。同时，在我国现有的体制下，各级总工会虽然不是行政机关，但是在一定程度上也履行着政府的部门职能，拥有调动部分社会资源的能力，工会新闻出版单位就可以在报刊、图书的发行过程中，依靠上级主管工会的资源进行征订，最常见的形式就是下达征订通知，有时还会将征订任务分解，要求下级工会和企业完成规定的征订任务。

这种情况在群团改革开始之后，逐渐有所变化，各级工会对下属新闻出版单位的拨款都趋于收紧，在下发报刊、图书的征订通知时也更加谨慎，很难再见到分解征订任务，要求下级工会和企业完成的情况。这也对工会新闻出版单位的经营造成了一定的影响。

（三）缺乏市场意识

各工会新闻出版单位在建立之初，就受到了上级主管工会的“保护”，较少受到市场竞争的洗礼，造成了先天的不足的局面在后来的发展过程中，这个先天不足也没有很好地弥补，直至进入新世纪之后遭遇经营困境，才开始贴近市场，被动地参与到市场竞争中。但是由于缺乏经验，少数几家积极走向市场的工会新闻出版单位根本无力与其他纸媒进行竞争，所以工会新闻出版单位的市场化尝试，大都铩羽而归。《工人日报》《劳动午报》等报刊都在市场上遭遇挫折，最后只得退守阵地，继续在上级主管工会的支持下谋求发展。

在群团改革的背景下，全国总工会主管的16家报刊，经过清理规范最终保留下来的只有8家。这些使得工会新闻出版单位都感受到了巨大的压力，必须拥抱市场，接近读者，积极地发展壮大，才能保证自身的生存。

（四）内部机制僵化

长期以来，工会新闻出版单位的人事制度都比较僵硬，主要岗位负责人必须有正式编制，由上级任命，缺乏一定的独立性。这就使得人才的流动仅限于工会系统内部，那些充分了解新闻出版市场的工会系统外部人才很难进入，而由于自身的经营理念、竞争意识和管理制度也不够先进，所以在人才的内部培养上也有一定的短板，最终造成了经营管理人才和专业技术人才短缺的后果。

工会新闻出版单位的集团化进程也非常落后，从成立条件上看，工会新闻出版单位中既有中央级媒体，也有具有一定影响力的地方媒体，一些省总工会还同时下辖报纸和刊物，完全有条件成立报刊集团，然而由于种种原因，在新闻出版业掀起集团化经营的风潮之时，工会新闻出版单位至今没有成立一家传媒集团，错过了风口。

（五）版面设计陈旧，内容缺乏可读性

工会报刊本来就有机关报、机关刊物的性质，所以日常版面中有大量公文式和指令性的报道，内容不够活泼生动，缺乏可读性，版面设计也比较古版，逐渐脱离了职工群众。作为工会新闻出版单位中唯一的出版社中国工人出版社，之前出于成本控制的考虑，在封面设计费和排版设计费上也严格控制支出，导致出版的图书整体装帧设计感不足，无法有效地吸引读者购买。这些情况使得工会报刊和图书越来越淡出广大职工群众的视线。

四、群团改革背景下发展工会新闻出版事业的战略选择

在群团改革背景下，依托各级工会的行政力量和资源发展工会新闻出版工作的路子将越走越窄，摆在工会新闻出版人面前的只有两条路，要么抓住改革机遇，谋求转型发展，要么只能等待最终的淘汰。为了扭转不利的发展局面，部分工会新闻出版单位也做了一些尝试，取得了一定的成效，但是并未能从根本上解决工会新闻出版单位面临的难题。面对日益严峻的形势，局部的解决方案只能是治标不治本的，只有整体、系统的全面变革才有可能让工会新闻出版单位走出困境。基于此，

本文尝试将战略管理思想与工会新闻出版单位发展现状结合，用战略思维解决工会新闻出版单位在群团改革和新闻出版体制改革的双重改革压力下暴露出的共性问题，以达到促进工会新闻出版单位的良性发展的目的。

（一）改革战略

本质上看，对现有制度的调整都属于改革的范畴，但对于工会新闻出版单位来说，改革战略应该是特指对于管理体制的改革战略。由于工会报刊一般都是所属工会的机关报刊，具有一定的特殊性，原国家新闻出版总署的历次推行的清理整顿都没有涉及工会报刊，但改革是大势所趋，特别是在群团改革的大背景下，对于工会新闻出版单位的深化改革只是时间问题，必然会发生。

1. 积极准备转企改制

2010 年，在中央的统一部署下，中国工人出版社随中央各部门各单位直属出版社完成了转企改制，注销了事业单位法人，从自收自支的事业单位转制为国有企业。2011 年，中央对非时政类报刊的转企改制工作全面展开，虽然暂未涉及工会报刊，但随着新闻出版体制改革的深化，工会报刊终将直面转企改制的压力。从中国工人出版社的经验来看，转企改制完成后，在经营策略、用人制度、薪资标准等方面的自主性会大大加强，对出版社的长期发展非常有利。

鉴于目前中央尚未对工会报刊的转企改制工作提出明确要求，为了减少改革的阻力，工会报刊可以在取得主管工会的支持后，在报社、杂志社全面推行企业化管理，为必然到来的转企改制积累经验。还可以按照中央在时政类报刊出版单位在转企改制时制定的“采编经营两分开”的原则，对社内采编业务部分继续实行事业单位的管理，对于发行、广告等经营业务实行企业化管理，大胆制定用人和激励制度，激发发行、广告业务人员的积极性。

2. 建立现代产权制度

工会新闻出版单位基本都是由主管工会出资建立的，办公场所、人员编制等都是由主管工会解决。这种产权制度可以给工会新闻出版单位提供充分的保障，让其在成立初期即可放手发展事业，但是在谋求扩大经营时就会成为掣肘因素。为了解决这个问题，工会新闻出版单位就必须考虑建立现代产权制度，适时引入社会资本，可以先在经营主体产权不变的前提下，与社会优质资本成立合资公司，开拓市场。借由现代产权制度的建立，工会新闻出版单位也可以在内部实行股权激励，鼓励有能力、有干劲的职工内部创业，真正实现个人和单位的共同发展。

3. 研究组建工会报业集团和出版集团

自新闻出版体制改革启动以来，中央和地方的报刊集团、出版集团纷纷成立，顺应了国际上传媒产业的发展趋势，走上了集团化发展的道路，涌现了一批上市企业。全国总工会的领导同志也在公开场合表示过希望能成立工会自己的传媒集团，壮大工会宣传力量，但是由于种种原因至今未能启动该项工作。

从行业的经验来看，已经成立的报刊集团和出版集团基本没有跳出地域的限制，绝大部分是按照地域划分组建的，但是工会新闻出版单位普遍特点是“小而精”，按照地域组建报刊集团或出版集团依然无法摆脱规模小、力量弱的局面。为了实现工会新闻出版事业集团化的发展，可以在全国总工会的支持下，由全国总工会总体协调，再由工人日报社主导成立全国工会报业集团，各省级工会报社是该集团的下属单位。同时，由中国工人出版社主导成立全国工会出版集团，全国总工会和各省级工会主管的杂志社是该集团的下属单位（内刊不纳入该集团，仍由原主管工会管理）。全国工会报业集团和出版集团成立后，可以迅速扩大经营规模，实现优势互补，共同抵御行业变革带来的冲击，并且可以适时谋求上市，实现工会资产的保值增值。

（二）品牌战略

市场经济发展到今天，品牌已经成为消费者进行消费选择时的决定性因素之一。对于新闻出版单位来说，读者就是消费者，只有清晰地确定品牌定位，持续地执行品牌战略，才能稳固和发展读者队伍，吸引更多的社会关注。

1. 打造维权品牌

高举维权旗帜是工会新闻出版单位义不容辞的责任，也是最大的品牌优势。现阶段，广大职工群众对《中华人民共和国劳动法》《中华人民共和国劳动合同法》等法律法规仍旧不太了解，维权能力较弱，不单是农民工等弱势群体，城市白领等群体也经常会遭遇被侵犯劳动权利的事件。工会新闻出版单位突出维权特色，应开辟版面刊登维权案例、劳动法常识，让职工群众“读得懂、读得进”，增加职工群众对工会报刊和图书的信任感，自然而然地便会树立起自己的品牌。工会新闻出版单位可以利用主管工会的行政资源和新闻媒体天然具备的宣传优势，与当地仲裁院、法院、司法局，以及工会职工法律援助中心合作，一方面增加维权稿件的来源，一方面也能协助进行普法工作，最重要的是能借力打造维权品牌。

2. 策划工会主题报道和主题出版

作为党和政府的喉舌，围绕党和政府的重大决策、战略部署组织开展重大主题报道和主题出版，历来是新闻出版单位的重要工作，工会新闻出版单位自然也不例外，同时，工会新闻出版单位还有为“三工”服务的天然职责。因此，《工人日报》等工会报刊围绕“三工”策划了一批主题报道，多次荣获中国新闻奖。中国工人出版社策划出版的主题出版物“农民工有困难找工会丛书”和《中国劳模——时代领跑者》（画册），分别荣获第一届“中国出版政府奖（图书）”、社科类和艺术类图书提名奖，取得了广泛的赞誉。可见，工会主题报道和主题出版还是大有可为的，对工会新闻出版单位品牌战略的实施，颇有裨益。因此，工会新闻出版单位应该继续发挥自身优势，围绕“三工”着力策划主题报道和主题出版，作为实施品牌战略的重要抓手。

（三）人才战略

由于体制的原因，工会新闻出版单位的用人制度一直是比较僵化的，这也是尚未进行转企改制的新闻出版单位的通病。本来大部分工会新闻出版单位提供的薪资水平在行业中就比较缺乏竞争力，再加上僵化的用人制度，就很难在工作环境中与职工形成良好的互动。因此，推行人才战略，形成重视人才、爱护人才、培养人才的氛围，充分调动职工的工作积极性，就显得尤为重要。

1. 全面推行聘用制度

全面推行聘用制度，就是要将领导岗位也纳入聘用制度中，工会新闻出版单位的主要领导由主管工会聘用，如果工会系统内没有合适人选，可以从社会公开招聘，选贤任能。中层以下干部职工由工会新闻出版单位自主聘用，给予充分的人事自主权。如此，僵化的用人制度被打破，真正的人才才能脱颖而出，工会新闻出版单位才能流入新鲜的血液，应对严峻的挑战。

2. 构建人才内部培养机制

解决了外部人才流入的问题，更要重视内部人才的培养问题，单位自己培养出来的人才对本单位的目标会有更多的心理认同，对单位的忠诚度也更高，所以构建人才内部培养机制就显得尤为重要。工会新闻出版单位可以效仿制造企业中的“师带徒”制度，为新入职职工指定一名工作出色、责任心强的老职工作为培养责任人，帮助新职工更快更好地融入单位，达到岗位要求。还可以在单位内部推行“学分制”，由单位人事部门组织内外部行业资深人士不定期地授课，职工参加学习即可获得一定的学分，每年获得的学分达到一定数量才有资格参加单位的年度评优，借此督促职工养成主动学习、提高自我的习惯。

（四）营销战略

新闻出版单位最直接的收入来源就是报刊图书的发行收入和广告收入，而广告收入的高低又直接取决于报刊图书的发行量，因此新闻出版单位营销战略的重点就是提高社会知名度，扩大发行量。

1. 利用新媒体扩大知名度

2018年9月29日，《工人日报》正式入驻抖音平台，成为全国第一个以官方身份开通抖音的工会新闻出版单位。时至今日，任何一个传统媒体都不能再忽视新媒体的影响力，抗拒和旁观只能一次又一次地错失机会，只有主动地研究和利用新媒体的影响力才有可能保持和扩大知名度。

2. 依托中国工人报刊协会建立发行联合体

中国工人报刊协会成立于1992年，是全国总工会主管的全国行业性、非营利社会团体组织。在目前全国工会报刊集团和出版集团尚未建立，且报刊图书征订逐步取消的局面下，中国工人报刊协会就成了一个很重要的角色。依托该协会建立发行联合体，可以实现发行渠道的互通，借助协会各会员的区域发行渠道，让适合全国发行的地方工会报刊获得更多的发行量，而帮助兄弟报刊在本区域发行的工会报刊也可以获得一定的发行费收入，实现共赢。

3. 需求资本合作，开辟营销新渠道

早在2004年，中国青年报社与北大青鸟集团共同出资组建中青报业传媒发展有限公司，负责《中国青年报》的发行、广告、品牌经营等，取得了不俗的成绩。工会新闻出版单位也可以借鉴这种模式，与社会资本成立合资公司，负责报刊的发行、广告等工作，借助外力开拓新的营销渠道，提高发行量。也可以将发行、广告业务外包给有实力的专业公司，但是这种方式不可控因素太多，容易让新闻出版单位失去对主要业务的控制，所以实施起来需要特别谨慎。

（五）数字化战略

纸媒虽然在很长一段时间内不可能消亡，但是在残酷的竞争下，还是会有大量的纸媒关停。在数字化的今天，我们应该看到，纸媒互动性和时效性是无法和新媒体相比的，而且其生产成本过高，同质化现象也比较严重，这都是传统纸媒无力和新媒体抗衡的主要原因。但是，纸媒拥有专业内容资源在内容质量上和新媒体相比还是有一定优势的。利用这个优势，新闻出版单位积极发展数字化战略，将传统媒体的优势和新媒体的优势进行结合，具有相当积极的意义。工会新闻出版单位也应该遵循这个思路，尽早进行数字化战略布局。

1. 积极推进报刊图书数字化

报刊电子版和电子书早已经走进年轻读者群体，经过各大电子阅读平台的客户培养，读者已经习惯了为电子阅读付费的模式，这对饱受冲击的传统纸媒来说，是可以从中取得一定收益的。中国工人出版社早就开始了出售电子图书版权，获得收益。《工人日报》《劳动午报》等工会报刊也都上线了电子版报纸，拓展了读者的阅读渠道。但是有一些工会报刊至今仍没有开展报刊的数字化工作，这就需要尽快地转变思路，重视起这项工作，上线报刊电子版，以迎合当下职工群众数字化阅读的习惯。

2. 发展融媒体运营

所谓融媒体运营，就是指传统媒体突破限制，融合纸媒、电视媒体、互联网和移动客户端等共同运营发展。这已经成为所有传统媒体未来的发展方向。工会新闻出版单位也不能独善其身，必须积极投入其中，谋求发展，《工人日报》开通抖音账号就是融媒体运营的典型例子。工会新闻出版人应该看到，融媒体运营，特别是在移动客户端的融媒体运营成本并不高，最需要的是创意和热情，所以完全可以尽快尝试融媒体运营，积累宝贵的经验。目前，《工人日报》和中国工人出版社都已经成立了融媒体中心，推进数字化战略。未来，应该有更多的工会新闻出版单位加入融媒体运营的阵营，将其作为数字化战略的重要支撑。

五、结语

工会新闻出版事业发展战略研究是一个复杂的课题，它既需要把握新闻出版行业发展的一般规律，又要充分考虑工会系统的特殊性，更重要的是，它还要重点研究新闻出版体制改革和群团改革带来的自上而下的改革压力。尤其是群团改革，让在原新闻出版总署历次清理整顿中未受影响的工会报刊感受到了前所未有的压力，全国总工会在改革试点中一次性将8家工会报刊停刊（1报7刊），改革力度之大，前所未有。目前，地方群团改革工作还在持续地开展，地方工会新闻出版单位也需要在改革中努力重塑自我价值。

改革是一把双刃剑，工会新闻出版单位要做的就是积极面对群团改革，在新形势下深入研究自身发展的战略规划，将改革的压力变成发展的动力，寻求新的突破，以更好地为“三工”服务。

参考文献：

[1] 崔保国，杭敏，周逵. 中国传媒产业发展报告［M］. 北京：社会科学文献出版社，2018.

[2] 刘向兵，李立国. 大学战略管理导论［M］. 北京：中国人民大学出版社，2006.

[3] 李双. 新型劳动关系下的工会报刊研究（1995—2010年）［M］. 北京：知识产权出版社，2016.

[4] 吴镇. 对工会刊物改革路径的思考：以《兵团工运》办刊实践为例［J］. 新疆新闻出版，2012（3）：74－75.

[5] 尹祖光. 在新媒体的冲击下工会报刊应如何“突围”［J］. 戏剧之家，2017（21）：229－230.

[6] 朱春阳. 时代需要什么样的党报：以新时期30年党报改革实践为对象的考察［J］. 华中师范大学学报（人文社会科学版），2011，50（1）：114－118.

[7] 林宜承. 工会报刊：多重角色的尴尬和冲突［J］. 编辑之友，2010（7）：70－71.

[8] 范军，李晓晔. “十二五”时期中国出版业发展报告［M］. 北京：中国书籍出版社，2017.

中国劳动关系学院大学生学习需求调查研究

指导老师：任国友

何平　陈辰　吴思楠　阮含含　徐猛

摘　要：随着高等教育普及、严峻的就业形势，大学生学习需求正在成为高等教育关注的重点。以中国劳动关系学院（以下简称"中劳院"）大学生为例，运用文献分析和问卷调查的综合方法，客观调查了大学生专业需求、环境需求、技能需求、就业需求。调查结果表明，大学生学习需求与学校供给之间存在较大差异，主要表现为专业需求、环境需求、技能需求、就业需求存在差异性，尤其是在自习场所、教学设施存在一定不足和利用率差的问题。最后，结合我校实际，提出了提升大学生学习需求的具体对策。

关键词：大学生　学习需求　专业需求　环境需求　技能需求　现状调查

当前，随着高校毕业生数量持续增长，2017 年数量达到 795 万新高，日益严峻的就业形势促使我们不得不考虑如何提高教学质量和大学生能力素质。"强者自救，圣者渡人。"单方面强调提高教学质量只会使教学陷入一轮又一轮的课改和应付检查中，从而忽视教育应当激发学生学习的欲望，启发学生主动学习，培养自主学习的能力。频繁地进行改动调整一定程度会影响到教学的稳定性，增加了教师工作量，不利于教学活动的展开。早在两千五百多年前孔子就曾提出"不愤不启，不悱不发，举一隅不以三隅反，则不复也"的教学观念。另外为了满足高考需求，长期以来高中教学处于高压之下（如衡水中学、毛坦厂中学等高考工厂大多对学生衣食住行有全方位要求），一定程度限制学生自身学习兴趣的培养，甚至许多同学反映在高中时老师经常宣传"现在拼一拼，大学就轻松了"的错误观念，误导学生在大学可以自由散漫。从千军万马拼杀的高考中走出来的高中毕业生，面对大学宽松的教学环境，自由的学习氛围，学习欲望陡降，学习能力退化，逐渐放松对自我的要求和约束。从教育心理学和需求理论来看，提高教学质量和大学生能力素质最为重要的是激发学生学习兴趣、满足学生学习需求，其次才是学校软硬件设施的升级。

本文正是基于当前大学生学习需求面临严峻的现实，运用调查问卷的方法，客观分析中劳院大学生学习需求现状，并提出提升大学生学习需求的现实对策。

一、大学生学习需求文献综述

1. 基本概念界定

罗永忠（2015）认为，学习需求即学习需要，是学生追求学业取得成就的一种心理倾向①。学习需求是客观要求反映在学生头脑中形成的学生对学习的主观需要②（肖庆华，2015）。大学生学习需求是学生在学习的过程中对现实与理想之间存在差距的的一种弥补心理状态（宛蓉，2016）③。学习需求是学习动机产生的必要条件，是大学生进行学习活动的根本动力，不同个体的学习需求是不同的，而且这些需求会随着时间等因素的变化而变化，但它们会始终影响着学生的学习方向及其方式（罗永忠，2017）④。

2. 大学生学习需求研究文献综述

大学生学习需求的理论依据主要包括需要理论和学习理论两个方面（罗永忠，2015）。黄三连（2013）认为，学习需求分析是在实证调查与研究的基础上，通过分析收集到的信息资料，发现存在的问题，进而提出解决问题的办法⑤。罗永忠（2017）对贵州省“大学生学习需求”进行了问卷调查与访谈调查，通过了解大学生学习需求，分析其成因，为贵州省高校提出解决问题的对策。王庆生（2009）通过调查西安高校大学生的学习适应状况，从认知需求、专业承诺、择业效能感等方面探讨了影响大学生学习适应的因素⑥。田海燕

① 罗永忠．大学生学习需求研究的理论依据探讨［J］．遵义师范学院学报，2015（4）：88－91.

② 肖庆华．基于大学生学习需求的课堂有效教学［J］．大学教育，2015（7）：37－38.

③ 宛蓉，罗红英．普通本科大学生学习需求现状调查：以贵州省为例［J］．贵州民族大学学报（哲学社会科学版），2016（5）：175－182.

④ 罗永忠．贵州省大学生学习需求调查研究［J］．遵义师范学院学报，2017，19（5）：91－98.

⑤ 黄三连．学习需求分析视角下的大学生礼仪课程研究［D］．昆明：云南大学，2013.

⑥ 王幸生．认知需求、专业承诺、择业效能感与大学生学习适应状况的关系［D］．西安：陕西师范大学，2009.

(2004）认为学习需求分析需要通过系统的分析，发现教学中存在的问题，进而对问题的必要性与可行性进行调查和研究①。吴亚慧（2018）根据大学生学习上存在的问题，开展了大学生学习指导需求调研，并针对学习指导需求提出采用主动式、多样化辅导，朋辈互助及学习资源共享的策略②。殷红敏（2014）通过对贵州省 1443 名大学生开展问卷调查，发现大学生解决问题的主动性不足；自制力差，易受周围环境影响；缺乏理想抱负及正确的人生观、价值观；学习动力不足，态度不端正等。针对这种现象，提出必须从内外环境层面促进大学生主动学习，满足大学生的教育需求③。

随着计算机网络技术的发展与应用，互联网越来越多地渗透到大学生的学习与生活中，大学生学习需求也在不断变化。范颖（2018）归纳了“互联网＋教育”时代下大学生的新型学习方式有六个主要类型：一是泛在学习，二是混合学习，三是定制学习，四是社群学习，五是沉浸式学习，六是休闲学习④。范颖通过分析新型学习方式在发展过程中面临的挑战和现实路径，提出了如何提升大学生获得的全新、便捷、高效的学习体验。刘光明（2001）认为知识经济时代大学生学习需求应在学习内容、学习方式上发生转换⑤。大学生学习资源拓展是高校培养模式改革的一项重要举措（吴岑，2015)⑥。信息时代大学教育中教材规定越来越宽泛，不仅促进了大学生自主研究型学习方法的发展，而且信息社会中的自主研究型学习方法对图书馆的文献供给方式也提出了新的要求（周宁，2007)⑦。汪人山（2012）通过对国内外大学的调查，了解大学生对图书馆的需求，整理分析了统计数据，并通过国内外对比分析，提出高校图书馆要结合自身的办馆定位和学生研究型学习的需要，进一步优化馆藏资源配置⑧。段辉琴（2013）根据大学生创业学习需求和创业学习特点，提出创业教育要在做好系统

① 田海燕．校本课程开发中的学生学习需求分析［D］．北京：首都师范大学，2004.

② 吴亚慧，王宇波．大学生学习指导的问题与策略［J］．西部素质教育，2018（7）.

③ 殷红敏．大学生主动学习及教育需求的调查研究［J］．兴义民族师范学院学报，2014（1）：80－83.

④ 范颖．“互联网＋教育”时代大学生的新型学习方式研究［D］．合肥：安徽大学，2018.

⑤ 刘广明．大学生应尽快实现学习需求的转换［J］．当代青年研究，2001（3）：18－20.

⑥ 吴岑，陈广平．基于需求理论的大学生学习资源拓展研究［J］．劳动保障世界，2015（5）：59－61.

⑦ 周宁．研究型学习方法对高校图书馆工作的影响［J］．图书情报导刊，2007，17（27）：96－97.

⑧ 汪人山，吉久明，WANG K，等．中美大学生在研究型学习中对图书馆提供服务的需求调研和比较分析：以 2 所公立大学为例［J］．现代情报，2012，32（12）：152－154.

规划和环境建设的基础上，推行以“体验式学习”为主的创业学习模式①。王君涛（2018）提出，“互联网+”时代，大学生职业生涯规划教育应该通过顺应时代潮流，树立“以生为本”的教育理念；整合优质教育资源，建立职业生涯规划②。吴伟（2018）认为非正式学习因不受时间、空间等因素限制，是大学生开展学习的一种重要方式，构建非正式学习需求的精准服务体系十分迫切③。王琴琴（2010）提出，研究性学习对于培养学生的创新能力和实践水平具有重要的意义，是值得提倡的一种创新性学习方式④。姚锦秀（2011）认为，高校应在大学生专业学习、思想政治教育和人际交往等方面充分发挥互联网的良性推动作用⑤。

综上所述，教育界专家及学者对大学生学习需求进行了多方面调查研究，取得了一定成果，对提高教学质量，满足大学生学习需求提供了诸多可供参考的理论与实践依据。但是这些研究成果更多来自于教学视角而非学生本身，并且研究的范畴有一定方向局限性；如果从学生视角出发，紧密贴合大学生实际学习需求，调查数据应该具有更深一层代表意义。

二、大学生学习需求及其理论分析

学习需求实际为学生追求自我完善、获取知识技能，得到自我、他人、社会认可的一种普遍存在的心理倾向。它是学生主动学习知识技能、促进自身全面发展、适应社会需求、提高认识水平、满足学生不断向更高更远追求的内在动力。学习需求是激发学生进行学习活动的根本基础，也是教育部门制定教学活动的基本依据。在教学中教师根据学生学习需求弹性教学、因材施教、有的放矢；学生根据自身学习需求主动学习，制订学习规划，适应社会需求，达到完善自我的目的。学习需求的本质为学生目前学习状况与他们对自身期望的差距，客观存在的

① 段辉琴，于水波．基于需求分析的大学生创业学习模式研究［J］．继续教育研究，2013（10）：96-98.

② 王君涛．“互联网+”时代大学生职业生涯规划教育教学研究［J］．中国教育信息化，2018（10）.

③ 吴伟，王维维．大学生非正式学习需求的精准服务体系建构：以社团、社会实践和科研需求为例［J］．黑龙江教育（理论与实践），2018（4）.

④ 王琴琴，王有智．大学生研究性学习与认知需求、创造性人格的关系［J］．中国健康心理学杂志，2010，18（12）：1496-1498.

⑤ 姚锦秀，梅武成，郑定达，等．面向大学生学习生活需求的校园网络社区构建方法研究［J］．科技信息，2011（17）：13，52.

差距实际上是学生自身在学习能力、综合素质等方面不足。这也是教学活动存在的缺失和迫切需要解决的问题。所以在对学习需求进行定性时不得不将其确认为一个发现问题的过程，而非解决问题的办法，因此我们进而可以认为为了激发学生学习需求而将课堂内容设置得更加迎合学生口味掺入大量水分（如教师上课讲段子、说笑话、插科打诨活跃气氛；设置小组合作、讨论问题、学生大多按照百度内容互相讲解课程等活动），实际上是玷污了学问的神圣性。正是因为学生目前学习状况的不足才必须接受教师规范的教学引导，缩小这种的差距，那么类似考研名师张雪峰“说相声”似的必然导致大学课程实际教授内容大幅度缩水，因为课堂时间、课程数量、人的精力是有限的，而大量的时间用于取悦学生而非解决学习过程中的重点问题。实际上也并非完全是重点，依照大学所教授的内容看很多知识是常识性的，而非开创性的，所以没有掌握的内容就是不足，就是重点。许多知识形成时间较早，最新的研究成果仍依赖于教师及时教授。因此我们有理由相信学生互相讲课、教师为活跃课堂气氛“插科打诨”式教课手段只不过是缘木求鱼、南辕北辙的消极手段，最后事半功倍的结果显而易见。激发学生学习兴趣，提高课堂教学效率，乃至提高教学质量不应该是以课堂内容的活泼有趣为手段，而在于发掘问题、找到不足、认识短板，这个过程才是解决学习需求的过程。任何一所学校不可能保证学生百分之百的优秀，这不符合教育的客观规律，大学不再只是唯分数论，差异化在所难免。希望从事学术研究的人通过考研继续深造，希望工作的人通过培训掌握一定工作技能，大学是把好学生步入社会前分流器，不应该负责灌输知识，而应该帮助学生找到不足，引导他们完善不足，这应该就是从教育角度理解苏格拉底强调的“认识你自己”。

综上所述，根据马斯洛需求层次论和麦克莱兰成就动机理论，我们可以将学习需求认为是通过学习弥补自身不足、实现自身价值、满足自身高层次需求的需求。学习的过程可以看作满足人类追求真理——追求美——追求理想的渐进的需求，其实就是个体追求成功、避免失败、不断进步、取得成就、得到自我认可和他人认可的需求。从需求的基本属性看，需求即个体处于缺失、不足的状态，渴望得到满足的主观反映。从来源层面来说需求即缺失，满足自身缺失的心理倾向会刺激个体追求缺失的东西，所以需求是个体产生行为的动力源泉；从对象来看，无论是马斯洛提到物质需求还是精神需求，都是作为需求的对象，实际上就是人把为自己发展制定的目标来作为需求的对象；从周期性来看，满足人类的需求并非可以一劳永逸地解决，事实上处于不同需求阶段的个体总会有向高一层次需求前进的冲动，在完成目标后需求会暂时失去动力，过后会向着更高层次需求前进。从需求产生到满足的周期看，满足基本需求的周期短，譬如穿衣吃饭，满足成长需求的周期长，譬如实现自我价值。而学习需求则是属于后者。

三、大学生学习需求调查及其结果分析

1. 调查样本选择及调查方法

课题小组于2018年8月19日在问卷星发布问卷对本校学生进行调查，因为处于假期等因素，样本不具有代表性，试图放弃本次问卷调查进行走访，但是考虑到对学习的认知是一个渐进的过程，虽然缺乏代表性，但是本届同学熟悉学校环境，并且即将面临考研、就业的问题，对学习的认知也提升到更高的层次，同时对学习过程中存在的遗憾、缺失、不足有更多的感知，具有一定的参考价值。加之进行走访调查能够相对地弥补样本缺乏代表性的问题，所以仍按计划进行。本次调查共涉及38位同学，其中2014级2人、2015级24人、2016级10人、2017级1人、2018级1人，男女比例13∶25，37人为文史类，1人为理工类。

本次调查问卷共25题，年级、性别各1题，其余涉及4个方面：环境需求、专业需求、技能需求、就业需求。环境需求设置5个问题，专业需求设置6个问题，技能需求设置6个问题，就业需求设置6问题。走访采用问卷问题，由小组成员带到各自班级进行访谈。

2. 调查结果分析

（1）对于专业需求的调查结果

在大学里设置了不同的专业，然而由于专业的性质不同故其需求也有所不同。偏向于文科类的专业如政治学、管理学、汉语言文学等专业对于阅读的需求较大，而反观偏理工类的专业则侧重于对实际操作及实验有更大的需求。课题小组围绕“我校教学是否满足学生的专业需求”出发，展开调查，进而发现学生如何满足其专业需求。本文中涉及的专业需求包括：阅读书籍、参加讲座、课外培训、网络教学视频等。调查结果显示，从总体上看有42.11%的同学表示对于专业需求还没有得到满足，非常满足的仅到7.89%，说明学生对于专业需求还有很大的满足空间（见表1）。

表1　中国劳动关系学院学生对于校园教学对专业需求满足情况

学校教学是否满足专业需求	非常满足	基本满足	没有满足
总体情况	7.89%	50%	42.11%

从学生选择满足专业学习需求的方式上来看，超过一半的同学还是会通过阅读来满足专业需求，这与中国劳动关系学院学校性质有一定关系，由于理工科专业偏少，大多文史类专业可以通过阅读很好地满足需求。另外由于网课的形式越来越流行也越来越便捷，选择网络教学视频的学生也达到了28%（见图1）。

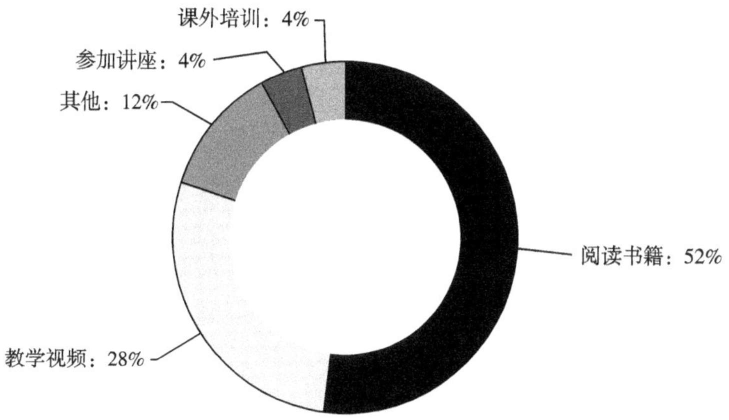

图1　学生满足专业学习需求的方式

（2）对于环境需求的调查结果

对于环境的需求主要是指客观环境，本文中主要指对于学习场所的需求以及学习环境的需求。学习场所包括图书馆和自习室，当然有些学生也喜欢在寝室学习，这里不予以考虑。从调查结果来看，84.84%的学生对学习场所有需求，说明在校园中绝大多数的学生对一定的学习场所都有需求，只有13.16%的学生几乎没有需求（见表2）。

表2　学生对学习场所需求的总体情况

学生对于学习场所的需求	有需求	几乎没有需求
总体情况	84.84%	13.16%

就目前现有的学习场所来看，认为图书馆或自习室能满足其需求的仅有 7.89%，大部分学生表示基本能满足，还有 26.32% 的学生表示不能满足（见图 2）。

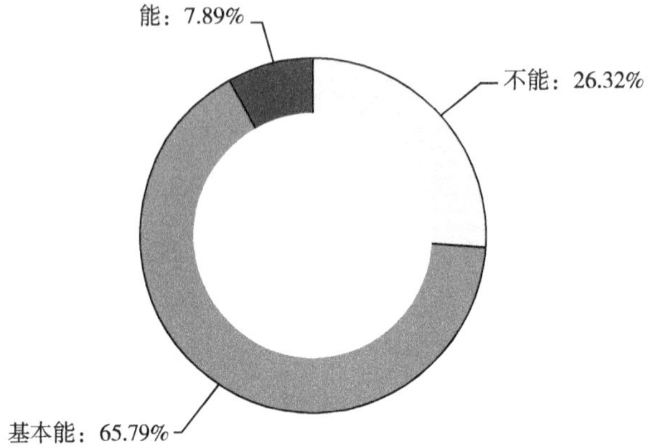

图 2　图书馆或自习室是否能满足学习需求

在调查中究其原因发现，众多外部因素影响学习需求的满足，包括位置少、占座、有人睡觉、情侣嬉戏等，其中位置少、有人占座、情侣嬉戏位居前三并且均过半，位置少甚至达 89.47%（见图 3）。

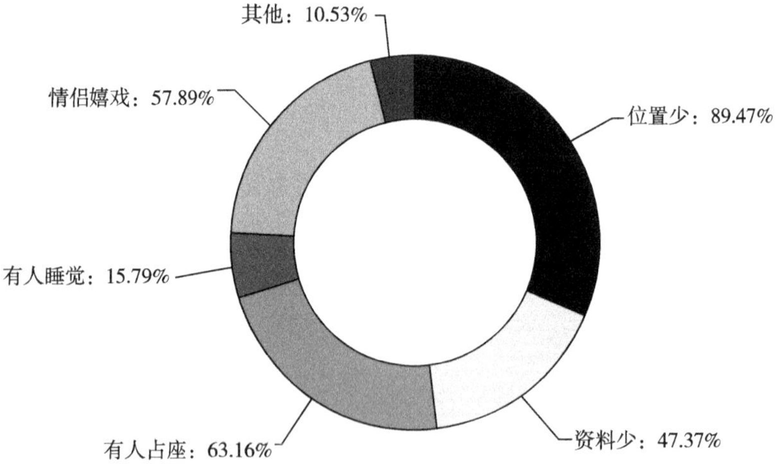

图 3　影响图书馆或自习室使用原因

（3）对于技能需求的调查结果

大学中的学习不仅是一个学习理论知识的过程，同时也是培养各方面技能的过程。本文中的技能需求主要包括：提高与人交往的能力与技能；考取与本专业无关的资格证书（例如驾驶证等）；培养自己的语言表达能力；学习自然科学知识；培养自己收集处理信息的能力与技能；学习安全知识，提高自己的自我保护意识等。从总体情况来看，学生均有一定的技能需求，但侧重点有所不同。其中社交能力和计算机应用能力的需求最高，都达到89.47%，其次是思维能力和英语口语能力，分别达86.84%和84.21%（见图4）。

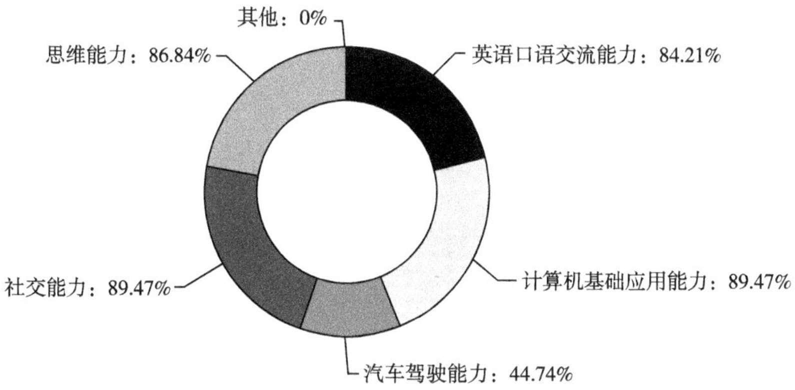

图4　学生的技能需求情况

学生对于技能的需求情况，从调查中看，在学校很大程度上没有得到满足，超过一半的学生认为学生走上社会以后所需求的技能在学校的课程安排中没有得到满足（见图5）。

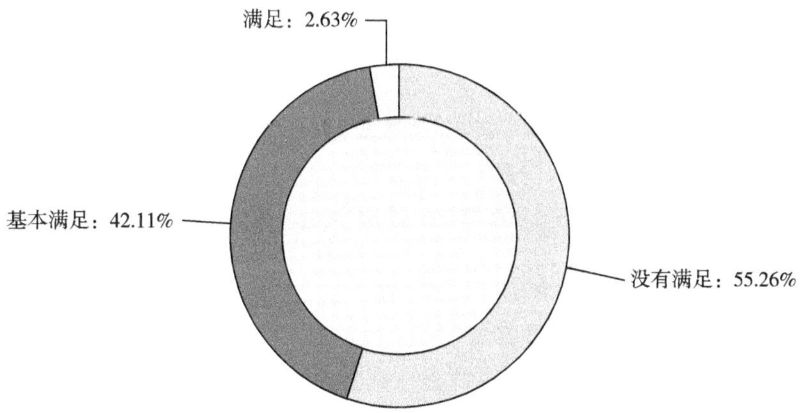

图5　学生技能需求在校满足情况

（4）对于就业知识需求的调查结果

绝大部分大学生下一步面临的就是就业，在就业知识的问题上，学生也产生了许多需求。其中包括了解毕业后自己所适合的职业和就业方向；了解目前的就业状况、发展趋势和行业背景；制订职业规划，提高择业优势等。从总体上看，大部分学生对于就业还没有清晰的认识，对就业知识具有很大的需求，78.95%的学生表示对就业知识有一定的需求（见表3）。

表3　学生对于就业知识需求情况

学生对于就业知识的需求	有需求	几乎没有需求
总体情况	78.95%	21.05%

从学生获取就业知识的渠道来看，总体来说比较多样，但绝大多数依然是来自学校，主要是来自老师和就业指导课，占比71.05%（见图6）。

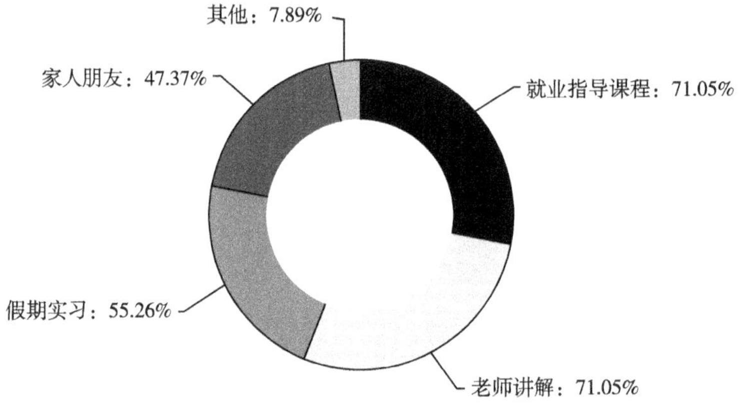

图6　学生了解就业知识的渠道

四、提升大学生学习需求的对策与建议

1. 提升大学生专业需求对策

通过互联网开展学生学习需求调查，建立学生学习需求信息库，借助互联网低成本管理，为学校课程设置、教学管理提供参考资料。校方应该多增加各系相关培训课程，可以设置讲座周、讲座月等定期集中的培训课程，集中发布培训信

息，增加学生对于各自专业知识学习的机会。组织学生会增加对专业课后培训的宣传工作。改革课程体系，根据调查结果动员教师动用自身资源，请相关专业培训老师进行专业的课堂授课，促进校内校外师资结合，提升学生对专业知识的需求。

2. 提升大学生环境需求对策

优化学校有限资源配置，合理开放自习室，科学安排时间，制定并监管自习室使用管理条例。通过增加书籍资料等渠道，保证学校基础设施得到最大限度使用，满足不同学习需求、不同层次学生的使用，提高使用效率。在有能力的前提下，为学生设置固定的自习教室。

3. 提升大学生技能需求对策

大学生的需求多为英语口语、思维能力、驾驶能力、计算机能力、人际交往能力的需求，学校可以通过提升对社团功能的管理，提升社团质量，合理发挥社团作用，大力支持社团的活动；我校工会学系社会工作专业课程中涉及“小组工作”的专业工作方法，学校可以通过与教师商讨制订教学计划，让社会工作专业学生带领相关能力学习（口语学习小组、人际交往小组等）小组工作。一方面可以锻炼社会工作专业学生的学习能力和实践能力，另一方面在一定程度上解决了大学生的技能需求。

4. 提升大学生就业需求对策

调查结果显示学生缺乏职业规划以及自身定位，对社会需求认识不足。学校可以以小组互动的方式开展大学生学习生涯规划、就业指导等活动，帮助大学生树立明确的学习目标，提升自信，增强沟通协调能力，确立理性职业观念。

参考文献：

[1] 罗永忠. 大学生学习需求研究的理论依据探讨 [J]. 遵义师范学院学报，2015 (4)：88 - 91.

[2] 肖庆华. 基于大学生学习需求的课堂有效教学 [J]. 大学教育，2015 (7)：37 - 38.

[3] 宛蓉，罗红英. 普通本科大学生学习需求现状调查：以贵州省为例 [J]. 贵州民族大学学报（哲学社会科学版），2016 (5)：175 - 182.

[4] 罗永忠. 贵州省大学生学习需求调查研究 [J]. 遵义师范学院学报, 2017, 19 (5): 91-98.

[5] 黄三连. 学习需求分析视角下的大学生礼仪课程研究 [D]. 昆明: 云南大学, 2013.

[6] 王幸生. 认知需求、专业承诺、择业效能感与大学生学习适应状况的关系 [D]. 西安: 陕西师范大学, 2009.

[7] 田海燕. 校本课程开发中的学生学习需求分析 [D]. 北京: 首都师范大学, 2004.

[8] 吴亚慧, 王宇波. 大学生学习指导的问题与策略 [J]. 西部素质教育, 2018 (7).

[9] 殷红敏. 大学生主动学习及教育需求的调查研究 [J]. 兴义民族师范学院学报, 2014 (1): 80-83.

[10] 范颖. "互联网+教育" 时代大学生的新型学习方式研究 [D]. 合肥: 安徽大学, 2018.

[11] 刘广明. 大学生应尽快实现学习需求的转换 [J]. 当代青年研究, 2001 (3): 18-20.

[12] 吴岑, 陈广平. 基于需求理论的大学生学习资源拓展研究 [J]. 劳动保障世界, 2015 (5): 59-61.

[13] 周宁. 研究型学习方法对高校图书馆工作的影响 [J]. 图书情报导刊, 2007, 17 (27): 96-97.

[14] 汪人山, 吉久明, WANG K, 等. 中美大学生在研究型学习中对图书馆提供服务的需求调研和比较分析: 以 2 所公立大学为例 [J]. 现代情报, 2012, 32 (12): 152-154.

[15] 段辉琴, 于水波. 基于需求分析的大学生创业学习模式研究 [J]. 继续教育研究, 2013 (10): 96-98.

[16] 王君涛. "互联网+" 时代大学生职业生涯规划教育教学研究 [J]. 中国教育信息化, 2018 (10).

[17] 吴伟, 王维维. 大学生非正式学习需求的精准服务体系建构: 以社团、社会实践和科研需求为例 [J]. 黑龙江教育 (理论与实践), 2018 (4).

[18] 王琴琴, 王有智. 大学生研究性学习与认知需求、创造性人格的关系 [J]. 中国健康心理学杂志, 2010, 18 (12): 1496-1498.

[19] 姚锦秀, 梅武成, 郑定达, 等. 面向大学生学习生活需求的校园网络

社区构建方法研究［J］．科技信息，2011（17）：13，52.

［20］彭慧．网络环境下学习资源的设计与应用研究［D］．杭州：浙江师范大学，2006.

［21］吴琼，李焕勤，刘书艳．精品课程建设及应用个案研究［J］．聊城大学学报（自然科学版），2011（1）：107－110.

［22］吴广智．高校精品课程视频资源应用现状与对策研究［D］．广州：广州大学，2011.

［23］孙中勤，崔桂珍．学生需求分析视角下的实用英语教学改革［J］．淮北师范大学学报（哲学社会科学版），2011，32（3）：110－113.

［24］柯小华，王阳．精品课程与博客整合应用的现状与模式探讨［J］．江苏广播电视大学学报，2008（4）：14－18.

［25］杨琳，杜中全．国家精品课程的可持续发展：教学共享应用模式研究［J］．中国电化教育，2011（11）：23－26.

［26］胡德华，邱林．国家精品课程网上资源应用情况调查与分析［J］．图书馆，2012（2）：79－82.

［27］王重润，李恩，赵冬暖．精品课程资源共享应用现状、问题及对策［J］．高教论坛，2010（2）：20－23.

［28］张凯，陈艳华．高校精品课程应用现状分析与对策［J］．现代远程教育研究，2009（5）：59－61，72.

［29］郭玉娟，袁晓斌．精品课程设计与应用调查分析［J］．中国远程教育，2009（2）：46－49.

［30］康晓伟．林波．基于高校的网络学习资源评价研究［J］．电化教育研究，2013（6）：76－80.

［31］宋德清．MOOC 在社区教育中的应用路径探索：基于开放大学建设的视角［J］．远程教育杂志，2013（6）：68－74.

［32］郝丹．国内 MOOC 研究现状的文献分析［J］．中国远程教育，2013（11）：42－50.

［33］曹刚，于欣言，杨晨．深度课程改革下 Moodle 开放式课程平台的应用研究［J］．实验技术与管理，2013（1）：184－187.

［34］张洁．MIT OCW 项目对我国大学城课程资源共享的启示［J］．中国成人教育，2012（10）：7－10.

［35］周燕．MIT OCW 效果评价对我国精品课程评价的启示［J］．黑龙江教

育（高教研究与评估），2009（4）：89－90.

［36］王娟，刘名卓，祝智庭．高校精品课程应用调查及其对精品资源共享课建设的启示［J］．中国电化教育，2013（12）：40－46.

［37］黄小丽．湖北经济学院精品课程建设与应用情况调查研究［D］．武汉：华中师范大学，2012.

［38］许艳丽．国家精品课程网站中教学视频的应用研究［D］．徐州：江苏师范大学，2012.

［39］张慧琴，徐珺．生态环境下“以学习者为中心”的翻译课程教学探索［J］．外语与外语教学，2013（3）.

［40］刘德宇．关于加强大学生实践能力建设的思考［J］．教育理论与实践，2009（11）.

［41］李嘉曾．“以学生为中心”教育理念的理论意义与实践启示［J］．中国大学教学，2008（4）.

［42］茆意宏，魏雅雯．大学生移动学习需求的实证分析［J］．图书情报工作，2013（8）.

［43］刘献君．论“以学生为中心”［J］．高等教育研究，2012（8）.

［44］冯慧敏．大学生学习目的的调查、统计与层次分析［J］．电力高等教育，1994（2）.

［45］陈向明．“本土概念”分析［J］．外语教学与研究，2000（3）.

［46］王继华．用大学精神贯通中小学理念的文化思考［J］．贵州大学学报（社会科学版），2015（4）.

［47］顾通达．以学习者为中心的教学设计思想［J］．教育信息化，2002（12）.

疫苗监管困境：制度与实践运作的脱节

指导老师：任国友

郭晋毓　刘绪川　万姿洁　武楷　吴优

摘　要： 疫苗在预防传染病方面发挥着举足轻重的作用，其安全问题也成为全社会关注的焦点，2018 年吉林长春长生生物公司“狂犬病疫苗造假事件”再次敲响了疫苗安全问题的警钟。基于疫苗安全的重大现实问题，课题组运用文献资料和案例研究的方法客观分析了我国疫苗监管现状及实践运作。研究表明，“狂犬病疫苗造假事件”的背后折射出我国疫苗从生产到流入市场，再到监管的环节诸多安全问题，其中政府疫苗监管缺失是首因。最后，结合我国疫苗监管的现行制度与实践，提出加强疫苗监管的对策和建议。

关键词： 疫苗安全　政府监管制度　实践运作　措施建议

前　言

我国的疫苗监管体系在不断改进与完善，现在已经在全国范围内建立起了一套从研发到生产再到生产与流通最后到接种的完整的监管体系。同时还具有较为完备的相关法律法规体系以及科学的管理模式。在疫苗生产到监管过程中累积了许多宝贵的经验。2008 年以来，国家共抽检疫苗产品 944 批次，合格率 99.6%。随着监管的日趋严格，近年来我国已上市疫苗的质量标准均达到 WHO 对疫苗产品的要求，部分品种关键指标高于欧美要求。但是近几年我国国内疫苗频频出现安全问题，不禁给民众内心画上了一个问号。

基于疫苗安全的重大现实问题，以 2018 年吉林长春长生生物公司“狂犬病疫苗造假事件”为例，运用文献资料和案例研究的方法客观分析了我国疫苗监管现状和政府疫苗监管体系，试图找出破解疫苗安全的对策。

一、疫苗安全研究文献综述

1. 基本概念界定

疫苗是一种特殊的药品。“疫苗安全”是在对疫苗接种各个环节进行严格监管的基础上，保证疫苗接种所能达到的一种安全状态（张岩，2017）。“疫苗安全监管”是指药品监督管理部门在疫苗的研制、生产、经营、使用、监督过程中对疫苗质量安全进行管控，从而保障受种者的合法权益（简国斌，2017）。从疫苗安全的概念来看，对疫苗安全的监管的关键之处在于对各个环节的严格把控。

其主要环节：

（1）生产环节。生产环节的监管主要依据《中华人民共和国药典》《药品生产监督管理办法》等，这些办法及规范要求疫苗生产企业必须在原材料的采购、厂房设施设备的选择、工作人员的培训、生产工艺的批准和存储条件的检查等方面严格按照相关规定处理（刘晓欣，2017）。疫苗的生产经营离不开 GSP 制度（GSP 制度指在药品流通过程中，针对计划采购、购进验收、储存、销售及售后服务环节而制定的保证药品质量标准的一项管理制度）。

（2）流通环节。疫苗的流通环节因为涉及多方面的问题，所以是疫苗事件的频发领域。流通阶段包括疫苗储存、运输和经营。疫苗的经营安全监管相对来说更加复杂，疫苗在流通过程中因其品种多、规格多、移动性大等特性更易出现差错、污染和混淆。而仓库的储存条件、储藏时间也会对疫苗的流通造成很大的影响（刘晓欣，2017）。

（3）现行疫苗安全监管立法。我国现行的疫苗法律监管主要是依据 2005 年颁布施行的《疫苗流通和预防接种管理条例》，该条例对一类疫苗和二类疫苗的范畴、疫苗流通储存审批、接种许可、异常情况处理以及法律责任等方面做了详细的规定。为应对“山东非法经营疫苗案”，2016 年 4 月，国务院修改并通过了《国务院关于修改〈疫苗流通和预防接种管理条例〉的决定（草案）》，该草案完善了预防接种异常反应补偿制度等内容，但该草案是否能够落实解决农村地区疫苗短缺、地方政府部门疫苗采购师的权钱交易、保障疫苗的有效性等问题还有待检验。我国的疫苗安全主要在流通环节易发生监管漏洞和法律风险（许灵铭，2017）。

2. 国内外研究文献综述

（1）研究模型与机理。此次的假疫苗事件发生的原因，可以利用归因模型探讨，例如姜冰（2016）以供应链主体和政府监管主体为研究对象，运用最优尺度回归模型，剖析消费者信任违背的引致性因素。且在另一文章中利用供应链管理理论讨论问题，进行案例分析（姜冰，2016）。对疫苗事件中各主体的相互作用进行探讨，部分学者建立了多种讨论模型。陈昕（2016）通过结构方程模型测量影响我国应急药品有效供应障碍因素指标的显著性以及其相互作用程度，李燕凌（2015）根据动态演化博弈理论，针对动物疫情公共危机事件演变的风险变化影响着监管者、企业、消费者三方的博弈过程，得出结论：监管者行为决策对企业和消费者行为决策具有显著影响。在模型建立中考虑到多角色的相互影响作用，得出公共事件产生的原因和其相互关系。根据类似的理论，张国兴（2015）等人通过建立演化博弈模型，探讨第三方监督对食品安全监管的作用和影响。利用该模型可讨论监管者制度在疫苗的各个影响链中的影响和作用。倪国华和郑风田（2014）两位学者建立一个制度体系模型进行均衡分析，找出相互制度间的相互影响力和作用。朱欢欢（2011）等人就 2016 年山东非法经营疫苗事件，基于 Haddon 模型对突发的公共卫生事件应急机制的建立分析并提出对策和建议。Haddon 模型是美国提出的一个理论模型，用于制定伤害的预防与控制措施。主要包括三阶段和三因素。根据 Haddon 模型可以帮助提出解决应急机制措施。杨云和孙宏（2015）建立决策树模型 ID3 算法为公共卫生事件风险进行评估预算，预测突发公共卫生事件发生的可能性，可以应用于假疫苗事件发生的风险评估。

（2）疫苗事件责任主体。接种单位在履行预防接种职责时，如果造成了受种者的伤害，其损害赔偿应属于国家赔偿的范畴（赵敏，2014）。资本市场对涉事公司以及整个疫甾生产批发行业都产生了显著的消极效应，但就企业承担社会责任角度来讲，企业应该及时、积极、诚恳地回应，减轻其负面影响程度（唐蕾，2017）。我国法规对疫苗企业信息披露制度缺乏明确规定，疫苗企业也没有找到适合自身履行社会责任的运营模式。鉴于此，我国法规应为之出台严格的信息披露制度，以便完善疫苗企业外部治理环境；引入“西格玛模式”，才能促进疫苗行业全面履行社会责任（陆颖，2016）。企业在追求经济利益最大化的时候法律意识淡薄以及商业道德沦丧，企业为产品添加不良物质的时候，国家和社会也是时候为企业添加社会责任和商业道德（朱清沙，2009）。依据国家尊重和保障人权的宪法义务，国家应当承担相应的赔偿或补偿责任，因此，未来应通过健全和完善相关法律，以求在疫苗伤害救济机制中构建起国家赔偿制度与国家补偿制度相结合的二元国家责任体系（聂帅钧，2016）。因此，需要对国家责任进行重构，将国家赔偿责任纳入疫苗致损中，重构违法归责原则；重新解释“违法”，将原来行为评价的司法标准改为高度注意义务的实体法，要求由单纯的行为评价改为行为和结果的考评；拓宽国家补偿范围，改善相应程序来提供相应解决办法（阳皓，2017）。

二、疫苗安全政府监管理论基础

政府监管是指法律对微观经济活动的一种干预和控制，政府监管的形式可以是制定一些抽象的要求大家普遍遵守的规则以及标准，又涉及一些具体的准许方法，如发放一些许可证、不定期抽检、强制要求披露信息以及一些必要的行政制裁行为。通过这些手段，政府想要达到这样一个目的，即维护市场秩序以便公平竞争，保证公共资源的有效利用，避免浪费，维护市场上一些利益主体的相关权益等。

1. 政府监管的内容

政府监管作为政府的一个重要经济职能，是在市场机制框架内对经济活动进行干预和控制的一种矫正行为。通过法律的手段，政府对市场提出要求，达到控制、保护消费者的目的。

政府监管疫苗安全主要包括两个方面的内容：其一是拥有行政权的监督机关对疫苗的生产、经营的各个环节进行持续有效的疫苗质量监督管理，监督机关包括：行政机关和法律法规授权的组织；其二是对监督者自身进行监督管理，防止滋生腐败，影响疫苗的安全使用。随着疫苗产业迅速发展以及假疫苗事件的发生，疫苗监管的需求日益增加，使用药品监督管理的传统监管制度已不能完全适用于疫苗监管领域，疫苗监管制度的重心在历年变更。2011 年通过刑法变更，加大了制售假药罪惩罚力度，为药品生产企业敲响了警钟。这是第一阶段的安全性保障。在此之后，社会诉求开始导向有效性，政府监管的内容重点也开始转移到有效性上。药品注册制度改革和药品一致性评价以及医改政策执行。在基本的安全性得到一定程度的保证后，有效性成为如今政府监管的关注重点。政府监管作为药品市场管理的“看得见的手”，有针对性地对药品生产、流通、使用中的各种问题进行规范管理，加强了疫苗的规范程度，保证国民的安全。政府监管作为疫苗生产环节链条中的监管主体，是强有力的干预方。疫苗市场没有政府监管，就会陷入无秩序、无安全的境地，政府监管必不可少。然而，在政府监管下仍旧出现假疫苗，也就是无效疫苗事件，这其中的缘由是否和政府监管缺陷有关，需要进行具体的理论分析。

2. 政府监管方法理论基础

政府监管方法的理论历经百年发展，可以概括为基础理论、一般化监管理论、证券监管理论这 3 个核心理论。由于 3 个理论着重点不同，分别利用这 3 个理论，对疫苗市场安全监管进行理论分析。在基础理论中，阿罗和德布鲁给出说法，完美条件下均衡市场可能存在，即指在一般条件下，市场失灵的可能性是存在的。基于此为疫苗市场提出一个假设，由于某些原因，疫苗市场失灵的情况出现，最终导致假疫苗事件的爆发。在一般化监管理论论述中，不考虑证券市场的特殊情况，政府可能受利益集团的影响失灵或监管过程中经由经济博弈，导致政府主体是否被俘获的一个最终结果。针对该理论，可提出进一步的假设，假定疫苗市场失灵同政府本身作用失灵有关。在第三阶段的理论，也就是在证券监管理论中，只依靠现有的某些监管目标，无法达到有效反映市场信息的功能。即做出最后一步的假设，政府监管作为市场监管的主体之一，监管制度尚且还不完善，未能如实反映疫苗市场的有效信息，无法达成监管有效的局面。

经由上述的理论阐述和提出假设，分析了政府监管和疫苗市场失灵之间可能存在的关系，为了验证假设，需要根据实际市场机制进行分析说明。研究表明，我国的疫苗市场机制是一种以市场价格为引导的自发机制，增长速度快，属于非完全竞争市场，存在的疫苗市场失灵，会引发市场逆向选择和市场道德风险等危害，这说明了政府监管的必要性。当假疫苗事件出现时，表明政府监管的功能并未有效发挥。即验证假设，政府监管主体目前未能有效地干预管理疫苗，制度仍不完善。

综上所述，传统的政府监管方式已经落后于目前疫苗市场的发展势态，制度的革新和完善迫在眉睫。

三、疫苗安全事件的案例研究

1. 研究方法与基本假设

政府监管的理论历经百年发展，可以概括为基础理论、一般化监管理论、证券监管理论3个核心理论。由于3个理论着重点不同，分别利用这3个理论，对疫苗市场安全监管进行理论分析。在基础理论中，阿罗和德布鲁给出说法，完美条件下均衡市场可能存在，即指一般条件下，市场失灵的可能性是存在的。基于此为疫苗市场提出一个假设，由于某些原因，疫苗市场失灵的情况出现，最终导致假疫苗事件的爆发。在一般化监管理论论述中，不考虑证券市场的特殊情况，政府可能受利益集团的影响失灵或监管过程中经由经济博弈，导致政府主体是否被俘获的一个最终结果。针对该理论，可提出进一步的假设，假定疫苗市场失灵同政府本身作用失灵有关。在第三阶段的理论，也就是在证券监管理论中，只依靠现有的某些监管目标，无法达到有效反映市场信息的功能。即做出最后一步的假设，政府监管作为市场监管的主体之一，监管制度尚且还不完善，未能如实反映疫苗市场的有效信息，无法达成监管有效的局面。

经由上述的理论阐述和提出假设，分析了政府监管和疫苗市场失灵之间可能存在的关系，为了验证假设，需要根据实际市场机制进行分析说明。研究表明，我国的疫苗市场机制是一种以市场价格为引导的自发机制，增长速度快，属于非完全竞争市场，潜在的疫苗市场失灵隐患，会引发市场逆向选择和市场道德风险等危害，这说明了政府监管的必要性，当假疫苗事件出现时，表明政府监管的功能并未有效发挥。即验证假设，政府监管主体目前未能有效地干预管理疫苗，制度仍不完善。

2. 长春长生疫苗事件回顾

2018年7月15日，国家药品监督管理局发布通告指出，长春长生生物科技有限公司冻干人用狂犬病疫苗生产存在记录造假等行为。这是长生生物自2017年11月份被发现疫苗效价指标不符合规定后不到一年内，再曝疫苗质量问题。7月16日，长生生物发布公告，表示正对有效期内所有批次的冻干人用狂犬病疫苗全部实施召回；7月19日，长生生物公告称，收到《吉林省食品药品监督管理局行政处罚决定书》。我们可以从可查询到的公开判决看到。此外，长生公司的疫苗事件还涉及行贿案件，涉案地区有8个省左右。其中，行贿者既有长春长生本公司的工作人员，亦有代理公司广东立晖生物、河南生物技术研究所等代理机构和独立药代的身影。行贿地区相对固定，明码标价，行贿行为持续数年，受贿人员以防疫部门官员、工作人员，很能够影响采购行为的医生（均为公立医院科主任或护士长）为主。

3. 疫苗事件频发的原因分析

疫苗监管是政府监管职责中最具有挑战性的职责之一，这既是因为疫苗事关国民生命健康，社会影响比较大；也是因为疫苗监管涉及疫苗的生产、存储、流通、接种等多个环节，监管难度较大。以疫苗事件研究我国政府监管具有重要的意义。疫苗事件频发的原因是综合性的，涉及企业社会责任、公众疫苗知识普及和法律意识提高等多方面因素，本文就疫苗事件的原因分析聚焦于政府监管层面，但并未否定其他影响因素的存在。

（1）严格的市场准入限制市场调节作用的发挥。一是我国疫苗市场属于非完全竞争市场。一方面我国正在实行严格标准的疫苗注册审批制度，与国际水平接轨的药品 GMP 和严格的质量管理规范，上市的疫苗全部经由国家批签并且要服从后续管理；另一方面疫苗市场是一种以市场价格为引导的自发机制，市场增长速度快，企业竞争激烈，易引发市场逆向选择和市场道德风险等危害。二是在当前我国疫苗管理体制中，由于市场准入限制十分严格，因此大量企业只能进入到有限的领域内，在这些有限的领域之内出现了过度竞争的态势。此外，我国医药行业对人员进入的资金技术门槛较低，医药企业大多呈现出小、散、低的结构，加之创新能力有待提高，必要的行业规范遵守不到位，因此十分容易出现通过制造假冒伪劣药品的手段来谋取不正当的经济利益。

（2）政府监管手段失灵。一是监管层出现腐败，监管手段的源头出错。无论是之前的“济南非法经营疫苗案”，还是此次长春长生疫苗案件，随着疫苗事件的调查一大批从国家部委到地方主管单位的官员落马。据网络统计，在长春长生疫苗事件中，21 名官员受贿，长春长生 2017 年年报中出现了 5. 83 亿元销售费用。二是多方管理之下权责不对等。三是政府监管力量不足。在监管的过程中存在很多有失规范的人为疏漏，假疫苗事件的出现透露出单纯依靠政府管制无法保证其监管有效性。政府监管的有效性遭到质疑和不信任，同时也缺乏监管力度。

（3）政府监管理念滞后。我国对疫苗监管实际上仍是传统监管模式，强调通过政府的管制，以形成市场秩序。在我国的医药行业协会中，关键层的管理人员大多由政府任命，而且协会的日常运营也几乎来自政府的经费拨款，没有做到真正的独立于政府，甚至是依赖于政府，因此一些外部监督以及治理的职能无法有效地发挥出来。根据政府监管理论的最新发展成果，综合治理、多元治理的监管制度更能发挥所有参与者间相互监管的作用。实行综合监管、协同治理，这种监管方式将单一的惩罚转变为激励性监管，建立信用档案，实现监管制度的创新与完善。我国政府应该减少对非营利组织的管控，使其发挥其应发挥的作用，承担应有的社会责任，防治 NGO 的官僚化倾向，并且通过立法保证医药行业协会的合法地位，促进共同治理。

4. 政府监管规则与实践运作脱节的原因剖析

（1）疫苗安全监管体系不健全。我国疫苗安全监管体系存在以下问题：

一是监管职能定位不清晰。《疫苗流通和预防管理条例》规定，全国预防接种管理工作由国务院卫生主管部门负责，县级以上地方人民政府卫生主管部门负责本行政区域内预防接种的监督管理工作；全国疫苗的质量和流通监督管理工作由国务院药品监督管理部门负责，省、自治区、直辖市人民政府药品监督管理部门负责本行政区域内疫苗质量和流通监督管理工作。但是，一般来说，疫苗生产企业、经营企业是疫苗流通中的主体。实际上疫苗在进入疾控系统之后，就已经是接种环节了，就会受到行政权的控制。疫苗在进入各地卫计委领导下的疾控系统之后，药品监督部门与卫生主管部门监管范围的界限就变得模糊，不容易区分。两部门之间缺乏信息交流和沟通配合，导致疫苗流通中的监管存在监管真空地带。

二是购销体系监管不到位。在我国疫苗分为两类：一类疫苗是政府强制性、免费接种的疫苗，二类疫苗是个人根据自己的意愿自愿选择接种的。二类疫苗不同于一类疫苗的是可以由疾控部门、接种单位进行自主采购，由于有利润可图，疫苗销售企业就会想方设法地从二类疫苗中获取利益，就会相对容易出现钱权交易，容易出现问题。

三是储存运输管理体系不健全。我国疫苗运输管理体系不规范，我们应该学习西方先进国家的冷链技术，增加监管的力度，保证疫苗的有效性和安全性。

（2）监管者的贪污腐败。在之前的“济南非法经营疫苗案”中查获了 25 种未经冷链保存运输的疫苗，这些无效疫苗流向了 17 个省，涉案金额高达 5.7 亿元。这个案件使得经营着大量未经冷链运输疫苗的没有许可资格的非法商贩暴露在公众视野中。而在本次疫苗事件中，从表 1 看出，这 21 名受贿者或许解答了长春长生 2017 年年报中 5.83 亿元销售费用这笔神秘的开销。

表 1　监管者的贪污腐败情况表

行贿者	受贿者	职务	金额	时间	疫苗类型
广东立晖生物制品有限公司业务员麦华桂	梁小静、连蕴丝	湛江市赤坎区妇幼保健院儿童保育员	15 000	2009. s1 ~2012. s3	水痘、流感、华北乙肝等疫苗产品
	黄某	徐某疾控中心仓管员	2 000	2009. 6. 12	水痘、流感等疫苗产品
	罗某	湛江市赤坎区人民医院儿童保健科护士	13 000	2009. s1 ~2012. s4	水痘、流感、华北乙肝等疫苗产品
	王某	湛江市赤坎区中医院计免室找到	8 000	2009. s1 ~2012. s4	水痘、流感、华北乙肝等疫苗产品
	龙晓红	湛江市妇幼保健院儿童保健科护士	13 000	2009. s1 ~2012. s4	水痘、流感、华北乙肝等疫苗产品
代理商陈军明	万某	邵武市卫生防疫站站长	88 000	2014. 12 ~2016. 8	水痘疫苗、狂犬病疫苗、成人流感疫苗、儿童流感疫苗、北京民海 HIB 疫苗、四联疫苗
合肥富生生物科技有限公司负责人曹某	郭伟	××预防控制中心行政科科长	2 000	2013	水痘疫苗、狂犬病疫苗等
长春长生实业股份有限公司安徽省区经理班某	万德明	蒙城县防疫站站长	80 000	2003 下半年/2006/2008	甲肝疫苗
	陈某	蒙城县防疫站采购负责人	20 000	2003 下半年	甲肝疫苗
安徽省瑞派生物医药有限公司法定代表人班某	闫某	利辛县疾病预防控制中心	5 000	2012. 1	狂犬病疫苗

续表

行贿者	受贿者	职务	金额	时间	疫苗类型
河南生物技术研究所生物制品销售员	刘超	南阳市卧龙区疾病防控中心计划人员	20 000	2009. 12/2010. 5	
代理商陈君明	董某	某市卫生院防疫组组长	35 465	2014. 7 ~2016. 8	水痘疫苗、长生大流感疫苗、长生小流感疫苗、兰州生物 HIB 疫苗、民海 HIB 疫苗
	林某 1	某市某镇中心卫生院计划免疫工	32 080	2014. 7 ~2015. 12	长生水痘疫苗、兰州生物 HIB 疫苗、民海 HIB 疫苗
	陈某 1	某市某镇卫生院计划免疫工作负责人	26 880	2014. 7 ~2015. 12	长生水痘疫苗、长生大流感疫苗、长生小流感疫苗、兰州生物 HIB 疫苗、民海 HIB 疫苗
	李某 1	某市某镇中心卫生院公共卫生科人员	25 420	2014. 7 ~2016. 8	长生水痘疫苗、长生大流感疫苗、长生小流感疫苗、兰州生物 HIB 疫苗、民海 HIB 疫苗
	黄某	某市某镇中心卫生院防疫组组长	12 680	2014. 7 ~2016. 9	长生水痘疫苗、长生大流感疫苗、长生小流感疫苗、兰州生物 HIB 疫苗、民海 HIB 疫苗
	范某	福建省南平市某县疾病预防控制人员	57 490	2014. 12 ~2016. 3	长生水痘疫苗、长生大流感疫苗、长生小流感疫苗、长生狂犬病疫苗
	罗某	某市疾病预防控制中心主任	9 700	2014. 9 ~2015. 12	长生水痘疫苗
	杨某	南平市某市疾病预防控制中心副主任	17 000	2015. 2 ~2015. 12	长生水痘疫苗、长生狂犬病疫苗
长春长生生物股份有限公司的业务员吴玉海	王峰	宁陵县卫生防疫站站长	164 000	2010 ~2015	狂犬病疫苗、水痘疫苗

（3）惩处力度不足。药监系统的最高行政长官因为受贿被执行死刑，可药监系统并没有因为最高行政长官的事情而收敛。药监系统是腐败的重灾区，从总部的药品注册审批，到乡镇食药监督所所长，都有一大批官员落马，仅仅2016年就有超过41名药监官员落马。据《医药界》不完全统计，2017年至今，医疗界落马的医院院长、卫生官员有400多名。食药监管总局仍然事故不断，可以看出在这一方面我国惩处力度不够，不能从根源上解决药监部门的贪污腐败问题。

四、加强疫苗监管的对策与建议

1. 完善政府监管体制，强化政府有效监管

此次疫苗事件暴露出政府对疫苗市场的监管亟待完善。改革的关键是理顺监管的体制机制、创新监管的方式手段，适应疫苗市场发展现状的需要。首先，整合现行监管力量，避免监管职能交叉或出现监管真空，要构建政府监管的闭循环体系，形成对疫苗生产、存储、流通、注射等全流程管理，细化监督内容。其次，强化对重点环节的监管。比如，可以对疫苗的各个流通环节制定相应的专门的规范性文件。政府在采购疫苗的时候应更多采用公开招标方式，让疫苗企业在透明的环境下公平竞争，从而减少因疫苗采购失范而危及疫苗安全性、有效性的情况。再次，强化"人"的监管。对具体施行政府监管职能的公务人员要强化廉政教育和廉政约束，加强官员道德建设和思想作风上的引导，形成在疫苗监管上不能腐、不敢腐，进而不想腐的行政环境。

2. 增强企业社会责任感

从最开始的三鹿毒奶粉事件，到现如今的假疫苗流入市场事件，这些事故从不是首次曝光，也绝不是最后一个。此类事件频频发生，无不透露着企业在企业伦理方面的缺失，丧失企业道德，没有生产底线，一味追求利益，漠视人民的生命健康权，不顾社会民众的健康与安危，毫无社会责任感。面对社会中企业普遍社会责任感丧失的状况，我们应该反思是否需要对企业进行社会责任感的考察。在进行企业排名的时候，我们除了对综合生产产量、产品质量这些硬性的评价指标进行考察之外，还应对企业的文化水平、道德高低以及责任的大小这些软性的东西进行考量。毕竟这些软要素是企业生产发展的前提和基石，但是可惜的是，企业往往忽视了这一软性要素，才会很大程度上导致这类不道德的事件发生。企业不重视，但是国家可以采取硬性手段，即把对企业道德的评价写进考核的指标中。这既能督促企业进行自身道德建设，尽量避免违背道德事情的发生；又可以让民众看得清楚，在心里有一杆评价企业的秤。

3. 发挥社会监督的作用，民众应该增强维权意识

在一些社会恶性事件暴露出来之后，民众都是被迫接受，后知后觉。成了受害者之后才会要求问责企业，这些事后追责行为其实也助长了企业的违法气焰，对消费者自身也是一种权利上的损害。而如果在事前民众能够多一点对企业的监督，或许这种主动性的力量能够对避免此类恶性事件有所帮助，这种来自非内部、非体制内的外部监督对企业自身也是一种约束。因此首先我们的民众监督意识应该增强，可以定期要求企业出台自我报告并向民众们分发。这种做法从消费者的利益出发，能够顾全企业、消费者的双向利益。

其次我们可以让政府赋予民众对企业定期的监督、检查权。在这一过程中，民众可以选举出民众代表来对企业进行定期监督并且进行质询，民众代表需要把真实情况传递给民众们。民众的反馈可以促进企业的决策改变以及生产的改进。这一过程中主导者是政府，需要政府进行组织协调，确保双方信息通过的准确、及时以及关系的和谐发展。这种方法对民众、企业以及政府都未尝不是好事情。

参考文献：

[1] 张岩．我国疫苗安全监管法律研究［D］．延吉：延边大学，2017.

[2] 简国斌．疫苗安全监管问题研究［D］．合肥：安徽大学，2017.

[3] 刘晓欣，林瑞超，杨春宁，等．中国疫苗安全监管现状、问题及对策［J］．中国公共卫生管理，2017（2）：192－195.

[4] 许灵铭．我国疫苗安全监管法律制度简析与建议［J］．法制博览，2017（15）.

[5] 姜冰，李翠霞．消费者乳制品质量安全信任违背的引致性因素分析：基于不同受信主体的视角［J］．中国流通经济，2016（5）.

[6] 姜冰，李翠霞．基于宏观数据的乳制品质量安全事件的影响及归因分析［J］．农业现代化研究，2016，（1）.

[7] 陈昕．中国应急药品供应现状分析和障碍因素研究［D］．武汉：华中科技大学，2016.

[8] 李燕凌，王珺．公共危机治理中的社会信任修复研究：以重大动物疫情公共卫生事件为例［J］．管理世界，2015（9）：172－173.

[9] 张国兴，高晚霞，管欣．基于第三方监督的食品安全监管演化博弈模型[J]．系统工程学报，2015，30（2）：153－164.

[10] 倪国华，郑风田．媒体监管的交易成本对食品安全监管效率的影响：一个制度体系模型及其均衡分析[J]．经济学（季刊），2014，13（2）：559－582.

[11] 朱欢欢．基于Haddon模型对农村突发公共卫生事件应急策略研究：以“假疫苗”事件为例[A]．国际应急管理协会IAEM亚洲分会，哈尔滨医科大学，复旦大学2011健康风险预警治理协同创新中心，等．第二届亚太卫生应急战略及能力研究国际大会暨国际应急管理协会IAEM亚洲区卫生应急专业委员会扩大会资料汇编[C]．北京：人民卫生出版社，2016.

[12] 杨云，孙宏，康正，等．决策树模型ID3算法在突发公共卫生事件风险评估中的应用[J]．中国预防医学杂志，2015，16（1）：60－64.

[13] 赵敏，岳远雷．公民健康权益视野下计划疫苗损害责任之探析[J]．医学与哲学，2014（9）：74－76.

[14] 唐蕾，章新蓉，陈煦江．公司对社会责任负面事件的应对策略效应分析：基于上市公司对山东疫苗事件的回应时序[J]．财会月刊（下），2017（10）：31－36.

[15] 陆颖．社会责任视角下我国疫苗企业外部治理问题初探[J]．医学与法，2018（1）.

[16] 聂帅钧．疫苗接种致使人身损害的国家责任研究[J]．医学与法学，2016，8（5）：19－23.

[17] 阳皓，刘涛．疫苗致损中国家责任探析[J]．兵团党校学报，2017（1）：108－112.

[18] 吴碧竹．疫苗流通领域政府职能履行方式研究[D]．上海：上海师范大学，2018.

[19] 郭响明．从山东疫苗案看药品监督管理[J]．科学大众（科学教育），2016（7）.

[20] 陈建伟．政府监管理论的发展历程回溯[J]．企业文化（下旬刊），2013（7）：232.

[21] 尹晨，贺学会．西方监管经济学研究的新进展[J]．南京社会科学，2004（9）：28－32.

[22] 黄胜开，刘霞．疫苗市场法律规制工具的优化与创新[J]．东华理工

大学学报（社会科学版），2017，(2)：164－169.

［23］杨华锋．药品安全从行政监管走向协同治理的路径审视：基于“山东疫苗事件”的考察［J］．天津行政学院学报，2017，19（3）.

［24］叶莉霞，方挺，马瑞，等．宁波市基于电子监管码的疫苗管理信息系统应用［J］．预防医学，2017，29（12）.

大学生座位分布和学业表现的关系探析

——以中国劳动关系学院为例

指导老师：赵明霏

黄理朋　钱婷婷　林光丽　史清渠　周明盆

摘　要：大学生的在校学业表现，是衡量大学教育质量的重要指标。它体现了大学生阶段性的学习效果，也影响大学生未来一段时间的工作、生活状态。从更高层次考量大学生在经济社会发展中扮演着极其重要的角色，这对大学生的综合素质有较高的要求，而大学生在校的学业表现则是其综合素质的重要体现。因此，考察大学生学业表现的影响因素，因势利导，对培养国家和社会需要的高素质人才具有重要意义。其中，课堂座次对大学生的学业表现有重要影响，该类型的研究自1921年从未间断。本文以中国劳动关系学院为例，通过问卷调查，收集相关数据，进而深入探析两者之间的相关关系，发现选择中间和前排的学生，学业表现普遍优于后排的学生，同时后排座次学生也存在学业表现非常优秀的个案。从而可以从学校、学生等不同层面给出对策建议，以促进大学生的学业表现优化，以助于提升大学生综合素质。

关键词：座位分布　学业表现　中国劳动关系学院　表现优化

一、研究背景及意义

本次科研基于“新加坡国立大学‘科研创新’访学实训项目”开展，项目2018年7月22日开始，7月29日结束，为期8天。该项目由新加坡国立大学举办，其宗旨是为中国大学生提供在世界一流的名校访学和名企实训的机会，促进中国大学生对外学术交流实践。截至2018年，“新加坡国立大学‘科研创新’访学实训项目”已成功举办51期，超过2000余名中国大学生参与。新加坡国立大学主办学院开设科研创新精选课程、举办案例比赛，为每位学员颁发结业证书，为结业比赛获胜团队颁发教授推荐信。新加坡国立大学（NUS），始创于1905年，是历史悠久的世界级著名大学，在2018年QS大学排名位列亚洲第二，全球第十五。新加坡国立大学正致力于发展成为蜚声海内外的综合性教学和研究机构，其教学和研究以具创业精神和环球视野为特征，为迈向环球知识型经济体注入活力。同时，该项目也受到包括ISPACE（创业孵化园）在内的知名企业的大力支持。

科研创新课程学习的内容主要包括4个方面：第一是设计研究基本技能。研究建议的组成部分包括定性研究设计；研究所需资源；伦理问题，确保伦理研究标准；信息获得领域及数据可信性和偏见的来源；与当地助理和翻译问题等。第二是创新研究方法。了解社会科学研究的各种本体论和认识论方法；领会和理解描述性、探索性和解释性等不同类型的研究设计的潜力和局限性，以便能够进行设计微调。第三是数据收集和现场研究。设计好的问题，访谈类型（个人、团体、系统、深入），计划和进行焦点小组讨论，勘测设计、实施与数据管理，了解数据收集中常见的错误，通过访谈、FGDS和调查了解每一种数据收集工具的优缺点，能够确定哪种类型的数据收集，用于既定用途的方法。第四是写作和出版研究。学习什么构成清晰简明地写作，要理解结构、表达和布局；清晰简明地写作，结构化研究论文写作；文献综述和写作方法论部分则包括写作介绍和结论，会话大纲，引用先发制人的批评，如何获得出版额、如何发表评论。研究成果展示是以小组研究报告综述的形式，教学方法有短篇讲座和参与性活动、小团队工作等多种方法结合。

通过一周的"'科研创新'访学实训项目"课程学习，我们更加清晰和深入地学习到国外科研的程序、研究方法与技巧，并结合国内的实际情况将这一整套科研方法运用到实践中。基于此，课题小组通过本次科研创新课程的学习探讨，结合国内科研实践，就大学生座位分布和学业表现的关系进行研究，其意义在于提升学生在自助选座时的激励性暗示，助于老师掌握班级大学生的学习动态，从而通过一定的方式提升学生学业表现。国外的科研比较注重调研数据的准确性和谨慎性，因此我们采用问卷、实地观察法和访谈法相结合的方式，通过3个调研渠道去分析和验证我们的调研数据和结论。

二、文献综述

（一）国内外研究综述

1. 国外研究综述

国外学者对座位与大学生成绩之间的关系一直追踪研究，最早对座位与学生成绩之间的关系进行研究的是Sommer和他的同事，他们的研究表明学生参与师生互动之间大致呈“T”型①，教室前部和中部平均61%的学生进行主动发言，位于侧部和后部的31%的学生则与老师互动较少。同时，Sommer要求学生写出前排或后排大学生的名或姓，结果发现前排平均只有1.73人被写出，而后排却有2.27人被写出，差异非常显著，由此Sommer得出结论，认为前排的学生有学术取向，而后排的学生有社交取向；Griffith的研究表明，处在教室前排座位学生的成绩稍低于中间位置，并随着座位位置的远离，学业成绩逐渐降低，班级越大，这种现象越明显；Farnsworth研究发现，课堂座位的选择与其学习成绩之间具有显著的关系，与喜欢坐在后排的学生相比，喜欢坐在前排的学生成绩更好。并且男女生在座位的选择也有显著不同，相较男生来说，更多女生喜欢坐在前排；Becker等人的研究发现大学生课堂座位的选择与其学业表现之间是有相关性的，即坐在前排中间位置的学生要比坐在后排和两侧的学生的学业成绩更好；Benedict等人认为，选择教室前排位置的学生的学习成绩更有可能得“A”，而选择后排位置的学生学习成绩得“D”和“F”的可能性更大；而Stire针对剧场型的教室研究表明选择坐中央位置的学生课堂成绩要比两侧好，但是前排和后排的成绩无显著差异；日本的学者Toshiaki发现教室座位有两个死角，即第一排最右侧和最左侧，无论是“T”字型，还是三角型活动区，选择坐这两个区域的学生的学业成绩、参与师生互动的水平均比较低；加拿大多伦多大学行为学家帕明教授根据大脑左右半球侧重的不同功能得出：不同教室可发展学生不同形式的思维。

2. 国内研究综述

与国外相比，国内对于课堂座位和学业成绩之间相关性的调查研究较少，开

① “T”字型：学生参与师生互动的范围主要集中在教室的前排及中央。

始得也较晚。宋秋前、丁佩君的研究发现：前、中、后排的学生参与师生互动的机会是存在显著差异的，大学生习态度学生对座位的选择存在显著差异，学习态度积极的大多倾向于选择前排和中间的座位，并且座位与学生课堂学习态度的关系存在着明显的年级差异；冯怡的研究向我们展示了大学生在面对上专业课、公共课和选修课时，选择前排的大学生逐渐减少，坐在中间的大学生人数显著提高，专业课上选择后排的学生最少，公共课最多，并且当某些课程的授课明确表示那些上课互动积极、坐在前排的学生最终课堂表现的成绩将会明显高于坐在中后排且无课堂互动的学生时，大部分学生会十分主动地选择前排的座位，并且积极地和老师互动；王映学、段宝军和张晓州的研究表明：大学生在自由选择课堂座位时，出现“前排居中作用”①；大学生的任职类型、对科目的擅长程度、对老师的悦纳程度以及课程类型等因素影响大学生课堂座位的选择；大学生在自由选择课堂座位时，形成了以老师为中心的“学业优胜区”；刘慧凤、杨晓彤的研究发现座位选择与学习成绩之间存在稳定的相关关系，学生选座越是靠前，学习成绩越好。学习能力和班级规模对二者之间关系具有调节作用，会增强与成绩之间的关系。

（二）研究评述

笔者在整理了国内与国外学者研究的资料后，发现座位选择与学业成绩之间的关系十分复杂。不同的座位周围的环境因素也是不同的。如果不仅考虑性别、性格、人际关系、课程性质、与老师的关系、座位周围的物理环境等因素，越靠近前排的位置，越容易引起老师的关注，越易获得与老师进行互动的机会，学生的课堂专注力应该越高，受监督的程度越高。所以，坐在前排的学生的学业成绩应该越好。在控制多种影响学习效果的因素的前提下，论文提出如下假设：座位选择与学业成绩有关系，选择越前排座位的学生成绩越好。

国内学者对课堂座位选择与学业成绩之间相关性研究，大多是采用问卷调查的方式获得数据，采用结构方程和T检验的方式进行数据分析，或通过课堂评估问卷取得数据。这些研究结论为我们选择控制变量提供了有力的参考，譬如学生专业、性别和职称、班级的规模等等。

---

① 由于座位位置的不同造成师生间空间距离和人际距离远近的差别，从而导致学生在感知、理解上的差异，制约师生交往，出现了“前排居中作用”。

三、研究设计

借鉴国内和国外相当一部分学者的做法，笔者选择中国劳动关系学院在校的本科生为研究对象，通过问卷调查，收集他们的基本信息和学业表现。在这里，课题小组将四、六级的成绩、考取的证书、是否获得奖学金、是否参与过科研项目都纳入学业成绩的范畴，另外还增加了学生性别这一项内容。之所以增加学生性别，是因为考虑到在 Farnsworth 的研究中提到了女生与男生选择座位时比例的极大不同，并且在社会上大家都认为女生的学习态度比男生更认真，女生的学习成绩更优秀。

（一）问卷设计

基于国内外关于“座次与成绩关系”的研究，以及中国劳动关系学院学生特点，考虑到调研期间为暑假，多数学生不在校的情况，课题小组设计了网络调查问卷，通过微信、QQ 等社交软件的方式进行问卷调查。

问卷共分为 14 个题目，涉及性别、年级、学院、学分绩点、英语等级考试、资格证书、奖学金、学生科研、教室座次等多方面的问题。对于在校本科生来说，学分绩点、英语等级考试、资格证书、奖学金、学生科研等五项内容具有典型的代表性，因此问卷拟通过上述几方面的问题探究学生座次与成绩之间的关系，具有一定的合理性。问卷座次的分布划分为三排三列 9 个区域，如下图。9 个区域的划分是为了简化座次的分布，方便研究的开展。实际情况中这 9 个区域可扩大至更宽泛的区域。

	第一列	第二列	第三列
第　排	A	B	C
第一排	D	E	F
第三排	G	H	I

（二）问卷收集

鉴于调研时间及调研对象的特殊性，课题组成员通过微信、QQ 等社交工具发放电子问卷。问卷为不记名填写，充分考虑了受访者的隐私。问卷填答原计划在 4 天内完成，由于客观原因，填答效果并不理想，4 天内仅获得几十份问卷，因此课题组临时调整调研计划，问卷填答延长至10天，获得145份调研问卷。

四、数据统计与分析

（一）整体情况描述

本次问卷共获得145份有效回答，其中男生42人，占28.97%，女生103人，占71.03%（见图1）。

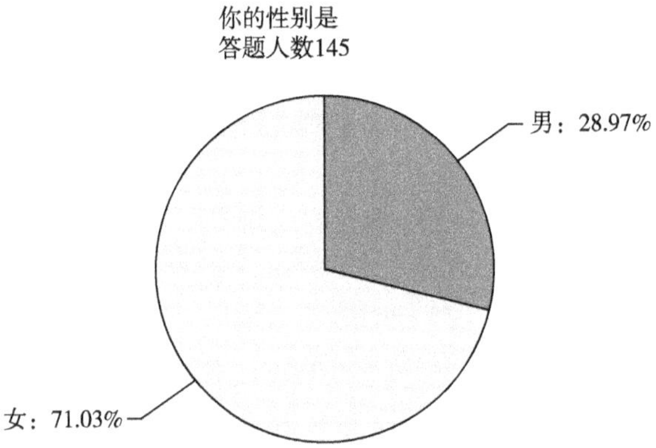

图1　受访者性别情况

就受访者年级来看，144个有效回答中，大四学生（2015级）81人，占56.25%；大三学生（2016级）48人，占33.33%；大二学生（2017级）9人，占6.25%；毕业生（2014级）6人，占4.17%（见图2）。

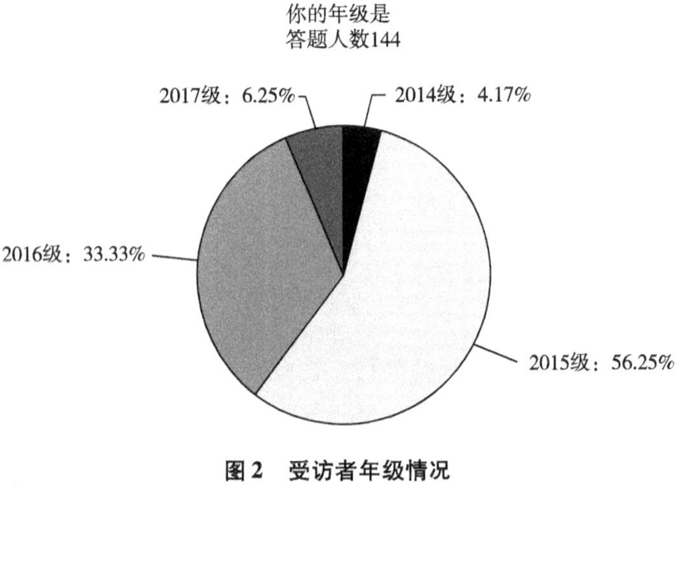

图2　受访者年级情况

就学院分布来看，145 个有效回答中，公共管理系 48 人，占 33.1%；经济管理系 43 人，占 29.66%；法学院 26 人，占 17.93%；工会学院 9 人，占 6.21%；安全工程系 6 人，占 4.14%；高等职业技术学院 6 人，占 4.14%；劳动关系系 5 人，占 3.45%；文化传播学院 2 人，占 1.38%（见图 3）。

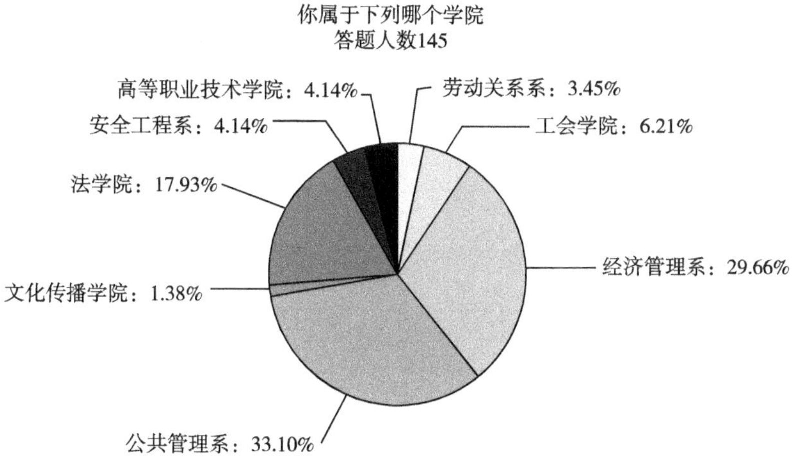

图 3　受访者学院分布情况

（二）具体相关关系分析

1. 座位分布与学分绩点的关系

131 个有效样本中，学分绩点最高值为 4，最低值为 1.7，平均值为 3.21。其中男生学分绩点平均值为 3.02，学分绩点中位数为 3，女生学分绩点平均值为 3.29，学分绩点中位数为 3.3，可见女生学分绩点要普遍高于男生。就座次与学分绩点之间的趋势分析发现（见表 1），学分绩点最高值为 A 区域（平均分为 3.5），最低值为 G 区域（平均分为 2.9）。学分绩点平均值分别为，第一排 3.3，第二排 3.2，第三排 3.1，受访学生学分绩点由前排至后排逐渐降低。

表 1　学分绩点与座次分布

A:3.5	B:3.4	C:3.1
D:3.3	E:3.2	F:3.1
G:2.9	H:3.1	I:3.2

2. 座位分布与 CET 考试成绩的关系

在英语等级考试的考察中，英语四级考试有效样本为 95 个，最低分为 375 分，最高分为 705 分，平均分为 485 分。最高值为 I 区域（I 区域平均分为 537 分），最低值为 F 区域（F 区域平均分为 452 分）。第一排平均分为 506 分，第二排为 470 分，第三排为 493 分，第一排要高于第二排和第三排的平均成绩（见表 2）。

表 2　英语四级考试与座次分布

A:493	B:527	C:499
D:488	E:473	F:452
G:462	H:480	I:537

英语六级考试有效样本为 46 个，最低分为 255 分，最高分为 650 分，平均分为 430 分。最高值为 B 区域（B 区域平均分为 474 分），最低值为 G 区域（G 区域平均分为 371 分）。英语六级考试平均分，第一排 453 分，第二排 413 分，第三排 395 分，英语六级成绩由前排至后排逐渐降低。从英语等级考试来看，第一排受访者的平均成绩要高于后排的受访学生（见表 3）。

表 3　英语六级考试与座次分布

A:441	B:474	C:443
D:391	E:419	F:428
G:371	H:387	I:429

3. 座位分布与资格证书获得的关系

就资格证书来看，由于大学生生获得证书种类不同，相互对比性较差，因此本文以受访者填写的证书数量为评价标准。通过数据统计可知，证书数量获得最多的区域为 I 区域（平均为 2.2 个），最少的区域为 D 区域（平均为 1 个）。第一排证书平均获得数量为 1.9 个，第二排为 1.5 个，第三排为 1.8 个，第一排较第二排和第三排的数量更多（见表 4）。

表4　资格证书与座次分布

A:2.0	B:2.1	C:1.7
D:1.0	E:1.9	F:1.5
G:1.5	H:1.6	I:2.2

4. 座位分布与学生参与科研项目情况的关系

就受访学生参加科研项目的情况而言，145 名受访学生中，77 名表示参加过学生科研项目，占总受访人数的 53.1%。其中 B 区域的参与比例最高，占 85.7%，G 区域参与比例最低，占 25%。第一排平均参与比例为 73.8%，第二排为 45%，第三排为 39%，可见前排居中位置的学生参与科研的热情比较高（见表 5）。通过学生科研获奖的情况可以看出，在所有获奖的受访学生中，获奖比例最高的区域为 B 区域，为 42.9%，最低的区域为 G 区域，为 0%。第一排获奖的平均比例为 35%，第二排为 15.9%，第三排为 10.2%。与科研项目的参与情况一致，前排居中的受访学生科研获奖的比例也是最高的（见表 6）。

表5　科研项目参与与座次分布

A:80%	B:85.7%	C:55.6%
D:58.3%	E:50%	F:26.7%
G:25%	H:37.5%	I:54.5%

表6　科研获奖情况与座次分布

A:40%	B:42.9%	C:22.2%
D:25%	E:16.1%	F:6.7%
G:0%	H:12.5%	I:18.2%

5. 座位分布与奖学金获得情况的关系

145 名受访者中，有 75 人获得了奖学金，占 51.7%，其中 14 人获得国家奖学金，占 9.7%；17 人获得全总奖学金，占 11.7%；8 人获得一等学业奖学金，占 5.5%；6 人获得二等学业奖学金，占 4.1%；30 人获得三等学业奖学金，占

20.7%（见表7）。就座次分布看，各区域奖学金获得比例最高的区域是B区域（比例为85.7%），奖学金获得比例最低的区域是H区域（比例为12.5%）。第一排获得奖学金的比例为73.8%，第二排为39.3%，第三排为46.2%。第一排较第二排和第三排的获得奖学金的比例更高。就国家奖学金而言，获得人数最多的区域为B区域（6人）。

表7 奖学金与座次分布

A:80%	B:85.7%	C:55.6%
D:33.3%	E:44.6%	F:40%
G:62.5%	H:12.5%	I:63.6%

（三）总结分析

综合以上对学分绩点、英语等级考试、资格证书获得、科研项目参与、奖学金获得等与学生座次分布的分析，可以看出，对比结果基本上支持前排学生居中位置的受访学生在学业成绩上有较好的优势。但是同时需要承认的是，后排的学生也有表现较为优秀的案例，如英语四级考试成绩最高、获得证书数量最多的区域就位于第三排的I区域，同时国家奖学金的获取比例在I区域也较高，因此，前排居中位置的学生较其他区域学生学业成绩较好的结论只适用于普遍情况，在这一区域的学生一般学习积极性主动性较强，同老师的交流也比较频繁。

五、研究结论及因果机制分析

（一）结论

将学生的成绩表现分解为学分绩点、英语等级考试、资格证书获得数量、科研项目参与、奖学金5个因素，从这5个维度对成绩与座位分布的情况进行数据分析后得到以下结论：

1. 选择第一排区域较其他区域对成绩有积极作用

通过对学分绩点、英语等级考试、资格证书获得、科研项目参与、奖学金获得等与学生座次分布的分析（如图4），可以清楚地看出，通常选择第一排的学生的成绩较其他区域而言，对成绩有积极的作用。

因素	第一排	第二排	第三排
学分绩点	3.3	3.2	3.1
英语四级均分	506	470	493
英语六级均分	453	413	395
资格证书数量	1.9	1.5	1.8
科研参与比例	73.8%	45%	39%
科研获奖比例	35%	15.9%	10.2%
奖学金获取比例	73.8%	39.3%	46.2%

图4　受访者成绩与学生座况分布情况

2. 存在坐在I区域（后排角落）但成绩优秀的学生

虽然总体上坐在前排的大学生的成绩优于经常坐在其他区域的大学生，但从国奖和资格证书数量这两个因素看，存在一小部分习惯坐在“角落”的大学生成绩较优异。理由是证书数量获得最多的区域为I区域（平均为2.2个）；约21%的国奖获得者选择I区域就坐。

（二）因果机制分析

通过对坐在不同区域的学生课堂表现，结合学分绩点、英语等级考试、资格证书获得数量、科研项目参与、奖学金这5个维度的观察，以及对不同区域学生的访谈结果进行的分析，可以得出第一排区域较其他区域的学生成绩较好、存在经常坐在I区域（后排角落）成绩优秀的学生的原因。

根据课堂观察及对大学生的访谈，初步得出选择坐在前排的大学生，由于以下原因，而呈现学业表现普遍优秀：（1）上课注意力更加集中，接收新知识的速度快；（2）能与老师产生较多的良性互动，可以及时请教老师，答疑解惑；（3）对于少部分近视的大学生，可以更清晰地看到板书和PPT内容。

而选择坐在后排的学生，学习表现普遍落后的原因如下：（1）不愿意听课，坐后面可以走神、睡觉、聊天或偷偷玩手机或进行其他无关活动；（2）不愿意被提问，坐在后排可以减少与老师的目光交流，减少被提问的概率。

特别针对喜欢坐在后排但是成绩较优异者进行访谈，发现这些学生的座位与学业表现呈现如此因果关系的原因为：老师讲授的内容已经能够很好地掌握，坐后排可以专注做未完成的事（例如为考取各类资格证书做准备）。

六、对策及建议

针对以上所提到的原因对学生、教师和学校 3 个方面提出可行性建议，希望能从座位与成绩相关性方面来提高学生的成绩。

从学生层面分析，学生应正视自身情况，克服懒惰懈怠情绪，主动寻求更大的进步。如果自我控制能力不强且学习成绩较差，应主动倒逼自己选择前排座位就座。这样，就算本身不想学习，也会迫于老师就在前面站着的压力去认真听课，进而使成绩得到提高。如果自我控制能力强但是学习成绩仍不理想，就不必苛求自己一定要坐前排，可以考虑坐中间位置，既方便学习，也能冷静地梳理学习思路和总结搭建知识体系，这样成绩或有大的进步。最后，如果自控能力较强，又已经取得了很好的成绩，在已经充分理解老师将要授课的内容时可以选择后排座位，更好地提升其他方面的能力。但是不管自身情况如何，作为学生应该明确课堂上的任务是学习，课堂上的目标是努力提升自己的知识水平，应当全身心投入到课堂的学习中去。

从教师层面分析，在授课过程中应以多种方式与不同座位区域的大学生进行互动，激发学生的学习热情，调动学生学习积极性，帮助后排大学生专注注意力。同时应当严管教学秩序，对于上课走神、睡觉、聊天、玩手机等一系列影响学习的行为及时给予必要的反馈。应四处走动，而非只站在讲台上。在有条件的情况下，老师可以以课堂讨论等多种形式进行教学。同时，在进行黑板板书和 PPT 等教学内容时要充分考虑板书和 PPT 是否清晰的问题。

从学校层面，建立详细的量化考核，把课堂表现计入考试成绩中去，对于初次不达标者，给予小处分，多次不达标者，给予大处分。例如，可以考虑把学生上课期间的手机使用情况纳入学分考核。除此以外，使用小功率信号屏蔽装置或有效果，多管齐下以减少手机对学生的干扰。除此之外，为方便学生参与课堂，在条件允许的情况下，可将桌椅换为可移动性的，以方便学生上课讨论问题，同时也能满足灵活的教学方式的需求。

参考文献：

[1] GRIFFITH C R. A Comment Upon the Psychology of the Audience [J]. Psychological Monographs, 1921 (3): 36-47.

[2] BECKER F D, Sommer R, Bee J, et al. College Classroom Ecology [J].

Sociometry, 1973 (4): 514 -525.

[3] LEVINE D W, Oneal E C, Garwood S G, et al. Classroom Ecology: The Effects of Seating Position on the Grades and Participation [J]. Personality and Social Psychology Bulletin, 1980 (3): 409 -412.

[4] BROOKS C I, Rebeta J L. College Classroom Ecology: The Relation of Sex of Student to Classroom Performance and Seating Preference [J]. Environmental Behavior, 1991 (3): 305 -313.

[5] BENEDICT M E, Hoag J. Seating Location in Large Lectures: Are Seating Preferences or Location Related to Course Performance? [J]. Journal of Economic Education, 2004 (3): 215 -231.

[6] NORRIS A, Shu - Mei C. Location, Location, Location: Does Seat Location Affect Performance in LargeClasses? [J]. Journal of College Science Teaching, 2007 (2): 20 -29.

[7] 吴志云. 大学生课堂座位选择的行为分析：以“后排就坐”现象分析为例 [J]. 今日湖北旬刊, 2014 (3): 145 -146.

[8] 高悦. 高校课堂座位选择的影响因素研究：以沈阳市某高校为例 [J]. 亚太教育, 2015 (25): 289 -290.

[9] 任婷婷. 高校课堂座位选择行为的分析与研究 [J]. 剑南文学：经典阅读, 2011 (5): 380.

[10] 许汉友, 汪先娣. 高校会计课堂教学水平的模糊综合评价 [J]. 审计与经济研究, 2007 (1): 91 -97.

[11] 丁贝. 性别和职称对高等院校课堂教学效果的影响：基于某重点综合性大学的实证分析 [J]. 内蒙古电大学刊, 2013 (5): 99 -105.

[12] 王健. 班级规模对课堂教学和学习影响及作用机制研究：以大学英语课堂为例 [J]. 湖北函授大学学报, 2015 (10 上): 175 -177.

[13] 许云华, 李万莲, 林传红. 大学课堂教学效果影响因素的实证研究：基于扎根理论研究范式的分析 [J]. 安徽电子信息职业技术学院学报, 2015 (2): 69 -73.

共享单车国际化现状研究
——以新加坡为例

指导老师：赵明霏
庹言　王娇月　周杰　雷丽楠　周哲旭　郭姬乃威

摘　要：随着互联网时代的到来，共享经济逐渐在我国兴起，其中发展最盛的则为共享单车。近年来，共享单车产业在一、二线城市遍地开花，由此衍生出了众多竞争企业，因此为了规避国内白热化的竞争，也为了拓展市场，共享单车企业纷纷踏出国门，寻求新的立足点，走上了国际化的道路。本文以新加坡为例分析了共享单车在国际化进程中存在的问题，并对此提出了一系列解决建议。

关键词：共享单车　共享经济　发展现状　国际化　新加坡

一、绪论

（一）选题背景

随着互联网时代的到来，资源共享逐渐从名词概念形成具体的规模化经济形式，即共享经济。近年来，共享经济在我国日渐兴起，从以 K68 为代表的知识分享，到滴滴合并 Uber 中国，再到 ofo 共享单车、摩拜单车掀起的共享单车热，共享性的出行方式逐步发展成为我国共享经济商业模式的风向标。以 ofo 共享单车、摩拜单车为代表的共享单车在国内发展得如火如荼，在 2017 年，二者更是先后迈出国门，走上了国际化的道路。而与其他国内企业不同，二者不约而同地将眼光投向了新加坡。究其原因，新加坡作为亚洲“四小龙”，北隔柔佛海峡与马来西亚为邻，南隔新加坡海峡与印度尼西亚相望，扼守马六甲海峡南口，在地理位置上有着无可比拟的优势，同时它也是东西方世界的战略枢纽，是连接全球半数人口的“十字路口”。除此以外，新加坡高度普及的移动互联网、完善的城市道路系统、政府大力推行自行车计划等也都是二者选择布局新加坡，进而打开海外市场的理由。然而，虽然有着种种天生的优势，共享单车在新加坡的发展中仍存在一系列诸如恶意毁坏、乱摆滥放等问题亟待解决。

（二）选题意义

随着经济的快速发展，人民生活水平的提高，私家车的数量与日俱增，由此带来的交通拥堵和环境污染问题日益突出，而共享单车的出现正为缓解这一问题提供了极大的帮助，因此，对于共享单车的研究是有现实意义的。

具体来看，本研究的意义主要体现在以下 3 个方面。首先，在移动互联网迅猛发展的今天，全球的共享经济进入了一个新的发展阶段，对交通运输提出了更高的要求，并由此产生了包括共享交通在内的多种创新交通运输方式。共享单车就是目前在“互联网 + 交通”领域，出现的一种基于移动互联网和物联网技术的新型出行方式，由此可见，共享单车已然成为一种潮流。因此从对共享经济及共享单车为关键词进行文献回顾，并以新加坡为例分析共享单车的国际化现状都旨在能为民众普及共享的知识以及提供一个关于如何正确使用共享单车的良性指引。其次，中国的共享单车在北京外国语大学丝绸之路研究院发起的一次留学生民间调查中，来自“一带一路”沿线的 20 国青年评选出中国“新四大发明”，共享单车入选其中。探索共享单车在海外拓展市场的方法可以为其他企业提供扩张企业的有效思考。最后，通过分析新加坡政府对共享单车的控制与管理，能为我国管理者提供有效建议，出台更有效的政策引导，避免单车受损、恶性破坏的事件持续发生。

二、文献综述

（一）国内相关研究

随着 2014 年 ofo 共享单车的成立，我国才提出来共享单车的理念，距今不过 4 年之久，因此，国内关于共享单车的研究和文献为数不多，能查阅到的大多是以新闻报道、微信推文等形式出现，其内容指导意义不大且真实性难以保证。同时，由于自媒体的迅速发展，同质化现象严重，文章内容大体相同，多为“无营养”的“标题党”。

以下为所收集资料的文献综述：关于共享单车在新加坡的发展，邓华通过分析新加坡由“一带一路”带来的共享单车所拥有的有利条件、面临成本浪费的挑战，探讨从新加坡共享单车服务中得到的启示，以解决共享单车在新加坡的发展中存在的问题。施政宏以 ofo 共享单车为例，分析了 ofo 共享单车的发展现状、存在的问题和对策思考，并以此为例分析了共享经济的未来之路。李敏莲在《共享单车市场调研与分析》中以 ofo 共享单车和摩拜单车为例，探究了共享单车的盈利能力及其与政府间的关系。阮洁航阐明中国共享单车登陆新加坡等地的情况，并详尽地分析了这一国际化拓展的重要意义，即共享经济带来全球化。李威通过数据分析详细罗列了共享单车在发展过程中遇到的问题，提出了一系列解决方案，对共享单车的生存现状进行了系统性的说明。王一婷的《关于共享经济模式现存问题的思考——以“共享单车”为例》以 ofo 共享单车为例，分析了 ofo 共享单车的发展现状、存在的问题和对策思考，并以小见大分析了共享经济的未来之路。杨学成认为共享经济已成为趋势，共享单车要想发展好，要在新加坡国情下制定一系列的政策措施，将共享置于政策监管之下并保证信息透明。

（二）国外相关研究

Darl Hord 在 *the research of shared bike development* 介绍了英美共享单车及 ofo 共享单车和摩拜单车，并对 ofo 共享单车和摩拜单车的异同进行了对比分析，最后对二者的未来发展趋势进行了预测。Botsman 和 Rogers 所著的 *What's Mine Is Yours* 一书从消费者间的交换、分享、租赁、借贷等行为进行分析，从消费者的角度得出了共享经济蓬勃发展是由于经济规模效应。在“Bike - sharing in Singapore gathers speed after1 year，but there may be bumps ahead”中，提及共享单车在发展的过程中会面临成本浪费，提出适应新加坡的发展的政策，在企业的把控下合理投放与生产车辆，应对市场做调研。在这篇报告中，“With Hundreds Of Millions Of Dollars Burned，The Dockless Bike Sharing Market Is Imploding”，即便在资源比较集中的新加坡，ofo 共享单车的资源浪费依然是严峻的问题。对于中国研究共享经济和对解决共享单车问题有着深刻的意义。

（三）研究方法

考虑到科研小组人数、时间、活动空间及科研对象等限制因素，本文主要采用文献研究和理论研究，同时结合研究对象的实际情况佐以多种工具进行分析研究。

文献研究法：本文通过图书馆、报纸、杂志、学术专业数据库、网页网站等多种渠道收集国内外有关共享经济、共享单车及共享单车的国外发展现状等主题的资料，为理论研究提供素材。

理论研究法：通过对已有研究、新闻报道的探究和分析，掌握其研究的内容和方法，为本文系统梳理共享单车在新加坡的发展与阻碍提供一定的理论基础、分析思路和研究方法。同时将所查阅的相关资料以及文献进行整理，提炼文献中有益于本研究的研究成果，并结合现实问题具体分析，从而使得本文内容更加直观和系统。

三、共享经济

（一）共享经济概述

共享经济又叫“分享经济”，它是互联网下的一种个人或机构利用闲置资源或服务创造额外收益的新的经济模式。它以资源共享为核心理念，通过收集人们的闲置资源或服务的信息，并将其发布到互联网的第三方平台上传递给有需要的人，使得供求双方能够各取所需，资源得到合理利用。其本质在于降低交易成本，通过提高资源匹配率提高闲置物资的利用率。最早是在 1978 年由美国得克萨斯州立大学社会学教授 Marcus Felson 和伊利诺伊大学社会学教授 Joe L. Spaeth 提出的。

（二）共享经济的成因

共享经济的产生受多方面因素的影响，最主要的有以下六点：

（1）互联网和移动设备时代的到来

随着时代的进步，各种互联网的智能设备进入人们的视野并为大众所广泛应用，目前互联网和移动终端设备已成为各大年龄群体的生活必需品，尤其是针对中青年群体。StatCounter 的数据显示，2016 年 10 月，在全球移动设备的互联网使用量达 51. 26%，已超越了桌面互联网的使用量。庞大的移动设备和互联网的使用量为共享经济提供了强大的硬件基础。

（2）第三方支付的广泛应用

近年来，支付宝、微信支付、芝麻信用以及蚂蚁花呗等第三方支付平台给人们的生活带来了极大的便捷，深受大家喜爱，而共享经济大多以平台形式受惠于大众，第三方的支付平台必不可少，因此第三方支付的广泛应用为共享经济的发展奠定了软件基础。

（3）科技的发展

信息技术时代，进步就要不断地开发新的技术。LBS 定位通过电信移动运营商的网络获取移动终端用户位置信息；云计算运用虚拟化技术、分布式计算扩大了资源共享范围，实现了人们随时随地上网的诉求；大数据可以对海量信息进行快速挖掘，并进行可视化的预测分析。科学技术的不断创新发展为共享经济的发展提供了技术支持。

（4）经济危机的推动

2008年的全球经济危机，使得全球经济增速下滑和失业率上升，导致产能过剩和大量资源闲置。解决产能过剩和提高闲置资源利用效率推动了共享经济的产生。与此同时，失业率的上升让人们对于闲置资源创造价值及获取廉价服务的需求上升，催化了共享经济的产生。

（5）供求双方的需求

对于需求方重要的是高性价比的产品或服务，对供给方来讲重要的是能够利用闲置的物品或服务创造额外的收益。而共享经济正好既满足了需求方价格合理的需求并且让其在消费过程中拥有更多主动权和透明度，又能给供给方带来可观的收益并且在服务过程中得到社交化满足，使得供需双方都能在共享中获益。因此，共享经济才得以持续发展。

（6）经济新常态

传统模式商业困局为共享经济提供了发展契机。传统经济模式下企业与企业之间相互串联要依靠产业链得以进行，但传统企业的产业链往往十分繁杂而企业自身又缺乏协调，导致交易成本居高不下，市场效率差强人意。而共享经济由于主要依靠平台体现，其所需的交易成本低，过程简洁，同时极大地提高了资源的配置率，正好弥补了传统模式商业的不足。

（三）共享经济平台的商业模式

随着互联网的发展，目前共享经济平台的商业模式主要有五种。

（1）资源式

郑志来（2016）通过对Uber和Airbnb的案例分析得出共享经济商业模式的核心基础是“闲置+价值+回报”。即供给方拥有闲置资源或服务，并且能够在特定时间内让渡使用权或提供服务，从而获得相应额外收益；需求方通过租或借的方式暂时拥有资源的所有权，为自己创造价值，同时带给供给方社交性的回报①。

① 郑志来．共享经济的成因、内涵与商业模式研究［J］．现代经济探讨，2016（3）．

（2）微博式

微博是我国最早的信息获取、分享及传播平台，它具有即时性、群体性、广泛性、自媒体性的传播优势。微博用户可以搜寻到任何感兴趣的行业“大V”、明星、生活妙招等客户端的信息，也可以将自身的趣事随时随地分享给公众。除此之外，微博的“私信”“关注”和“转发”功能更是让其平台上的信息得到了极大程度的分享。

（3）社交式

社交式的共享经济模式不同于微博式，其区别为分享的对象是自己添加的好友，大多为认识的朋友，具有一定的分享范围，主要是分享彼此的隐私、心情、趣事等信息，属于较小范围内的资源共享。

（4）攻略式

顾名思义，攻略式的商业模式就是将自己的体验、出游感受、履历心得等以攻略式的信息形式分享给有需要的特定人群的分享模式。

（5）达人式

达人式的共享经济商业模式又称达人社交混合式，是资源式和攻略式的组合，即资源和攻略的共同分享，飞猪、马蜂窝等采用的就是这种商业模式，一方面分享攻略给有需要的特定人群，另一方面用户也可以根据需要获取到有用的特定资源①。

四、共享经济的发展现状

（一）国内发展现状

2015年党的十八届五中全会确立了“创新、协调、绿色、开放、共享”的发展理念，作为共享发展理念在经济方面重要体现的共享经济被首次提出。同年9月，李克强总理也在夏季达沃斯论坛提出了通过分享、协作方式搞创新创业，提倡大力发展我国的共享经济。共享经济作为依靠互联网的新的经济形态，发展时间不长，但发展速度很快。《中国分享经济发展报告（2017）》的数据显示，2017年我国分享经济市场交易额约为34 520亿元，比2016年年增长103%；参与分享经济活动的人数超过6亿人，比2016年年增加1亿人左右；分享经济的提供服务者人数约为6000万人，比上年增加1000万人；分享经济平台的就业人数约585万人，比

① 资料来源：防静电资讯网。

上年增加85万人①。

不仅速度快，其发展规模也不容小觑。目前，共享单车已带领共享经济迅速渗透到我们日常生活中的吃、住、行、娱、游、购等多个方面（见图1）。根据《中国共享经济发展年度报告（2018）》对2017年中国共享经济发展现状的分析，我国共享经济仍保持着高速增长，结构也在不断完善（见图2）。

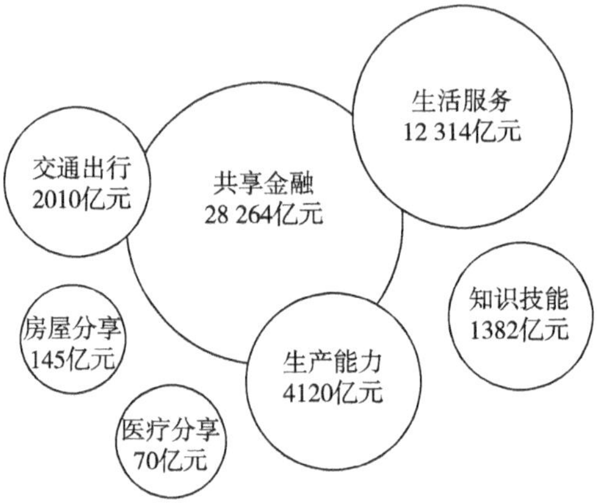

图1　2017年中国共享经济重点领域市场交易额②

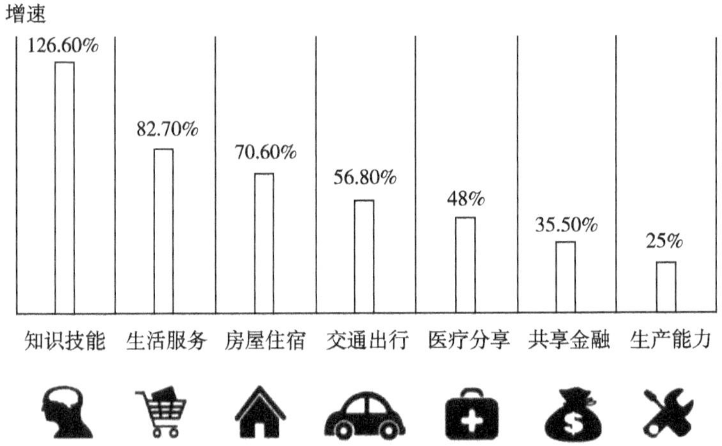

图2　2017年我国共享经济重点领域市场交易额增速③

① 数据来源：国家信息中心，中国分享经济发展报告2017。

② 图片来源：国家信息中心，2018年中国共享经济发展年度报告。

③ 图片来源：国家信息中心，2018年中国共享经济发展年度报告。

（二）国外发展现状

据英国国家统计局调查，2017 年英国约有 28% 的成年人通过分享平台安排住宿，有 25% 成年人通过分享平台安排交通出行①。据专家估算，2015 年美国通过平台提供分享服务的从业者占就业总人数的比重为 0.5%。据网贷机构（RateSetter）调查，2015 年上半年澳大利亚有 61% 的人口使用 Uber、Airbnb、易趣等分享经济服务，且这一比例仍有较明显的上升趋势②。

2016 年普华永道对法国、比利时、德国、英国、波兰、西班牙、意大利、瑞典、荷兰共 9 个欧洲国家基于共享住宿、共享交通、家庭服务、专业服务、协作金融等 5 个关键部门的统计数据测算了欧洲分享经济的规模。测算结果显示，2015 年，欧洲分享经济 5 个关键部门的交易总额为 280 亿欧元，平台收入 36 亿欧元，分别较 2013 年增长了 1.8 倍和 2.6 倍（见表 1）。

据普华永道测算，欧洲各国分享经济发展不平衡。欧洲分享经济平台企业大约有 275 个，主要分布在英国和法国，两个国家共享平台数都在 50 个以上；德国、西班牙、荷兰在 25—50 个之间，瑞典、意大利、波兰和比利时不到 25 个。

表 1　2015 年欧洲分享经济平台的收入和交易额③

部门	收入（百万欧元）	交易额（百万欧元）	平台收益率（%）
P2P 住宿	1150	15 100	7.6
P2P 交通	1650	5100	32.4
家庭服务	450	1950	23.1
专业服务	100	750	13.3
共享金融	250	5200	4.8
合计	3600	28 100	12.8

① Office for National Statistics (ONS) of UK. The feasibility of measuring the sharing economy, November 2017 progress update [EB/OL].

② Statistics Canada. Measuring the sharing economy in the Canadian Macroeconomic Accounts [EB/OL]. 2016.

③ PwC. Assessing the size and presence of the collaborative economy in Europe [EB/OL].

综上可见，共享经济在国外的发展虽然存在着各国之间发展不平衡的问题，但是从整体来看，均保持着一定速度的增长，仍有很大的发展前景。

五、共享单车的发展现状分析

（一）国内现状分析

1. 市场规模

我国的共享单车始于校园，并随着近年来互联网的快速发展呈喷薄之势，一时间遍布大街小巷。据不完全统计，目前市场上已有约 50 种共享单车。从现阶段的共享单车 APP 下载量来看，摩拜单车、ofo 共享单车在市场上遥遥领先，分别斩获了 366.49 万、347.1 万的下载量，二者不分伯仲，不过未来的市场格局仍有较大变数（见图 3）[①]。

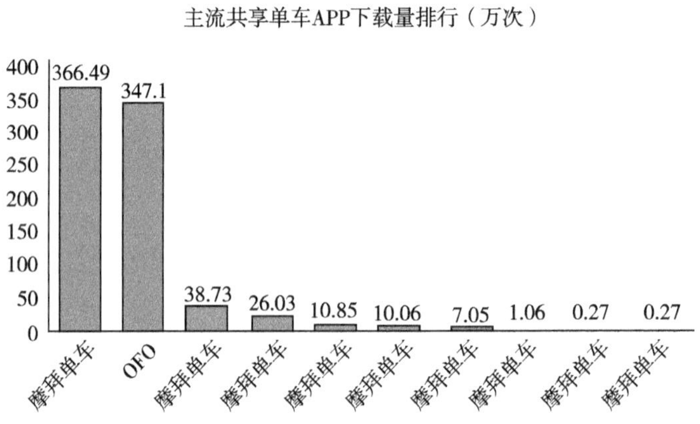

图 3　共享单车 APP 下载量排行

2017 年，共享单车投放量超 2500 万辆，覆盖 200 多个城市，在网民中渗透率达 41%[②]。以 ofo 共享单车和摩拜单车为例，截止到同年 1 月，ofo 共享单车已连接的单车总量就已达 80 万辆，日订单量超 180 万。据悉，摩拜仅用 4 个月在

① 共享单车市场规模达 0.49 亿 2017 年共享单车市场规模或整亿［N/OL］. 北京日报，［2018－08－27］.

② 杨新洪. 我国第三产业发展与现行统计制度及核算方法研究［J］. 调研世界，2018（5）.

北京地区运营的共享单车总量就超过了 10 万辆的规模，上海、广州、深圳的规模也已经突破 10 万辆。

2. 用户规模

比达咨询 2017 年 1 月最新数据显示，从 2016 年 11 月起，ofo 共享单车和摩拜单车周活跃用户数据增长明显，截至 2017 年 1 月中旬，ofo 共享单车和摩拜单车周活跃用户数分别达到 436 万和 421 万，且仍有上升之势（见图 4）①。

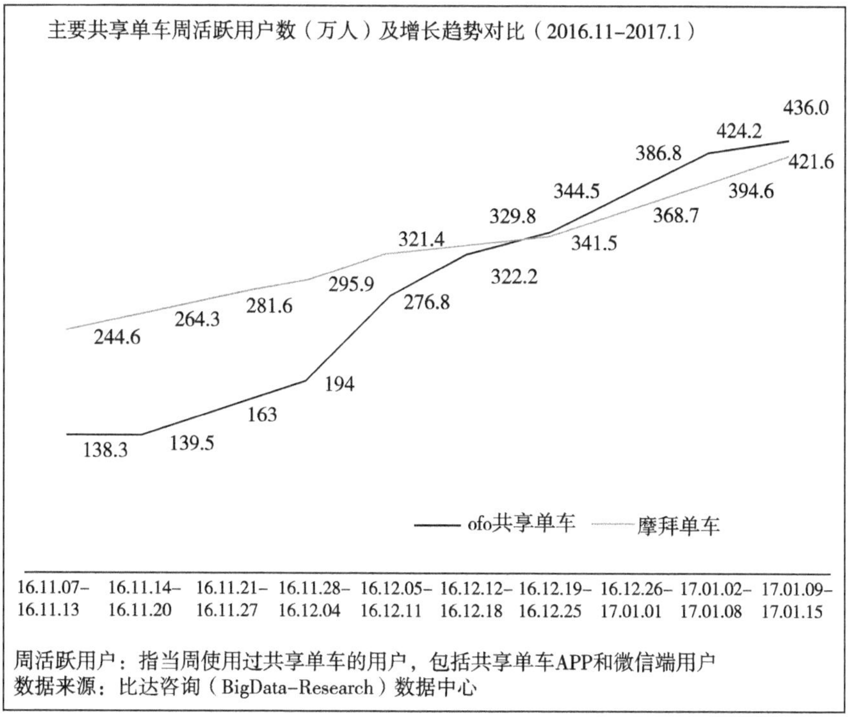

图 4　主要共享单车周活跃人数及增长趋势对比图

除了拥有庞大的市场和用户群，共享单车也为我国带来了诸多益处。一方面，有效缓解了一、二线城市交通拥堵问题的同时，还便利了人们的出行。另一方面，共享单车还拉动了我国的经济发展，带来了新的就业机会，促进了共享单车上下游产业的发展。《2017 年共享单车经济社会影响报告》指出，2017 年，共

① 数据来源：比达咨询（BigData - Research）。

享单车共计为中国社会带来2213亿元的经济社会影响，包括提升民生福祉1458亿元，创造社会福利301亿元，赋能传统产业222亿元，拉动新兴产业232亿元等①。最后，在社会影响方面，共享单车也同高铁、支付宝、网购被外媒点赞成了中国的新四大发明。

虽然共享单车在国内市场广大且前景可观，发展迅速，但是伴随了很多的问题出现。从数据上来看，这两年共享单车竞争十分激烈，众多的共享单车品牌在激烈的竞争中被淘汰，基本形成了ofo共享单车和摩拜单车两家垄断市场的局面。笔者们认为造成其恶性竞争和问题丛生的原因主要有3个：第一，其商业模式的复制性强，技术的门槛不高，导致模仿者众多；第二，各大资本的快速涌入，给这个行业带来了庞大的启动资金，加剧了和导致了恶性竞争；第三，其绿色出行，廉价便捷的理念，符合国家环保和创业的号召，宽松的国内创业和经营环境，各级政府前期基本都在以宽容的态度观望其发展，也助长了恶性竞争、投入过量、乱停乱放、蓄意破坏等问题。

（二）国际化现状分析——以新加坡为例

1. 市场规模

随着我国“一带一路”倡议的推进，我国共享单车企业纷纷走出了国门。2016年，我国共享单车的两大领先企业ofo共享单车和Mobike（摩拜单车）分别在新加坡成立了分公司，并于2017年的2月和3月开始在新加坡运营，与新加坡本土企业Obike一起经营新加坡共享单车的市场。据ofo小黄车联合创始人于信透露，虽然早在2016年年底ofo就开启了全球营运战略，但到现在小黄车在新加坡投放不超过6000辆，远不及国内。摩拜单车创始人胡玮炜在新华社的采访中也表示进入海外市场并非易事。

2. 用户规模

虽然海外宣传的热情高涨，但国内共享单车平台在国外的关注度并没有预期的效果好。Twitter的信息显示，ofo共享单车账号只有700多名关注者，摩拜单车Mobike的新加坡账号下只有100名关注者，Facebook上则显示OFO USA账号有500多位关注者，摩拜单车新加坡账号也只有800多位关注者，而二者在两个

① 报告：2017年“共享单车”创造社会整体价值逾两千亿［EB/OL］．（2018－02－16）［2018－08－27］．

社交平台上转发评论几乎为零①。

除了市场和用户规模，我们还了解到就连新加坡本土的共享单车品牌 Obike 也仅存活了 16 月。通过分析资料我们发现，新加坡共享单车的现状有以下特点：

（1）新加坡的共享单车由于新加坡国情的限制，现在行业的规模是远远小于国内很多一线城市的，新加坡政府向来重视公共资源的维护，在支持其发展的同时，还实行了较为严格的管控。

（2）摩拜单车和 ofo 共享单车两家进入新加坡市场，加上其本土共享单车品牌不多，竞争没有国内激烈。但是，共享单车总体还是受民众欢迎的，很多新加坡人认为共享单车确实解决了“最后一公里”的问题，很方便。

（3）与国内相同的是，新加坡的共享单车也出现如国内这样乱停乱放、蓄意破坏等问题。政府为此也开出了很大的罚单，进行了严格的管控。据新加坡《联合早报》《海峡时报（The Straits Times）》报道，新加坡不仅将限制业者脚踏车数量，每隔半年也会检讨个别业者脚踏车数量，业者如能妥善管理停车问题，才会再获准扩充车队。业者如没有符合有关当局标准，会受到严厉处分，如罚款最高 10 万元新币、缩减共享单车数量、暂时吊销执照或撤销执照处分等。

新加坡陆路交通管理局根据《停车处修正法案》，将提高业者营运标准，要求业者及时移置乱停放的共享单车，并分享共享单车位置的营运数据资料等。

新加坡业者虽支持强化监管共享单车，却也担心加重营运成本。新加坡从 2017 年 5 月以来，有关单位发出超过 2100 张要求业者移置乱停放单车的通知单，业者遭罚款金额达 18 万元新币。

对比国内和新加坡的共享单车的发展现状，不难发现，共享单车在新加坡的发展现状并不尽如人意，有其自身的特征，也出现了共享单车行业面临的共同的问题。在欧洲的一些国家也是如此，由此可见，共享单车国际化仍有很长的路要走，对共享单车的管理仍需要一些建设性的的提议和探索。

---

① 姜红．疯狂圈地 共享单车“踩雷”［N］．北京商报，2017-03-27.

六、共享单车在新加坡的发展过程中存在的问题分析及解决建议

（一）存在的问题

1. 局限有效市场

和国内相比，新加坡有着更为完善的公共交通系统，且各种交通方式之间优势互补：地铁行驶于客流集中的交通走廊，轻轨是地铁网的支线，公共汽车则服务于中等客流的交通要道。不仅如此，新加坡地铁换乘大部分都是同站台换乘，公交车站也有便捷的通道与社区、地铁入口等相连，并且通道多为有盖的长廊，遮风、挡雨又防晒。在票价方面，监管部门会定期追踪每个家庭的公共支出与收入的平均比例，确保票价不会过高，还会给予低收入群体一定的援助，如此一来，国外共享单车的发展自然受到了限制。

2. 政府对公共资源占用的严格限制

国内共享单车最为主要的优势即为随走随停，由此造成的公共区域占用问题不可避免，为此大多海外城市拒绝共享单车进入，即便允许进入也大多设置了严格的规定。ofo 与摩拜在进入新加坡后，均遭到新加坡道路运输管理局扣押的经历。而台北运输管理局更加严格。7 月 13 日，台北市开展交通大执法，刚刚进入台北市场不久的新加坡共享单车 Obike，一天之内被拖吊了 1759 辆，占其投放总车辆的五分之一以上。由此可见，政府对于公共资源的政策极大地限制了共享单车在新加坡的发展。

3. 管理混乱

成也萧何败也萧何，共享单车的兴起很大程度上是源于其便利性，无桩化的设计，满足了用户随用随停的需求。但是，在实际的应用中，这一优势也带来了很多的难题，例如个别用户将共享单车停放于自己的办公地点以及住宅小区内，试图将共享单车变成个人的出行工具，个别用户在使用完毕后随处停放影响交通等等。此外，对于拥有共享单车所有权的公司来说，单车的数量过多、分布过于分散，也加大了单车的管理难度。

4. 不规范的用户使用

由于新加坡城市主要道路上还没有非机动车专用行车道，包括共享单车用户在内的绝大部分自行车骑车人都在使用人行道，这给行人的安全带来很多隐患。加之规划的自行车存放地点有限，加重了共享单车乱摆乱放，侵占公共资源的问题。除此之外，还有部分单车被恶意毁坏，例如二维码被涂画、刮花，轮胎被扎破、车座等零件被卸掉、加私锁等等。

5. 自由资产过重，盈利能力不足

通过优步、滴滴的模式我们可以看到，共享经济的模式是通过互联网、智能移动客户端等，将社会海量的分散资源与需求方进行匹配，模式的一端连接的是闲置资源，另一端则是存在需求的人群，滴滴等公司则仅是作为一个提供交易的第三方平台，不直接拥有资源所有权。而共享单车的移动互联网平台不同，他们是资源的所有者，仅有少部分单车为市场共享，因而很难被看作共享经济。以ofo单车为例，其原本的单车多是来自于校园学生共享，但随着其市场规模的发展壮大，共享单车公司逐步开始引入多轮资本，自行设计并生产了大量的共享单车，以满足市场扩张的巨大需求，导致其自有资产过重，各种成本投入居高不下，导致本就盈利能力不足的共享单车所能产生的利润更加有限。

6. 押金的使用

相比于共享单车的使用费用，用户所缴纳的押金更能帮助共享单车盈利。在国内，用户所缴纳的押金是可以为企业所自由支配的，而在新加坡由于共享单车属于新兴事物，其对于押金还未有明确的规定，但是可以参考租房的租金，这就意味着共享单车的企业方不能自由支配用户的租车押金，这无疑大大降低了共享单车的盈利能力。

（二）解决问题的可行性建议

1. 强化与政府合作，寻求财政补助

共享单车国际化的进一步发展离不开当地政府的支持，通过与地方政府的合作，加强对非机动车道的布局与管理，高效地应对政府的政策限制。同时，充分利用大数据并与当地政府一起合理地布局自行车停放点，解决单车滥放问题的同时赢得政府支持。另外，共享单车虽带有商业性质，但其对于新加坡的城市管理有所益处，可向当地政府适当寻求财政补贴。

2. 加大处罚力度，构筑契约精神

对共享单车的毁坏、私自占有、违规停放等乱象，应该由单车公司联合当地交管部门加大处罚的力度，鼓励广大居民对违法违规行为的举报。对于一些违反单车出行规定的个人，可以适当提高其使用单车的担保金额度，也可以增加其单次使用单车的成本。而面对一些行为恶劣者，则可以将其纳入单车使用者黑名单之中，可在一定时间内禁止其使用单车。

共享单车的背后也体现出了一个城市的契约精神。企业与政府都应当加大宣传力度，倡导文明出行，提高居民素质水平，构筑一个城市背后的契约精神。

3. 加大科技投入，增强单车便利性

通过科技手段的不断运用与提升，进一步提升共享单车的便利程度。科技人员可以因地制宜，与当地地图类公司合作，共同开发定制个性化共享单车地图，准确地定位每辆共享单车的位置，同时向需要用车的顾客明确标出周围单车的数量、具体位置以及单车能否使用等信息，对于用车将要结束的顾客，则应向其提示周围可用的停放点，对于不按规定停放者，在其关闭交易时向其发出提示阻止其关闭交易。

4. 轻资产运营，寻找更多盈利点

共享单车的出现，让民间众多闲置的自行车又重新有了使用价值。但是，由于信息的不对称以及广大居民对企业不够信任等因素，使得大量闲置的自行车资源并没有充分地得到利用。为此，共享单车公司应当加大对自身品牌的宣传，提升自身的美誉度，获得广大市民的信任。同时，对参与单车共享的市民给予合理的回报，例如给予其报酬，允许其一定期限内免费使用该公司旗下的单车等，以此来实现真正的共享经济，降低单车公司的运营成本，实现轻资产运营。另一方面，应寻求更多的盈利点，与其他产品开展多种形式的合作，例如车身广告、APP 内的广告等等，以此创造更多的利润。

七、总结

随着经济全球化的推行，共享的理念逐渐深入人心，我国人民对于共享商品的认可度和需求量越来越高，而正是在这一大背景下，以方便出行为目的的共享单车在我国逐步打开了市场，并以病毒式的扩张速度形成了今天共享单车遍布大街小巷的繁华景象，其中仅 ofo 共享单车、摩拜单车两家在市场上投放的数量就已超过 1000 万辆。发展前景一片大好的市场，自然会吸引很多追随者。但随着同类商品数量增加，各品牌之间的竞争也越来越激烈。因此，自 2017 年年初开始，为规避国内激烈的市场竞争和进一步拓展市场，不少共享单车企业开始纷纷踏出国门，走上国际化的道路。

然而，共享单车在国外的发展也同样存在着诸多坎坷。ofo 小黄车用了半年的时间却也只在新加坡、剑桥和哈萨克斯坦开展了其全球营运战略，小蓝单车 2017 年 1 月 25 日宣布进入美国旧金山，仅仅几个月就黯然退出了旧金山市场，这些案例都说明共享单车的国际化现状不容乐观。但是与国内情况不同的是，海外发展的最主要的问题不是应对同质化产品的竞争，而是诸如政策、国情之类的许多暗藏的隐忧。如果要解决这些隐忧除了需要公众、政府的通力合作，还需要企业充分利用互联网和大数据的资源，依靠技术的结合创造出更符合需求的产品。

在现代化的进程中，社会可利用的资源越来越有限，所以出于节约资源的考虑，以共享单车为代表的共享经济形式必然会是未来的发展形势。从人民需求角度考虑，随时随处可取的共享单车健康又便利；从社会层面来看，共享单车在一定程度上缓解了城市的交通拥堵现象，为城市环境保护做出了贡献。总而言之，共享单车的存在是符合人们需求的，其未来的发展前景是广阔的，在解决了海外暗礁后其国际化之路也终有一天能守得云开见月明。

参考文献：

[1] 李敏莲．共享单车市场调研与分析［J］．财经界（学术版），2017（5）．

[2] 阮洁航，陈一天，邓华．浅析共享单车的发展及其启示：以新加坡为例［J］．2017（2）．

[3] 王一婷，关于共享经济模式现存问题的思考：以“共享单车”为例［J］．金融经济，2018（8）．

[4] 阮洁航，邓华，陈一天．中国共享单车在东南亚的业务拓展及战略意义［J］．广东农工商职业技术学院学报，2017（4）．

[5] 李威．共享单车的生存现状与问题分析［D］．武汉：湖北经济学

院，2013.

［6］杨学成．新加坡看共享经济的发展与隐忧［J］．通信世界，2017（28）.

［7］HORD D. The research of shared bike development［J］．Bicycle Lanes，2017，1（3）：31－41.

［8］BOFSMANR，ROGERS R. What's Mine Is Yours［M］．［S. L.］：［S. N.］，2009.

［9］杨新洪．我国第三产业发展与现行统计制度及核算方法研究［D］．北京：国家统计局统计科学研究所，2018.

［10］姜红．疯狂圈地共享单车“踩雷”［N］．北京商报，2017－03－27.

［11］陈纪英．摩拜落地新加坡：从“中国复制”到“复制中国”的时代转折点［J］．财经故事会，2017.

［12］郑志来，共享经济的成因、内涵与商业模式研究［J］．现代经济探讨，2016（3）.

［13］王可怡．共享单车行业分析与对策研究［J］．全球流通经济，2017（28）

［14］吴茜茜．共享单车经济现象分析［J］．现代营销（下旬刊），2018（7）.

［15］张子轩，吴蔚．共享单车的现状、问题以及其发展对策建议［J］．现代商业，2017（15）.

［16］张明浩．共享单车进军海外市场在美国、新加坡等地遇冷［N］．中国高新技术产业导报，2017－07－24.

［17］姜泽杰，李艾婧．我国共享单车发展存在的问题与解决对策［J］．全国流通经济，2018（17）.

［18］杨超，黄耀东．中国（南宁）—新加坡经济走廊的产业发展［J］．东南亚纵横，2015（1）.

图书在版编目（CIP）数据

劳动与发展.2018 / 中国劳动关系学院科研处编.
--北京：光明日报出版社，2019.7
（中国劳动关系学院学子论丛）
ISBN 978-7-5194-5468-5

Ⅰ.①劳… Ⅱ.①中… Ⅲ.①劳动关系—中国—文集
Ⅳ.①F249.26-53

中国版本图书馆 CIP 数据核字（2019）第 182828 号

劳动与发展（2018）

LAODONG YU FAZHAN（2018）

编　　者：中国劳动关系学院科研处

责任编辑：陆希宇　　　　责任校对：仲济云
封面设计：小宝工作室　　责任印制：曹　净

出版发行：光明日报出版社
地　　址：北京市西城区永安路 106 号，100050
电　　话：010-67078251（咨询），010-63131930（邮购）
传　　真：010-63131930
网　　址：http：//book.gmw.cn
E - mail：gmcbs@gmw.cn　caomeina@gmw.cn
法律顾问：北京德恒律师事务所龚柳方律师

印　　刷：北京虎彩文化传播有限公司
装　　订：北京虎彩文化传播有限公司
本书如有破损、缺页、装订错误，请与本社联系调换

开　　本：170mm×240mm　1/16
字　　数：698 千字　　　　印　　张：40.5
版　　次：2019 年 7 月第 1 版　　印　　次：2019 年 7 月第 1 次印刷
书　　号：ISBN 978-7-5194-5468-5

定　　价：98.00 元